이렇게
기막힌
적중률

빅데이터분석기사
실기 기본서
Python

"이" 한 권으로 합격의 "기적"을 경험하세요!

차례

난이도에 따라 분류하였습니다.
- 상 : 반드시 보고 가야 하는 이론
- 중 : 보편적으로 다루어지는 이론
- 하 : 가볍게 이해할 수 있는 이론

▶ 합격 강의

실기 시험 유형 정리에 대한 동영상 강의가 제공됩니다.
슬기로운통계생활(statple.com/go/bae)에 접속하여 시청하세요.

▶ 본 도서에서 제공하는 동영상은 1판 1쇄 기준 2년간 유효합니다. 단, 출제기준안에 따라 내용은 변경될 수 있습니다.

PART 01 Python 기초와 데이터 구조

하 SECTION 01 변수와 연산	34
✓ 연습문제	39
하 SECTION 02 데이터 타입의 이해	42
01 Python의 데이터 타입	42
02 데이터 타입 변환하기	51
03 자료형별 메서드 요약	54
✓ 연습문제	56
하 SECTION 03 NumPy와 벡터	60
01 NumPy 라이브러리	60
02 NumPy와 배열	60
03 NumPy 벡터 인덱싱과 슬라이싱	65
04 NumPy 벡터 활용	70
✓ 연습문제	74
중 SECTION 04 NumPy 행렬과 배열	76
✓ 연습문제	88
중 SECTION 05 함수, 조건문과 반복문	92
01 사용자 정의 함수	92
02 조건문과 반복문	95
03 함수와 환경	100
✓ 연습문제	102

PART 02 데이터 처리

중 SECTION 01 Pandas로 데이터 프레임 다루기	106
01 Pandas와 데이터 프레임	106
02 Pandas의 메서드	120
✓ 연습문제	141

	SECTION 02 Pandas로 날짜형, 문자형 데이터 다루기	150
	연습문제	161
	SECTION 03 scikit-learn을 활용한 데이터 전처리	169
	01 데이터 전처리 개요	169
	02 결측치 처리	173
	03 범주형 변수 처리	181
	04 변수 변환 및 스케일링	188
	05 데이터 누수 방지	204
	연습문제	207

PART 03 머신러닝과 모델링

	SECTION 01 scikit-learn을 활용한 모델 평가 & 파라미터 튜닝	214
	SECTION 02 scikit-learn을 활용한 회귀 모델 적합	226
	01 회귀 분석의 기본	226
	02 회귀 분석 알고리즘	230
	03 앙상블 학습	237
	04 고급 회귀 기법(SVR, Support Vector Regression)	243
	05 모범 답안 작성 예시	246
	연습문제	252
	SECTION 03 scikit-learn을 활용한 분류 모델 적합	257
	01 분류 모델 평가 및 지표	257
	02 분류 알고리즘	270
	03 앙상블 학습	279
	04 고급 분류 기법(SVM, Support Vector Machine)	283
	05 모범 답안 작성 예시	286
	연습문제	292
	SECTION 04 scikit-learn을 활용한 군집분석 수행	297
	01 군집분석 준비	297
	02 군집분석 기법	299
	03 유효성 지표	303

PART 04 통계와 확률

SECTION 01 기초 통계 & 확률의 이해 … 312
- 01 표본 추출 … 312
- 02 통계적 용어 정리 … 313
- 03 확률 계산 과정의 이해 … 315
- 04 확률변수의 편리성 … 318
- ✓ 연습문제 … 325

SECTION 02 확률분포 다루기 … 328
- 01 SciPy 라이브러리와 분포 함수 … 328
- 02 이산 확률분포 … 329
- 03 연속 확률분포 … 334
- ✓ 연습문제 … 346

PART 05 통계적 추정과 검정

SECTION 01 통계적 추정과 가설 검정 … 350
- 01 구간 추정 … 350
- 02 통계적 검정 … 354
- 03 검정통계량 … 356

SECTION 02 t-검정과 분산 비교 … 363
- 01 t-검정의 자료형 … 363
- 02 t-검정의 종류 … 365
- 03 데이터 분석에서 t-검정 적용 … 367
- 04 Python에서 t-검정 수행 … 367
- 05 t-검정 종류에 따른 검정통계량 … 371
- 06 두 그룹의 분산이 같음을 체크하는 방법 … 373

SECTION 03 데이터가 분포를 따르는지 확인하는 방법 … 376
- 01 다섯 숫자 요약과 IQR … 376
- 02 Quantile-Quantile plot … 378
- 03 Shapiro-Wilk 검정 … 381
- 04 앤더슨-달링(Anderson-Darling) 검정 … 382
- 05 카이제곱 검정 … 385

오직 스터디 카페 멤버에게만
주어지는 특별 혜택!

이기적 스터디 카페

이기적 스터디 카페

합격을 위한 기적 같은 선물
또기적 합격자료집

혼자 공부하기 외롭다면?
온라인 스터디 참여

모든 궁금증 바로 해결!
전문가와 1:1 질문답변

1년 내내 진행되는
이기적 365 이벤트

도서 증정 & 상품까지!
우수 서평단 도전

간편하게 한눈에
시험 일정 확인

합격까지 모든 순간 이기적과 함께!
이기적 365 EVENT

QR코드를 찍어 이벤트에 참여하고 푸짐한 선물 받아가세요!

1. 기출문제 복원하기
이기적 책으로 공부하고 시험을 봤다면 7일 내로 문제를 제보해 주세요!

2. 합격 후기 작성하기
당신만의 특별한 합격 스토리와 노하우를 전해 주세요!

3. 온라인 서점 리뷰 남기기
온라인 서점에서 책을 구매하고 평점과 리뷰를 남겨 주세요!

4. 정오표 이벤트 참여하기
더 완벽한 이기적이 될 수 있게 수험서의 오류를 제보해 주세요!

※ 이벤트별 혜택은 변경될 수 있으므로 자세한 내용은 해당 QR을 참고해 주세요.

가장 가까이 만날 수 있는 선생님
데이터 분석 전문 채널 슬기로운통계생활

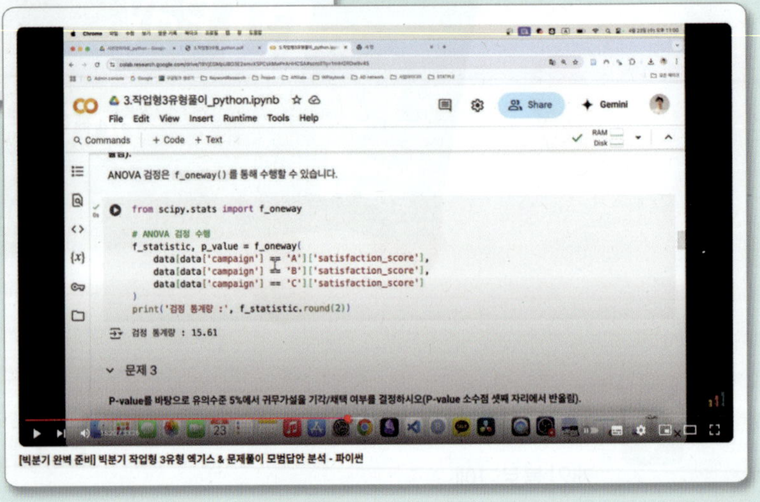

슬기로운통계생활에서는!

- 빅데이터분석기사 실기 시험 완전 정복을 위한 커뮤니티 운영
- 집필진이 직접 참여하는 1:1 질문답변과 합격을 위한 추가 부록자료 제공
- 통계 공부를 재미있게! 데이터 분석 전문가로 안내하는 무료 동영상

◀ 선생님 채널 바로가기

https://statple.com/go/bae

합격을 위해 모두 드려요.
이기적 합격 솔루션!
이기적이 여러분을 위해 준비했어요

저자가 직접 알려주는, 무료 동영상 강의
동영상 강의와 함께라면 자격증 독학도 어렵지 않습니다.
슬기로운통계생활이 준비한 동영상 강의로 꼼꼼하게 공부하세요.

주요 개념을 한눈에, 작업형 유형 소개
시험에 주로 나오는 내용만 모아 정리하였습니다.
유형 포인트 소개 PDF로 시험 직전까지 복습하며 실전에 대비하세요.

무엇이든 물어보세요, 1:1 질문답변
공부하다 이해가 가지 않는 내용이 있다면 편하게 질문하세요.
슬기로운통계생활 홈페이지에서 전문가가 친절하게 답변 드립니다.

문제풀이로 실전 연습, 도서 수록 코드
구글 colab 환경에서 직접 실습을 진행해보세요.
이기적이 준비한 코드 파일들로 최종 합격까지!

※ 슬기로운통계생활 홈페이지에서 〈2026 이기적 빅데이터분석기사 실기 Python〉을 구매하고 인증한 회원에게만 드리는 혜택입니다.

◀ 모든 혜택 한 번에 보기

정오표 바로가기 ▶

또, 드릴게요! 이기적이 준비한 선물

또기적 합격자료집

도서구매자 신청 시 100% 증정

PDF 파일 제공

1 **시험에 관한 A to Z 합격 비법서**
책에 다 담지 못한 혜택은 또기적 합격자료집에서 확인

2 **편리하고 똑똑한 디지털 자료**
PC·태블릿·스마트폰으로 언제든 열람하고 필요한 부분만 출력 가능

3 **초보자, 독학러 필수 신청**
혼자서도 충분한 학습 플랜과 수험생 맞춤 구성으로 한 번에 합격

※ 도서 구매 시 추가로 증정되는 PDF용 자료이며 실제 도서가 아닙니다.

◀ 또기적 합격자료집 받으러 가기

SECTION 04 분산 분석 394
- 01 분산 분석(ANOVA, Analysis of Variance) 394
- 02 일원 분산 분석(One-way ANOVA) 394
- 03 가정 체크와 사후 검정 400

SECTION 05 비모수 검정 407
- 01 비모수 검정 407
- 02 비모수 분산 검정(Levene test) 415
- 03 1 표본 부호 검정(Sign test) 417

PART 06 선형 모형

SECTION 01 선형 회귀 분석 420
- 01 상관계수(Correlation Coefficient) 420
- 02 단순 선형 회귀(Simple Linear Regression) 423
- 03 다중 선형 회귀(Multiple Linear Regression) 427
- 04 모델 평가 436
- 05 예측 442
- ✓ 연습문제 444

SECTION 02 로지스틱 회귀 분석(Logistic Regression) 449
- 01 로지스틱 회귀 기본 개념 449
- 02 로지스틱 회귀계수 예측과 해석 452
- 03 로지스틱 회귀 분석 과정 455
- ✓ 연습문제 464

PART 07 최신 기출문제

기출문제 제10회(2025-06-21 시행) 472
기출문제 제9회(2024-11-30 시행) 475
기출문제 제8회(2024-06-22 시행) 478
기출문제 제7회(2023-12-02 시행) 481
기출문제 제6회(2023-06-24 시행) 483
기출문제 제5회(2022-12-03 시행) 486
기출문제 제4회(2022-06-25 시행) 488
기출문제 제3회(2021-12-04 시행) 490
기출문제 정답 & 해설 493

이 책의 구성

STEP 1. 실기 시험 가이드

전문가가 알기 쉽게 정리한
완벽 가이드

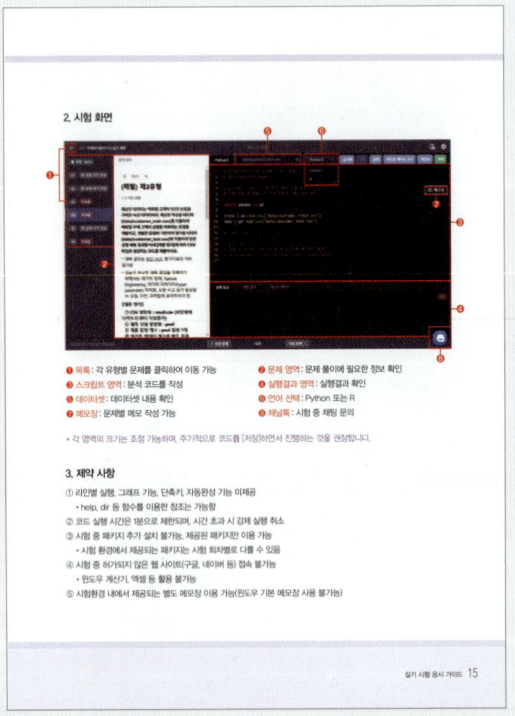

- 채점 기준과 시험 화면 확인
- 슬통 홈페이지 동영상 강의 시청
- Q&A로 실기 시험 궁금증 해결

STEP 2. 기초 이론 & 유형 파악

데이터 분석을 위한 핵심 이론 &
연습 문제

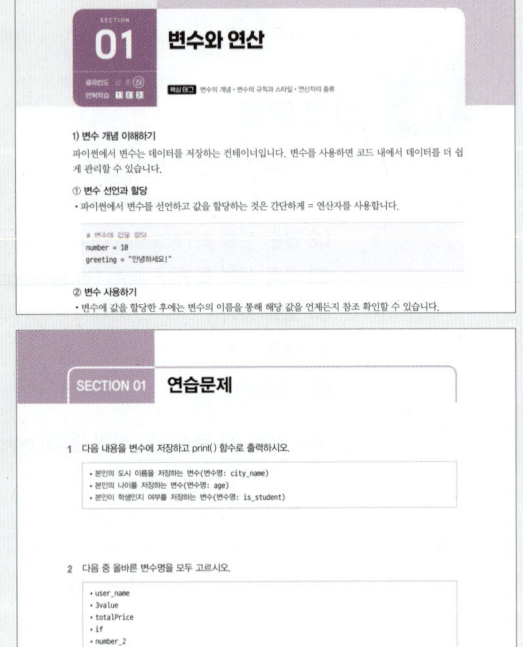

- 이론 공부로 기초 실력 다지기
- 포인트를 짚어주는 기적의 TIP
- 다양한 연습 문제로 이론 복습

STEP 3 최신 기출문제

 BONUS 또기적 합격자료집

2025~2021년
최신 기출문제 8회 수록

도서 구매자 특별 제공
실기 시험 유형 정리+스터디 플래너

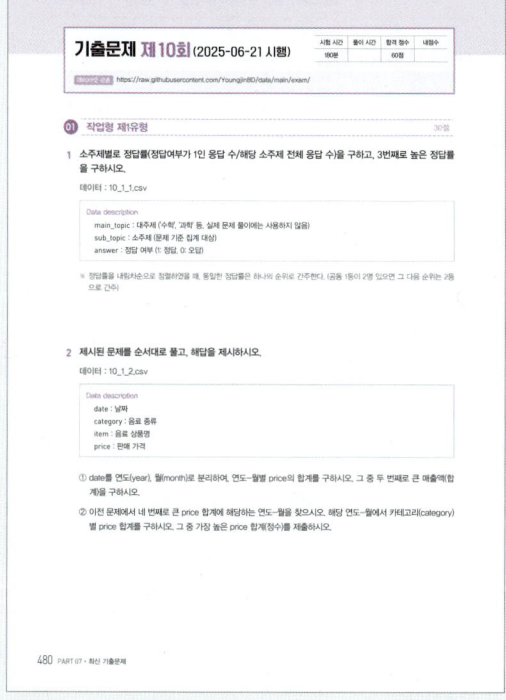

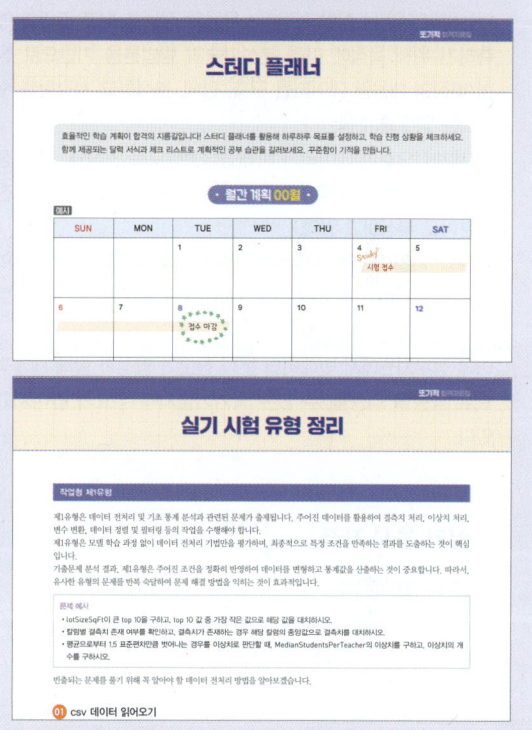

- ✅ 복원된 기출문제로 실력 체크
- ✅ 풀이 과정 연습으로 반복 학습
- ✅ 문제 유형 정리로 실전 대비

- ✅ 슬통 홈페이지 인증으로 PDF 받기
- ✅ 실기 시험 유형 정리 파일로 반복 학습
- ✅ 직접 작성하는 플래너로 스케줄 관리

시험의 모든 것

시험 알아보기

● 빅데이터분석기사 소개

빅데이터 이해를 기반으로 빅데이터 분석 기획, 빅데이터 수집·저장·처리, 빅데이터 분석 및 시각화를 수행하는 실무자를 말한다.

대용량의 데이터 집합으로부터 유용한 정보를 찾고 결과를 예측하기 위해 목적에 따라 분석기술과 방법론을 기반으로 정형/비정형 대용량 데이터를 구축, 탐색, 분석하고 시각화를 수행하는 업무를 수행한다.

전 세계적으로 빅데이터가 미래성장동력으로 인식돼, 각국 정부에서는 관련 기업투자를 끌어내는 등 국가·기업의 주요 전략분야로 부상하고 있다.

국가와 기업의 경쟁력 확보를 위해 빅데이터 분석 전문가의 수요는 증가하고 있으나, 수요 대비 공급 부족으로 인력 확보에 어려움이 높은 실정이다.

이에 정부차원에서 빅데이터 분석 전문가 양성과 함께 체계적으로 역량을 검증할 수 있는 국가기술자격 수요가 높아지고 있다.

● 실기 응시 자격

- 필기 시험 합격자
- 증빙서류 제출은 dataq.or.kr 확인
- 필기 시험 합격일부터 2년간 필기 시험 면제

● 실기 시험 형식

- 시험 시간 180분, 3개 유형 출제
- 문항별로 Python과 R 언어 중 선택 가능

출제 기준

● 실기 검정 주요 내용

1. 데이터 수집 작업

데이터 수집하기	• 정형, 반정형, 비정형 등 다양한 형태의 데이터를 읽을 수 있다. • 필요시 공개 데이터를 수집할 수 있다.

2. 데이터 전처리 작업

데이터 정제하기	• 정제가 필요한 결측값, 이상값 등이 무엇인지 파악할 수 있다. • 결측값과 이상값에 대한 처리 기준을 정하고 제거 또는 임의의 값으로 대치할 수 있다.
데이터 변환하기	• 데이터의 유형을 원하는 형태로 변환할 수 있다. • 데이터의 범위를 표준화 또는 정규화를 통해 일치시킬 수 있다. • 기존 변수를 이용하여 의미 있는 새로운 변수를 생성하거나 변수를 선택할 수 있다.

3. 데이터 모형 구축 작업

분석모형 선택하기	• 다양한 분석모형을 이해할 수 있다. • 주어진 데이터와 분석 목적에 맞는 분석모형을 선택할 수 있다. • 선정모형에 필요한 가정 등을 이해할 수 있다.
분석모형 구축하기	• 모형 구축에 부합하는 변수를 지정할 수 있다. • 모형 구축에 적합한 형태로 데이터를 조작할 수 있다. • 모형 구축에 적절한 매개변수를 지정할 수 있다.

4. 데이터 모형 평가 작업

구축된 모형 평가하기	• 최종 모형을 선정하기 위해 필요한 모형 평가 지표들을 잘 사용할 수 있다. • 선택한 평가지표를 이용하여 구축된 여러 모형을 비교하고 선택할 수 있다. • 성능 향상을 위해 구축된 여러 모형을 적절하게 결합할 수 있다.
분석결과 활용하기	• 최종모형 또는 분석결과를 해석할 수 있다. • 최종모형 또는 분석결과를 저장할 수 있다.

실기 접수 및 응시

● **접수 기간**

시험일로부터 한달 전쯤 진행

● **시험 회차**

연 2회 시행

● **시험 접수**

데이터자격검정 홈페이지(www.dataq.or.kr)에서 접수

● **준비물**

신분증, 수험표 지참

● **주의 사항**

- 스마트워치 등 전자통신기기 소지 불가
- 시험 중 필기구 및 PC에 설치된 프로그램(윈도우 메모장, 계산기, 엑셀 등) 사용 불가
- 시험 사이트 외 허가되지 않은 사이트(구글, 네이버 등) 접속 불가

합격 발표

● **실기 합격 및 점수 부여 기준**

- 100점을 만점으로 60점 이상 합격
- 과락 및 부분점수 없음
- 제1유형 및 제3유형은 정답 여부에 따라 점수 부여
- 제2유형은 평가지표에 따른 구간별 점수 부여 및 지시문 위반에 따른 감점 있음

● **실기 합격 발표**

데이터자격검정 홈페이지(www.dataq.or.kr)에서 지정된 날짜에 발표

● **최종 합격 및 자격증 발급**

- 합격자 중에서 자격증 발급 신청자에 한하여 교부
- 데이터자격검정 홈페이지 로그인 → 마이페이지 → 자격증관리에서 발급/신청 가능

고사장 및 시험 관련 문의

- 시행처 : 한국데이터산업진흥원
- www.dataq.or.kr

📞 1877-9817

실기 시험 응시 가이드

빅데이터분석기사 실기 시험은 클라우드 기반 환경에서 진행합니다. 시행처인 한국데이터산업진흥원이 제공하는 링크를 통해 실제 시험 환경을 미리 체험할 수 있습니다.

체험 링크와 시험 응시 가이드는 한국데이터산업진흥원 홈페이지(dataq.or.kr) - [고객지원] - [공지사항]의 "빅데이터분석기사 실기 자격검정 안내" 게시글을 참고하시기 바랍니다.

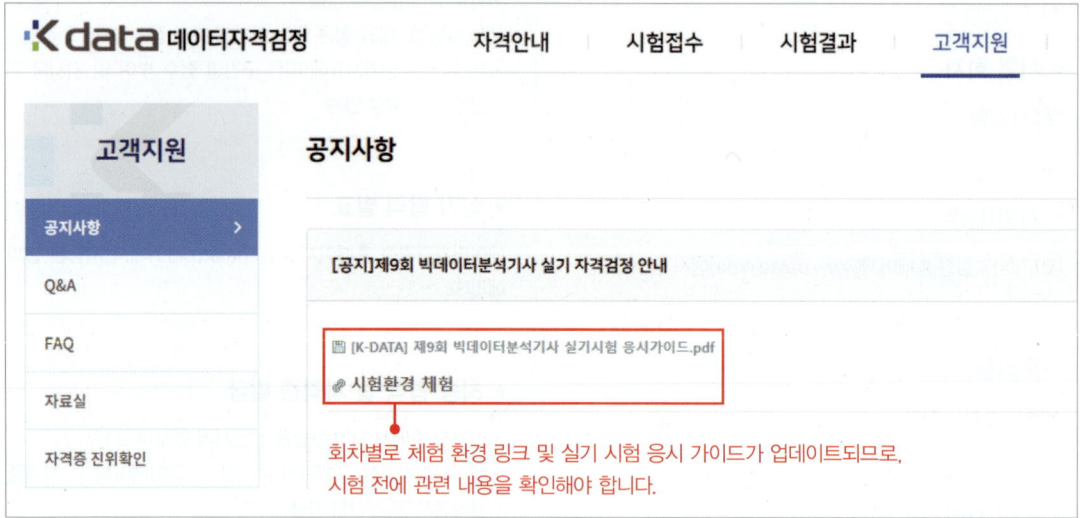

회차별로 체험 환경 링크 및 실기 시험 응시 가이드가 업데이트되므로, 시험 전에 관련 내용을 확인해야 합니다.

* 본 가이드 작성 시점에서 가장 최신 체험 링크는 https://goor.me/EvH8T 입니다.

1. 답안 제출 및 채점 기준

구분	문항 수	답안 제출	점수
제1유형	3문항, 문항당 10점	코딩화면에서 문제풀이 후 답안 제출 화면으로 이동하여 입력	30점
제2유형	1문항, 40점	답안 CSV 파일을 생성하여 제출	40점
제3유형	2문항, 문항당 15점 (소문항 구성, 소문항 배점 합산)	코딩화면에서 문제풀이 후 답안 제출 화면으로 이동하여 입력	30점
합계	6문항		100점

2. 시험 화면

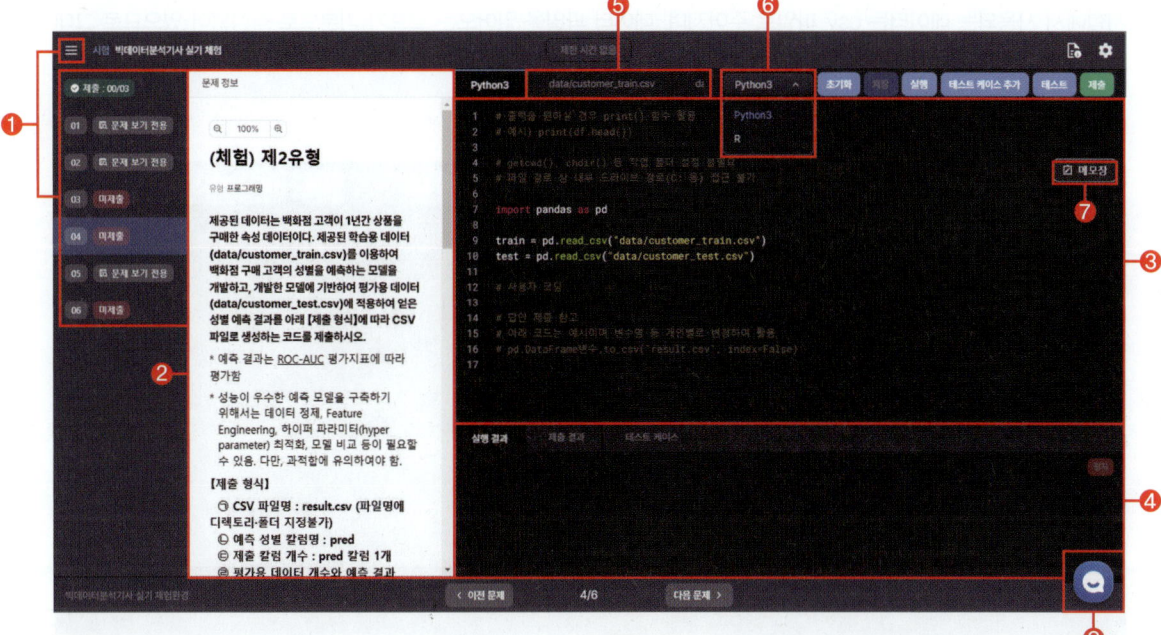

❶ 목록 : 각 유형별 문제를 클릭하여 이동 가능
❷ 문제 영역 : 문제 풀이에 필요한 정보 확인
❸ 스크립트 영역 : 분석 코드를 작성
❹ 실행결과 영역 : 실행결과 확인
❺ 데이터셋 : 데이터셋 내용 확인
❻ 언어 선택 : Python 또는 R
❼ 메모장 : 문제별 메모 작성 가능
❽ 채널톡 : 시험 중 채팅 문의

* 각 영역의 크기는 조정 가능하며, 주기적으로 코드를 [저장]하면서 진행하는 것을 권장합니다.

3. 제약 사항

① 라인별 실행, 그래프 기능, 단축키, 자동완성 기능 미제공
  • help, dir 등 함수를 이용한 참조는 가능함
② 코드 실행 시간은 1분으로 제한되며, 시간 초과 시 강제 실행 취소
③ 시험 중 패키지 추가 설치 불가능, 제공된 패키지만 이용 가능
  • 시험 환경에서 제공되는 패키지는 시험 회차별로 다를 수 있음
④ 시험 중 허가되지 않은 웹 사이트(구글, 네이버 등) 접속 불가능
  • 윈도우 계산기, 엑셀 등 활용 불가능
⑤ 시험환경 내에서 제공되는 별도 메모장 이용 가능(윈도우 기본 메모장 사용 불가능)

4. 데이터 불러오기

시험에서 사용되는 데이터는 csv 파일로 주어지며, 데이터 파일을 읽어오는 코드가 기본으로 작성되어 있으므로 그대로 사용하면 됩니다.

◉ Python 데이터 불러오기

```python
# 출력을 원할 경우 print() 함수 활용
# 예시) print(df.head())

# getcwd(), chdir() 등 작업 폴더 설정 불필요
# 파일 경로 상 내부 드라이브 경로(C: 등) 접근 불가

import pandas as pd

df = pd.read_csv("data/mtcars.csv")

# 사용자 코딩

# 해당 화면에서는 제출하지 않으며, 문제 풀이 후 답안제출에서 결괏값 제출
```

◉ R 데이터 불러오기

```r
# 출력을 원할 경우 print() 함수 활용
# 예시) print(df.head())

# setwd(), getwd() 등 작업 폴더 설정 불필요
# 파일 경로 상 내부 드라이브 경로(C: 등) 접근 불가

df = read.csv("data/mtcars.csv")

# 사용자 코딩

# 해당 화면에서는 제출하지 않으며, 문제 풀이 후 답안제출에서 결괏값 제출
```

5. 코드 실행

우측 상단의 [실행]을 클릭하여 작성한 코드를 실행할 수 있습니다.

📌 mtcars 데이터셋을 불러온 후 데이터 살펴보기

* mtcars 데이터셋을 객체 df로 불러온 후 print(df.head())를 실행하면 하단에 첫 5줄이 출력되는 것을 확인할 수 있습니다.

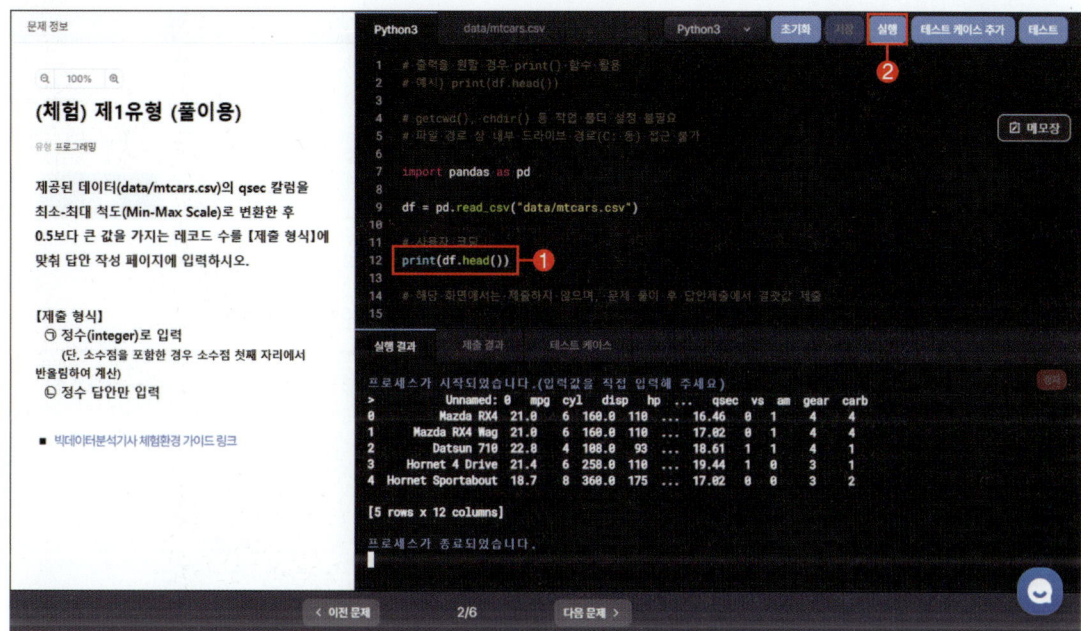

주의 : line by line 실행 불가능

[실행]을 클릭하면 스크립트 영역에 작성된 코드 전체가 실행되므로, 일부만 실행하려고 할 때는 실행하려는 코드를 제외한 나머지 부분을 적절히 주석(#)으로 처리해야 합니다.

6. 답안 제출

① **제1유형, 제3유형** : 별도의 답안 제출 화면으로 이동하여 제출하며, 지시된 제출 형식 준수

◨ 제3유형 답안 제출 화면

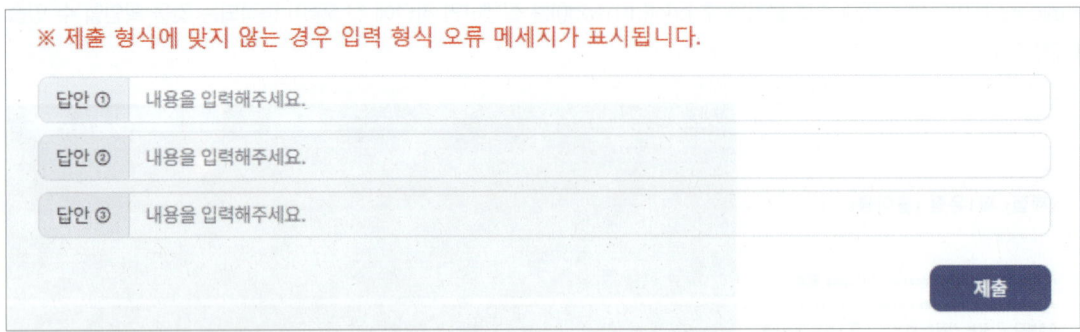

② **제2유형** : 평가용 데이터를 이용한 예측 결과를 지시된 제출 형식을 준수하여 csv 파일로 제출
- 예측 결과는 지시된 칼럼명을 사용하여 생성
- 자동 생성되는 index 칼럼 제거
- 답안 파일에는 예측 결과 칼럼 1개만 생성
- 답안 파일은 지시된 파일명을 사용하여 생성
- 답안 파일 별도 디렉토리 지정 금지

◨ 제2유형 답안 제출 예시

- CSV 파일명 : result.csv
- 고객 성별 예측 결과 칼럼명 : pred

칼럼명	칼럼 설명
pred	고객의 예측 성별(0:여자, 1:남자)

- 제출 CSV 파일 형식 예시

```
pred
0
0
1
0
1
1
...
0
```

7. 채점 기준

① 제1유형, 제3유형
- 각 문항별 정답 여부에 따라 배점 기준 만점 또는 0점
- 작성 코드에 대한 부분 점수 없음

예 제1유형, 제3유형 점수 예시

* 제출형식 : 반올림하여 소숫점 둘째 자리까지 작성(산출된 값: 0.117 → 정답: 0.12)

제출 답안	0.12	0.120	0.117	0.12, 0.117	0.11	0.1
기준	정답	제출 형식 위반		복수 답안 제출	오답	
획득 점수	배점 기준 만점	0점		0점	0점	

② 제2유형
- 평가 지표에 따라 구간별 점수 부여(**예** 정확도 0.8 ~ 0.9인 경우 10점)
- 작성 코드에 대한 부분 점수 없음
- 평가지표에 따른 구간 점수를 획득하여도 제출 형식을 위반하면 득점 점수에서 감점하며, 감점 유형이 중복되면 누적하여 감점

예 제2유형 점수 예시

* 파일명 : result.csv / 칼럼명 : pred

제출 파일명	000000.csv	result.csv	result.csv	000000.csv
제출 칼럼명	pred	pred<u>ict</u>	pred + 다른 칼럼	pred<u>ict</u> + 다른 칼럼
기준	지시 파일명 미사용	지시 칼럼명 미사용	제출 칼럼 1개 초과	지시 파일명 미사용 지시 칼럼명 미사용 제출 칼럼 1개 초과
획득 점수	37점	37점	37점	31점

help(), dir(), __dict__

빅데이터분석기사 실기 시험에서는 온라인 검색이나 외부 자료를 참고하는 것이 불가능합니다. 따라서, 시험 중에 필요한 함수나 클래스의 정보를 빠르게 확인할 수 있도록 Python 내에서 라이브러리의 정보를 조회하는 방법을 익혀두는 것이 중요합니다.

1. help() 함수

help() 함수는 특정 모듈, 클래스, 함수에 대한 문서화된 설명을 출력합니다. 함수의 사용 방법과 주요 매개변수(parameter)를 확인할 때 유용합니다.
예를 들어 scikit-learn 라이브러리의 train_test_split()을 확인하기 위해 아래와 같이 입력하고 [실행]을 클릭합니다.

```python
from sklearn.model_selection import train_test_split
print(help(train_test_split))
```

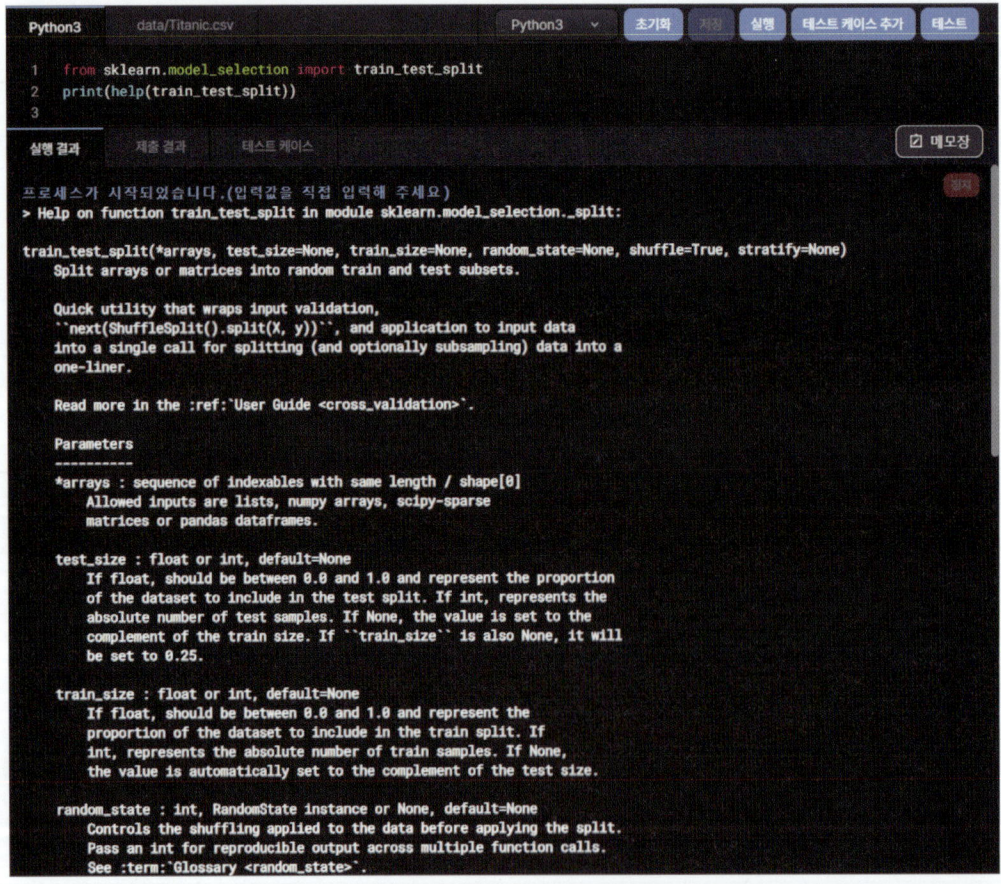

위와 같이 함수의 주요 사용 방법과 함께 간단한 사용 예시 코드도 확인할 수 있습니다.

2. dir() 함수

dir() 함수는 특정 라이브러리나 객체가 어떤 속성(attribute)과 메서드(method)를 가지고 있는지를 확인할 때 유용합니다.
예를 들어 scikit-learn 라이브러리의 LogisticRegression()을 확인하기 위해 아래와 같이 입력하고 [실행]을 클릭합니다.

```python
from sklearn.linear_model import LogisticRegression
print(dir(LogisticRegression))
```

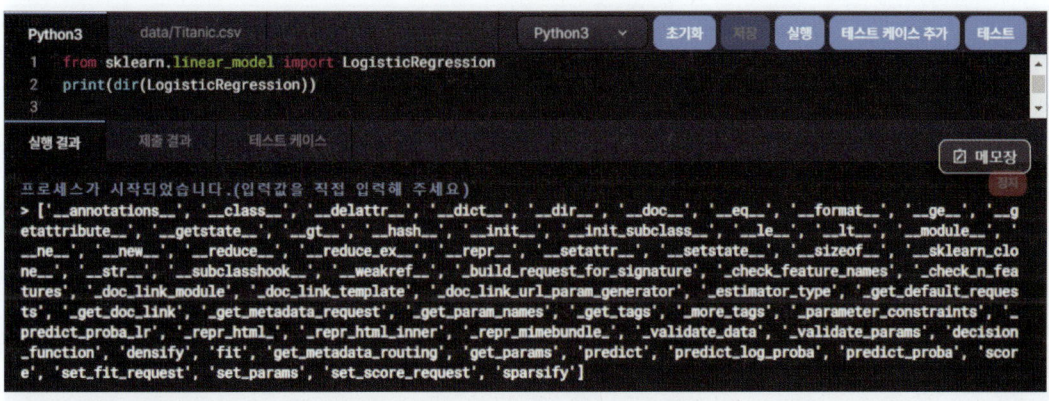

실행 결과를 살펴보면 LogisticRegression()에 존재하는 메서드들이 출력됩니다.
그 중 'predict_proba' 메서드의 주요 활용법에 대해 알아보기 위해 help()를 활용하겠습니다.

```python
help(LogisticRegression.predict_proba)
```

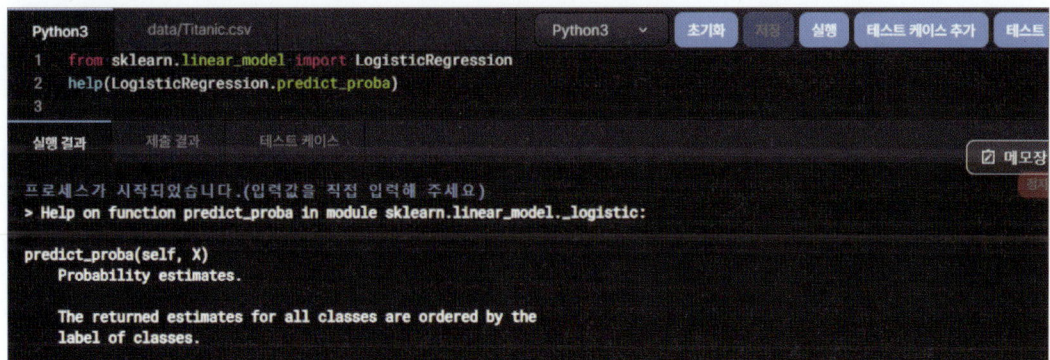

위와 같이 'predict_proba' 메서드에 대한 문서화된 설명이 출력됩니다.

3. __dict__

__dict__ 속성은 클래스 또는 인스턴스 객체가 가지고 있는 속성(attribute)과 그 값을 딕셔너리(dictionary) 형태로 반환합니다. 예를 들어 scikit-learn 라이브러리의 RandomForestClassifier()을 확인해보겠습니다.
다음의 코드는 RandomForestClassifier()의 객체 내부 속성을 확인합니다.

```python
from sklearn.ensemble import RandomForestClassifier
model = RandomForestClassifier()
print(model.__dict__)
```

```
> {'estimator': DecisionTreeClassifier(), 'n_estimators': 100, 'estimator_params': ('criterion', 'max_depth', 'min_samples_split', 'min_samples_leaf', 'min_weight_fraction_leaf', 'max_features', 'max_leaf_nodes', 'min_impurity_decrease', 'random_state', 'ccp_alpha', 'monotonic_cst'), 'bootstrap': True, 'oob_score': False, 'n_jobs': None, 'random_state': None, 'verbose': 0, 'warm_start': False, 'class_weight': None, 'max_samples': None, 'criterion': 'gini', 'max_depth': None, 'min_samples_split': 2, 'min_samples_leaf': 1, 'min_weight_fraction_leaf': 0.0, 'max_features': 'sqrt', 'max_leaf_nodes': None, 'min_impurity_decrease': 0.0, 'monotonic_cst': None, 'ccp_alpha': 0.0}
```

위와 같이 RandomForestClassifier()의 튜닝 파라미터의 명칭과 값을 확인할 수 있습니다.

실습 환경 설정

Colab 이용하기

Colab은 Google이 제공하는 무료 클라우드 기반 주피터 노트북 환경입니다. 주피터 노트북은 머신러닝, 데이터 분석, 교육, 연구 등의 다양한 목적으로 사용되는 대화형 컴퓨팅 환경입니다. 이 장에서는 빅데이터분석기사 실기 실습을 위한 Colab 활용 방법에 대해 알아보겠습니다.

1) Google Colab 웹사이트 접속

- 접속 주소 : https://colab.research.google.com
- Google 계정으로 로그인이 필요합니다.

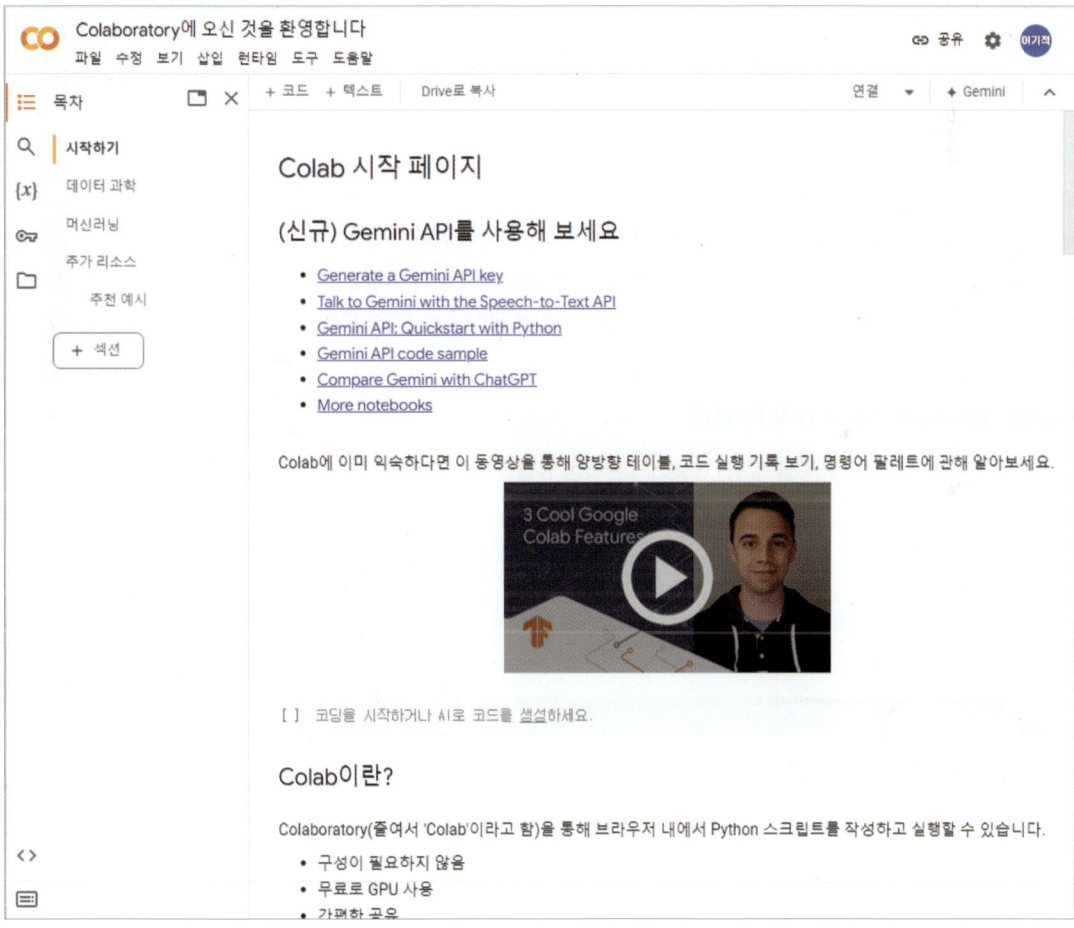

2) Colab 새 노트 생성

- [파일]-[Drive의 새 노트북]을 클릭하면 다음과 같은 편집 환경이 나타납니다.

❶ 파일명을 지정할 수 있습니다.
❷ 코드 셀에 코드를 입력하고 실행(▶) 버튼을 클릭하면 해당 코드가 실행됩니다.
❸ [+코드]를 클릭하면 해당 위치에 코드를 입력할 수 있는 코드 셀이 추가됩니다.
❹ [파일] 메뉴에서 구글 드라이브에 저장하거나 저장된 파일을 불러올 수 있습니다.

Colab 환경에서 Python과 R 설정

[런타임]-[런타임 유형 변경]을 클릭하면 Colab의 런타임 유형을 직접 설정할 수 있습니다.

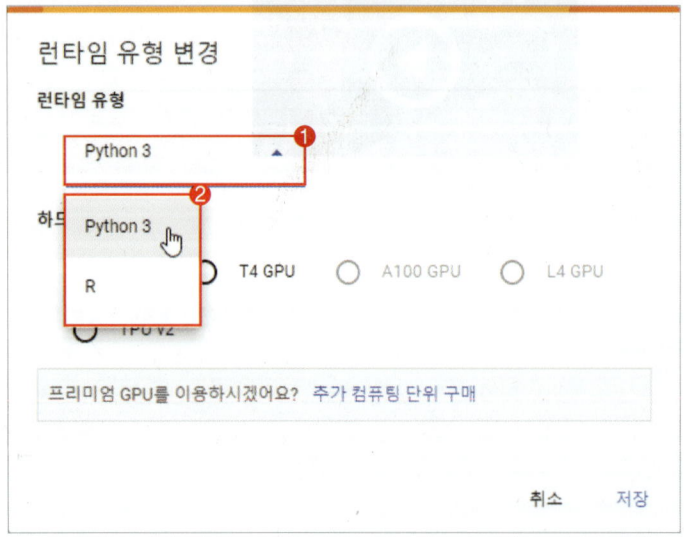

3) 코드 실행하기

- Python 코드를 입력하고 실행(▶)을 클릭하면 결과가 표시됩니다. 간단히 print문을 작성해봅니다.

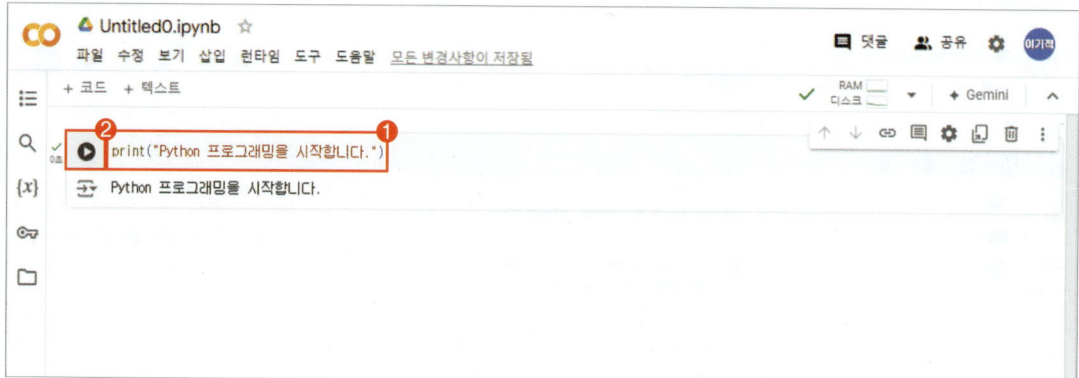

4) 데이터셋 불러오기

1. csv 파일을 직접 업로드하는 방법

▼ Colab의 upload() 함수로 파일 업로드

```
from google.colab import files
uploaded = files.upload()
```

- 위 코드를 작성한 후 실행하면 [파일 선택] 버튼이 나타납니다.

- [파일 선택]을 클릭하고 준비된 csv 파일을 업로드합니다. 업로드한 데이터는 '/content' 경로에 저장되며, 왼쪽의 폴더 아이콘을 클릭하면 업로드한 데이터를 확인할 수 있습니다.
  (실습을 위해 mtcars.csv 파일을 업로드했습니다)

▼ 업로드한 파일을 데이터프레임 객체 df로 생성

```
import pandas as pd
# pandas 라이브러리를 pd라는 이름으로 임포트
df = pd.read_csv("/content/mtcars.csv")
```

* Colab 환경에서는 주요 라이브러리가 미리 설치되어 있습니다.

- 아래와 같이 간단히 변수명(df)만 실행시키면 변수의 값을 출력해볼 수 있습니다.

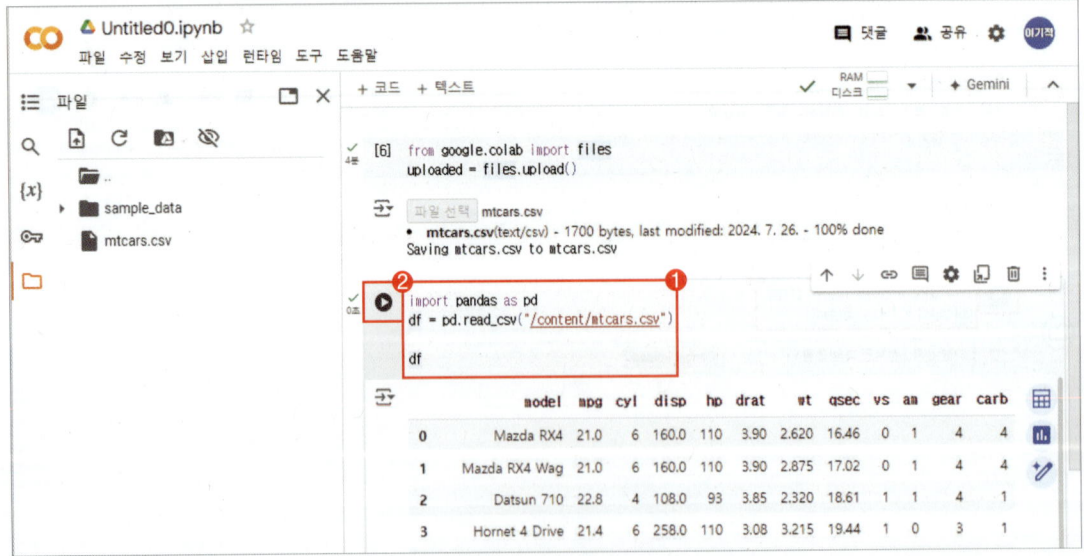

2. 링크를 통해 불러오는 방법

▼ Colab의 upload( ) 함수로 파일 업로드

```
import pandas as pd
df = pd.read_csv("https://raw.githubusercontent.com/YoungjinBD/data/main/mtcars.csv")
```

- 위 코드처럼 웹에서 제공하는 데이터는 링크를 직접 입력하여 파일을 불러올 수 있습니다. 영진닷컴의 깃허브에서 mtcars.csv를 불러왔습니다.

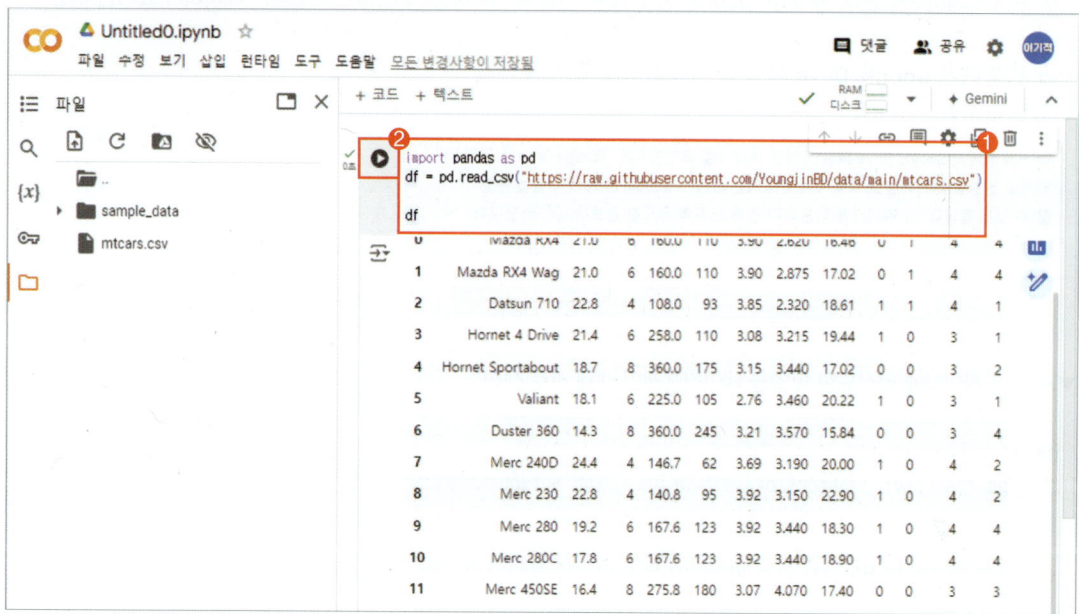

3. 구글 드라이브에서 불러오는 방법

▼ 구글 드라이브 마운트

```
from google.colab import drive
drive.mount("/content/drive")
```

• Colab에서 구글 드라이브의 [Colab Notebooks] 폴더에 업로드한 데이터를 사용할 수 있습니다. 위 코드를 실행한 후 구글 드라이브 접근에 동의하면 /content/drive에 성공적으로 마운트(mount) 되었다는 메시지가 표시됩니다.

▼ 구글 드라이브에 업로드한 파일을 데이터프레임 객체 df로 생성

```
import pandas as pd
df = pd.read_csv("/content/drive/MyDrive/Colab Notebooks/mtcars.csv")
```

• 데이터의 경로는 불러오고자 하는 파일을 마우스 오른쪽 클릭한 후 [경로 복사]를 클릭하면 쉽게 얻을 수 있습니다.

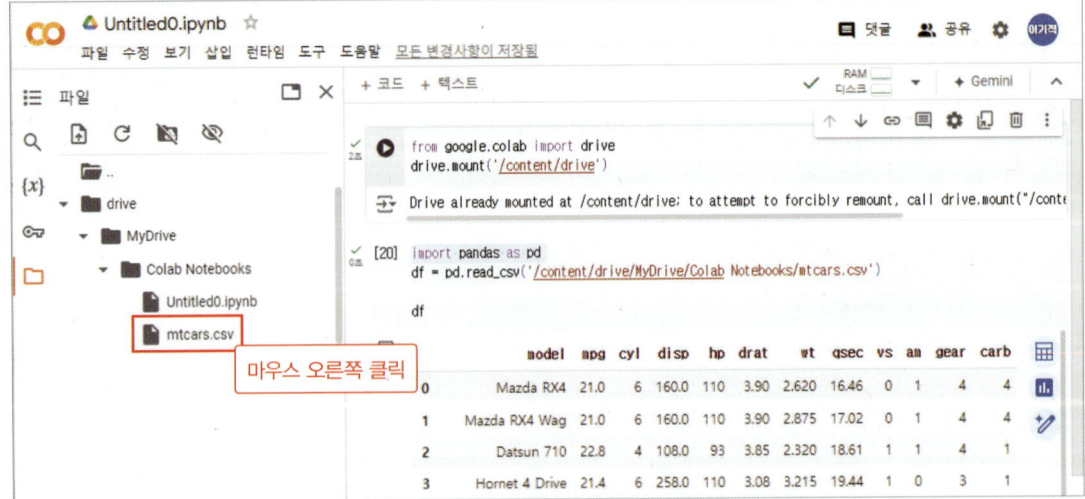

추가) 시험 환경과 같은 버전으로 세팅하기

▼ 세팅된 requirements.txt 파일로 라이브러리 설치

```
!pip install -r https://raw.githubusercontent.com/YoungjinBD/data/main/requirements.txt
```

• 패키지 설치가 완료된 후 세션을 다시 시작합니다.

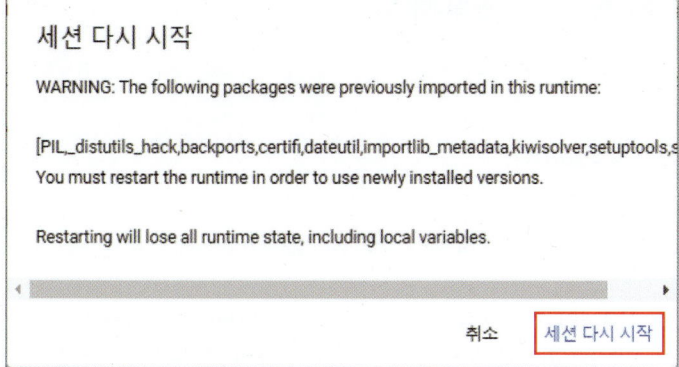

▼ 설치된 패키지 버전 확인 방법

```
import sklearn
sklearn.__version__
import statsmodels
statsmodels.__version__
```

Q&A

Q 데이터 분석과 Python을 잘 모르는 비전공자입니다. 합격할 수 있을까요?

A 네! 충분히 합격하실 수 있습니다.

전공 여부는 전혀 걱정하지 않으셔도 됩니다. 필기 시험에 합격하고 이 책을 공부하신다면 당연히 실기 시험도 합격하실 수 있습니다. 실기 시험은 필기에서 공부했던 내용을 Python이라는 언어를 이용하여 다루는 것일 뿐 개념과 원리는 똑같습니다. 특히 Python은 초심자도 쉽게 익힐 수 있는 프로그래밍 언어로 유명합니다.

또한 본 도서는 최신 기출을 분석하여 그에 맞는 다양한 실전 예제들을 자세히 설명하므로, 이 책만 체계적으로 공부하시면 충분히 높은 점수로 합격하실 수 있습니다.

Q 합격을 위해 어느 정도의 공부 기간이 필요할까요?

A 42시간을 기준으로 학습 계획을 세우세요.

우선 필기 시험의 결과 발표 후 약 7~8주의 시간이 있으며, 이는 실기 시험을 준비하기에 매우 충분한 기간입니다.

본 도서는 비전공자도 Python 분석의 기초부터 고급 스킬까지 익힐 수 있도록 상세하게 구성되어 있으므로, 개인별로 기본 지식의 차이가 있음을 고려해도 하루 2시간씩 3주의 기간이면 누구든 합격에 필요한 실력을 갖출 수 있습니다.

여기에 시험 직전까지 마무리 학습으로 도서에 수록된 기출문제들을 반복 연습하시면 더욱 탄탄한 실력을 다질 수 있습니다.

Q 공부하면서 이해되지 않는 부분이 있습니다. 도움을 받을 수 있을까요?

A 집필진이 직접 최선을 다해 도와드리겠습니다.

학습 중 이해되지 않는 부분이나 궁금한 점이 있다면 슬기로운통계생활 연구소(statple.com/go/bae)를 방문해 보세요.

집필진이 커뮤니티에서 질문을 해결해 드리기 위해 실시간으로 노력 중이며, 추가 자료와 효과적인 학습 방법도 공유하고 있습니다. 또한, 시험 준비뿐만 아니라 데이터 분석가로의 진로 고민 등도 함께 나누실 수 있습니다.

여러분의 성공적인 시험 합격을 적극적으로 지원하겠습니다!

Q 이 도서를 가지고 유형별로 어떻게 준비하면 좋을까요?

A 제1유형

제1유형에서는 데이터 전처리 및 기초 분석이 주요 평가 대상입니다. Python의 pandas와 numpy 등의 라이브러리를 활용하여 데이터를 정리하고 가공하는 능력을 검증하는 문제가 출제됩니다.

주요 출제 범위는 데이터 정렬 및 필터링, 그룹화(group by) 및 집계 연산, 결측치 처리(평균, 중앙값 대치 등), 데이터 변환(타입 변환, 스케일링 등)이 포함됩니다. 이러한 문제들은 실제 데이터 분석에서 필수적인 전처리 과정이므로, 각 개념을 정확히 이해하고 실습을 통해 익히는 것이 중요합니다.

Python 기초가 있는 분들은 pandas 라이브러리와 데이터 유형, 그리고 scikit-learn을 활용한 데이터 전처리 섹션을 집중적으로 학습하는 것이 효과적입니다. 또한, 섹션별 연습문제를 반복적으로 풀면서 실전 감각을 익히고, 주어진 데이터를 빠르고 정확하게 처리하는 연습을 병행하면 문제 해결 능력을 높일 수 있습니다.

제2유형

제2유형에서는 모델링이 주요 평가 대상입니다. 이 유형의 문제는 모범 답안 형태가 일정하게 정해져 있으며, scikit-learn을 활용한 데이터 전처리, 모델 학습, 예측 순서대로 해결하는 것이 기본적인 접근 방식입니다.

모델 학습 시 시간 제한이 1분으로 설정되어 있으므로, 학습 시간이 오래 걸리는 복잡한 모델보다는 기본적인 모델을 빠르게 학습시키는 것이 중요합니다. 또한, 모델의 성능이 너무 낮지만 않다면 대부분 만점 처리되므로, 높은 성능보다는 안정적인 코드 작성이 더 중요할 수 있습니다.

마지막으로, 테스트 데이터에 대한 예측 결과를 문제에서 제시된 형식에 맞게 제출하는지 반드시 확인해야 합니다. 제출 형식이 맞지 않을 경우 점수가 부여되지 않으므로, 결과물을 저장할 때 파일 형식과 컬럼명을 정확히 검토하는 것이 필요합니다.

제3유형

제3유형에서는 통계 분석이 주요 평가 대상입니다. 주요 출제 범위는 선형 회귀분석과 로지스틱 회귀분석이며, 이 두 개념은 매 시험마다 출제되므로 기출문제를 반복 학습하는 것이 가장 효과적인 대비 방법입니다.

또한, 모수 검정 기법인 t-검정, 카이제곱 검정, 분산 분석(ANOVA) 등이 자주 출제됩니다. 따라서, 각 검정 방법에 대한 기출문제를 충분히 연습하는 것이 중요합니다. 특히, t-검정은 독립 표본 t-검정(independent t-test)과 대응 표본 t-검정(paired t-test)이 주로 출제되며, 카이제곱 검정(chi-square test)은 독립성 검정을 중심으로 출제됩니다.

최근 시험에서는 통계 문제의 난이도가 점차 상승하고 있으며, 비모수 검정 기법도 출제될 가능성이 있습니다. 따라서, 기출문제를 학습한 후에는 비모수 검정 관련 개념까지 확장하여 학습하는 것이 바람직합니다. 추가로, 실제 문제에서는 p-value가 유의수준($\alpha=0.05$)보다 작은지 판단하여 귀무가설을 기각 또는 채택하는 과정이 포함되므로, 이에 대한 실전 연습도 필요합니다.

마지막으로, 통계 분석의 코드 구현 능력 또한 중요합니다. statsmodels와 scipy.stats 등의 라이브러리를 활용한 각 검정 방법의 코드 패턴을 숙달하고, 데이터 유형별 적절한 분석 방법을 적용하는 연습이 필요합니다. 기출문제에서 사용된 코드 구조를 반복 학습하여 실전에서 빠르게 해결할 수 있도록 준비하는 것이 좋습니다.

저자 소개

저자 이삭
- The University of Iowa, Statistics & Actuarial Science 박사 수료
- 現 슬기로운통계생활 대표
- 現 ㈜LS 빅데이터스쿨 전임 강사
- 前 성균관대학교 보험계리대학원 응용통계학, 계리리스크관리 강사

저자 김상돈
- 서울시립대학교 통계학 석사
- 現 슬기로운통계생활 강사
- 前 ㈜베가스 데이터 분석가
- ADP 데이터분석전문가, 빅데이터분석기사

데이터 분석가가 되는 가장 빠른 지름길
Statistics Playbook

데이터 분석 전문가가 되기 위해서는 수학과 통계, 프로그래밍, 그리고 도메인 지식까지 폭넓게 이해해야 합니다.
하지만 이 모든 것을 혼자 공부하는 과정은 길고 외로운 싸움이 될 수 있습니다.
슬기로운통계생활은 여러분의 데이터 분석 공부 여정을 함께하는 동반자가 되고자 합니다.
어려운 개념도 쉽고 재미있게 이해할 수 있도록 돕고, 실무에서 바로 적용할 수 있는 인사이트를 제공합니다.
이 책이 데이터 분석을 보다 효과적으로 학습하고, 실무에서 활용하는 데 도움이 되기를 바랍니다.

🏠 홈페이지 statple.com/go/bae
▶ 유튜브 youtube.com/@statisticsplaybook

PART

01

Python 기초와 데이터 구조

> 파트 소개

이 파트에서는 Python 프로그래밍의 기본 문법을 익히고, 데이터 처리를 위한 핵심 개념을 학습합니다. 변수를 활용하여 데이터를 저장하고, 제어문과 반복문을 통해 프로그램의 흐름을 제어하는 방법을 배웁니다.

◆ **주요 내용**
- 변수와 데이터 타입 : 정수, 실수, 문자열, 리스트, 튜플, 딕셔너리 등 다양한 데이터 타입
- 연산자 활용 : 산술, 비교, 논리 연산자를 사용하여 데이터를 조작하고 조건을 설정
- 제어문과 반복문 : if-else 조건문과 for, while 반복문을 활용하여 프로그램의 흐름을 제어
- 함수의 정의와 호출 : def를 사용해 함수를 만들고, return을 통해 결과를 반환하는 방법

SECTION 01 변수와 연산

핵심 태그 변수의 개념 • 변수의 규칙과 스타일 • 연산자의 종류

1) 변수 개념 이해하기

파이썬에서 변수는 데이터를 저장하는 컨테이너입니다. 변수를 사용하면 코드 내에서 데이터를 더 쉽게 관리할 수 있습니다.

① 변수 선언과 할당

- 파이썬에서 변수를 선언하고 값을 할당하는 것은 간단하게 = 연산자를 사용합니다.

```python
# 변수에 값을 할당
number = 10
greeting = "안녕하세요!"
```

② 변수 사용하기

- 변수에 값을 할당한 후에는 변수의 이름을 통해 해당 값을 언제든지 참조 확인할 수 있습니다.

```python
# 변수 값을 출력
print(number)
print(greeting)
```

```
10
안녕하세요!
```

- 위 예제에서 number 변수는 정수 10, greeting 변수는 문자열 "안녕하세요!"를 각각 저장하고 있습니다. print() 함수를 사용하여 이들 변수의 내용을 콘솔에 출력합니다.

③ 변수의 동적 타이핑

- 파이썬은 동적 타입 언어입니다. 이는 변수의 데이터 타입을 미리 선언할 필요가 없다는 의미입니다. 변수의 타입은 할당되는 값에 따라 자동으로 결정됩니다.

```python
# 변수의 타입을 변경
number = "이제 문자열입니다"
print(number)
```

```
이제 문자열입니다
```

2) Python에서 변수명 만들기

파이썬에서 변수를 선언할 때는 몇 가지 중요한 규칙과 관례를 따라야 합니다. 이러한 규칙들은 코드의 가독성과 유지 보수성을 높이는 데 기여합니다.

① 변수명 규칙

- 다음은 파이썬에서 변수의 이름을 지을 때 따라야 하는 기본적인 규칙들입니다.
    1. 변수명은 알파벳, 숫자, 밑줄(_)로 구성하며, 숫자로 시작은 불가능하다.
    2. 파이썬은 대소문자를 구분한다. 예를 들어, data와 Data는 서로 다른 변수이다.
    3. 파이썬의 예약어(if, for, class 등)는 변수명으로 사용할 수 없다.
    4. 변수명은 그 용도나 저장된 데이터를 명확히 설명하도록 의미 있는 이름을 사용한다.

> **기적의 TIP**
>
> 좋은 변수명 예시
> user_age : 사용자의 나이   total_price : 총 가격
> num_items : 항목 수   is_active : 활성 상태

② 변수명 스타일

- 파이썬 커뮤니티 등에서 권장하는 몇 가지 변수명 스타일입니다.
    1. 스네이크 케이스(snake_case) : 모든 글자를 소문자로 하고 단어 사이에 밑줄을 사용한다. 함수와 변수명에 주로 사용한다.
    2. 카멜 케이스(CamelCase) : 각 단어의 첫 글자를 대문자로 시작한다. 클래스 이름에 주로 사용한다.
- 이러한 규칙을 따르는 것은 코드를 보다 효율적으로 작성하고, 다른 개발자들과 협업 시 원활한 소통과 이해하기 쉬운 코드를 유지하는 데 도움이 됩니다.

3) 연산자 학습하기

파이썬에서는 다양한 종류의 연산자를 제공하여 데이터 처리와 계산을 용이하게 합니다. 기본적인 산술 연산자부터 시작해 보겠습니다.

① 기본 산술 연산자

- 두 변수 a와 b에 각각 숫자를 할당하고, 이를 사용하여 기본적인 산술 연산을 수행해 보겠습니다.

```
# 변수 할당
a = 10
b = 3.3

# 기본 산술 연산자
print("a + b =", a + b)      # 덧셈
print("a - b =", a - b)      # 뺄셈
print("a * b =", a * b)      # 곱셈
print("a / b =", a / b)      # 나눗셈
print("a % b =", a % b)      # 나눗셈 연산 후 나머지를 계산
print("a // b =", a // b)    # 나눗셈의 몫을 정수로 반환
print("a ** b =", a ** b)    # 거듭제곱 계산
```

```
a + b = 13.3
a - b = 6.7
a * b = 33.0
a / b = 3.0303030303030303
a % b = 0.10000000000000053
a // b = 3.0
a ** b = 1995.2623149688789
```

② 비교 연산자

- 비교 연산자는 두 값의 관계를 평가하는 데 사용됩니다. 이 결과는 조건문과 반복문에서 중요한 역할을 합니다. 파이썬에서 사용되는 비교 연산자들과 그 의미는 아래 표와 같습니다.

▶ Python 비교 연산자

연산자	설명
==	동등. 두 값이 같음
!=	부등. 두 값이 다름
〈	미만. 왼쪽 값이 오른쪽 값보다 작음
〉	초과. 왼쪽 값이 오른쪽 값보다 큼
〈=	이하. 왼쪽 값이 오른쪽 값보다 작거나 같음
〉=	이상. 왼쪽 값이 오른쪽 값보다 크거나 같음

- 위 연산자들은 수학적 비교를 기반으로 하며, 논리적 조건 평가에 사용됩니다.

▼ 비교 연산자 코드 예시

```python
# 동등 비교
a = 10
b = 20
print("a == b:", a == b)    # a와 b가 같은지 비교

# 부등 비교
print("a != b:", a != b)    # a와 b가 다른지 비교

# 크기 비교
print("a < b:", a < b)      # a가 b보다 작은지 비교
print("a > b:", a > b)      # a가 b보다 큰지 비교

# 크거나 같음, 작거나 같음
print("a <= b:", a <= b)    # a가 b보다 작거나 같은지 비교
print("a >= b:", a >= b)    # a가 b보다 크거나 같은지 비교
```

```
a == b: False
a != b: True
a < b: True
a > b: False
a <= b: True
a >= b: False
```

- 비교 연산자는 조건문에서 변수나 표현식의 값을 평가하는 데 유용하게 사용됩니다. 예를 들어, 사용자 입력값의 검증, 데이터의 필터링, 특정 조건에 따른 처리 등으로 프로그램의 흐름을 제어할 수 있습니다.

```python
# 사용자 나이 검증 예제
user_age = 25
is_adult = user_age >= 18
print("성인입니까?", is_adult)
```

```
성인입니까? True
```

- 위 예제에서는 사용자의 나이가 성인 기준인 18세 이상인지를 검사합니다. 이를 통해 True 또는 False 결과를 얻어 프로그램에서 다양한 로직을 구현할 수 있습니다.
- 비교 연산자는 프로그램에서 조건을 설정하고, 데이터를 분류하며, 특정 조건에 따라 다른 작업을 수행하게 하는 등의 중요한 역할을 합니다. 이들 연산자의 정확한 이해와 사용은 프로그램의 효율성과 정확성을 높이는 데 기여합니다.

③ 논리 연산자

- 논리 연산자는 주로 불리언(참 또는 거짓) 값을 조작하는 데 사용됩니다. 이 연산자들은 복잡한 조건문을 구성할 때 매우 유용합니다.

> **기적의 TIP**
>
> **Boolean**
> '불리언(Boolean)'은 수학자 조지 불(George Boole)의 이름에서 유래되었으며, 컴퓨터 과학에서는 참(True) 또는 거짓(False)의 두 가지 값만을 가질 수 있는 데이터 타입을 지칭합니다.

▶ Python 논리 연산자

연산자	설명
and	두 조건이 모두 참일 때 참
or	두 조건 중 하나라도 참일 때 참
not	조건의 불리언 값을 반전 (참이면 거짓, 거짓이면 참)

▼ 논리 연산자 코드 예시

```
# 논리 연산자 예제
a = True
b = False

# and 연산자
print("a and b:", a and b)    # False, a와 b 둘 다 참이어야 참 반환

# or 연산자
print("a or b:", a or b)      # True, a와 b 중 하나라도 참이면 참 반환

# not 연산자
print("not a:", not a)        # False, a의 반대 불리언 값 반환

a and b: False
a or b: True
not a: False
```

- 위 예제에서 a는 True, b는 False로 정의되었습니다. and 연산자는 두 조건이 모두 참일 때만 참을 반환하며, or 연산자는 두 조건 중 하나라도 참이면 참을 반환합니다. not 연산자는 조건의 불리언 값을 반전시킵니다.

- 논리 연산자를 사용하는 것은 프로그램의 로직을 제어하는 데 매우 중요합니다. 복잡한 조건을 평가하거나, 특정 조건에 따라 다른 동작을 수행하도록 프로그램을 설계할 때 필수적으로 사용됩니다.

SECTION 01 연습문제

1 다음 내용을 변수에 저장하고 print( ) 함수로 출력하시오.

- 본인의 도시 이름을 저장하는 변수(변수명: city_name)
- 본인의 나이를 저장하는 변수(변수명: age)
- 본인이 학생인지 여부를 저장하는 변수(변수명: is_student)

2 다음 중 올바른 변수명을 모두 고르시오.

- user_name
- 3value
- totalPrice
- if
- number_2

3 값이 12 및 4인 변수 x, y를 사용하여 다음 연산을 수행하고 결과를 출력하시오.

```
(x - y) * y / x
x ** y // x
(x % y) + 2
```

4 다음 조건을 만족하는 코드를 작성하시오.

- 변수 price에 12000, 변수 quantity에 3을 저장
- 총 금액을 계산하여 total_price 변수에 저장
- 총 금액이 10000 이상이고 50000 이하인 경우 True를 출력, 그렇지 않으면 False를 출력

SECTION 01   연습문제 정답

1
```
city_name = "서울"
age = 32
is_student = True

print(city_name)
print(age)
print(is_student)
```

```
서울
32
True
```

2
- user_name : 올바른 변수명 – 영문자와 밑줄(_)만으로 구성되며 숫자로 시작하지 않고 예약어도 아닙니다.
- 3value : 잘못된 변수명 – 숫자로 시작할 수 없습니다.
- totalPrice : 올바른 변수명 – 영문자만으로 구성되어 있고, 예약어가 아닙니다.
- if : 잘못된 변수명 – if는 파이썬의 예약어이므로 변수명으로 사용할 수 없습니다.
- number_2 : 올바른 변수명 – 숫자가 변수명 끝에 오고 밑줄을 포함할 수 있으며 예약어가 아닙니다.

3

```python
x = 12
y = 4
# 괄호 안의 뺄셈이 먼저 수행, 곱셈과 나눗셈은 왼쪽부터 차례로 계산
result1 = (x - y) * y / x
print(result1)
```

2.6666666666666665

```python
# 거듭제곱(**) 수행 후 몫(//) 계산
result2 = x ** y // x
print(result2)
```

1728

```python
# 나머지(%) 연산 수행하고 덧셈 적용
result3 = (x % y) + 2
print(result3)
```

2

4

```python
# 변수 선언 및 값 할당
price = 12000
quantity = 3
# 총 금액 계산
total_price = price * quantity
# 두 조건이 모두 참인지 논리 연산자로 확인
result = total_price >= 10000 and total_price <= 50000
print(result)
```

True

데이터 타입의 이해

핵심 태그 데이터 타입 • 인덱싱과 슬라이싱 • 데이터 타입 변환

01 Python의 데이터 타입

파이썬은 데이터를 저장하고 처리하는 데 다양한 데이터 타입을 지원하여, 프로그래머가 데이터를 효율적으로 관리하고 조작할 수 있게 합니다. 파이썬에서 사용되는 주요 데이터 타입들과 각각의 기본적인 특징을 정리하면 아래 표와 같습니다.

데이터 타입	설명	특징
숫자형	정수, 부동 소수점 수, 복소수 포함	변경 불가능(immutable)
문자열형	텍스트 데이터를 저장	변경 불가능(immutable)
리스트형	순서가 있는 항목의 컬렉션	변경 가능(mutable)
튜플형	순서가 있는 항목의 컬렉션	변경 불가능(immutable)
딕셔너리형	키와 값의 쌍을 저장	변경 가능(mutable)
집합형	중복 없는 요소의 컬렉션	변경 가능(mutable)
논리형	참(True) 또는 거짓(False) 값	변경 불가능(immutable)

각 데이터 타입은 특정 상황에 따라 선택하여 사용할 수 있습니다.

1) 숫자형 데이터 타입

파이썬은 다양한 형태의 숫자를 표현할 수 있는 숫자형 데이터 타입들을 지원합니다. 숫자형 데이터 타입에는 int(정수), float(부동 소수점 숫자), 그리고 complex(복소수) 타입이 있습니다.

데이터 타입	설명	사용 예제
int	정수를 표현	x = 10
float	부동 소수점 수를 표현	y = 3.14
complex	복소수를 표현	z = 1 + 2j

① 정수형(int)

- 정수형은 파이썬에서 가장 기본적인 숫자 타입으로, 양의 정수, 0, 음의 정수를 포함합니다.

```
x = 15
print(x, "는 ", type(x), "형식입니다.", sep = '') # sep는 출력할 항목들 사이에 넣을 구분자(separator)를 지정

15는 <class 'int'>형식입니다.
```

② 부동 소수점형(float)
- 부동 소수점형은 소수점을 포함하는 숫자를 표현합니다. 이 타입은 과학적 계산이나 정밀한 수치를 요구하는 계산에 주로 사용됩니다.

```
y = 3.14159
print(y, "는 ", type(y), "형식입니다.", sep = '')

3.14159는 <class 'float'>형식입니다.
```

숫자형 데이터 타입은 파이썬에서 데이터를 효과적으로 다루기 위한 필수 요소입니다. 각 타입은 특정한 사용 목적과 환경에 적합하도록 설계되었으며, 이를 이해하고 올바르게 사용하는 것이 중요합니다.

2) 문자형 데이터 타입

문자형 데이터는 단일 문자 또는 문자열을 저장하며, 작은 따옴표(') 또는 큰 따옴표(")로 묶어서 표현합니다. 세 따옴표(''') 또는 (""")는 여러 줄에 걸친 문자열을 생성할 때 사용됩니다.

▼ 문자형 데이터 출력 예제

```
a = "Hello, world!"
b = 'python programming'

# 여러 줄 문자열
ml_str = """This is
 a multi-line
  string"""

print(a, type(a))
print(b, type(b))
print(ml_str, type(ml_str))

Hello, world! <class 'str'>
python programming <class 'str'>
This is
 a multi-line
  string <class 'str'>
```

- 문자열은 + 연산자를 사용해 결합하고, * 연산자를 사용해 반복할 수 있습니다.

▼ **문자열 연산 예제**

```
# 문자열 결합
greeting = "안녕" + " " + "파이썬!"
print("결합된 문자열:", greeting)

# 문자열 반복
laugh = "하" * 4
print("반복된 문자열:", laugh)
```

```
결합된 문자열: 안녕 파이썬!
반복된 문자열: 하하하하
```

3) 리스트(List) 데이터 타입
리스트는 파이썬에서 가장 유연하고 많이 사용되는 데이터 구조 중 하나입니다. 리스트는 순서가 있고, 수정 가능한(mutable) 컬렉션으로서 다양한 타입의 요소들을 포함할 수 있습니다.

① 리스트형 데이터 타입 특징과 생성 방법
- 리스트는 대괄호 [ ] 안에 쉼표로 구분된 요소들을 포함하여 생성됩니다. 리스트의 요소는 문자열, 숫자, 다른 리스트 등 어떠한 타입의 객체도 될 수 있습니다.

```
fruits = ['apple', 'banana', 'cherry']
numbers = [1, 2, 3, 4, 5]
mixed_list = [1, "Hello", [1, 2, 3]]

print("Fruits:", fruits)
print("Numbers:", numbers)
print("Mixed List:", mixed_list)
```

```
Fruits: ['apple', 'banana', 'cherry']
Numbers: [1, 2, 3, 4, 5]
Mixed List: [1, 'Hello', [1, 2, 3]]
```

② 리스트의 인덱싱(Indexing)과 슬라이싱(Slicing)
- 리스트는 순서를 갖는 자료형이므로, 인덱싱과 슬라이싱을 통해 특정 요소나 범위에 접근할 수 있습니다.

```
a = [10, 20, 30, 40, 50]

# 인덱싱
print("첫 번째 요소:", a[0])      # 10
print("마지막 요소:", a[-1])      # 50

# 슬라이싱 (a[start:end:step])
print("처음 두 개 요소:", a[:2])         # [10, 20]
print("중간 세 개 요소:", a[1:4])        # [20, 30, 40]
print("모든 요소(1개씩 건너뛰기):", a[::2]) # [10, 30, 50]

첫 번째 요소: 10
마지막 요소: 50

처음 두 개 요소: [10, 20]
중간 세 개 요소: [20, 30, 40]
모든 요소(1개씩 건너뛰기): [10, 30, 50]
```

- 인덱싱은 리스트 내 특정 위치의 요소에 접근하는 방법입니다(인덱스는 0부터 시작).
- 슬라이싱은 리스트의 일정 구간을 잘라서 다시 리스트(sublist)로 반환합니다.

③ 리스트와 가변성(Mutability)
- 리스트는 생성 후에도 크기나 내용이 동적으로 변할 수 있습니다. 즉, 이미 생성된 리스트에서 요소를 변경하거나 추가 또는 삭제가 가능합니다.

```
fruits = ["apple", "banana"]
print("생성 시 리스트:", fruits)

fruits[1] = "orange"      # 기존 요소 변경
print("변경 된 리스트:", fruits)

생성 시 리스트: ['apple', 'banana']
변경 된 리스트: ['apple', 'orange']
```

4) 튜플(Tuple)형 데이터 타입

튜플은 파이썬의 중요한 데이터 구조 중 하나로, 리스트와 유사하지만 한 번 생성된 후에는 수정할 수 없는(immutable) 특성을 가지고 있습니다. 이 변경 불가능성은 튜플을 데이터의 무결성을 유지해야 하는 상황에서 유용하게 만듭니다.

튜플은 소괄호 () 또는 괄호 없이 요소를 쉼표로 구분하여 생성할 수 있습니다. 튜플은 순서가 있으며, 중복된 요소를 포함할 수 있습니다.

① 튜플형 데이터 타입 특징과 생성 방법

- 튜플의 생성은 간단하게 요소들을 괄호 안에 나열하면 됩니다. 요소가 하나만 있는 튜플을 만들 때는 요소 뒤에 쉼표를 붙여야 합니다. 또한, 괄호를 생략해서 만들 수도 있습니다. 아래 코드에서 첫 번째 행의 튜플 a는 괄호를 생략한 a = 10, 20, 30의 코드로도 생성 가능합니다.

```
a = (10, 20, 30)    # a = 10, 20, 30과 동일
b = (42,)

print("좌표:", a)
print("단원소 튜플:", b)


좌표: (10, 20, 30)
단원소 튜플: (42,)
```

- 튜플은 리스트보다 더 적은 공간을 사용하고, 생성 후 변경할 수 없기 때문에 실행 시간이 빠릅니다. 또한, 튜플은 딕셔너리의 키와 같은 변경 불가능한 객체가 필요한 곳에서 사용될 수 있습니다.

② 튜플의 인덱싱과 슬라이싱

- 튜플도 리스트처럼 인덱싱과 슬라이싱이 가능합니다. 이를 통해 튜플의 특정 부분에 접근하거나 튜플의 일부를 추출할 수 있습니다.

```
a = (10, 20, 30)

# 인덱싱
print("첫번째 좌표:", a[0])

# 슬라이싱
print("마지막 두 개 좌표:", a[1:])

첫번째 좌표: 10
마지막 두개 좌표: (20, 30)
```

③ 튜플의 불변성(Immutability)

- 튜플은 생성 후에 크기나 내용이 동적으로 변할 수 없습니다. 즉, 이미 생성된 튜플에서 요소를 변경하거나 추가 또는 삭제하는 것은 불가능합니다.

```
fruits = ("apple", "banana", "cherry")

# 튜플의 요소를 변경 시도 -> TypeError 발생
fruits[1] = "orange"
print("변경 후 튜플:", fruits)  # 실행되지 않음

TypeError: 'tuple' object does not support item assignment
```

- 위 에러는 튜플(tuple)이 한 번 생성된 후 내부 요소를 변경할 수 없는(Immutable) 자료형이기 때문에 발생했습니다.
- 내부 요소를 바꿔야 한다면, 튜플 대신 리스트를 사용하거나, 새 튜플을 재생성해야 합니다.

5) 딕셔너리(Dictionary)형 데이터 타입

딕셔너리는 파이썬의 중요한 데이터 구조 중 하나로, 키(key)와 값(value)의 쌍으로 데이터를 저장합니다. 딕셔너리는 데이터에 빠르게 접근할 수 있도록 해주며, 데이터의 추가, 삭제, 수정이 자유롭습니다.

딕셔너리는 중괄호 {}를 사용하여 생성되며, 각 항목은 키: 값 형태로 표현됩니다. 키는 변경 불가능한 (immutable) 타입이어야 하며, 보통 문자열이나 숫자, 튜플이 사용됩니다.

① 딕셔너리 생성

- 딕셔너리를 생성하는 가장 간단한 방법은 중괄호 {} 안에 키: 값 쌍을 나열하는 것입니다.

```
person = {
    'name': 'John',
    'age': 30,
    'city': 'New York'
}
print("Person:", person)

Person: {'name': 'John', 'age': 30, 'city': 'New York'}
```

② 딕셔너리 접근
- 딕셔너리는 키(key)를 통해 값(value)에 접근할 수 있습니다. 하지만, 리스트나 튜플과 다르게 인덱싱과 슬라이싱은 불가능합니다. 대신 키를 사용하여 값을 가져오거나 수정, 추가, 삭제할 수 있습니다.

```python
print("이름:", person['name'])
print("나이:", person['age'])
print("도시:", person['city'])
```

```
이름: John
나이: 30
도시: New York
```

6) 집합(Set)형 데이터 타입

집합은 순서가 없고 중복된 요소를 허용하지 않는 컬렉션입니다. 집합은 수학적인 집합 연산을 지원하며, 주로 중복을 제거하거나 항목의 존재 여부를 빠르게 검사할 때 사용됩니다.

① 집합의 생성
- 집합은 중괄호 {}를 사용하여 생성하거나 set() 생성자를 통해 생성할 수 있습니다.
- 집합은 변경 가능(mutable)하며, 한 번에 하나의 유니크한 요소만 저장할 수 있습니다. 또한, 집합은 중복된 값을 자동으로 필터링하며, 입력된 순서를 유지하지 않습니다.

```python
fruits = {'apple', 'banana', 'cherry', 'apple'}
print("Fruits set:", fruits)    # 중복 'apple'은 제거됨

# 빈 집합 생성
empty_set = set()
print("Empty set:", empty_set)
```

```
Fruits set: {'apple', 'banana', 'cherry'}
Empty set: set()
```

② 집합의 메서드(Method)
- 파이썬에서는 문자열, 리스트, 딕셔너리, 집합 같은 모든 자료형에 메서드를 제공합니다.
- 메서드란, 객체가 내부적으로 가지고 있는 함수를 의미하며, 이 메서드를 통해 데이터를 손쉽게 조작하거나 연산을 수행할 수 있습니다.
- 집합은 요소의 추가, 삭제 및 집합 간 연산을 지원합니다. add(), remove(), update(), union(), intersection() 등의 메서드를 제공합니다.

▼ 집합형 데이터 타입 메서드 예제

```
# 요소 추가
fruits.add('orange')
print("After adding orange:", fruits)
# 요소 삭제
fruits.remove('banana')
print("After removing banana:", fruits)

After adding orange: {'apple', 'banana', 'cherry', 'orange'}
After removing banana: {'apple', 'cherry', 'orange'}

# 집합 간 연산
other_fruits = {'berry', 'cherry'}
union_fruits = fruits.union(other_fruits)
intersection_fruits = fruits.intersection(other_fruits)
print("Union of fruits:", union_fruits)
print("Intersection of fruits:", intersection_fruits)

Union of fruits: {'apple', 'berry', 'cherry', 'orange'}
Intersection of fruits: {'cherry'}
```

- 집합은 포함 항목들의 유일성을 보장하며, 집합 연산을 통해 데이터의 합집합, 교집합, 차집합 등을 효율적으로 처리할 수 있습니다.

7) 논리형 데이터 타입

논리형 데이터 타입은 참(True) 또는 거짓(False)만을 값으로 가지며, 조건문과 논리 연산에서 핵심적인 역할을 합니다. 논리형은 조건의 결과를 표현하는 데 사용되며, 프로그램의 흐름을 제어하는 데 매우 중요합니다.

① 논리형 값의 사용

- 논리형 값은 직접 할당할 수 있으며, True는 1, False는 0으로 처리됩니다.

```
p = True
q = False
print(p, type(p))
print(q, type(q))
print(p + p)    # True는 1로, False는 0으로 계산

True <class 'bool'>
False <class 'bool'>
2
```

- 논리형 값은 조건문의 결과로 생성되기도 합니다.

```
is_active = True
is_greater = 10 > 5      # True 반환
is_equal = (10 == 5)     # False 반환

print("Is active:", is_active)
print("Is 10 greater than 5?:", is_greater)
print("Is 10 equal to 5?:", is_equal)

Is active: True
Is 10 greater than 5?: True
Is 10 equal to 5?: False
```

② 논리 연산자와 논리형 데이터 타입

- 논리형 데이터 타입은 앞에서 공부했던 논리 연산자 and, or, not과 같이 사용되기도 합니다.

```
# 논리 AND 연산
print("True and False:", True and False)    # False
# 논리 OR 연산
print("True or False:", True or False)      # True
# 논리 NOT 연산
print("not True:", not True)                # False

True and False: False
True or False: True
not True: False
```

- or 연산자는 더하기, and 연산자는 곱하기와 같다고 생각하면 이해하기 쉽습니다.

③ 조건문에서의 논리형 사용

- 논리형은 조건문에서 사용되어 프로그램의 분기를 결정합니다. 앞으로 배울 조건문 중 가장 기본이 되는 if 문의 형태를 살펴봅시다.

```
a=3
if (a == 2):    # a는 3이므로 False
    print("a는 2와 같습니다.")
else:
    print("a는 2와 같지 않습니다.")

a는 2와 같지 않습니다.
```

02 데이터 타입 변환하기

파이썬에서는 다양한 데이터 타입 간에 변환을 수행할 수 있습니다. 이러한 변환은 데이터를 다루는 과정에서 유연성을 제공합니다. 숫자형, 문자열형, 리스트형, 튜플형, 딕셔너리형, 집합형, 논리형 데이터 타입 간의 변환 방법을 알아봅시다.

▶ 데이터 타입의 변환 요약

변환 종류	사용 함수	설명
숫자형 → 문자열형	str()	숫자를 문자열로 변환
문자열형 → 숫자형	int(), float()	문자열을 정수 또는 부동 소수점 수로 변환
리스트 ↔ 튜플	list(), tuple()	리스트를 튜플로, 튜플을 리스트로 변환
리스트, 튜플 → 집합	set()	리스트나 튜플을 집합으로 변환
집합 → 리스트, 튜플	list(), tuple()	집합을 리스트나 튜플로 변환
집합 → 딕셔너리	(Not directly possible)	직접적인 함수 없음, 키 또는 값으로 구성 필요
딕셔너리 → 집합	set()	딕셔너리의 키 또는 값으로 집합을 생성
논리형 ↔ 숫자형	bool(), int()	논리값을 숫자로, 숫자를 논리값으로 변환
논리형 ↔ 문자열형	str(), bool()	논리값을 문자열로, 문자열을 논리값으로 변환

1) 숫자형과 문자열형

- 숫자형 → 문자열형 : str() 함수를 사용하여 숫자를 문자열로 변환할 수 있습니다.
- 문자열형 → 숫자형 : int() 또는 float() 함수를 사용하여 문자열을 숫자로 변환할 수 있습니다. 단, 문자열이 숫자 형태를 띠고 있어야 합니다.

```
# 숫자형을 문자열형으로 변환
num = 123
str_num = str(num)
print("문자열:", str_num, type(str_num))

# 문자열형을 숫자형(실수)으로 변환
num_again = float(str_num)
print("숫자형:", num_again, type(num_again))
```

문자열: 123 <class 'str'>
숫자형: 123.0 <class 'float'>

2) 리스트, 튜플, 집합

- **리스트 ↔ 튜플** : list() 함수로 튜플을 리스트로 변환하거나, tuple() 함수로 리스트를 튜플로 변환할 수 있습니다.
- **리스트 ↔ 집합, 튜플 ↔ 집합** : set() 함수를 사용하여 리스트나 튜플을 집합으로 변환할 수 있습니다. 집합에서 리스트나 튜플로의 변환도 각각 list() 또는 tuple() 함수를 사용합니다.

```
# 리스트와 튜플 변환
lst = [1, 2, 3]
print("리스트:", lst)
tup = tuple(lst)
print("튜플:", tup)

리스트: [1, 2, 3]
튜플: (1, 2, 3)
```

3) 집합과 딕셔너리

- **집합 → 딕셔너리** : 집합은 직접적으로 딕셔너리로 변환할 수 없습니다. 집합의 각 요소를 딕셔너리의 키 또는 값으로 사용하여 새로운 딕셔너리를 생성할 수는 있습니다.
- **딕셔너리 → 집합** : 딕셔너리의 키 또는 값만을 추출하여 집합으로 변환할 수 있습니다. 예를 들어, set(dictionary.keys()) 또는 set(dictionary.values())를 사용합니다.

집합과 딕셔너리 변환 예제는 다음과 같습니다. 직접적인 변환은 불가능하나 키 또는 값으로 구성할 수 있습니다.

```
set_example = {'a', 'b', 'c'}
# 딕셔너리로 변환 시, 일반적으로 집합 요소를 키 또는 값으로 사용
dict_from_set = {key: True for key in set_example}
print("Dictionary from set:", dict_from_set)

Dictionary from set: {'b': True, 'a': True, 'c': True}
```

4) 논리형과 다른 타입

- **논리형 ↔ 숫자형** : bool() 함수를 사용하여 숫자를 논리형으로 변환할 수 있으며(0은 False, 그 외는 True), int() 함수로 논리형을 숫자로 변환할 수 있습니다(True는 1, False는 0).
- **논리형 ↔ 문자열형** : str() 함수로 논리형을 문자열로 변환할 수 있고(True는 "True", False는 "False"), 문자열 "True"나 "False"는 bool() 함수로 논리형으로 변환할 수 있습니다.

변환 예제를 통해 논리형과 숫자형, 그리고 논리형과 문자열형 사이에서 데이터를 어떻게 변환할 수 있는지 살펴봅니다.

```
# 숫자를 논리형으로 변환
zero = 0
non_zero = 7
bool_from_zero = bool(zero)                 # False
bool_from_non_zero = bool(non_zero)         # True
print("0을 논리형으로 바꾸면:", bool_from_zero)
print("7을 논리형으로 바꾸면:", bool_from_non_zero)

# 논리형을 숫자로 변환
true_bool = True
false_bool = False
int_from_true = int(true_bool)              # 1
int_from_false = int(false_bool)            # 0
print("True는 숫자로:", int_from_true)
print("False는 숫자로:", int_from_false)
```

0을 논리형으로 바꾸면: False
7을 논리형으로 바꾸면: True
True는 숫자로: 1
False는 숫자로: 0

```
# 논리형을 문자열로 변환
str_from_true = str(true_bool)              # "True"
str_from_false = str(false_bool)            # "False"
print("True는 문자열로:", str_from_true)
print("False는 문자열로:", str_from_false)

# 문자열을 논리형으로 변환
str_true = "True"
str_false = "False"
bool_from_str_true = bool(str_true)         # True
bool_from_str_false = bool(str_false)       # True, 비어있지 않으면 무조건 참
print("'True'는 논리형으로 바꾸면:", bool_from_str_true)
print("'False'는 논리형으로 바꾸면:", bool_from_str_false)
```

True는 문자열로: True
False는 문자열로: False
'True'는 논리형으로 바꾸면: True
'False'는 논리형으로 바꾸면: True

03 자료형별 메서드 요약

주요 자료형에서 자주 사용되는 메서드를 요약한 것입니다. 기본적으로 많이 쓰이는 메서드 위주로 정리하였으므로 필요할 때 참고하여 활용하시기 바랍니다.

▶ 문자열(str)에서 사용 가능한 메서드

메서드	설명
upper()	모든 문자를 대문자로 변환합니다.
lower()	모든 문자를 소문자로 변환합니다.
replace(old, new)	문자열에서 old를 찾아 new로 교체합니다.
split(sep=None)	구분자(sep)로 문자열을 분할하여 리스트로 반환합니다.
join(iterable)	반복 가능한 객체(iterable)의 문자열 요소들을 하나로 합쳐 새로운 문자열로 만듭니다.
strip(), lstrip(), rstrip()	공백 또는 특정 문자를 제거합니다. (양쪽/왼쪽/오른쪽)
find(sub)	부분 문자열 sub를 찾아 처음 발견된 인덱스를 반환합니다. 찾지 못하면 -1을 반환합니다.
count(sub)	부분 문자열 sub가 문자열 내에 몇 번 등장하는지 횟수를 반환합니다.

▶ 리스트(list)에서 사용 가능한 메서드

메서드	설명
append(item)	리스트의 끝에 요소를 추가합니다.
insert(index, item)	지정한 인덱스 위치에 요소를 삽입합니다.
extend(iterable)	다른 리스트나 반복 가능한 객체의 요소를 현재 리스트에 이어붙입니다.
remove(item)	리스트에서 첫 번째로 발견된 item을 제거합니다. 없으면 ValueError 발생
pop(index=-1)	지정한 인덱스 위치의 요소를 제거하고, 그 요소를 반환합니다. 기본값(-1)은 마지막 요소
clear()	리스트의 모든 요소를 제거하여 빈 리스트로 만듭니다.
index(item)	item이 처음으로 나타나는 인덱스를 반환합니다. 없으면 ValueError 발생
count(item)	리스트 안에 item이 몇 개 들어있는지 반환합니다.
sort(key=None, reverse=False)	리스트의 요소를 정렬합니다.
reverse()	리스트의 순서를 뒤집습니다.
copy()	리스트를 **얕은 복사(shallow copy)**하여 새로운 리스트를 반환합니다.

▶ 튜플(tuple)에서 사용 가능한 메서드

메서드	설명
count(item)	튜플 내에서 item이 등장하는 횟수를 반환합니다.
index(item)	item이 처음으로 나타나는 인덱스를 반환합니다. 없으면 오류 발생

▶ 딕셔너리(dict)에서 사용 가능한 메서드

메서드	설명
get(key[, default])	key에 대응하는 값을 반환합니다. key가 없으면 default(지정 시)를 반환하고, 기본값이 없으면 None을 반환합니다.
keys()	딕셔너리의 모든 키를 반환합니다(반복 가능한 객체).
values()	딕셔너리의 모든 값을 반환합니다(반복 가능한 객체).
items()	딕셔너리의 (키, 값) 쌍을 튜플 형태로 모두 반환합니다(반복 가능한 객체).
update([other])	다른 딕셔너리(other)의 키-값 쌍을 현재 딕셔너리에 병합합니다.
pop(key[, default])	key에 해당하는 값을 꺼내고, 딕셔너리에서 해당 항목을 삭제합니다. key가 없으면 default 또는 오류 발생
popitem()	마지막으로 추가된 (키, 값) 쌍을 꺼내고, 딕셔너리에서 삭제합니다(파이썬 3.7+).
setdefault(key[, default])	key가 이미 있으면 해당 값을 반환, 없으면 default 값을 키와 함께 딕셔너리에 추가한 후 그 값을 반환합니다.
clear()	모든 키-값 쌍을 삭제하여 빈 딕셔너리로 만듭니다.

▶ 집합(set)에서 사용 가능한 메서드

메서드	설명
add(element)	집합에 요소를 추가합니다.
remove(element)	집합에서 요소를 제거합니다. 요소가 없으면 KeyError가 발생합니다.
discard(element)	집합에서 요소를 제거합니다. 요소가 없어도 에러가 발생하지 않습니다.
pop()	임의의 요소를 제거하고 제거된 요소를 반환합니다. 빈 집합일 경우 KeyError 발생
clear()	모든 요소를 제거하여 빈 집합으로 만듭니다.
update(other)	다른 집합(또는 반복 가능한 객체)의 요소들을 현재 집합에 추가합니다.
union(other)	두 집합의 합집합을 새 집합으로 반환합니다.
intersection(other)	두 집합의 교집합을 새 집합으로 반환합니다.
difference(other)	두 집합의 차집합을 새 집합으로 반환합니다.
symmetric_difference(other)	두 집합의 대칭 차집합을 새 집합으로 반환합니다.
isdisjoint(other)	두 집합에 겹치는 요소가 없으면 True, 있으면 False를 반환합니다.
issubset(other)	현재 집합이 부분집합이면 True를 반환합니다.
issuperset(other)	현재 집합이 상위집합이면 True를 반환합니다.

- 숫자형(int, float, complex)은 기본 산술 연산과 int(), float(), round(), abs() 같은 빌트인 함수를 주로 사용합니다. 특별히 리스트·문자열처럼 풍부한 메서드는 없습니다.
- 논리형(bool)은 메서드를 제공하지 않으며, 조건문과 반복문에서 True, False 값으로 주로 사용합니다.

SECTION 02 연습문제

1 변수들의 데이터 타입이 각각 다음 조건을 만족하는 경우에만 True, 아니면 False를 출력하고, 최종적으로 True의 개수를 출력하시오.

- num은 정수형(int)
- name은 정수형(int)
- data는 튜플(tuple)
- flags는 집합(set)
- pi는 부동소수점형(float)
- fruits는 리스트(list)
- person은 딕셔너리(dict)

```
num = 100
pi = 3.14
name = "111"
fruits = ["apple", "banana", "cherry"]
data = (10, 20, 30)
person = {"name": "Tom", "age": 25}
flags = {True, False}
```

2 다음 리스트를 튜플로 변환하고, 다시 집합으로 변환한 후 개별 요소의 개수를 출력하시오.

```
nums = [5, 10, 10, 15]
```

3 다음 딕셔너리에서 age를 28로 수정하고, city 키-값 쌍을 삭제한 후 딕셔너리를 출력하시오.

```
profile = {
    "name": "Jane",
    "age": 27,
    "city": "Busan"
}
```

4 다음 두 집합의 합집합, 교집합, 차집합을 각각 출력하시오.

```
set_x = {1, 2, 3, 4}
set_y = {3, 4, 5, 6}
```

5 다음 문장에서 "Python"이라는 단어는 모두 대문자로 변환하고, 나머지 단어는 모두 소문자로 변환하여 출력하시오.

```
sentence = "Python Is FUN"
```

SECTION 02 연습문제 정답

1
```
num = 100
pi = 3.14
name = "111"
fruits = ["apple", "banana", "cherry"]
data = (10, 20, 30)
person = {"name": "Tom", "age": 25}
flags = {True, False}
# 타입 검증 및 True 개수 계산
results = [
    type(num) == int,
    type(pi) == float,
    type(name) == int,
    type(fruits) == list,
    type(data) == tuple,
    type(person) == dict,
    type(flags) == set
]
print("검증 결과:", results)
print("True 개수:", sum(results))
```

```
검증 결과: [True, True, False, True, True, True, True]
True 개수: 6
```

2
```
nums = [5, 10, 10, 15]
tup = tuple(nums)
print("튜플:", tup)
b = list(tup)
set_nums = set(tup)
print("집합:", set_nums)
print('요소 개수 :', len(set_nums))
```

```
튜플: (5, 10, 10, 15)
집합: {10, 5, 15}
요소 개수 : 3
```

3
```
profile = {
    "name": "Jane",
    "age": 27,
    "city": "Busan"
}
profile["age"] = 28
del profile["city"]
print("수정된 딕셔너리:", profile)
```

```
수정된 딕셔너리: {'name': 'Jane', 'age': 28}
```

4
```
set_x = {1, 2, 3, 4}
set_y = {3, 4, 5, 6}
print("합집합:", set_x.union(set_y))
print("교집합:", set_x.intersection(set_y))
print("차집합:", set_x.difference(set_y))
```

```
합집합: {1, 2, 3, 4, 5, 6}
교집합: {3, 4}
차집합: {1, 2}
```

5
```
sentence = "Python Is FUN"
result = sentence.lower().replace("python", "PYTHON")
print(result)
```

```
PYTHON is fun
```

SECTION 03 NumPy와 벡터

난이도 하
반복학습 1 2 3

핵심 태그 배열 생성 • 벡터의 길이 • 벡터 슬라이싱 • 논리연산자 • 벡터 함수 사용

01 NumPy 라이브러리

넘파이(NumPy, Numerical Python)는 과학 계산을 위해 널리 사용되는 파이썬 라이브러리입니다. 다차원 배열 객체와 배열 작업을 위한 다양한 기능을 제공하며, 데이터 분석, 기계 학습, 공학 설계 등 많은 과학적 계산 분야에서 필수적인 도구로 사용되고 있습니다.

- **다차원 배열 객체** : 고성능의 다차원 배열(ndarray)을 지원하며, 이를 통해 벡터화된 연산을 수행할 수 있어 계산 속도가 매우 빠릅니다.
- **방대한 수학 함수 라이브러리** : 선형 대수, 통계, 푸리에 변환 등과 같은 수학적 연산을 위한 함수를 대규모로 제공합니다.
- **배열 기반의 데이터 처리 도구** : 데이터 조작, 정제, 부분집합 생성, 필터링, 변형, 그리고 다른 종류의 계산을 위한 편리한 방법을 제공합니다.

▼ NumPy 불러오기

```
import numpy as np
```

02 NumPy와 배열

1) NumPy 배열 생성

벡터(Vector)는 동일한 데이터 타입의 값들을 순서대로 나열한 것입니다. 파이썬에서 벡터를 생성하는 가장 일반적인 방법은 NumPy의 np.array() 함수를 사용하는 것으로, 이 함수로 여러 개의 값을 하나의 벡터로 묶을 수 있습니다.

- 벡터를 생성할 때는 동일한 데이터 타입의 값을 사용해야 합니다.

▼ NumPy로 숫자형, 문자형, 논리형 벡터 생성 예제

```python
import numpy as np

a = np.array([1, 2, 3, 4, 5])                    # 숫자형 벡터 생성
b = np.array(["apple", "banana", "orange"])      # 문자형 벡터 생성
c = np.array([True, False, True, True])          # 논리형 벡터 생성

print("Numeric Vector:", a)
print("String Vector:", b)
print("Boolean Vector:", c)
```

```
Numeric Vector: [1 2 3 4 5]
String Vector: ['apple' 'banana' 'orange']
Boolean Vector: [ True False  True  True]
```

- 벡터를 생성하는 방법은 크게 두 가지로 나뉩니다.
  1. 빈 배열 선언 후 채우기
  2. 배열을 생성하면서 채우기

- NumPy에서 빈 배열을 생성하는 방법은 np.empty() 함수를 사용할 수 있습니다.

- 다음의 코드는 길이가 3인 빈 배열을 생성하고, 이를 채워 넣는 예제입니다.

```python
# 빈 배열 생성
x = np.empty(3)
print("빈 벡터 생성하기:", x)    # 메모리의 임의의 값을 가지며 시스템에 따라 다름

# 배열 채우기
x[0] = 3
x[1] = 5
x[2] = 3
print("채워진 벡터:", x)
```

```
빈 벡터 생성하기: [1.12382069e-316 1.32365325e-326 1.58101007e-322]
채워진 벡터: [3. 5. 3.]
```

> **기적의 TIP**
>
> **1e-100**
> e는 10의 지수를 나타냅니다. 1e-100은 10의 -100승이므로 0에 가까운 매우 작은 수입니다.
> np.empty()로 생성된 배열에는 0에 가까운 매우 작은 수가 자동으로 채워집니다.

2) 배열을 생성하면서 채우기

NumPy에서 배열을 생성하면서 채우는 방법에는 여러 가지가 있습니다.

1. np.array() 함수로 직접 입력
2. np.arange() 함수를 사용하여 일정한 간격의 숫자 배열 생성
3. np.linspace() 함수를 사용하여 지정된 범위를 균일하게 나눈 숫자 배열 생성

① np.arange() 함수

- np.arange() 함수는 일정한 간격으로 숫자를 생성하여 배열을 반환합니다. 이 함수는 파이썬의 내장 함수 range()와 유사하지만, 배열을 반환하며 더 넓은 범위의 숫자 타입을 지원합니다.

> np.arange([start,] stop, [step,] dtype=None)
>   start : 배열의 시작값, 생략 시 0부터 시작
>   stop : 배열 생성을 멈출 종료값, 이 값은 배열에 미포함
>   step : 각 배열 요소 간의 간격, 기본값은 1
>   dtype : 배열의 데이터 타입을 명시적으로 지정, 생략 시 입력 데이터를 기반으로 유추

- 위의 함수 표현법에서 start와 step처럼 대괄호[ ]로 입력값을 감싼 것은 생략이 가능함을 나타내는 표기법입니다.

▼ 0부터 10 미만까지의 정수 배열 생성

```
import numpy as np

arr1 = np.arange(10)
print("Array from 0 to 9:", arr1)
```

```
Array from 0 to 9: [0 1 2 3 4 5 6 7 8 9]
```

▼ 0부터 2 미만까지 0.5 간격으로 배열 생성

```
arr2 = np.arange(0, 2, 0.5)
print("0부터 2 미만까지 0.5 간격으로 발생:", arr2)
```

```
0부터 2 미만까지 0.5 간격으로 발생: [0.  0.5 1.  1.5]
```

② np.linspace() 함수

- np.linspace() 함수는 지정된 시작점과 종료점 사이에서 균일한 간격의 숫자 배열을 생성합니다. 이 함수는 주로 데이터 플롯이나 수학적 계산에서 필요한 특정 개수의 포인트를 생성할 때 사용됩니다.

> np.linspace(start, stop, num=50, endpoint=True, retstep=False, dtype=None)
> start : 시퀀스의 시작값
> stop : 시퀀스의 종료값, endpoint=True이면 이 값이 배열에 포함
> num : 생성할 샘플의 수, 기본값은 50
> endpoint : True인 경우 stop이 마지막 샘플로 포함
> retstep : True인 경우 결과와 함께 샘플 간의 간격도 반환
> dtype : 배열의 데이터 타입을 지정

▼ 0부터 1까지 총 5개의 요소로 구성된 배열 생성

```
linear_space1 = np.linspace(0, 1, 5)
print("0부터 1까지 5개 원소:", linear_space1)
```

```
0부터 1까지 5개 원소: [0.   0.25 0.5  0.75 1.  ]
```

▼ endpoint 옵션 변경

```
linear_space2 = np.linspace(0, 1, 5, endpoint = False)
print("0부터 1까지 5개 원소, endpoint 제외:", linear_space2)
```

```
0부터 1까지 5개 원소, endpoint 제외: [0.  0.2 0.4 0.6 0.8]
```

③ np.repeat() 함수, 값을 반복해서 벡터 만들기

- np.repeat() 함수를 사용하여 반복되는 요소로 배열을 생성할 수 있습니다.

> np.repeat(a, repeats, axis=None)
> a : 반복할 입력 배열
> repeats : 각 요소를 반복할 횟수
> axis : 반복을 적용할 축을 지정, 기본값은 None, 배열을 평평하게 만든 후 반복

▼ 단일 값 반복

```
# 숫자 8을 4번 반복
repeated_vals = np.repeat(8, 4)
print("Repeated 8 four times:", repeated_vals)
```

```
Repeated 8 four times: [8 8 8 8]
```

▼ 배열 반복

```
# 배열 [1, 2, 4]를 2번 반복
repeated_array = np.repeat([1, 2, 4], 2)
print("Repeated array [1, 2, 4] two times:", repeated_array)
```

```
Repeated array [1, 2, 4] two times: [1 1 2 2 4 4]
```

▼ 각 요소를 반복

```
# 배열 [1, 2, 4]의 각 요소를 각각 1, 2, 3번 반복
repeated_each = np.repeat([1, 2, 4], repeats = [1, 2, 3])   # repeats 인수를 배열로 사용
print("Repeated each element in [1, 2, 4] two times:", repeated_each)
```

```
Repeated each element in [1, 2, 4] two times: [1 2 2 4 4 4]
```

④ np.tile() 함수

- 벡터 전체를 반복하려면 np.tile() 함수를 사용합니다.

> np.tile(a, reps)
>   a : 반복할 입력 배열
>   reps : 반복할 횟수

▼ 벡터 전체를 반복해서 붙이기

```
# 배열 [1, 2, 4]를 2회 반복
repeated_whole = np.tile([1, 2, 4], 2)
print("벡터 전체를 두 번 반복:", repeated_whole)
```

```
벡터 전체를 두 번 반복: [1 2 4 1 2 4]
```

3) 벡터의 길이

넘파이 배열의 길이를 재는 방법은 여러 가지가 있습니다. 가장 일반적으로 사용하는 방법은 len() 함수를 사용하는 것입니다. 또한, 배열의 크기와 모양을 확인하기 위해 numpy 모듈의 shape 속성을 사용할 수도 있습니다.

① len() 함수로 길이 구하기

- len() 함수는 배열의 첫 번째 차원의 길이를 반환합니다. 이는 1차원 배열의 경우 배열의 요소 수를 의미합니다.

```
import numpy as np
a = np.array([1, 2, 3, 4, 5])   # 1차원 배열
len(a)
```

```
5
```

② shape 속성으로 크기 구하기
- shape 속성은 배열의 각 차원의 크기를 튜플 형태로 반환합니다. 이를 통해 배열의 전체 크기를 알 수 있습니다.

```
a = np.array([1, 2, 3, 4, 5])
a.shape

(5,)
```

③ size 속성으로 전체 요소 수 구하기
- 배열의 전체 요소 수를 구하려면 size 속성을 사용할 수 있습니다. 이는 배열의 모든 요소의 개수를 반환합니다.

```
a = np.array([1, 2, 3, 4, 5])
a.size

5
```

03 NumPy 벡터 인덱싱과 슬라이싱

1) 인덱싱과 슬라이싱

벡터의 일부를 추출할 때는 대괄호 [ ]를 사용합니다. 대괄호 안에는 추출하려는 요소의 위치나 인덱스를 지정합니다.

▼ 벡터 인덱싱과 슬라이싱 예제

```
import numpy as np

# a를 랜덤하게 채움
np.random.seed(42)              # 동일한 결과를 위한 설정
a = np.random.randint(1, 21, 10)
print(a)
print(a[1])                     # 두 번째 값 추출(0이 첫 번째)

[7 20 15 11 8 7 19 11 11 4]
20
```

```
# 세 번째부터 다섯 번째 값 추출
print(a[2:5])

[15 11 8]
```

- 인덱싱을 할 경우 시작값에 해당하는 포지션은 포함하고, 마지막 값에 해당하는 포지션은 포함하지 않는 것에 주의합니다.
- 다음과 같이 인덱싱 안에 리스트가 들어가도 됩니다.

```
# 첫 번째, 세 번째, 다섯 번째 값 추출
print(a[[0, 2, 4]])
# 두 번째 값 제외하고 추출
print(np.delete(a, 1))
```

[7 15 8]
[7 15 11 8 7 19 11 11 4]

- 또한, 인덱싱을 중복해서 선택하는 것도 가능합니다.

```
# 인덱싱 중복 선택
print(a)
print(a[[1, 1, 3, 2]])
```

[7 20 15 11 8 7 19 11 11 4]
[20 20 11 15]

- 대괄호 연산자와 비교 연산자를 사용한 벡터 슬라이싱은 다음과 같이 수행할 수 있습니다.

```
b = a[a > 3]
print(b)
```

[7 20 15 11 8 7 19 11 11 4]

- 위 예제에서는 벡터 a의 값이 3보다 큰 요소만 추출하여 b에 할당합니다.

2) 논리 연산자와 조건문 활용하기

대괄호 안에 연산자를 조합하여 원하는 값을 추출할 수 있습니다.

```
b = a[(a > 2) & (a < 9)]
print(b)
```

[7 8 7 4]

① == (같음), != (다름)

```
print(a[a == 8])
print(a[a != 8])

[8]
[ 7 20 15 11  7 19 11 11  4]
```

- 위 예제는 비교 연산자(==, !=)를 사용하여 벡터 슬라이싱을 수행합니다. == 연산자를 통해 8인 요소를 추출하고, != 연산자를 통해 8을 제외한 요소를 추출합니다.

② ~ (부정)

```
print(~(a == 8))
print(a[~(a == 8)])

[ True  True  True  True False  True  True  True  True  True]
[ 7 20 15 11  7 19 11 11  4]
```

- 논리 부정 연산자(~)는 not의 의미로 True는 False로, False는 True로 반전시킵니다. 이를 활용하여 != 연산자와 같은 결과를 추출할 수 있습니다.

③ % (나머지), // (몫)

- 나머지 연산자(%)로 벡터 슬라이싱을 수행하여 특정 패턴의 값만 추출할 수 있습니다.

```
b = a[np.arange(1, 11) % 2 == 1]
print(b)

[ 7 15  8 19 11]
```

- 위 예제에서는 np.arange(1, 11)을 사용하여 인덱스 벡터를 생성합니다. 이후, % 연산자를 사용하여 인덱스 벡터를 2로 나눈 나머지가 1인 요소만 추출합니다. 이를 통해 벡터 a에서 홀수 번째 요소만 추출할 수 있습니다.
- 다른 예로, 3으로 나눈 나머지가 0인 요소만 추출하는 코드는 다음과 같습니다.

```
b = a[a % 3 == 0]
print(b)

[15]
```

④ & (AND)
- 두 값이 모두 True일 때, True를 반환합니다.

```
x = np.array([True, True, False])
y = np.array([True, False, False])
print(x & y)
```

[True False False]

⑤ | (OR)
- 두 값 중 하나라도 True이면, True를 반환합니다.

```
print(x | y)
```

[True True False]

3) 논리 연산자 혼합하기

위에서 배운 논리 연산자 내용을 떠올리면서 다음 코드의 결과값을 해석해보겠습니다.

```
import numpy as np
a = np.array([1, 2, 3, 4, 16, 17, 18])    # 예시 배열

result = a[(a == 4) & (a > 15)]
print(result)
```

[]

- a[(a == 4) & (a > 15)]는 배열 a에서 값이 4인 원소 중에서 15보다 큰 원소들을 선택하는 코드입니다.
- &는 논리 연산자 AND로, 두 개의 조건을 모두 만족하는 원소를 선택합니다. 따라서 배열 a에서 값이 4인 원소와 15보다 큰 원소 두 가지 조건을 모두 만족하는 값은 없으므로, 빈 배열을 반환합니다.

```
result = a[(a == 4) | (a > 15)]
print(result)
```

[4 16 17 18]

- |는 논리 연산자 OR이며, 두 개의 조건 중 하나 이상을 만족하는 원소를 선택합니다. 같은 코드에서 &를 |로 수정하면 배열 a에서 값이 4인 원소 또는 15보다 큰 원소를 만족하는 숫자들을 반환합니다.

4) 슬라이싱을 활용하여 벡터 변경하기

앞에서 배운 필터링을 이용하면, 벡터에 대한 조건문을 사용하여 벡터의 일부 값을 변경할 수 있습니다.

```
import numpy as np
a = np.array([ 5, 10, 15, 20, 25, 30])   # 예시 배열

a[a >= 10] = 10
a
```

array([5, 10, 10, 10, 10, 10])

- a[a >= 10]는 벡터 a에서 10 이상인 원소들을 선택한 것을 의미합니다. 이 선택된 원소들에 대해서 =10으로 10이 할당되면서, 10 이상인 값들은 모두 10으로 변경합니다. 이후에 a를 출력하면, 변경된 벡터를 확인할 수 있습니다.

5) 조건을 만족하는 위치 탐색, np.where( )

벡터에 대한 논리 연산자와 np.where() 함수를 사용하여, 조건을 만족하는 원소의 위치를 반환할 수 있습니다.

```
a = np.array([1, 5, 7, 8, 10])   # 예시 배열

result = a < 7
result
```

array([True, True, False, False, False])

- a < 7은 벡터 a에서 7보다 작은 원소들에 대해 논리값 True를, 7 이상인 원소들에 대해 논리값 False를 반환합니다.
- np.where() 함수를 이용하여 논리값이 True인 원소의 위치를 선택합니다. np.where(a < 7)은 벡터 a에서 7보다 작은 원소들의 위치를 반환하게 됩니다.

```
result = np.where(a < 7)
result
```

(array([0, 1]),)

04 NumPy 벡터 활용

1) 벡터 함수 사용하기

파이썬은 다양한 벡터 함수를 제공합니다. 이러한 함수를 사용하면 벡터의 합계, 평균, 중앙값, 표준편차 등을 계산할 수 있습니다.

▼ 벡터 함수 사용 예제

```
import numpy as np
a = np.array([1, 2, 3, 4, 5])

sum_a = np.sum(a)            # 합계 계산
mean_a = np.mean(a)          # 평균 계산
median_a = np.median(a)      # 중앙값 계산
std_a = np.std(a, ddof=1)    # 표준편차 계산

sum_a, mean_a, median_a, std_a
```

```
(15, 3.0, 3.0, 1.5811388300841898)
```

2) 빈 칸을 나타내는 방법

① 데이터가 정의되지 않은 np.nan

- nan(not a number)은 정의되지 않은 값을 나타냅니다. np.nan을 벡터에 추가하면 해당 위치에는 nan이라는 값이 들어갑니다. nan은 실제로 값을 가지고 있지 않지만, 벡터의 길이나 타입을 유지하기 위해 존재합니다.

```
a = np.array([20, np.nan, 13, 24, 309])
a
```

```
array([20.,  nan,  13.,  24., 309.])
```

```
np.mean(a)
```

```
nan
```

- nan은 다른 어떤 수와 계산해도 그 결과는 다시 nan입니다. 이러한 상황을 방지하기 위해, 많은 함수들에는 nan 무시 옵션이 들어있습니다.

```
np.nanmean(a)    # nan 무시 함수
```

```
91.5
```

② 값이 없음을 나타내는 None

- None은 아무런 값도 없는 상태를 나타냅니다.

▶ nan과 None의 차이

	nan	None
의미	정의되지 않은 값이나 잘못된 값	값이 없음을 나타내는 특수한 상수
타입	float	NoneType
사용처	주로 데이터의 결측값(missing value)을 나타냄	주로 변수 초기화, 함수 반환 값, 조건문, 기본 인자값 등에 사용
비교	직접적으로 == 연산자 사용 불가, numpy의 np.isnan() 함수를 사용	is 연산자를 사용

▼ nan과 None 비교

```
import numpy as np

value = np.nan
if np.isnan(value):
    print("값이 NaN입니다.")
```

값이 NaN입니다.

```
value + 1            # 수치연산이 가능하나 결과는 nan
```

nan

```
my_variable = None
if my_variable is None:
    print("변수에 값이 없습니다.")
```

변수에 값이 없습니다.

```
None + 1             # 수치연산 불가
```

TypeError: unsupported operand type(s) for +: 'NoneType' and 'int'

3) nan을 제거하는 방법

np.isnan() 함수는 벡터 a의 원소가 nan인지를 아닌지를 알려주는 함수입니다. nan인 경우 True를 반환하고, 그렇지 않은 경우 False를 반환합니다. 이러한 논리 벡터를 사용하여 벡터 필터링을 하게 되면, 다음과 같이 nan이 생략된 벡터를 얻을 수 있습니다.

```
a = np.array([20, np.nan, 13, 24, 309])

a_filtered = a[~np.isnan(a)]
a_filtered
```

```
array([20., 13., 24., 309.])
```

4) 벡터 합치기

벡터는 같은 타입의 정보(숫자, 문자)를 묶어놓은 것입니다. 다음은 문자열로 이루어진 벡터입니다.

```
str_vec = np.array(["사과", "배", "수박", "참외"])
str_vec                                    # dtype에서 U2는 최대 2글자의 유니코드 문자열이라는 의미
```

```
array(['사과', '배', '수박', '참외'], dtype='<U2')
```

그렇다면, 문자와 숫자를 섞어서 벡터를 만든다면 어떨까요?

```
mix_vec = np.array(["사과", 12, "수박", "참외"], dtype = str)
mix_vec
```

```
array(['사과', '12', '수박', '참외'], dtype='<U2')
```

결과를 살펴보면, 파이썬은 자동으로 통일할 수 있는 타입(문자) 정보로 바꿔서, 벡터로 저장하는 것을 알 수 있습니다.

① np.concatenate() 함수

- 앞에서 정의한 str_vec와 mix_vec을 묶어 하나의 벡터로 만들려면 다음과 같이 할 수 있습니다.

```
combined_vec = np.concatenate((str_vec, mix_vec))
combined_vec
```

```
array(['사과', '배', '수박', '참외', '사과', '12', '수박', '참외'], dtype='<U2')
```

② np.column_stack()와 np.row_stack() 함수

- np.column_stack() 함수는 벡터들을 세로로 붙여줍니다.

```
col_stacked = np.column_stack((np.arange(1, 5), np.arange(12, 16)))
col_stacked
```

```
array([[ 1, 12],
       [ 2, 13],
       [ 3, 14],
       [ 4, 15]])
```

- np.row_stack() 함수는 벡터들을 가로로 쌓아줍니다.

```
row_stacked = np.row_stack((np.arange(1, 5), np.arange(12, 16)))
row_stacked
```

```
array([[ 1,  2,  3,  4],
       [12, 13, 14, 15]])
```

③ 벡터 길이 조정, np.resize()

- 만약 앞의 방법으로 길이가 다른 벡터를 합치게 되면 어떤 일이 벌어질까요? 다음의 코드를 보겠습니다.

```
uneven_stacked = np.column_stack((np.arange(1, 5), np.arange(12, 18)))
```

```
ValueError: all the input array dimensions except for the concatenation axis must match exactly,
but along dimension 0, the array at index 0 has size 4 and the array at index 1 has size 6
```

- 위와 같이 벡터의 길이가 다른 경우 쌓을 수 없는 것을 확인할 수 있습니다.
- np.resize() 함수를 사용하면 길이를 강제로 맞춰주고, 값을 앞에서부터 채워줍니다.

▼ 길이가 다른 벡터 합치기

```
vec1 = np.arange(1, 5)
vec2 = np.arange(12, 18)
vec1 = np.resize(vec1, len(vec2))
vec1
```

```
array([1, 2, 3, 4, 1, 2])
```

```
uneven_stacked = np.column_stack((vec1, vec2))
uneven_stacked
```

```
array([[ 1, 12],
       [ 2, 13],
       [ 3, 14],
       [ 4, 15],
       [ 1, 16],
       [ 2, 17]])
```

SECTION 03 연습문제

1 주어진 벡터의 각 요소에 5를 더한 새로운 벡터를 생성하시오.

```
a = np.array([1, 2, 3, 4, 5])
```

2 주어진 벡터의 홀수 번째 요소만 추출하여 새로운 벡터를 생성하시오.

```
a = np.array([12, 21, 35, 48, 5])
```

3 주어진 벡터에서 최댓값을 찾으시오.

```
a = np.array([1, 22, 93, 64, 54])
```

4 주어진 벡터에서 중복된 값을 제거한 새로운 벡터를 생성하시오.

```
a = np.array([1, 2, 3, 2, 4, 5, 4, 6])
```

5 주어진 두 벡터 a, b의 요소를 번갈아 가면서 위치시키는 새로운 벡터를 생성하시오.

```
a = np.array([21, 31, 58])
b = np.array([24, 44, 67])
```

6 다음 두 벡터 a와 b를 더한 결과를 구하시오. (벡터 a의 마지막 값은 제외)

```
a = np.array([1, 2, 3, 4, 5])
b = np.array([6, 7, 8, 9])
```

SECTION 03 연습문제 정답

1
```
a = np.array([1, 2, 3, 4, 5])
a + 5
```

```
array([ 6,  7,  8,  9, 10])
```

2
```
a = np.array([12, 21, 35, 48, 5])
a[::2]
```

```
array([12, 35,  5])
```

3
```
a = np.array([1, 22, 93, 64, 54])
np.max(a)
```

```
93
```

4
```
a = np.array([1, 2, 3, 2, 4, 5, 4, 6])
np.unique(a)
```

```
array([1, 2, 3, 4, 5, 6])
```

5
```
a = np.array([21, 31, 58])
b = np.array([24, 44, 67])
c = np.empty(a.size + b.size, dtype = a.dtype)
c[0::2] = a
c[1::2] = b
print(c)
```

```
[21 24 31 44 58 67]
```

6
```
a = np.array([1, 2, 3, 4, 5])
b = np.array([6, 7, 8, 9])
c = a[:-1] + b
print(c)
```

```
[ 7  9 11 13]
```

Numpy 행렬과 배열

핵심 태그 행렬 생성 · 행렬 인덱싱과 슬라이싱 · 행렬 연산

1) 행렬(Matrix)이란

행렬은 벡터들을 사용하여 만들 수 있는 객체로, 길이가 같은 벡터들을 2차원의 사각형 모양으로 묶어 놓은 형태입니다.

즉, 행렬은 일련의 벡터들을 모아놓은 사각형 모양의 구조를 가지며, 이 사각형의 크기는 shape 속성을 통해 측정할 수 있습니다. 아래의 예제에서 np.column_stack((1, 2, 3, 4), (12, 13, 14, 15))는 두 개의 벡터를 합쳐 하나의 행렬을 생성합니다.

▼ 두 개의 벡터를 합쳐 행렬 생성

```
import numpy as np

matrix = np.column_stack((np.arange(1, 5), np.arange(12, 16)))
print("행렬:\n", matrix)
print("행렬의 크기:", matrix.shape)    # shape 속성으로 행렬의 크기 확인
```

```
행렬:
 [[ 1 12]
  [ 2 13]
  [ 3 14]
  [ 4 15]]
행렬의 크기: (4, 2)
```

행렬을 생성하는 데에는 numpy의 np.zeros()나 np.arange(), np.reshape() 같은 함수를 사용합니다. 이 함수들은 행렬을 만들 때 필요한 정보들 즉, 행렬을 채울 숫자들, 행의 개수, 열의 개수 등을 입력값으로 받습니다.

▶ NumPy의 행렬 생성 함수

함수	문법	설명
np.zeros()	np.zeros((행, 열))	지정된 행과 열의 모든 요소가 0인 행렬 생성
np.reshape()	np.reshape((행, 열))	배열의 형태를 지정된 행과 열로 변환

① 영 행렬 만들기

- 영 벡터를 만들 때 np.zeros() 함수를 사용하여 값을 넣지 않고 길이를 지정해주면 됩니다. 다음은 2행 2열에 해당하는 영 행렬을 만들어서 변수 y에 저장하는 코드입니다.

```
# 2행 2열의 영 행렬 생성
y = np.zeros((2, 2))
print("영 행렬 y:\n", y)
```

```
영 행렬 y:
 [[0. 0.]
  [0. 0.]]
```

② 채워진 행렬 만들기

- 아래의 코드는 1부터 4까지의 수를 원소로 갖는 2행 2열의 행렬 y를 생성합니다.

```
# 1부터 4까지의 수로 채운 2행 2열 행렬 생성
y = np.arange(1, 5).reshape(2, 2)
print("1부터 4까지의 수로 채운 행렬 y:\n", y)
```

```
1부터 4까지의 수로 채운 행렬 y:
 [[1 2]
  [3 4]]
```

- 행렬은 항상 사각형이므로, reshape() 함수를 사용하여 행의 수(nrow)와 열의 수(ncol)를 지정하면 자동으로 행렬의 크기를 계산하여 만들어 줍니다.

2) 행렬과 고차원 배열(Array)

행렬은 2차원의 데이터 구조입니다. 그러나 우리는 때때로 데이터를 3차원 이상으로 표현해야 할 필요가 있습니다. NumPy는 이런 고차원 배열도 무리 없이 확장할 수 있도록 지원합니다.

① np.array() 함수로 3차원 배열 만들기

- 예를 들어, 두 개의 2×3 행렬 mat1과 mat2를 합쳐서 3차원 배열로 만들어보겠습니다.

```
import numpy as np

# 두 개의 2x3 행렬 생성
mat1 = np.arange(1, 7).reshape(2, 3)
mat2 = np.arange(7, 13).reshape(2, 3)
print("행렬 mat1:\n", mat1)
print("행렬 mat2:\n", mat2)
```

```
행렬 mat1:
 [[1 2 3]
  [4 5 6]]
행렬 mat2:
 [[ 7  8  9]
  [10 11 12]]
```

```
# 3차원 배열로 합치기
my_array = np.array([mat1, mat2])
print("3차원 배열 my_array:\n", my_array)
print("3차원 배열의 크기 (shape):", my_array.shape)
```

```
3차원 배열 my_array:
 [[[ 1  2  3]
   [ 4  5  6]]

  [[ 7  8  9]
   [10 11 12]]]
3차원 배열의 크기 (shape): (2, 2, 3)
```

- 마지막에 출력한 배열의 크기인 (2, 2, 3)은 바로 2×3 행렬(두 번째, 세 번째 숫자 2와 3)이 2장(첫 번째 숫자 2)이 겹쳐 있다는 의미가 됩니다.

② **배열 다루기**

- 배열은 행렬과 비슷한 방식으로 다룰 수 있으며, 행렬에서 사용되는 인덱싱 및 필터링 방식이 그대로 적용됩니다.

```
import numpy as np

# 두 개의 2x3 행렬 생성
mat1 = np.arange(1, 7).reshape(2, 3)
mat2 = np.arange(7, 13).reshape(2, 3)

# 3차원 배열로 합치기
my_array = np.array([mat1, mat2])
print("3차원 배열 my_array:\n", my_array)
```

```
3차원 배열 my_array:
 [[[ 1  2  3]
   [ 4  5  6]]

  [[ 7  8  9]
   [10 11 12]]]
```

```
# 첫 번째 2차원 배열 선택
first_slice = my_array[0, :, :]
print("첫 번째 2차원 배열:\n", first_slice)
```

```
첫 번째 2차원 배열:
 [[1 2 3]
  [4 5 6]]
```

③ 슬라이싱에서 :-1의 의미

- :-1은 슬라이싱에서 처음부터(start가 생략된 경우 첫 번째 요소) 마지막 요소 직전(end가 -1)까지 선택하는 것을 의미합니다.

규칙	설명
:	해당 차원의 모든 요소를 선택
:-1	해당 차원의 첫 번째 요소부터 마지막 요소 직전까지 선택

▼ 두 번째 차원의 세 번째 요소를 제외한 배열 선택

```
filtered_array = my_array[:, :, :-1]
print("세 번째 요소를 제외한 배열:\n", filtered_array)
```

```
세 번째 요소를 제외한 배열:
 [[[ 1  2]
  [ 4  5]]

 [[ 7  8]
  [10 11]]]
```

④ transpose() 메서드로 차원 바꾸기

- transpose() 메서드를 사용하여 배열의 차원을 바꿀 수 있습니다. 이는 행렬의 전치(transpose)를 확장한 개념입니다.

```
# 원래 배열
print("원래 배열 my_array:\n", my_array)
```

```
원래 배열 my_array:
 [[[ 1  2  3]
  [ 4  5  6]]

 [[ 7  8  9]
  [10 11 12]]]
```

```
my_array.shape
```

```
(2, 2, 3)
```

```
# 차원 변경
transposed_array = my_array.transpose(0, 2, 1)
print("차원이 변경된 배열:\n", transposed_array)
```

```
차원이 변경된 배열:
 [[[ 1  4]
  [ 2  5]
  [ 3  6]]

 [[ 7 10]
  [ 8 11]
  [ 9 12]]]
```

```
transposed_array.shape
```

(2, 3, 2)

- transpose(0, 2, 1)은 원래 차원의 순서 (0, 1, 2)를 (0, 2, 1)로 바꾸라는 것을 의미합니다. 즉, 두 번째 차원과 세번째 차원의 위치를 바꿔줍니다. 따라서, 원래는 2×3 행렬 2장이 겹쳐 있던 것이 3×2 행렬 두개가 겹치는 형태로 변경됩니다.

3) NumPy 배열의 기본 함수

▶ NumPy 배열에 제공되는 대표적인 함수들(메서드)

메서드	문법	설명
sum()	sum(axis = 0)	• 배열 원소들의 합계 반환 • axis=0은 열별 합계, axis=1은 행별 합계를 의미
mean()	mean(axis = 0)	• 배열 원소들의 평균 반환 • axis=0은 열별 평균, axis=1은 행별 평균을 의미
max()	max(axis = 0)	• 배열 원소들의 최댓값 반환 • axis=0은 열별 최댓값, axis=1은 행별 최댓값을 의미
min()	min(axis = 0)	• 배열 원소들의 최솟값 반환 • axis=0은 열별 최솟값, axis=1은 행별 최솟값을 의미
std()	std(ddof = 0)	• 배열 원소들의 표준편차 반환 • ddof 옵션을 사용하여 자유도 조정 가능
var()	var(ddof = 0)	• 배열 원소들의 분산 반환 • ddof 옵션을 사용하여 자유도를 조정 가능
cumsum()	cumsum(axis = 0)	• 배열 원소들의 누적 합계 반환 • axis=0은 열별 누적 합계, axis=1은 행별 누적 합계
cumprod()	cumprod(axis = 0)	• 배열 원소들의 누적 곱 반환 • axis=0은 열별 누적 곱, axis=1은 행별 누적 곱
argmax()	argmax(axis = 0)	• 배열 원소들 중 최댓값의 인덱스 반환 • axis=0은 열별 최댓값의 인덱스, axis=1은 행별 최댓값의 인덱스
argmin()	argmin(axis = 0)	• 배열 원소들 중 최솟값의 인덱스 반환 • axis=0은 열별 최솟값의 인덱스, axis=1은 행별 최솟값의 인덱스
reshape()	reshape(newshape)	배열의 형상을 변경
transpose()	transpose(*axes)	배열을 전치
flatten()	flatten()	1차원 배열로 변환

clip()	clip(min, max)	배열 원소들을 주어진 범위로 자름
tolist()	tolist()	배열을 리스트로 변환
astype()	astype(dtype)	배열 원소들의 타입을 변환
copy()	copy()	배열의 복사본을 반환
sort()	sort(axis = -1)	배열을 정렬
argsort()	argsort(axis = -1)	배열 원소들의 정렬된 인덱스를 반환

① sum()

- 배열 원소들의 합계를 반환합니다. axis=0은 열별 합계를, axis=1은 행별 합계를 의미합니다.

```
import numpy as np
a = np.array([[1, 2, 3], [4, 5, 6]])

print("전체 합계:", a.sum())
print("열별 합계:", a.sum(axis = 0))
print("행별 합계:", a.sum(axis = 1))
```

```
전체 합계: 21
열별 합계: [5 7 9]
행별 합계: [6 15]
```

② mean()

- 배열 원소들의 평균을 반환합니다. axis=0은 열별 평균을, axis=1은 행별 평균을 의미합니다.

```
print("전체 평균:", a.mean())
print("열별 평균:", a.mean(axis = 0))
print("행별 평균:", a.mean(axis = 1))
```

```
전체 평균: 3.5
열별 평균: [2.5 3.5 4.5]
행별 평균: [2. 5.]
```

③ max()

- 배열 원소들의 최댓값을 반환합니다. axis=0은 열별 최댓값을, axis=1은 행별 최댓값을 의미합니다.

```
print("전체 최댓값:", a.max())
print("열별 최댓값:", a.max(axis = 0))
print("행별 최댓값:", a.max(axis = 1))
```

```
전체 최댓값: 6
열별 최댓값: [4 5 6]
행별 최댓값: [3 6]
```

④ min()

- 배열 원소들의 최솟값을 반환합니다. axis=0은 열별 최솟값을, axis=1은 행별 최솟값을 의미합니다.

```
print("전체 최솟값:", a.min( ))
print("열별 최솟값:", a.min(axis = 0))
print("행별 최솟값:", a.min(axis = 1))
```

```
전체 최솟값: 1
열별 최솟값: [1 2 3]
행별 최솟값: [1 4]
```

⑤ std()

- 배열 원소들의 표준편차를 반환하며, ddof 옵션을 사용하여 자유도를 조정할 수 있습니다. ddof=1의 경우 n-1로 나눠준 것을 표현하므로 표본 표준편차를 의미합니다.

```
print("표본 표준편차 (ddof = 1):", a.std(ddof = 1))
```

```
표본 표준편차 (ddof = 1): 1.8708286933869707
```

⑥ var()

- 배열 원소들의 분산을 반환하며, ddof 옵션을 사용하여 자유도를 조정할 수 있습니다.

```
print("표본 분산 (ddof = 1):", a.var(ddof = 1))
```

```
표본 분산 (ddof = 1): 3.5
```

⑦ cumsum()

- 배열 원소들의 누적 합계를 반환합니다. axis=0은 열별 누적 합계를, axis=1은 행별 누적 합계를 의미합니다.

```
print("전체 누적 합계:", a.cumsum( ))
print("열별 누적 합계:", a.cumsum(axis = 0))
print("행별 누적 합계:", a.cumsum(axis = 1))
```

```
전체 누적 합계: [ 1  3  6 10 15 21]
열별 누적 합계: [[1 2 3]
              [5 7 9]]
행별 누적 합계: [[ 1  3  6]
              [ 4  9 15]]
```

⑧ cumprod()

- 배열 원소들의 누적 곱을 반환합니다. axis=0은 열별 누적 곱을, axis=1은 행별 누적 곱을 의미합니다.

```
print("전체 누적 곱:", a.cumprod( ))
print("열별 누적 곱:", a.cumprod(axis = 0))
print("행별 누적 곱:", a.cumprod(axis = 1))
```

```
전체 누적 곱: [1   2   6   24 120 720]
열별 누적 곱: [[1   2   3]
             [4  10  18]]
행별 누적 곱: [[1   2   6]
             [4  20 120]]
```

⑨ argmax()

- 배열 원소들 중 최댓값의 인덱스를 반환합니다. axis=0은 열별 최댓값의 인덱스를, axis=1은 행별 최댓값의 인덱스를 의미합니다.

```
print("최댓값의 인덱스 (전체):", a.argmax( ))
print("최댓값의 인덱스 (열별):", a.argmax(axis = 0))
print("최댓값의 인덱스 (행별):", a.argmax(axis = 1))
```

```
최댓값의 인덱스 (전체): 5
최댓값의 인덱스 (열별): [1 1 1]
최댓값의 인덱스 (행별): [2 2]
```

⑩ argmin()

- 배열 원소들 중 최솟값의 인덱스를 반환합니다. axis=0은 열별 최솟값의 인덱스를, axis=1은 행별 최솟값의 인덱스를 의미합니다.

```
print("최솟값의 인덱스 (전체):", a.argmin( ))
print("최솟값의 인덱스 (열별):", a.argmin(axis = 0))
print("최솟값의 인덱스 (행별):", a.argmin(axis = 1))
```

```
최솟값의 인덱스 (전체): 0
최솟값의 인덱스 (열별): [0 0 0]
최솟값의 인덱스 (행별): [0 0]
```

⑪ reshape()
- 배열의 형상을 변경합니다.

```
b = np.array([1, 2, 3, 4, 5, 6])
print("원본 배열:\n", b)
print("형상 변경:\n", b.reshape((2, 3)))
```

원본 배열:
 [1 2 3 4 5 6]
형상 변경:
 [[1 2 3]
  [4 5 6]]

⑫ transpose()
- 배열을 전치합니다.

```
c = np.array([[1, 2, 3], [4, 5, 6]])
print("원본 배열:\n", c)
print("전치 배열:\n", c.transpose())
```

원본 배열:
 [[1 2 3]
  [4 5 6]]
전치 배열:
 [[1 4]
  [2 5]
  [3 6]]

⑬ flatten()
- 1차원 배열로 변환합니다.

```
print("1차원 배열:\n", c.flatten())
```

1차원 배열:
 [1 2 3 4 5 6]

⑭ clip()
- 배열의 각 원소들을 주어진 최솟값과 최댓값의 범위로 자르는 역할을 합니다. 주어진 최솟값보다 작은 원소는 최솟값으로, 최댓값보다 큰 원소는 최댓값으로 변환합니다.
- 아래 코드에서 d.clip(2, 4)는 배열 d의 각 원소를 최솟값 2와 최댓값 4로 제한합니다.

```
d = np.array([1, 2, 3, 4, 5])
print("클립된 배열:", d.clip(2, 4))
```

클립된 배열: [2 2 3 4 4]

- 배열 d의 원소 1, 2, 3, 4, 5를 보겠습니다.
    1. 1은 최솟값 2보다 작으므로 2로 변환됩니다.
    2. 2는 범위 내에 있으므로 그대로 유지됩니다.
    3. 3은 범위 내에 있으므로 그대로 유지됩니다.
    4. 4는 범위 내에 있으므로 그대로 유지됩니다.
    5. 5는 최댓값 4보다 크므로 4로 변환됩니다.
- 결과적으로 위의 clip() 함수는 배열의 원소들을 array([2, 2, 3, 4, 4])로 변환합니다.

⑮ tolist()
- 배열을 리스트로 변환합니다.

```
print("리스트:", d.tolist())
```

리스트: [1, 2, 3, 4, 5]

⑯ astype()
- 배열 원소들의 타입을 변환합니다.

```
e = np.array([1.1, 2.2, 3.3])
print("정수형 배열:", e.astype(int))
```

정수형 배열: [1 2 3]

⑰ copy()

- 배열의 복사본을 반환합니다.

```
f = d.copy()
print("복사본 배열:", f)
```

복사본 배열: [1 2 3 4 5]

- 배열을 복사할 때 얕은 복사(shallow copy)와 깊은 복사(deep copy)의 차이를 이해하는 것이 중요합니다. 얕은 복사 관련 코드를 보겠습니다.

```
d = np.array([1, 2, 3, 4, 5])
f = d
f[0] = 10
print("d:", d)
print("f:", f)
```

d: [10 2 3 4 5]
f: [10 2 3 4 5]

- 변수 d와 f가 연결되어 있어서 f의 값을 변경하면, 연결되어 있는 d의 값 역시 변하는 것은 알 수 있습니다. 반면, 깊은 복사는 어떻게 다를까요?

```
d = np.array([1, 2, 3, 4, 5])
f = d.copy()
f[0] = 10
print("d:", d)
print("f:", f)
```

d: [1 2 3 4 5]
f: [10 2 3 4 5]

- f의 값이 변해도 d값이 변하지 않는, 독립적인 변수가 된 것을 확인할 수 있습니다. 따라서, 변수를 복사해올 때, 두 차이를 정확히 이해하고 사용하는 것이 필요합니다.

⑱ sort()

- 배열을 정렬합니다.

```
g = np.array([3, 1, 2])
g.sort()
print("정렬된 배열:", g)
```

정렬된 배열: [1 2 3]

⑲ argsort()

- argsort() 함수는 배열의 원소들을 정렬했을 때의 인덱스를 반환합니다.

```
h = np.array([3, 1, 2])
print("정렬된 인덱스:", h.argsort())
```

정렬된 인덱스: [1 2 0]

- 위 코드를 실행하면, 배열 h의 원소들이 정렬되었을 때의 인덱스 순서가 반환됩니다. 결과를 보면 배열 [3, 1, 2]가 [1, 2, 3]으로 정렬될 때, 원래 배열 h의 인덱스가 [1, 2, 0] 순서로 변경된다는 것을 의미합니다.

▼ argsort()를 사용한 배열의 정렬된 인덱스 응용

```
h = np.array([10, 5, 8, 1, 7])

# 배열을 정렬했을 때의 인덱스
sorted_indices = h.argsort()
print("정렬 후 인덱스:", sorted_indices)

# 정렬된 배열을 인덱스를 사용해 출력
sorted_h = h[sorted_indices]
print("정렬된 배열:", sorted_h)
```

정렬 후 인덱스: [3 1 4 2 0]
정렬된 배열: [1 5 7 8 10]

SECTION 04 연습문제

1 다음과 같은 행렬 A를 생성하시오.

```
행렬 A:
[[3 5 7]
 [2 3 6]]
```

2 다음과 같이 행렬 B가 주어졌을 때, 2번째, 4번째, 5번째 행만을 선택하여 3 by 4 행렬을 생성하시오.

```
행렬 B:
[[ 8 10  7  8]
 [ 2  4  5  5]
 [ 7  6  1  7]
 [ 2  6  8  6]
 [ 9  3  4  2]]
```

3 2번에서 주어진 행렬 B에서 3번째 열의 값이 3보다 큰 행들만 골라내시오.

4 행렬 B에서 rowSums( ) 함수로 행별 합계를 구할 수 있다.

```
# 각 행별 합계 계산
row_sums = np.sum(B, axis = 1)
print(row_sums)

[33 16 21 22 18]
```

행별 합이 20보다 크거나 같은 행만 선택하여 새로운 행렬을 작성하시오.

5 행렬 B에서 각 열별 평균이 5보다 크거나 같은 열이 몇 번째 열에 위치하는지 np.mean( ) 함수를 사용하여 알아보시오.

6 행렬 B의 요소들이 5보다 크거나 같은지 물어보는 조건문을 작성하면 다음과 같은 TRUE, FALSE 행렬을 갖게 된다.

```
# 5보다 크거나 같은지 여부
print(B >= 5)
```

```
[[ True  True  True  True]
 [False False  True  True]
 [ True  True False  True]
 [False  True  True  True]
 [ True False False False]]
```

TRUE는 1, FALSE는 0으로 처리되는 성질을 사용하면, 다음과 같이 행렬 B의 숫자들 중 5보다 크거나 같은 숫자들이 11개 들어있다는 것을 확인할 수 있다.

```
# 5보다 크거나 같은 숫자의 개수
print(np.sum(B >= 5))
```

13

행렬 B의 각 행에 7보다 큰 숫자가 하나라도 들어있는 행을 찾아 출력하는 코드를 작성하시오.

SECTION 04　연습문제 정답

1
```
A = np.array([[3, 5, 7], [2, 3, 6]])
print("행렬 A:\n", A)
```

행렬 A:
 [[3 5 7]
 [2 3 6]]

2
```
B = np.array([[8, 10, 7, 8], [2, 4, 5, 5], [7, 6, 1, 7], [2, 6, 8, 6], [9, 3, 4, 2]])
B_selected = B[[1, 3, 4], :]
print("선택된 행렬:\n", B_selected)
```

선택된 행렬:
 [[2 4 5 5]
 [2 6 8 6]
 [9 3 4 2]]

3
```
B_filtered = B[B[:, 2] > 3, :]
print("3번째 열의 값이 3보다 큰 행들:\n", B_filtered)
```

3번째 열의 값이 3보다 큰 행들:
 [[8 10 7 8]
 [2 4 5 5]
 [2 6 8 6]
 [9 3 4 2]]

4
```
B_row_sums_filtered = B[row_sums >= 20, :]
print("합계가 20보다 크거나 같은 행들:\n", B_row_sums_filtered)
```

```
합계가 20보다 크거나 같은 행들:
 [[ 8 10  7  8]
  [ 7  6  1  7]
  [ 2  6  8  6]]
```

5
```
# 각 열별 평균 계산
col_means = np.mean(B, axis = 0)
print("각 열별 평균:\n", col_means)

# 평균이 5보다 큰 열 선택
col_indices = np.where(col_means > 5)[0]
print("평균이 5보다 큰 열의 인덱스:\n", col_indices)
```

```
각 열별 평균:
 [5.6 5.8 5.  5.6]
평균이 5보다 큰 열의 인덱스:
 [0 1 3]
```

6
```
print("7보다 큰 숫자가 있는 행들:\n", B[np.sum(B > 7, axis = 1) > 0, :])
```

```
7보다 큰 숫자가 있는 행들:
 [[ 8 10  7  8]
  [ 2  6  8  6]
  [ 9  3  4  2]]
```

SECTION 05 함수, 조건문과 반복문

핵심 태그 사용자 함수 • 조건문과 반복문 • 전역변수

① 사용자 정의 함수

1) Python의 블록 구조
Python은 C, C++, Perl과 같은 블록 구조(block-structured) 프로그래밍 언어 중 하나입니다. 그러나 Python은 중괄호 대신 들여쓰기를 사용하여 블록을 구분합니다.

1. 들여쓰기(관례적으로 스페이스 4칸)를 사용하여 블록을 구분
2. 블록 안에 여러 개의 구문들(statements)이 존재
3. 구문들은 줄 바꿈 혹은 세미콜론 ; 으로 구분

▼ 3줄로 작성된 4개의 구문
```
a = 3
b = 2
print(a); print(b)   # 2개 구문

3
2
```

2) 사용자 함수 정의
앞서 많은 Python 함수를 사용해 보았습니다. 이 장에서는 나만의 함수를 만들어서 사용해보도록 하겠습니다. 직접 함수를 정의한 후, 호출하여 결과를 확인할 수 있습니다.

① 함수 선언 방법
- 함수는 def 키워드를 사용하여 정의합니다. 함수에 필요한 내용은 입력값이 무엇인지 알려주는 input과 함수가 어떻게 작동하는지를 알려주는 body 부분으로 나눌 수 있습니다.

▼ 함수의 구조 예시
```
def function_name(input):
    result = input + 1
    return result
```

- 위 코드는 입력값에 1을 더해 되돌려주는 기초적인 Python 함수를 보여주고 있습니다. 함수의 각 부분을 살펴보면 아래와 같습니다.

    function_name : 함수의 이름

    input : 함수의 입력값

    return : 함수의 결과를 반환하는 키워드

    result : 함수의 반환 값

② **함수의 기본 입력값 설정**

- 함수의 입력값에 기본값 설정이 안 된 경우를 생각해봅시다. 이 경우, 함수를 실행할 때 필요한 입력 값을 넣지 않는다면 함수가 제대로 작동하지 않을 것입니다.

    ▼ x 값을 알 수 없어 에러 발생하는 구문

```
def g(x):
    result = x + 1
    return result

g( )    # Error 발생

g( ) missing 1 required positional argument: 'x'
```

- 위의 코드에서는 함수 g()이 입력값으로 설정된 x의 값을 받아야 하는데, 호출할 때 아무런 값을 입력하지 않아서 에러가 발생하고 있습니다.
- 다음과 같이 수정된 함수 g()는 입력값이 없어도, 기본으로 x에 3이 입력되어 정상적으로 작동하는 것을 확인할 수 있습니다.

    ▼ 정상 작동하는 구문

```
def g(x = 3):
    result = x + 1
    return result

g( )

4
```

3) Python 코딩 스타일

각 언어에는 그 언어의 사용자들이 많이 사용하는 코딩 스타일이 존재합니다. Python은 PEP 8(Python Enhancement Proposal 8)이라는 스타일 가이드를 많이 사용합니다.

① 결괏값 반환, return

- Python의 함수는 return 문을 사용하여 결괏값을 명시적으로 반환해야 합니다(생략 시 None을 반환). 조기 반환(early return)을 할 때도 return 문을 사용합니다.

```python
# 좋은 예 1
def find_abs(x):
    if x > 0:
        return x
    return -1 * x


# 좋은 예 2
def add_two(x, y):
    return x + y
```

② 함수 이름 작성 시 유의사항

- PEP 8 스타일 가이드는 함수와 변수 이름을 작성할 때 다음과 같은 규칙을 권장합니다.

  1. 함수 이름과 변수 이름은 소문자와 밑줄 _을 사용하여 작성합니다(snake_case).
  2. 클래스 이름은 각 단어의 첫 글자를 대문자로 작성합니다(CamelCase).

```python
# 좋은 예
def calculate_sum(a, b):
    return a + b

class DataProcessor:
    pass

# 나쁜 예
def CalculateSum(a, b):
    return a + b

class data_processor:
    pass
```

② 조건문과 반복문

1) 조건문
데이터 전처리를 하다 보면, 특정 조건에 맞게 수치를 변경시키거나 그룹을 나누는 일이 빈번합니다. 이러한 경우 유용한 조건문들을 알아봅시다.

① if … else …
- 특정 조건을 만족하는 경우와 만족하지 않는 경우에 다른 값을 부여하는 구문입니다.

```
if condition:
    statement_1
else:
    statement_2
```

- 조건식(condition)의 결과에 따라 실행할 코드를 선택합니다. condition은 논리적인 조건식으로, 이 조건이 참(true)일 경우 statement_1을 실행하고, 그렇지 않은 경우 statement_2를 실행합니다.

▼ if else 예제

```
x = 3
if x > 4:
    y = 1
else:
    y = 2
print(y)

2
```

- 위 코드에서 변수 x에 3이 할당되어 있으므로, if 구문의 조건 x > 4는 거짓(false)입니다. 따라서 else 블록이 실행되어 변수 y에 값 2가 할당됩니다. 따라서 2를 출력합니다.
- 같은 코드도 A if 조건 else B 구문을 사용하면 더 간결하게 나타낼 수 있습니다.

```
y = 1 if x > 4 else 2
print(y)

2
```

- if else 구문이 유용한 또다른 이유는 리스트 내포(list comprehensions)를 통해 벡터화 연산이 가능하기 때문입니다. 예를 들어, 아래 코드에서는 리스트 x의 각 원소가 0보다 큰지 여부를 확인하고, 조건에 따라 "양수" 또는 "음수"를 반환합니다.

```
x = [1, -2, 3, -4, 5]
result = ["양수" if value > 0 else "음수" for value in x]
print(result)

['양수', '음수', '양수', '음수', '양수']
```

- if else 구문으로 조건에 따라 리스트의 각 원소를 쉽게 처리할 수 있으므로 데이터 분석 등에서 매우 유용합니다.

② 조건이 3개 이상, elif

- Python에서는 조건이 3개 이상으로 되는 경우 elif 구문을 사용합니다. elif 구문은 여러 조건을 연속적으로 검사할 수 있습니다.
- 첫 번째 조건이 참이면 해당 블록이 실행되고, 참이 아니면 다음 조건을 검사합니다. 이렇게 모든 조건을 검사하고 마지막으로 else 블록이 실행됩니다.

```
x = 0
if x > 0:
    result = "양수"
elif x == 0:
    result = "0"
else:
    result = "음수"
print(result)

0
```

- 위 코드는 변수 x의 값에 따라 "양수", "0", "음수" 중 하나의 값을 result 변수에 할당하여 출력합니다.

③ 여러 조건을 처리하는 np.select()

- np.select()는 여러 개의 조건을 처리할 때 유용한 함수입니다. 각 조건에 대한 결과를 리스트로 작성하여 조건에 따라 결과를 반환할 수 있습니다.

```python
import numpy as np

x = np.array([1, -2, 3, -4, 0])
conditions = [x > 0, x == 0, x < 0]
choices = ["양수", "0", "음수"]

result = np.select(conditions, choices)
print(result)
```

```
['양수' '음수' '양수' '음수' '0']
```

- 위 예제에서 conditions 리스트는 각 조건을 포함하며, choices 리스트는 각 조건에 해당하는 결과를 포함합니다. np.select() 함수는 각 조건을 평가하여 참인 첫 번째 조건에 해당하는 결과를 반환합니다.

2) 반복문

다른 언어들은 루프(loop)를 상당히 중요하게 가르칩니다. 왜냐하면 반복문 말고는 반복 작업을 처리할 수 있는 구문이 없기 때문입니다. 하지만 Python에서는 리스트 내포, 제너레이터(generator), 그리고 벡터화 연산을 지원하는 NumPy와 같은 패키지를 사용하면 반복 작업을 보다 간결하게 처리할 수 있습니다. 이러한 특성은 "Python 코드는 간결하고, 고급지다."라는 얘기를 듣는 이유가 됩니다.

그럼에도 불구하고, 알고 있어야 하는 반복문 for와 while을 공부해보겠습니다. 이러한 반복문은 타 언어를 공부할 때에도 도움이 되고, 의미가 명확하기 때문에 코드의 가독성이 좋아진다는 이점이 있습니다.

① for

- for 반복문은 주어진 객체 안의 원소들에 접근하여 특정 작업을 반복하는 코드를 작성하고 싶을 때 사용합니다. for 반복문은 초깃값, 조건식, 반복 후 실행될 코드로 구성되어 있습니다.

```
for 변수 in 범위:
    반복 실행할 코드
```

▼ for 예제

```python
for i in range(1, 4):
    print(f"Here is {i}")
```

```
Here is 1
Here is 2
Here is 3
```

- 위 코드에서 for 반복문은 변수 i가 1부터 3까지 반복하도록 지정되어 있습니다. print(f"Here is {i}")는 "Here is"와 변수 i를 결합하여 출력하는 코드입니다.
- 파이썬에서는 위와 같은 구문을 다음과 같이 리스트 내포로 똑같이 수행할 수 있습니다.

```
print([f"Here is {i}" for i in range(1, 4)])
```

```
['Here is 1', 'Here is 2', 'Here is 3']
```

- 파이썬에서 f는 f-string(format string, 포맷 문자열)을 의미합니다. 이는 Python 3.6부터 도입된 기능으로, 문자열 내에서 변수를 직접 삽입할 수 있게 해주는 강력하고 간편한 방법입니다.
- f-string을 사용하면, 중괄호 {} 안에 변수나 표현식을 넣어 해당 값이 문자열 내에 삽입되도록 할 수 있습니다.

```
name = "John"
age = 30
greeting = f"Hello, my name is {name} and I am {age} years old."
print(greeting)
```

```
Hello, my name is John and I am 30 years old.
```

- 위 코드는 "Hello, my name is John and I am 30 years old."라는 문자열을 출력합니다. 여기서 문자열 내에 있는 중괄호 {name}과 {age}에 각각 변수 name과 age의 값을 삽입합니다.
- 각각 대응하는 내용을 출력하고 싶은 경우, 다음과 같이 zip()을 사용해서 for 문을 구성합니다.

```
names = ["John", "Alice"]
ages = np.array([25, 30])    # 나이 배열의 길이를 names 리스트와 맞춤

# 각 이름과 나이에 대해 별도로 인사말 생성
greetings = [f"Hello, my name is {name} and I am {age} years old." for name, age in zip(names, ages)]

for greeting in greetings:
    print(greeting)
```

```
Hello, my name is John and I am 25 years old.
Hello, my name is Alice and I am 30 years old.
```

- zip() 함수는 여러 개의 iterable(반복 개체)을 병렬적으로 묶어서 각 iterable에서 동일한 인덱스에 있는 요소들을 하나의 튜플로 묶어주는 함수입니다. 이렇게 묶인 튜플들은 반복 가능한 객체로 반환됩니다.
- zip(names, ages)는 names 리스트와 ages 배열을 병렬적으로 묶어, 각 이름과 나이를 튜플로 묶어서 반환합니다. 이 반환된 객체를 반복문을 통해 순회하면 각 튜플에서 이름과 나이를 동시에 접근할 수 있습니다.

```python
names = ["John", "Alice"]
ages = np.array([25, 30])

# zip() 함수로 names와 ages를 병렬적으로 묶음
zipped = zip(names, ages)

# 각 튜플을 출력
for name, age in zipped:
    print(f"Name: {name}, Age: {age}")
```

```
Name: John, Age: 25
Name: Alice, Age: 30
```

- 위 예제에서 zip(names, ages)는 ("John", 25), ("Alice", 30)의 두 튜플을 생성합니다. 이렇게 생성된 튜플을 for 반복문을 통해 순회하면서 각각의 name과 age에 접근하여 사용할 수 있습니다.

② while & break

- while 반복문은 조건식이 참인 동안에 특정 작업을 반복해서 실행하는 구문입니다.

```
while 조건식:
    반복 실행할 코드
```

▼ while 예제

```python
i = 0
while i <= 10:
    i += 3
    print(i)
```

```
3
6
9
12
```

- 위 코드에서 while 반복문은 i 값이 10 이하일 때까지 반복하여 실행됩니다. i 값은 초깃값으로 0이 할당되어 있으며, i 값을 3씩 증가시키는 코드인 i+=3과 print(i)가 반복적으로 실행됩니다.
- while 반복문은 조건식이 참일 때에만 실행되므로, 조건식을 알맞게 설정하는 것이 매우 중요합니다. 만약 조건식이 항상 참이면, 무한 반복(infinite loop)에 빠져 프로그램이 종료되지 않을 수 있습니다.
- break 문을 적절히 사용하면 while 구문이 계속 실행되어도, 중간에 빠져나올 수 있도록 설정할 수 있습니다.

```python
i = 0
while True:
    i += 3
    if i > 10:
        break
    print(i)
```

```
3
6
9
```

- 위 코드는 while 반복문을 사용하여 i 값이 10 이하일 때까지 i 값을 3씩 증가시키고, 그 값을 출력합니다. 이전 예시 코드와 달리, 조건식으로 True가 사용되어 무한 루프를 돌게 됩니다. 그러나 if 문을 사용하여 i 값이 10을 초과하면 break로 반복문을 중단시키도록 되어 있습니다.

03 함수와 환경

1) 함수에 대응하는 환경
- 입력값(arguments) : 함수가 입력으로 받는 값
- 내용(body) : 함수가 실행하는 코드 블록
- 환경(environment) : 함수가 정의된 시점의 변수가 저장된 공간

2) 전역 변수와 함수 내 변수

전역(global) 환경에 존재하는 변수 y와 my_func() 안에 존재하는 y는 다른 환경에 같은 이름을 가진 변수입니다.

함수 내에서 정의된 변수는 함수가 실행될 때만 유효하며, 함수 외부에 있는 동일한 이름의 변수와는 독립적으로 존재합니다.

① 스코프(Scope)

▼ 전역 변수와 함수 내 변수가 이름이 같은 경우

```
y = 2
def my_func(x):
    y = 1
    result = x + y
    return result

print(y)     # 전역 변수 y의 값을 출력
my_func(2)

2
3
```

- 위의 함수 my_func() 내부에서 정의된 y는 그 함수 내에서만 사용되는 지역 변수입니다. 함수 밖에 있는 y는 전역 변수로, 함수 내의 y와는 전혀 다른 변수입니다.
- 이렇게 변수가 유효한 범위를 스코프(scope)라고 합니다.

② global 키워드

- 함수 내에서 global 키워드를 사용하면 전역 변수를 참조하거나 수정할 수 있습니다.

```
y = 2
def my_func():
    global y
    y = 1

print(y)     # 전역 변수 y의 값을 출력 (2)

my_func()
print(y)     # 전역 변수 y의 값을 출력 (1)

2
1
```

- 전역 변수는 어디에서나 접근할 수 있지만, 함수 내에서 전역 변수를 수정하려면 global 키워드를 사용해야 합니다.

SECTION 05 연습문제

1. 하나의 숫자를 입력 받아 10을 곱한 결과를 반환하는 함수 multiply_by_ten을 작성하시오. 기본값은 7로 설정하고, 기본값으로 호출한 결과와 5를 입력하여 호출한 결과를 더한 값을 출력하시오.

2. 정수를 입력 받아 다음 조건에 따라 결과를 반환하는 함수 classify_number를 작성하시오.

   - 100 이상이면 "Very Large"
   - 10 이상 100 미만이면 "Large"
   - 0 이상 10 미만이면 "Small"
   - 0 미만이면 "Negative"

   함수를 작성한 후 120, 50, 5, -7을 대입하여 결과를 출력하시오.

3. 전역 변수 counter를 0으로 선언하고, counter를 1씩 증가시켜 결과를 반환하는 함수 increase_counter()를 정의하시오. 함수를 3번 호출하고, 각 호출 결과를 출력하시오.

4. 숫자 1부터 10까지의 범위에서 2로 나누어지는 숫자들의 개수를 계산하는 함수 count_even_numbers를 작성하시오. 작성한 함수를 호출해 결과를 표시하시오.

5. 초기값을 매개변수로 받아 해당 값부터 시작하여 숫자를 2씩 증가시키며 누적합을 계산하는 함수 sum_until_limit를 작성하시오. 누적합이 20 이상이 되는 순간 루프를 종료하고, 누적합을 반환하시오. (sum_until_limit(1) 결과 출력)

SECTION 05　연습문제 정답

1
```
def multiply_by_ten(x=7):
    return x * 10
# 기본값 사용 결과 + 5 입력 결과
result = multiply_by_ten() + multiply_by_ten(5)
print(result)  # 70 + 50 = 120 출력
```

```
120
```

2
```
def classify_number(n):
    if n >= 100:
        return "Very Large"
    elif n >= 10:
        return "Large"
    elif n >= 0:
        return "Small"
    else:
        return "Negative"

print(classify_number(120))   # Very Large
print(classify_number(50))    # Large
print(classify_number(5))     # Small
print(classify_number(-7))    # Negative
```

```
Very Large
Large
Small
Negative
```

3

```python
# 전역 변수 선언
counter = 0

def increase_counter():
    global counter  # 전역 변수 사용 선언
    counter += 1
    return counter
# 함수 호출 및 출력
print(increase_counter())
print(increase_counter())
print(increase_counter())
```

```
1
2
3
```

4

```python
def count_even_numbers():
    count = 0
    for i in range(1, 11):
        if i % 2 == 0:
            count += 1
    return count
print(count_even_numbers())
```

```
5
```

5

```python
def sum_until_limit(start):
    total = 0
    number = start
    while True:
        total += number
        if total >= 20:
            break
        number += 2
    return total
print(sum_until_limit(1))
```

```
25
```

PART 02

데이터 처리

파트 소개

이 파트에서는 Python을 활용한 데이터 처리 및 전처리 기법을 학습합니다. 특히, 시험에서 자주 출제되는 데이터 전처리 기술을 중심으로 Pandas를 활용한 데이터 조작, scikit-learn을 이용한 전처리 방법을 익혀 실전에서 바로 적용할 수 있도록 구성되었습니다.

◆ 주요 내용

- Pandas를 활용한 기본 데이터 처리 : 데이터프레임을 생성하고, 데이터 필터링, 정렬, 그룹화, 결합 등 다양한 데이터 처리 기법
- Pandas를 활용한 문자열 및 날짜 데이터 처리 : 문자열 데이터를 변환하고, 날짜 데이터를 to_datetime()을 이용해 변환 및 연산
- 데이터 분할 및 전처리 : scikit-learn을 활용하여 데이터를 학습용과 테스트용으로 나누고, 결측치 처리 및 이상치 탐색
- 인코딩 및 정규화 기법 : Label Encoding, One-Hot Encoding, Standardization(표준화), Min-Max Scaling(정규화) 등 데이터를 모델링에 적합하게 변환하는 방법
- 변수 변환과 차원 축소 : Box-Cox 변환, Yeo-Johnson 변환을 통해 데이터 분포를 조정하고, 주성분 분석(PCA)을 활용한 차원 축소 기법

Pandas로 데이터 프레임 다루기

핵심 태그 데이터 프레임 생성 • 데이터 필터링 • 데이터 재구조화 • 데이터 병합

01 Pandas와 데이터 프레임

pandas는 데이터 분석을 위한 강력하고 인기 있는 라이브러리 중 하나입니다. 특히 표 형태의 데이터를 효율적으로 다루고 분석하는 데 유용합니다.

1) 데이터 프레임(DataFrame)

행렬의 경우 행렬 안의 요소들이 모두 같은 데이터 타입이어야만 했습니다. 하지만 데이터 프레임의 경우는 각 열에 들어있는 데이터 타입이 달라도 됩니다.

▼ numpy로 생성한 행렬 예시

```
import numpy as np
# 행렬의 모든 요소는 같은 데이터 타입
matrix = np.array([['1', '2', '3', '4', '5'], [6, 7, 8, 9, 10]])
print(matrix)
```

```
[['1' '2' '3' '4' '5']
 ['6' '7' '8' '9' '10']]
```

▼ pandas로 생성한 데이터 프레임 예시

```
import pandas as pd
# 데이터 프레임 생성
df = pd.DataFrame({
    'col1': ['one', 'two', 'three', 'four', 'five'],
    'col2': [6, 7, 8, 9, 10]
})
print(df)
```

```
    col1   col2
0   one    6
1   two    7
2   three  8
3   four   9
4   five   10
```

```
# 칼럼명 확인
print(df.columns)

# 데이터 타입 확인
print(df['col1'].dtype)
print(df['col2'].dtype)

# 데이터 프레임 차원 확인
print(df.shape)

Index(['col1', 'col2'], dtype='object')
object
int64
(5, 2)
```

pandas 라이브러리의 DataFrame 클래스를 사용하여 데이터 프레임을 선언할 수 있습니다. 데이터 프레임은 데이터 분석에서 가장 많이 사용되는 자료 저장 클래스 중 하나이며, (5, 2)와 같이 2차원 구조를 가집니다.

① 빈 데이터 프레임 만들기

- 데이터 프레임을 만들면서 각 열의 이름과 데이터 타입을 지정해줄 수 있습니다.

▼ 빈 데이터 프레임 생성 예제

```
my_df = pd.DataFrame({
    '실수': pd.Series(dtype = 'float'),
    '정수': pd.Series(dtype = 'int'),
    '범주형': pd.Series(dtype = 'category'),
    '논리': pd.Series(dtype = 'bool'),
    '문자열': pd.Series(dtype = 'str')
})
print(my_df)
print(my_df.dtypes)

Empty DataFrame
Columns: [실수, 정수, 범주형, 논리, 문자열]
Index: []

실수        float64
정수          int64
범주형      category
논리           bool
문자열        object
dtype: object
```

▶ 데이터 타입

타입	정보
flaot	실수
int	정수
category	범주형
bool	논리값
str	문자열

② 채워진 데이터 프레임 만들기

- 데이터 프레임을 만들 때 각 열에 들어갈 리스트나 배열을 이름과 값을 연결하여 DataFrame 클래스에 차례대로 넣어줍니다.

```
# 데이터 프레임 생성
my_df = pd.DataFrame({
    'name': ['issac', 'bomi'],
    'birthmonth': [5, 4]
})
print(my_df)
print(my_df.dtypes)
```

```
        name    birthmonth
0       issac        5
1       bomi         4
name           object
birthmonth     int64
dtype: object
```

③ csv 파일로 읽어오기

- pandas 패키지의 read_csv() 함수를 사용하면 CSV 파일을 읽을 수 있습니다. 예시로 아래와 같이 링크를 통해 examscore.csv 파일을 불러오겠습니다.

```
# URL을 사용해서 바로 읽어오기
url = "https://raw.githubusercontent.com/YoungjinBD/data/main/examscore.csv"
mydata = pd.read_csv(url)

# 데이터의 위쪽 행들을 확인
print(mydata.head( ))

# 데이터 프레임의 차원(행과 열 개수)을 출력
print(mydata.shape)
```

```
        student_id      gender        midterm         final
0           1              F            38             46
1           2              M            42             67
2           3              F            53             56
3           4              M            48             54
4           5              M            46             39
(30, 4)
```

2) 시리즈(Series)

데이터 프레임의 각 열(column)은 하나의 시리즈로 볼 수 있으므로 데이터 프레임은 여러 개의 시리즈가 모여 만들어진 2차원 자료구조라고 할 수 있습니다.

```
import pandas as pd
data = [10, 20, 30]
df_s = pd.Series(data, index=["one", "two", "three"], name="count")
print(df_s.dtype)
print(df_s.shape)
print(df_s.name)
print(df_s)
```

```
int64
(3,)
count
one      10
two      20
three    30
Name: count, dtype: int64
```

- 생성된 시리즈는 (3,)과 같이 1차원 자료 구조를 가지며, 데이터 타입은 정수형입니다. name은 count입니다.

3) 데이터 프레임 인덱싱(Indexing)

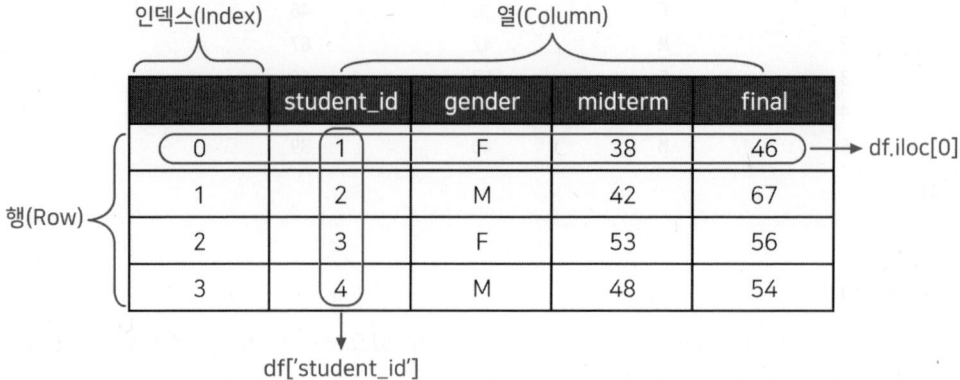

① [ ] 연산자를 이용한 필터링
- [ ] 연산자를 사용하여 데이터 프레임의 특정 열에 접근할 수 있습니다.

```
print(mydata['gender'])

0    F
1    M
2    F
...
```

- 한 번에 여러 칼럼을 선택하고 싶은 경우, 리스트 형태로 작성합니다.

```
print(mydata[['gender', 'midterm']])

   gender  midterm
0    F       38
1    M       42
2    F       53
...
```

- 특정 행을 선택하고 싶은 경우 조건식을 넣어주면 됩니다.

```
print(mydata[mydata['midterm'] <= 15])

    student_id  gender  midterm  final
19     20        M         9       33
21     22        M        15       12
```

② iloc[ ]을 이용한 필터링

- iloc는 정수 기반 인덱싱(integer-based indexing)으로 행과 열의 정수 위치를 활용하여 데이터를 필터링합니다.
- 첫 번째 열을 필터링합니다.

```
# 첫 번째 열에 접근 후 상위 두 행 출력
print(mydata.iloc[:, 0].head(2))
```

```
0    1
1    2
Name: student_id, dtype: int64
```

- 정수값을 활용하여 필터링할 경우 시리즈로 변환됩니다.

```
print(mydata.iloc[:, 0].shape)
print(type(mydata.iloc[:, 0]))
```

```
(30,)
<class 'pandas.core.series.Series'>
```

- 리스트 형태로 필터링할 경우 데이터 프레임으로 변환됩니다.

```
print(mydata.iloc[:, [0]].shape)
print(type(mydata.iloc[:, [0]]))
```

```
(30, 1)
<class 'pandas.core.frame.DataFrame'>
```

- 첫 번째, 두 번째 열을 필터링합니다.

```
# 첫 번째, 두 번째 열에 접근
print(mydata.iloc[:, [0, 1]].head(2))
```

```
   student_id  gender
0           1       F
1           2       M
```

- squeeze( )를 활용해 데이터 프레임을 시리즈로 변환할 수 있습니다.
- 우선 리스트 형태로 데이터를 필터링하면 하나의 열이어도 데이터 프레임으로 변환됩니다.

```
# 첫 번째 열에 접근
print(mydata.iloc[:, [0]])
print(type(mydata.iloc[:, [0]]))
```

```
   student_id
0       1
1       2
2       3
...
```

- squeeze( )는 데이터 프레임을 시리즈로 변환합니다.

```
print(type(mydata.iloc[:, [0]].squeeze()))
```

```
<class 'pandas.core.series.Series'>
```

- 시리즈와 데이터 프레임은 차원 구조가 다르므로, 데이터 전처리 과정에서 다르게 활용될 수 있습니다. 따라서 출력 결과가 정확히 어떤 타입으로 산출되는지 이해하는 것이 중요합니다.

③ loc[]를 이용한 필터링
- loc는 라벨 기반 인덱싱(label-based indexing)으로 행과 열의 라벨을 활용하여 데이터를 필터링합니다. 다음과 같은 형식으로 조건을 만족하는 행들을 선택하는 코드를 생각해 보겠습니다.

```
mydata[mydata['midterm'] <= 15]
```

```
    student_id   gender   midterm   final
19      20         M         9        33
21      22         M        15        12
```

- 위의 코드는 loc[ ]를 사용해 다음과 같이 나타낼 수 있습니다.

```
mydata.loc[mydata['midterm'] <= 15]   # 위와 결과 같음
```

- 특정 열을 지정하지 않을 경우 전체 열이 선택됩니다.

```
mydata.loc[mydata['midterm'] <= 15, :]   # 위와 결과 같음
```

- 조건을 만족하는 행과 열을 함께 필터링할 수 있습니다.

```
mydata.loc[mydata['midterm'] <= 15, ['student_id', 'final']]
```

	student_id	final
19	20	33
21	22	12

④ isin[ ] 활용하기

- isin()는 특정 값이 데이터 프레임 내에 존재하는지 확인하고, 조건을 만족하는 행을 필터링하는 데 사용됩니다. loc[]과 함께 활용하면 특정 열의 여러 값을 한 번에 필터링할 수 있습니다.

```
mydata[mydata['midterm'].isin([28, 38, 52])].head( )
```

	student_id	gender	midterm	final
0	1	F	38	46
8	9	M	28	25
9	10	M	38	59
23	24	M	28	55
27	28	F	52	66

- 특정 값이 포함된 행을 필터링하면서 원하는 열만 선택할 수도 있습니다.

```
mydata.loc[mydata['midterm'].isin([28, 38, 52]), ['student_id', 'final']].head( )
```

	student_id	final
0	1	46
8	9	25
9	10	59
23	24	55
27	28	66

- isin() 앞에 ~를 추가하면 특정 값을 제외할 수 있습니다. midterm 점수가 28, 38, 52인 행을 제외한 나머지 데이터를 선택합니다.

```
mydata.loc[~mydata['midterm'].isin([28, 38, 52])].head( )
```

	student_id	gender	midterm	final
1	2	M	42	67
2	3	F	53	56
3	4	M	48	54
4	5	M	46	39
5	6	M	51	74

3) 완전한 표본 체크하기

데이터 프레임에 다음과 같이 빈 칸이 삽입되어 있다고 생각해 보겠습니다.

```python
import pandas as pd
import numpy as np

# 예제 데이터 프레임 생성
mydata = pd.DataFrame({
'student_id': [1, 2, 3, 4, 5],
'gender': ['F', 'M', 'F', 'M', 'M'],
'midterm': [38, 42, 53, 48, 46],
'final': [46, 67, 56, 54, 39]
})

# 일부 데이터를 NA로 설정
mydata.iloc[0, 1] = np.nan
mydata.iloc[4, 0] = np.nan
print(mydata.head())
```

```
   student_id  gender  midterm  final
0         1.0     NaN       38     46
1         2.0       M       42     67
2         3.0       F       53     56
3         4.0       M       48     54
4         NaN       M       46     39
```

- 먼저 is.na() 함수를 사용하면 결측치가 있는 부분을 열별로 체크할 수 있습니다.

```python
print("gender 열의 빈칸 개수:", mydata['gender'].isna().sum())
print("student_id 열의 빈칸 개수:", mydata['student_id'].isna().sum())
```

```
gender 열의 빈칸 개수: 1
student_id 열의 빈칸 개수: 1
```

- 만약 빈 칸을 포함하지 않는 완전한 행을 가진 데이터를 얻고자 하면 dropna() 메서드를 사용합니다.
- dropna() 메서드는 모든 열이 꽉 채워져 있는 완전한 행들만을 반환합니다.

```python
complete_row = mydata.dropna()
print("완전한 행의 수:", len(complete_row))
print(complete_row)
```

```
완전한 행의 수: 3
   student_id  gender  midterm  final
1         2.0       M       42     67
2         3.0       F       53     56
3         4.0       M       48     54
```

4) 구성원소 추가/삭제/변경
① 변경 및 추가
- [ ] 기호를 사용하여 새로운 열을 추가하거나 기존 열을 변경할 수 있습니다. 예를 들어, mydata 데이터 프레임에 midterm 열과 final 열의 값을 더하여 total 열을 추가하고, total 열의 앞부분 몇 개 행을 확인하려면 아래와 같이 코드를 작성합니다.

```
mydata['total'] = mydata['midterm'] + mydata['final']
print(mydata.iloc[0:3, [3, 4]])
```

```
     final   total
0     46     84
1     67     109
2     56     109
```

② del을 사용한 삭제
- 데이터 프레임의 열을 삭제하는 방법으로 del을 사용할 수 있습니다. 예를 들어, mydata 데이터 프레임에서 gender 열을 삭제하려면 아래와 같이 코드를 작성합니다.

```
del mydata['gender']
print(mydata.head())
```

```
   student_id   midterm   final   total   my_average
0     1.0         38       46      84       42.0
1     2.0         42       67      109      54.5
2     3.0         53       56      109      54.5
3     4.0         48       54      102      51.0
4     NaN         46       39      85       42.5
```

③ pd.concat() 함수
- pd.concat() 함수는 pandas에서 데이터 프레임이나 시리즈를 연결(concatenate)하는 데 사용됩니다. pd.concat() 함수는 여러 가지 옵션을 제공하여 다양한 방식으로 데이터를 합칠 수 있습니다.

> **pd.concat()의 주요 옵션**
> objs : 연결할 데이터 프레임이나 시리즈의 리스트
> axis : 0 또는 'index'는 행 방향으로 연결, 1 또는 'columns'는 열 방향으로 연결
> join : 'outer'(기본값) 또는 'inner', 조인 방식 결정
> ignore_index : True로 설정하면 새로운 인덱스를 생성하여 기존 인덱스를 무시
> keys : 계층적 인덱스를 생성하는 데 사용되는 키 값들
> sort : True로 설정하면 조인 축을 따라 데이터를 정렬

▼ 두 개 데이터 프레임 연결하기

```python
import pandas as pd

df1 = pd.DataFrame({
'A': ['A0', 'A1', 'A2'],
'B': ['B0', 'B1', 'B2']
})

df2 = pd.DataFrame({
'A': ['A3', 'A4', 'A5'],
'B': ['B3', 'B4', 'B5']
})

result = pd.concat([df1, df2])
print(result)
```

```
    A   B
0   A0  B0
1   A1  B1
2   A2  B2
0   A3  B3
1   A4  B4
2   A5  B5
```

- 위 예제는 pd.concat() 함수로 두 데이터 프레임을 연결하는데, 기본 설정은 axis=0이므로 행 방향으로 연결됩니다. 결과적으로 df1의 행 아래에 df2의 행이 추가됩니다.
- 만약, 옆으로 합치고 싶은 경우에는 axis 옵션을 열 방향으로 바꿔주면 됩니다.

▼ 열 방향으로 연결

```python
df3 = pd.DataFrame({
'C': ['C0', 'C1', 'C2'],
'D': ['D0', 'D1', 'D2']
})

result = pd.concat([df1, df3], axis = 1)
print(result)
```

```
    A   B   C   D
0   A0  B0  C0  D0
1   A1  B1  C1  D1
2   A2  B2  C2  D2
```

- 기본 설정의 행방향으로 합쳤을 경우, 행 번호가 중복되어 출력되는 것을 볼 수 있습니다. 이런 행번호를 정리할 때 사용할 수 있는 옵션은 ignore_index=True입니다.

▼ ignore_index 옵션 사용

```
result = pd.concat([df1, df2])
print(result)

result = pd.concat([df1, df2], ignore_index = True)
print(result)
```

```
     A    B
0   A0   B0
1   A1   B1
2   A2   B2
0   A3   B3
1   A4   B4
2   A5   B5
     A    B
0   A0   B0
1   A1   B1
2   A2   B2
3   A3   B3
4   A4   B4
5   A5   B5
```

- df4는 열 'A', 'B', 'C'를 가지고 있으며 각 열은 세 개의 문자열 값을 포함하는 데이터 프레임입니다.
- pd.concat() 함수는 두 데이터 프레임을 내부 결합하여 연결합니다. join='inner' 옵션을 사용하여 두 데이터 프레임의 공통 열만 포함하는 결합을 수행합니다.

▼ 공통된 열만 합치기, inner

```
df4 = pd.DataFrame({
'A': ['A2', 'A3', 'A4'],
'B': ['B2', 'B3', 'B4'],
'C': ['C2', 'C3', 'C4']
})
print(df1)
print(df4)
```

```
     A    B
0   A0   B0
1   A1   B1
2   A2   B2
     A    B    C
0   A2   B2   C2
1   A3   B3   C3
2   A4   B4   C4
```

```python
result = pd.concat([df1, df4], join = 'inner')
print(result)
```

```
     A   B
0   A0  B0
1   A1  B1
2   A2  B2
0   A2  B2
1   A3  B3
2   A4  B4
```

- join='outer'는 데이터 프레임을 결합할 때, 모든 열을 포함시키는 외부 결합(outer join)을 의미합니다. 이는 두 데이터 프레임의 모든 열을 포함하며, 하나의 데이터 프레임에만 존재하는 열은 NaN으로 채워집니다.

▼ 모든 열 합치기, outer

```python
import pandas as pd

# 데이터 프레임 생성
df1 = pd.DataFrame({
    'A': ['A0', 'A1', 'A2'],
    'B': ['B0', 'B1', 'B2']
})
df4 = pd.DataFrame({
    'A': ['A2', 'A3', 'A4'],
    'B': ['B2', 'B3', 'B4'],
    'C': ['C2', 'C3', 'C4']
})
# 데이터 프레임 출력
print(df1)
print(df4)

# 두 데이터 프레임을 외부 결합하여 연결
result = pd.concat([df1, df4], join = 'outer')
print(result)
```

```
     A   B
0   A0  B0
1   A1  B1
2   A2  B2
     A   B   C
0   A2  B2  C2
1   A3  B3  C3
2   A4  B4  C4
```

```
     A    B    C
0   A0   B0  NaN
1   A1   B1  NaN
2   A2   B2  NaN
0   A2   B2   C2
1   A3   B3   C3
2   A4   B4   C4
```

- 위의 결과 데이터 프레임에는 df1과 df4의 모든 열인 'A', 'B', 'C'가 포함되어 있습니다. join='outer' 옵션을 사용하였고 열 'C'는 df1에서 존재하지 않기 때문에 NaN 값으로 채워졌습니다.

▼ keys 옵션 사용

```
print(df1)
print(df2)
```

```
     A    B
0   A0   B0
1   A1   B1
2   A2   B2
     A    B
0   A3   B3
1   A4   B4
2   A5   B5
```

- df1과 df2는 같은 칼럼 이름 'A', 'B'를 가지고 있는 데이터 프레임입니다. 이것들을 합칠 때 각 행이 어느 데이터 프레임에서 왔는지 기록하고 싶은 경우 keys 옵션을 사용하면 됩니다.

```
result = pd.concat([df1, df2], keys = ['key1', 'key2'])
print(result)
```

```
          A    B
key1  0  A0   B0
      1  A1   B1
      2  A2   B2
key2  0  A3   B3
      1  A4   B4
      2  A5   B5
```

- keys 옵션을 사용하면, 연결된 데이터 프레임의 원본 출처를 식별하는 멀티 인덱스가 생성됩니다. 멀티 인덱스를 통해 연결된 데이터 프레임의 각 행이 원본 데이터 프레임의 어느 부분에서 왔는지를 쉽게 식별할 수 있습니다.

- 이 방법으로 원래 데이터 프레임의 출처를 유지하면서 데이터 프레임을 결합할 수 있어 데이터의 출처를 명확히 할 수 있습니다. 또한, 키 값을 사용하여 데이터를 걸러낼 수도 있습니다.

```
# key2에 해당하는 데이터 프레임의 2번째 3번째 행을 선택
df1_rows = result.loc['key2'].iloc[1:3]
print(df1_rows)
```

	A	B
1	A4	B4
2	A5	B5

02 Pandas의 메서드

1) pandas 데이터 프레임 객체의 기본 메서드

▶ pandas 데이터 프레임 객체에 제공되는 대표적인 함수들(메서드)

메서드	설명
head()	데이터 프레임의 처음 몇 개의 행을 반환
tail()	데이터 프레임의 마지막 몇 개의 행을 반환
describe()	데이터 프레임의 요약 통계를 반환
info()	데이터 프레임의 정보(컬럼, 타입 등)
sort_values()	특정 열을 기준으로 데이터 프레임 정렬
groupby()	특정 열을 기준으로 데이터 프레임 그룹화
mean()	데이터 프레임의 평균 계산
sum()	데이터 프레임의 합계 계산
merge()	두 데이터 프레임 병합
pivot_table()	피벗 테이블 생성

> **팔머 펭귄 데이터**
> 남극의 팔머 제도에 서식하는 세 종의 펭귄(Adelie, Chinstrap, Gentoo)에 대한 다양한 생물학적 측정값을 포함하는 데이터셋으로, 데이터 과학 교육 및 실습에 자주 사용됩니다. 각 행은 하나의 펭귄을 나타내며, 다음과 같은 열로 구성되어 있습니다.
> - species : 펭귄의 종(Adelie, Chinstrap, Gentoo)
> - island : 펭귄이 서식하는 섬(Biscoe, Dream, Torgersen)
> - bill_length_mm : 부리의 길이(단위 mm)
> - bill_depth_mm : 부리의 깊이(단위 mm)
> - flipper_length_mm : 날개의 길이(단위 mm)
> - body_mass_g : 몸무게(단위 g)
> - sex : 펭귄의 성별(Male, Female)

팔머 펭귄 데이터는 다양한 데이터 분석 및 시각화 기법을 실습하는데 유용하며, 분포를 살펴보고, 종별로 펭귄의 생물학적 특성을 비교하는 등의 작업을 수행할 수 있습니다.

```
import pandas as pd
# 팔머 펭귄 데이터 불러오기
df = pd.read_csv('https://raw.githubusercontent.com/YoungjinBD/data/main/penguins.csv')
```

① head()

- head() 메서드는 데이터 프레임의 처음 5개의 행을 반환합니다.

```
print(df.head())
```

	species	island	bill_length_mm	bill_depth_mm	...	sex
0	Adelie	Torgersen	39.1	18.7	...	Male
1	Adelie	Torgersen	39.5	17.4	...	Female
2	Adelie	Torgersen	40.3	18.0	...	Female
3	Adelie	Torgersen	NaN	NaN	...	NaN
4	Adelie	Torgersen	36.7	19.3	...	Female

- 위 결과로 NaN이 섞인 즉, 빈칸이 있는 데이터라는 것을 알 수 있습니다. head()에 입력값을 사용하면 더 많은 행을 볼 수 있는데 예로 head(7)로 입력하면 7개 행을 반환합니다.

② tail()

- tail() 메서드는 head()와 대응하는 메서드로 데이터 프레임의 마지막 5개의 행을 반환합니다.

```
print(df.tail())
```

	species	island	bill_length_mm	bill_depth_mm	...	sex
339	Gentoo	Biscoe	NaN	NaN	...	NaN
340	Gentoo	Biscoe	46.8	14.3	...	Female
341	Gentoo	Biscoe	50.4	15.7	...	Male
342	Gentoo	Biscoe	45.2	14.8	...	Female
343	Gentoo	Biscoe	49.9	16.1	...	Male

③ describe()

- describe() 메서드는 데이터 프레임의 요약 통계를 반환합니다. 수치형 데이터에 대해 count, mean, std, min, 25%, 50%, 75%, max 값을 제공합니다.

```
print(df.describe( ))
```

	bill_length_mm	bill_depth_mm	flipper_length_mm	body_mass_g
count	342.000000	342.000000	342.000000	342.000000
mean	43.921930	17.151170	200.915205	4201.754386
std	5.459584	1.974793	14.061714	801.954536
min	32.100000	13.100000	172.000000	2700.000000
25%	39.225000	15.600000	190.000000	3550.000000
50%	44.450000	17.300000	197.000000	4050.000000
75%	48.500000	18.700000	213.000000	4750.000000
max	59.600000	21.500000	231.000000	6300.000000

- count : 각 변수에 대한 관측치의 수입니다. 모든 변수에 대해 342개의 데이터가 있습니다.
- mean : 각 변수의 평균값을 나타냅니다.
- std : 각 변수의 표준편차를 나타냅니다. 이는 데이터가 평균값을 중심으로 얼마나 퍼져 있는지를 보여줍니다.
- min : 각 변수의 최솟값입니다.
- 25% : 각 변수의 하위 25% 백분위수(Q1)입니다. 이는 데이터의 하위 25%가 이 값 이하임을 의미합니다.
- 50%(median) : 각 변수의 중앙값입니다. 이는 데이터의 중간값을 나타내며, 데이터가 정렬되었을 때 중앙에 위치한 값입니다.
- 75% : 각 변수의 상위 25% 백분위수(Q3)입니다. 이는 데이터의 상위 25%가 이 값 이상임을 의미합니다.
- max : 각 변수의 최댓값입니다.

- 앞에서 데이터 안에 빈칸이 있음에도 불구하고, 알아서 계산이 된 것을 확인할 수 있습니다. 이러한 점은 장단점이 있습니다(자신도 모르는 사이에 오류가 발생할 수 있음).
- 위 결과에서 평균, 최솟값, 최댓값, 표준편차를 보면 부리의 깊이(bill_depth_mm)를 제외한 나머지는 비교적 큰 변동성을 보이는 것을 알 수 있습니다.

④ info()
- info() 메서드는 데이터 프레임의 정보(컬럼 이름, 데이터 타입, 누락된 값의 개수 등)를 반환합니다.

```
print(df.info())
```

```
<class 'pandas.core.frame.DataFrame'>
RangeIndex: 344 entries, 0 to 343
Data columns (total 7 columns):
 #   Column             Non-Null Count  Dtype
---  ------             --------------  -----
 0   species            344 non-null    object
 1   island             344 non-null    object
 2   bill_length_mm     342 non-null    float64
 3   bill_depth_mm      342 non-null    float64
 4   flipper_length_mm  342 non-null    float64
 5   body_mass_g        342 non-null    float64
 6   sex                333 non-null    object
dtypes: float64(4), object(3)
memory usage: 18.9+ KB
None
```

- RangeIndex(행 인덱스) : 344개의 행이 있으며, 인덱스는 0부터 343까지입니다.
- Data columns(열 정보) : 총 7개의 열이 있습니다.
- Non-Null Count : bill_length_mm, bill_depth_mm, flipper_length_mm, body_mass_g에 2개씩, sex에 11개의 결측치(NA)가 있습니다.
- dtypes : float64 타입의 열이 4개, object 타입의 열이 3개입니다.
- 위 정보는 데이터 프레임의 전반적인 구조와 결측치의 위치, 데이터 타입을 이해하는 데 유용하며, 추가적인 데이터 전처리 작업을 계획하는 데 도움이 됩니다.

⑤ sort_values()
- sort_values() 메서드는 특정 열을 기준으로 데이터 프레임을 정렬합니다. 기본값은 오름차순입니다.

```
sorted_df = df.sort_values(by='bill_length_mm', ascending = False)
print(sorted_df.head())
```

	species	island	bill_length_mm	bill_depth_mm	...	sex
253	Gentoo	Biscoe	59.6	17.0	...	Male
169	Chinstrap	Dream	58.0	17.8	...	Female
321	Gentoo	Biscoe	55.9	17.0	...	Male
215	Chinstrap	Dream	55.8	19.8	...	Male
335	Gentoo	Biscoe	55.1	16.0	...	Male

- bill_length_mm와 bill_depth_mm 두 개의 열을 기준으로 데이터 프레임을 정렬하고 싶은 경우, by 옵션에 리스트 형식으로 입력해 줍니다.

```
# 'bill_length_mm'를 내림차순, 'bill_depth_mm'를 오름차순 정렬
sorted_df = df.sort_values(
    by = ['bill_length_mm', 'bill_depth_mm'],   #같은 length에서 depth를 오름차순 정렬
    ascending = [False, True]
    )
print(sorted_df.head())
```

```
     species    island  bill_length_mm  bill_depth_mm  ...     sex
253   Gentoo    Biscoe            59.6           17.0  ...    Male
169 Chinstrap    Dream            58.0           17.8  ...  Female
321   Gentoo    Biscoe            55.9           17.0  ...    Male
215 Chinstrap    Dream            55.8           19.8  ...    Male
335   Gentoo    Biscoe            55.1           16.0  ...    Male
```

⑥ idxmax()와 idxmin()

- idxmax(), idxmin() 메서드는 각각 데이터 프레임이나 시리즈에서 최댓값과 최솟값을 가지는 첫 번째 인덱스를 반환합니다. 열에서 최댓값 또는 최솟값이 있는 행의 인덱스를 쉽게 찾을 수 있습니다.

```
# 'bill_length_mm' 열에서 최댓값을 가지는 행의 인덱스를 찾기
max_idx = df['bill_length_mm'].idxmax()
print(f"Maximum bill length index: {max_idx}")
```

```
Maximum bill length index: 253
```

```
print(df.loc[max_idx])
```

```
species              Gentoo
island               Biscoe
bill_length_mm         59.6
bill_depth_mm          17.0
flipper_length_mm     230.0
body_mass_g          6050.0
sex                    Male
Name: 253, dtype: object
```

- 위 코드는 bill_length_mm 열에서 가장 큰 값을 가지는 행의 인덱스를 찾아 출력합니다. 또한, loc 메서드를 사용하여 해당 인덱스에 위치한 행의 데이터를 출력합니다.
- 같은 방식으로 가장 작은 값을 가지는 행의 인덱스와 데이터를 찾아 출력하려면 아래와 같이 할 수 있습니다.

```python
# 'bill_length_mm' 열에서 최솟값을 가지는 행의 인덱스를 찾기
min_idx = df['bill_length_mm'].idxmin()
print(f"Minimum bill length index: {min_idx}")
print(df.loc[min_idx])
```

```
Minimum bill length index: 142
species                Adelie
island                  Dream
bill_length_mm           32.1
bill_depth_mm            15.5
flipper_length_mm       188.0
body_mass_g            3050.0
sex                    Female
Name: 142, dtype: object
```

⑦ sort_values()와 idxmax()의 결과 비교
- 시험에서는 특정 칼럼을 기준으로 최댓값을 갖는 인덱스를 찾는 문제가 자주 출제됩니다.
- 인덱스는 고유값(unique value)을 갖습니다. 예를 들어 국가 단위 데이터의 경우 대륙, 단순 설문 조사 데이터의 경우 사람이 인덱스 단위가 됩니다.

```python
# 'bill_length_mm' 열을 기준으로 데이터 프레임 정렬
sorted_df = df.sort_values(by='bill_length_mm', ascending = False)
print("Sorted DataFrame by bill_length_mm (Descending):")

# 정렬된 데이터 프레임의 첫 번째 행과 idxmax()로 찾은 행이 같은지 확인
sorted_max_value_row = sorted_df.iloc[0]
print("\nFirst row of the sorted DataFrame:")
print(sorted_max_value_row)
```

```
Sorted DataFrame by bill_length_mm (Descending):

First row of the sorted DataFrame:
species                Gentoo
island                 Biscoe
bill_length_mm           59.6
bill_depth_mm            17.0
flipper_length_mm       230.0
body_mass_g            6050.0
sex                      Male
Name: 253, dtype: object
```

```
# 'bill_length_mm' 열에서 최댓값을 가지는 행의 인덱스를 찾기
max_idx = df['bill_length_mm'].idxmax()
max_value_row = df.loc[max_idx]
print(f"\nMaximum bill length index using idxmax(): {max_idx}")
print(max_value_row)
```

```
Maximum bill length index using idxmax(): 253
species                Gentoo
island                 Biscoe
bill_length_mm           59.6
bill_depth_mm            17.0
flipper_length_mm       230.0
body_mass_g            6050.0
sex                      Male
Name: 253, dtype: object
```

```
# 비교
comparison = max_value_row.equals(sorted_max_value_row)
print(f"\nDo the max value rows match? {comparison}")
```

```
Do the max value rows match? True
```

- sort_values()로 정렬된 데이터 프레임의 첫 번째 행과 idxmax()로 찾은 최댓값의 행의 결과가 같은 것을 확인할 수 있습니다.

> **기적의 TIP**
>
> idxmax()는 최댓값이 여러 개 존재하더라도 첫 번째 인덱스만 반환합니다. 따라서 중복된 최댓값을 모두 확인하려면 df[df['컬럼명'] == df['컬럼명'].max()]와 같이 조건 필터링을 활용해야 합니다.

⑧ groupby()

- groupby() 메서드는 특정 열을 기준으로 데이터 프레임을 그룹화합니다. 그룹화한 후에는 각 그룹별로 집계 연산을 수행할 수 있습니다.
- 수치형 데이터만 선택하여 연산하고자 할 경우에는 numeric_only=True 옵션을 지정합니다.

```
# 'species' 열을 기준으로 그룹화하여 평균 계산(수치형 열만 선택)
grouped_df = df.groupby('species').mean(numeric_only = True)
print(grouped_df)
```

	bill_length_mm	bill_depth_mm	flipper_length_mm	body_mass_g
species				
Adelie	38.791391	18.346358	189.953642	3700.662252
Chinstrap	48.833824	18.420588	195.823529	3733.088235
Gentoo	47.504878	14.982114	217.186992	5076.016260

⑨ mean()

- mean() 메서드는 데이터 프레임의 각 열의 평균을 계산합니다.

```
# 데이터 프레임의 각 열의 평균 계산
print(df.mean(numeric_only = True))

bill_length_mm          43.921930
bill_depth_mm           17.151170
flipper_length_mm      200.915205
body_mass_g           4201.754386
dtype: float64
```

⑩ sum()

- sum() 메서드는 데이터 프레임의 각 열의 합계를 계산합니다.

```
# 데이터 프레임의 각 열의 합계 계산
print(df.sum(numeric_only = True))

bill_length_mm          15021.3
bill_depth_mm            5865.7
flipper_length_mm       68713.0
body_mass_g           1437000.0
dtype: float64
```

- 각 섬(island)별로 flipper_length_mm의 합계를 구하고, 그 중 합계가 가장 큰 섬을 찾아보겠습니다. groupby()와 idxmax()를 활용해 보겠습니다.

```
# island별로 그룹화하고 flipper_length_mm의 합계를 계산
grouped_df = df.groupby('island')['flipper_length_mm'].sum()
print("Grouped by island and summed flipper_length_mm:")
print(grouped_df)

Grouped by island and summed flipper_length_mm:
island
Biscoe       35021.0
Dream        23941.0
Torgersen     9751.0
Name: flipper_length_mm, dtype: float64

# flipper_length_mm 합계가 가장 큰 island 찾기
max_flipper_island = grouped_df.idxmax()
print(f"\nIsland with maximum total flipper length: {max_flipper_island}")
print(grouped_df.loc[max_flipper_island])

Island with maximum total flipper length: Biscoe
35021.0
```

- 이번에는 groupby()와 sort_values()를 활용해 보겠습니다. groupby()의 옵션 중 as_index=False 옵션을 활용하면 코드를 단순화할 수 있습니다.

> groupby()의 as_index 옵션
> as_index=True : 그룹화된 열을 결과 데이터 프레임의 인덱스로 설정
> as_index=False : 그룹화된 열을 결과 데이터 프레임의 일반 열로 유지

```python
# island별로 그룹화하고 flipper_length_mm의 합계를 계산한 데이터 프레임 생성
grouped_sum_df = df.groupby('island', as_index = False)['flipper_length_mm'].sum()
print(grouped_sum_df)
```

```
     island   flipper_length_mm
0    Biscoe           35021.0
1     Dream           23941.0
2  Torgersen            9751.0
```

- island 열이 인덱스가 아닌 하나의 열로 처리되는 것을 확인할 수 있습니다. sort_values()를 활용하여 데이터를 내림차순으로 정렬합니다.

```python
# flipper_length_mm 합계를 기준으로 내림차순 정렬
sorted_grouped_sum_df = grouped_sum_df.sort_values(by = 'flipper_length_mm', ascending = False)
print("\nGrouped and sorted DataFrame by total flipper_length_mm:")
print(sorted_grouped_sum_df)
```

```
Grouped and sorted DataFrame by total flipper_length_mm:
     island   flipper_length_mm
0    Biscoe           35021.0
1     Dream           23941.0
2  Torgersen            9751.0
```

⑪ pd.merge()

- pd.merge() 메서드는 두 데이터 프레임을 병합합니다. 기본적으로 공통된 열을 기준으로 병합합니다.

```python
# 예제 데이터 프레임 생성
df1 = pd.DataFrame({'key': ['A', 'B', 'C'], 'value': [1, 2, 3]})
df2 = pd.DataFrame({'key': ['A', 'B', 'D'], 'value': [4, 5, 6]})

# 두 데이터 프레임 병합
merged_df = pd.merge(df1, df2, on = 'key', how = 'inner')
print(merged_df)
```

```
  key  value_x  value_y
0   A        1        4
1   B        2        5
```

- 위 코드는 두 데이터 프레임 df1과 df2를 특정 열(key)을 기준으로 병합합니다.

pd.merge( )의 옵션

on : 병합할 때 기준이 되는 열을 지정

how 설정	설명	
inner	두 데이터 프레임 모두에 존재하는 키 값만 포함 (교집합)	
outer	두 데이터 프레임 중 하나라도 존재하는 모든 키 값 포함 (합집합)	
left	df1의 모든 키 값 유지, df2는 일치할 때만 포함 (왼쪽 기준)	
right	df2의 모든 키 값 유지, df1은 일치할 때만 포함 (오른쪽 기준)	

```
# 두 데이터 프레임을 outer join으로 병합
merged_df_outer = pd.merge(df1, df2, on = 'key', how = 'outer')
print(merged_df_outer)
```

```
     key  value_x  value_y
0    A    1.0      4.0
1    B    2.0      5.0
2    C    3.0      NaN
3    D    NaN      6.0
```

2) 데이터 재구조화

데이터 재구조화는 데이터 전처리 과정에서 매우 중요한 작업이며, 적절히 수행할 경우 긴 코드를 효율적으로 줄일 수 있습니다.

Long Form 데이터 예시

Student	Subject	Score
Alice	Math	85
Alice	English	90
Bob	Math	78
Bob	English	88

Wide Form 데이터 예시

Student	Math	English
Alice	85	90
Bob	78	88

① pd.melt()

- pd.melt() 메서드는 데이터를 넓은 형식(wide form)에서 긴 형식(long form)으로 변환합니다.

> **pd.melt( )의 옵션**
> frame : 재구조화할 데이터 프레임
> id_vars : 변환되지 않고 그대로 유지될 칼럼 지정
> value_vars : 변환할 칼럼 지정(지정하지 않으면 id_vars를 제외한 모든 칼럼이 선택됨)
> var_name : value_vars의 칼럼명이 저장될 칼럼의 칼럼명 지정(기본값: variable)
> value_name : value_vars의 값이 저장될 칼럼명 지정(기본값: value)

```python
# 예제 데이터 프레임 생성
import pandas as pd
data = {
    'Date': ['2024-07-01', '2024-07-02', '2024-07-03', '2024-07-03'],
    'Temperature': [10, 20, 25, 20],
    'Humidity': [60, 65, 70, 21]
}
df = pd.DataFrame(data)
print(df)
```

```
         Date  Temperature  Humidity
0  2024-07-01           10        60
1  2024-07-02           20        65
2  2024-07-03           25        70
3  2024-07-03           20        21
```

- pd.melt() 메서드를 사용하여 데이터 프레임을 긴 형식으로 변환해 보겠습니다.

```python
df_melted = pd.melt(df,
                    id_vars = ['Date'],
                    value_vars = ['Temperature', 'Humidity'],
                    var_name = 'Variable',
                    value_name = 'Value')
print(df_melted)
```

```
         Date     Variable  Value
0  2024-07-01  Temperature     10
1  2024-07-02  Temperature     20
2  2024-07-03  Temperature     25
3  2024-07-03  Temperature     20
4  2024-07-01     Humidity     60
5  2024-07-02     Humidity     65
6  2024-07-03     Humidity     70
7  2024-07-03     Humidity     21
```

② pivot()
- pivot() 메서드는 데이터를 긴 형식에서 넓은 형식으로 변환합니다.

> **pivot()의 옵션**
> index : 새 데이터 프레임에서 행 인덱스로 사용할 칼럼명 지정
> columns : 새 데이터 프레임에서 열로 사용할 칼럼명 지정
> values : 새 데이터 프레임에서 각 인덱스-열 조합에 대해 채워질 값으로 사용할 칼럼명 지정

- pd.melt() 메서드로 변환된 데이터를 pivot()을 활용하여 재변환해 보겠습니다.

```
df_pivoted = df_melted.pivot(index = 'Date',
                             columns = 'Variable',
                             values = 'Value').reset_index()
print(df_pivoted)

ValueError: Index contains duplicate entries, cannot reshape
```

> **기적의 TIP**
>
> pivot() 메서드는 지정된 index와 columns 조합이 고유(unique)해야 정상적으로 동작합니다. 동일한 조합에 여러 값이 존재하면 오류가 발생할 수 있습니다.

- 데이터에서는 Date='2024-07-03'이 두 번 등장하고, 이때 Temperature 값이 각각 25와 20, Humidity 값이 각각 70과 21로 존재합니다. 즉 (Date, Variable) 조합이 유일하지 않기 때문에 pivot() 실행 시 어떤 값을 채워야 할지 결정할 수 없어 오류가 발생합니다.
- 이를 해결하려면 melt() 적용 전에 각 행을 고유하게 식별할 수 있는 인덱스를 생성하거나, pivot_table()을 사용하여 중복된 값을 집계(예 평균, 합계)해야 합니다.

```
df_melted2 = pd.melt(df.reset_index(),
                     id_vars = ['index'],
                     value_vars = ['Temperature', 'Humidity'],
                     var_name = 'Variable',
                     value_name = 'Value')
print(df_melted2)

     index   Variable      Value
0    0       Temperature   10
1    1       Temperature   20
2    2       Temperature   25
3    3       Temperature   20
4    0       Humidity      60
5    1       Humidity      65
6    2       Humidity      70
7    3       Humidity      21
```

- index 칼럼을 기준으로 pivot() 메서드를 적용해 보겠습니다.

```
df_pivoted = df_melted2.pivot(index = 'index',
                              columns = 'Variable',
                              values = 'Value')
print(df_pivoted)

    Variable    Humidity    Temperature
    index
    0           60          10
    1           65          20
    2           70          25
    3           21          20
```

③ pivot_table()

- pivot_table() 메서드는 pivot()와 마찬가지로 데이터를 긴 형식에서 넓은 형식으로 변환합니다.

> pivot_table()의 옵션
> data : 피벗할 데이터 프레임
> values : 집계할 데이터 값의 칼럼명 지정
> index : 행 인덱스로 사용할 칼럼명 지정
> columns : 열로 사용할 칼럼명 지정
> aggfunc : 집계 함수(예) 'mean', 'sum', 'count' 등) 지정(기본값: mean)

- pd.melt() 메서드로 변환된 데이터를 pivot_table()을 활용하여 재변환해 보겠습니다. 이전에 df_melted 데이터는 pivot()을 활용할 경우 오류가 발생했습니다.

```
df_pivot_table = df_melted.pivot_table(index = 'Date',
                                       columns = 'Variable',
                                       values = 'Value').reset_index()
print(df_pivot_table)

    Variable    Date          Humidity    Temperature
    0           2024-07-01    60.0        10.0
    1           2024-07-02    65.0        20.0
    2           2024-07-03    45.5        22.5
```

- pivot_table() 메서드의 경우 aggfunc 옵션을 활용하여 중복이 있는 날짜의 값을 평균으로 대치합니다.

기적의 TIP

pivot()과 pivot_table()의 차이점

	pivot()	pivot_table()
중복 데이터 처리	중복된 인덱스-열 조합이 있을 경우 오류 출력	중복된 인덱스-열 조합이 있을 경우, 집계함수 (aggfunc)를 사용하여 데이터 집계
집계 함수	집계 기능 없음	집계 함수를 통해 데이터 집계 가능

학생 성적 데이터

학생 성적 데이터셋은 학생들의 성적에 영향을 미치는 다양한 요인들을 포함하고 있습니다. 이 데이터셋은 교육 연구에서 학생들의 성적 향상에 기여하는 요인을 분석하는 데 사용됩니다. 각 행은 학생 한 명을 나타내며, 다음과 같은 칼럼으로 구성되어 있습니다.

- school : 학생이 소속된 학교('GP'–Gabriel Pereira 또는 'MS'–Mousinho da Silveira)
- sex : 학생의 성별('F'–여성 또는 'M'–남성)
- paid : 추가 과외 수업 여부('yes', 'no')
- famrel : 가족 관계의 질(1–매우 나쁨, 2–나쁨, 3–보통, 4–좋음, 5–매우 좋음)
- freetime : 자유 시간의 질(1–매우 적음, 2–적음, 3–보통, 4–많음, 5–매우 많음)
- goout : 친구와 외출 빈도(1–매우 적음, 2–적음, 3–보통, 4–많음, 5–매우 많음)
- Dalc : 주중 음주량(1–매우 적음, 2–적음, 3–보통, 4–많음, 5–매우 많음)
- Walc : 주말 음주량(1–매우 적음, 2–적음, 3–보통, 4–많음, 5–매우 많음)
- health : 현재 건강 상태(1–매우 나쁨, 2–나쁨, 3–보통, 4–좋음, 5–매우 좋음)
- absences : 결석 일수
- grade : 최종 성적

```python
import pandas as pd
# 학생 성적 데이터 불러오기
df = pd.read_csv('https://raw.githubusercontent.com/YoungjinBD/data/main/dat.csv')
```

데이터를 처음 불러올 때는 데이터의 특성을 이해하기 위해 데이터 구조, 결측치, 이상치 존재 여부 등을 확인해야합니다. .info()를 통해 확인해 보겠습니다.

```
print(df.info())
```

```
<class 'pandas.core.frame.DataFrame'>
RangeIndex: 366 entries, 0 to 365
Data columns (total 11 columns):
 #   Column    Non-Null Count  Dtype
 0   school    366 non-null    object
 1   sex       366 non-null    object
 2   paid      366 non-null    object
 3   famrel    366 non-null    int64
 4   freetime  366 non-null    int64
 5   goout     356 non-null    float64      ─ 10개의 결측치
 6   Dalc      366 non-null    int64
 7   Walc      366 non-null    int64
 8   health    366 non-null    int64
 9   absences  366 non-null    int64
 10  grade     366 non-null    int64
dtypes: float64(1), int64(7), object(3)
memory usage: 31.6+ KB
None
```

- school, sex, paid 칼럼의 데이터 타입은 object(문자열)입니다.
- goout 칼럼의 데이터 타입은 float64(실수)이며, 10개의 결측치(NA)가 있습니다.

④ rename()

- rename() 메서드는 특정 칼럼의 이름을 변경합니다.
- 데이터셋을 불러왔을 때 칼럼명이 적절한 형태가 아닐 경우 변경해줘야 합니다. Dalc, Walc 칼럼의 경우 다른 칼럼과 달리 앞 글자가 대문자인 것을 확인할 수 있는데, 깔끔하게 정리하기 위해서 소문자로 변경 하겠습니다.

```
df = df.rename(columns = {'Dalc' : 'dalc', 'Walc' : 'walc'})
print(df.columns)

Index(['school', 'sex', 'paid', 'famrel', 'freetime', 'goout', 'dalc', 'walc',
       'health', 'absences', 'grade'],
      dtype='object')
```

⑤ astype()

- astype()은 데이터 프레임 또는 시리즈의 데이터 타입을 변경하는 데 사용됩니다.
- 데이터셋을 불러왔을 때 각 칼럼별로 데이터 타입이 적절하게 설정되어 있지 않을 수도 있습니다. 이 경우 데이터 전처리 시작 전 astype()을 활용하여 데이터 타입을 적절하게 변경해 주어야 합니다.
- 학생 성적 데이터의 경우는 데이터 타입이 적절하게 설정되어 있습니다. 임의로 famrel, dalc 칼럼을 각각 object, float형 데이터 타입으로 변경하겠습니다.

```
print(df.astype({'famrel' : 'object', 'dalc' : 'float64'}).info())
```

```
<class 'pandas.core.frame.DataFrame'>
RangeIndex: 366 entries, 0 to 365
Data columns (total 11 columns):
 #   Column    Non-Null Count  Dtype
---  ------    --------------  -----
 0   school    366 non-null    object
 1   sex       366 non-null    object
 2   paid      366 non-null    object
 3   famrel    366 non-null    object
 4   freetime  366 non-null    int64
 5   goout     356 non-null    float64
 6   dalc      366 non-null    float64
 7   walc      366 non-null    int64
 8   health    366 non-null    int64
 9   absences  366 non-null    int64
 10  grade     366 non-null    int64
dtypes: float64(2), int64(5), object(4)
memory usage: 31.6+ KB
None
```

⑥ apply()

- apply()는 데이터 프레임을 다룰 때 꼭 알고 있어야 하는 함수입니다. apply() 함수를 사용하면 반복문을 피하여 코딩을 할 수 있기 때문입니다.

```
df.apply(function, axis, ⋯)
    axis = 0 : 열(column) 방향
    axis = 1 : 행(row) 방향
```

- df는 데이터 프레임을 나타내는 객체입니다. 데이터 프레임에 대해서는 다음 섹션에서 더 자세히 다룹니다.
- axis는 함수를 적용할 방향을 지정하는 인수이며, 0인 경우 열(column) 방향으로 함수를 적용하고, 1인 경우 행(row) 방향으로 함수를 적용합니다.
- function은 적용할 함수를 지정하는 인수입니다. ⋯은 function 함수에 전달할 추가적인 입력값을 설정할 수 있다는 뜻입니다.

```
import pandas as pd

data = {'A': [1, 2, 3], 'B': [4, 5, 6]}
df = pd.DataFrame(data)

print(df)

   A  B
0  1  4
1  2  5
2  3  6

df.apply(max, axis = 0)

A    3
B    6
dtype: int64

df.apply(max, axis = 1)

0    4
1    5
2    6
dtype: int64
```

- 위 예제는 pandas 라이브러리를 사용하여 데이터 프레임을 생성하고 apply() 함수를 사용하여 각 축(axis)에 대해 max 함수를 적용합니다. 열과 행을 기준으로 각각 최댓값을 반환합니다.

⑦ **assign()**

- assign()은 파생변수와 같은 새로운 칼럼을 생성하거나 특정 칼럼의 값을 변경하는 데 사용됩니다. 예를 들어 famrel 칼럼의 특정 값을 기준으로 'Low', 'Medium', 'High'로 구분해보겠습니다.

▼ 사용자 함수 정의

```
def classify_famrel(famrel):
    if famrel <= 2:
        return 'Low'
    elif famrel <= 4:
        return 'Medium'
    else:
        return 'High'
```

- apply()를 통해 정의한 함수를 적용하여 famrel_quality 칼럼을 새롭게 생성해 보겠습니다.

```
df1 = df.copy()
df1 = df1.assign(famrel_quality = df1['famrel'].apply(classify_famrel))

print(df1[['famrel', 'famrel_quality']].head())
```

```
   famrel  famrel_quality
0       4          Medium
1       5            High
2       4          Medium
3       3          Medium
4       4          Medium
```

- 기존에 있던 famrel 칼럼의 값을 변경할 수도 있습니다.

```
df2 = df.copy()
df2 = df2.assign(famrel = df2['famrel'].apply(classify_famrel))

print(df2[['famrel']].head())
```

```
   famrel
0  Medium
1    High
2  Medium
3  Medium
4  Medium
```

- 물론 assign()을 꼭 사용해야 하는 것은 아닙니다. 아래 코드도 결과는 동일하기 때문에 익숙한 문법을 활용하면 됩니다.

```
df3 = df.copy()
df3['famrel'] = df3['famrel'].apply(classify_famrel)

print(df3[['famrel']].head())
```

```
   famrel
0  Medium
1    High
2  Medium
3  Medium
4  Medium
```

⑧ select_dtypes()

- select_dtypes()은 데이터 프레임에서 특정 데이터 타입을 가진 칼럼만 선택하는 데 사용되는 메서드입니다. 데이터 프레임의 칼럼 중 원하는 데이터 타입의 칼럼만 선택할 수 있어, 데이터 전처리 시 매우 유용합니다.

```
select_dtypes( )의 옵션
    number : 모든 수치형 데이터 타입을 포함(정수, 부동 소수점, 복소수)
    float : 부동 소수점 숫자(float64, float32 등)
    int : 정수(int64, int32 등)
    complex : 복소수(complex64, complex128 등)
    object : 일반적인 객체 타입(보통 문자열이 여기에 속함)
    bool : 불리언 값(True, False)
    category : 범주형 데이터 타입
    datetime : 날짜 및 시간(datetime64[ns] 등)
```

▼ 수치형 칼럼만 선택

```
print(df.select_dtypes('number').head(2))
```

	famrel	freetime	goout	dalc	walc	health	absences	grade
0	4	3	4.0	1	1	3	6	1
1	5	3	3.0	1	1	3	4	1

▼ 범주형 칼럼만 선택

```
print(df.select_dtypes('object').head(2))
```

	school	sex	paid
0	GP	F	no
1	GP	F	no

▼ 임의의 함수를 정의하고 수치형 칼럼에 적용

```
def standardize(x):
    return ((x - np.nanmean(x))/np.std(x))

df.select_dtypes('number').apply(standardize).head(2)
```

	famrel	freetime	goout	dalc	walc	health	absences	grade
0	0.064260	-0.209894	0.817064	-0.536172	-1.004079	-0.417651	0.050918	-1.311613
1	1.184217	-0.209894	-0.089088	-0.536172	-1.004079	-0.417651	-0.195916	-1.311613

3) 칼럼명 패턴을 활용하여 특정 칼럼 선택하기

데이터 타입에 따라 칼럼을 선택할 수도 있지만, 칼럼명의 패턴에 따라 특정 칼럼을 선택할 수도 있습니다.

① str.startwith()

- 칼럼명이 'f'로 시작하는 경우 True, 그 외는 False로 출력합니다.

```
print(df.columns)

Index(['school', 'sex', 'paid', 'famrel', 'freetime', 'goout', 'dalc', 'walc',
       'health', 'absences', 'grade'],
      dtype='object')
```

```
print(df.columns.str.startswith('f'))

[False False False True True False False False False False False]
```

- loc[ ]를 활용하여, True인 칼럼을 필터링합니다.

```
print(df.loc[:, df.columns.str.startswith('f')].head())

   famrel  freetime
0       4         3
1       5         3
2       4         3
3       3         2
4       4         3
```

② str.endswith()

- 칼럼명이 'c'로 끝나는 경우 True, 그 외는 False를 출력합니다.

```
print(df.columns.str.endswith('c'))

[False False False False False False True True False False False]
```

- loc[ ]를 활용하여, True인 칼럼을 필터링합니다.

```
print(df.loc[:, df.columns.str.endswith('c')].head())

   dalc  walc
0     1     1
1     1     1
2     2     3
3     1     1
4     1     2
```

③ str.contains()

- 칼럼명이 'f'를 포함하는 경우 True, 아닐 경우 False로 지정하겠습니다.

```
print(df.columns.str.contains('f'))
```

[False False False True True False False False False False False]

- loc[ ]를 활용하여, True인 칼럼을 필터링합니다.

```
print(df.loc[:, df.columns.str.contains('f')].head())
```

	famrel	freetime
0	4	3
1	5	3
2	4	3
3	3	2
4	4	3

- 이전에 정의한 임의의 함수를 특정 'f'를 포함하는 칼럼에 적용해볼 수도 있습니다.

```
print(df.loc[:, df.columns.str.contains('f')].apply(standardize).head())
```

	famrel	freetime
0	-0.41557	-0.242302
1	0.58443	-0.242302
2	-0.41557	-0.242302
3	-1.41557	-1.242302
4	-0.41557	-0.242302

SECTION 01 연습문제

학교 성적 데이터

```
import pandas as pd
df = pd.read_csv('https://raw.githubusercontent.com/YoungjinBD/data/main/grade.csv')
```

1 df 데이터 프레임의 정보를 출력하고, 각 칼럼의 데이터 타입을 확인하시오.

2 midterm 점수가 85점 이상인 학생들의 데이터를 필터링하여 출력하시오.

3 final 점수를 기준으로 데이터 프레임을 내림차순으로 정렬하고, 정렬된 데이터 프레임의 첫 5행을 출력하시오.

4 gender 칼럼을 기준으로 데이터 프레임을 그룹화하고, 각 그룹별 midterm과 final의 평균을 계산하여 출력하시오.

5 student_id 칼럼을 문자열 타입으로 변환하고, 변환된 데이터 프레임의 정보를 출력하시오.

6 assignment 점수의 최댓값과 최솟값을 가지는 행을 각각 출력하시오.

7 midterm, final, assignment 점수의 평균을 계산하여 average 칼럼을 추가하고, 첫 5행을 출력하시오.

8 데이터 프레임에 결측치가 있는지 확인하고, 결측치를 포함한 행을 제거한 후 데이터 프레임의 정보를 출력하시오.

9 아래의 추가 데이터를 생성하고, 기존 데이터 프레임과 student_id를 기준으로 병합하여 출력하시오.

```
additional_data = {
    'student_id': ['1', '3', '5', '7', '9'],
    'club': ['Art', 'Science', 'Math', 'Music', 'Drama']
}
df_additional = pd.DataFrame(additional_data)
```

10 gender를 인덱스로, student_id를 열로 사용하여 average 점수에 대한 피벗 테이블을 생성하고 출력하시오.

11 midterm, final, assignment의 평균을 구하고, average 열을 생성하시오. 또한, 성별, 성적 유형 (assignment, average, final, midterm)별 평균 점수를 계산하시오.

12 최대 평균 성적을 가진 학생의 이름과 평균 성적을 출력하시오.

SECTION 01 연습문제 정답

1
```
# 데이터 프레임 정보 출력
print(df.info( ))
```

```
<class 'pandas.core.frame.DataFrame'>
RangeIndex: 10 entries, 0 to 9
Data columns (total 6 columns):
 #   Column      Non-Null Count  Dtype
---  ------      --------------  -----
 0   student_id  10 non-null     int64
 1   name        10 non-null     object
 2   gender      10 non-null     object
 3   midterm     9 non-null      float64
 4   final       9 non-null      float64
 5   assignment  9 non-null      float64
dtypes: float64(3), int64(1), object(2)
memory usage: 612.0+ bytes
None
```

2
```
# midterm 점수가 85점 이상인 학생들의 데이터 필터링
filtered_df = df.loc[df['midterm'] >= 85]
print(filtered_df)
```

```
   student_id    name  gender  midterm  final  assignment
0           1   Alice       F     85.0   88.0        95.0
2           3  Charlie      M     92.0   94.0        87.0
3           4   David       M     88.0   90.0        85.0
5           6   Frank       M     95.0   97.0        98.0
6           7   Grace       F     89.0   91.0        84.0
7           8  Hannah       F     90.0   92.0         NaN
```

3
```
# final 점수를 기준으로 데이터 프레임 내림차순 정렬
sorted_df = df.sort_values(by = 'final', ascending = False)
print(sorted_df.head( ))
```

	student_id	name	gender	midterm	final	assignment
5	6	Frank	M	95.0	97.0	98.0
2	3	Charlie	M	92.0	94.0	87.0
7	8	Hannah	F	90.0	92.0	NaN
6	7	Grace	F	89.0	91.0	84.0
3	4	David	M	88.0	90.0	85.0

4
```
# gender 열을 기준으로 그룹화하고, 각 그룹별 midterm과 final의 평균 계산
grouped_df = df.groupby('gender')[['midterm', 'final']].mean( )
print(grouped_df)
```

	midterm	final
gender		
F	85.0	87.5
M	86.0	88.2

5
```
# student_id 열을 문자열 타입으로 변환
df['student_id'] = df['student_id'].astype('str')
print(df.info( ))
```

```
<class 'pandas.core.frame.DataFrame'>
RangeIndex: 10 entries, 0 to 9
Data columns (total 6 columns):
 #   Column      Non-Null Count  Dtype
---  ------      --------------  -----
 0   student_id  10 non-null     object
 1   name        10 non-null     object
 2   gender      10 non-null     object
 3   midterm     9 non-null      float64
 4   final       9 non-null      float64
 5   assignment  9 non-null      float64
types: int64(3), object(3)
memory usage: 608.0+ bytes
None
```

6

```python
# assignment 점수의 최댓값과 최솟값을 가지는 행 찾기
max_idx = df['assignment'].idxmax()
min_idx = df['assignment'].idxmin()

max_value_row = df.loc[max_idx]
min_value_row = df.loc[min_idx]

print("Max value row:")
print(max_value_row)

print("\nMin value row:")
print(min_value_row)
```

```
Max value row:
student_id        6
name          Frank
gender            M
midterm        95.0
final          97.0
assignment     98.0
Name: 5, dtype: object

Min value row:
student_id        5
name            Eve
gender            F
midterm        76.0
final          79.0
assignment     77.0
Name: 4, dtype: object
```

7

```python
# midterm, final, assignment 점수의 평균을 계산하여 average 열 추가
df['average'] = df[['midterm', 'final', 'assignment']].mean(axis = 1)
print(df.head())
```

	student_id	name	gender	midterm	final	assignment	average
0	1	Alice	F	85.0	88.0	95.0	89.333333
1	2	Bob	M	78.0	74.0	82.0	78.000000
2	3	Charlie	M	92.0	94.0	87.0	91.000000
3	4	David	M	88.0	90.0	85.0	87.666667
4	5	Eve	F	76.0	79.0	77.0	77.333333

8

```
# 결측치 확인
print(df.isna().sum())
```

```
student_id    0
name          0
gender        0
midterm       1
final         1
assignment    1
average       0
dtype: int64
```

```
# 결측치를 포함한 행 제거
df_cleaned = df.dropna()
print(df_cleaned.info())
```

```
<class 'pandas.core.frame.DataFrame'>
RangeIndex: 10 entries, 0 to 9
Data columns (total 7 columns):
 #   Column      Non-Null Count  Dtype
---  ------      --------------  -----
 0   student_id  7 non-null      object
 1   name        7 non-null      object
 2   gender      7 non-null      object
 3   midterm     7 non-null      float64
 4   final       7 non-null      float64
 5   assignment  7 non-null      float64
 6   average     7 non-null      float64
dtypes: float64(1), int64(3), object(3)
memory usage: 688.0+ bytes
None
```

9
```
# 추가 데이터 생성
additional_data = {
    'student_id': ['1', '3', '5', '7', '9'],
    'club': ['Art', 'Science', 'Math', 'Music', 'Drama']
}
df_additional = pd.DataFrame(additional_data)

# 기존 데이터 프레임과 병합
merged_df = pd.merge(df, df_additional, on = 'student_id', how = 'left')
print(merged_df)
```

```
   student_id    name  gender  midterm  final  assignment    average     club
0           1   Alice       F     85.0   88.0        95.0  89.333333      Art
1           2     Bob       M     78.0   74.0        82.0  78.000000      NaN
2           3 Charlie       M     92.0   94.0        87.0  91.000000  Science
3           4   David       M     88.0   90.0        85.0  87.666667      NaN
4           5     Eve       F     76.0   79.0        77.0  77.333333     Math
5           6   Frank       M     95.0   97.0        98.0  96.666667      NaN
6           7   Grace       F     89.0   91.0        84.0  88.000000    Music
7           8  Hannah       F     90.0   92.0         NaN  91.000000      NaN
8           9    Ivan       M     77.0    NaN        81.0  79.000000    Drama
9          10    Jack       M      NaN   86.0        88.0  87.000000      NaN
```

10
```
# gender를 인덱스로, student_id를 열로 사용하여 average 점수에 대한 피벗 테이블 생성
pivot_table = df.pivot_table(values = 'average', index = 'gender', columns = 'student_id')
print(pivot_table)
```

```
student_id          1    10     2     3          4   ...     9
gender
F           89.333333   NaN   NaN   NaN        NaN   ...   NaN
M                 NaN  87.0  78.0  91.0  87.666667   ...  79.0
```

11

```
# average 열 추가
df['average'] = df[['midterm', 'final', 'assignment']].mean(axis = 1)

# melt 함수를 사용하여 데이터 프레임 변환
melted_df = pd.melt(df, id_vars = ['student_id', 'name', 'gender'], value_vars = ['midterm',
'final', 'assignment', 'average'], var_name = 'variable', value_name = 'score')

# gender를 기준으로 그룹화하고 평균 점수 계산
grouped_mean = melted_df.groupby(['gender', 'variable'])['score'].mean().reset_index()
print(grouped_mean)
```

```
     gender    variable      score
0        F  assignment  85.333333
1        F     average  86.416667
2        F       final  87.500000
3        F     midterm  85.000000
4        M  assignment  86.833333
5        M     average  86.555556
6        M       final  88.200000
7        M     midterm  86.000000
```

12

```
# 최대 평균 성적을 가진 학생 찾기
max_avg_student_idx = df['average'].idxmax()
max_avg_student = df.loc[max_avg_student_idx, ['name', 'average']]

print(f"Student with highest average score: {max_avg_student['name']}")
print(max_avg_student)
```

```
Student with highest average score: Frank
name          Frank
average    96.666667
Name: 5, dtype: object
```

Pandas로 날짜형, 문자형 데이터 다루기

핵심 태그 날짜 형식 처리 · 문자열 다루기 · 정규표현식으로 문자열 추출

1) 날짜와 시간

pandas는 날짜와 시간 데이터를 다루는 다양한 방법을 제공합니다. 주요 기능으로는 날짜 파싱, 날짜 정보 추출, 날짜 연산 등이 있습니다.

▼ 예제 데이터 프레임 생성

```
import pandas as pd

data = {
    'date': ['2024-01-01 12:34:56', '2024-02-01 23:45:01', '2024-03-01 06:07:08', '2021-04-01 14:15:16'],
    'value': [100, 201, 302, 404]
}
df = pd.DataFrame(data)

print(df.info( ))

<class 'pandas.core.frame.DataFrame'>
RangeIndex: 4 entries, 0 to 3
Data columns (total 2 columns):
 #   Column  Non-Null Count  Dtype
---  ------  --------------  -----
 0   date    4 non-null      object
 1   value   4 non-null      int64
dtypes: int64(1), object(1)
memory usage: 192.0+ bytes
None
```

- date 칼럼의 경우 object인 것을 확인할 수 있습니다.

① 날짜 형식으로 변환

- 날짜 및 시간을 나타내는 칼럼은 날짜 및 시간 처리를 손쉽게 하기 위해 날짜 형식으로 변환하는 것이 좋습니다. to_datetime()을 활용하여 날짜 형식으로 변환해 보겠습니다.

```
# 문자열을 날짜 형식으로 변환
df['date'] = pd.to_datetime(df['date'])

print(df.head(2))
print(df.dtypes)
```

```
                 date  value
0 2024-01-01 12:34:56    100
1 2024-02-01 23:45:01    201
date     datetime64[ns]
value             int64
dtype: object
```

- datetime64는 numpy와 pandas에서 사용하는 기본 날짜 및 시간 데이터 타입이며 ns는 nano-second를 의미합니다.
- to_datetime()은 일반적으로 ISO 8601 형식이나 다른 널리 사용되는 날짜 형식을 자동으로 인식합니다.

▶ 자동 변환되는 표준화된 날짜 형식

입력 날짜 형식	설명	변환된 결과
2024-01-01	ISO 8601 기본 형식	Timestamp('2024-01-01 00:00:00')
2024-01-01 12:34:56	ISO 8601 날짜 및 시간	Timestamp('2024-01-01 12:34:56')
2024-01-01T12:34:56	ISO 8601 날짜 및 시간 (T 포함)	Timestamp('2024-01-01 12:34:56')
2024-01-01T12:34:56Z	ISO 8601 날짜, 시간, UTC	Timestamp('2024-01-01 12:34:56+0000', tz='UTC')
01/01/2024	MM/DD/YYYY 형식	Timestamp('2024-01-01 00:00:00')
01-01-2024	MM-DD-YYYY 형식	Timestamp('2024-01-01 00:00:00')
31 01 2024	DD MM YYYY 형식	Timestamp('2024-01-31 00:00:00')
January 1, 2024	월 이름 포함 형식	Timestamp('2024-01-01 00:00:00')

- to_datetime()은 비표준화 형식의 날짜 문자열의 경우 날짜 형식으로 자동 변환되지 않습니다.

```
pd.to_datetime('02-2024-01')

DateParseError: day is out of range for month: 02-2024-01, at position 0
```

- 위 코드는 월-년-일 형식이므로, 자동으로 변환되지 않습니다. format='%m-%Y-%d'으로 직접 형식을 지정하여 해결할 수 있습니다.

```
pd.to_datetime('02-2024-01', format = '%m-%Y-%d')

Timestamp('2024-02-01 00:00:00')
```

- 한글을 포함하는 경우 다음과 같이 응용할 수 있습니다.

```
pd.to_datetime('2024년 01월 01일', format = '%Y년 %m월 %d일')

Timestamp('2024-01-01 00:00:00')
```

② 날짜 정보 추출
- date 칼럼을 날짜 형식으로 변환했으므로, 연도, 월, 일, 요일 등 시간 정보를 손쉽게 추출할 수 있습니다. 날짜 및 시간 데이터에 특화된 접근자인 dt를 사용할 수 있습니다.

```
# 연도 추출
df['year'] = df['date'].dt.year

# 월 추출
df['month'] = df['date'].dt.month

# 일 추출
df['day'] = df['date'].dt.day

# 요일 추출
df['wday'] = df['date'].dt.day_name()
df['wday2'] = df['date'].dt.weekday

# 시간 추출
df['hour'] = df['date'].dt.hour

# 분 추출
df['minute'] = df['date'].dt.minute

# 초 추출
df['second'] = df['date'].dt.second

# 년-월-일 출력
print(df['date'].dt.date)

# df 확인
print(df.head(2))
```

```
0    2024-01-01
1    2024-02-01
2    2024-03-01
3    2021-04-01
Name: date, dtype: object
```

	date	value	year	month	day	wday	wday2	hour	minute	second
0	2024-01-01 12:34:56	100	2024	1	1	Monday	0	12	34	56
1	2024-02-01 23:45:01	201	2024	2	1	Thursday	3	23	45	1

③ 날짜 연산

- 날짜 형식의 데이터를 사용하여 날짜 간의 차이를 계산하거나 날짜를 조작할 수 있습니다.

```python
# 현재 날짜 생성
current_date = pd.to_datetime('2024-05-01')

# 날짜 차이 계산
df['days_diff'] = (current_date - df['date']).dt.days

print(df.head(2))
```

	date	value	year	month	day	wday	wday2	hour	minute	second	days_diff
0	2024-01-01 12:34:56	100	2024	1	1	Monday	0	12	34	56	120
1	2024-02-01 23:45:01	201	2024	2	1	Thursday	3	23	45	1	89

④ 날짜 범위 생성

- date_range()를 사용하여 일정한 간격의 날짜들을 생성할 수 있습니다.

```python
# 날짜 범위 생성
date_range = pd.date_range(start = '2021-01-01', end = '2021-01-10', freq = 'D')

print(date_range)
```

```
DatetimeIndex(['2021-01-01', '2021-01-02', '2021-01-03', '2021-01-04',
               '2021-01-05', '2021-01-06', '2021-01-07', '2021-01-08',
               '2021-01-09', '2021-01-10'],
              dtype='datetime64[ns]', freq='D')
```

⑤ 날짜 합치기
- 년-월-일 칼럼을 활용해서 새롭게 날짜 칼럼을 생성할 수도 있습니다.

```
df['date2'] = pd.to_datetime(dict(year = df.year, month = df.month, day = df.day))

print(df[['date', 'date2']])
```

```
                  date       date2
0  2024-01-01 12:34:56  2024-01-01
1  2024-02-01 23:45:01  2024-02-01
2  2024-03-01 06:07:08  2024-03-01
3  2021-04-01 14:15:16  2021-04-01
```

2) 문자열 처리

pandas는 str 접근자와 함께 다양한 메서드를 사용하여 문자열 데이터를 처리할 수 있습니다.

▼ 예제 데이터 프레임 생성

```
import pandas as pd

data = {
    '가전제품': ['냉장고', '세탁기', '전자레인지', '에어컨', '청소기'],
    '브랜드': ['LG', 'Samsung', 'Panasonic', 'Daikin', 'Dyson']
}
df = pd.DataFrame(data)
```

① 문자열 길이 확인
- str.len()을 통해 문자열 길이를 확인할 수 있습니다.

```
# 문자열 길이
df['제품명_길이'] = df['가전제품'].str.len()
df['브랜드_길이'] = df['브랜드'].str.len()

print(df.head(2))
```

```
   가전제품    브랜드    제품명_길이  브랜드_길이
0   냉장고     LG         3        2
1   세탁기  Samsung        3        7
```

② 문자열 대소문자 변환

- str.lower(), str.upper()를 통해 문자열의 대소문자를 자유롭게 변환할 수 있습니다.

```
# 대소문자 변환
df['브랜드_소문자'] = df['브랜드'].str.lower()
df['브랜드_대문자'] = df['브랜드'].str.upper()

print(df[['브랜드', '브랜드_소문자', '브랜드_대문자']])
```

```
     브랜드    브랜드_소문자   브랜드_대문자
0      LG          lg         LG
1  Samsung     samsung    SAMSUNG
2  Panasonic  panasonic  PANASONIC
3   Daikin      daikin     DAIKIN
4    Dyson       dyson      DYSON
```

③ 특정 문자 포함 여부 확인

- str.contains()를 통해 특정 문자 포함 여부를 확인할 수 있습니다. 특정 문자가 포함된 경우 True, 포함되지 않을 경우 False입니다.

```
# 문자열 포함 여부
df['브랜드에_a포함'] = df['브랜드'].str.contains('a')

print(df[['브랜드', '브랜드에_a포함']])
```

```
     브랜드    브랜드에_a포함
0      LG        False
1  Samsung       True
2  Panasonic     True
3   Daikin       True
4    Dyson       False
```

④ 특정 문자열 교체

- str.replace()를 통해 특정 문자열을 교체할 수 있습니다.

```
# 문자열 교체
df['브랜드_언더스코어'] = df['브랜드'].str.replace('L', 'HHHHG')

print(df[['브랜드', '브랜드_언더스코어']])
```

	브랜드	브랜드_언더스코어
0	LG	HHHHGG
1	Samsung	Samsung
2	Panasonic	Panasonic
3	Daikin	Daikin
4	Dyson	Dyson

⑤ 문자열 분할

- str.split()을 통해 문자열을 분할할 수 있습니다. expand=True로 설정하면 분할 결과를 여러 칼럼으로 확장합니다. expand=False로 설정할 경우 리스트의 시리즈를 반환합니다.

```
# 문자열 분할
df[['브랜드_첫부분', '브랜드_두번째', '브랜드_세번째']] = df['브랜드'].str.split('a', expand = True)

print(df[['브랜드', '브랜드_첫부분', '브랜드_두번째', '브랜드_세번째']])
```

	브랜드	브랜드_첫부분	브랜드_두번째	브랜드_세번째
0	LG	LG	None	None
1	Samsung	S	msung	None
2	Panasonic	P	n	sonic
3	Daikin	D	ikin	None
4	Dyson	Dyson	None	None

⑥ 문자열 결합

- str.cat()을 통해 문자열을 결합할 수 있습니다.

```
# 문자열 결합
df['제품_브랜드'] = df['가전제품'].str.cat(df['브랜드'], sep = ', ')

print(df[['가전제품', '제품_브랜드']])
```

	가전제품	제품_브랜드
0	냉장고	냉장고, LG
1	세탁기	세탁기, Samsung
2	전자레인지	전자레인지, Panasonic
3	에어컨	에어컨, Daikin
4	청소기	청소기, Dyson

⑦ 문자열 공백 제거

- str.strip()을 통해 문자열 앞 뒤 공백을 제거할 수 있습니다.

```
# 문자열 앞뒤 공백 제거
df['가전제품'] = df['가전제품'].str.replace('전자레인지', ' 전자레인지   ')

df['가전제품_공백제거'] = df['가전제품'].str.strip( )

print(df[['가전제품', '가전제품_공백제거']])
```

```
     가전제품       가전제품_공백제거
0    냉장고        냉장고
1    세탁기        세탁기
2    전자레인지      전자레인지
3    에어컨        에어컨
4    청소기        청소기
```

- str.pad()를 통해 문자열의 길이를 일정하게 맞출 수 있습니다. width는 맞추고자 하는 전체 길이, side는 패딩을 추가할 방향(left, right, both), fillchar는 채울 문자를 지정합니다.

```
# 브랜드명을 왼쪽에 0을 채워 10자리로 맞추기
df["브랜드_pad"] = df["브랜드"].str.pad(width=10, side="left", fillchar="0")

# 브랜드명을 오른쪽에 *을 채워 10자리로 맞추기
df["브랜드_pad_right"] = df["브랜드"].str.pad(width=10, side="right", fillchar="*")

print(df[["브랜드", "브랜드_pad", "브랜드_pad_right"]])
```

```
     브랜드        브랜드_pad        브랜드_pad_right
0    LG          00000000LG      LG********
1    Samsung     000Samsung      Samsung***
2    Panasonic   0Panasonic      Panasonic*
3    Daikin      0000Daikin      Daikin****
4    Dyson       00000Dyson      Dyson*****
```

3) 정규표현식을 통한 문자열 추출

정규 표현식(Regular Expressions, regex)은 특정한 규칙을 가진 문자열의 패턴을 정의하는 데 사용되며, 문자열 검색, 치환, 추출 등 다양한 문자열 처리 작업에 활용됩니다.

▶ 대표적인 정규표현식

정규 표현식	설명	매칭 예시
[]	대괄호 안에 있는 문자 중 하나와 매칭	[aeiou]는 'a', 'e', 'i', 'o', 'u' 중 하나에 매칭
()	소괄호 안에 있는 패턴을 하나의 그룹으로 취급	(abc)는 'abc'라는 문자열에 매칭
.	임의의 한 문자에 매칭	a.c는 'abc', 'a1c', 'a-c' 등
^	문자열의 시작에 매칭	^Hello는 'Hello world'에서 'Hello'와 매칭
$	문자열의 끝에 매칭	world$는 'Hello world'에서 'world'와 매칭
\d	숫자에 매칭	\d는 '0', '1', '2', … '9'와 매칭
\D	숫자가 아닌 문자에 매칭	\D는 'a', 'b', '!', ' ' 등 숫자가 아닌 문자
\w	단어 문자(알파벳, 숫자, 밑줄)에 매칭	\w는 'a', '1', '_'와 매칭
\W	단어 문자가 아닌 문자에 매칭	\W는 '!', '@', ' ' 등
\s	공백 문자(스페이스, 탭, 개행 문자 등)에 매칭	\s는 ' ', '\t', '\n'와 매칭
\S	공백 문자가 아닌 문자에 매칭	\S는 'a', '1', '!', '@' 등
\b	단어 경계(word boundary)에 매칭	\bHello\b는 'Hello world'에서 'Hello'와 매칭
\B	단어 경계가 아닌 곳에 매칭	\Bend는 'end'에서 'end'와 매칭
[Hh]i	Hi나 hi에 매칭되는 문자열 반환	Hi there, hi there
(Hi|Hello)	Hi나 Hello에 매칭되는 문자열 반환	Hi there, Hello world
(Hi|Hello)|(And)	Hi와 Hello는 Group1에, And는 Group2에 매칭	Hi there, Hello world, And also
bl(e|u)e	blee나 blue 모두 매칭되어 반환	blee, blue
[a-zA-Z0-9]	a~z, A~Z, 0~9 사이의 문자나 숫자	Hi there, Hello world, blue, bllue 등
[^a-zA-Z0-9]	영어와 숫자 빼고 모든 문자를 반환	'!', '@', ' ' 등 특수 문자
[가-힣]	모든 한글 문자에 매칭	가, 핫, 힣
b?ue	'b'가 있어도 되고 없어도 됨(0회 또는 1회)	ue, bue
b*ue	'b'가 0회 이상 반복됨	ue, bue, bbue
b+ue	'b'가 1회 이상 반복됨	bue, bbue, bbbue
bl{2}ue	'l'이 2번 반복됨	bllue
bl{2,3}ue	'l'이 2회 또는 3회 반복됨	bllue, blllue
bl{2,}ue	'l'이 2회 이상 반복됨	bllue, blllue, bllllue

▼ 예제 데이터 프레임 생성

```
data = {
    '주소': ['서울특별시 강남구 테헤란로 123', '부산광역시 해운대구 센텀중앙로 45', '대구광역시 수성구 동대구로 77-9@@##', '인천광역시 남동구 예술로 501&&, 아트센터', '광주광역시 북구 용봉로 123']
}
df = pd.DataFrame(data)
```

① 특정 문자열 추출

- 주소에서 특정 도시명(ⓔ 광역시, 특별시)을 추출해 보겠습니다.

> ([가-힣]+광역시|[가-힣]+특별시) 구성 요소
> [가-힣] : 모든 한글 문자
> [가-힣]+ : 한글 문자가 1회 이상 반복
> ⓔ 서울, 부산, 대구 등
> [가-힣]+광역시 : 한글 문자가 1회 이상 반복되고, 광역시로 끝나는 문자열 반환

- str.extract()를 활용하면 정규표현식으로 매칭되는 패턴 중 첫 번째 값을 추출할 수 있습니다.

```
df['도시'] = df['주소'].str.extract(r'([가-힣]+광역시|[가-힣]+특별시)', expand = False)
print(df)
```

```
                    주소          도시
0      서울특별시 강남구 테헤란로 123       서울특별시
1      부산광역시 해운대구 센텀중앙로 45      부산광역시
2      대구광역시 수성구 동대구로 77-9@@##  대구광역시
3      인천광역시 남동구 예술로 501&&, 아트센터 인천광역시
4      광주광역시 북구 용봉로 123         광주광역시
```

- ([가-힣]+광역시|[가-힣]+특별시)은 광역시 또는 특별시로 끝나는 모든 문자열을 의미합니다.
- 주소에서 모든 특수 문자를 추출해 보겠습니다. str.extractall()을 통해 정규표현식으로 매칭되는 패턴 중 모든 값을 추출할 수 있습니다.

```
# 모든 특수 문자 추출
special_chars = df['주소'].str.extractall(r'([^a-zA-Z0-9가-힣\s])')
print(special_chars)
```

```
                 0
        match
    2   0        -
        1        @
        2        @
        3        #
        4        #
    3   0        &
        1        &
        2        ,
```

② 특수 문자 제거

- 정규표현식을 활용하면 특수 문자를 손쉽게 제거할 수 있습니다.

> [^a-zA-Z0-9가-힣\s] 구성 요소
> ^ : 대괄호 [] 내에서 사용되면 "부정", 해당 패턴에 포함되지 않는 문자를 의미
> a-z : 소문자 알파벳 a부터 z까지
> A-Z : 대문자 알파벳 A부터 Z까지
> 0-9 : 숫자 0부터 9까지
> 가-힣 : 한글 음절을 나타내는 문자 범위
> \s : 공백 문자(스페이스, 탭, 개행 문자 등)

- str.replace() 메서드에 regex=True 옵션을 활용하면 정규표현식을 적용할 수 있습니다. 다음의 코드는 특수 문자를 빈 문자열로 대치합니다.

```
# 특수 문자 제거
df['주소_특수문자제거'] = df['주소'].str.replace(r'[^a-zA-Z0-9가-힣\s]', '', regex = True)
print(df['주소_특수문자제거'])
```

```
0         서울특별시 강남구 테헤란로 123
1         부산광역시 해운대구 센텀중앙로 45
2         대구광역시 수성구 동대구로 779
3         인천광역시 남동구 예술로 501 아트센터
4         광주광역시 북구 용봉로 123
Name: 주소_특수문자제거, dtype: object
```

- [^a-zA-Z0-9가-힣\s]은 알파벳 소문자와 대문자, 숫자, 한글, 공백 문자가 아닌 모든 문자를 의미합니다.

> **기적의 TIP**
>
> 정규표현식 앞 부분에 삽입하는 r은 "raw string"을 나타냅니다.
> 파이썬에서는 백슬래시(\)가 문자열에서 특별한 의미를 가지는데, r을 앞에 붙이면 특별한 의미를 가지지 않고 그대로 해석됩니다. 예를 들어, r'\n'은 줄바꿈 문자가 아닌 두 개의 문자 \와 n을 나타냅니다.

SECTION 02　연습문제

> **공유 자전거 데이터**
>
> 런던의 공유 자전거 대여 기록을 다루고 있으며, 대여 및 반납 정보, 날씨 정보, 시간대 등의 다양한 특성(features)을 포함하고 있습니다.
>
> datetime : 날짜 및 시간 정보
> season : 계절(1: 봄, 2: 여름, 3: 가을, 4: 겨울)
> holiday : 공휴일 여부(0: 공휴일 아님, 1: 공휴일)
> workingday : 평일 여부(0: 주말 또는 공휴일, 1: 평일)
> weather : 날씨 상황(1: 맑음, 2: 흐림, 3: 약간의 눈/비, 4: 폭우/폭설)
> temp : 기온(섭씨)
> atemp : 체감 온도(섭씨)
> humidity : 습도(%)
> windspeed : 풍속(m/s)
> casual : 비회원 대여 수
> registered : 회원 대여 수
> count : 총 대여 수
>
> ```
> import pandas as pd
> df = pd.read_csv('https://raw.githubusercontent.com/YoungjinBD/data/main/bike_data.csv')
> ```

1 계절(season)이 1일 때, 시간대(hour)별 총 대여량(count 합계)을 계산하고, 그 중 대여량이 가장 많은 시간대를 구하시오.

2 각 계절(season)별 평균 대여량(count)을 구하시오.

3 1월(month) 동안의 총 대여량(count)을 구하시오.

4 가장 대여량이 많은 날짜를 구하시오.

5 시간대(hour)별 평균 대여량(count)을 구하시오.

6 월요일(weekday) 동안의 총 대여량(count)을 구하시오.

7 공유 자전거 데이터를 사용하여 넓은 형식(wide format)에서 긴 형식(long format)으로 변환하시오. datetime과 season을 식별자(id_vars)로 유지하고, casual과 registered를 값 인자(value_vars)로 하여 데이터 프레임을 생성하시오.

8 생성한 긴 형식 데이터 프레임을 활용하여 각 계절(season)별로 casual과 registered 사용자의 평균 대여 수(count)를 구하시오.

앱 로그 데이터

앱 로그에 대한 정보를 포함하고 있습니다.

```
import pandas as pd
df = pd.read_csv('https://raw.githubusercontent.com/YoungjinBD/data/main/logdata.csv')
```

9 로그 칼럼에서 연도 정보만 추출하시오.

10 로그 칼럼에서 '시:분:초'를 추출하시오.

11 로그 칼럼에서 한글 정보만 추출하시오.

12 로그 칼럼에서 특수 문자를 제거하시오.

13 로그 칼럼에서 유저, Amount 값을 추출한 후 각 유저별 Amount의 평균값을 계산하시오.

SECTION 02 연습문제 정답

1
```
print(df.info( ))
```

```
<class 'pandas.core.frame.DataFrame'>
RangeIndex: 435 entries, 0 to 434
Data columns (total 12 columns):
 #   Column      Non-Null Count  Dtype
---  ------      --------------  -----
 0   datetime    435 non-null    object
 1   season      435 non-null    int64
 2   holiday     435 non-null    int64
 3   workingday  435 non-null    int64
 4   weather     435 non-null    int64
 5   temp        435 non-null    float64
 6   atemp       435 non-null    float64
 7   humidity    435 non-null    int64
 8   windspeed   435 non-null    float64
 9   casual      435 non-null    int64
 10  registered  435 non-null    int64
 11  count       435 non-null    int64
dtypes: float64(3), int64(8), object(1)
memory usage: 40.9+ KB
None
```

```python
# datetime 칼럼을 날짜형으로 변경
df = df.astype({'datetime' : 'datetime64[ns]'})

# 계절(season)이 1인 데이터를 필터링
df_sub = df.loc[df.season == 1, ]

# 날짜형으로 변경한 datetime 칼럼을 활용하여 시간 정보를 추출하고, hour 칼럼을 새롭게 생성
df_sub.loc[:, 'hour'] = df_sub['datetime'].dt.hour    # 시간 정보 추출
summary_data = df_sub.groupby(['hour']).agg({'count': 'sum'}).reset_index()
result = summary_data.loc[summary_data['count'] == max(summary_data['count']), :]

print('count가 가장 큰 hour :', result['hour'].iloc[0])
print('count가 가장 큰 hour의 대여량 :', result['count'].iloc[0])
```

```
count가 가장 큰 hour : 13
count가 가장 큰 hour의 대여량 : 1417
```

2
```
# 계절별로 그룹화하여 평균 대여량 계산
season_avg = df.groupby('season')['count'].mean().reset_index()
print(season_avg)
```

```
   season      count
0       1  103.169811
1       2  218.803922
2       3  265.500000
3       4  218.581197
```

3
```
# 월 정보 추출
df['month'] = df['datetime'].dt.month

# 특정 월(1월) 필터링
january_rentals = df[df['month'] == 1]['count'].sum()
print(f"1월 동안의 총 대여량은 {january_rentals}입니다.")
```

1월 동안의 총 대여량은 2567입니다.

4
```
# 날짜 정보 추출
df['date'] = df['datetime'].dt.date

# 날짜별로 대여량 합계 계산
date_rentals = df.groupby('date')['count'].sum()

# 가장 대여량이 많은 날짜 찾기
max_rental_date = date_rentals.idxmax()
max_rental_count = date_rentals.max()
print(f"가장 대여량이 많은 날짜는 {max_rental_date}이며, 대여량은 {max_rental_count}입니다.")
```

가장 대여량이 많은 날짜는 2012-05-11이며, 대여량은 1398입니다.

5

```
# 시간 정보 추출
df['hour'] = df['datetime'].dt.hour

# 시간대별로 그룹화하여 평균 대여량 계산
hourly_avg = df.groupby('hour')['count'].mean().reset_index()
print(hourly_avg)
```

```
   hour      count
0     0  43.500000
1     1  52.714286
2     2  32.842105
3     3  12.000000
4     4   6.687500
..   ...        ...
```

6

```
# 요일 정보 추출 (0=Monday, 6=Sunday)
df['weekday'] = df['datetime'].dt.weekday

# 특정 요일 (예: Monday) 필터링
monday_rentals = df[df['weekday'] == 0]['count'].sum()
print(f"월요일 동안의 총 대여량은 {monday_rentals}입니다.")
```

월요일 동안의 총 대여량은 10191입니다.

7

```
# melt를 사용하여 긴 형식으로 변환
melted_df = df.melt(id_vars = ['datetime', 'season'], value_vars = ['casual', 'registered'],
                    var_name = 'user_type', value_name = 'rental_count')
print(melted_df)
```

```
              datetime  season   user_type  rental_count
0  2011-09-05 17:00:00       3      casual            37
1  2011-05-17 11:00:00       2      casual            26
2  2011-11-10—09:00:00       4      casual            23
3  2011-10-13 07:00:00       4      casual             5
4  2011-10-15 14:00:00       4      casual           242
..                 ...     ...         ...           ...
865 2011-04-07 16:00:00      2  registered           161
866 2011-09-03 22:00:00      3  registered            96
867 2011-11-12 22:00:00      4  registered            88
868 2012-04-11 23:00:00      2  registered            52
869 2012-01-06 09:00:00      1  registered           237

[870 rows x 4 columns]
```

8

```
# season과 user_type별로 그룹화하여 평균 대여 수 계산
avg_rentals = melted_df.groupby(['season', 'user_type'])['rental_count'].mean().reset_index()
print("각 계절별 user_type의 평균 대여 수:")
print(avg_rentals)
```

각 계절별 user_type의 평균 대여 수:

	season	user_type	rental_count
0	1	casual	14.122642
1	1	registered	89.047170
2	2	casual	48.990196
3	2	registered	169.813725
4	3	casual	55.127273
5	3	registered	210.372727
6	4	casual	29.709402
7	4	registered	188.871795

9

```
df['연도 정보'] = df['로그'].str.extract(r'(\d+)')
print(df.head())
```

	로그		연도 정보
0	2024-07-18 12:34:56	User: 홍길동 Action: Login ID...	2024
1	2024-07-18 12:35:00	User: 김철수 Action: Purchase...	2024
2	2024-07-18 12:36:10	User: 이영희 Action: Logout T...	2024
3	2024-07-18 12:37:22	User: 박지성 Action: Login ID...	2024
4	2024-07-18 12:38:44	User: 최강타 Action: Purchase...	2024
...	...	...	...

10

```
df['시간 정보'] = df['로그'].str.extract(r'(\d{2}:\d{2}:\d{2})')
print(df[['로그', '시간 정보']].head())
```

	로그		시간 정보
0	2024-07-18 12:34:56	User: 홍길동 Action: Login ID...	12:34:56
1	2024-07-18 12:35:00	User: 김철수 Action: Purchase...	12:35:00
2	2024-07-18 12:36:10	User: 이영희 Action: Logout T...	12:36:10
3	2024-07-18 12:37:22	User: 박지성 Action: Login ID...	12:37:22
4	2024-07-18 12:38:44	User: 최강타 Action: Purchase...	12:38:44
...	...	...	...

11
```
df['한글 정보'] = df['로그'].str.extract(r'([가-힣]+)')
print(df[['로그', '한글 정보']].head())
```

```
                         로그                        한글 정보
0  2024-07-18 12:34:56   User: 홍길동 Action: Login ID...   홍길동
1  2024-07-18 12:35:00   User: 김철수 Action: Purchase...   김철수
2  2024-07-18 12:36:10   User: 이영희 Action: Logout T...   이영희
3  2024-07-18 12:37:22   User: 박지성 Action: Login ID...   박지성
4  2024-07-18 12:38:44   User: 최강타 Action: Purchase...   최강타
...       ...                  ...                        ...
```

12
```
df['특수 문자 제거'] = df['로그'].str.replace(r'[^a-zA-Z0-9가-힣₩s]', '', regex = True)
print(df['특수 문자 제거'])
```

```
0   20240718   123456   User 홍길동   Action Login     ID12345
1   20240718   123500   User 김철수   Action Purchase  Amoun...
2   20240718   123610   User 이영희   Action Logout    Time 30s
3   20240718   123722   User 박지성   Action Login     ID67890
4   20240718   123844   User 최강타   Action Purchase  Amoun...
...                      ...
```

13
```
df['Amount'] = df['로그'].str.extract(r'Amount:₩s*(₩d+)').astype(float)
df['User'] = df['로그'].str.extract(r'User:₩s*([가-힣]+)')
grouped = df.groupby('User')['Amount'].mean().reset_index()

print("그룹별 평균 Amount 계산:")
print(grouped)
```

```
그룹별 평균 Amount 계산:
     User      Amount
0    김철수    3666.666667
1    박지성    5750.000000
2    이영희    4250.000000
3    장보고    5750.000000
4    최강타    3750.000000
5    홍길동    4250.000000
```

SECTION 03 scikit-learn을 활용한 데이터 전처리

핵심 태그 결측치 처리 • 이상치 처리 • 대치법 활용 • 차원 축소 • 정규화

01 데이터 전처리 개요

데이터 전처리는 분석을 하기 전에 데이터의 품질을 향상시키기 위해 수행하는 단계입니다. 데이터 전처리의 주요 목적은 목적에 맞게 데이터를 정제하고, 데이터 분석 및 모델링에 적합한 형태로 변환하는 것입니다.

1) 데이터 전처리 주요 단계

① 데이터 수집
- 다양한 소스(데이터베이스, 웹 스크래핑, CSV 파일 등)로부터 데이터를 수집합니다. 수집한 데이터를 통합하여 하나의 데이터셋으로 구성합니다.

② 데이터 분할
- 데이터를 훈련 데이터와 테스트 데이터로 분할합니다. 일반적으로 70~80%를 훈련 데이터로, 20~30%를 테스트 데이터로 활용합니다.
- 검증 데이터가 필요할 경우 Hold-out, 교차 검증 등의 방법을 활용합니다.

③ 데이터 정제
- 결측치 처리 : 결측치(Missing Values)를 처리합니다. 결측치 처리 방법에는 결측치 삭제, 평균/중앙값 대치 방법, 모델 예측 기반 대치 방법 등이 있습니다.
- 이상치 처리 : 이상치(Outliers)를 탐지하고 처리합니다. 이상치 처리 방법에는 이상치 제거, 이상치에 강건한 대치 방법론 선택 등이 있습니다.
- 중복 데이터 제거 : 중복된 데이터를 식별하고 제거합니다.

④ 피처 엔지니어링(Feature Engineering)
- 데이터 정규화 : 데이터의 스케일을 조정하여 모델의 성능을 향상시킵니다. 주로 Min-Max 정규화, 표준화(Standardization) 등이 활용됩니다.
- 데이터 인코딩(Encoding) : 범주형 데이터를 숫자형 데이터로 변환합니다. 레이블 인코딩(Label Encoding)과 원-핫 인코딩(One-Hot Encoding) 등이 있습니다.
- 변수 변환 : 변수의 분포 형태를 조정합니다. 주로 Box-Cox 변환, Yeo-johnson 변환 등이 활용됩니다.
- 데이터 이산화 : 수치형 변수의 구간을 나눠서 범주형 변수로 변환합니다.
- 파생 변수 생성 : 도메인 지식 혹은 수학적 변환을 통해 새로운 변수를 생성합니다.

2) scikit-learn 라이브러리

싸이킷런은 파이썬에서 머신러닝을 위한 대표적인 라이브러리 중 하나로, 다양한 머신러닝 알고리즘을 손쉽게 사용할 수 있도록 지원합니다. scikit-learn 라이브러리는 약자로 sklearn으로 표기합니다.

▶ scikit-learn 주요 모듈

분류	모듈명	설명
변수 처리	sklearn.preprocessing	데이터 전처리에 필요한 기능 제공
데이터 분리, 검증	sklearn.model_selection	데이터 분할, 모델 검증, 초매개변수(Hyperparameter) 튜닝 제공
평가	sklearn.metrics	분류, 회귀 등에 대한 다양한 성능 측정 방법 제공 (Accuracy, Precision, Recall, ROC-AUC, RMSE 등)
지도학습	sklearn.tree	의사결정트리 알고리즘 제공
	sklearn.neighbors	최근접 이웃 알고리즘 제공
	sklearn.svm	서포트벡터머신 알고리즘 제공
	sklearn.ensemble	랜덤 포레스트, 그래디언트 부스팅 등 앙상블 알고리즘 제공
	sklearn.linear_model	선형회귀, 로지스틱 회귀 등 알고리즘 제공
비지도학습	sklearn.cluster	비지도 학습 클러스터링 알고리즘 제공 (K-평균 군집분석, DBSCAN 등)

scikit-learn 라이브러리를 활용한 데이터 전처리 기법에 관해 알아보겠습니다.

▼ 학생 성적 데이터 불러오기

```
import pandas as pd
import numpy as np
df = pd.read_csv('https://raw.githubusercontent.com/YoungjinBD/data/main/dat.csv')

X = df.drop(['grade'], axis = 1)
y = df.grade
```

• 데이터 전처리 실습을 위해 설명변수를 X, 반응변수를 y로 저장합니다.

3) 데이터 분할

머신러닝 방법론 중 지도학습의 목적은 미래를 정확히 예측하는 최적의 알고리즘을 찾는 것입니다. 예를 들어, 주택 가격 예측 알고리즘을 개발하려고 할 때, 모델을 활용하여 과거의 주택 가격을 예측하는 것이 목표일까요? 과거 주택 가격은 이미 알고 있으므로, 목표로 하는 것은 미래의 주택 가격을 정확히 예측하는 것입니다.

데이터는 훈련(train) 데이터와 테스트(test) 데이터로 분할합니다. 훈련 데이터는 우리가 알고 있는 데이터(과거 데이터)로 모델 학습, 초매개변수(hyperparameter) 튜닝 등에 활용됩니다. 테스트 데이터는 우리가 모르는 데이터(미래 데이터)로 훈련 데이터로 학습한 모델이 미래 데이터에 적용했을 때에도 잘 작동하는지 평가하는 데 사용됩니다. 즉, 모델의 일반화 성능을 평가하는 데 활용됩니다.

> **기적의 TIP**
>
> 테스트 데이터는 최종 평가를 위한 데이터로 한번만 활용되어야 합니다. 실기 시험에서는 제출한 테스트 데이터의 예측값을 바탕으로 모델의 최종 성능을 확인합니다.

① 단순 무작위 샘플링

- train/test의 비율을 설정한 후 데이터를 무작위로 할당하는 방법입니다. 보통 train/test 비율은 7:3, 8:2로 분할하며, 데이터의 크기가 클 경우 일반적으로 훈련 데이터와 테스트 데이터는 유사한 분포를 갖습니다.

> **단순 무작위 샘플링의 단점**
> - 범주형 변수의 각 범주의 빈도가 불균형일 때 단순 무작위 샘플링을 할 경우 훈련 데이터와 테스트 데이터의 분포가 달라질 수 있음
> - 연속형 변수의 경우 분포가 치우쳐져 있을 때 단순 무작위 샘플링을 할 경우 훈련 데이터와 테스트 데이터의 분포가 달라질 수 있음

- sklearn.model_selection에서 train_test_split()를 불러와 train/test 비율을 8:2로 단순 무작위 샘플링을 하겠습니다.

```
from sklearn.model_selection import train_test_split
train_X, test_X, train_y, test_y = train_test_split(
                    X,
                    y,
                    test_size = 0.2,
                    random_state = 0,
                    shuffle = True,
                    stratify = None
                    )
```

- test_size : test 데이터의 비율
- random_state : 결과 재현을 위한 임의의 값
- shuffle : 데이터 분할 전에 데이터를 섞을지 여부
- stratify : 층화 샘플링 여부

> **기적의 TIP**
>
> shuffle=False로 설정할 경우 stratify=None으로 설정해야 합니다.

- 분할 결과를 보면 train/test 데이터의 비율이 8:2로 분할된 것을 확인 할 수 있습니다.

```
print('trainX shape: ',  train_X.shape)
print('trainy shape: ',  train_y.shape)
print('testX shape: ',  test_X.shape)
print('testy shape: ',  test_y.shape)
```

```
trainX shape: (292, 10)
trainy shape: (292,)
testX shape: (74, 10)
testy shape: (74,)
```

② 층화 샘플링

- 층화 샘플링은 범주 불균형 문제에 대한 해결 방안으로 범주의 빈도를 고려해서 샘플링을 진행합니다.
- 각 범주에 해당하는 하위 샘플에 별도로 단순 무작위 샘플링을 수행한 후 결합하는 방식으로 데이터셋을 분할하는 방법입니다.

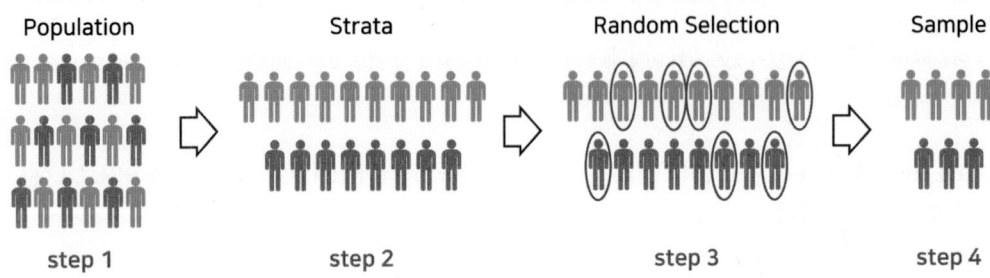

- 위 그림에서 회색을 남자, 다른 색을 여자라고 해보겠습니다. 성별에 따라 각 층을 나누고, 단순 무작위 샘플링을 진행합니다. 범주형 변수에 빈도 불균형이 있는 경우 층화 샘플링을 이용했을 때 훈련 데이터와 테스트 데이터의 분포를 동일하게 유지할 수 있습니다.
- school(학교 유형) 변수를 이용해서 층화 샘플링을 진행하겠습니다. train_test_split( )에 stratify=X['school']을 추가해 주었습니다.

```
train_X, test_X, train_y, test_y = train_test_split(
                X,
                y,
                test_size = 0.2,
                stratify = X['school'],
                random_state = 0)
```

- target 변수를 기준으로 훈련 데이터와 테스트 데이터의 분포가 유사한지 확인해 보겠습니다.

```
import matplotlib.pyplot as plt
fig, axs = plt.subplots(nrows = 1, ncols = 2)
train_y.hist(ax = axs[0], color = 'blue', alpha = 0.7)
axs[0].set_title('histogram of train y')

test_y.hist(ax = axs[1], color = 'red', alpha = 0.7)
axs[1].set_title('histogram of test y')
plt.tight_layout( );
plt.show( );
```

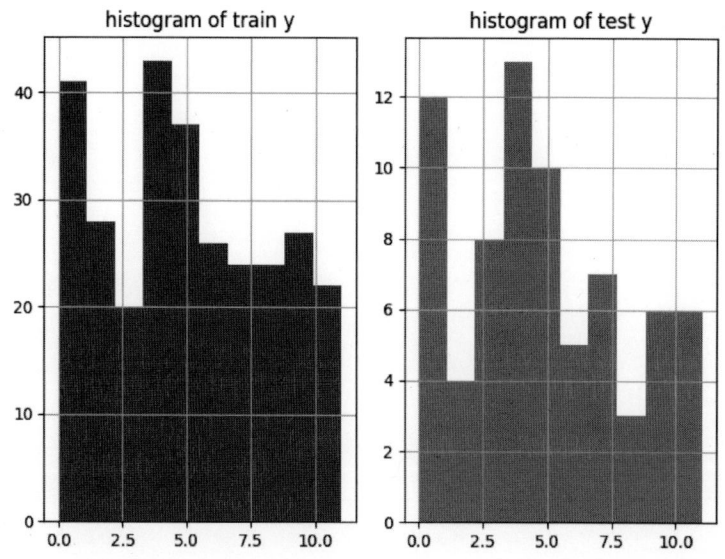

- target인 grade에 대한 훈련 데이터와 테스트 데이터의 히스토그램을 보면 분포의 형태가 비슷하게 유지되는 것을 확인할 수 있습니다.

> **기적의 TIP**
>
> 작업형 제2유형에서는 대부분 훈련 데이터와 테스트 데이터가 사전에 분리되어 제공됩니다. 따라서 이미 분할된 데이터가 제공되는 경우에는 별도로 데이터 분할 과정을 수행하지 않아도 됩니다. 다만, 데이터 분할 과정은 모델 검증 과정에서 활용될 수 있으므로 전체 학습 과정에서 반드시 알아둬야 하는 기본 개념입니다.

02 결측치 처리

1) scikit-learn 결측치 처리

scikit-learn 라이브러리를 이용해서 결측치를 대치하는 방법에는 대표값을 이용한 방법과 KNN(K-Nearest Neighbors) 모델을 이용한 방법 등이 있습니다.

> **결측치 처리 방법**
>
> 대표값을 이용 : 평균 대치법, 중앙값 대치법, 최빈값 대치법
> KNN을 이용한 대치법

▼ 결측치 확인(goout에 10개 존재)

```
print(df.isna( ).sum(axis = 0))
```

```
school      0
sex         0
paid        0
famrel      0
freetime    0
goout      10
Dalc        0
Walc        0
health      0
absences    0
grade       0
```

① 평균 대치법

- 평균 대치법은 일변량 변수의 평균으로 결측치를 대치하는 방법입니다.

> 평균 대치법
> 장점 : 쉽고 빠르게 결측치 대치 가능
> 단점 : 다른 변수 간의 상관관계를 고려하지 못함, 결측치가 많을 때 평균값의 빈도수가 많아지므로 분포가 왜곡

- scikit-learn의 SimpleImputer 모듈을 불러오겠습니다. strategy='mean'로 설정할 경우 평균 대치법을 적용할 수 있습니다.

```
from sklearn.impute import SimpleImputer
# 훈련 데이터, 테스트 데이터 복사
train_X1 = train_X.copy( )
test_X1 = test_X.copy( )
imputer_mean = SimpleImputer(strategy = 'mean')

# goout 변수의 결측치를 평균으로 대치하고 저장
train_X1['goout'] = imputer_mean.fit_transform(train_X1[['goout']])
test_X1['goout'] = imputer_mean.transform(test_X1[['goout']])

print('학습 데이터 goout 변수 결측치 확인:', train_X1['goout'].isna( ).sum( ))
print('테스트 데이터 goout 변수 결측치 확인:', test_X1['goout'].isna( ).sum( ))

학습 데이터 goout 변수 결측치 확인: 0
테스트 데이터 goout 변수 결측치 확인: 0
```

> **기적의 TIP**
>
> **fit_transform( )과 transform( )**
>
> fit_transform( )은 fit( ) + transform( )를 동시에 적용하는 메서드입니다. fit( )은 데이터(예 평균, 중앙값 등)를 학습하고, transform( )은 학습된 데이터를 활용해서 데이터를 변환합니다. 두 가지를 각각 적용하기 번거로운데, fit_transform( )을 통해 한번에 적용할 수 있습니다.

② 중앙값 대치법

- 중앙값 대치법은 일변량 변수의 중앙값으로 결측치를 대치하는 방법입니다.

> **중앙값 대치법**
> 장점 : 쉽고 빠르게 결측치 대치 가능
> 단점 : 다른 변수 간의 관계를 고려하지 못함, 결측치가 많을 때 중앙값의 빈도수가 많아지므로 분포가 왜곡

- strategy='median'로 설정할 경우 중앙값 대치법을 적용할 수 있습니다.

```
train_X2 = train_X.copy( )
test_X2 = test_X.copy( )

imputer_median = SimpleImputer(strategy = 'median')
train_X2['goout'] = imputer_median.fit_transform(train_X2[['goout']])
test_X2['goout'] = imputer_median.transform(test_X2[['goout']])

print('학습 데이터 goout 변수 결측치 확인:', train_X2['goout'].isna( ).sum( ))
print('테스트 데이터 goout 변수 결측치 확인:', test_X2['goout'].isna( ).sum( ))
```

학습 데이터 goout 변수 결측치 확인: 0
테스트 데이터 goout 변수 결측치 확인: 0

③ 최빈값 대치법

- 최빈값 대치법은 일변량 변수의 최빈값으로 결측치를 대치하는 방법입니다. 최빈값 대치법은 연속형 변수보다는 범주형 변수에 주로 활용됩니다.

> **최빈값 대치법**
> 장점 : 쉽고 빠르게 결측치 대치 가능
> 단점 : 다른 변수 간의 상관관계를 고려하지 못함, 범주형 변수 결측치 대치에 활용할 경우 분포 불균형을 심화시킬 수 있음

- strategy='most_frequent'로 설정할 경우 최빈값 대치법을 적용할 수 있습니다.

```
train_X3 = train_X.copy()
test_X3 = test_X.copy()

imputer_mode = SimpleImputer(strategy = 'most_frequent')
train_X3['goout'] = imputer_mode.fit_transform(train_X3[['goout']])
test_X3['goout'] = imputer_mode.transform(test_X3[['goout']])

print('학습 데이터 goout 변수 결측치 확인:', train_X3['goout'].isna().sum())
print('테스트 데이터 goout 변수 결측치 확인:', test_X3['goout'].isna().sum())
```

```
학습 데이터 goout 변수 결측치 확인: 0
테스트 데이터 goout 변수 결측치 확인: 0
```

④ KNN(K-Nearest Neighbors)을 이용한 대치법

- KNN 모델을 활용하여 k개의 이웃을 택한 후, 이웃 관측치의 정보를 활용하여 결측치를 대치하는 방법입니다.

> **KNN 대치법**
> 장점 : 데이터에 대한 가정 없이 쉽고 빠르게 결측치 대치 가능
> 단점 : 변수 스케일 및 이상치에 민감하며, 고차원 데이터의 경우 모델 성능이 떨어질 수 있음

- scikit-learn의 KNNImputer 모듈을 불러오겠습니다.

```
from sklearn.impute import KNNImputer
train_X5 = train_X.copy()
test_X5 = test_X.copy()

# 수치형 칼럼만 선택
train_X5_num = train_X5.select_dtypes('number')
test_X5_num = test_X5.select_dtypes('number')

train_X5_cat = train_X5.select_dtypes('object')
test_X5_cat = test_X5.select_dtypes('object')

# 이웃의 크기가 5인 KNN 모형의 예측값을 이용
knnimputer = KNNImputer(n_neighbors = 5)

train_X5_num_imputed = knnimputer.fit_transform(train_X5_num)
test_X5_num_imputed = knnimputer.transform(test_X5_num)
```

```python
# KNNImputer는 np.array로 출력되므로 데이터 프레임 형태로 변환
train_X5_num_imputed = pd.DataFrame(
                        train_X5_num_imputed,
                        columns = train_X5_num.columns,
                        index = train_X5.index)
test_X5_num_imputed = pd.DataFrame(
                        test_X5_num_imputed,
                        columns = test_X5_num.columns,
                        index = test_X5.index)

# 수치형 데이터와 범주형 데이터를 결합하여, 원 데이터 형태로 만듦
train_X5 = pd.concat([train_X5_cat, train_X5_num_imputed], axis = 1)
test_X5 = pd.concat([test_X5_cat, test_X5_num_imputed], axis = 1)

print('학습 데이터 goout 변수 결측치 확인:', train_X5['goout'].isna().sum())
print('테스트 데이터 goout 변수 결측치 확인:', test_X5['goout'].isna().sum())
```

학습 데이터 goout 변수 결측치 확인: 0
테스트 데이터 goout 변수 결측치 확인: 0

> **기적의 TIP**
>
> 시험에서는 학습 시간이 제한되므로 비교적 빠른 통계량을 이용한 대치 방법을 추천합니다.

- .set_output(transform='pandas') 메서드를 활용하면 추가적인 코드 작성 없이 pandas 데이터 프레임으로 변환할 수 있습니다.

```python
knnimputer2 = KNNImputer(n_neighbors = 5).set_output(transform = 'pandas')
train_X5_num_imputed2 = knnimputer2.fit_transform(train_X5_num)
test_X5_num_imputed2 = knnimputer2.transform(test_X5_num)

# 판다스 데이터 프레임 출력
print(train_X5_num_imputed2.head())
```

	famrel	freetime	goout	Dalc	Walc	health	absences
123	4.0	3.0	3.0	1.0	1.0	5.0	0.0
344	5.0	2.0	3.0	1.0	2.0	4.0	0.0
85	5.0	3.0	3.0	1.0	1.0	1.0	0.0
18	4.0	4.0	1.0	1.0	1.0	1.0	0.0
114	5.0	3.0	2.0	1.0	1.0	1.0	0.0

```
print('학습 데이터 goout 변수 결측치 확인:', train_X5_num_imputed2['goout'].isna().sum())
print('테스트 데이터 goout 변수 결측치 확인:', test_X5_num_imputed2['goout'].isna().sum())
```

학습 데이터 goout 변수 결측치 확인: 0
테스트 데이터 goout 변수 결측치 확인: 0

> **기적의 TIP**
>
> 제9회 빅데이터분석기사 시험부터 scikit-learn 1.5.2 버전으로 업데이트 되었습니다. 따라서 .set_output( ) API를 활용하여 scikit-learn의 출력을 pandas 데이터 프레임으로 손쉽게 반환할 수 있습니다.

2) pandas 결측치 처리

간단한 결측치 대치의 경우 pandas 라이브러리의 .fillna()를 활용할 수 있습니다.

▼ 결측치가 있는 예제 데이터 생성

```
data = {
    '학생': ['철수', '영희', '민수', '수지', '지현'],
    '수학': [85, np.nan, 78, np.nan, 93],
    '영어': [np.nan, 88, 79, 85, np.nan],
    '과학': [92, 85, np.nan, 80, 88]
}
df = pd.DataFrame(data)
```

① 평균값으로 결측치 채우기

- 각 칼럼별 평균값을 지정하여 결측치를 대치할 수 있습니다.

```
df1 = df.copy()
df1['수학'].fillna(df1['수학'].mean(), inplace = True)
df1['영어'].fillna(df1['영어'].mean(), inplace = True)
df1['과학'].fillna(df1['과학'].mean(), inplace = True)
print(df1)
```

	학생	수학	영어	과학
0	철수	85.000000	84.0	92.00
1	영희	85.333333	88.0	85.00
2	민수	78.000000	79.0	86.25
3	수지	85.333333	85.0	80.00
4	지현	93.000000	84.0	88.00

② 지정한 값으로 결측치 채우기

- 수학 과목의 결측치를 지정된 값인 0으로 대치할 수 있습니다.

```
df2 = df.copy()
df2['수학'].fillna(0, inplace = True)
print(df2)
```

	학생	수학	영어	과학
0	철수	85.0	NaN	92.0
1	영희	0.0	88.0	85.0
2	민수	78.0	79.0	NaN
3	수지	0.0	85.0	80.0
4	지현	93.0	NaN	88.0

- 모든 결측치를 지정한 값으로 채울 수 있습니다.

```
df2_1 = df.copy()
df2_1.fillna(50, inplace = True)
print(df2_1)
```

	학생	수학	영어	과학
0	철수	85.0	50.0	92.0
1	영희	50.0	88.0	85.0
2	민수	78.0	79.0	50.0
3	수지	50.0	85.0	80.0
4	지현	93.0	50.0	88.0

③ 앞의 값으로 결측치 채우기(Forward Fill)

- 영어 과목의 결측치를 바로 이전 행의 값으로 대치할 수 있습니다.

```
df2['영어'].fillna(method = 'ffill', inplace = True)
print(df2)
```

	학생	수학	영어	과학
0	철수	85.0	NaN	92.0
1	영희	0.0	88.0	85.0
2	민수	78.0	79.0	NaN
3	수지	0.0	85.0	80.0
4	지현	93.0	85.0	88.0

④ 뒤의 값으로 결측치 채우기(Backward Fill)
- 과학 과목의 결측치를 바로 다음 행의 값으로 대치할 수 있습니다.

```
df2['과학'].fillna(method = 'bfill', inplace = True)
print(df2)
```

```
     학생    수학    영어    과학
0    철수   85.0   NaN   92.0
1    영희    0.0  88.0   85.0
2    민수   78.0  79.0   80.0
3    수지    0.0  85.0   80.0
4    지현   93.0  85.0   88.0
```

⑤ 다른 칼럼의 값을 사용하여 결측치 채우기
- 수학 과목의 결측치를 영어 과목의 값으로 대치할 수 있습니다.

```
df3 = df.copy()
df3['수학'].fillna(df3['영어'], inplace = True)
print(df3)
```

```
     학생    수학    영어    과학
0    철수   85.0   NaN   92.0
1    영희   88.0  88.0   85.0
2    민수   78.0  79.0   NaN
3    수지   85.0  85.0   80.0
4    지현   93.0   NaN   88.0
```

> **기적의 TIP**
>
> inplace=True는 pandas에서 DataFrame이나 Series를 직접 수정할 지 결정하는 매개변수입니다. .copy() 없이 원본 데이터를 즉시 변경할 수 있습니다.
> - 기본값은 False이며, 원본을 유지한 채 새로운 객체를 반환합니다.
> - True로 설정하면 원본 객체를 직접 변경하며, 반환값은 None입니다.

⑥ 각 칼럼의 평균값으로 결측치 채우기

```
df4 = df.copy()
df4_num = df4.select_dtypes('number')
df4_num = df4_num.apply(lambda col: col.fillna(col.mean()))
df4[df4_num.columns] = df4_num

print(df4)
```

```
    학생      수학       영어    과학
0   철수    85.000000   84.0   92.00
1   영희    85.333333   88.0   85.00
2   민수    78.000000   79.0   86.25
3   수지    85.333333   85.0   80.00
4   지현    93.000000   84.0   88.00
```

03 범주형 변수 처리

1) 범주형 변수 인코딩

범주형 변수는 텍스트 레이블(예 "빨강", "노랑", "파랑")이나 순서가 있는 등급(예 "높음", "중간", "낮음")과 같이 숫자로 직접 표현되지 않는 데이터를 의미합니다. 범주형 변수 인코딩을 하는 이유는 머신러닝 알고리즘이 수치형 데이터를 기반으로 작동하기 때문에 모델이 이해할 수 있는 수치형으로 변환할 필요가 있습니다.

scikit-learn 라이브러리를 이용한 대표적인 범주형 변수 인코딩 방법에 대해 알아보겠습니다.

① Label encoding

- 범주형 변수의 각 label에 알파벳 순서대로 고유한 정수를 할당하는 방법입니다. 예를 들어 식품이라는 변수에 apple, banana, candy라는 값이 있을 경우 label encoding을 했을 때, 0, 1, 2로 변환됩니다.

> Label encoding
> 장점 : 순서형 변수의 경우 순서를 반영한 인코딩 가능
> 단점 : 순서가 없는 변수의 경우 잘못된 순서 정보가 반영되는 문제 발생

- scikit-learn의 OrdinalEncoder를 불러오겠습니다.

```python
from sklearn.preprocessing import LabelEncoder
from sklearn.preprocessing import OrdinalEncoder

train_X6 = train_X.copy()
test_X6 = test_X.copy()

train_X6_cat = train_X6.select_dtypes('object')
test_X6_cat = test_X6.select_dtypes('object')
```

- 범주형 변수를 선택한 후 label encoding을 적용하겠습니다. 변환 결과를 보면 세 변수 모두 이진 변수이므로 0, 1로 변환된 것을 확인할 수 있습니다.

```
ordinalencoder = OrdinalEncoder().set_output(transform = 'pandas')
train_X6_cat = ordinalencoder.fit_transform(train_X6_cat)
test_X6_cat = ordinalencoder.transform(test_X6_cat)

print(train_X6_cat.head(2))
```

	school	sex	paid
123	0.0	0.0	0.0
344	1.0	0.0	1.0

> **기적의 TIP**
>
> OrdinalEncoder는 입력 형식으로 2차원 배열 혹은 DataFrame 형식을 받으며, 주로 독립변수 전처리에 활용됩니다. LabelEncoder는 입력 형식으로 1차원 배열 혹은 series 형식을 받으며, 보통 종속변수 전처리에 활용됩니다.

- OrdinalEncoder의 경우 몇 가지 옵션이 존재합니다. 범주형 변수의 각 범주가 훈련 데이터에는 존재하지만, 테스트 데이터에는 존재하지 않는 경우가 있습니다.

▼ 예시 데이터 생성

```
# 훈련 데이터
train_data = pd.DataFrame({ 'job': ['Doctor', 'Engineer', 'Teacher', 'Nurse'] })

# 테스트 데이터
test_data = pd.DataFrame({ 'job': ['Doctor', 'Lawyer', 'Teacher', 'Scientist'] })
```

- 훈련 데이터와 테스트 데이터를 비교해보면 직업군으로 'Doctor', 'Teacher'는 같지만, 나머지 직업군은 다른 것을 확인할 수 있습니다.
- OrdinalEncoder를 적용해 보겠습니다.

```
# OrdinalEncoder 설정
oe = OrdinalEncoder()

# 훈련 데이터 변환
train_data['job_encoded'] = oe.fit_transform(train_data[['job']])
test_data['job_encoded'] = oe.transform(test_data[['job']])

ValueError: Found unknown categories ['Lawyer', 'Scientist'] in column 0 during transform
```

- 위에서 OrdinalEncoder에 옵션을 지정하지 않아 에러가 출력됩니다. 훈련 데이터로 학습한 범주만 활용할 수 있으므로, 테스트 데이터에 새롭게 등장한 ['Lawyer', 'Scientist']는 변환할 수 없습니다. OrdinalEncoder에 몇 가지 옵션을 추가해 보겠습니다.

  handle_unknown='use_encoded_value' : 학습되지 않은 카테고리를 처리할 때 오류를 발생시키지 않고, unknown_value로 지정된 값으로 변환

  unknown_value=-1 : 학습되지 않은 카테고리를 -1로 변환

▼ 에러 수정 코드

```
# OrdinalEncoder 설정
oe = OrdinalEncoder(handle_unknown = 'use_encoded_value', unknown_value = -1)

# 훈련 데이터로 인코더 학습
oe.fit(train_data[['job']])
OrdinalEncoder(handle_unknown = 'use_encoded_value', unknown_value = -1)

# 훈련 데이터 변환
train_data['job_encoded'] = oe.transform(train_data[['job']])

# 테스트 데이터 변환 (훈련 데이터에 없는 직업은 -1로 인코딩됨)
test_data['job_encoded'] = oe.transform(test_data[['job']])

# 결과 출력
print(train_data)

       job       job_encoded
0   Doctor          0.0
1   Engineer        1.0
2   Teacher         3.0
3   Nurse           2.0

print(test_data)

       job       job_encoded
0   Doctor          0.0
1   Lawyer         -1.0
2   Teacher         3.0
3   Scientist      -1.0
```

- 훈련 데이터로 학습되지 않은 범주인 ['Lawyer', 'Scientist']는 unknown_value=-1을 통해 -1로 인코딩되는 것을 확인할 수 있습니다.

② One-hot encoding

- 원-핫 인코딩은 범주형 변수의 각 범주에 대해서 각각 하나의 새로운 열을 생성하고, 1 또는 0의 값을 부여해서 각 범주를 구분하는 방법입니다. 범주형 변수의 각 범주 개수만큼 칼럼이 생성됩니다.

id	X=a	X=b	X=c
1	0	1	0
2	0	0	1
3	1	0	0
4	0	1	0
5	1	0	0
6	0	0	1
7	0	0	1
8	0	1	0

← One-hot encoding

id	X
1	b
2	c
3	a
4	b
5	a
6	c
7	c
8	b

Dummy encoding →

id	X=a	X=b
1	0	1
2	0	0
3	1	0
4	0	1
5	1	0
6	0	0
7	0	0
8	0	1

One-hot encoding
- 장점 : Label encoding의 범주형 변수에 순서 정보가 반영되는 문제 해결 가능
- 단점 : 범주형 변수가 많을 경우 차원이 늘어남에 따라 계산량이 늘어나는 문제 발생

- scikit-learn의 OneHotEncoder를 불러오겠습니다.

```
from sklearn.preprocessing import OneHotEncoder

train_X7 = train_X.copy()
test_X7 = test_X.copy()

train_X7_cat = train_X7.select_dtypes('object')
test_X7_cat = test_X7.select_dtypes('object')
```

- 범주형 변수만 선택한 후 OneHotEncoder를 적용합니다.

```
onehotencoder = OneHotEncoder(sparse_output = False,
                              handle_unknown = 'ignore').set_output(transform = 'pandas')

train_X7_cat = onehotencoder.fit_transform(train_X7_cat)
test_X7_cat = onehotencoder.transform(test_X7_cat)

print(train_X7_cat.head())
```

	school_GP	school_MS	sex_F	sex_M	paid_no	paid_yes
123	1.0	0.0	1.0	0.0	1.0	0.0
344	0.0	1.0	1.0	0.0	0.0	1.0
85	1.0	0.0	1.0	0.0	0.0	1.0
18	1.0	0.0	0.0	1.0	1.0	0.0
114	1.0	0.0	1.0	0.0	1.0	0.0

- handle_unknown='ignore' 옵션은 학습되지 않은 카테고리를 처리할 때 오류를 발생시키지 않고, 값이 모두 0인 칼럼을 생성합니다.
- 출력 결과를 보면 school, sex, paid 변수에 대해서 각 변수의 범주 개수만큼 0, 1로 구성된 칼럼이 생성된 것을 확인할 수 있습니다.

> **기적의 TIP**
>
> 훈련 데이터로 학습되지 않은 범주가 테스트 데이터에 존재할 경우 handle_unknown = 'ignore' 옵션을 추가하여 오류를 방지할 수 있습니다.

③ Dummy encoding

- 더미 인코딩은 범주형 변수의 각 범주 수 −1개 만큼의 새로운 열을 생성하고, 1 또는 0의 값을 부여해서 각 범주를 구분하는 방법입니다. 원-핫 인코딩에서 칼럼 1개를 제거하면 더미 인코딩이 됩니다.

> **Dummy encoding**
>
> 장점 : Label encoding의 문제점인 순서 정보가 반영되는 문제를 해결 가능
> 단점 : One-hot encoding과 마찬가지로 범주형 변수가 많을 경우 차원이 늘어남에 따라 계산량이 늘어남

```
train_X8 = train_X.copy()
test_X8 = test_X.copy()

train_X8_cat = train_X8.select_dtypes('object')
test_X8_cat = test_X8.select_dtypes('object')
```

- 더미 인코딩을 위해 OneHotEncoder(drop='first')를 적용합니다. 이 옵션은 원-핫 인코딩된 칼럼 중 첫 번째 칼럼을 제거합니다.
- handling_unknown='error' 옵션은 학습되지 않은 카테고리가 존재할 경우 에러 메시지를 출력합니다.

```
dummyencoder = OneHotEncoder(sparse_output = False,
                             drop = 'first',
                             handle_unknown = 'error').set_output(transform = 'pandas')

train_X8_cat = dummyencoder.fit_transform(train_X8_cat)
test_X8_cat = dummyencoder.transform(test_X8_cat)
print(train_X8_cat.head(5))
```

```
     school_MS  sex_M  paid_yes
63         0.0    0.0       1.0
241        0.0    1.0       0.0
306        0.0    0.0       1.0
317        0.0    1.0       0.0
245        0.0    0.0       1.0
```

- 출력 결과를 보면 school, sex, paid 변수에 대해서 각 변수의 범주 개수 -1개 만큼 0, 1로 구성된 칼럼이 생성된 것을 확인할 수 있습니다.
- 범주형 변수의 범주 수가 매우 많은 경우 원-핫 인코딩을 적용하면 칼럼이 매우 많이 늘어나 계산량이 크게 증가합니다.
- 이 경우 각 범주를 숫자로 치환하는 순서형(Ordinal) 인코딩을 사용하는 것이 더 효율적입니다. 단, 순서형 인코딩은 범주 간 순서를 인위적으로 부여한다는 점에 유의해야 합니다.

2) 범주형 변수 범주 축소 방법(Class coercing)

범주형 설명변수의 경우 범주의 수가 많고, 각 범주의 빈도는 불균형인 경우가 있습니다. 이 경우 더미 인코딩, 원-핫 인코딩을 수행했을 때 칼럼의 수가 늘어나므로, 모델 학습 시간이 오래걸릴 수 있습니다. 따라서 각 범주의 의미를 유지하는 범위 내에서 범주를 통합하는 것이 바람직할 수 있습니다.

예를 들어, 아래와 같이 빈도 차이가 매우 큰 직업 유형 데이터를 살펴보겠습니다.

▼ 예제 데이터 생성

```
train_bike = pd.read_csv('https://raw.githubusercontent.com/YoungjinBD/data/main/bike_train.csv')
test_bike = pd.read_csv('https://raw.githubusercontent.com/YoungjinBD/data/main/bike_test.csv')

print(train_bike.head(2))
```

	datetime	season	holiday	workingday	weather	temp	…	count
0	2011-09-03 12:00:00	3	0	0	1	28.70	…	257
1	2012-08-02 17:00:00	3	0	1	1	33.62	…	865

- weather 변수의 각 범주별 빈도를 확인해보면 범주가 4인 경우 빈도가 1인 것을 볼 수 있습니다.

```
print(train_bike['weather'].value_counts())
```

	weather
1	5772
2	2273
3	662
4	1

- 각 범주별 상대 빈도를 확인해보겠습니다. .value_counts()에 normalize=True 옵션을 통해 상대 비율을 구해주었습니다.

```
freq = train_bike['weather'].value_counts(normalize = True)
print(freq)
```

```
        weather
1       0.662839
2       0.261024
3       0.076022
4       0.000115
```

- 빈도가 1인 경우 큰 의미가 없으므로, 범주를 통합하는 것이 바람직할 수 있습니다.
- 상대 빈도가 0.1 미만인 범주를 'other'로 병합합니다.

```
rare_categories = freq[freq < 0.1].index
print(rare_categories)

Index([3, 4], dtype='int64', name='weather')
```

- .mask(조건, 마스킹값)은 조건을 만족하는 데이터를 특정값으로 마스킹할 때 사용합니다.
- .mask()를 이용하여 rare_categories 범주를 'other'로 처리합니다.

```
# 훈련 데이터에 적용
train_bike['weather'] = train_bike['weather'].mask(train_bike['weather'].isin(rare_categories),
'other')

# 테스트 데이터에 적용
test_bike['weather'] = test_bike['weather'].mask(test_bike['weather'].isin(rare_categories),
'other')

print(train_bike['weather'].value_counts())

weather
1       5772
2       2273
other    663
Name: count, dtype: int64
```

04 변수 변환 및 스케일링

1) 변수 변환 방법
데이터 분포의 치우침이 있을 때, 변수 변환을 통해 정규분포 형태로 변환하는 것을 고려해볼 수 있습니다.

① Box-Cox 변환
- Box-Cox 변환은 데이터의 범위가 0보다 큰 경우에 한해서 적용이 가능합니다.

$$y_i(\lambda) = \begin{cases} \dfrac{y_i^\lambda - 1}{\lambda}, & \text{if } \lambda \neq 0 \\ \log(y_i), & \text{if } \lambda = 0 \end{cases}$$

② Yeo-Johnson 변환
- Box-Cox 변환은 데이터의 범위가 0보다 큰 경우에 한해서 가능합니다. 이러한 문제를 방지하기 위해 Yeo-Johnson 변환을 고려해볼 수 있습니다.

$$y_i^{(\lambda)} = \begin{cases} ((y_i+1)^\lambda - 1)/\lambda & \text{if } \lambda \neq 0,\ y_i \geq 0 \\ \log(y_i+1) & \text{if } \lambda = 0,\ y_i \geq 0 \\ -((-y_i+1)^{2-\lambda} - 1)/(2-\lambda) & \text{if } \lambda \neq 2,\ y_i < 0 \\ -\log(-y_i+1) & \text{if } \lambda = 2,\ y_i < 0 \end{cases}$$

> **기적의 TIP**
>
> Box-Cox 변환의 경우 해석상의 편의를 위해서 λ는 가까운 정수로 할당하기도 합니다.
>
> | λ | Transformed Data |
> |---|---|
> | −2 | y^{-2} |
> | −1 | y^{-1} |
> | −0.5 | $1/\sqrt{y}$ |
> | 0 | $\ln(y)$ |
> | 0.5 | $\sqrt{y}$ |
> | 1 | y |
> | 2 | y^2 |

- 실습을 위해 scikit-learn의 PowerTransformer()와 공유 자전거 사용 이력 데이터를 불러오겠습니다.

```
from sklearn.preprocessing import PowerTransformer
import warnings
import matplotlib.pyplot as plt
np.warnings = warnings

bike_data = pd.read_csv("https://raw.githubusercontent.com/YoungjinBD/data/main/bike_train.csv")
bike_data['count'].hist( );
plt.show( );
```

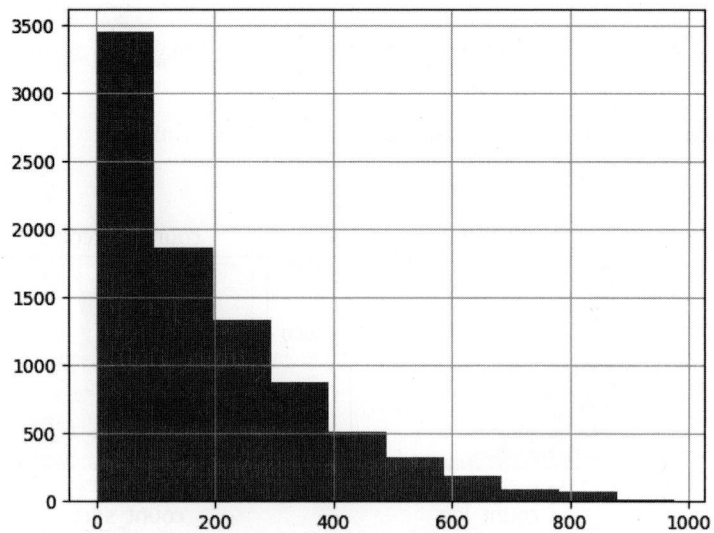

- count 변수의 히스토그램을 보면 오른쪽으로 긴꼬리를 갖는 분포인 것을 확인할 수 있습니다. 변수 변환을 진행해 보겠습니다.

```
box_tr = PowerTransformer(method = 'box-cox')   # method = 'yeo-johnson'이 default
bike_data['count_boxcox'] = box_tr.fit_transform(bike_data[['count']])
print('lambda: ', box_tr.lambdas_)
```

```
lambda: [0.31309737]
```

- PowerTransformer()에서 계산된 λ를 참고하여, 직접 변환해 볼 수도 있습니다. 다중회귀 모델과 같이 회귀계수에 대한 해석이 중요한 경우 Box-Cox λ값을 활용하여 변환을 진행하면 회귀계수에 대한 해석이 어려울 수 있습니다. 따라서 λ 값에 가까운 정수형으로 변수 변환을 진행합니다.
- λ=1일 때 변환 전 데이터를 의미하고, λ≈0.5일 때 루트변환, λ≈0일 때는 로그변환을 고려해볼 수 있습니다. 넘파이를 활용하여 직접 변환을 해보겠습니다.

▼ 로그 변환 : np.log1p( )

```
bike_data['count_log'] = np.log1p(bike_data[['count']])
```

log(1+x) : 값에 0일 경우 log(0)으로 발산하기 때문에 1을 더해서 해결

▼ 루트 변환 : np.sqrt( )

```
bike_data['count_sqrt'] = np.sqrt(bike_data[['count']])
```

- Box-Cox 변환, 로그 변환, 루트 변환했을 때 분포를 히스토그램을 통해 확인해 보겠습니다.

```
bike_data[['count', 'count_boxcox', 'count_log', 'count_sqrt']].hist( );
plt.show( );
```

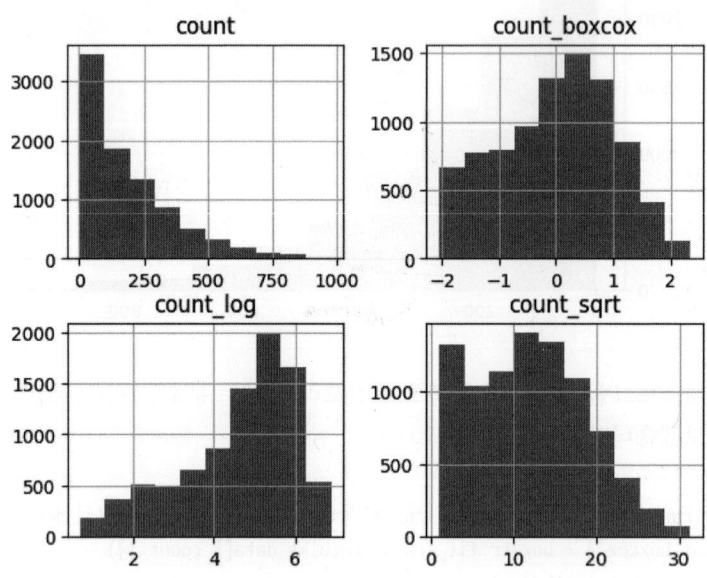

- 로그 변환의 경우 분포의 형태가 정규분포가 아닌 왼쪽으로 긴 꼬리를 갖는 분포 형태로 바뀌었습니다.
- Box-Cox 변환이 가장 정규분포와 유사한 것을 확인할 수 있습니다.

> **기적의 TIP**
>
> Box-Cox 변환, Yeo-Johnson 변환은 모든 분포를 정규분포 형태로 변환해주는 것이 아닙니다. 예를 들어, 이봉 분포와 같이 분포의 봉우리가 두 개인 경우 정규분포 형태로 변환할 수 없습니다.

2) 정규화 방법

머신러닝 모델 구축 전 사전 데이터 전처리로 정규화를 해야 하는 경우가 있습니다. 정규화 방법에는 대표적으로 표준화(Standardization), min-max 정규화 등이 있으며, 특정 머신러닝 모델 학습 시 모델의 학습 속도를 향상시킬 수 있습니다.

> **기적의 TIP**
>
> 표준화로 거리 계산 시 변수별 스케일을 통일함으로써 모든 변수가 동등하게 기여하도록 조정할 수 있습니다. 표준화는 변수별 스케일을 통일시켜주는 목적이며, 분포의 형태를 정규분포 형태로 바꾸는 것이 아닙니다.

① 표준화 : (x-평균)/표준편차

- 데이터의 평균을 0, 표준편차를 1로 조정합니다.

```
from sklearn.preprocessing import StandardScaler

train_X9 = train_X.copy( )
test_X9 = test_X.copy( )

train_X9_num = train_X9.select_dtypes('number')
test_X9_num = test_X9.select_dtypes('number')
```

- scikit-learn의 StandardScaler()를 활용하면 간단하게 표준화를 진행해볼 수 있습니다.

```
stdscaler = StandardScaler( ).set_output(transform = 'pandas')
train_X9_num = stdscaler.fit_transform(train_X9_num)
test_X9_num = stdscaler.transform(test_X9_num)

fig, axs = plt.subplots(nrows = 1, ncols = 2)
train_X9['absences'].hist(ax = axs[0], color = 'blue', alpha = 0.7)
axs[0].set_title('before transformation')

train_X9_num['absences'].hist(ax = axs[1], color = 'red', alpha = 0.7)
axs[1].set_title('after transformation')
plt.tight_layout( );
plt.show( );
```

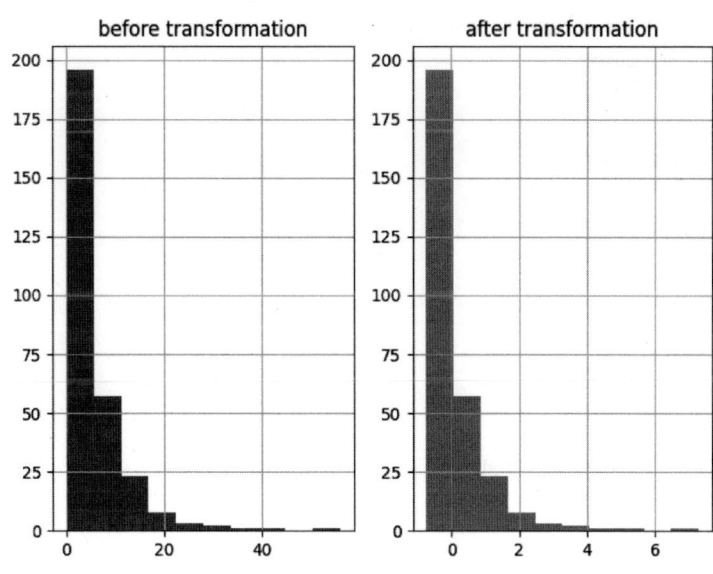

```
print('변환 전 평균:', np.round(train_X9['absences'].mean( )))
print('변환 후 평균:', np.round(train_X9_num['absences'].mean( )))
print('변환 전 표준편차:', np.round(train_X9['absences'].std( ), 2))
print('변환 후 표준편차:', np.round(train_X9_num['absences'].std( ), 2))

변환 전 평균: 5.0
변환 후 평균: 0.0
변환 전 표준편차: 7.0
변환 후 표준편차: 1.0
```

- absences 변수가 평균 0, 표준편차 1로 표준화된 것을 확인할 수 있습니다.

② Min-Max 정규화 : (x-최솟값)/(최댓값-최솟값)

- 데이터의 범위를 0~1 사이로 조정합니다.

```
from sklearn.preprocessing import MinMaxScaler

train_X10 = train_X.copy( )
test_X10 = test_X.copy( )

train_X10_num = train_X10.select_dtypes('number')
test_X10_num = test_X10.select_dtypes('number')
```

- MinMaxScaler()를 활용하면 간단하게 Min-Max 정규화를 진행해볼 수 있습니다.

```
minmaxscaler = MinMaxScaler( ).set_output(transform = 'pandas')
train_X10_num = minmaxscaler.fit_transform(train_X10_num)
test_X10_num = minmaxscaler.transform(test_X10_num)

# 칼럼별 범위 계산
range_df = train_X10_num.select_dtypes('number').apply(lambda x: x.max( ) - x.min( ), axis = 0)
print("Range of each column:")
print(range_df)

Range of each column:
famrel      1.0
freetime    1.0
goout       1.0
Dalc        1.0
Walc        1.0
health      1.0
absences    1.0
```

- 각 칼럼별 범위(range)가 1로 정규화된 것을 확인할 수 있습니다.

3) 이상치 처리

이상치란 데이터의 정상 범위 밖에 위치한 값을 의미합니다. 그림을 통해 보면 absences(결석 횟수)가 50번 이상인 관측치가 존재하며, 해당 관측치는 나머지 관측치와 멀리 떨어진 것을 확인할 수 있습니다.

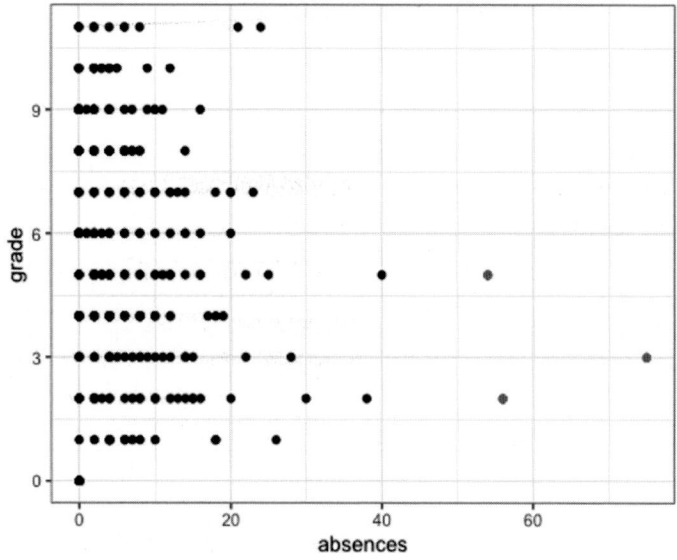

이상치를 정의하는 기준은 주관적입니다. 주관에 따라 absences>50인 관측치를 이상치로 분류할 수 있고, absences>60인 관측치를 이상치로 분류할 수도 있습니다. 따라서 이상치를 합리적으로 정의할 수 있는 기준이 필요합니다. 간단하게 활용할 수 있는 방법으로 상자 그림을 이용한 방법, Z-score를 이용하는 방법 등이 있습니다.

① 상자 그림(Box plot)을 이용한 방법

• 상자 그림에 요약된 통계량을 보면 다음과 같습니다.

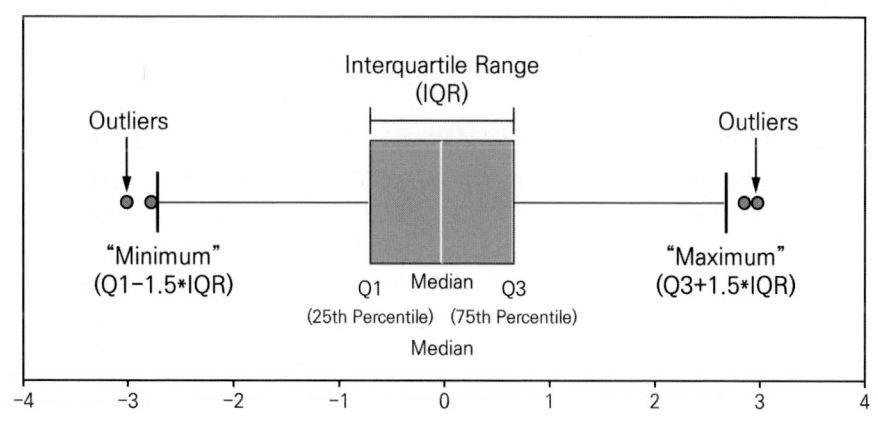

Q3 : 제 3사분위 수   Q1 : 제 1사분위 수   IQR : Q3-Q1
위 울타리(upper fence) : Q3+1.5×IQR   아래 울타리(lower fence) : Q1-1.5×IQR

• 상자 그림에서는 울타리 밖의 관측치를 이상치로 정의합니다.

▼ 예제 데이터 생성

```
warpbreaks = pd.read_csv('https://raw.githubusercontent.com/YoungjinBD/data/main/warpbreaks.csv')
warpbreaks.boxplot(column = ['breaks']);
plt.show( );
```

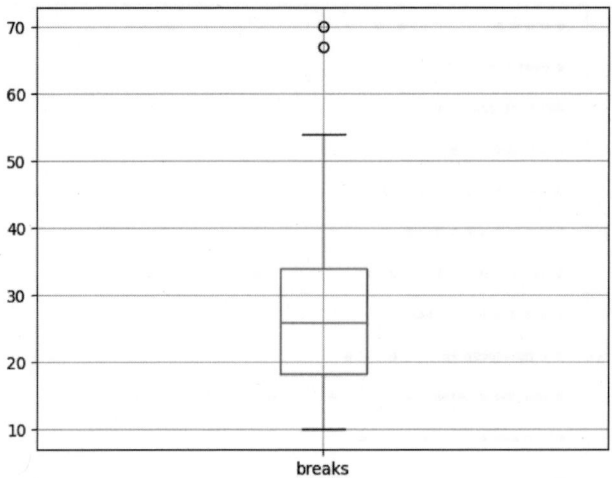

- warpbreaks는 실의 종류와 장력에 따른 실의 끊김 횟수 정보를 가진 데이터셋입니다.
- 상자 그림을 보면 breaks>65에서 이상치로 의심되는 관측치가 존재하는 것을 확인할 수 있습니다.

```
# 1분위수 계산
Q1 = np.quantile(warpbreaks['breaks'], 0.25)
# 3분위수 계산
Q3 = np.quantile(warpbreaks['breaks'], 0.75)
IQR = Q3 - Q1

UC = Q3 + (1.5 * IQR) # 위 울타리
LC = Q1 - (1.5 * IQR) # 아래 울타리
print(warpbreaks.loc[(warpbreaks.breaks > UC) | (warpbreaks.breaks < LC), :])
```

	breaks	wool	tension
4	70	A	L
8	67	A	L
22	10	A	H

- 상자 그림 울타리 밖의 데이터를 확인해보면 breaks=70, 67, 10이 이상치인 것을 알 수 있습니다.
- 부등호를 아래와 같이 바꾸어 이상치를 제외할 수 있습니다.

```
warpbreaks.loc[(warpbreaks.breaks <= UC) & (warpbreaks.breaks >= LC), :]
```

② Z-score를 이용한 방법

- Z-score의 특정 값을 기준으로 이상치를 판별하는 방법입니다. Z-score는 Z=(x-평균)/(표준편차)입니다.
- 평균을 중심으로 표준편차 대비 몇 배 떨어져 있는지를 기준으로 이상치를 정의해볼 수 있습니다.

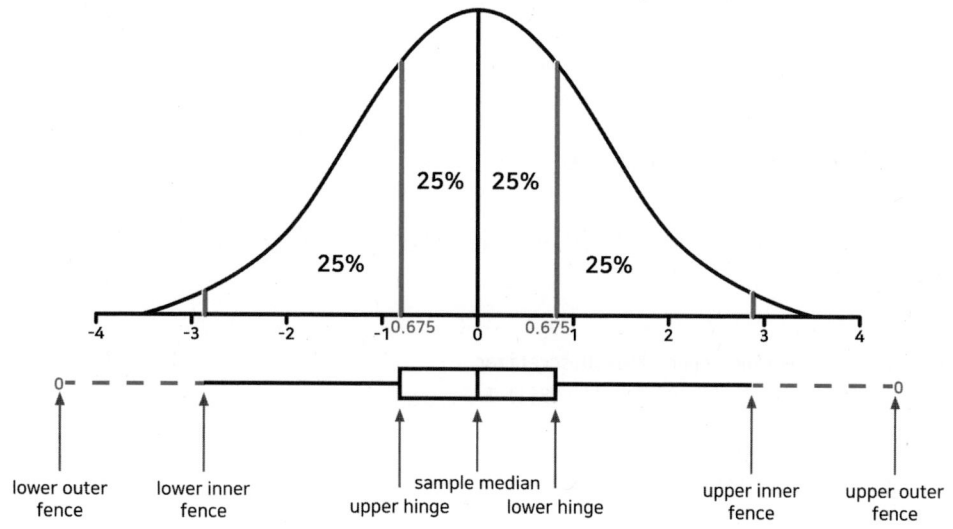

- 이상치로 선별하는 기준은 보통 Z>3 정도로 정의해볼 수 있습니다.

```
upper = warpbreaks['breaks'].mean() + (3*warpbreaks['breaks'].std())
lower = warpbreaks['breaks'].mean() - (3*warpbreaks['breaks'].std())

warpbreaks.loc[(warpbreaks.breaks > upper) | (warpbreaks.breaks < lower), :].head(3)
```

	breaks	wool	tension
4	70	A	L

- Z>3을 기준으로 이상치를 판별했을 때, breaks=70인 케이스가 이상치로 판정된 것을 확인할 수 있습니다.

4) 이산화 방법

이산화란 수치형 변수를 그룹핑하여 범주형 변수로 변환하는 것을 의미합니다. 연속형 변수를 이산화하기 위한 기준은 변수의 특성에 따라 달라집니다.

```
KBinsDiscretizer( )
  n_bins = 5(default) : bin 개수
  encode = 'onehot'(default) : 변환 형식('ordinal', 'onehot', ..etc)
  strategy = 'quantile'(default) : bin을 나누는 방식
    'uniform' : 각 feature는 같은 width를 가짐
    'quantile' : 각 feature는 같은 데이터 수를 가짐
```

scikit-learn의 KBinsDiscretizer()에는 이산화를 위한 여러가지 옵션이 있습니다. 예제를 통해 알아보겠습니다.

```python
from sklearn.preprocessing import KBinsDiscretizer
X = np.array([[0, 1, 1, 2, 5, 10, 11, 14, 18]]).T
```

① 구간의 길이가 같도록 이산화

```python
kbd = KBinsDiscretizer(n_bins = 3,              # 구간의 개수 3
                       strategy = 'uniform')    # 구간의 길이가 동일
X_bin = kbd.fit_transform(X).toarray( )
print(kbd.bin_edges_)                           # 각 구간의 경계값 확인

[array([ 0.,  6., 12., 18.])]
```

- 결과를 보면 0~6, 6~12, 12~18로 각 구간이 같은 길이를 갖도록 이산화된 것을 볼 수 있습니다.

② 분위수를 기준으로 이산화

```python
kbd2 = KBinsDiscretizer(n_bins = 4, strategy = 'quantile')   # 사분위수를 기준으로 이산화
X_bin2 = kbd2.fit_transform(X).toarray( )
print(kbd2.bin_edges_)

[array([ 0.,  1.,  5., 11., 18.])]
```

- 위 결과를 보면 0~1, 1~5, 5~11, 11~18로 n_bins = 4이므로 사분위수를 기준으로 이산화된 것을 볼 수 있습니다. 다음의 방법으로 직접 사분위수를 확인할 수 있습니다.

```python
print(np.quantile(X,[0.25, 0.5, 0.75, 1]))

[ 1.  5. 11. 18.]
```

③ 구간을 임의로 설정하는 방법

- 분석가의 주관에 따라 구간을 임의로 설정하여 이산화할 수 있습니다.

```
bins = [0, 4, 7, 11, 18]
labels = ['A', 'B', 'C', 'D']
X_bin3 = pd.cut(X.reshape(-1),
                bins = bins,       # 구간의 경계값 설정
                labels = labels)   # 각 구간의 label 설정
print(X_bin3)

[NaN, 'A', 'A', 'A', 'B', 'C', 'C', 'D', 'D']
Categories (4, object): ['A' < 'B' < 'C' < 'D']
```

- 위 결과를 보면 0~4, 4~7, 7~11, 11~18, 총 4개로 이산화된 것을 확인할 수 있습니다.

5) 차원 축소

차원 축소는 고차원의 데이터를 저차원으로 변환하는 기법으로, 데이터 전처리 및 시각화를 수행할 때 중요한 역할을 합니다. 차원의 저주에 관해 알아보면서 차원 축소가 필요한 이유에 대해 살펴보겠습니다.

① 차원의 저주

- 차원의 저주는 고차원 공간에서 발생하는 여러가지 문제들을 설명하는 용어입니다. 고차원 데이터에서는 데이터 분석과 모델링이 어려워지는 몇 가지 주요 이유가 있습니다.

    1. 데이터 희소성 : 고차원 공간에서는 공간 내에 데이터가 희소해지므로, 데이터 간의 거리가 멀어지고 의미 있는 패턴을 찾기 어려워집니다.

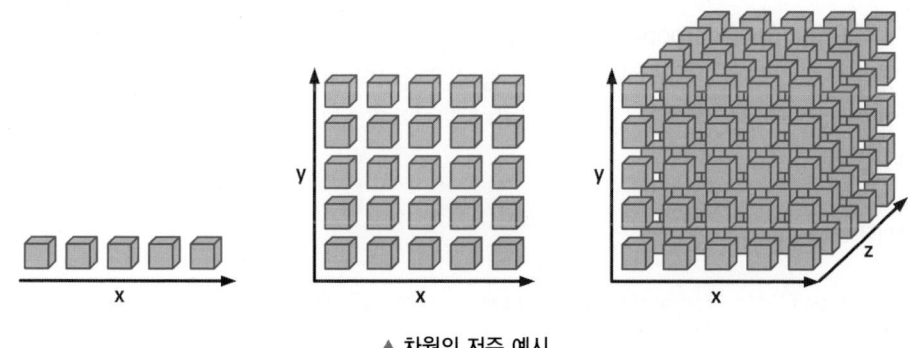

▲ 차원의 저주 예시

그림을 통해 보면 1차원 공간에서는 데이터의 개수가 5개면 전체 공간을 설명할 수 있습니다. 2차원에서는 25개, 3차원에서는 125개, 즉 고차원으로 갈수록 공간을 설명하기 위해서는 무수히 많은 데이터가 필요합니다.

2. 계산 복잡성 증가 : 차원이 증가할수록 계산해야 할 양이 기하급수적으로 늘어납니다. 따라서 머신러닝 알고리즘의 학습 속도가 저하됩니다.
3. 과적합(overfitting) : 고차원 데이터에서는 과적합 가능성이 높아지며, 모델의 일반화 성능이 감소합니다.

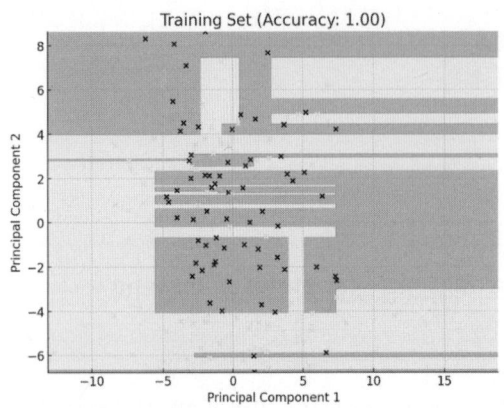
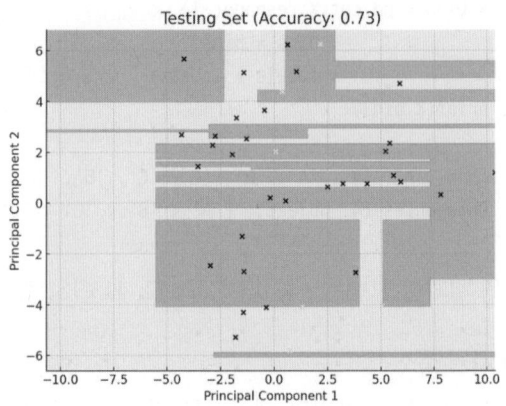

- 위 그림을 통해 고차원 데이터를 학습했을 때 결과를 살펴보겠습니다. 훈련 데이터의 경우 모델의 정확도가 100% 이지만 테스트 데이터의 경우 정확도가 73%로 감소한 것을 확인할 수 있습니다. 왜 이런 현상이 발생했을까요?
- 고차원 데이터의 경우 공간 내에 데이터가 희소해지므로, 훈련 데이터의 대부분은 서로 멀리 떨어져 있게 됩니다. 이는 훈련 데이터가 전체 공간을 대표하지 않는다는 것을 의미하며, 테스트 데이터(새롭게 들어올 데이터)의 경우도 마찬가지로 훈련 데이터와 멀리 떨어져 있을 가능성이 높습니다. 따라서 훈련 데이터에 맞는 모델을 학습했을 때 훈련 데이터의 모델 성능은 높지만, 테스트 데이터에서의 모델 성능은 크게 감소하게 되는 과적합이 발생하게 됩니다.

② 주성분 분석(Principal Component Analysis, PCA)
- 차원의 저주 문제를 완화하기 위해 차원 축소를 진행합니다. 차원 축소의 대표적인 기법으로 주성분 분석이 있습니다. 주성분 분석은 고차원 데이터를 저차원으로 변환하면서 데이터의 정보를 유지하는 데 중점을 둡니다.

▼ 예제 데이터 생성

```
df = pd.read_csv('https://raw.githubusercontent.com/YoungjinBD/data/main/df_5.csv')
df.columns = ['index', 'X100m', 'Long.jump', 'Shot.put', 'High.jump', 'X400m',
              'X110m.hurdle', 'Discus', 'Pole.vault', 'Javeline', 'X1500m']
df.set_index('index', inplace = True)
print(df.head())
print(df.shape)
```

```
              X100m     Long.jump   Shot.put   High.jump   X400m    ...   X1500m
     index
    SEBRLE    11.04     7.58        14.83      2.07        49.81    ...   291.7
    CLAY      10.76     7.40        14.26      1.86        49.37    ...   301.5
    BERNARD   11.02     7.23        14.25      1.92        48.93    ...   280.1
    YURKOV    11.34     7.09        15.19      2.10        50.42    ...   276.4
    ZSIVOCZKY 11.13     7.30        13.48      2.01        48.62    ...   268.0
(23, 10)
```

- 훈련 데이터와 테스트 데이터를 분리합니다.

```
from sklearn.model_selection import train_test_split
train, test = train_test_split(df, test_size = 0.3, random_state = 42)
```

- PCA는 특히 변수 간에 상관관계가 높을 때 효과적으로 차원을 축소할 수 있습니다. 실제로 훈련 데이터에서 수치형 변수들의 상관관계를 확인해 보겠습니다.

```
import seaborn as sns
import matplotlib.pyplot as plt
# 히트맵 그리기
corr_matrix = train.corr()
sns.heatmap(corr_matrix, annot=True, cmap="coolwarm", fmt=".2f")
plt.title('Correlation Matrix (Train Data)')
plt.show()
```

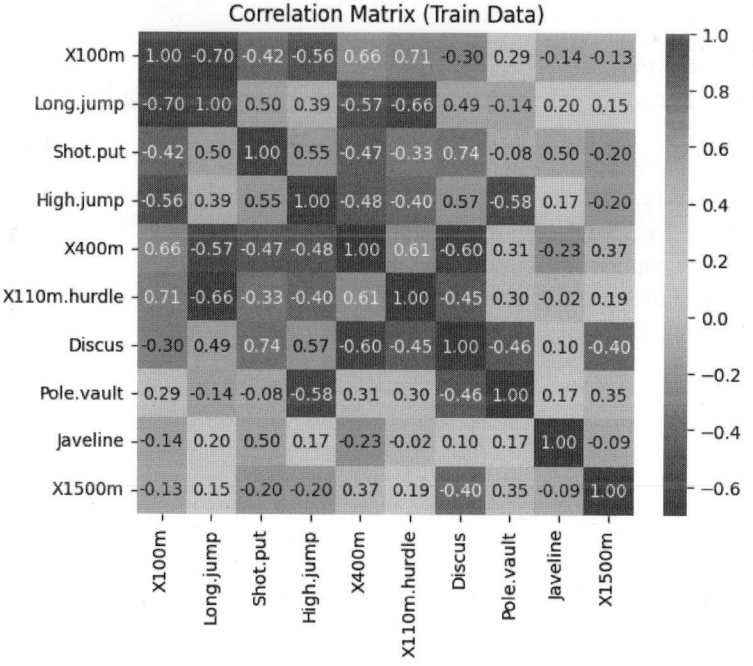

- 여러 변수들 간 높은 상관관계가 존재하는 것을 확인할 수 있습니다.
- 이처럼 비슷한 정보를 담고 있는 변수를 그대로 모델에 모두 포함시키면, 사실상 같은 의미의 정보가 중복되어 들어가게 됩니다. 그러면 모델은 불필요하게 많은 차원을 학습해야 하며, 계산 효율이 떨어지고 해석 또한 복잡해집니다.
- 따라서 이러한 변수를 그대로 사용하는 것보다 상관계수가 높은 쌍의 정보를 소수의 주성분으로 변환하는 것이 분석과 모델링에 유리할 수 있습니다.
- 주성분 분석을 진행하기 전에 사전 전처리로 표준화를 수행합니다.

```python
from sklearn.preprocessing import StandardScaler
scaler = StandardScaler()
train_scaled = scaler.fit_transform(train)
test_scaled = scaler.transform(test)
```

- scikit-learn의 PCA()로 주성분 분석을 적용합니다.

```python
from sklearn.decomposition import PCA
pca = PCA(n_components = 10,      # 주성분의 수(줄이고 싶은 차원의 수)
          svd_solver = 'auto')    # 주성분 분석 계산 방식

X_train_pca = pca.fit_transform(train_scaled)
X_test_pca = pca.transform(test_scaled)
```

- 주성분의 수를 데이터의 차원(칼럼의 수)과 동일하게 설정한 후 주성분 분석을 진행했습니다. 주성분의 수는 스크리 플롯(Scree plot)을 활용하여 주관적으로 정할 수 있습니다.

```python
import matplotlib.pyplot as plt
cumulative_explained_variance = np.cumsum(pca.explained_variance_ratio_)

# 스크리 플롯 그리기
plt.figure(figsize=(8, 6))
plt.plot(range(1, len(cumulative_explained_variance) + 1),
         cumulative_explained_variance, marker='o', linestyle ='-')
plt.xlabel('Number of Principal Components')
plt.ylabel('Cumulative Explained Variance')
plt.title('Scree Plot')
plt.grid(True)
plt.show()
```

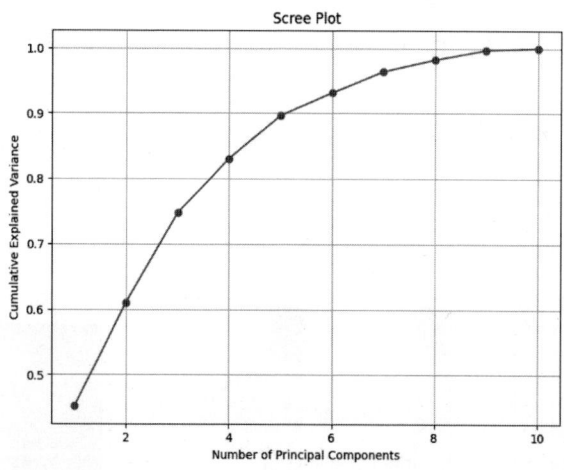

- scree plot으로 주성분이 1개일 때 설명되는 분산의 비율이 약 45%이고, 주성분이 데이터 차원과 같은 10개일 때 100%인 것을 확인할 수 있습니다.
- 주성분의 수와 데이터의 차원이 같다면 차원 축소의 의미가 없으므로, 적절하게 주성분의 수를 조절해야 합니다. 보통 설명되는 누적 분산의 비율이 80% 수준에서 주성분의 수를 결정합니다. 위 그래프에서의 주성분의 수(n_components)는 4개로 설정해볼 수 있습니다.

> **기적의 TIP**
>
> 실제 시험 환경에서는 그래프 작성이 제한되므로, .explained_variance_ratio_를 확인해야 합니다.

- scree plot을 활용하지 않고, 몇 가지 옵션을 통해 설명되는 누적 분산의 비율에 따라 주성분의 수를 자동으로 선택할 수 있습니다.

```
pca = PCA(n_components = 0.8,    # 설명되는 누적 분산의 비율 80% 수준 설정
          svd_solver = 'full')    # 주성분 분석 계산 방식

X_train_pca = pca.fit_transform(train_scaled)
X_test_pca = pca.transform(test_scaled)
```

> **기적의 TIP**
>
> n_components를 0.8과 같이 비율로 설정할 경우, svd_solver='full'로 설정해야 합니다.

```
print(pca.explained_variance_ratio_)    #각 주성분이 설명하는 분산의 비율
print(pca.n_components_)                # 주성분 개수

[0.45268178 0.15791668 0.1376982  0.08256299]
4
```

6) make_column_transformer와 ColumnTransformer

데이터 전처리를 단계별로 진행할 때 범주형 변수와 연속형 변수를 나누고, 개별적으로 전처리하는 과정을 거쳤습니다. scikit-learn에서 제공하는 make_column_transformer()를 활용하면 간단한 코드로 범주형 변수와 연속형 변수를 한번에 전처리할 수 있습니다.

① make_column_transformer()

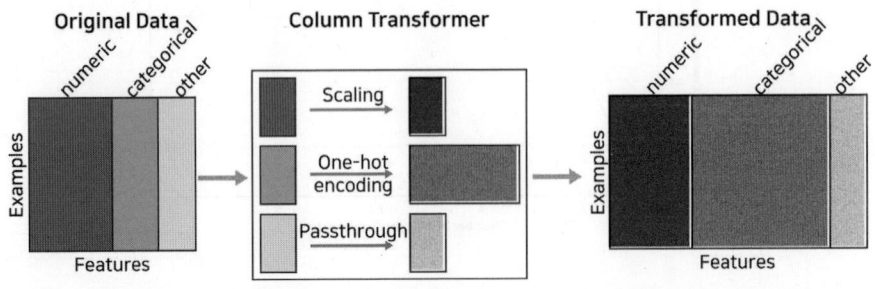

```
from sklearn.compose import make_column_transformer

dat = pd.read_csv('https://raw.githubusercontent.com/YoungjinBD/data/main/bda1.csv')
y = dat.grade
X = dat.drop(['grade'], axis = 1)
train_X, test_X, train_y, test_y = train_test_split(X, y, test_size = 0.2, random_state = 0)
```

- 범주형 변수와 수치형 변수의 데이터 전처리를 다르게 적용하기 위해 범주형 변수와 수치형 변수의 칼럼명을 선택해주었습니다.

```
cat_columns = train_X.select_dtypes('object').columns
num_columns = train_X.select_dtypes('number').columns
```

- 범주형 변수에는 원-핫 인코딩, 수치형 변수에는 표준화를 진행하기 위해 scikit-learn의 OneHotEncoder(), StandardScaler()을 불러온 후 make_column_transformer()를 적용합니다.
- make_column_transformer()에는 (전처리 객체, 전처리를 적용할 칼럼) 형식으로 입력해야 합니다.

```
onehotencoder = OneHotEncoder(sparse_output = False,
                    drop = None,
                    handle_unknown = 'ignore')

stdscaler = StandardScaler( )
mc_transformer = make_column_transformer(
    (onehotencoder, cat_columns),
    (stdscaler, num_columns),
    remainder = 'passthrough'
    ).set_output(transform = 'pandas')

train_X_transformed = mc_transformer.fit_transform(train_X)
test_X_transformed = mc_transformer.transform(test_X)

print(train_X_transformed.head( ))
```

	onehotencoder__school_GP	onehotencoder__school_MS	onehotencoder__sex_F	₩
63	1.0	0.0	1.0	
241	1.0	0.0	0.0	
306	1.0	0.0	1.0	
317	1.0	0.0	0.0	
245	1.0	0.0	1.0	
...				

- 범주형 변수, 수치형 변수 모두 한번에 전처리된 결과를 확인할 수 있습니다.

② ColumnTransformer()

- ColumnTransformer()와 make_column_transformer()는 별칭 지정 유무만 차이가 있고, 결과는 동일합니다. scikit-learn의 ColumnTransformer()를 불러오겠습니다.

```
from sklearn.compose import ColumnTransformer

onehotencoder = OneHotEncoder(sparse_output = False, handle_unknown = 'ignore')
stdscaler = StandardScaler( )
```

- ColumnTransformer()에는 (별칭, 전처리 객체, 전처리를 적용할 칼럼) 형식으로 입력되어야 합니다.

```python
c_transformer = ColumnTransformer(
    transformers = [
    ('cat', onehotencoder, cat_columns),    # 범주형 변수 전처리 객체에 'cat' 별칭 부여
    ('num', stdscaler, num_columns)         # 수치형 변수 전처리 객체에 'num' 별칭 부여
    ]
).set_output(transform = 'pandas')

train_X2_transformed = c_transformer.fit_transform(train_X)
test_X2_transformed = c_transformer.transform(test_X)

print(train_X2_transformed.head())
```

	cat__school_GP	cat__school_MS	cat__sex_F	cat__sex_M	cat__paid_no
63	1.0	0.0	1.0	0.0	0.0
241	1.0	0.0	0.0	1.0	1.0
306	1.0	0.0	1.0	0.0	0.0
317	1.0	0.0	0.0	1.0	1.0
245	1.0	0.0	1.0	0.0	0.0

...

> **기적의 TIP**
>
> ColumnTransformer( )와 make_column_transformer( )는 결과가 동일하므로, 둘 중 어떤 것을 활용해도 상관없습니다.
> 별칭을 부여하는 것이 번거롭다면 make_column_transformer( )를 이용하면 됩니다.

05 데이터 누수 방지

1) 데이터 누수(Data Leakage)

데이터 누수에 대해 알아보기 위해 데이터 분할 과정으로 돌아가보겠습니다. 데이터를 분할하는 이유는 과거 데이터를 이용해서 학습한 결과를 미래 데이터에 적용했을 때에도 정확히 예측하는 알고리즘을 찾기 위해서입니다.

즉, 훈련 데이터는 과거 데이터로 우리가 알고 있는 데이터이며, 테스트 데이터는 미래 데이터로 우리가 모르는 데이터입니다. 따라서 실제 분석을 실시할 때에는 테스트 데이터의 정보를 활용하면 안 됩니다.

> **기적의 TIP**
>
> 빅데이터분석기사 시험에서는 분석 절차가 아닌 분석 결과만 평가하므로, 데이터 누수 과정은 고려하지 않아도 괜찮습니다.
> 그러나 실무 환경이나 실무와 유사한 공모전에서는 데이터 누수가 모델 성능을 과도하게 부풀리거나 잘못된 해석을 초래할 수 있기 때문에, 이를 방지하는 것이 매우 중요한 평가 요소로 작용합니다.

정규화 방법 중 하나인 표준화를 통해 데이터 누수가 무엇인지 알아보겠습니다.

▼ 예제 데이터 생성

```
from sklearn.preprocessing import StandardScaler
trainX = pd.DataFrame({'x1': range(1, 9, 1), 'x2': range(15, 23, 1)})
testX = pd.DataFrame({'x1': [1, 3, 5], 'x2': [2, 4, 6]})
```

2) 표준화 변환

① 올바른 방법

- train/test 분할 후 훈련 데이터에 .fit_transform(), 테스트 데이터에 .transform()을 적용하여 표준화 변환합니다. 즉, .fit()을 통해 trainX의 평균과 표준편차가 저장되며, .transform()을 통해 표준화 변환이 진행됩니다.

```
stdscaler = StandardScaler()
trainX2 = stdscaler.fit_transform(trainX)
```

- testX에는 .transform()을 적용해주었습니다. .fit()을 하지 않았으므로, 저장된 trainX의 평균과 표준편차를 활용하여 표준화 변환이 진행됩니다.

```
testX2 = stdscaler.transform(testX)
```

- trainX 데이터의 정보만 이용했으므로, 데이터 누수 없이 전처리가 완료되었습니다.
- trainX와 testX의 첫 번째 값은 모두 1이므로, 해당 값을 기준으로 표준화 결과를 비교해보겠습니다. 훈련 데이터의 평균과 표준편차를 기준으로 표준화 변환을 진행했으므로 −1.52752…가 동일하게 산출됩니다.

```
print('trainX 1의 표준화 변환 결과 :', trainX2[0, 0])
print('testX 1의 표준화 변환 결과 :', testX2[0, 0])

trainX 1의 표준화 변환 결과 : -1.5275252316519468
testX 1의 표준화 변환 결과 : -1.5275252316519468
```

② 잘못된 방법(1)

▼ 전체 데이터로 .fit_transform( )을 적용하여 표준화 변환 후 train/test 분할

```
all_data = pd.concat([trainX, testX], axis = 0)
stdscaler2 = StandardScaler()
all_data_transformed = stdscaler2.fit_transform(all_data)

trainX3, testX3 = train_test_split(all_data_transformed, test_size = 0.2, shuffle = False)
print('trainX 1의 표준화 변환 결과 :', trainX3[0, 0])
print('testX 1의 표준화 변환 결과 :', testX3[0, 0])
```

trainX 1의 표준화 변환 결과 : -1.3834403799109707
testX 1의 표준화 변환 결과 : -1.3834403799109707

- 전체 데이터를 이용해서 .fit_transform()을 적용해 주었습니다. 즉, .fit()을 통해 전체 데이터의 평균과 표준편차가 저장되며, .transform()을 통해 표준화 변환이 진행됩니다. 따라서 테스트 데이터의 정보가 누수됩니다.

③ 잘못된 방법(2)

▼ train/test 분할 후 .fit_transform( )을 적용하여 표준화 변환

```
trainX = pd.DataFrame({'x1': range(1, 9, 1), 'x2': range(15, 23, 1)})
testX = pd.DataFrame({'x1': [1, 3, 5], 'x2': [2, 4, 6]})

stdscaler3 = StandardScaler()
trainX4 = stdscaler3.fit_transform(trainX)

stdscaler4 = StandardScaler()
testX4 = stdscaler4.fit_transform(testX)

print('trainX 1의 표준화 변환 결과 :', trainX4[0, 0])
print('testX 1의 표준화 변환 결과 :', testX4[0, 0])
```

trainX 1의 표준화 변환 결과 : -1.5275252316519468
testX 1의 표준화 변환 결과 : -1.224744871391589

- testX를 이용해서 .fit_transform()을 적용해 주었습니다. 테스트 데이터는 미래 데이터이므로, 평균과 표준편차를 알 수 없습니다.

> **기적의 TIP**
>
> 데이터 누수는 표준화 변환뿐만 아니라 결측치 처리, 인코딩 등 대부분의 데이터 전처리 상황에서 고려해야 할 문제입니다.

SECTION 03 연습문제

1 다음 데이터에서 'age' 변수의 결측치를 중앙값으로 대치한 후, 'age' 변수의 평균을 계산하여 출력하시오.

```
import numpy as np
data = {
    'name': ['Alice', 'Bob', 'Charlie', 'David', 'Eva'],
    'age': [25, np.nan, 30, np.nan, 22],
    'score': [85, 90, 78, 88, 95]
}
```

2 다음 DataFrame에서 'city' 변수를 원-핫 인코딩(one-hot encoding)하여 새로운 DataFrame으로 출력하시오.

```
import pandas as pd
data = pd.DataFrame({
    'name': ['Alice', 'Bob', 'Charlie', 'David', 'Eva'],
    'city': ['Seoul', 'Busan', 'Seoul', 'Daegu', 'Busan']
})
```

3 다음 DataFrame에서 'height' 변수를 표준화(Standardization)한 후, 해당 변수의 최대값과 최소값의 차이를 출력하시오.

```
data = pd.DataFrame({
    'name': ['Alice', 'Bob', 'Charlie', 'David', 'Eva'],
    'height': [165, 170, 175, 180, 185]
})
```

4 다음 데이터에서 'city' 변수의 결측치를 최빈값으로 대치한 후, 각 도시별 인원 수를 출력하시오.

```
data = pd.DataFrame({
    'name': ['Alice', 'Bob', 'Charlie', 'David', 'Eva', 'Frank'],
    'city': ['Seoul', np.nan, 'Busan', 'Seoul', np.nan, 'Busan']
})
```

5 다음 데이터에서 sales 변수의 이상치를 상자그림 기준으로 제거한 후, 남은 데이터의 평균을 계산하여 출력하시오.

```
data = pd.DataFrame({
    'product': ['A', 'B', 'C', 'D', 'E', 'F', 'G'],
    'sales': [100, 120, 130, 400, 110, 115, 500]
})
```

6 다음 데이터에서 score 변수를 구간의 폭이 동일하도록 4개의 구간으로 이산화(discretization)하고, 각 구간의 데이터 개수를 출력하시오.

```
data = pd.DataFrame({
    'name': ['A', 'B', 'C', 'D', 'E', 'F', 'G', 'H', 'I'],
    'score': [55, 60, 65, 70, 75, 80, 85, 90, 95]
})
```

7 다음 데이터에서 math, english, science 3개 변수를 대상으로 주성분 분석(PCA)을 수행하여, 전체 분산의 80% 이상을 설명하는 최소 주성분 개수를 출력하시오. (단, 수치형 변수만 선택하고, 주성분 분석 전 표준화를 적용)

```
data = pd.DataFrame({
    'name': ['Alice', 'Bob', 'Charlie', 'David', 'Eva'],
    'math': [80, 85, 78, 92, 88],
    'english': [75, 90, 85, 95, 92],
    'science': [82, 88, 79, 94, 90]
})
```

SECTION 03 연습문제 정답

1
```
import pandas as pd
import numpy as np
from sklearn.impute import SimpleImputer
data = {
    'name': ['Alice', 'Bob', 'Charlie', 'David', 'Eva'],
    'age': [25, np.nan, 30, np.nan, 22],
    'score': [85, 90, 78, 88, 95]
}
df = pd.DataFrame(data)

# 방법1 scikit-learn SimpleImputer 활용
df1 = df.copy()
imputer = SimpleImputer(strategy='median') # 중앙값으로 결측치 대치
df1['age'] = imputer.fit_transform(df1[['age']])
print(df1['age'].mean())

# 방법2 pandas 활용
df2 = df.copy()
df2['age'] = df2['age'].fillna(df2['age'].median())
print(df2['age'].mean())
```

25.4

2

```python
data = pd.DataFrame({
    'name': ['Alice', 'Bob', 'Charlie', 'David', 'Eva'],
    'city': ['Seoul', 'Busan', 'Seoul', 'Daegu', 'Busan']
})
# scikit-learn OneHotEncoder을 활용하여 원-핫 인코딩을 적용
df1 = data.copy()
import pandas as pd
from sklearn.preprocessing import OneHotEncoder
encoder = OneHotEncoder(sparse_output=False).set_output(transform = 'pandas')
city_encoded = encoder.fit_transform(df1[['city']])
print(city_encoded)
```

	city_Busan	city_Daegu	city_Seoul
0	0.0	0.0	1.0
1	1.0	0.0	0.0
2	0.0	0.0	1.0
3	0.0	1.0	0.0
4	1.0	0.0	0.0

3

```python
data = pd.DataFrame({
    'name': ['Alice', 'Bob', 'Charlie', 'David', 'Eva'],
    'height': [165, 170, 175, 180, 185]
})
import pandas as pd
from sklearn.preprocessing import StandardScaler
scaler = StandardScaler()
# height 변수 표준화
data['height_scaled'] = scaler.fit_transform(data[['height']])
print('최대값과 최소값의 차이 :', np.abs(data['height_scaled'].max() - data['height_scaled'].min()))
```

최대값과 최소값의 차이 : 2.82842712474619

4
```
from sklearn.impute import SimpleImputer
data = pd.DataFrame({
    'name': ['Alice', 'Bob', 'Charlie', 'David', 'Eva', 'Frank'],
    'city': ['Seoul', np.nan, 'Busan', 'Seoul', np.nan, 'Busan']
})
# 최빈값으로 결측치 대치
imputer = SimpleImputer(strategy='most_frequent')
data[['city']] = imputer.fit_transform(data[['city']])
# 각 도시별 인원 수 출력
print(data['city'].value_counts())
```

```
city
Busan    4
Seoul    2
Name: count, dtype: int64
```

5
```
data = pd.DataFrame({
    'product': ['A', 'B', 'C', 'D', 'E', 'F', 'G'],
    'sales': [100, 120, 130, 400, 110, 115, 500]
})
# IQR 기반 이상치 제거
Q1 = data['sales'].quantile(0.25)
Q3 = data['sales'].quantile(0.75)
IQR = Q3 - Q1
lower_bound = Q1 - 1.5 * IQR
upper_bound = Q3 + 1.5 * IQR
filtered_data = data[(data['sales'] >= lower_bound) & (data['sales'] <= upper_bound)]
print(filtered_data['sales'].mean())
```

```
162.5
```

6

```python
from sklearn.preprocessing import KBinsDiscretizer
data = pd.DataFrame({
    'name': ['A', 'B', 'C', 'D', 'E', 'F', 'G', 'H', 'I'],
    'score': [55, 60, 65, 70, 75, 80, 85, 90, 95]
})
kbd = KBinsDiscretizer(n_bins=4, strategy='uniform', encode='ordinal')
data['score_bin'] = kbd.fit_transform(data[['score']]).astype(int)
print(kbd.bin_edges_)
print(data['score_bin'].value_counts())
```

```
[array([55., 65., 75., 85., 95.])]
score_bin
3    3
0    2
1    2
2    2
Name: count, dtype: int64
```

7

```python
from sklearn.preprocessing import StandardScaler
from sklearn.decomposition import PCA
data = pd.DataFrame({
    'name': ['Alice', 'Bob', 'Charlie', 'David', 'Eva'],
    'math': [80, 85, 78, 92, 88],
    'english': [75, 90, 85, 95, 92],
    'science': [82, 88, 79, 94, 90]
})
# 수치형 데이터만 선택
X = data[['math', 'english', 'science']]
# 표준화
scaler = StandardScaler()
X_scaled = scaler.fit_transform(X)
# PCA 적용
pca = PCA(n_components = 0.8,
          svd_solver='full')
X_pca = pca.fit_transform(X_scaled)
print(X_pca.shape[1])
```

```
1
```

PART 03

머신러닝과 모델링

파트 소개

이 파트에서는 scikit-learn을 활용한 머신러닝 모델 구축과 최적화를 다룹니다. 특히, 시험에서 활용되는 모델을 중심으로 모델 평가 및 하이퍼파라미터 튜닝, 회귀 및 분류 모델 적합, 군집 분석에 대해 학습합니다.

◆ 주요 내용

- 모델 평가 및 튜닝 : 교차 검증, 성능 지표, 하이퍼파라미터 최적화
- 회귀 분석 : KNN, 트리 기반 회귀, SVR
- 분류 모델 : KNN, 트리 기반 분류, SVM
- 군집 분석 : K-평균, 계층적 군집, DBSCAN, 군집 유효성 평가

scikit-learn을 활용한 모델 평가 & 파라미터 튜닝

핵심 태그 모델 평가 • 교차 검증 • 하이퍼파라미터 튜닝하기 • 파이프라인 적용

1) Hold-out 방법

Hold-out 방법은 훈련 데이터를 한번 더 분리하여 전체 데이터를 훈련 데이터, 검증 데이터, 테스트 데이터로 나누는 방법입니다.

1. 훈련 데이터를 활용하여 머신러닝 모델을 학습하고, 초매개변수를 튜닝합니다.
2. 검증 데이터를 활용하여 각 초매개변수별 모델 성능을 평가하고 최적의 초매개변수를 선택합니다.
3. 테스트 데이터를 활용하여 최종 모델의 일반화된 성능을 평가합니다.

모델 학습	모델 검증	모델 평가
Train set	Validation set	Test set

Hold-out 방법은 개념적으로 구현하기 쉬우며, 빠르게 계산이 가능하다는 장점이 있습니다. 반면 전체 데이터를 한번만 분할하여 검증하므로, 어떤 관측치가 각 훈련, 검증, 테스트 데이터에 속하는지에 따라 모형 성능의 변동이 생기는 단점이 있습니다.

예를 들어, 전체 데이터를 무작위로 나눴지만, 학습 데이터에는 비교적 예측이 쉬운 관측치가 모여있고, 검증 데이터에는 비교적 예측이 어려운 관측치가 모여있다고 가정하면, 훈련 데이터에서의 모형 성능은 매우 높지만, 검증 데이터에서의 모형 성능은 매우 낮게 나올 것입니다.

▼ 예제 데이터 생성

```
import pandas as pd
import numpy as np
train = pd.read_csv('https://raw.githubusercontent.com/YoungjinBD/data/main/s11_train.csv')
test= pd.read_csv('https://raw.githubusercontent.com/YoungjinBD/data/main/s11_test.csv')

train_X = train.drop(['grade'], axis = 1)
train_y = train['grade']
test_X = test.drop(['grade'], axis = 1)
test_y = test['grade']
```

- Hold-out 방법을 적용하기 위해 train_test_split()을 활용하여 훈련 데이터의 약 30%를 검증 데이터로 분리하겠습니다.

```
from sklearn.model_selection import train_test_split
train_X_sub, valid_X, train_y_sub, valid_y = train_test_split(train_X, train_y, test_size = 0.3,
random_state = 1)
```

- 훈련 데이터와 검증 데이터가 제대로 분리되었는지 확인하기 위해 데이터의 차원을 확인합니다.

```
print(train_X_sub.shape, train_y_sub.shape, valid_X.shape, valid_y.shape)
```

(179, 6) (179,) (77, 6) (77,)

- 훈련 데이터의 약 30%가 검증 데이터로 분리된 것을 확인할 수 있습니다.
- 또한, Hold-out 방법을 활용하여 검증 데이터에서의 모형 성능 확인을 위해 LinearRegression()을 불러오겠습니다. 훈련 데이터를 활용하여 모델을 적합합니다.

```
from sklearn.linear_model import LinearRegression
lr = LinearRegression()
lr.fit(train_X_sub, train_y_sub)
```

- 검증 데이터에서의 LinearRegression() 성능은 RMSE=3.25인 것을 확인할 수 있습니다.

```
from sklearn.metrics import mean_squared_error
pred_val = lr.predict(valid_X)
print('valid RMSE:' , mean_squared_error(valid_y, pred_val, squared = False))
```

valid RMSE: 3.2548776483216892

> **기적의 TIP**
>
> squared=False 옵션은 scikit-learn 1.6 미만 버전에서 정상적으로 작동합니다. 시험 환경에서는 scikit-learn 1.5.2 버전을 사용하므로, mean_squared_error(valid_y, pred_val, squared=False)를 그대로 사용할 수 있습니다.
> 반면, Colab과 같은 최신 환경에서는 scikit-learn이 1.6 이상인 경우가 많아, 해당 옵션 사용 시 에러가 발생할 수 있습니다. 이 경우에는 대안으로 root_mean_squared_error 함수를 사용하는 것이 권장됩니다.
>
> ```
> from sklearn.metrics import root_mean_squared_error
> print('valid RMSE:', root_mean_squared_error(valid_y, pred_val))
> ```

2) k-폴드 교차검증 방법

Hold-out 방법과 같이 데이터를 한번만 분할하여 모형 성능을 검증하는 것보다 여러 번 분할하여 검증하는 것이 더 안정적인 방법일 것입니다. k-폴드 교차검증 방법은 훈련 데이터를 임의의 거의 동일한 크기의 그룹(fold)으로 여러 번 나눠서 검증하는 방법입니다. k는 보통 5~10으로 설정합니다.

1. 각 fold 중 1 fold는 검증 데이터로 취급하고, 나머지 k-1개의 fold는 훈련 데이터로 모델 적합에 이용합니다.
2. 이러한 절차는 k번 반복되며, 매번 다른 그룹의 fold가 검증 데이터로 사용됩니다.
3. 총 k개의 추정치(ex. MSE)가 계산되며, 최종 교차검증 추정치는 k개의 추정치를 평균내서 계산됩니다.

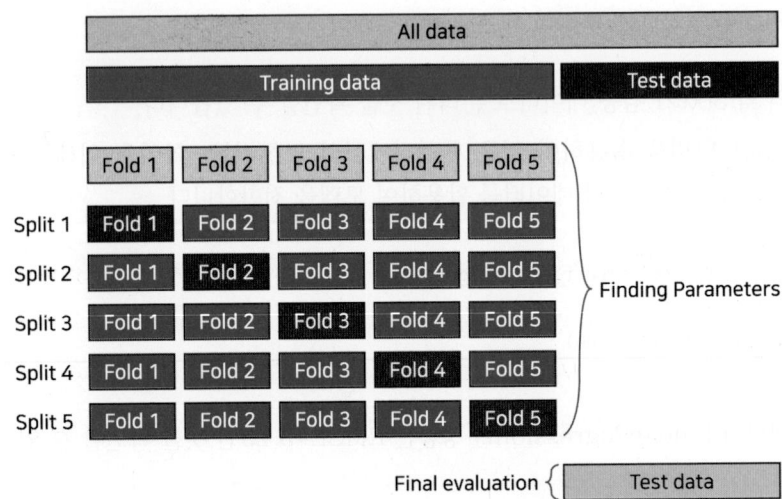

k-폴드 교차검증은 Hold-out 방법에 비해 안정적인 모형 성능을 측정할 수 있어, 매우 널리 활용되는 방법입니다. 하지만 각 fold별로 나눠서 모형을 여러 번 적합해야 하므로, Hold-out 방법에 비해 많은 시간이 소요됩니다.

- 5-폴드 교차 검증을 적용하기 위해 cross_val_score()를 불러오겠습니다. cross_val_score()의 디폴트 설정은 5-폴드 교차검증입니다. 회귀 문제이므로, scoring='neg_mean_squared_error'로 설정하겠습니다.

```
from sklearn.model_selection import cross_val_score
cv_score = cross_val_score(lr, train_X, train_y, scoring = 'neg_root_mean_squared_error')
rmse_score = -cv_score
mean_rmse_score = np.mean(rmse_score)
```

- 5-폴드 교차검증을 적용했으므로, 5개의 폴드에 대한 RMSE가 계산됩니다. 5개 폴드의 RMSE의 평균을 구하면, 최종 교차검증 점수입니다.

```
print('폴드별 RMSE:', rmse_score)
print('교차검증 RMSE:', mean_rmse_score)
```

```
폴드별 RMSE: [2.83277317 2.74347932 3.20350288 3.37650829 3.14794378]
교차검증 RMSE: 3.0608414901995817
```

- 5-폴드 교차검증으로 구한 RMSE는 3.06으로 Hold-out 방법의 3.25보다 낮은 값을 보여 더 안정된 성능을 가짐을 확인할 수 있습니다.
- KFold()를 불러와 폴드의 수(n_splits), 교차검증 적용 전에 데이터를 섞을지 여부(shuffle) 등의 세부 옵션을 조절할 수 있습니다.

```
from sklearn.model_selection import KFold
cv = KFold(n_splits = 5, shuffle = True, random_state = 0)
from sklearn.model_selection import cross_val_score
cv_score2 = cross_val_score(lr, train_X, train_y, scoring = 'neg_root_mean_squared_error', cv = cv)
rmse_score2 = -cv_score2
mean_rmse_score2 = np.mean(rmse_score2)

print('교차검증 RMSE:', mean_rmse_score2)
```

```
교차검증 RMSE: 3.043609474705183
```

3) 그리드 서치

Hold-out, 교차검증 방법을 통해 모델의 일반화된 성능을 측정하는 방법을 알아보았습니다. 이번에는 모델별 최적의 초매개변수를 찾고, 모델 성능을 개선하는 방법에 대해 알아보겠습니다.

모델별로 초매개변수는 각각 다르게 정의되며, 데이터에 맞는 최적의 초매개변수를 찾는 다양한 방법이 존재합니다.

scikit-learn에 구현된 방법 중 가장 널리 활용되는 그리드 서치 방법은 초매개변수의 범위를 지정한 후 초매개변수의 다양한 조합을 검증하여, 최적의 조합을 찾는 방법입니다.

1. 초매개변수 범위 지정 : 모델별 탐색할 초매개변수의 범위를 지정합니다.
2. 모델 학습 및 평가 : 지정된 초매개변수 조합에 대해 Hold-out 혹은 교차검증 방법을 적용하여 모델 성능을 평가합니다.
3. 최적의 초매개변수 선택 : 가장 성능이 높은 초매개변수 조합을 선택합니다.

그리드 서치 방법은 지정된 모든 초매개변수 조합을 탐색한다는 점에서 장점이 있지만, 그 조합이 많을 경우 모델 학습 및 평가 시간이 오래 걸릴 수 있습니다.

> **기적의 TIP**
>
> 빅데이터분석기사 시험에서 모형 학습 시간은 1분으로 제한됩니다. 모델 튜닝 과정은 생략하거나, 하이퍼파라미터의 범위를 제한해서 튜닝하는 것이 바람직합니다.

▼ 5-폴드 교차검증에서 실습한 예제 불러오기

```
train = pd.read_csv('https://raw.githubusercontent.com/YoungjinBD/data/main/s11_train.csv')
test= pd.read_csv('https://raw.githubusercontent.com/YoungjinBD/data/main/s11_test.csv')

train_X = train.drop(['grade'], axis = 1)
train_y = train['grade']

test_X = test.drop(['grade'], axis = 1)
test_y = test['grade']
```

- 랜덤 포레스트 모델을 적합하기 위해 RandomForestRegressor()를 불러오겠습니다. 또한, 그리드 서치를 이용해서 최적의 초매개변수를 찾기 위해 sklearn.model_selection 모듈에 구현된 GridSearchCV()를 불러오겠습니다.

```
from sklearn.model_selection import GridSearchCV
from sklearn.ensemble import RandomForestRegressor

rf = RandomForestRegressor(random_state=1)
```

- 랜덤 포레스트 모델의 초매개변수 명칭을 확인해 보겠습니다.

```
params = rf.get_params()

for param_name, param_value in params.items():
    print(f"{param_name}: {param_value}")
```

```
bootstrap: True
ccp_alpha: 0.0
criterion: squared_error
max_depth: None
max_features: 1.0
max_leaf_nodes: None
max_samples: None
min_impurity_decrease: 0.0
min_samples_leaf: 1
min_samples_split: 2
min_weight_fraction_leaf: 0.0
n_estimators: 100
n_jobs: None
oob_score: False
random_state: 1
verbose: 0
warm_start: False
```

- 랜덤 포레스트 모형의 초매개변수로 max_depth, ccp_alpha를 선택하고, 적절한 범위를 설정해 주었습니다. 총 3×3=9개의 초매개변수 조합을 탐색합니다.

```
# 초매개변수 정의
param_grid = {'max_depth': [10, 20, 30],
              'ccp_alpha': [0.1, 0.3, 0.5]}
```

- GridSearchCV()를 통해 최적의 초매개변수를 탐색합니다. cv=5로 설정하여 모델 학습 및 평가시 5-폴드 교차검증을 적용해주었습니다.

```
rf_search = GridSearchCV(estimator = rf,
                         param_grid = param_grid,
                         cv = 5,
                         scoring = 'neg_root_mean_squared_error')
rf_search.fit(train_X, train_y)

GridSearchCV(cv = 5, estimator = RandomForestRegressor(random_state = 1),
             param_grid = {'ccp_alpha': [0.1, 0.3, 0.5],
                           'max_depth': [10, 20, 30]},
             scoring = 'neg_root_mean_squared_error')
```

- 최적의 초매개변수 조합은 .best_params_를 통해 확인할 수 있습니다.

```
best_params = rf_search.best_params_
print('최적의 초매개변수 조합:', best_params)

최적의 초매개변수 조합: {'ccp_alpha': 0.5, 'max_depth': 10}
```

- 각 초매개변수 조합별로 5-폴드 교차검증을 적용했을 때, 최적의 RMSE는 .best_score_를 통해 확인할 수 있습니다.

```
mean_rmse_score3 = -rf_search.best_score_
print('교차검증 RMSE:', mean_rmse_score3)

교차검증 RMSE: 3.028879073471929
```

4) Hold-out, k-폴드 교차검증 방법 수행 시 주의 사항

데이터 전처리에서 언급했던 데이터 누수 문제는 Hold-out, k-폴드 교차검증 방법에서도 동일하게 문제가 될 수 있습니다. 따라서 훈련 데이터의 정보만을 활용하여 검증 데이터, 테스트 데이터에 전처리를 진행해 주어야 합니다.

Hold-out 방법을 적용했을 때를 예시로 살펴보겠습니다.

```python
train = pd.read_csv('https://raw.githubusercontent.com/YoungjinBD/data/main/s11_train.csv')
test= pd.read_csv('https://raw.githubusercontent.com/YoungjinBD/data/main/s11_test.csv')

train_X = train.drop(['grade'], axis = 1)
train_y = train['grade']

test_X = test.drop(['grade'], axis = 1)
test_y = test['grade']

from sklearn.model_selection import train_test_split
train_X_sub, valid_X, train_y_sub, valid_y = train_test_split(train_X, train_y, test_size = 0.3, random_state = 1)
```

- 데이터 전처리 모듈로 StandardScaler()를 불러와 수치형 설명변수에 적용해 보겠습니다.

```python
from sklearn.preprocessing import StandardScaler
stdscaler = StandardScaler()

num_columns = train_X.select_dtypes('number').columns
train_X_numeric_scaled = stdscaler.fit_transform(train_X[num_columns])
valid_X_numeric_scaled = stdscaler.transform(valid_X[num_columns])
test_X_numeric_scaled = stdscaler.transform(test_X[num_columns])
```

- 훈련 데이터에 .fit_transform()을 적용하고, 검증 데이터, 테스트 데이터에는 .transform()을 적용한 것을 확인할 수 있습니다. 검증 데이터도 테스트 데이터와 마찬가지로, 데이터 누수 문제를 고려하여 훈련 데이터의 정보만 활용해야 합니다.

- Hold-out 방법뿐만 아니라 k-폴드 교차검증 방법을 적용할 때에도 데이터 누수 문제를 고려해야 합니다. 5-폴드 교차검증 방법을 적용할 때를 예시로 살펴보겠습니다.

| Fold 1 | Fold 2 | Fold 3 | Fold 4 | Fold 5 |

- 첫 번째로 데이터를 분할했을 때, fold2~fold5는 훈련 데이터이며, fold1은 검증 데이터입니다. fold2~fold5의 정보만을 활용하여, fold1에 대한 데이터 전처리를 진행해 주어야 합니다.

Fold 1	Fold 2	Fold 3	Fold 4	Fold 5
Fold 1	Fold 2	Fold 3	Fold 4	Fold 5
Fold 1	Fold 2	Fold 3	Fold 4	Fold 5
Fold 1	Fold 2	Fold 3	Fold 4	Fold 5

- 두 번째부터 다섯 번째까지 데이터를 분할했을 경우도 마찬가지로, 훈련 데이터로 지정된 fold의 정보만을 활용하여 검증 데이터로 지정된 fold에 데이터 전처리를 진행해 주어야 합니다. 즉, 올바른 방식으로 k-폴드 교차검증을 수행하기 위해서는 k-폴드 교차검증 내에 데이터 전처리 프로세스를 추가해야 합니다.
- 하지만 데이터 전처리 프로세스가 복잡해질 경우 코드가 복잡해질 수 있습니다. 이를 보완하기 위해 scikit-learn에 구현된 Pipeline()을 활용합니다. Pipeline()을 활용하면 교차검증을 진행하면서 데이터 전처리, 모델링 등을 한번에 수행할 수 있습니다.

5) 파이프라인

파이프라인은 scikit-learn에서 머신러닝 모델을 쉽게 구축하는 모듈입니다. 정형 데이터의 경우 데이터 전처리, 모델링 과정은 정형화 되어있는 경향이 있습니다. 따라서 반복적으로 사용되는 데이터 전처리, 모델링은 파이프라인을 통해 간단하게 구현해볼 수 있습니다.

① 정형 데이터에서 파이프라인 적용

```
train = pd.read_csv('https://raw.githubusercontent.com/YoungjinBD/data/main/s11_train.csv')
test= pd.read_csv('https://raw.githubusercontent.com/YoungjinBD/data/main/s11_test.csv')

train_X = train.drop(['grade'], axis = 1)
train_y = train['grade']

test_X = test.drop(['grade'], axis = 1)
test_y = test['grade']
```

- 데이터 전처리는 StandardScaler()를 적용하고, 모형은 SVR()을 활용하여 파이프라인을 구축하겠습니다.
- Pipeline()은 (별칭, 전처리 모듈), (별칭, 학습할 모델) 형식으로 입력해야 합니다.

```
from sklearn.preprocessing import StandardScaler
from sklearn.pipeline import Pipeline
from sklearn.svm import SVR

svr_pipe = Pipeline([
    ('preprocess', StandardScaler()),
    ('regressor', SVR())
])
```

- 파이프라인도 마찬가지로 .fit()을 활용하여 훈련 데이터를 적합합니다.

```
svr_pipe.fit(train_X, train_y)
```

- Pipeline()은 각 전처리 단계별로 'preprocess', 'regressor' 등과 같이 별칭이 필요합니다. 별칭을 붙이기 번거로울 경우 make_pipeline()을 활용하면 됩니다.

```
from sklearn.pipeline import make_pipeline
from sklearn.svm import SVR

svr_pipe2 = make_pipeline(
    StandardScaler(),
    SVR())
svr_pipe2.fit(train_X, train_y)
```

- 모형 검증 과정에서 활용했던 5-폴드 교차검증을 활용해보겠습니다. 구현된 파이프라인을 cross_val_score()에 동일하게 적용하면 됩니다.

```
from sklearn.model_selection import cross_val_score
cv_score4 = cross_val_score(svr_pipe,
                            train_X,
                            train_y,
                            scoring = 'neg_root_mean_squared_error',
                            cv = 5)

rmse_score4 = -cv_score4
mean_rmse_score4 = np.mean(rmse_score4)
print('교차검증 RMSE:', mean_rmse_score4)
```

교차검증 RMSE: 3.040520314114216

- SVR() 모형 성능 개선을 위해 5-폴드 교차검증과 그리드 서치를 함께 적용해 보겠습니다. 먼저 SVR() 초매개변수 명칭을 확인해 보겠습니다.

```
print('SVR 초매개변수:', SVR().get_params())
```

SVR 초매개변수: {'C': 1.0, 'cache_size': 200, 'coef0': 0.0, 'degree': 3, 'epsilon': 0.1, 'gamma': 'scale', 'kernel': 'rbf', 'max_iter': -1, 'shrinking': True, 'tol': 0.001, 'verbose': False}

- 파이프라인에서 초매개변수의 별칭을 지정할 때, (모델 별칭)__(초매개변수 명칭) 순으로 지정해줘야 합니다. 모델 별칭은 Pipeline()을 구현할 때 'regressor'로 지정했습니다. SVR() 초매개변수로 C 파라미터를 활용하겠습니다.

```
SVR_param = {'regressor__C': np.arange(1, 100, 20)}
```

- GridSearchCV()를 활용하여 최적의 초매개변수를 찾아보겠습니다.

```
from sklearn.model_selection import GridSearchCV
SVR_search = GridSearchCV(estimator = svr_pipe,
                         param_grid = SVR_param,
                         cv = 5,
                         scoring = 'neg_root_mean_squared_error')
SVR_search.fit(train_X, train_y)

GridSearchCV(cv=5,
            estimator=Pipeline(steps=[('preprocess', StandardScaler()),
                                      ('regressor', SVR())]),
            param_grid={'regressor__C': np.array([ 1, 21, 41, 61, 81])},
            scoring='neg_root_mean_squared_error')

print('Best 파라미터 조합:', SVR_search.best_params_)
print('교차검증 RMSE:', -SVR_search.best_score_)

Best 파라미터 조합: {'regressor__C': 1}
교차검증 RMSE: 3.040520314114216
```

- RMSE가 가장 작은 최적의 초매개변수는 C=1일 때인 것을 확인할 수 있습니다.

② 범주형 변수와 수치형 변수 혼합 데이터에서 파이프라인 적용

```
train = pd.read_csv('https://raw.githubusercontent.com/YoungjinBD/data/main/s11_train2.csv')
test = pd.read_csv('https://raw.githubusercontent.com/YoungjinBD/data/main/s11_test2.csv')

train_X = train.drop(['grade'], axis = 1)
train_y = train['grade']

test_X = test.drop(['grade'], axis = 1)
test_y = test['grade']
```

- 범주형 변수와 수치형 변수 각각 다른 데이터 전처리를 진행하기 위해 칼럼명을 구분합니다.

```
num_columns = train_X.select_dtypes('number').columns.tolist()
cat_columns = train_X.select_dtypes('object').columns.tolist()
```

- make_pipeline()을 통해 범주형 변수는 원-핫 인코딩, 수치형 변수는 평균 대치법, 표준화를 진행하겠습니다.

```python
from sklearn.impute import SimpleImputer
from sklearn.pipeline import make_pipeline
from sklearn.preprocessing import OneHotEncoder, StandardScaler

cat_preprocess = make_pipeline(
    OneHotEncoder(handle_unknown = "ignore", sparse_output = False)
)
num_preprocess = make_pipeline(
    SimpleImputer(strategy = "mean"),
    StandardScaler()
)
```

- ColumnTransformer()를 활용하여 각 전처리 단계를 통합하겠습니다.

```python
from sklearn.compose import ColumnTransformer
preprocess = ColumnTransformer(
    [("num", num_preprocess, num_columns),
     ("cat", cat_preprocess, cat_columns)]
)
```

- 데이터 전처리 단계와 모델링 단계를 통합한 파이프라인을 생성하겠습니다.

```python
from sklearn.pipeline import Pipeline
from sklearn.svm import SVR

full_pipe = Pipeline(
    [
        ("preprocess", preprocess),
        ("regressor", SVR())
    ]
)
```

- SVR()의 C 파라미터를 튜닝 파라미터로 지정하겠습니다. (모델 별칭)__(초매개변수 명칭)순으로 지정해 주어야 하므로, regressor__C 순으로 지정해 주었습니다.

```
SVR_param = {'regressor__C': np.arange(1, 100, 20)}

# SVR_param = {
#     'regressor__C': [0.1, 1, 10],
#     'regressor__gamma': [1e-3, 1e-4, 'scale'],
#     'regressor__kernel': ['linear', 'rbf']
# }
```

- GridSearchCV()를 활용하여 SVR()에 대한 초매개변수 튜닝을 진행하겠습니다. cv=5로 설정하여, 5-폴드 교차검증을 진행하겠습니다.

```
from sklearn.model_selection import GridSearchCV
SVR_search = GridSearchCV(estimator = full_pipe,
                          param_grid = SVR_param,
                          cv = 5,
                          scoring = 'neg_root_mean_squared_error')
SVR_search.fit(train_X, train_y)
print('Best 파라미터 조합:', SVR_search.best_params_)
print('교차검증 RMSE:', -SVR_search.best_score_)

Best 파라미터 조합: {'regressor__C': 1}
교차검증 RMSE: 2.9782526839885586
```

- 튜닝이 완료된 모델에 대해서 테스트 데이터를 활용하여, 최종 예측을 진행합니다.

```
test_pred = SVR_search.predict(test_X)
test_pred = pd.DataFrame(test_pred, columns = ['pred'])
```

- 최종 예측 결과는 pd.DataFrame으로 생성한 후 저장할 수 있습니다. to_csv로 저장한 파일은 코랩 환경에서는 왼쪽의 폴더 아이콘을 클릭하여 확인할 수 있습니다.

```
test_pred.to_csv('submission.csv', index = False)
```

SECTION 02 scikit-learn을 활용한 회귀 모델 적합

핵심 태그 회귀 분석 지표 • KNN • 의사결정나무 • 앙상블 학습 • 랜덤 포레스트 • SVR

01 회귀 분석의 기본

지도학습(Supervised Learning)은 입력 데이터(Input)와 그에 상응하는 출력 데이터(Labels)를 사용하여 모델을 학습시키는 과정입니다. 지도학습은 주로 분류(Classification)와 회귀(Regression) 두 가지 문제 유형으로 나뉩니다.

회귀 문제의 주요 목표는 입력 변수(Features)를 사용하여 출력 변수(Target)의 연속적인 수치를 예측하는 모델을 만드는 것입니다. 예를 들어 주택 가격, 주식 시장, 날씨 예측 등이 회귀 문제에 해당합니다.

1) 회귀 지표 선택 기준

회귀 지표의 경우 각 지표별로 다른 특징을 갖기 때문에 적절한 지표를 선택하는 것이 필요합니다. 모델 구축은 scikit-learn 라이브러리를 활용할 것이므로, scikit-learn에 구현된 회귀 지표에 대해 알아보겠습니다.

지표	수식	구현 클래스	scoring(그리드서치 옵션)
MSE	$\frac{1}{n}\sum_{i=1}^{n}(y_i - \hat{y}_i)^2$	metrics.mean_squared_error	neg_mean_squared_error
RMSE	$\sqrt{\frac{1}{n}\sum_{i=1}^{n}(y_i - \hat{y}_i)^2}$	metrics.mean_squared_error	neg_root_mean_squared_error
MAE	$\frac{1}{n}\sum_{i=1}^{n}|y_i - \hat{y}_i|$	metrics.mean_absolute_error	neg_mean_absolute_error
R-square	$1 - \frac{\sum_{i=1}^{n}(y_i - \hat{y}_i)^2}{\sum_{i=1}^{n}(y_i - \bar{y}_i)^2}$	metrics.r2_score	r2
MAPE	$\frac{100}{n}\sum_{i=1}^{n}\left|\frac{y_i - \hat{y}_i}{y_i}\right|$	metrics.mean_absolute_percentage_error	neg_mean_absolute_percentage_error

① MSE, RMSE

- MSE는 예측값과 실제값 사이의 평균 차이에 대한 직관적인 측도입니다. 즉, MSE가 크다는 것은 예측값과 실제값 사이의 차이가 크다는 것을 의미합니다. MSE는 일부 예측치에서 실제값과 차이가 클 경우, 그 차이는 제곱되기 때문에 값이 매우 커지는 경향이 있습니다. MSE에 루트를 씌웠을 때, RMSE로 정의됩니다.

② MAE
- MAE는 MSE와 달리 예측값과 실제값의 차이로 정의됩니다. 따라서 일부 예측치에서 실제값과 차이가 커도 MSE에 비해 변동이 크지 않습니다.

③ R-square
- R-square의 경우 반응변수의 분산을 모델이 얼마나 설명하는지에 대한 비율을 의미합니다. 비율로 계산되므로, 해석 측면에서 이점이 있습니다(예 R-square: 96%).

④ MAPE
- MAPE는 잔차($y_i - \hat{y}_i$)와 실제값(y_i)의 비율로 정의됩니다. 비율로 계산되므로, 해석 측면에서 이점이 있는 반면에 실제값이 0을 포함하는 경우 값이 발산할 수 있으므로 주의가 필요합니다.

> 기적의 TIP
> 작업형 제2유형 문제에서는 평가 지표가 문제에 명시되어 있으므로, 해당 지표를 활용하면 됩니다.

2) 편향-분산 트레이드오프

머신러닝 모델을 구축하는 목적은 훈련 데이터(과거 데이터)를 활용하여 학습한 결과를 바탕으로 테스트 데이터(미래 데이터)를 정확히 예측하는 알고리즘을 찾는 것입니다. 여기서 한 가지 생각해볼 부분이 있습니다. 훈련 데이터를 정확히 예측한 모델이 테스트 데이터도 정확하게 예측할 수 있을까요? 답은 'No' 입니다.

다음과 같은 케이스가 있을 수 있습니다.

1. 훈련 데이터에서 모델 성능은 높지만, 테스트 데이터에서 모델 성능은 낮은 경우
2. 훈련 데이터에서 모델 성능이 낮고, 테스트 데이터에서 모델 성능도 낮은 경우
3. 훈련 데이터에서 모델 성능이 높고, 테스트 데이터에서 모델 성능이 높은 경우

3번 케이스가 가장 이상적이지만 1~2번의 케이스도 존재합니다. 1의 경우 과적합(Overfitting), 2의 경우 과소적합(Underfitting) 되었다고 합니다.

테스트 데이터에서의 오차(MSE)는 크게 편향(Bias)과 분산(Variance) 두 가지로 분해됩니다. 편향은 모델이 데이터의 패턴을 충분히 학습하지 못했을 때 발생하는 오류이며, 분산은 데이터가 바뀌었을 때, 예측의 변동을 의미합니다. 편향과 분산이 모두 낮은 모델이 가장 이상적인 모델이지만 편향과 분산은 트레이드-오프 관계이므로, 둘 다 낮추기는 어렵습니다.

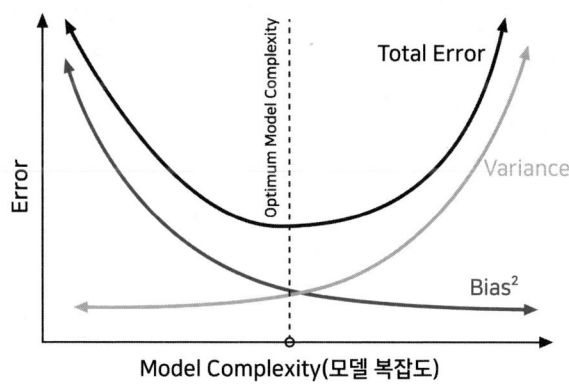

예시를 통해 편향과 분산의 기본 개념에 대해 알아보겠습니다. 훈련 데이터에 선형 회귀 모델, KNN 모델을 적합해보겠습니다. 이 중 편향이 가장 높은 모델은 어떤 모델일까요?

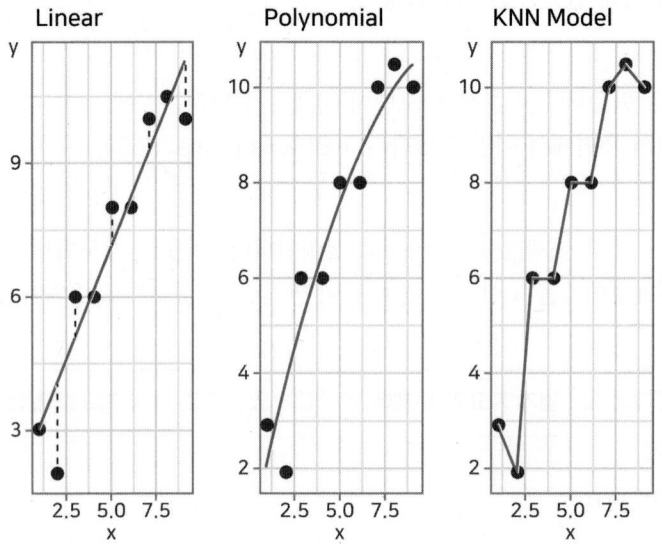

실제 x와 y 사이의 관계는 선형 관계가 아니므로, x와 y 사이에 선형관계를 가정한 선형 회귀 모델은 편향이 높을 것입니다. 반면 KNN 모델은 x에 따른 y값을 정확히 맞추므로, 편향이 낮은 모델입니다. 회귀 지표 중 하나인 MSE는 KNN 모델에서 0으로 매우 높은 성능입니다.

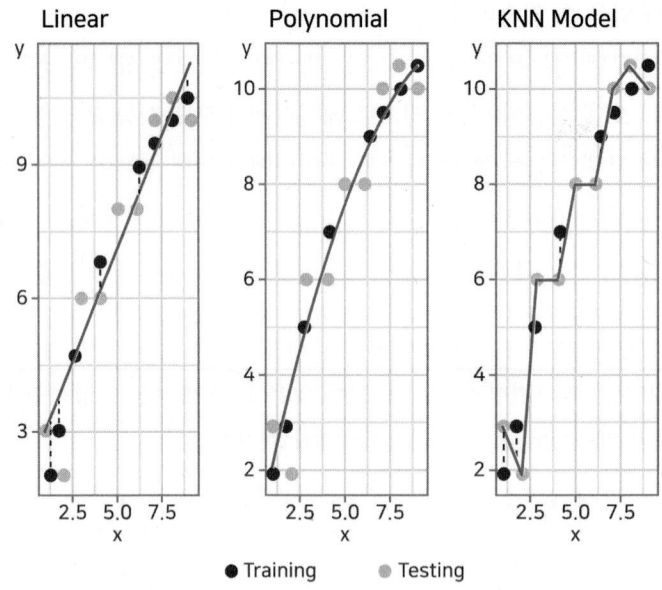

위 그림은 테스트 데이터를 활용하여 모델의 일반화 성능을 확인한 것입니다. 이전 그림과 달리 선형 회귀 모델이 KNN 모델보다 조금 더 데이터의 관계를 잘 표착하는 것을 확인할 수 있습니다.

이런 현상은 KNN 모델이 훈련 데이터에 과적합 되었기 때문에 발생하였습니다. 즉, 학습 데이터의 노이즈, 이상치까지 학습하게 되므로, 테스트 데이터에 대한 모델 성능이 떨어지게 됩니다. 편향-분산 트레이드 오프 관점에서 보면 KNN 모델의 경우 데이터셋이 바뀌었을 때, 모델 성능이 크게 변하므로 분산이 높은 모델임을 알 수 있습니다.

그렇다면 적절한 모델은 무엇일까요? 적절한 모델은 결국 편향-분산 트레이드 오프 관계에서 절충안을 찾는 것입니다. 예를 들어, 선형 회귀와 같이 편향이 높은 모델, KNN(k=1) 모델과 같이 모델 복잡도가 높아 분산이 높은 모델 사이의 중간 모델을 찾아야 합니다.

이전 섹션에서 공부했던 교차 검증과 그리드 서치를 활용하면 적절한 모델을 찾을 수 있습니다. 예를 들어, KNN 모델의 k를 적절하게 튜닝하여, k=3~5인 모델을 선택해 모델 복잡도를 완화할 수 있습니다. 혹은 KNN 모델 외에 랜덤 포레스트와 같은 모델을 적용하고, 그리드 서치를 통해 적절한 파라미터를 선택할 수 있습니다.

> **기적의 TIP**
>
> 시험에서는 모델의 계산 속도, 모델의 성능을 고려해야 합니다. 그리드 서치를 활용하여 파라미터를 튜닝할 경우 모델 성능은 향상될 수 있지만, 모델의 계산 속도는 오래 걸릴 수 있습니다. 시험에서는 코드 실행 시간이 1분으로 제한되므로, 모델별 파라미터의 범위를 간소화하는 것이 좋습니다.

다음으로 일반적으로 널리 활용되는 회귀 모델에 관해 알아보겠습니다. scikit-learn 라이브러리를 활용하여 모델 구축 방법을 연습하기 위해 필요한 데이터를 불러오겠습니다.

```
학생 성적 등급 데이터
    school : 학생이 다니는 학교(binary: 'GP' - Gabriel Pereira 또는 'MS' - Mousinho da Silveira)
    sex : 학생의 성별(binary: 'F' - 여자 또는 'M' - 남자)
    paid : 추가 사교육을 받는지 여부(binary: 'yes' 또는 'no')
    famrel : 가족 관계의 질(numeric: 1 - 매우 나쁨, 5 - 매우 좋음)
    freetime : 여가 시간의 양(numeric: 1 - 아주 적음, 5 - 아주 많음)
    goout : 외출하는 빈도(numeric: 1 - 매우 적음, 5 - 매우 많음)
    Dalc : 평일 알코올 소비량(numeric: 1 - 아주 적음, 5 - 아주 많음)
    Walc : 주말 알코올 소비량(numeric: 1 - 아주 적음, 5 - 아주 많음)
    health : 현재 건강 상태(numeric: 1 - 아주 나쁨, 5 - 아주 좋음)
    absences : 결석한 일수(numeric: 0 이상)
    grade : 최종 성적

import pandas as pd
train = pd.read_csv('https://raw.githubusercontent.com/YoungjinBD/data/main/st_train.csv')
test = pd.read_csv('https://raw.githubusercontent.com/YoungjinBD/data/main/st_test.csv')
```

```
train_X = train.drop(['grade'], axis = 1)
train_y = train['grade']

test_X = test.drop(['grade'], axis = 1)
test_y = test['grade']
```

- 파이프라인과 ColumnTransformer()를 활용하여 데이터 전처리를 진행해 주겠습니다.

```
from sklearn.impute import SimpleImputer
from sklearn.preprocessing import OneHotEncoder, StandardScaler
from sklearn.compose import ColumnTransformer, make_column_transformer
from sklearn.pipeline import Pipeline, make_pipeline
from sklearn.model_selection import GridSearchCV

num_columns = train_X.select_dtypes('number').columns.tolist()
cat_columns = train_X.select_dtypes('object').columns.tolist()

cat_preprocess = make_pipeline(
    OneHotEncoder(handle_unknown = "ignore", sparse_output = False)
)

num_preprocess = make_pipeline(
    SimpleImputer(strategy = "mean"),
    StandardScaler()
)

preprocess = ColumnTransformer(
    [("num", num_preprocess, num_columns),
     ("cat", cat_preprocess, cat_columns)]
)
```

02 회귀 분석 알고리즘

1) K-Nearest Neighbors(KNN)

KNN은 새로운 관측치가 주어졌을 때, 관측치 주변의 가장 가까운 이웃의 정보를 이용해서 예측하는 방법입니다. 일반화된 모형을 얻는 것이 아닌 새로운 데이터가 주어지면 그때 비로소 학습 데이터 전체를 참조하여 예측을 수행하는 lazy learning의 일종입니다. 회귀 문제의 경우 최근접 이웃 간의 평균값을 산출합니다.

k=3일 때 KNN 모형에 대한 시각화는 아래와 같습니다.

```
KNeighborsRegressor(n_neighbors = 3)
```

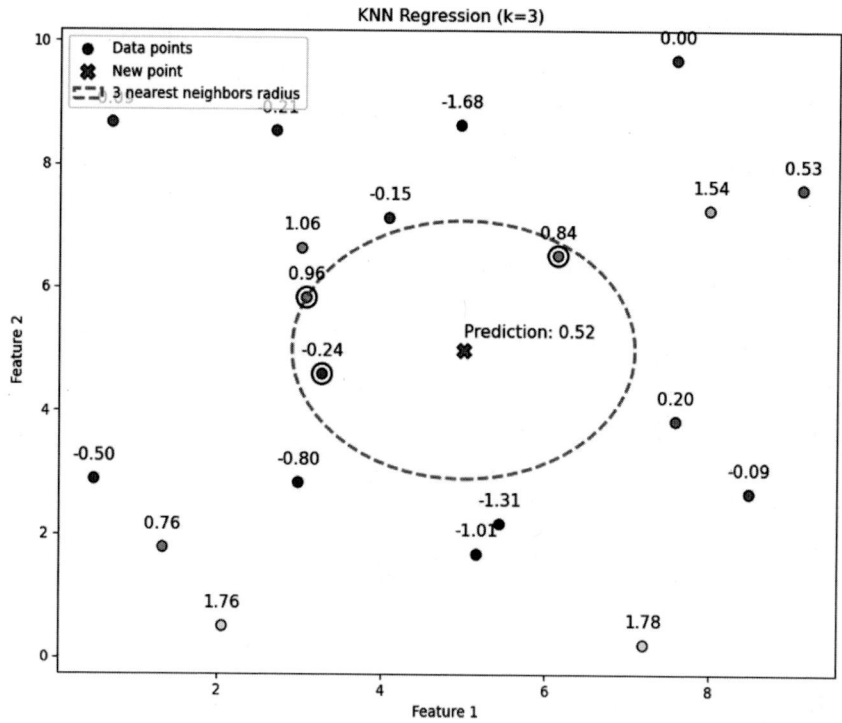

원은 이웃을 정의하기 위한 반경을 의미하며, 반경 내에 3개 관측치가 이웃으로 선택됩니다. KNN 모형은 반경 내에 존재하는 3개의 관측치의 정보를 활용하여, 새로운 데이터에 대한 예측을 수행합니다.

$$\hat{y} = \frac{0.84 - 0.24 + 0.96}{3} = 0.52$$

이 때, 이웃을 정하는 기준이 필요합니다. 이웃을 정의하기 위해서 다음과 같은 거리 측도를 기준으로 활용합니다.

- 유클리디안 거리 : $\sqrt{\sum_{j=1}^{p}(x_{aj}-x_{bj})^2}$, p: 변수 개수
- 마할라노비스 거리 : $\sum_{j=1}^{p}|x_{aj}-x_{bj}|$, p: 변수 개수

> **기적의 TIP**
>
> KNN 모형은 거리 측도를 활용하여 이웃을 정의하므로, 변수 스케일에 민감할 수 있습니다. 따라서 데이터 전처리 과정에서 표준화 혹은 min-max 정규화를 수행하는 것이 좋습니다.

KNN의 성능은 k값에 의존합니다. 적절한 k값을 찾는 방법은 Hold-out 방법 혹은 k-폴드 교차검증을 통해 도출할 수 있습니다. 즉, 훈련 데이터로 KNN 모형을 학습한 후 검증 데이터의 모형 성능을 확인한 후 적절한 k를 선택합니다.

- 파이프라인을 통해 데이터 전처리와 KNN 모형을 함께 정의하겠습니다.

```python
from sklearn.neighbors import KNeighborsRegressor

full_pipe = Pipeline(
    [
        ("preprocess", preprocess),
        ("regressor", KNeighborsRegressor())
    ]
)
```

- KNN 모형의 파라미터 명칭을 확인해 보겠습니다.

```python
KNeighborsRegressor().get_params()
```

```
{'algorithm': 'auto',
 'leaf_size': 30,
 'metric': 'minkowski',
 'metric_params': None,
 'n_jobs': None,
 'n_neighbors': 5,
 'p': 2,
 'weights': 'uniform'}
```

- KNN 모형의 파라미터로 n_neighbors(k)가 있는 것을 확인할 수 있습니다.
- k=5~10까지 튜닝 파라미터로 설정합니다.

```python
knn_param = {'regressor__n_neighbors': np.arange(5, 10, 1)}
```

- GridSearchCV()를 활용하여 KNN 모형에 대한 파라미터 튜닝을 진행하겠습니다. cv=3으로 설정하여, 3-폴드 교차검증을 진행하겠습니다.

```python
knn_search = GridSearchCV(estimator = full_pipe,
                          param_grid = knn_param,
                          cv = 3,
                          scoring = 'neg_mean_squared_error')
knn_search.fit(train_X, train_y)
```

- 3-폴드 교차검증 결과를 확인해보겠습니다.

```
pd.DataFrame(knn_search.cv_results_)
```

	...	split0_test_score	...	mean_test_score	std_Test_score	rank_test_score
0	...	-9.297209	...	-9.601501	0.710572	4
1	...	-9.269703	...	-9.685108	0.899433	5
2	...	-9.094922	...	-9.444926	0.911322	3
3	...	-9.122093	...	-9.428994	0.866549	2
4	...	-9.002010	...	-9.393650	0.887323	1

- 교차검증 세부 결과는 .cv_results_에 저장되어 있습니다. 각 parameter 별로 split_숫자_test_score는 반복 횟수별 교차 검증 결과를 의미합니다.
- mean_test_score는 split_숫자_test_score의 평균값, std_test_score는 표준편차입니다.
- rank_test_score는 mean_test_score를 기준으로 순위를 매긴 결과입니다.

```
print('Best 파라미터 조합:', knn_search.best_params_)
print('교차검증 MSE:', -knn_search.best_score_)

Best 파라미터 조합: {'regressor__n_neighbors': 9}
교차검증 MSE: 9.39364982857915
```

- 최종적으로 테스트 데이터를 이용해서 모형 성능을 평가해 보겠습니다.

```
from sklearn.metrics import mean_squared_error
knn_pred = knn_search.predict(test_X)
print('테스트 MSE:', mean_squared_error(test_y, knn_pred))

테스트 MSE: 9.736363636363635
```

2) Decision tree

의사결정나무는 나무 구조를 활용한 의사결정 규칙을 통해서 분류 혹은 예측을 수행하는 방법입니다. 전체적인 모형의 형태는 다음과 같습니다.

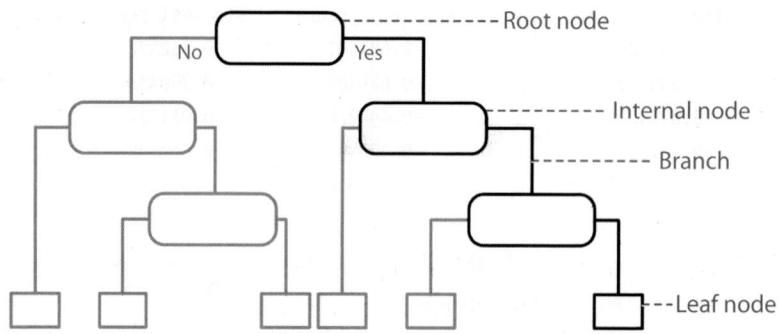

위 그림은 깊이(depth)가 3인 의사결정나무입니다. 깊이는 각 노드가 위치한 층을 의미하기도 합니다. 루트 노드(Root node)는 의사결정나무의 시작점으로, 전체 데이터셋을 포함합니다. 내부 노드(Internal node)는 분할 기준에 따라 데이터셋을 나누는 중간 노드입니다. 리프 노드(Leaf node)는 최종 분류 혹은 예측 결과를 나타내는 노드입니다.

회귀와 분류 문제에서 의사결정나무가 예측 기준선을 어떻게 생성하는지 살펴보겠습니다.

① 회귀 예측 예시

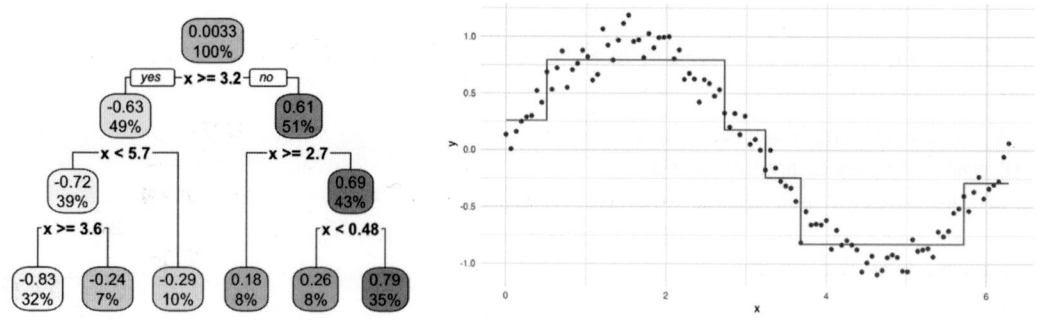

- 의사결정나무에서 각 노드를 통과할 때마다 데이터셋을 나누게 되므로, 회귀 문제에서는 계단 형태의 예측선이 생성됩니다.

② 의사결정나무 크기 조절하기

- 너무 복잡한 의사결정나무를 생성할 경우 과적합 문제가 발생하게 되어 일반화 성능이 저하될 수 있습니다. 따라서 의사결정나무의 크기를 적절한 크기로 제한해야 합니다.
- 의사결정나무의 깊이(depth) 혹은 리프노드의 크기(leaf node size) 등의 파라미터를 적절하게 조정함으로써 의사결정나무의 크기를 제한합니다. Hold-out 방법 혹은 k-폴드 교차검증을 통해 적절한 파라미터 값을 도출할 수 있습니다.
- 또한, 비용 복잡도 가지치기(Cost complexity pruning)를 적용할 수 있습니다. 비용 복잡도 가지치기는 가지치기를 통해 의사결정나무의 크기를 조절하여 과적합을 방지하는 방법입니다.

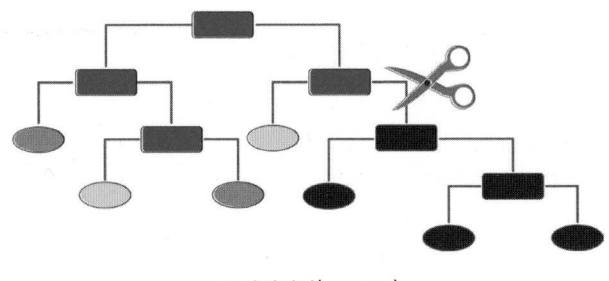

▲ 가지치기(pruning)

- 비용 복잡도 척도는 다음과 같이 정의됩니다.

$$R_\alpha(T) = R(T) + \alpha|\widetilde{T}|$$

- R(T)는 의사결정나무의 예측 오류를 의미하며, $\widetilde{T}$는 리프노드의 수, α는 가지치기의 강도를 조절하는 파라미터입니다.
- α=0인 깊이가 매우 깊은 의사결정나무의 경우 R(T)는 매우 낮고, 리프 노드의 수는 매우 많을 것입니다(과대적합). 의사결정나무에서 깊이를 한 단계씩 줄여나갈 경우, R(T)는 늘어나고, 리프 노드의 수는 줄어들게 됩니다. α는 가지치기를 통해 의사결정나무의 크기를 조절하는 파라미터로, α가 커질수록 의사결정나무의 크기는 작아지게 됩니다.
- 최적의 α는 Hold-out 방법 혹은 k-폴드 교차검증을 통해 도출할 수 있습니다.

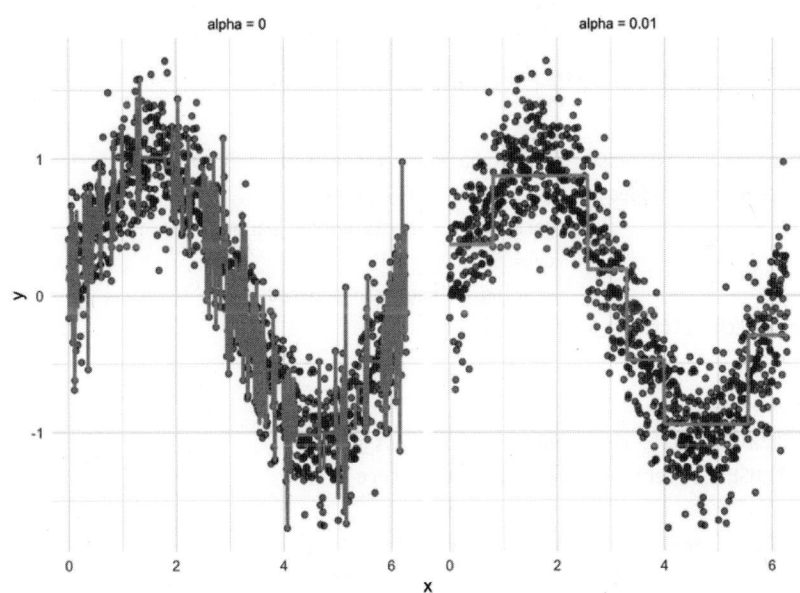

- 위 그림은 α=0일 때 깊이가 매우 깊은 의사결정나무가 생성되어 과적합이 되고, α=0.01일 때 비교적 얕은 의사결정나무가 생성되어 균형 잡힌 예측선이 생성되는 것을 나타냅니다.

> **기적의 TIP**
>
> 트리 계열 모형(decision tree, random forest, gbm, XGBOOST, lightgbm, .. etc)의 경우 알고리즘 특성상 변수 스케일에 영향을 받지 않습니다. 따라서 표준화, min-max 정규화 등을 수행하지 않아도 무방합니다.

```
from sklearn.tree import DecisionTreeRegressor
full_pipe = Pipeline(
    [
        ("preprocess", preprocess),
        ("regressor", DecisionTreeRegressor())
    ]
)
```

- 의사결정나무 모형의 파라미터 명칭을 확인해 보겠습니다.

```
DecisionTreeRegressor().get_params()

{'ccp_alpha': 0.0, 'criterion': 'squared_error',
 'max_depth': None, 'max_features': None,
 'max_leaf_nodes': None, 'min_impurity_decrease': 0.0,
 'min_samples_leaf': 1, 'min_samples_split': 2,
 'min_weight_fraction_leaf': 0.0, 'random_state': None,
 'splitter': 'best'}
```

- max_depth, min_samples_leaf는 의사결정나무의 깊이, 리프노드가 되기 위한 최소 데이터의 수를 의미합니다. 두 파라미터는 의사결정나무의 전체 크기를 조절하는 파라미터입니다.
- ccp_alpha는 비용 복잡도 가지치기의 α를 의미합니다. 그리드 서치를 통해 ccp_alpha를 0.01~0.3 사이에서 튜닝하여 최적의 파라미터를 찾아보겠습니다.

```
decisiontree_param = {'regressor__ccp_alpha': np.arange(0.01, 0.3, 0.05)}
decisiontree_search = GridSearchCV(estimator = full_pipe,
                                   param_grid = decisiontree_param,
                                   cv = 5,
                                   scoring = 'neg_mean_squared_error')
decisiontree_search.fit(train_X, train_y)
```

```
print('Best 파라미터 조합:', decisiontree_search.best_params_)
print('교차검증 MSE:', -decisiontree_search.best_score_)

Best 파라미터 조합: {'regressor__ccp_alpha': 0.26}
교차검증 MSE: 9.403541096157653
```

- 최종적으로 테스트 데이터를 이용해서 모형 성능을 평가해보겠습니다.

```
from sklearn.metrics import mean_squared_error
dt_pred = decisiontree_search.predict(test_X)
print('테스트 MSE:', mean_squared_error(test_y, dt_pred))

테스트 MSE: 10.23195890566565
```

03 앙상블 학습

1) Bagging(Bootstrap aggregating)

단일 의사결정나무는 일반적으로 분산이 높은 문제점이 있습니다. 즉, 데이터가 조금만 바뀌어도 의사결정나무로 구한 예측값이 크게 흔들리게 됩니다. 이러한 문제점을 보완하기 위한 방법 중 대표적인 방법인 Bagging에 대해 알아보겠습니다.

Bagging은 분산을 줄이기 위한 대표적인 방법 중 하나입니다. 일반적으로 여러 샘플의 평균을 구할 때, 해당 평균의 분산은 개별 샘플의 분산보다 작아집니다. 이 개념을 일반화하면 모집단으로부터 많은 훈련데이터를 취하고 각 훈련데이터 별로 모델을 적합시킨 후 예측값의 평균을 구하면 분산을 줄일 수 있다는 의미입니다.

그러나 훈련 데이터는 하나만 갖고 있기 때문에, 이 개념을 곧바로 적용할 수 없습니다. 따라서 부트스트랩 샘플링(sampling)을 활용하여 이를 보완합니다. 부트스트랩 샘플링은 여러 개의 샘플을 무작위로 복원추출하여 데이터의 통계적 특성을 추정하는 방법입니다.

① 부트스트랩 샘플링

- 원본 데이터가 [1, 3, 5, 7, 9]인 경우 부트스트랩 표본은 다음과 같이 생성될 수 있습니다.

    샘플 1 : [1, 1, 3, 5, 5]

    샘플 2 : [1, 3, 5, 7, 7]

    샘플 3 : [1, 3, 5, 5, 9]

- B개의 부트스트랩 표본이 있을 때, 각 부트스트랩 표본별로 모델을 적합시킬 수 있습니다. 최종적으로 각 부트스트랩 표본별로 생성된 모델의 예측값의 평균을 산출합니다.

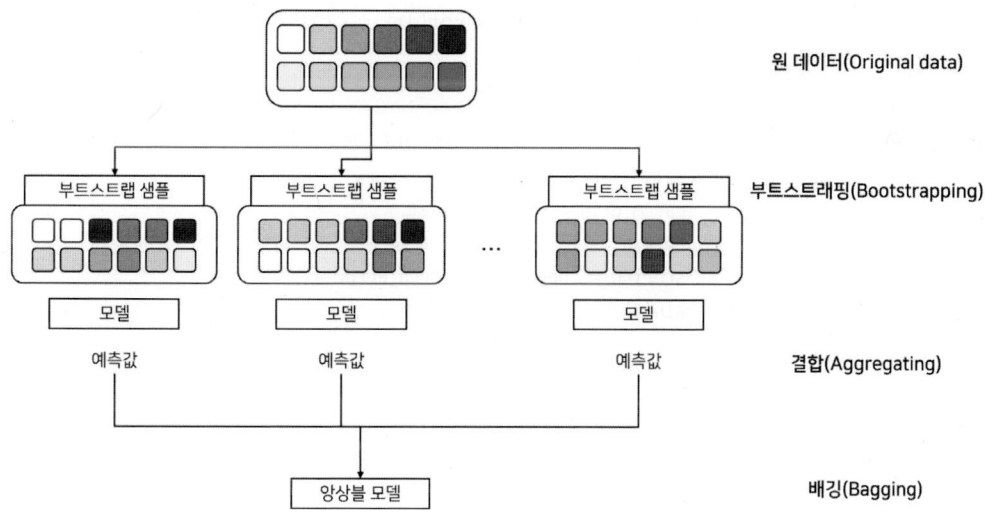

② 의사결정나무에 Bagging 적용

- Bagging은 다른 모형에도 적용할 수 있지만, 의사결정나무에 적용했을 때 특히 유용합니다. 깊이가 깊은 의사결정나무의 경우 분산이 높은 단점이 있으므로, Bagging을 적용할 경우 분산이 낮은 모형을 구축할 수 있습니다.

```python
from sklearn.ensemble import BaggingRegressor

full_pipe = Pipeline(
    [
        ("preprocess", preprocess),
        ("regressor", BaggingRegressor())
    ]
)
```

- BaggingRegressor()의 파라미터 명칭을 확인해 보겠습니다.

```python
BaggingRegressor().get_params()

{'bootstrap': True, 'bootstrap_features': False,
 'estimator': None, 'max_features': 1.0,
 'max_samples': 1.0, 'n_estimators': 10,
 'n_jobs': None, 'oob_score': False,
 'random_state': None, 'verbose': 0,
 'warm_start': False}
```

- estimator : None의 경우 DecisionTreeRegressor()로 설정됩니다. n_estimators는 각 부트스트랩 샘플에 적합한 모형의 수를 의미합니다.

```python
Bagging_param = {'regressor__n_estimators': np.arange(10, 100, 20), 'regressor__random_state' : [0]}
Bagging_search = GridSearchCV(estimator = full_pipe,
                              param_grid = Bagging_param,
                              cv = 5,
                              scoring = 'neg_mean_squared_error')
Bagging_search.fit(train_X, train_y)
```

```python
print('Best 파라미터 조합:', Bagging_search.best_params_)
print('교차검증 MSE score:', -Bagging_search.best_score_)

Best 파라미터 조합: {'regressor__n_estimators': 30, 'regressor__random_state': 0}
교차검증 MSE score: 9.581004443482522
```

- 최적의 파라미터는 n_estimators=30인 것을 확인할 수 있습니다. 교차검증 MSE 기준 best score를 확인해보면 대략 9.58 정도인 것을 확인할 수 있습니다.

- 최종적으로 테스트 데이터를 이용해서 모형 성능을 평가해 보겠습니다.

```
from sklearn.metrics import mean_squared_error
bag_pred = Bagging_search.predict(test_X)
print('테스트 MSE:', mean_squared_error(test_y, bag_pred))

테스트 MSE: 9.626060816498317
```

2) Random forest

랜덤 포레스트는 의사결정나무에 bagging을 적용하는 방법과 비슷하지만, 각 부트스트랩 표본별로 개별 의사결정나무를 만들 때 전체 변수를 고려하는 것이 아니라 일부 변수만 고려하는 차이점이 있습니다.

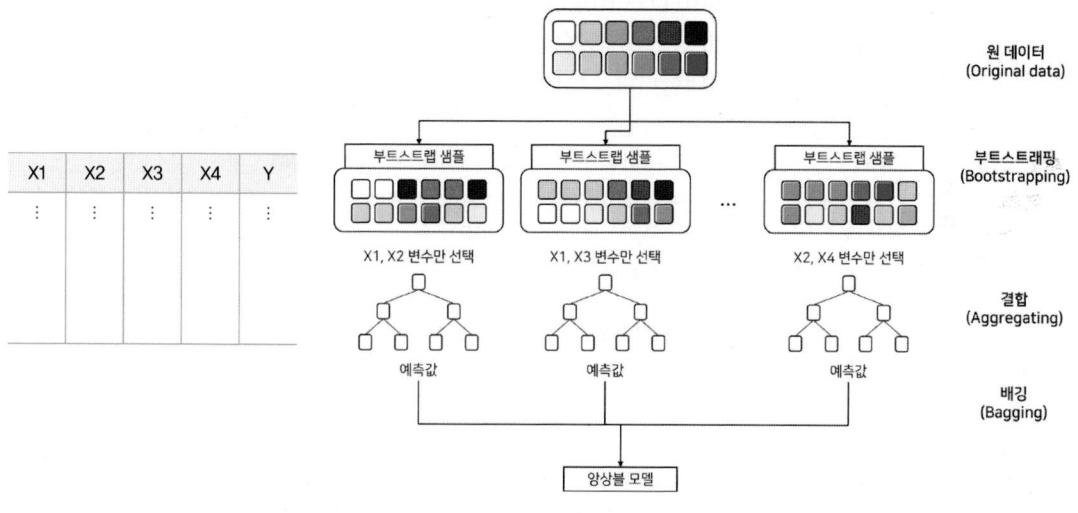

▲ Random forest

전체 변수가 아닌 일부 변수만 고려하는 경우 몇 가지 이점이 존재합니다. 첫 번째로, 모델 학습 시 일부 변수만 고려하므로, 모델 학습 속도가 개선됩니다. 두 번째로, 모델 성능이 개선됩니다.

전체 변수를 활용할 경우 부트스트랩 샘플별로 생성된 의사결정나무는 대부분 비슷하여 다양성이 떨어지게 됩니다. 이 경우 Bagging으로 인한 분산 감소 효과가 줄어들게 됩니다.

반면 일부 변수만 고려할 경우 부트스트랩 샘플별로 서로 다른 의사결정나무가 생성되므로, Bagging으로 인한 분산 감소 효과가 커지게 됩니다.

```
from sklearn.ensemble import RandomForestRegressor

full_pipe = Pipeline(
    [
        ("preprocess", preprocess),
        ("regressor", RandomForestRegressor())
    ]
)
```

- 랜덤 포레스트의 파라미터 명칭을 확인해보겠습니다.

```
RandomForestRegressor( ).get_params( )

{'bootstrap': True, 'ccp_alpha': 0.0,
 'criterion': 'squared_error', 'max_depth': None,
 'max_features': 1.0, 'max_leaf_nodes': None,
 'max_samples': None, 'min_impurity_decrease': 0.0,
 'min_samples_leaf': 1, 'min_samples_split': 2,
 'min_weight_fraction_leaf': 0.0, 'monotonic_cst': None,
 'n_estimators': 100, 'n_jobs': None, 'oob_score': False,
 'random_state': None, 'verbose': 0,
 'warm_start': False}
```

- BaggingRegressor( ), DecisionTreeRegressor( )와 동일한 파라미터가 존재합니다. 추가로 max_features는 전체 변수 p개 중 일부 변수를 선택하는 옵션입니다. 'sqrt'로 설정할 경우 전체 변수 p개 중 sqrt(p)개 변수를 선택합니다.

```
RandomForest_param = {'regressor__n_estimators': np.arange(100, 500, 100),
                      'regressor__max_features' : ['sqrt'], 'regressor__random_state' : [0]}
RandomForest_search = GridSearchCV(estimator = full_pipe,
                                   param_grid = RandomForest_param,
                                   cv = 5,
                                   scoring = 'neg_mean_squared_error')
RandomForest_search.fit(train_X, train_y)
```

```
print('Best 파라미터 조합:', RandomForest_search.best_params_)
print('교차검증 MSE:', -RandomForest_search.best_score_)

Best 파라미터 조합: {'regressor__max_features': 'sqrt', 'regressor__n_estimators': 400, 'regres-
sor__random_state': 0}
교차검증 MSE: 9.41810918218756
```

- 최적의 파라미터는 n_estimators=400인 것을 확인할 수 있습니다. 최종적으로 테스트 데이터를 이용해서 모형 성능을 평가해 보겠습니다.

```
from sklearn.metrics import mean_squared_error
rf_pred = RandomForest_search.predict(test_X)
print('테스트 MSE:', mean_squared_error(test_y, rf_pred))

테스트 MSE: 9.993052580801962
```

3) Gradient Boosting

깊이가 깊은 의사결정나무는 분산이 높은 문제점이 있습니다. 그래디언트 부스팅은 여러 개의 모델을 결합한다는 점에서 배깅과 유사하지만 모델의 잔차를 순차적으로 업데이트하여 모델의 성능을 향상시킨다는 점에서 차이가 있습니다. 그림을 통해 주요 개념을 살펴보겠습니다.

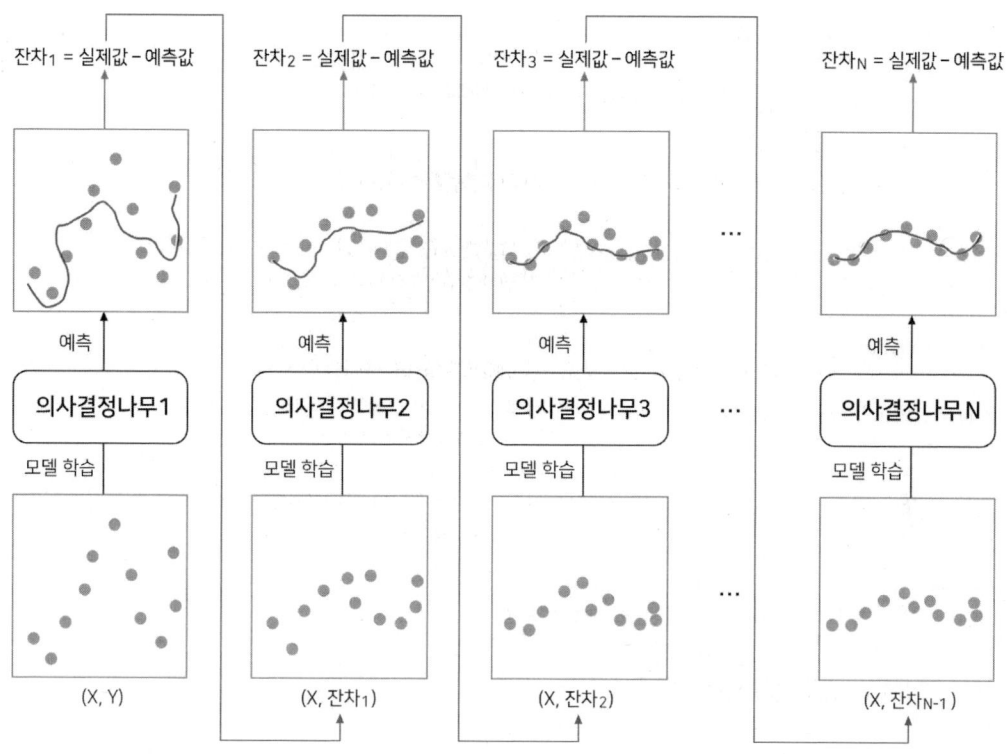

- 그래디언트 부스팅은 먼저 간단한 약 학습기(weak learner)를 학습시켜 초기 예측값을 만듭니다. 이때 보통 깊이가 2~3 수준인 얕은 결정나무를 사용합니다.
- 약 학습기를 사용하는 이유는 학습 속도가 빠르고, 분산이 낮아 과적합 위험이 적기 때문입니다. 다만, 이런 단순한 모델은 편향(bias)이 크므로, 이를 줄이기 위해 잔차(실제값과 예측값의 차이)를 반복적으로 학습하는 과정을 거칩니다.
- 구체적으로, 첫 번째 모델이 예측한 값과 실제 값의 차이를 잔차로 계산하고, 이 잔차를 새로운 목표값처럼 사용하여 두 번째 약 학습기를 학습합니다. 이후 단계별로 계속해서 잔차를 보정하는 새로운 학습기를 추가하며, 최종적으로 여러 약 학습기를 합쳐 강력한 예측 성능을 가진 모델을 만들어냅니다.
- 그림을 통해 보면 반복적으로 잔차를 업데이트할수록 실제값과 예측값의 차이가 점차 줄어들어 모델 성능이 개선되는 것을 확인할 수 있습니다.

- 그래디언트 부스팅은 의사결정나무 모델과 같은 단일 모형의 과적합 문제를 보완하기 위해 잔차를 업데이트 해나가며 천천히 학습한다는 점에서 장점이 있습니다. 다만 그래디언트 부스팅 모델도 파라미터 설정에 따라 과적합 문제가 발생할 수 있으므로, 적절한 파라미터를 선택해야 합니다.

```python
from sklearn.ensemble import GradientBoostingRegressor
full_pipe = Pipeline(
    [
        ("preprocess", preprocess),
        ("regressor", GradientBoostingRegressor())
    ]
)
```

- 그래디언트 부스팅의 파라미터 명칭을 확인해 보겠습니다.

```python
GradientBoostingRegressor().get_params()

{'alpha': 0.9, 'ccp_alpha': 0.0,
 'criterion': 'friedman_mse', 'init': None,
 'learning_rate': 0.1, 'loss': 'squared_error',
 'max_depth': 3, 'max_features': None,
 'max_leaf_nodes': None, 'min_impurity_decrease': 0.0,
 'min_samples_leaf': 1, 'min_samples_split': 2,
 'min_weight_fraction_leaf': 0.0, 'n_estimators': 100,
 'n_iter_no_change': None, 'random_state': None, 'subsample': 1.0,
 'tol': 0.0001, 'validation_fraction': 0.1, 'verbose': 0,
 'warm_start': False}
```

- DecisionTreeRegressor()와 동일한 파라미터가 존재합니다. 의사결정나무의 크기를 조절하여 적절한 약 학습기를 생성할 수 있습니다.
- n_estimators는 약 학습기의 수를 지정하는 파라미터입니다. 너무 많은 약 학습기를 생성하여 잔차를 업데이트할 경우 모델이 복잡해지므로, 과적합이 될 수 있습니다.
- learning_rate는 각 단계별 약 학습기의 기여 정도를 조절하는 파라미터입니다. learning_rate 값이 너무 클 경우 개별 약 분류기의 기여도가 커지므로 과적합될 수 있습니다.

```python
GradientBoosting_param = {'regressor__learning_rate': np.arange(0.1, 0.3, 0.05),
 'regressor__random_state' : [0]}
GradientBoosting_search = GridSearchCV(estimator = full_pipe,
                                      param_grid = GradientBoosting_param,
                                      cv = 5,
                                      scoring = 'neg_mean_squared_error')
GradientBoosting_search.fit(train_X, train_y)
```

```
print('Best 파라미터 조합:', GradientBoosting_search.best_params_)
print('교차검증 MSE:', -GradientBoosting_search.best_score_)

Best 파라미터 조합: {'regressor__learning_rate': 0.1, 'regressor__random_state': 0}
교차검증 MSE: 10.739296111971756
```

- 최적의 파라미터는 learning_rate=0.1인 것을 확인할 수 있습니다. 최종적으로 테스트 데이터를 이용해서 모형 성능을 평가해 보겠습니다.

```
from sklearn.metrics import mean_squared_error
gb_pred = GradientBoosting_search.predict(test_X)
print('테스트 MSE:', mean_squared_error(test_y, gb_pred))

테스트 MSE: 10.547041848465328
```

04 고급 회귀 기법(SVR, Support Vector Regression)

Support Vector Machine은 보통 분류 문제에서 활용되지만, 비슷한 아이디어를 회귀 문제에도 적용할 수 있습니다. 일반적으로 선형회귀에서는 squared loss를 최소화하는 직선을 찾습니다. 그러나 선형회귀는 이상치에 민감한 특성이 있습니다.

이에 반해 Support Vector Regression에서는 대표적인 손실 함수로 ε-insensitive loss를 사용합니다. ε-insensitive loss는 실제값과 예측값의 차이가 ε 이내일 경우 손실을 0으로 처리합니다. 즉, ε 내에 있는 데이터는 회귀직선을 피팅하는 데 영향을 주지 않습니다.

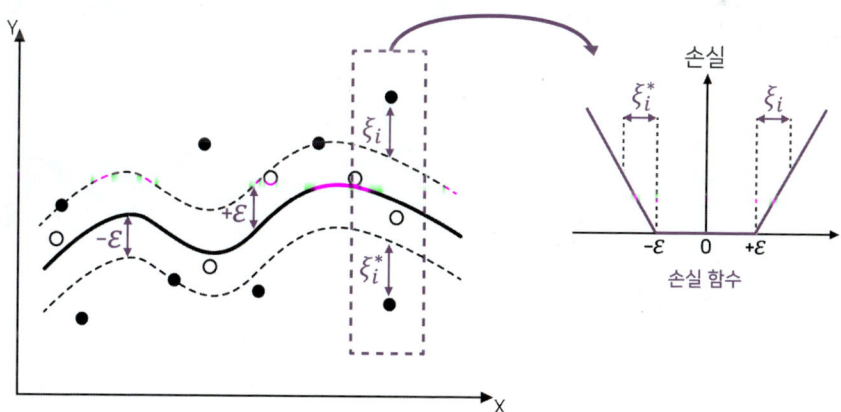

- ε는 사전에 지정한 파라미터입니다. 따라서 ε을 어떻게 설정하는지에 따라 모델 성능도 유동적입니다.

ε-insensitive loss를 활용한 SVR 모형의 경우 기본적으로 선형 예측을 수행합니다. 비선형 예측을 수행하기 위해서는 비선형 커널 함수를 활용해야 합니다.

커널 함수의 형태는 ε과 마찬가지로 사전에 지정해야 하는 파라미터입니다. 커널 함수의 형태와 그에 따른 조율 파라미터에 따라 모델 성능이 달라질 수 있는데, 예를 들어 저차원 다항식(polynomial) 커널은 비선형성을 충분히 반영하지 못해 복잡한 패턴 학습에 한계가 있습니다.

이 중 RBF(Gaussian) 커널은 조율 파라미터를 적절히 조절할 경우 임의의 연속 함수를 근사할 수 있는 특징이 있으므로, 가장 널리 활용됩니다.

> **기적의 TIP**
>
> **kernel trick**
> 데이터를 고차원 공간으로 매핑하여, 그 공간에서 선형적으로 분리되도록 하는 방법입니다. 이 때, 고차원 공간으로의 매핑을 직접 수행하지 않고, 원래의 저차원 공간에서 연산을 효율적으로 처리할 수 있도록 하는 것이 중요합니다.

다음 그림은 ε 값에 따라 모델 예측선이 어떻게 변화하는지 보여줍니다.

- ε=1일 때, 예측값과 실제값의 허용 오차 범위가 커지므로, 이상치에 강건한 평탄화된 예측선이 생성됩니다.
- ε=0.01일 때는 예측값과 실제값의 허용 오차 범위가 작아지므로, 이상치에 상대적으로 민감한 예측선이 생성됩니다.

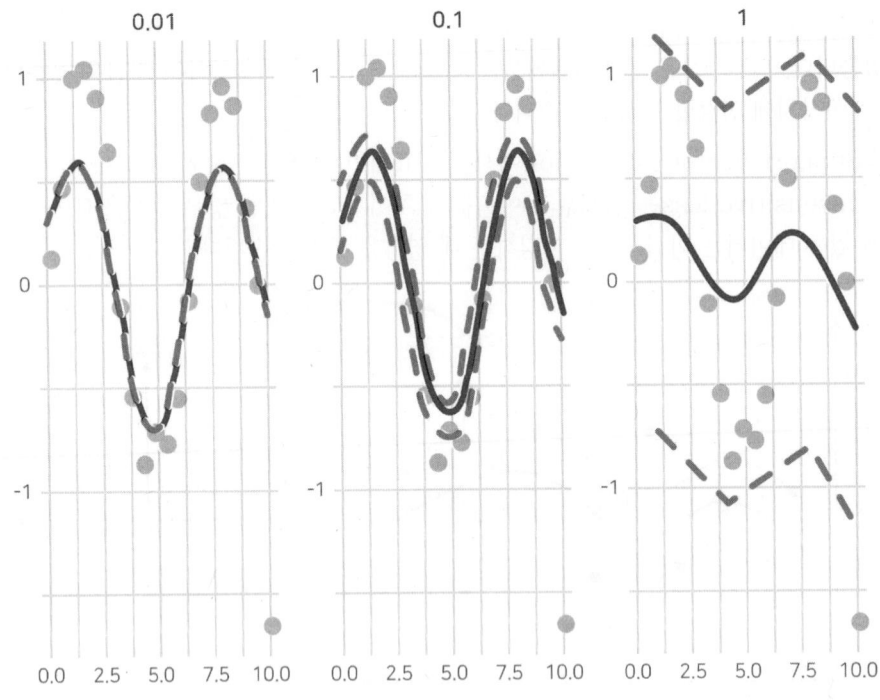

- 추가로 C(cost) 파라미터가 존재합니다. ε 파라미터와 유사하게 ε bound 밖의 오차를 얼마나 허용할 것인지를 결정하는 파라미터로써 모델을 정규화(regularization)하는 역할을 합니다.

다음 그림은 C(cost) 값에 따라 모델 예측선이 어떻게 변화하는지 보여줍니다.

- C=0.01일 때, 일부 오차를 허용함으로써, 비교적 단순한 모델이 생성됩니다. C=1일 때, 오차를 최소화함으로써, 비교적 복잡한 모델이 생성됩니다.

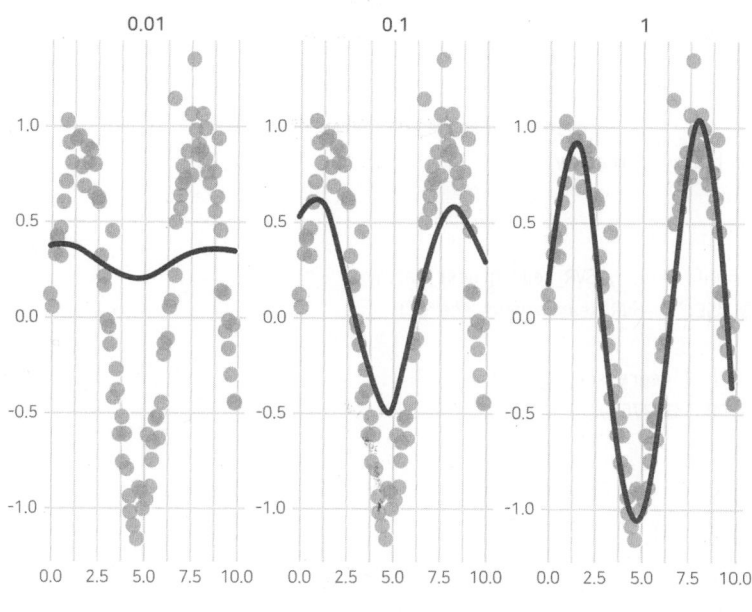

▲ SVR with Different Cost Values

- 적절한 ε, C는 Hold-out 방법 혹은 k-폴드 교차검증을 통해 도출할 수 있습니다.

> **기적의 TIP**
>
> SVR 모형은 변수 스케일에 민감할 수 있습니다. 따라서 데이터 전처리 과정에서 표준화 혹은 min-max 정규화를 수행하는 것이 좋습니다.

```
from sklearn.svm import SVR
full_pipe = Pipeline(
    [
        ("preprocess", preprocess),
        ("regressor", SVR())
    ]
)
```

- SVR의 파라미터 명칭을 확인해 보겠습니다.

```
SVR().get_params()

{'C': 1.0, 'cache_size': 200, 'coef0': 0.0,
 'degree': 3, 'epsilon': 0.1, 'gamma': 'scale',
 'kernel': 'rbf', 'max_iter': -1,
 'shrinking': True, 'tol': 0.001,
 'verbose': False}
```

- C, ε은 위에서 언급한 모델의 복잡도를 조절하는 파라미터입니다. kernel은 rbf(radial basis function)가 디폴트인 것을 확인할 수 있습니다.

```
SVR_param = {'regressor__C': np.arange(1, 100, 20)}
SVR_search = GridSearchCV(estimator = full_pipe,
                          param_grid = SVR_param,
                          cv = 5,
                          scoring = 'neg_mean_squared_error')
SVR_search.fit(train_X, train_y)
```

```
print('Best 파라미터 조합:', SVR_search.best_params_)
print('교차검증 MSE:', -SVR_search.best_score_)

Best 파라미터 조합: {'regressor__C': 1}
교차검증 MSE: 8.905533977639227
```

- 최적의 파라미터는 C=1인 것을 확인할 수 있습니다. 최종적으로 테스트 데이터를 이용해서 모형 성능을 평가해보겠습니다.

```
from sklearn.metrics import mean_squared_error
svr_pred = SVR_search.predict(test_X)
print('테스트 MSE:', mean_squared_error(test_y, svr_pred))

테스트 MSE : 10.141966042523615
```

05 모범 답안 작성 예시

지도학습 모델을 활용한 예측 문제는 작업형 2유형에서 주로 출제됩니다. 작업형 2유형은 임의의 모델을 선택하여 테스트 데이터에 대한 예측값을 제출하는 방식으로서 데이터 전처리 기법, 모델 학습 방법의 적절성 등은 평가하지 않습니다.

지금까지 출제된 기출 문제를 분석해보면, 작업형 2유형은 꽤나 정형화 되어있습니다. 따라서 작업형 2유형에 대한 모범 답안 코드를 통해 문제를 어떻게 풀어야하는지 확인하겠습니다.

▼ 학생 성적 데이터

```
import pandas as pd
import numpy as np
train = pd.read_csv('https://raw.githubusercontent.com/YoungjinBD/data/main/st_train.csv')
test = pd.read_csv('https://raw.githubusercontent.com/YoungjinBD/data/main/st_test.csv')
```

① 데이터 탐색
- 모델을 적합하기 전 데이터에 결측치 혹은 특이치(예 특수문자)가 있는지 확인해야 합니다.
- 특이치가 있을 경우 실제 칼럼의 데이터 타입은 수치형(float, int)이지만, 문자형(object)으로 인식될 수 있습니다.
- 또한, 결측치가 존재할 경우 모델 적합 시 에러가 발생할 수 있으므로 결측치 확인 후 적절한 처리를 해줘야 합니다.

```
print(train.info())
print(test.info())
```

```
<class 'pandas.core.frame.DataFrame'>
RangeIndex: 256 entries, 0 to 255
Data columns (total 11 columns):
 #    Column      Non-Null Count    Dtype
 0    school      256 non-null      object
 1                   ...
 5    goout       252 non-null      float64
                    ...
 10   grade       256 non-null      int64
dtypes: float64(1), int64(7), object(3)
memory usage: 22.1+ KB
None

<class 'pandas.core.frame.DataFrame'>
RangeIndex: 110 entries, 0 to 109
Data columns (total 11 columns):
 #    Column      Non-Null Count    Dtype
 0    school      110 non-null      object
 1                   ...
 5    goout       104 non-null      float64
                    ...
 10   grade       110 non-null      int64
dtypes: float64(1), int64(7), object(3)
memory usage: 9.6+ KB
None
```

- goout 칼럼에 결측치가 존재하는 것을 확인할 수 있습니다.

② 데이터 분할

- 모델 성능 확인을 위해 훈련 데이터의 일부를 검증 데이터로 나눠주겠습니다.

```
train_X = train.drop(['grade'], axis = 1)
train_y = train['grade']

test_X = test.drop(['grade'], axis = 1)
test_y = test['grade']
from sklearn.model_selection import train_test_split
train_X, valid_X, train_y, valid_y = train_test_split(train_X, train_y, test_size = 0.3, random_state = 1)
print(train_X.shape, train_y.shape, valid_X.shape, valid_y.shape)
```

```
(179, 10) (179,) (77, 10) (77,)
```

> **기적의 TIP**
>
> **검증 데이터를 꼭 생성해 주어야 하나요?**
>
> 꼭 훈련 데이터 중 일부를 검증 데이터로 나눠야 하는 것은 아닙니다. 훈련 데이터로 학습한 후 테스트 데이터에 대한 예측값을 제출해도 됩니다. 다만, 훈련 데이터에 과적합될 경우 테스트 데이터에 대한 모델 성능이 저하되므로 감점 요인으로 작용할 수 있습니다. 따라서 과적합이 의심되는지 확인하기 위해 검증 데이터를 나눠줍니다.

③ 데이터 전처리

- 범주형 변수에 대해서 원-핫 인코딩을 수행하고, 결측치가 존재하는 칼럼에 대해 결측치 대치 방법을 수행하겠습니다.
- 범주형 변수와 수치형 변수의 각 칼럼명을 저장합니다.

```
cat_columns = train_X.select_dtypes('object').columns
num_columns = train_X.select_dtypes('number').columns
```

- 원-핫 인코딩과 평균 대치법을 위한 메서드를 불러옵니다.

```
from sklearn.preprocessing import OneHotEncoder
from sklearn.impute import SimpleImputer

onehotencoder = OneHotEncoder(sparse_output = False, handle_unknown = 'ignore')
imputer = SimpleImputer(strategy = 'mean')
```

- 훈련 데이터, 검증 데이터, 테스트 데이터 각각에 데이터 전처리를 진행합니다. 전처리 결과는 np.array로 출력됩니다. 모델 적합시 전처리 완료된 데이터를 pd.DataFrame으로 변경하지 않아도 무방합니다.

```
train_X_numeric_imputed = imputer.fit_transform(train_X[num_columns])
valid_X_numeric_imputed = imputer.transform(valid_X[num_columns])
test_X_numeric_imputed = imputer.transform(test_X[num_columns])

train_X_categorical_encoded = onehotencoder.fit_transform(train_X[cat_columns])
valid_X_categorical_encoded = onehotencoder.transform(valid_X[cat_columns])
test_X_categorical_encoded = onehotencoder.transform(test_X[cat_columns])

train_X_preprocessed = np.concatenate([train_X_numeric_imputed, train_X_categorical_encoded], axis = 1)
valid_X_preprocessed = np.concatenate([valid_X_numeric_imputed, valid_X_categorical_encoded], axis = 1)
test_X_preprocessed = np.concatenate([test_X_numeric_imputed, test_X_categorical_encoded], axis = 1)
```

> **기적의 TIP**
>
> **훈련, 검증, 테스트 데이터 각각 전처리를 진행해야 하나요?**
> 데이터 누수 방지를 위해 훈련 데이터를 기준으로 훈련, 검증, 테스트 각각 전처리를 진행합니다. 시험에서는 같은 범주형 변수라도 훈련 데이터와 테스트 데이터의 고유 범주의 수가 다른 경우가 있을 수 있습니다. 따라서 훈련 데이터를 기준으로 검증 데이터, 테스트 데이터에 대한 전처리를 진행하는 것을 권장합니다.

④ 모델 적합

- 다양한 모델이 있지만, 기본 성능이 보장되는 랜덤 포레스트 모델을 활용합니다.

```
from sklearn.ensemble import RandomForestRegressor
rf = RandomForestRegressor(random_state = 1)
rf.fit(train_X_preprocessed, train_y)
RandomForestRegressor(random_state=1)
```

- 검증 데이터를 활용하여 모델 성능을 확인해보겠습니다. 모델 성능 지표는 문제에 명시되어 있습니다(예 RMSE).

```
from sklearn.metrics import mean_squared_error
pred_val = rf.predict(valid_X_preprocessed)
print('valid RMSE:', mean_squared_error(valid_y, pred_val, squared = False))

valid RMSE: 3.2503522286653195
```

- 모델 성능에 크게 집착하지 않아도 됩니다. 랜덤 포레스트 모델의 경우 특이 케이스를 제외하면 기본 성능이 보장되므로, 따로 파라미터 튜닝을 진행하지 않아도 됩니다.

⑤ 테스트 데이터로 예측
- 테스트 데이터를 활용하여 최종 예측을 수행합니다.

```
test_pred = rf.predict(test_X_preprocessed)
test_pred = pd.DataFrame(test_pred, columns = ['pred'])
test_pred.to_csv('result.csv', index = False)
```

- 최종 결과를 저장합니다. 최종 결과 제출 방식은 제공되는 문제에 안내되어 있습니다.

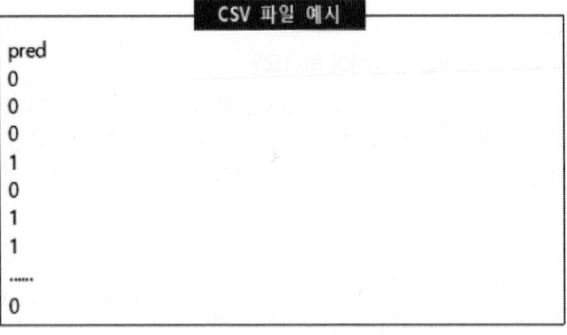

▲ 제2유형 CSV 파일 제출 방법 안내 예시

- 칼럼명을 pred로 지정하여 제출하면 됩니다(시험 환경 내 제출 형식 참고). pred 칼럼의 데이터 개수가 주어진 테스트 데이터 개수와 일치하는지 확인하고 제출하는 것을 권장합니다.
- 파일명은 문제에 명시된대로 result.csv로 저장합니다. 자동 생성되는 index를 제외해야 하므로, index=False로 설정합니다.
- 특이 케이스로 모델 성능이 낮다고 판단되면, 모델 성능을 높히기 위해서 교차검증을 활용한 파라미터 튜닝을 진행해볼 수 있습니다. 검증 데이터의 모델 성능이 매우 낮은 경우 파라미터 튜닝을 먼저 진행하기 보다는 데이터 전처리 과정에서 실수가 없었는지 확인하는 것을 권장합니다.

- 홀드 아웃 방법이 아닌 k-폴드 교차검증을 진행할 것이기 때문에 기존에 분할했던 학습 데이터와 검증 데이터를 합치겠습니다.

```
train_X_full = np.concatenate([train_X_preprocessed, valid_X_preprocessed], axis = 0)
train_y_full = np.concatenate([train_y, valid_y], axis = 0)
```

- GridSearchCV()를 통해 하이퍼파라미터 튜닝을 진행하겠습니다.

```
from sklearn.model_selection import GridSearchCV

param_grid = {'max_depth': [10, 20, 30],
              'min_samples_split': [2, 5, 10]}

rf = RandomForestRegressor(random_state = 1)
rf_search = GridSearchCV(estimator = rf,
                         param_grid = param_grid,
                         cv = 3,
                         scoring = 'neg_root_mean_squared_error')

rf_search.fit(train_X_full, train_y_full)

print('교차검증 RMSE-score:', -rf_search.best_score_)
```

교차검증 RMSE-score: 2.9513729164658664

> **기적의 TIP**
> 파라미터 값의 범위가 크면 모델 학습 시 많은 시간이 소요될 수 있으므로 주의가 필요합니다.

- 하이퍼파라미터 튜닝 결과를 바탕으로 테스트 데이터를 활용하여 최종 예측을 수행하고 저장합니다.

```
test_pred2 = rf_search.predict(test_X_preprocessed)
test_pred2 = pd.DataFrame(test_pred2, columns = ['pred'])

test_pred2.to_csv('result.csv', index = False)
```

SECTION 02 연습문제

다음 학습용 데이터(prestige_train.csv)는 1971년 캐나다 직업군에 대한 사회적 지위, 교육 수준, 소득, 여성 비율 등을 조사한 자료이다.

변수명	설명
education	해당 직업 종사자의 평균 교육 기간
income	해당 직업 종사자의 평균 소득
women	해당 직업 종사자 중 여성의 비율
prestige	Pineo-Porter 명망(prestige) 점수
census	캐나다 인구조사(1971년) 직업 코드
type	직업 유형 분류

```
import pandas as pd
import numpy as np
train = pd.read_csv("https://raw.githubusercontent.com/YoungjinBD/data/main/prestige_train.csv")
test = pd.read_csv("https://raw.githubusercontent.com/YoungjinBD/data/main/prestige_test.csv")
print(train.head())
```

	education	income	women	prestige	census	type
0	8.49	8845	0.00	48.9	9131	bc
1	11.59	4036	97.51	46.0	4111	wc
2	15.77	19263	5.13	82.3	2343	prof
3	11.49	3148	95.97	41.9	4113	wc
4	13.11	12351	11.16	68.8	1113	prof

학습용 데이터를 활용하여 명망 점수(prestige)를 예측하는 모델을 개발하고, 이 중 가장 우수한 모델을 평가용 데이터(prestige_test.csv)에 적용하여 명망 점수를 예측하시오.

※ 예측결과는 RMSE(Root Mean Squared Error) 평가지표에 따라 평가

제출 형식
- CSV 파일명 : result.csv (파일명에 디렉토리·폴더 지정 불가)
- 예측 칼럼명 : pred
- 제출 칼럼 개수 : pred 칼럼 1개
- 평가용 데이터 개수와 예측 결과 데이터 개수 일치

SECTION 02 연습문제 정답

1. 데이터 탐색

모델을 적합하기 전 데이터에 결측치 혹은 특이치(특수문자 등)가 있는지 확인합니다.

```
print(train.info())
print(test.info())
```

```
<class 'pandas.core.frame.DataFrame'>
RangeIndex: 71 entries, 0 to 70
Data columns (total 6 columns):
 #   Column     Non-Null Count  Dtype
---  ------     --------------  -----
 0   education  71 non-null     float64
 1   income     71 non-null     int64
 2   women      71 non-null     float64
 3   prestige   71 non-null     float64
 4   census     71 non-null     int64
 5   type       67 non-null     object
dtypes: float64(3), int64(2), object(1)
memory usage: 3.5+ KB
None
<class 'pandas.core.frame.DataFrame'>
RangeIndex: 31 entries, 0 to 30
Data columns (total 6 columns):
 #   Column     Non-Null Count  Dtype
---  ------     --------------  -----
 0   education  31 non-null     float64
 1   income     31 non-null     int64
 2   women      31 non-null     float64
 3   prestige   31 non-null     float64
 4   census     31 non-null     int64
 5   type       31 non-null     object
dtypes: float64(3), int64(2), object(1)
memory usage: 1.6+ KB
None
```

type 변수에 결측치가 존재합니다. 칼럼별 데이터 타입이 모두 적절하게 설정된 것을 확인할 수 있습니다. 데이터 분할 및 전처리 전 변수 설명을 검토하고, 특이사항을 확인합니다.

```
print(len(train['census'].unique()))
print(len(test['census'].unique()))
```

```
71
31
```

census 칼럼의 고유값 수는 데이터 행 수와 일치합니다. 즉, 해당 칼럼은 행을 구분하는 인덱스로 볼 수 있습니다. 모델 예측에 필요하지 않으므로, 제거합니다.

```
train = train.drop(['census'], axis = 1)
test = test.drop(['census'], axis = 1)
```

2. 데이터 분할

모델 성능 확인을 위해 훈련 데이터의 일부를 검증 데이터로 나눕니다.

```
train_X = train.drop(['prestige'], axis = 1)
train_y = train['prestige']

test_X = test.drop(['prestige'], axis = 1)
test_y = test['prestige']
from sklearn.model_selection import train_test_split
train_X, valid_X, train_y, valid_y = train_test_split(train_X, train_y, test_size = 0.3, random_state = 1)
```

3. 데이터 전처리

범주형 변수에 대해서 원-핫 인코딩을 수행합니다.

```
cat_columns = train_X.select_dtypes('object').columns
num_columns = train_X.select_dtypes('number').columns
```

원-핫 인코딩과 최빈값 대치법을 위한 메서드를 불러오고 전처리 pipeline을 정의합니다.

```
from sklearn.impute import SimpleImputer
from sklearn.preprocessing import OneHotEncoder
from sklearn.compose import ColumnTransformer
from sklearn.pipeline import make_pipeline

cat_preprocess = make_pipeline(
    SimpleImputer(strategy="most_frequent"),
    OneHotEncoder(handle_unknown="ignore", sparse_output=False),
)

preprocess = ColumnTransformer(
    transformers=[
        ("cat", cat_preprocess, cat_columns),
    ],
    remainder="passthrough",
).set_output(transform="pandas")
```

4. 모델 적합

랜덤 포레스트 모델을 적합합니다.

```
from sklearn.ensemble import RandomForestRegressor
rf_pipe = make_pipeline(preprocess, RandomForestRegressor(random_state=1))
rf_pipe.fit(train_X, train_y)
```

검증 데이터를 활용하여 모델 성능을 확인해보겠습니다.

```
from sklearn.metrics import mean_squared_error
pred_val = rf_pipe.predict(valid_X)
valid_rmse = mean_squared_error(valid_y, pred_val, squared=False)
print("valid RMSE:", valid_rmse)

valid RMSE: 6.288618011932353
```

5. 테스트 데이터로 예측

테스트 데이터를 활용하여 최종 예측을 수행합니다.

```
test_pred = rf_pipe.predict(test_X)
test_pred = pd.DataFrame(test_pred, columns=["pred"])
```

테스트 데이터와 예측 칼럼의 행 개수가 일치하는지 확인합니다.

```
print(test_pred.shape[0] == test.shape[0])

True
```

최종 결과를 저장합니다.

```
test_pred.to_csv('result.csv', index = False)
```

모델 성능을 높이고자 할 경우 하이퍼파라미터 튜닝을 진행합니다.

```
train_X_full = pd.concat([train_X, valid_X], axis=0)
train_y_full = pd.concat([train_y, valid_y], axis=0)
```

GridSearchCV()를 통해 하이퍼파라미터 튜닝을 진행하겠습니다.

```
from sklearn.model_selection import GridSearchCV
param_grid = {
    "randomforestregressor__max_depth": [10, 20, None],
    "randomforestregressor__min_samples_split": [2, 5, 10],
    "randomforestregressor__min_samples_leaf": [1, 2, 4],
}

rf_search = GridSearchCV(
    estimator=rf_pipe,
    param_grid=param_grid,
    cv=5,
    scoring="neg_root_mean_squared_error",
)
rf_search.fit(train_X_full, train_y_full)
print("Best params:", rf_search.best_params_)
print("CV RMSE:", -rf_search.best_score_)

Best params: {'randomforestregressor__max_depth': 10, 'randomforestregressor__min_samples_leaf': 2, 'randomforestregressor__min_samples_split': 5}
CV RMSE: 7.378805354557771
```

하이퍼파라미터 튜닝 결과를 바탕으로 테스트 데이터를 활용하여 최종 예측을 수행합니다.

```
test_pred2 = rf_search.predict(test_X)
test_pred2 = pd.DataFrame(test_pred2, columns = ['pred'])
```

최종 결과를 저장합니다.

```
test_pred2.to_csv('result.csv', index = False)
```

SECTION 03 scikit-learn을 활용한 분류 모델 적합

핵심 태그 혼동행렬・정확도・정밀도・재현율・f1-score・ROC・AUC・하이퍼파라미터 튜닝

01 분류 모델 평가 및 지표

분류 문제의 주요 목표는 입력 변수(Features)를 사용하여 출력 변수(Target)가 어떤 카테고리에 속하는지를 예측하는 문제입니다. 예를 들어, 스팸 탐지, 이미지 분류, 사기 탐지 등이 분류 문제에 해당합니다.

1) 이진 분류 지표 선택 기준

이진 분류 지표의 경우 각 지표별로 다른 특징을 갖기 때문에 적절한 지표를 선택하는 것이 필요합니다. 모델 구축은 scikit-learn 라이브러리를 활용할 것이므로, sklearn에 구현된 혼동행렬(Confusion matrix), 분류 지표, ROC curve에 대해 알아보겠습니다.

- 실습을 위해 scikit-learn 라이브러리에 구현된 데이터를 예제로 불러오겠습니다.

```
from sklearn.datasets import load_breast_cancer
data = load_breast_cancer()
X = data.data
y = data.target

df = pd.DataFrame(X, columns = data.feature_names)
df['target'] = y

print(df.head())
```

```
   mean radius   mean texture   mean perimeter   mean area   ...   target
0        17.99          10.38           122.80      1001.0   ...        0
1        20.57          17.77           132.90      1326.0   ...        0
2        19.69          21.25           130.00      1203.0   ...        0
3        11.42          20.38            77.58       386.1   ...        0
4        20.29          14.34           135.10      1297.0   ...        0
```

- 모델 평가를 위해 훈련 데이터와 테스트 데이터를 분할하겠습니다.

```
from sklearn.model_selection import train_test_split
X_train, X_test, y_train, y_test = train_test_split(df.drop(columns = 'target'),
                                                    df['target'],
                                                    test_size = 0.3,
                                                    random_state = 42)
```

- 훈련 데이터를 활용하여 로지스틱 회귀모형을 적합하겠습니다.

```
from sklearn.linear_model import LogisticRegression
model = LogisticRegression(max_iter = 10000, random_state = 0)
model.fit(X_train, y_train)
```

- scikit-learn에 구현된 분류 모형의 경우 예측 확률을 출력하는 옵션과 예측값을 출력하는 옵션이 두 가지 있습니다.
- 먼저 예측 확률을 출력하는 옵션을 알아보겠습니다. .predict_proba를 통해 각 클래스에 대한 예측 확률를 확인할 수 있습니다.

```
y_prob_org = model.predict_proba(X_test)
print(pd.DataFrame(y_prob_org[:4].round(3)))
```

```
       0      1
0  0.139  0.861
1  1.000  0.000
2  0.998  0.002
3  0.001  0.999
```

- 첫 번째 관측치를 확인해 보면 0인 클래스에 대해서 0.139, 1 클래스는 0.861로 예측된 것을 확인할 수 있습니다.
- 다음으로 예측값을 출력하는 옵션을 알아보겠습니다. scikit-learn에 구현된 분류 모형은 모두 .predict를 통해 각 클래스에 대한 예측값을 확인할 수 있습니다.

```
y_pred = model.predict(X_test)
print(pd.DataFrame(y_pred, columns = ['pred']).head(4))
```

```
   pred
0    1
1    0
2    0
3    1
```

- 첫 번째 관측치를 확인해 보면 1 클래스로 예측된 것을 확인할 수 있습니다. .predict_proba로 구한 각 클래스별 예측 확률이 .predict로 구한 예측값으로 어떻게 치환되었을까요?
- 예측 확률이 예측값으로 치환되기 위해서는 기준이 필요합니다. 해당 기준은 임곗값(threshold)로 표현하며, 보통 0.5로 설정합니다. 임곗값을 0.5로 설정하여 각 클래스별 예측 확률에서 예측값을 구해보겠습니다.

```
y_pred_ths = (model.predict_proba(X_test)[:, 1] >= 0.5).astype(int)
```

- .predict로 구한 결과와 같은지 확인해 보겠습니다.

```
print('값이 같은지 확인:', np.array_equal(y_pred_ths, y_pred))
```

값이 같은지 확인: True

- 임곗값 0.5를 기준으로 .predict로 구한 예측값이 계산되는 것을 확인할 수 있습니다. 예측값을 구했으므로, 실제값과 비교를 통해 모델 성능을 평가할 수 있습니다. 모델 성능을 평가하는 테이블인 혼동 행렬에 관해 알아보겠습니다.
- 혼동 행렬을 구하기 위해 scikit-learn 라이브러리에 confusion_matrix()를 활용합니다.

```
from sklearn.metrics import confusion_matrix, ConfusionMatrixDisplay
import matplotlib.pyplot as plt
cm = confusion_matrix(y_test, y_pred)
isp = ConfusionMatrixDisplay(confusion_matrix=cm)
isp.plot(cmap=plt.cm.Blues)
plt.show( );
```

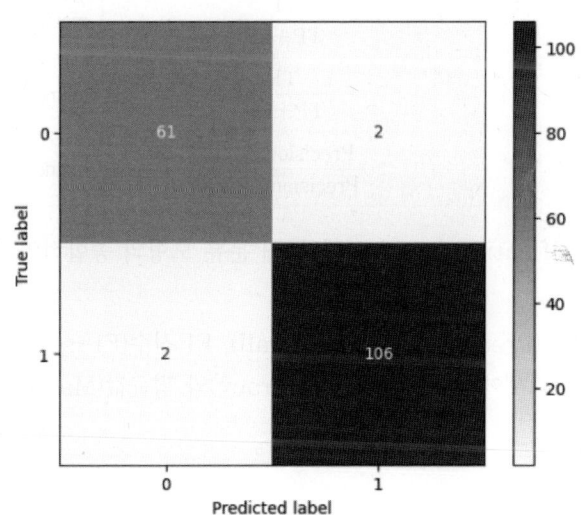

- 혼동 행렬 출력 결과를 보면 예측값이 0일 때, 실제값도 0인 경우가 61개, 예측값이 1일 때, 실제값도 1인 경우가 106개로 우수한 모델 성능을 보이는 것을 확인할 수 있습니다.

2) 혼동 행렬(Confusion matrix)

혼동 행렬은 실제값과 예측값을 시각적으로 비교하는 테이블로 분류 모델의 대략적인 성능을 평가하고, 분류 지표를 산출하는 도구로 활용됩니다.

▶ 이진 분류일 때 혼동 행렬

	예측값 0 (Negative)	예측값 1 (Positive)
실제값 0 (Negative)	True Negative(TN)	False Positive(FP)
실제값 1 (Positive)	False Negative(FN)	True Positive(TP)

True Positive(TP) : 실제값이 1(positive)이고, 모델이 1(positive)로 예측한 경우의 수
True Negative(TN) : 실제값이 0(negative)이고, 모델이 0(negative)로 예측한 경우의 수
False Positive(FP) : 실제값이 0(negative)인데, 모델이 1(positive)로 예측한 경우의 수
False Negative(FN) : 실제값이 1(positive)인데, 모델이 0(negative)로 예측한 경우의 수

혼동 행렬을 통해 모델이 얼마나 정확하게 예측했는지, 어떤 종류의 오류를 많이 범했는지 등을 파악할 수 있습니다. 예를 들어, False Positive가 많다면 모델이 실제로는 Negative인 데이터를 Positive로 잘못 예측하는 경우가 많다는 것을 알 수 있습니다.

혼동 행렬은 분류 모델의 성능을 다양한 측면에서 평가하는데 유용한 도구로서, 다양한 평가 지표를 도출할 수 있습니다.

▶ 평가 지표

지표	수식	구현 클래스
정확도(Accuracy)	$\dfrac{TP+TN}{TP+TN+FP+FN}$	metrics.accuracy_score
정밀도(Precision)	$\dfrac{TP}{TP+FP}$	metrics.precision_score
재현율(Recall)	$\dfrac{TP}{TP+FN}$	metrics.recall_score
F1 점수(F1 Score)	$2 \cdot \dfrac{Precision \cdot Recall}{Precision + Recall}$	metrics.f1_score

- scikit-learn의 classification_report()를 통해 분류 모형의 종합적인 성능을 요약할 수 있습니다.
- 각 클래스에 대한 정밀도(Precision), 재현율(Recall), F1 점수(F1-score), 그리고 지원(Support)을 출력하고, 전체 데이터셋에 대한 정확도(Accuracy)와 평균값(Macro avg, Weighted avg)도 계산하여 제공합니다.

```
from sklearn.metrics import classification_report
print(classification_report(y_test, y_pred))

              precision    recall  f1-score   support

           0       0.97      0.97      0.97        63
           1       0.98      0.98      0.98       108

    accuracy                           0.98       171
   macro avg       0.97      0.97      0.97       171
weighted avg       0.98      0.98      0.98       171
```

- support는 각 클래스의 샘플 수, macro avg는 각 클래스별 지표의 단순 평균입니다.
- weighted avg는 각 클래스의 support를 이용한 가중 평균입니다. 예를 들어 precision의 weigted avg는 (0.97×63/171)+(0.98×108/171)=0.97로 계산됩니다.
- 각 평가 지표를 단독으로 출력할 수도 있습니다. 이진 분류 문제일 때 precision_score, recall_score, f1_score은 average='binary'가 디폴트 설정으로, 긍정(Positive) 클래스(보통 1)인 경우를 기준으로 평가 지표를 출력합니다.

```
from sklearn.metrics import accuracy_score, precision_score, recall_score, f1_score

accuracy = accuracy_score(y_test, y_pred)
precision = precision_score(y_test, y_pred)
recall = recall_score(y_test, y_pred)
f1 = f1_score(y_test, y_pred)

print(f"Accuracy: {accuracy:.2f}")
print(f"Precision: {precision:.2f}")
print(f"Recall: {recall:.2f}")
print(f"F1 Score: {f1:.2f}")

Accuracy: 0.98
Precision: 0.98
Recall: 0.98
F1 Score: 0.98
```

- 긍정(Positive) 클래스(보통 1)인 경우를 구체적으로 표시할 경우 pos_label을 추가할 수 있습니다.

```
precision2 = precision_score(y_test, y_pred, pos_label = 1)
recall2 = recall_score(y_test, y_pred, pos_label = 1)
f12 = f1_score(y_test, y_pred, pos_label = 1)

print(f"Precision: {precision2:.2f}")
print(f"Recall: {recall2:.2f}")
print(f"F1 Score: {f12:.2f}")
```

Precision: 0.98
Recall: 0.98
F1 Score: 0.98

- 0, 1 클래스 각 지표의 평균인 macro avg를 출력한다면 average='macro'를 추가할 수 있습니다.

```
precision3 = precision_score(y_test, y_pred, pos_label = 1, average = 'macro')
recall3 = recall_score(y_test, y_pred, pos_label = 1, average = 'macro')
f13 = f1_score(y_test, y_pred, pos_label = 1, average = 'macro')

print(f"Precision: {precision3:.2f}")
print(f"Recall: {recall3:.2f}")
print(f"F1 Score: {f13:.2f}")
```

Precision: 0.97
Recall: 0.97
F1 Score: 0.97

3) 타겟 변수의 불균형 분포

분류 문제의 경우 대부분 타겟 변수의 분포가 8:2, 9:1 혹은 그 이상으로 불균형한 분포 형태를 보입니다. 즉, 다수 클래스에 비해 소수 클래스를 정확히 분류하는 것이 중요한 경우가 많습니다.

대표적인 예시로 보험 사기 탐지, 이메일 스팸 분류 문제를 생각해보면 사기를 친 고객, 스팸이 발생한 이메일 등은 대부분 소수 클래스에 속할 것입니다. 이 경우 단순히 정확도(Accuracy) 만으로 모델 성능을 평가할 수 없으며, 다른 평가 지표를 고려해야 합니다.

- 타겟 변수의 분포가 불균형인 예시를 통해 어떤 지표를 선택해야 하는지 알아보겠습니다.

▶ 혼동 행렬(1)

	예측값 0 (Negative)	예측값 1 (Positive)
실제값 0 (Negative)	990	0
실제값 1 (Positive)	9	1

- 위 결과를 보면 실제값이 0일 때 990, 실제값이 1일 때 10으로 타겟 변수의 분포가 불균형한 것을 확인할 수 있습니다. 평가 지표를 계산해 보겠습니다.

1. $\text{Accuracy} = \dfrac{TP+TN}{TP+TN+FP+FN} = \dfrac{1+990}{1+990+0+9} = \dfrac{991}{1,000} = 0.991$

2. $\text{Recall(Sensitivity, TPR)} = \dfrac{TP}{TP+FN} = \dfrac{1}{1+9} = \dfrac{1}{10} = 0.1$

3. $\text{Specificity(TNR)} = \dfrac{TN}{TN+FP} = \dfrac{990}{990+0} = 1$

4. $\text{Precision} = \dfrac{TP}{TP+FP} = \dfrac{1}{1+0} = 1$

5. $\text{F1 Score} = 2 \times \dfrac{\text{Precision} \times \text{Recall}}{\text{Precison} + \text{Recall}} = 2 \times \dfrac{1 \times 0.1}{1+0.1} = 2 \times \dfrac{0.1}{1.1} = 2 \times 0.0909 \approx 0.1818$

▶ 혼동 행렬(2)

	예측값 0 (Negative)	예측값 1 (Positive)
실제값 0 (Negative)	980	4
실제값 1 (Positive)	10	6

- 혼동 행렬(2) 결과를 보면 실제값이 0일 때 984, 실제값이 1일 때 16으로 혼동 행렬(1)과 유사하게 타겟 변수의 분포가 불균형한 것을 확인할 수 있습니다.

1. $\text{Accuracy} = \dfrac{TP+TN}{TP+TN+FP+FN} = \dfrac{6+980}{6+980+4+10} = \dfrac{986}{1,000} = 0.986$

2. $\text{Recall(Sensitivity, TPR)} = \dfrac{TP}{TP+FN} = \dfrac{6}{6+10} = \dfrac{6}{16} = 0.375$

3. $\text{Specificity(TNR)} = \dfrac{TN}{TN+FP} = \dfrac{980}{980+4} = \dfrac{980}{984} \approx 0.9959$

4. $\text{Precision} = \dfrac{TP}{TP+FP} = \dfrac{6}{6+4} = \dfrac{6}{10} = 0.6$

5. $\text{F1 Score} = 2 \times \dfrac{\text{Precision} \times \text{Recall}}{\text{Precison} + \text{Recall}} = 2 \times \dfrac{0.6 \times 0.375}{0.6 + 0.375} = 2 \times \dfrac{0.225}{0.975} \approx 0.4615$

- 타겟 변수의 분포가 불균형일 경우에는 소수 클래스를 정확히 분류하는 것이 중요합니다. 따라서 혼동 행렬(1)에 비해 혼동 행렬(2)가 더 좋은 테이블입니다.

- 정확도의 경우 혼동 행렬(2)에 비해 혼동 행렬(1)이 더 큰 것을 확인할 수 있습니다. 따라서 정확도는 타겟 변수의 분포가 불균형일 경우 적절한 평가 지표가 아닐 수 있습니다.
- 민감도, F1 스코어의 경우 혼동 행렬(1)에 비해 혼동 행렬(2)에서 더 큰 것을 확인할 수 있습니다. 따라서 타겟 변수의 분포가 불균형일 경우 민감도, F1 스코어는 적절한 평가 지표입니다.
- 문제의 특성과 목표에 따라 적절한 지표를 선택하는 것이 중요합니다. 해당 예시에서는 정밀도를 고려하지 않았지만 문제 상황에 따라 정밀도도 타겟 변수의 분포가 불균형인 경우 활용해볼 수 있습니다.
- 다양한 지표를 함께 고려하여 모델의 성능을 종합적으로 평가하고, 특정 상황에 맞는 최적의 지표를 선택하는 것이 필요합니다.

> **기적의 TIP**
>
> 작업형 2 유형 문제에서는 평가 지표가 명시되어 있습니다. 따라서 문제에 명시되어 있는 평가 지표로 설정하여 모델을 학습 및 평가를 진행하면 됩니다. 각 평가 지표에 대한 특징은 참고로 알고 계시면 됩니다.

4) ROC(Receiver Operating Characteristic) 커브

ROC 커브는 다른 평가 지표와 마찬가지로 분류 모델의 성능을 평가하기 위한 도구로서, 다양한 임곗값에서의 True Positive Rate(TPR)과 False Positive Rate(FPR)을 시각적으로 나타낸 그래프입니다. TPR은 민감도(Sensitivity, Recall)와 동일하며, FPR은 1-특이도(Specificity)와 동일합니다.

혼동 행렬을 계산할 때, 보통 임곗값은 0.5로 설정합니다. 임곗값이 바뀌면 혼동 행렬의 값도 바뀌게 되며, 혼동 행렬로 계산되는 평가지표 값도 바뀌게 됩니다.

```
y_pred_ths1 = (model.predict_proba(X_test)[:, 1] >= 0.1).astype(int)
y_pred_ths2 = (model.predict_proba(X_test)[:, 1] >= 0.9).astype(int)
from sklearn.metrics import confusion_matrix
cm1 = confusion_matrix(y_test, y_pred_ths1)
cm2 = confusion_matrix(y_test, y_pred_ths2)

print('임곗값 0.1일 때:')
print(cm1)
print('임곗값 0.9일 때:')
print(cm2)
```

```
임곗값 0.1일 때:
[[ 58   5]
 [  2 106]]
임곗값 0.9일 때:
[[63  0]
 [12 96]]
```

임곗값의 변화에 따른 모든 혼동 행렬을 확인하는 것은 어려우므로, 그 변화에 따른 전반적인 모델의 성능을 요약하는 그래프 혹은 지표가 필요할 것입니다. 이 경우 활용할 수 있는 지표로 ROC 커브, AUC(Area Under the Curve)가 있습니다.

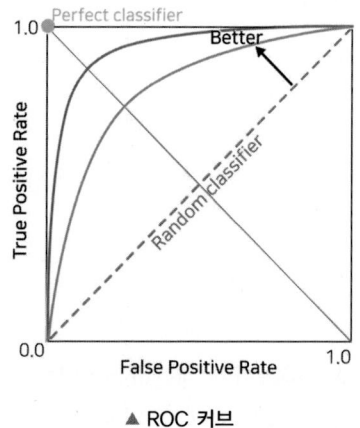

▲ ROC 커브

TPR(=민감도)은 실제 발생한 event 중에서 모형을 통해서 옳게 예측한 비율이며, 클수록 좋습니다. 반면에 FPR은 실제 발생하지 않은 event 중에서 모형을 통해서 잘못 예측한 비율이며, 작을 수록 좋습니다.

따라서 TPR이 1이고 FPR이 0인 경우 그림에 표시된 것과 같이 완벽한 분류기(perfect classifier)이지만, 완벽한 분류기는 현실에 존재하지 않고, 그림에서의 곡선처럼 TPR의 감소폭보다 FPR의 감소폭이 더 클 경우(완벽한 분류기에 가까운 곡선) 좋은 모델입니다.

AUC(Area Under the Curve) 지표 역시 많이 활용합니다. AUC는 의미 그대로 ROC 커브 아래의 면적을 수치화한 지표입니다.

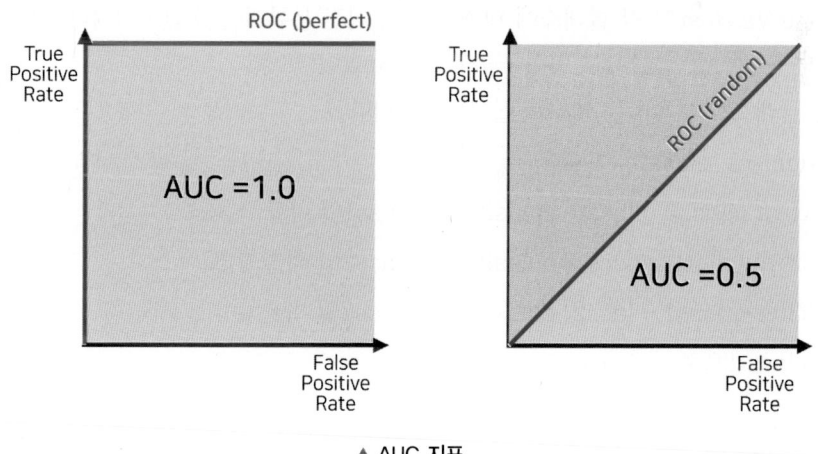

▲ AUC 지표

왼쪽 그림과 같이 완벽한 분류기의 경우 AUC는 1이 되고, 랜덤 분류기(Random classifier)의 경우 0.5가 됩니다.

따라서 AUC가 1에 가까울수록 모델 성능이 높으며, 0.5에 가까울수록 모델 성능이 낮습니다.

- scikit-learn을 활용하여 AUC를 계산해 보겠습니다. roc_auc_score(실제값, 예측확률)로 계산합니다.

```
from sklearn.metrics import roc_auc_score

y_prob = model.predict_proba(X_test)[:, 1]
auc_score = roc_auc_score(y_test, y_prob)

print("AUC score: %f" % auc_score)

AUC score: 0.997648
```

5) 다중 분류 지표 선택 기준

다중 분류 지표의 경우 이진 분류와 유사하지만 계산하는 방식이 다르므로, 다중 분류 지표의 특징을 이해하는 것이 필요합니다. 다중 분류 문제는 크게 두 가지 방식으로 접근할 수 있습니다.

1. OvO(One Vs One) : 각 클래스 쌍마다 하나의 이진 분류기를 훈련시킵니다. n개의 클래스가 있을 때, n(n-1)/2개의 이진 분류기를 학습합니다.

    세 개의 클래스를 분류하는 예시를 살펴보겠습니다.

    Target(class1, class2, class3)

    class1 vs class2 classifier → class1으로 예측

    class1 vs class3 classifier → class1으로 예측

    class2 vs class3 classifier → class2으로 예측

    최종 class 1으로 예측

2. OvR(One Vs Rest) : 각 클래스에 대해 하나의 이진 분류기를 훈련시킵니다. 해당 클래스와 나머지 모든 클래스를 구분하는 이진 분류기를 학습합니다.

    세 개의 클래스를 분류하는 예시를 살펴보겠습니다.

    Target(class1, class2, class3)

    class1 vs (class2, class3) classifier : class1일 확률 0.8

    class2 vs (class1, class3) classifier : class2일 확률 0.3

    class3 vs (class1, class2) classifier : class3일 확률 0.4

    최종 class 1으로 예측

> **기적의 TIP**
>
> scikit-learn은 모델 특성에 따라 다중 분류를 자동으로 처리합니다.
> - 트리 기반 모델은 별도의 OvR/OvO 변환 과정 없이 다중 분류를 직접 지원합니다.
> - 선형 모델(로지스틱 회귀, SVM 등)은 내부적으로 OvR(기본) 또는 OvO 방식을 활용하여 다중 분류를 수행합니다.
>
> 실습에서 OvR/OvO를 직접 구현할 필요는 없으며, 주로 평가지표(AUC 등)를 계산할 때 어떤 방식이 사용되는지만 이해하면 충분합니다.

① 다중 분류 문제 혼동 행렬

- 다중 클래스 분류 문제에서의 혼동 행렬을 이해하기 위해 이진 분류 혼동 행렬을 다중 클래스 혼동 행렬로 확장해보겠습니다. 편의를 위해 다중 분류 문제 중 가장 간단한 삼진 분류 문제에서의 혼동 행렬을 확인해보겠습니다. 실제 값과 예측 값이 클래스 A, B, C 중 하나일 때, 혼동 행렬은 다음과 같은 구조를 가집니다.

	예측 A	예측 B	예측 C
실제 A	TP_A	E_{AB}	E_{AC}
실제 B	E_{BA}	TP_B	E_{BC}
실제 C	E_{CA}	E_{CB}	TP_C

- TPA는 실제 A일 때 예측을 A로 맞춘 개수이고, EAB는 실제 A일 때 B로 잘못 예측한 개수를 의미합니다.
- 일반적으로 k번째 클래스를 기준으로 지표를 구성하면 다음과 같습니다.

  TPk : 실제 k를 k로 맞춘 경우

  FPk : 실제 k가 아닌 것을 k로 잘못 예측한 경우

  FNk : 실제 k를 k가 아닌 것으로 잘못 예측한 경우

  TNk : 나머지 전부 = n − (TPk+FPk+FNk), n: 전체 관측치 수

▶ 다중 분류 문제에서 클래스 k에 대한 클래스별(per-class) 지표 계산

지표	정의 (클래스 k)	수식 (클래스 k)	삼진 분류 예시 (클래스 A 기준)
정확도 (Accuracy)	전체 관측 중 맞춘 비율	$\dfrac{\sum_k TP_k}{N}$	$\dfrac{TP_A+TP_B+TP_C}{N}$
정밀도 (Precision_k)	k로 예측한 것 중 실제 k의 비율	$\dfrac{TP_k}{TP_k+FP_k}$	$\dfrac{TP_A}{TP_A+E_{BA}+E_{CA}}$
재현율, 민감도 (Recall, Sensitivity_k)	실제 k 중 올바르게 k로 맞춘 비율	$\dfrac{TP_k}{TP_k+FN_k}$	$\dfrac{TP_A}{TP_A+E_{AB}+E_{AC}}$
특이도 (Specificity_k)	실제 k가 아닌 것 중 k가 아니라고 맞춘 비율	$\dfrac{TN_k}{TN_k+FP_k}$	$\dfrac{TP_B+TP_C+E_{BC}+E_{CB}}{TP_B+TP_C+E_{BC}+E_{CB}+E_{BA}+E_{CA}}$
F1 (F1_k)	정밀도−재현율 조화평균	$2 \cdot \dfrac{\text{Prec}_k \cdot \text{Rec}_k}{\text{Prec}_k + \text{Rec}_k}$	$2 \cdot \dfrac{\text{Prec}_A \cdot \text{Rec}_A}{\text{Prec}_A + \text{Rec}_A}$

- 실습을 위해 scikit-learn 라이브러리에 구현된 iris 데이터를 예제로 불러오겠습니다.

```
from sklearn import datasets
from sklearn.model_selection import train_test_split

iris = datasets.load_iris()
X = iris.data
y = iris.target
```

- 모델 평가를 위해 훈련 데이터와 테스트 데이터를 분할하겠습니다.

```
from sklearn.linear_model import LogisticRegression
X_train, X_test, y_train, y_test = train_test_split(X, y, test_size = 0.3, random_state = 1)
```

- 훈련 데이터를 활용하여 로지스틱 회귀모형을 적합하겠습니다.

```
model = LogisticRegression( )
model.fit(X_train, y_train)
```

```
LogisticRegression( )
```

- 테스트 데이터를 활용하여 모델 성능을 평가하겠습니다. 먼저 혼동 행렬을 출력해 보겠습니다.

```
from sklearn.metrics import confusion_matrix
y_pred = model.predict(X_test)
conf_matrix = confusion_matrix(y_test, y_pred)

print(conf_matrix)
```

```
[[14  0  0]
 [ 0 17  1]
 [ 0  0 13]]
```

- 혼동 행렬을 바탕으로 평가 지표를 계산해보겠습니다. 이진 분류 문제와 마찬가지로 classification_report()를 통해 분류 모형의 종합적인 성능을 요약할 수 있습니다.

```
from sklearn.metrics import classification_report
print(classification_report(y_test, y_pred))
```

```
              precision    recall  f1-score   support

           0       1.00      1.00      1.00        14
           1       1.00      0.94      0.97        18
           2       0.93      1.00      0.96        13

    accuracy                           0.98        45
   macro avg       0.98      0.98      0.98        45
weighted avg       0.98      0.98      0.98        45
```

② 다중 분류 지표 집계 방식
- 다중 분류 문제에서는 클래스별 지표를 평균내어 하나의 지표로 산출할 수 있습니다. scikit-learn 에서는 average 옵션을 통해 방식을 지정합니다.

옵션	의미	특징
macro	클래스별 지표의 단순 평균	모든 클래스를 동일하게 반영(클래스 크기 무시)
weighted	클래스별 샘플 수를 반영한 가중 평균	불균형 데이터에 적합
micro	전체 TP, FP, FN을 합산 후 계산	전체 샘플 단위로 성능 집계

• 옵션별로 출력 결과를 확인해보겠습니다.

```
from sklearn.metrics import accuracy_score, precision_score, recall_score, f1_score

accuracy = accuracy_score(y_test, y_pred)
precision_macro = precision_score(y_test, y_pred, average="macro")
recall_macro = recall_score(y_test, y_pred, average="micro")
f1_macro = f1_score(y_test, y_pred, average="weighted")

print(f"Accuracy: {accuracy:.2f}")
print(f"Precision: {precision_macro:.2f}")
print(f"Recall: {recall_macro:.2f}")
print(f"F1 Score: {f1_macro:.2f}")
```

```
Accuracy: 0.98
Precision: 0.98
Recall: 0.98
F1 Score: 0.98
```

③ 다중 분류 문제에서 AUC

• 이진 분류 문제와 달리 다중 분류에서는 클래스가 여러 개이므로 AUC를 확장 방식으로 계산해야 합니다.
• scikit-learn의 roc_auc_score()는 multi_class='ovr' 또는 multi_class='ovo'를 선택할 수 있으며, AUC 역시 동일하게 macro / weighted / micro 평균 방식을 적용할 수 있습니다.
• 예를 들어, OvR(One-vs-Rest) 방식으로 Macro AUC를 계산하면 다음과 같습니다.

```
from sklearn.metrics import roc_auc_score
y_prob = model.predict_proba(X_test)
auc = roc_auc_score(y_test, y_prob, multi_class="ovr", average="macro")
print(f"AUC Score (One-vs-Rest, Macro Average) : {auc:.4f}")
```

```
AUC Score (One-vs-Rest, Macro Average) : 0.9985
```

> **기적의 TIP**
>
> 작업형 2유형 문제에서는 평가지표가 명시되어 있습니다. 따라서 문제에 명시되어 있는 평가지표로 설정하여 모델을 학습 및 평가를 진행하면 됩니다. 각 평가지표에 대한 특징은 참고로 알고 계시면 됩니다.

② 분류 알고리즘

1) 분류 모델 적합 시 유의 사항

분류 모델을 구축할 경우 타겟 변수의 긍정(Positive) 클래스를 적절하게 지정하는 것이 중요합니다. 긍정 클래스는 분류 모델을 구축할 때 최종 목표로 하는 관심의 대상을 의미합니다.

예를 들어, 고객 이탈 예측에 관한 이진 분류 문제라고 하면 이탈 고객이 긍정 클래스에 해당합니다. 암 발생 여부를 예측하는 문제라면 양성, 음성 클래스 중 양성인 경우가 긍정 클래스에 해당합니다.

- 예제를 통해 긍정 클래스를 적절하게 지정하는 방법을 알아보겠습니다. 예제 데이터의 타겟 변수는 diagnosis로 악성 A와 양성 B를 구분하는 이진 분류 문제입니다. 이 경우 긍정 클래스는 A가 됩니다.

▼ 예제 데이터 생성

```
train = pd.read_csv('https://raw.githubusercontent.com/YoungjinBD/data/main/s13_train.csv')
test = pd.read_csv('https://raw.githubusercontent.com/YoungjinBD/data/main/s13_test.csv')
print(train.head(3))
```

	diagnosis	radius_mean	texture_mean	perimeter_mean	...	fractal_dimension_worst
0	A	20.510	27.81	134.40	...	0.08328
1	B	12.060	18.90	76.66	...	0.08083
2	B	9.742	19.12	61.93	...	0.08009

- 데이터 전처리의 편의성을 위해 훈련 데이터와 테스트 데이터의 X, y를 나누겠습니다.

```
train_X = train.drop(['diagnosis'], axis = 1)
train_y = train['diagnosis']

test_X = test.drop(['diagnosis'], axis = 1)
test_y = test['diagnosis']

print(train_y.head(3))

0    A
1    B
2    B
Name: diagnosis, dtype: object
```

- 타겟 변수가 object형인 것을 확인할 수 있습니다. KNN 모형을 구축해 보겠습니다.

```
from sklearn.neighbors import KNeighborsClassifier
model = KNeighborsClassifier()
model.fit(train_X, train_y)
KNeighborsClassifier()
```

- classification_report()를 통해 모델의 성능을 확인해 보겠습니다.

```
y_pred = model.predict(test_X)
from sklearn.metrics import classification_report
print(classification_report(test_y, y_pred))

              precision    recall  f1-score   support
           A       1.00      0.80      0.89        10
           B       0.91      1.00      0.95        20

    accuracy                           0.93        30
   macro avg       0.95      0.90      0.92        30
weighted avg       0.94      0.93      0.93        30
```

- 긍정 클래스는 A이므로, A 클래스의 성능을 확인합니다. f1_score()를 활용하여 아래처럼 결과 출력을 시도하면 에러가 발생합니다.

```
from sklearn.metrics import f1_score
f1 = f1_score(test_y, y_pred)

ValueError: pos_label=1 is not a valid label. It should be one of ['A', 'B']
```

- 에러의 원인은 긍정 클래스가 [A, B] 중 어떤 값인지 명확하지 않기 때문입니다. pos_label = 'A'을 통해 긍정 클래스를 지정한 후 결과를 출력합니다.

```
from sklearn.metrics import f1_score
f1 = f1_score(test_y, y_pred, pos_label = 'A')
print(f'Test set F1 score: {f1:.2f}')

Test set F1 score: 0.89
```

- GridSearchCV()를 통해 파라미터 튜닝을 진행했을 때는 어떨까요?

```
from sklearn.model_selection import GridSearchCV
param_grid = {'n_neighbors': [3, 5, 7, 9, 11]}
grid_search = GridSearchCV(model,
                           param_grid,
                           cv = 3,
                           scoring = 'f1')

grid_search.fit(train_X, train_y)
```

```
print(f'Best parameters found: {grid_search.best_params_}')
print(f'Best cross-validation F1 score: {grid_search.best_score_:.2f}')
print(pd.DataFrame(grid_search.cv_results_))
```

```
Best parameters found: {'n_neighbors': 3}
Best cross-validation F1 score: nan
   mean_fit_time  std_fit_time  mean_score_time  std_score_time  ...  rank_test_score
0       0.015322      0.005699         0.017072        0.003356  ...                1
1       0.013140      0.001812         0.016310        0.003739  ...                1
2       0.012391      0.002610         0.025461        0.008079  ...                1
3       0.005320      0.001110         0.014737        0.004035  ...                1
4       0.005476      0.001048         0.011893        0.003588  ...                1
```

- scoring='f1'로 설정했을 때, 교차검증 f1-스코어 결과가 nan으로 출력되는 것을 확인할 수 있습니다. 위 에러와 마찬가지로 긍정 클래스가 [A, B] 중 어떤 값인지 명확하지 않기 때문에 f1-스코어가 계산되지 않고 nan이 출력됩니다.
- 해결을 위한 가장 간단한 방법은 타겟 변수의 긍정 클래스를 명확하게 지정해주는 것입니다. scikit-learn 라이브러리는 큰 값을 긍정 클래스로 인식합니다. .map을 활용하여 값을 변경할 수 있습니다.

```
train_y2 = train_y.map({'A': 1, 'B': 0})
test_y2 = test_y.map({'A': 1, 'B': 0})
```

- LabelEncoder()를 활용할 수도 있습니다. LabelEncoder()는 알파벳 순서대로 수치를 부여하므로, 아래와 같이 긍정 클래스를 잘못 인식할 수 있어 주의가 필요합니다.

```
from sklearn.preprocessing import LabelEncoder
labels = ['A', 'B']

# 라벨 인코딩
labelencoder = LabelEncoder()
encoded_labels = labelencoder.fit_transform(labels)

print(f'Original labels: {labels}')
print(f'Encoded labels: {encoded_labels}')
print(f'Classes: {labelencoder.classes_}')
```

```
Original labels: ['A', 'B']
Encoded labels: [0 1]
Classes: ['A' 'B']
```

- scikit-learn 라이브러리를 활용한 모델링 실습을 위해 필요한 데이터를 불러오겠습니다. 위스콘신 유방암 데이터셋으로 세포 핵에 관한 정보를 활용하여 세포가 악성인지 양성인지 예측하는 문제입니다.

▼ 예제 데이터 생성

```
train = pd.read_csv('https://raw.githubusercontent.com/YoungjinBD/data/main/wisconsin_train.csv')
test = pd.read_csv('https://raw.githubusercontent.com/YoungjinBD/data/main/wisconsin_test.csv')
```

- 데이터 전처리의 편의성을 위해 훈련 데이터와 테스트 데이터의 X, y를 나누겠습니다.

```
train_X = train.drop(['diagnosis'], axis = 1)
train_y = train['diagnosis']

test_X = test.drop(['diagnosis'], axis = 1)
test_y = test['diagnosis']
```

- 타겟변수에 대해서 Label encoding을 적용하겠습니다. 악성(M)이 긍정 클래스이므로 1로 설정되어야 합니다. LabelEncoder()는 알파벳 순서대로 인코딩이 되므로, B=0, M=1로 변환됩니다.

```
from sklearn.preprocessing import LabelEncoder
labelencoder = LabelEncoder()

train_y = labelencoder.fit_transform(train_y)
test_y = labelencoder.transform(test_y)
```

- 파이프라인과 ColumnTransformer()를 활용하여 데이터 전처리를 진행하겠습니다.

```
from sklearn.decomposition import PCA
from sklearn.preprocessing import StandardScaler
from sklearn.compose import ColumnTransformer
from sklearn.pipeline import Pipeline, make_pipeline
from sklearn.model_selection import GridSearchCV
num_columns = train_X.select_dtypes('number').columns.tolist()

num_preprocess = make_pipeline(
    StandardScaler(),
    PCA(n_components = 0.8, svd_solver = 'full'))

preprocess = ColumnTransformer(
    [("num", num_preprocess, num_columns)]
)
```

2) K-Nearest Neighbors(KNN)

분류 문제에서의 KNN 모델은 회귀 문제와 동일한 원리로 모델이 학습됩니다. 분류 문제이므로 최종 예측은 최근접 이웃 간의 다수결 원칙(Major voting) 방식으로 예측값을 산출합니다.

- k=3일 때 KNN 모델에 대한 시각화 결과를 확인해 보겠습니다.

```
KNeighborsClassifier(n_neighbors = 3)
```

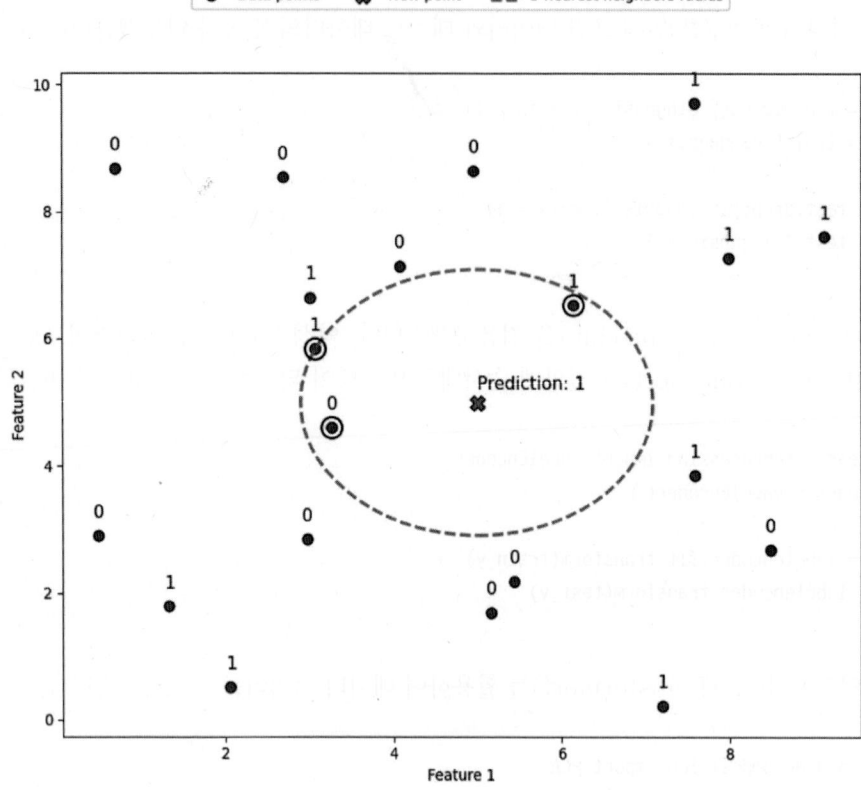

- 반경 내에 존재하는 3개의 관측치의 정보를 활용하여, 새로운 데이터에 대한 예측을 수행합니다. 다수결 원칙에 따라 1인 클래스가 2번, 0인 클래스가 1번 나왔으므로 최종 예측값은 1인 클래스가 됩니다.

> **기적의 TIP**
>
> KNN 모델은 거리 측도를 활용하여 이웃을 정의하므로, 변수 스케일에 민감할 수 있습니다. 따라서 데이터 전처리 과정에서 표준화 혹은 min-max 정규화를 수행하는 것이 좋습니다.

- KNN 모델의 성능은 k값에 의존합니다. 회귀 문제와 마찬가지로 파이프라인을 통해 데이터 전처리와 KNN 모형을 함께 정의하겠습니다.

```python
from sklearn.neighbors import KNeighborsClassifier

full_pipe = Pipeline(
    [
        ("preprocess", preprocess),
        ("classifier", KNeighborsClassifier())
    ]
)
```

- KNeighborsClassifier()를 불러오고, 모델의 별칭을 'classifier'로 지정해 주었습니다.
- KNN 모델의 파라미터 명칭을 확인해 보겠습니다.

```python
KNeighborsClassifier().get_params()

{'algorithm': 'auto', 'leaf_size': 30,
 'metric': 'minkowski', 'metric_params': None,
 'n_jobs': None, 'n_neighbors': 5,
 'p': 2, 'weights': 'uniform'}
```

- KNN 모델의 파라미터로 n_neighbors(k)가 있는 것을 확인할 수 있습니다.
- k=5~10까지 튜닝 파라미터로 설정합니다.

```python
knn_param = {'classifier__n_neighbors': np.arange(5, 10, 1)}
```

- GridSearchCV()를 활용하여 KNN 모형에 대한 파라미터 튜닝을 진행하겠습니다. cv=3으로 설정하여, 3-폴드 교차검증을 진행합니다. 분류 문제이므로 scoring=f1_macro로 설정했습니다.

> **기적의 TIP**
> 실제 시험에서는 문제에 명시되어 있는 평가 지표를 넣어주면 됩니다.

```python
knn_search = GridSearchCV(estimator = full_pipe,
                          param_grid = knn_param,
                          cv = 3,
                          scoring = 'f1_macro')
knn_search.fit(train_X, train_y)
```

```
print('Best 파라미터 조합:', knn_search.best_params_)
print('교차검증 f1 스코어:', knn_search.best_score_)

Best 파라미터 조합: {'classifier__n_neighbors': 7}
교차검증 f1 스코어: 0.9543004598576802
```

- 최종적으로 테스트 데이터를 이용해서 모형 성능을 평가해 보겠습니다.

```
from sklearn.metrics import f1_score
knn_pred = knn_search.predict(test_X)

print('테스트 f1-score:', f1_score(test_y, knn_pred))

테스트 f1-score: 0.9586776859504132
```

3) Decision tree

분류 문제에서의 의사결정나무 모델은 의사결정나무를 분기하는 기준을 제외하고, 동일한 원리로 학습됩니다.

① 분류 예측 예시

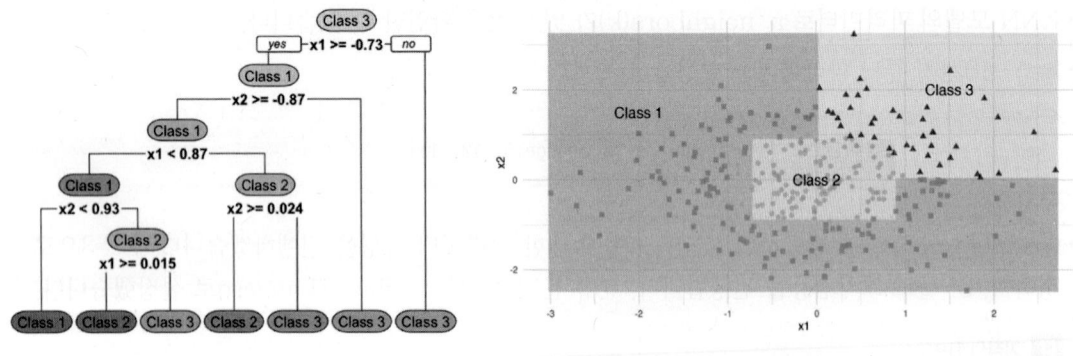

- 분류 문제에서 2차원으로 시각화하면 직사각형 형태의 결정경계가 생성됩니다. 해당 결정경계에서 가장 빈도가 높은 클래스를 최종 예측값으로 산출합니다.

② 의사결정나무 크기 조절하기
- 너무 복잡한 의사결정나무를 생성할 경우 과적합 문제가 발생하게 되어 일반화 성능이 저하될 수 있습니다.

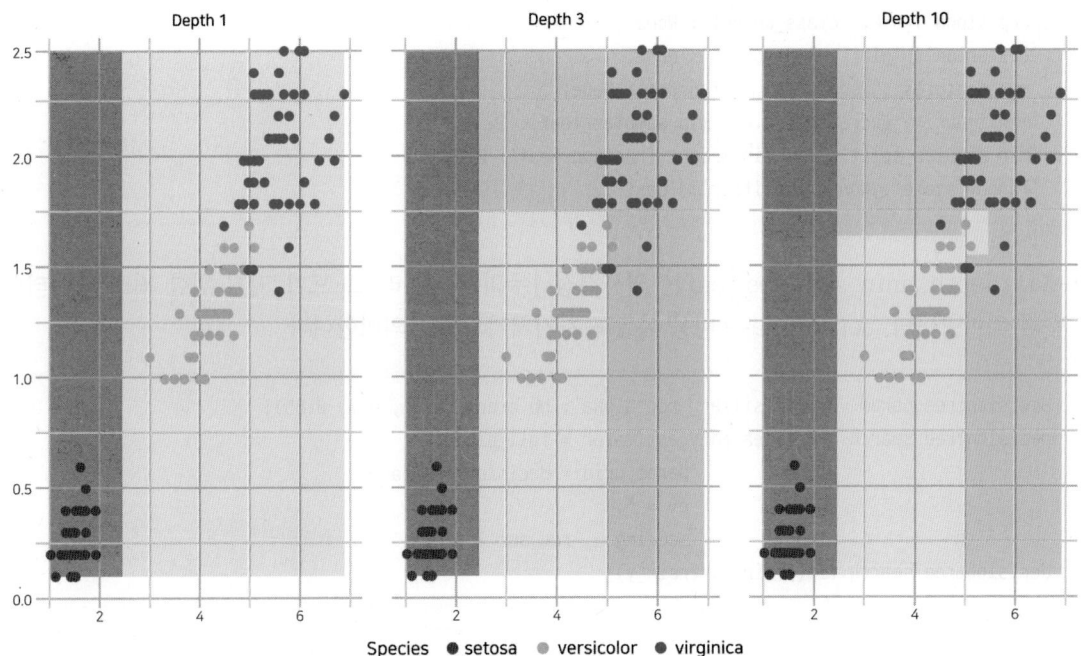

- 의사결정나무의 깊이(depth)가 너무 깊어질 경우 과적합이 발생하는 것을 확인할 수 있습니다. 따라서 분류 문제에서도 회귀 문제와 마찬가지로 의사결정나무의 크기를 적절하게 제한해야 합니다.
- 분류 문제이므로 DecisionTreeClassifier()를 불러옵니다. Pipeline()의 별칭을 'classifier'로 변경해 주었습니다.

```
from sklearn.tree import DecisionTreeClassifier
full_pipe = Pipeline(
    [
        ("preprocess", preprocess),
        ("classifier", DecisionTreeClassifier())
    ]
)
```

- 의사결정나무 모형의 파라미터 명칭을 확인해 보겠습니다.

```
DecisionTreeClassifier().get_params()

{'ccp_alpha': 0.0, 'class_weight': None,
 'criterion': 'gini', 'max_depth': None,
 'max_features': None, 'max_leaf_nodes': None,
 'min_impurity_decrease': 0.0, 'min_samples_leaf': 1,
 'min_samples_split': 2, 'min_weight_fraction_leaf': 0.0,
 'random_state': None, 'splitter': 'best'}
```

- max_depth, min_samples_leaf는 의사결정나무의 깊이, 리프노드가 되기 위한 최소 데이터의 수를 의미합니다. ccp_alpha는 비용 복잡도 가지치기의 α를 의미합니다.

```
decisiontree_param = {'classifier__ccp_alpha': np.arange(0.01, 0.3, 0.05)}
decisiontree_search = GridSearchCV(estimator = full_pipe,
                                    param_grid = decisiontree_param,
                                    cv = 5,
                                    scoring = 'roc_auc')
decisiontree_search.fit(train_X, train_y)
```

```
print('Best 파라미터 조합:', decisiontree_search.best_params_)
print('교차검증 AUC:', decisiontree_search.best_score_)

Best 파라미터 조합: {'classifier__ccp_alpha': 0.01}
교차검증 AUC: 0.9363136758151537
```

- 최종적으로 테스트 데이터를 이용해서 모델 성능을 평가해보겠습니다. AUC를 계산하기 위해서 .predict_proba를 통해 확률값을 계산합니다.

```
from sklearn.metrics import roc_auc_score
y_prob = decisiontree_search.predict_proba(test_X)[:, 1]
auc_score = roc_auc_score(test_y, y_prob)
print("AUC score: %f" % auc_score)

AUC score: 0.961787
```

03 앙상블 학습

1) Bagging(Bootstrap aggregating)

Bagging은 의사결정나무에 적용했을 때 특히 유용합니다. 분류 문제에 Bagging을 활용한 의사결정나무를 적용해 보겠습니다.

```python
from sklearn.ensemble import BaggingClassifier

full_pipe = Pipeline(
    [
        ("preprocess", preprocess),
        ("classifier", BaggingClassifier())
    ]
)
```

- BaggingClassifier()의 파라미터 명칭을 확인해 보겠습니다.

```python
BaggingClassifier().get_params()

{'base_estimator': 'deprecated', 'bootstrap': True,
 'bootstrap_features': False, 'estimator': None,
 'max_features': 1.0, 'max_samples': 1.0,
 'n_estimators': 10, 'n_jobs': None,
 'oob_score': False, 'random_state': None,
 'verbose': 0, 'warm_start': False}
```

- base_estimator : None의 경우 DecisionTreeClassifier()로 설정됩니다.
- n_estimators는 각 붓스트랩 샘플에 적합한 모형의 수를 의미합니다.

```python
Bagging_param = {'classifier__n_estimators': np.arange(10, 100, 20)}
Bagging_search = GridSearchCV(estimator = full_pipe,
                              param_grid = Bagging_param,
                              cv = 5,
                              scoring = 'f1_macro')
Bagging_search.fit(train_X, train_y)
```

```python
print('Best 파라미터 조합:', Bagging_search.best_params_)
print('교차검증 f1 score:', Bagging_search.best_score_)

Best 파라미터 조합: {'classifier__n_estimators': 50}
교차검증 f1 score: 0.9568628143690943
```

- 최적의 파라미터는 n_estimators=50인 것을 확인할 수 있습니다. 교차검증 f1 스코어 기준 best score를 확인해보면 대략 0.957 정도인 것을 확인할 수 있습니다.
- 최종적으로 테스트 데이터를 이용해서 모형 성능을 평가해 보겠습니다.

```
from sklearn.metrics import f1_score
bag_pred = Bagging_search.predict(test_X)
print('테스트 f1 score:', f1_score(test_y, bag_pred))

테스트 f1 score: 0.9365079365079365
```

2) Random forest

의사결정나무 모형에 Bagging을 적용하는 방법에 관해 학습했습니다. 다음으로 랜덤 포레스트 모형에 관해 알아보겠습니다. 분류 문제에 랜덤 포레스트 모델을 적용해 보겠습니다.

```
from sklearn.ensemble import RandomForestClassifier

full_pipe = Pipeline(
    [
        ("preprocess", preprocess),
        ("classifier", RandomForestClassifier())
    ]
)
```

- 랜덤 포레스트의 파라미터 명칭을 확인해 보겠습니다.

```
RandomForestClassifier().get_params()

{'bootstrap': True, 'ccp_alpha': 0.0,
 'class_weight': None, 'criterion': 'gini',
 'max_depth': None, 'max_features': 'sqrt',
 'max_leaf_nodes': None, 'max_samples': None,
 'min_impurity_decrease': 0.0, 'min_samples_leaf': 1,
 'min_samples_split': 2, 'min_weight_fraction_leaf': 0.0,
 'n_estimators': 100, 'n_jobs': None,
 'oob_score': False, 'random_state': None,
 'verbose': 0, 'warm_start': False}
```

- BaggingClassifier(), DecisionTreeClassifier()와 동일한 파라미터가 존재합니다.
- max_features는 전체 변수 p개 중 일부 변수를 선택하는 옵션입니다. 'auto'로 설정할 경우 분류 문제에서는 sqrt(p), 회귀 문제에서는 p로 설정합니다. 정수값으로 설정할 경우 고정된 변수 개수로 설정할 수 있습니다.

```
RandomForest_param = {'classifier__n_estimators': np.arange(100, 500, 100)}
RandomForest_search = GridSearchCV(estimator = full_pipe,
                                    param_grid = RandomForest_param,
                                    cv = 3,
                                    scoring = 'accuracy')
RandomForest_search.fit(train_X, train_y)
```

```
print('Best 파라미터 조합:', RandomForest_search.best_params_)
print('교차검증 accuracy score:', RandomForest_search.best_score_)

Best 파라미터 조합: {'classifier__n_estimators': 400}
교차검증 accuracy score: 0.9573555099870888
```

- 최적의 파라미터는 n_estimators=400인 것을 확인할 수 있습니다. 최종적으로 테스트 데이터를 이용해서 모형 성능을 평가해 보겠습니다.

```
from sklearn.metrics import accuracy_score
rf_pred = RandomForest_search.predict(test_X)
print('테스트 accuracy score :', accuracy_score(test_y, rf_pred))

테스트 accuracy score : 0.9532163742690059
```

3) Gradient Boosting

분류 문제에 Gradient Boosting을 적용해 보겠습니다.

```
from sklearn.ensemble import GradientBoostingClassifier
full_pipe = Pipeline(
    [
        ("preprocess", preprocess),
        ("classifier", GradientBoostingClassifier())
    ]
)
```

- 그래디언트 부스팅의 파라미터 명칭을 확인해 보겠습니다.

```
GradientBoostingClassifier().get_params()

{'ccp_alpha': 0.0, 'criterion': 'friedman_mse',
 'init': None, 'learning_rate': 0.1,
 'loss': 'log_loss', 'max_depth': 3,
 'max_features': None, 'max_leaf_nodes': None,
 'min_impurity_decrease': 0.0, 'min_samples_leaf': 1,
 'min_samples_split': 2, 'min_weight_fraction_leaf': 0.0,
 'n_estimators': 100, 'n_iter_no_change': None,
 'random_state': None, 'subsample': 1.0,
 'tol': 0.0001, 'validation_fraction': 0.1,
 'verbose': 0, 'warm_start': False}
```

- DecisionTreeRegressor()와 동일한 파라미터가 존재합니다. 의사결정나무의 크기를 조절하여 적절한 약 학습기를 생성할 수 있습니다.
- n_estimators는 약 학습기의 수를 지정하는 파라미터입니다. 너무 많은 약 분류기를 생성하여 잔차를 업데이트할 경우 과적합될 수 있습니다.
- learning_rate는 각 단계별 약 학습기의 기여 정도를 조절하는 파라미터입니다. learning_rate 값이 너무 클 경우 개별 약 분류기의 기여도가 커지므로 과적합될 수 있습니다.

```
GradientBoosting_param = {'classifier__learning_rate': np.arange(0.1, 0.3, 0.05)}
GradientBoosting_search = GridSearchCV(estimator = full_pipe,
                                       param_grid = GradientBoosting_param,
                                       cv = 5,
                                       scoring = 'f1_macro')
GradientBoosting_search.fit(train_X, train_y)
```

```
print('Best 파라미터 조합:', GradientBoosting_search.best_params_)
print('교차검증 f1 score:', GradientBoosting_search.best_score_)

Best 파라미터 조합: {'classifier__learning_rate': 0.1}
교차검증 f1 score: 0.9677399184402319
```

- 최적의 파라미터는 learning_rate=0.1인 것을 확인할 수 있습니다. 최종적으로 테스트 데이터를 이용해서 모형 성능을 평가해 보겠습니다.

```
from sklearn.metrics import f1_score
gb_pred = GradientBoosting_search.predict(test_X)
print('테스트 f1 score:', f1_score(test_y, gb_pred))

테스트 f1 score: 0.9365079365079365
```

04 고급 분류 기법(SVM, Support Vector Machine)

분류 문제에서 SVM의 기본 아이디어는 마진(margin)을 최대화하는 결정경계를 찾는 것입니다. 이진 분류 문제에서 마진은 각 범주 간 관측치 사이의 최단 거리를 의미합니다. 선형 SVM은 크게 하드 마진 분류기와 소프트 마진 분류기 두 가지로 나눌 수 있습니다.

① 하드 마진 분류기(hard margin classifier)

- 하드 마진 분류기는 두 클래스 사이에 완벽하게 구분할 수 있는 결정 경계를 찾습니다. 결정 경계는 두 클래스의 가장 가까운 데이터 포인트(서포트 벡터)와의 거리를 최대화합니다.

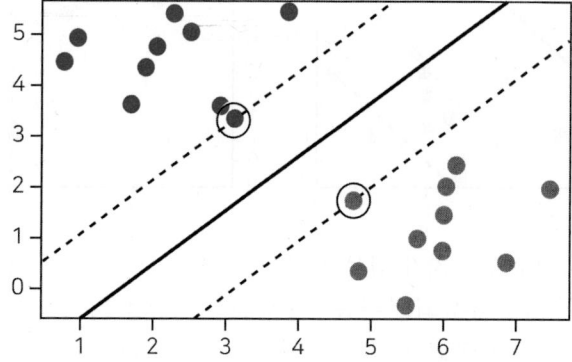

- 위 그림에서 두 서포트 벡터 사이에 마진을 최대화하는 결정경계가 생성된 것을 확인할 수 있습니다.
- 하지만 모든 데이터가 결정 경계와 마진을 정확히 만족시키는 경우는 별로 없습니다. 또한, 데이터에 이상치(outlier)가 있을 경우 모델이 불안정해질 수 있습니다. 즉, 소수의 이상치에 결정 경계가 크게 변할 수 있습니다.

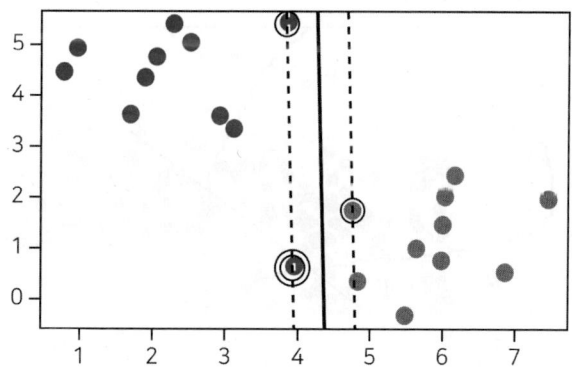

- 위 그림에서 왼쪽 클래스에 이상치가 1개 추가되었을 때, 결정 경계가 급격하게 변하는 것을 확인할 수 있습니다.

② **소프트 마진 분류기**(soft margin classifier)
- 소프트 마진 분류기는 일부 관측치가 잘못 분류되는 것을 허용(제약조건을 완화)함으로써 하드 마진 분류기에 비해 더 강건한 분류 모형을 구축합니다.
- 그렇다면, 얼마만큼 잘못 분류되는 것을 허용하는 것이 좋을까요? C(cost) 파라미터의 조절은 모델을 정규화(regularization)하는 역할을 합니다.

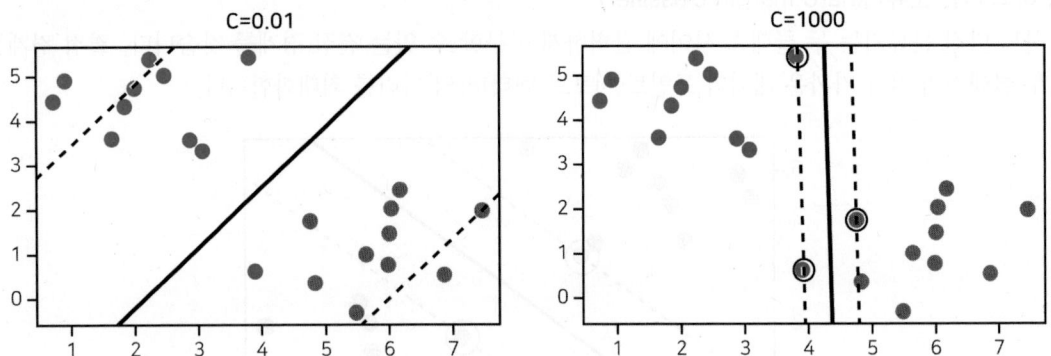

- C=0.01일 때, 모델은 일부 관측치가 잘못 분류되는 것을 허용하면서 더 큰 마진을 유지합니다. C=1000일 때는 가능한 잘못 분류되는 관측치가 없도록 마진을 최소화합니다. 적절한 C 파라미터는 Hold-out 방법 혹은 k-폴드 교차검증을 통해 도출할 수 있습니다.

③ **Kernel Trick**
- SVM은 기본적으로 선형 분류를 합니다. 따라서 선형 결정경계를 이용해서 분류하기 어려운 경우 적용하기 어렵습니다.
- 비선형 예측을 수행하기 위해서는 비선형 커널 함수를 활용해야 합니다. 커널 함수의 형태와 그에 따른 파라미터는 C 파라미터와 마찬가지로 사전에 지정해야 하는 파라미터입니다.

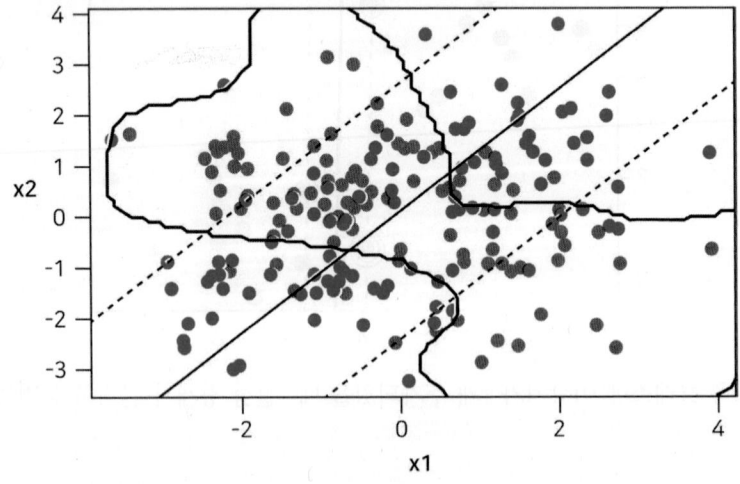

▲ SVM with rbf Kernel

기적의 TIP

SVC( )에서 .predict_proba( )를 활용하기 위해서는 probability=True로 설정해야 합니다. .predict_proba( )로 구한 확률값은 AUC를 계산하는 데 활용됩니다.

```python
from sklearn.svm import SVC

full_pipe = Pipeline(
    [
        ("preprocess", preprocess),
        ("classifier", SVC(probability = True))
    ]
)
```

- SVC의 파라미터 명칭을 확인해 보겠습니다.

```python
SVC(probability=True).get_params( )

{'C': 1.0, 'break_ties': False,
 'cache_size': 200, 'class_weight': None,
 'coef0': 0.0, 'decision_function_shape': 'ovr',
 'degree': 3, 'gamma': 'scale',
 'kernel': 'rbf', 'max_iter': -1,
 'probability': True, 'random_state': None,
 'shrinking': True, 'tol': 0.001,
 'verbose': False}
```

- C는 위에서 언급한 모델의 복잡도를 조절하는 파라미터입니다. kernel은 rbf(radial basis function)가 디폴트인 것을 확인할 수 있습니다.

```python
SVC_param = {'classifier__C': np.arange(1, 100, 20)}
SVC_search = GridSearchCV(estimator = full_pipe,
                          param_grid = SVC_param,
                          cv = 3,
                          scoring = 'roc_auc')
SVC_search.fit(train_X, train_y)
```

```python
print('Best 파라미터 조합:', SVC_search.best_params_)
print('교차검증 AUC score:', SVC_search.best_score_)

Best 파라미터 조합: {'regressor__C': 1}
교차검증 AUC score: 0.9904450454880748
```

- 최적의 파라미터는 C=1인 것을 확인할 수 있습니다. 최종적으로 테스트 데이터를 이용해서 모형 성능을 평가해 보겠습니다.

```
from sklearn.metrics import roc_auc_score
y_prob = SVC_search.predict_proba(test_X)[:, 1]
auc_score = roc_auc_score(test_y, y_prob)
print("AUC score: %f" % auc_score)

AUC score: 0.994121
```

05 모범 답안 작성 예시

작업형 제2유형에 대한 모범 답안 코드를 통해 분류 문제를 어떻게 풀어야 하는지 확인하겠습니다.

- 실습을 위해 scikit-learn 라이브러리에 구현된 데이터를 예제로 불러오겠습니다.

```
from sklearn.datasets import load_breast_cancer
data = load_breast_cancer()

X = data.data
y = data.target

df = pd.DataFrame(X, columns=data.feature_names)
df['target'] = y

print(df.head())
```

	mean radius	mean texture	mean perimeter	mean area	...	target
0	17.99	10.38	122.80	1001.0	...	0
1	20.57	17.77	132.90	1326.0	...	0
2	19.69	21.25	130.00	1203.0	...	0
3	11.42	20.38	77.58	386.1	...	0
4	20.29	14.34	135.10	1297.0	...	0

- 모델 평가를 위해 훈련 데이터와 테스트 데이터를 분할하겠습니다.

```
from sklearn.model_selection import train_test_split
train_X, test_X, train_y, test_y = train_test_split(df.drop(columns = 'target'),
                                                    df['target'],
                                                    test_size = 0.3,
                                                    random_state = 42)
```

① 데이터 탐색

- 모델을 적합하기 전 데이터에 결측치 혹은 특이치(**예** 특수문자)가 있는지 확인해야 합니다.
- 특이치가 있을 경우 실제 칼럼의 데이터 타입은 수치형(float, int)이지만, 문자형(object)으로 인식 될 수 있습니다.
- 또한, 결측치가 존재할 경우 모델 적합 시 에러가 발생할 수 있으므로 결측치 확인 후 적절한 처리를 해주어야 합니다.

```
print(train_X.info( ))
print(test_X.info( ))
```

```
<class 'pandas.core.frame.DataFrame'>
Index: 398 entries, 149 to 102
Data columns (total 30 columns):
 #    Column                    Non-Null Count      Dtype
 0    mean radius               398 non-null        float64
                                ...
 29   worst fractal dimension   398 non-null        float64
dtypes: float64(30)
memory usage: 96.4 KB
None

<class 'pandas.core.frame.DataFrame'>
Index: 171 entries, 204 to 247
Data columns (total 30 columns):
 #    Column                    Non-Null Count      Dtype
 0    mean radius               171 non-null        float64
                                ...
 29   worst fractal dimension   171 non-null        float64
dtypes: float64(30)
memory usage: 41.4 KB
None
```

- 결측치가 존재하지 않는 것을 확인할 수 있습니다.

② 데이터 분할

- 모델 성능 확인을 위해 훈련 데이터의 일부를 검증 데이터로 나누겠습니다.

```
from sklearn.model_selection import train_test_split
train_X, valid_X, train_y, valid_y = train_test_split(train_X, train_y, test_size = 0.3, random_state = 1)
print(train_X.shape, train_y.shape, valid_X.shape, valid_y.shape)

(278, 30) (278,) (120, 30) (120,)
```

③ 데이터 전처리

- 범주형 변수에 대해서 원-핫 인코딩을 수행하고, 결측치가 존재하는 칼럼에 대해 결측치 대치 방법을 수행하겠습니다.
- 범주형 변수와 수치형 변수의 각 칼럼명을 저장합니다.

```
cat_columns = train_X.select_dtypes('object').columns
num_columns = train_X.select_dtypes('number').columns
```

- 원-핫 인코딩 메서드를 불러옵니다.

```
from sklearn.preprocessing import OneHotEncoder
onehotencoder = OneHotEncoder(sparse_output = False, handle_unknown = 'ignore')
```

- 훈련 데이터, 검증 데이터, 테스트 데이터 각각에 데이터 전처리를 진행합니다.
- 전처리 결과는 np.array로 출력됩니다. 모델 적합시 전처리 완료된 데이터를 pd.DataFrame으로 변경하지 않아도 무방합니다.

```
train_X_categorical_encoded = onehotencoder.fit_transform(train_X[cat_columns])
valid_X_categorical_encoded = onehotencoder.transform(valid_X[cat_columns])
test_X_categorical_encoded = onehotencoder.transform(test_X[cat_columns])

train_X_preprocessed = np.concatenate([train_X[num_columns], train_X_categorical_encoded], axis = 1)
valid_X_preprocessed = np.concatenate([valid_X[num_columns], valid_X_categorical_encoded], axis = 1)
test_X_preprocessed = np.concatenate([test_X[num_columns], test_X_categorical_encoded], axis = 1)
```

④ 모델 적합

- 회귀 문제와 마찬가지로 기본 성능이 보장되는 랜덤 포레스트 모델을 활용합니다.

```
from sklearn.ensemble import RandomForestClassifier
rf = RandomForestClassifier(random_state = 1)
rf.fit(train_X_preprocessed, train_y)
RandomForestClassifier(random_state = 1)
```

- 검증 데이터를 활용하여 모델 성능을 확인해 보겠습니다. 모델 성능 지표는 문제에 명시되어 있습니다. (예 f1-score)

```
from sklearn.metrics import f1_score
pred_val = rf.predict(valid_X_preprocessed)
f1_score(valid_y, pred_val, average = 'macro')
```

```
0.9475
```

- 모델 성능에 크게 신경쓰지 말아야 합니다. 랜덤 포레스트 모델의 경우 특이 케이스를 제외하면 기본 성능이 보장되므로, 따로 튜닝을 진행하지 않아도 됩니다.

⑤ 테스트 데이터로 예측

- 테스트 데이터를 활용하여 최종 예측을 수행합니다.

```
test_pred = rf.predict(test_X_preprocessed)
test_pred = pd.DataFrame(test_pred, columns = ['pred'])
```

- 파일명은 문제에 명시된 대로 result.csv로 하여 최종 결과를 저장합니다. 자동 생성되는 index를 제외해야 하므로, index=False로 설정합니다.

```
test_pred.to_csv('result.csv', index = False)
```

- 회귀 문제에서와 마찬가지로 모델 성능을 높이기 위해서 교차검증을 활용한 파라미터 튜닝을 진행해볼 수 있습니다.
- 검증 데이터의 모델 성능이 매우 낮은 경우 파라미터 튜닝을 먼저 진행하기 보다는 데이터 전처리 과정에서 실수가 없었는지 확인하는 것을 권장합니다.
- Hold-out 방법이 아닌 k-폴드 교차검증을 진행할 것이기 때문에 기존에 분할했던 학습 데이터와 검증 데이터를 합치겠습니다.

```
train_X_full = np.concatenate([train_X_preprocessed, valid_X_preprocessed], axis = 0)
train_y_full = np.concatenate([train_y, valid_y], axis = 0)
```

- GridSearchCV()를 통해 하이퍼파라미터 튜닝을 진행하겠습니다.

```
from sklearn.model_selection import GridSearchCV

param_grid = {'max_depth': [10, 20, 30],
              'min_samples_split': [2, 5, 10]}

rf = RandomForestClassifier(random_state = 1)
rf_search = GridSearchCV(estimator = rf,
                         param_grid = param_grid,
                         cv = 3,
                         scoring = 'f1_macro')

rf_search.fit(train_X_full, train_y_full)

print('교차검증 f1-score:', rf_search.best_score_)

교차검증 f1-score: 0.9460649058820315
```

- 파라미터 튜닝 결과를 바탕으로 테스트 데이터를 활용하여 최종 예측을 수행하고 최종 결과를 저장합니다.

```
test_pred2 = rf_search.predict(test_X_preprocessed)
test_pred2 = pd.DataFrame(test_pred2, columns = ['pred'])

test_pred2.to_csv('result.csv', index = False)
```

⑥ ColumnTransformer와 Pipeline을 활용한 방법

- 일관된 코드를 작성하는 것을 선호한다면 ColumnTransformer()와 Pipeline()을 활용할 수 있습니다.

```
from sklearn.datasets import load_breast_cancer
data = load_breast_cancer()
X = data.data
y = data.target

df = pd.DataFrame(X, columns=data.feature_names)
df['target'] = y
```

- 모델 평가를 위해 훈련 데이터와 테스트 데이터를 분할하겠습니다.

```
from sklearn.model_selection import train_test_split
X_train, X_test, y_train, y_test = train_test_split(df.drop(columns = 'target'),
                                                    df['target'],
                                                    test_size = 0.3,
                                                    random_state = 42)
```

- 파이프라인과 ColumnTransformer()를 활용하여 데이터 전처리를 진행하겠습니다.

```
from sklearn.decomposition import PCA
from sklearn.preprocessing import StandardScaler
from sklearn.compose import ColumnTransformer
from sklearn.pipeline import Pipeline, make_pipeline
from sklearn.model_selection import GridSearchCV
num_columns = train_X.select_dtypes('number').columns.tolist()

num_preprocess = make_pipeline(
    StandardScaler(),
    PCA(n_components = 0.8, svd_solver = 'full'))

preprocess = ColumnTransformer(
    [("num", num_preprocess, num_columns)]
)
```

- 랜덤 포레스트 모델을 적합해보겠습니다.

```python
from sklearn.ensemble import RandomForestClassifier

full_pipe = Pipeline(
    [
        ("preprocess", preprocess),
        ("classifier", RandomForestClassifier())
    ]
)
full_pipe.fit(train_X, train_y)
```

```python
test_pred3 = full_pipe.predict(test_X)
test_pred3 = pd.DataFrame(test_pred3, columns = ['pred'])
```

- 파라미터 튜닝을 진행하면 다음과 같습니다.

```python
from sklearn.ensemble import RandomForestClassifier

full_pipe = Pipeline(
    [
        ("preprocess", preprocess),
        ("classifier", RandomForestClassifier())
    ]
)
RandomForest_param = {'classifier__n_estimators': np.arange(100, 500, 100)}
RandomForest_search = GridSearchCV(estimator = full_pipe,
                                   param_grid = RandomForest_param,
                                   cv = 3,
                                   scoring = 'f1_macro')
RandomForest_search.fit(train_X, train_y)
```

```python
print('Best 파라미터 조합:', RandomForest_search.best_params_)
print('교차검증 f1-score:', RandomForest_search.best_score_)

Best 파라미터 조합: {'classifier__n_estimators': 300}
교차검증 f1-score: 0.9336537189061705
```

- 최종 결과를 저장합니다.

```python
test_pred4 = RandomForest_search.predict(test_X)
test_pred4 = pd.DataFrame(test_pred4, columns = ['pred'])
test_pred2.to_csv('result.csv', index = False)
```

SECTION 03 연습문제

제공된 학습용 데이터(mroz_train.csv)는 미국 기혼 여성의 노동시장 참여 여부, 자녀 수, 교육 수준, 예상 시급 및 가구 소득 등을 조사한 자료이다.

변수명	설명
lfp	노동시장 참여 여부 (범주형: no – 참여하지 않음, yes – 참여함)
k5	5세 이하 자녀 수
k618	6세 ~ 18세 자녀 수
age	여성의 나이 (단위: 세)
wc	아내의 대학교 졸업 여부 (범주형: no – 미졸업, yes – 졸업)
hc	남편의 대학교 졸업 여부 (범주형: no – 미졸업, yes – 졸업)
lwg	여성의 예상 시급 로그값 (예측 대상 변수)
inc	가구 총소득 (단위: 가구 소득에서 아내 소득을 제외한 금액)

```
import pandas as pd
import numpy as np
train = pd.read_csv("https://raw.githubusercontent.com/YoungjinBD/data/main/mroz_train.csv")
test = pd.read_csv("https://raw.githubusercontent.com/YoungjinBD/data/main/mroz_test.csv")
print(train.head())
```

```
    lfp  k5  k618  age   wc   hc       lwg     inc
0   no   0     1   37   no   no  1.015402  34.000
1  yes   0     1   54  yes   no  0.864858  16.142
2   no   2     0   32  yes  yes  1.230121  14.700
3   no   0     1   51   no   no  0.854841  18.750
4  yes   0     0   50   no   no  1.832582  27.000
```

학습용 데이터를 활용하여 노동 시장 참여 여부(lfp)를 예측하는 모델을 개발하고, 이 중 가장 우수한 모델을 평가용 데이터(mroz_test.csv)에 적용하여 노동시장 참여 여부(lfp)를 예측하시오.

※ 예측결과는 f1-macro 평가지표에 따라 평가

제출 형식
- CSV 파일명 : result.csv (파일명에 디렉토리·폴더 지정 불가)
- 예측 칼럼명 : pred
- 제출 칼럼 개수 : pred 칼럼 1개
- 평가용 데이터 개수와 예측 결과 데이터 개수 일치

SECTION 03 연습문제 정답

1. 데이터 탐색

모델을 적합하기 전 데이터에 결측치 혹은 특이치(특수문자 등)가 있는지 확인합니다.

```
print(train.info())
print(test.info())
```

```
<class 'pandas.core.frame.DataFrame'>
RangeIndex: 527 entries, 0 to 526
Data columns (total 8 columns):
 #   Column  Non-Null Count  Dtype
---  ------  --------------  -----
 0   lfp     527 non-null    object
 1   k5      527 non-null    int64
 2   k618    527 non-null    int64
 3   age     527 non-null    int64
 4   wc      527 non-null    object
 5   hc      527 non-null    object
 6   lwg     527 non-null    float64
 7   inc     527 non-null    float64
dtypes: float64(2), int64(3), object(3)
memory usage: 33.1+ KB
None
<class 'pandas.core.frame.DataFrame'>
RangeIndex: 226 entries, 0 to 225
Data columns (total 8 columns):
 #   Column  Non-Null Count  Dtype
---  ------  --------------  -----
 0   lfp     226 non-null    object
 1   k5      226 non-null    int64
 2   k618    226 non-null    int64
 3   age     226 non-null    int64
 4   wc      226 non-null    object
 5   hc      226 non-null    object
 6   lwg     226 non-null    float64
 7   inc     226 non-null    float64
dtypes: float64(2), int64(3), object(3)
memory usage: 14.3+ KB
None
```

결측치는 존재하지 않으며, 칼럼별 데이터 타입이 모두 적절하게 설정된 것을 확인할 수 있습니다.

데이터 분할 및 전처리 전 변수 설명을 검토하고, 특이 사항을 확인합니다. 타겟 칼럼이 문자형인 것을 확인할 수 있습니다.

```
print(train['lfp'].unique())
print(test['lfp'].unique())

['no' 'yes']
['yes' 'no']
```

타겟 칼럼이 문자형일 경우 숫자형으로 변환하는 것이 결과 산출에 용이합니다.

```
train['lfp'] = train['lfp'].map({'no' : 0, 'yes' : 1})
test['lfp'] = test['lfp'].map({'no' : 0, 'yes' : 1})
```

2. 데이터 분할

모델 성능 확인을 위해 훈련 데이터의 일부를 검증 데이터로 나눕니다.

```
train_X = train.drop(['lfp'], axis = 1)
train_y = train['lfp']

test_X = test.drop(['lfp'], axis = 1)
test_y = test['lfp']
from sklearn.model_selection import train_test_split
train_X, valid_X, train_y, valid_y = train_test_split(train_X, train_y, test_size = 0.3, ran-
dom_state = 1)
```

3. 데이터 전처리

범주형 변수에 대해서 one-hot 인코딩을 수행합니다.

```
cat_columns = train_X.select_dtypes('object').columns
num_columns = train_X.select_dtypes('number').columns
```

one-hot 인코딩을 위한 메서드를 불러옵니다.

```
from sklearn.preprocessing import OneHotEncoder
onehotencoder = OneHotEncoder(sparse_output = False, handle_unknown = 'ignore')
train_X_categorical_encoded = onehotencoder.fit_transform(train_X[cat_columns])
valid_X_categorical_encoded = onehotencoder.transform(valid_X[cat_columns])
test_X_categorical_encoded = onehotencoder.transform(test_X[cat_columns])

train_X_preprocessed = np.concatenate([train_X[num_columns], train_X_categorical_encoded], axis = 1)
valid_X_preprocessed = np.concatenate([valid_X[num_columns], valid_X_categorical_encoded], axis = 1)
test_X_preprocessed = np.concatenate([test_X[num_columns], test_X_categorical_encoded], axis = 1)
```

4. 모델 적합

랜덤 포레스트 모델을 적합합니다.

```
from sklearn.ensemble import RandomForestClassifier
rf = RandomForestClassifier(random_state = 1)
rf.fit(train_X_preprocessed, train_y)
```

검증 데이터를 활용하여 모델 성능을 확인해보겠습니다.

```
from sklearn.metrics import f1_score
pred_val = rf.predict(valid_X_preprocessed)
print('valid f1-score:' , f1_score(valid_y, pred_val, average='macro'))

valid f1-score: 0.8049079754601227
```

5. 테스트 데이터로 예측

테스트 데이터를 활용하여 최종 예측을 수행합니다.

```
test_pred = rf.predict(test_X_preprocessed)
test_pred = pd.DataFrame(test_pred, columns = ['pred'])
print(test_pred.head())
```

```
   pred
0     0
1     1
2     1
3     0
4     0
```

0, 1로 예측된 결과가 산출됩니다.

테스트 데이터와 예측 칼럼의 행 개수가 일치하는지 확인합니다.

```
print(test_pred.shape[0] == test.shape[0])

True
```

최종 결과를 저장합니다.

```
test_pred.to_csv('result.csv', index = False)
```

> **기적의 TIP**
>
> 최종 예측값이 0, 1 형식이 아니라 no, yes 형식으로 제출해야 하는 경우 다음과 같이 역변환을 진행할 수 있습니다.
>
> ```
> test_pred = rf.predict(test_X_preprocessed)
> label = {0: 'no', 1: 'yes'}
> test_pred_label = pd.Series(test_pred).map(label)
> test_pred = pd.DataFrame(test_pred_label, columns=['pred'])
> # 최종 제출
> test_pred_df.to_csv('result.csv', index=False)
> ```

모델 성능을 높이고자 할 경우 하이퍼파라미터 튜닝을 진행합니다.

```
train_X_full = np.concatenate([train_X_preprocessed, valid_X_preprocessed], axis = 0)
train_y_full = np.concatenate([train_y, valid_y], axis = 0)
```

GridSearchCV()를 통해 하이퍼파라미터 튜닝을 진행하겠습니다.

```
from sklearn.model_selection import GridSearchCV

param_grid = {'max_depth': [10, 20, 30],
              'min_samples_split': [2, 5, 10]}

rf = RandomForestClassifier(random_state = 1)
rf_search = GridSearchCV(estimator = rf,
                         param_grid = param_grid,
                         cv = 5,
                         scoring='f1_macro')
rf_search.fit(train_X_full, train_y_full)
print('교차검증 f1-macro:', rf_search.best_score_)
```

교차검증 f1-macro: 0.751042318803766

하이퍼파라미터 튜닝 결과를 바탕으로 테스트 데이터를 활용하여 최종 예측을 수행합니다.

```
test_pred2 = rf_search.predict(test_X_preprocessed)
test_pred2 = pd.DataFrame(test_pred2, columns = ['pred'])
test_pred2.to_csv('result.csv', index = False)
```

SECTION 04 scikit-learn을 활용한 군집분석 수행

핵심 태그 k-평균 군집분석 • 계층적 군집분석 • 군집 유효성 지표 • 실루엣 계수 • 팔꿈치 방법

> **기적의 TIP**
> 군집분석은 아직 시험에 출제된 적은 없습니다. 공부 시간이 부족한 경우 섹션을 건너뛰어도 괜찮습니다.

군집분석(Clustering)은 비지도학습(Unsupervised Learning)의 대표적인 기법으로, 타깃이 주어지지 않은 데이터를 유사한 특성을 가진 집단으로 묶는 방법입니다. 목적은 데이터 속에 숨어 있는 구조나 패턴을 발견하는 데 있습니다.

군집분석을 활용하면 복잡한 데이터를 단순화해 이해하기 쉽게 만들 수 있으며, 집단 단위의 분석 결과를 기반으로 효율적인 의사결정을 지원할 수 있습니다. 이러한 특성 덕분에 군집분석은 마케팅, 고객 세분화, 이상치 탐지 등 다양한 분야에서 널리 사용됩니다.

예를 들어, 백화점 고객 데이터를 군집분석하면 소비 성향에 따라 서로 다른 집단을 구분할 수 있습니다. 어떤 고객은 의류 매장을 주로 이용하고, 다른 고객은 생활용품 매장에서 많이 구매할 수 있습니다. 이렇게 구분된 결과를 바탕으로, 의류 고객에게는 계절별 패션 쿠폰, 생활용품 고객에게는 대형 세일 소식을 제공하는 식의 맞춤형 마케팅 전략을 세울 수 있습니다.

결국, 군집분석은 데이터에 숨어 있는 패턴을 찾아내어 실제 비즈니스 현장에서 활용 가능한 인사이트를 제공하는 중요한 기법입니다.

01 군집분석 준비

군집분석을 수행하기 전에 데이터 전처리를 적절히 해주는 것이 중요합니다. 특히 변수의 스케일 차이와 이상치(outlier)는 군집 알고리즘의 결과에 큰 영향을 줄 수 있기 때문에, 이를 먼저 처리하는 과정이 필요합니다.

① 표준화(Standardization)

- 군집분석은 주로 거리 기반 알고리즘을 활용하기 때문에, 변수의 스케일(범위)에 민감하게 반응합니다. 예를 들어, 변수 A의 값 범위가 10이고 변수 B의 값 범위가 110,000이라면, 두 변수를 동시에 사용했을 때 거리 계산에서 변수 B가 지나치게 큰 영향을 주게 됩니다.
- 이러한 문제를 해결하기 위해 데이터를 표준화하여 평균을 0, 표준편차를 1로 맞추는 과정을 거칩니다. 이를 통해 각 변수가 균형 있게 거리 계산에 반영될 수 있습니다.

▼ 예제 데이터 생성

```
import pandas as pd
import numpy as np
import matplotlib.pyplot as plt
df = pd.read_csv("https://raw.githubusercontent.com/YoungjinBD/data/main/USArrests.csv")
print(df.head(2))
```

```
     Murder   Assault   UrbanPop    Rape
0     13.2      236        58       21.2
1     10.0      263        48       44.5
```

- USArrests 데이터는 1973년 미국 50개 주에서 발생한 체포 관련 통계를 담고 있는 데이터입니다. 각 주(State)를 행으로 하고, 주별 범죄 관련 지표가 네 개의 열(column)로 정리되어 있습니다.

  Murder : 10만 명당 살인 사건 체포율

  Assault : 10만 명당 폭행 사건 체포율

  UrbanPop : 도시 지역 인구 비율(%)

  Rape : 10만 명당 강간 사건 체포율

- scikit-learn을 활용하여 표준화를 수행합니다.

```
from sklearn.preprocessing import StandardScaler   # 표준화 전처리 모듈 불러오기
numeric_data = df.select_dtypes('number')
stdscaler = StandardScaler()
df_trans = pd.DataFrame(stdscaler.fit_transform(numeric_data), columns = numeric_data.columns)
print(df_trans.head(2))
```

```
     Murder    Assault   UrbanPop     Rape
0   1.255179  0.790787  -0.526195  -0.003451
1   0.513019  1.118060  -1.224067   2.509424
```

② 이상치 처리

- 대부분의 군집 알고리즘은 이상치에 민감합니다. 예를 들어, k-평균 군집분석은 평균을 기준으로 군집 중심을 이동시키는데, 데이터에 극단적인 값이 포함되면 중심이 크게 왜곡될 수 있습니다.
- 따라서 군집분석을 수행하기 전에는 반드시 이상치 탐지 과정을 거쳐야 합니다. 그리고 분석 목적상 제거해도 무방하다면, 이상치를 제외한 후 군집을 진행하는 것이 바람직합니다.

02 군집분석 기법

1) K-평균 군집분석(K-means Clustering)

K-평균 군집분석은 가장 널리 사용되는 군집 기법 중 하나로, 데이터를 미리 정한 개수인 k개의 군집으로 나누는 방법입니다. 알고리즘은 다음과 같은 과정을 거쳐 수행됩니다.

> K-평균 군집분석
> 1. k개 중심점을 사전에 선택
> 2. 관측치에 1~k 군집 번호를 임의로 할당
> 3. 각 군집별로 중심점(평균)을 계산
> 4. 각 관측치를 군집의 중심점에 가까운 군집에 할당
> 5. 군집 내 중심점(평균) 업데이트
> 6. 3-5번 과정을 변화가 없을 때까지 반복(혹은 사전에 지정한 최대 반복 횟수까지 반복)

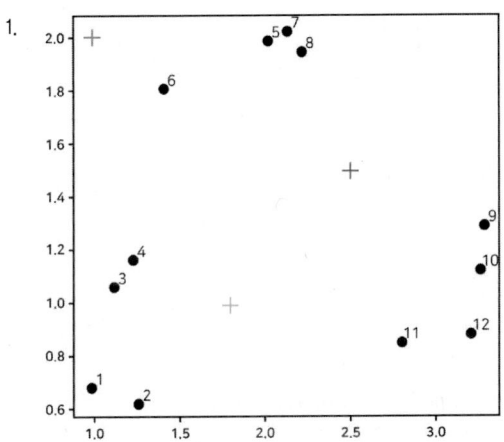
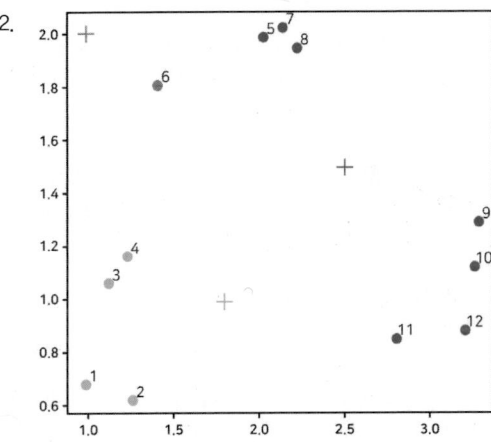

- 데이터가 주어졌을 때, step 1에서 사전에 지정한 k=3에 대해 각 관측치별로 임의의 군집이 할당되고, 각 군집에 대해 중심점(평균)을 계산합니다.
- step 2에서는 군집별 중심점과 각 관측치 사이에 거리를 계산하여, 각 관측치를 가까운 군집에 할당합니다.

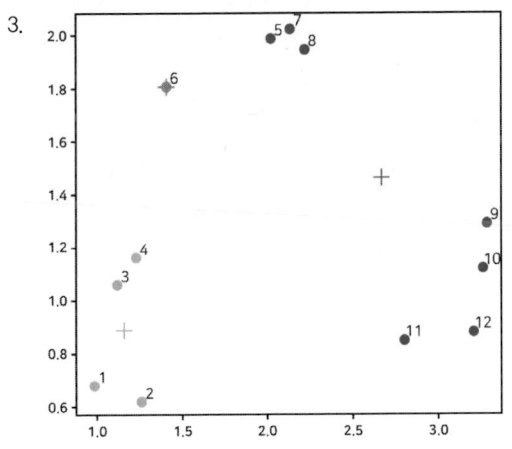
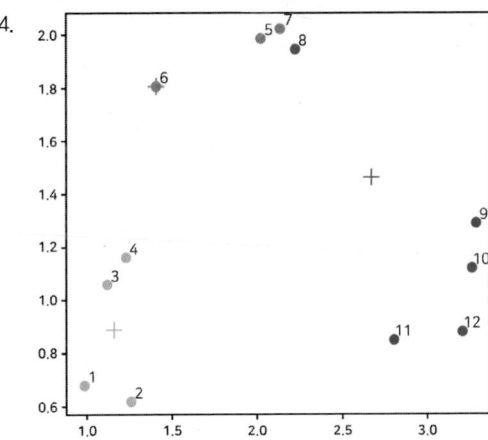

- step 3~4에서는 위에서 수행한 과정을 반복합니다. 군집 중심의 변화가 없을 때까지 혹은 사전에 지정한 최대 반복 횟수만큼 업데이트를 진행합니다.

> **K-평균 군집분석**
> 장점 : 구현이 비교적 간단, 계산 속도가 빠름
> 단점 : 사전에 k값 지정 필요, 이상치에 민감

- scikit-learn의 KMeans()를 활용해서 k-평균 군집분석을 수행해보겠습니다.

```
from sklearn.cluster import KMeans
kmeans = KMeans(n_clusters = 4, # 군집의 수 설정
                random_state = 1)
labels = kmeans.fit_predict(df_trans) # 표준화 데이터 넣기
print(labels)
```

```
[1 2 2 1 2 2 0 0 2 1 0 3 2 0 3 0 3 1 3 2 0 2 3 1 2 3 3 3 2 3 0 2 2 1 3 0 0 0
 0 0 1 3 1 2 0 3 0 0 3 3 0]
```

- 저장된 labels를 보면 k-평균 군집분석 결과 개별 관측치가 몇 번 군집에 할당되었는지 확인할 수 있습니다. 최종적으로 원 데이터에 cluster_label 칼럼을 추가해주었습니다.

```
df['cluster_label'] = labels
print(df.head(2))
```

	Murder	Assault	UrbanPop	Rape	cluster_label
0	13.2	236	58	21.2	1
1	10.0	263	48	44.5	2

2) 계층적 군집분석

계층적 군집분석은 데이터 병합 방식에 따라 AGNES(Agglomerative nesting), DIANA(Divisive Analysis)로 구분해볼 수 있습니다. 이 중 가장 널리 활용되는 AGNES에 대해 알아보겠습니다.

> **계층적 군집분석**
> 1. n개의 관측치와 $\binom{n}{2}$개의 모든 쌍별 비유사성 측도를 가지고 시작. 각 관측치 자체를 군집으로 취급
> 2. i=n,n-1,...,2에 대해
>   - i개 군집들 사이에서 모든 쌍별 군집 간 비유사성을 조사하여 비유사성이 가장 낮은 군집들의 쌍을 식별
>   - 남아있는 i-1개의 군집들 사이에서 새로운 쌍별 군집 간 비유사성 거리 계산

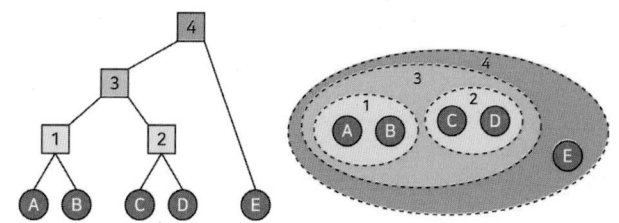

그림을 통해 살펴보면, 먼저 개별 관측치 간의 쌍별 거리를 계산한 후 가장 가까운 두 관측치를 하나의 군집으로 묶습니다. 예를 들어 (A, B)가 가장 가까운 쌍이라면 하나의 군집으로 형성됩니다.

이후 새롭게 형성된 군집과 다른 개별 관측치 간의 거리를 다시 계산하고, 다시 가장 가까운 쌍을 선택하여 병합합니다.

이러한 과정을 반복하면 군집의 개수는 점차 줄어들며, 최종적으로는 모든 관측치가 하나의 군집으로 합쳐집니다.

- 간단한 예제를 통해 계층적 군집분석이 어떻게 수행되는지 알아보겠습니다.

  1. distance matrix 계산

     유클리디안 거리를 이용해서 각 관측치 쌍별 distance matrix를 계산합니다.

	A	B	C	D	E
A	0				
B	3.6	0			
C	2.2	4.5	0		
D	10.8	11.4	8.6	0	
E	16.6	17.1	14.4	5.8	0

  2. 가장 가까운 관측치 쌍 선택

     각 관측치 쌍 중에서 가장 가까운 쌍을 선택합니다. 유클리디안 거리가 2.2로 가장 작은 (A, C)가 선택됩니다.

  3. distance matrix 업데이트

     (A, C)가 하나로 묶였으므로, distance matrix를 업데이트합니다.

     $$dist((1,3), 2)=min(dist(1,2), dist(3,2))=min(3.6, 4.5)=3.6$$
     $$dist((1,3), 4)=min(dist(1,4), dist(3,4))=min(10.8, 8.6)=8.6$$
     $$dist((1,3), 5)=min(dist(1,5), dist(3,5))=min(16.6, 14.4)=14.4$$

	(A, C)	B	D	E
(A, C)	0			
B	3.6	0		
D	8.6	11.4	0	
E	14.4	17.1	5.8	0

4. 가장 가까운 관측치 쌍 선택

　　각 관측치 쌍 중에서 거리가 가장 가까운 쌍을 선택합니다. 여기서는 ((A, C), B) 쌍이 선택됩니다.

5. 위 과정 반복

　　distance matrix를 업데이트하고, 가장 가까운 관측치 쌍을 선택하는 과정을 반복합니다.

- 예제에서는 가장 가까운 거리(단일 연결)를 기준으로 군집을 병합하였지만, 본래 계층적 군집분석에는 군집 간 거리를 정의하는 다양한 연결 방식이 있습니다. 연결 방식에 따라 결과가 달라질 수 있기 때문에, 분석 목적에 맞게 적절한 연결 방식을 선택해야 합니다.

▶ 대표적인 연결 방식

연결 방법	설명	예시
완전연결 (Complete Linkage)	군집 간 관측치의 쌍별 최대 거리를 이용하여 군집을 병합하는 방식	
단일연결 (Single Linkage)	군집 간 관측치의 쌍별 최소 거리를 이용하여 군집을 병합하는 방식	
평균연결 (Average Linkage)	군집 간 모든 관측치 쌍의 평균 거리를 이용하여 군집을 병합하는 방식	
무게중심연결 (Centroid Linkage)	군집 내 중심 사이의 거리를 이용하여 군집을 병합하는 방식	
Ward 연결	군집 내 분산의 증가를 최소화하는 방식으로 군집을 병합하는 방식	

- USArrests 데이터를 활용하여 계층적 군집분석을 수행해보겠습니다. scikit-learn의 AgglomerativeClustering()를 활용해서 계층적 군집분석을 수행합니다.

```
from sklearn.cluster import AgglomerativeClustering
hk = AgglomerativeClustering(n_clusters=4, linkage="single")
hk.fit(df_trans)

AgglomerativeClustering(linkage='single', n_clusters=4)
```

- .labels_를 보면 k-평균 군집분석 결과 개별 관측치가 몇 번 군집에 할당되었는지 확인할 수 있습니다. 최종적으로 원 데이터에 cluster_label2 칼럼을 추가해주었습니다.

```
df['cluster_label2'] = hk.labels_
```

- 이 결과를 통해 각 주(State)가 어떤 군집에 속하는지 확인할 수 있습니다.

03 유효성 지표

비지도학습인 군집분석도 지도학습과 마찬가지로 잘 수행되었는지 평가할 수 있는 기준이 필요합니다. 분석 목적 및 상황에 따라 내부 유효성 지표, 외부 유효성 지표로 구분해볼 수 있습니다.

1) 외부 유효성 지표(External Clustering Validation)

외부 유효성 지표는 임의의 관측치가 어떤 군집에 속하는지 알고 있는 경우에 활용하는 지표입니다. 대표적인 지표로 Rand Index, Adjusted Rand Index가 있습니다.

① Rand Index(RI)

- Rand Index(RI)는 지도학습에서 사용하는 정확도(accuracy) 지표와 개념적으로 유사합니다. 다만 accuracy가 개별 관측치 단위에서 올바른 예측 비율을 계산하는 반면, Rand Index는 관측치 쌍(pair) 단위에서 군집 결과가 일치하는 비율을 계산하도록 재정의된 지표입니다.

$$\text{Rand Index(RI)} = \frac{\sum_{i,j}\binom{n_{ij}}{2} + \left[\binom{n}{2} - \sum_i \binom{a_i}{2} - \sum_j \binom{b_j}{2} + \sum_{i,j}\binom{n_{ij}}{2}\right]}{\binom{n}{2}}$$

n_{ij} : 실제 군집 i, 예측 군집 j에 속한 관측치 수
$a_i = \sum_j n_{ij}$: 실제 군집 i에 속한 관측치 수
$b_j = \sum_i n_{ij}$: 예측 군집 j에 속한 관측치 수

- 임의의 군집 알고리즘을 학습했다고 생각해보겠습니다. 군집 알고리즘을 학습한 결과 각 관측치가 임의의 군집에 할당됩니다. 관측치가 어떤 군집에 속하는지 알고 있다는 것을 가정했으므로, 지도학습 문제와 동일하게 혼동행렬을 만들어볼 수 있습니다.

```
import pandas as pd
from sklearn.metrics import confusion_matrix

y_true = [1, 0, 1, 1, 1, 1, 2]
y_pred = [1, 1, 0, 0, 1, 1, 2]

conf_mat = confusion_matrix(y_true, y_pred, labels=[0, 1, 2])
print("\nConfusion Matrix:")
print(conf_mat)

Confusion Matrix:
[[0 1 0]
 [2 3 0]
 [0 0 1]]
```

- scikit-learn을 통해 Rand Index를 계산해보겠습니다.

```
from sklearn.metrics import rand_score
ri = rand_score(y_true, y_pred)    # accuracy_score(y_true, y_pred)와 동일
print(f"\nRand Index: {ri:.3f}")

Rand Index: 0.571
```

- Rand Index는 0 ~ 1 사이의 값을 갖으며, 1에 가까울수록 군집 알고리즘의 성능이 높다고 할 수 있습니다.

② Adjusted Rand Index(ARI)

- Rand Index는 군집의 수가 늘어남에 따라 값이 커지는 단점이 있으므로, 이를 보정한 Adjusted Rand Index를 활용할 수 있습니다.

$$\text{Adjusted Rand Index(ARI)}: \frac{\text{Index} - \text{Expected Index}}{\text{Max index} - \text{Expected Index}}$$

$\text{Index} = \sum_{i,j} \binom{n_{ij}}{2}$: 실제 클러스터링에서 같은 클러스터에 속하는 데이터 쌍의 수

$\text{Expected Index} = \dfrac{\left(\sum_i \binom{a_i}{2}\right)\left(\sum_j \binom{b_j}{2}\right)}{\binom{n}{2}}$: 무작위 클러스터링에서 기대되는 같은 클러스터에 속하는 데이터 쌍의 수

$\text{Max Index} = \dfrac{1}{2}\left(\sum_i \binom{a_i}{2} + \sum_j \binom{b_j}{2}\right)$: 가능한 최대 일치의 수

▶ 혼동행렬 예시

구분	Cluster 1	Cluster 2	Cluster 3	합계
A	0	1	0	1
B	2	3	0	5
C	0	0	1	1
합계	2	4	1	7

- 먼저 혼동행렬의 각 행과 열의 합을 계산해 보겠습니다.

$$a_A = 0+1+0 = 1,\ a_B = 2+3+0 = 5,\ a_C = 0+0+1 = 1$$
$$b_1 = 0+2+0 = 2,\ b_2 = 1+3+0 = 4,\ b_3 = 0+0+1 = 1$$

- Index와 Expected Index는 다음과 같이 계산합니다.

$$\text{Index} = \binom{0}{2} + \binom{1}{2} + \binom{0}{2} + \binom{2}{2} + \binom{3}{2} + \binom{0}{2} + \binom{0}{2} + \binom{0}{2} + \binom{1}{2}$$
$$= 0+0+0+1+3+0+0+0+0 = 4$$

$$\text{Expected Index} = \frac{\left(\binom{1}{2} + \binom{5}{2} + \binom{1}{2}\right)\left(\binom{2}{2} + \binom{4}{2} + \binom{1}{2}\right)}{\binom{7}{2}}$$
$$= \frac{(0+10+0) \times (1+6+0)}{21} \approx 3.333$$

- 최대 Index는 다음과 같이 계산합니다.

$$\text{Max Index} = \frac{1}{2}\left(\binom{1}{2} + \binom{5}{2} + \binom{1}{2} + \binom{2}{2} + \binom{4}{2} + \binom{1}{2}\right) = \frac{1}{2}(0+10+0+1+6+0) = 8.5$$

- 최종적으로 Adjusted Rand Index는 다음과 같이 계산합니다.

$$\text{ARI} = \frac{\text{Index} - \text{Expected Index}}{\text{Max Index} - \text{Expected Index}} = \frac{4 - 3.333}{8.5 - 3.333} \approx 0.129$$

- scikit-learn에 구현된 adjusted_rand_score를 활용하면 같은 결과를 얻을 수 있습니다.

```
from sklearn.metrics import adjusted_rand_score
ari = adjusted_rand_score(y_true, y_pred)
print(f"Adjusted Rand Index: {ari:.3f}")

Adjusted Rand Index: 0.129
```

- ARI는 $-1 \leq \text{ARI} \leq 1$ 사이의 값을 갖으며, 1에 가까울수록 군집 알고리즘의 성능이 높다고 할 수 있습니다.

2) 내부 유효성 지표(Internal Clustering Validation)

내부 유효성 지표는 관측치가 실제로 어떤 군집에 속하는지 알 수 없는 상황에서, 군집 알고리즘의 결과를 평가하기 위해 사용됩니다. 즉, 외부 레이블(정답)이 주어지지 않은 상태에서 군집 자체의 품질을 판단할 수 있도록 설계된 지표입니다. 내부 유효성 지표는 응집도와 분리도를 통해 정의됩니다.

1. 응집도(Compactness) : 응집도는 같은 군집 내에 관측치들이 얼마나 모여있는지를 나타냅니다. 즉, 군집 내 분산이 작다면 군집의 성능이 높다고 볼 수 있습니다.
2. 분리도(Seperation) : 군집이 다른 군집과 잘 분리되었는지를 나타냅니다. 군집간 거리가 멀다면 군집의 성능이 높다고 볼 수 있습니다.

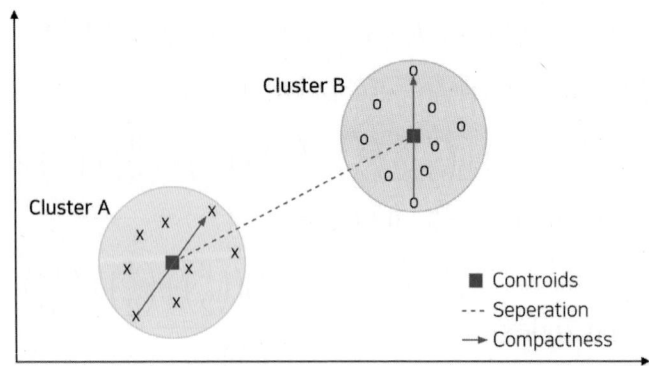

성능이 높은 군집은 군집 내부에서는 응집도가 높고, 군집 간에는 분리도가 높은 형태를 가집니다. 이제 이러한 개념을 바탕으로 정의된 내부 유효성 지표인 실루엣 계수에 대해 알아보겠습니다.

① 실루엣 계수(Silhouette Coefficient)

- 실루엣 계수는 군집 내 응집도(compactness)와 군집 간 분리도(separation)를 동시에 고려하여 군집의 품질을 평가하는 내부 유효성 지표입니다. 개별 관측치 i에 대한 실루엣 계수 S(i)는 다음과 같이 정의됩니다.

$$S(i) = \frac{b(i) - a(i)}{\max(a(i), b(i))}, \ -1 \leq S(i) \leq 1$$

$a(i)$: 관측치 i가 속한 군집 내에서 다른 점들과의 평균 거리(군집 내 응집도)

$b(i)$: 관측치 i가 속하지 않은 다른 군집들과의 평균 거리 중 최소값(군집 간 분리도)

1. i번째 관측치가 속해있는 군집 내에 average dissimilarity a_i를 계산

$$a(i) = \frac{1}{|C_I| - 1} \sum_{j \in C_I, i \neq j} d(i,j)$$

C_I : 관측치가 속해있는 군집 내 관측치의 수

$d(i,j)$: I, j 사이의 거리(유클리드 or 맨해튼 등)

a_i는 응집도를 측정하는 지표입니다(그림의 검은 점선). 군집 내 분산은 작을수록 좋으므로, a_i가 작을수록 군집 알고리즘의 성능이 높다고 할 수 있습니다.

2. i번째 관측치가 속해있지 않은 다른 군집에 대해서 b_i를 계산

$$b(i) = \min_{J \neq I} \frac{1}{|C_I|} \sum_{j \in C_I} d(i,j)$$

b_i는 분리도를 의미합니다(그림의 파란색 점선). 군집 간 거리가 멀수록 좋으므로, b_i가 클수록 군집 알고리즘의 성능이 높다고 할 수 있습니다.

3. i번째 관측치에 대해서 실루엣 계수 S_i 계산

$$S(i) = \frac{b(i) - a(i)}{\max(a(i), b(i))}, \quad -1 \leq S(i) \leq 1$$

$S(i)$는 분모를 생략하면 $b(i) - a(i)$로 계산됩니다. a_i는 작을수록 좋고, b_i는 클수록 좋으므로, $b(i) - a(i)$는 클수록 좋습니다. 실루엣 계수는 -1~1 사이의 값을 가지며, 1에 가까울수록 군집 내 잘 모여있고, 군집 간 잘 분리되어 있다는 것을 의미합니다.

- USArrests 데이터를 활용한 K-평균 군집분석 예제를 바탕으로, 평균 실루엣 계수를 이용해 적절한 군집 수 k를 선택하는 방법을 살펴보겠습니다.
- 절차는 다음과 같습니다.
  1. k=2, 3, …에 대해 K-평균 군집분석을 수행하고
  2. 각 k에서 평균 실루엣 계수를 계산한 후
  3. 평균 실루엣 계수가 가장 큰 k를 군집의 수로 선택합니다.

```
from sklearn.metrics import silhouette_score
scores = []    # 계산 결과를 저장할 빈 리스트 생성
for i in range(2, 10):
    fit_kmeans = KMeans(n_clusters=i, random_state=11).fit(df_trans)    # k별 군집분석 수행
    score = silhouette_score(df_trans, fit_kmeans.labels_)              # k별 실루엣 계수 계산
    scores.append(score)                                                 # k별 실루엣 계수 저장
    print("For n_clusters={0}, the silhouette score is {1}".format(i, score))

For n_clusters=2, the silhouette score is 0.4084890326217641
For n_clusters=3, the silhouette score is 0.36682842761846884
For n_clusters=4, the silhouette score is 0.33968891433344395
For n_clusters=5, the silhouette score is 0.2968626678243933
For n_clusters=6, the silhouette score is 0.2668141299502096
For n_clusters=7, the silhouette score is 0.2726759154908051
For n_clusters=8, the silhouette score is 0.19994244984740153
For n_clusters=9, the silhouette score is 0.23655333272114404
```

- k=2일 때, 실루엣 계수가 가장 큰 것을 확인할 수 있습니다. 따라서 적절한 k는 2로 구할 수 있습니다.

- k-평균 군집분석을 수행해보겠습니다.

```
kmeans = KMeans(n_clusters = 2)
labels = kmeans.fit_predict(df_trans)
```

② 팔꿈치 방법(Elbow method)
- 팔꿈치 방법은 군집 수 k에 따른 군집 내 총 변동(total within-cluster variation)을 계산하고, 그 변동이 급격히 줄어드는 지점(팔꿈치 지점, elbow point)을 찾아 최적의 군집 수를 결정하는 방법입니다.
- 군집 내 총 변동은 다음과 같이 정의됩니다.

$$\sum_{k=1}^{k} W(C_k) = \sum_{k=1}^{k} \sum_{x_i \in C_k} (x_i - \mu_k)^2$$

C_k : 군집 번호

x_i : C_k에 속하는 관찰값

μ_k : C_k에 속하는 관찰값들의 평균

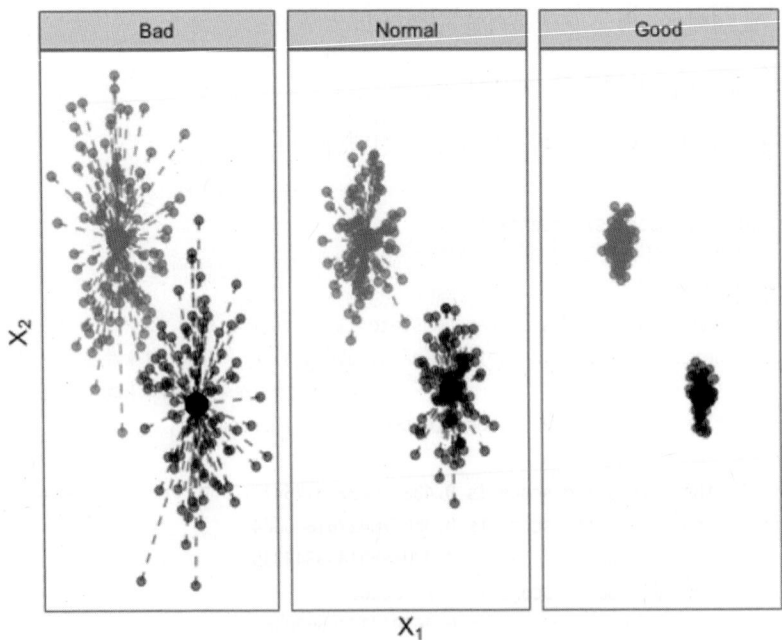

- Bad 군집보다 Good 군집은 군집 내 총 변동이 더 작아, 응집도가 높다고 해석할 수 있습니다.
- 그러나 군집 내 총 변동이 작은 k가 항상 좋은 군집 수를 의미하는 것은 아닙니다. k 값을 무한히 늘리면 군집 내 변동은 결국 0에 가까워지기 때문입니다.
- 따라서 최적의 k를 선택하기 위해서는, 군집 내 총 변동 감소 폭이 급격히 완화되는 지점(팔꿈치 모양)을 찾아야 합니다.

- USArrests 데이터를 활용한 K-평균 군집분석 예제를 바탕으로, 팔꿈치 방법을 이용해 적절한 군집 수 k를 선택하는 방법을 살펴보겠습니다. KMeans() 메서드의 출력 객체에는 군집 내 총 변동 값이 포함되어 있으며, inertia_를 통해 확인할 수 있습니다.

```
kmeans.inertia_
```

- k=2에서 10까지 .inertia_를 계산해보겠습니다.

```
wss = []     # 계산 결과를 저장할 빈 리스트 생성
for i in range(2, 10):
    fit_kmeans = KMeans(n_clusters=i, random_state=11).fit(df_trans)   # k별 군집분석 수행
    wss.append(fit_kmeans.inertia_)                                    # k별 .inertia_ 결과 wss에 저장
    print("For n_clusters = {0}, WSS = {1}".format(k, kmeans.inertia_))

For n_clusters = 2, WSS = 104.96163315756871
For n_clusters = 3, WSS = 80.08569526137276
For n_clusters = 4, WSS = 57.55425863091105
For n_clusters = 5, WSS = 50.10617286461218
For n_clusters = 6, WSS = 45.35935126034157
For n_clusters = 7, WSS = 39.16990059352821
For n_clusters = 8, WSS = 35.627770673038114
For n_clusters = 9, WSS = 33.24360555010634
For n_clusters = 10, WSS = 28.28505922001964
```

- 군집 수가 늘어날수록 군집 내 총 변동(WSS)이 점차 감소하는 것을 확인할 수 있습니다.
- 감소 폭이 급격히 줄어드는 지점, 즉 팔꿈치 지점(elbow point)을 기준으로 적절한 군집 수를 결정해야 합니다.
- k=4에서부터 군집 내 총 변동 감소 폭이 완만해지기 시작하므로, k=4를 적절한 군집 수로 선택할 수 있습니다.

MEMO

PART 04

통계와 확률

파트 소개

이 파트에서는 확률 및 통계의 핵심 개념과 다양한 확률분포의 활용을 다룹니다. 특히, 통계학에서 중요한 개념을 중심으로 확률 계산, 확률변수의 분포, 그리고 Python을 활용한 확률분포 시뮬레이션을 학습합니다. 통계학을 공부했다면 이 파트는 가볍게 읽으며 넘어가도 좋습니다.

◆ 주요 내용

- 기초 확률 및 통계 개념 : 모집단과 표본, 표본추출 방법, 확률의 기본 성질
- 확률변수와 확률분포 : 이산형 및 연속형 확률변수, 확률질량함수(PMF), 확률밀도함수(PDF), 누적분포함수(CDF)
- 이산 확률분포 : 베르누이, 이항, 포아송 분포 및 Python을 활용한 확률 계산
- 연속 확률분포 : 정규, 카이제곱, t, F 분포의 개념과 활용
- Python을 활용한 확률분포 시뮬레이션 : SciPy를 이용한 확률 계산 및 샘플링

SECTION 01 기초 통계 & 확률의 이해

핵심 태그 모집단과 표본집단 • 추출 방법 • 확률 변수 • 베이즈 정리 • 확률 분포

01 표본 추출

1) 모집단과 표본집단

통계학에서 '모집단'은 특정 연구나 조사에서 특성을 파악하고자 하는 전체 집단을 의미합니다. 예를 들어, 대통령 선거 후보에 대한 호불호 조사에서 모집단은 특정 시점에서 대한민국의 선거권을 가진 모든 국민이 됩니다.

반면, '표본집단'은 모집단에서 일부를 선택한 부분 집단으로, 시간과 비용의 제약으로 인해 모집단 전체를 조사하기 어려울 때 사용됩니다. 예를 들어, 전화 설문 조사를 3,000명의 국민에게 실시한 경우, 이 3,000명이 표본집단이 됩니다.

- 모집단 : 특정한 연구, 조사에서 특성을 알아내고 싶은 전체 집단
- 표본집단 : (시간과 비용의 문제로) 모집단에서 선택된 부분 집단

통계적 추론은 표본집단에서 얻은 정보를 바탕으로 모집단 전체에 대한 추론을 하는 과정입니다. 이때, 표본집단이 모집단의 특성을 잘 반영하고 있어야 신뢰할 수 있는 추론이 가능합니다. 이를 '대표성'이라고 하며, 좋은 표본이 가져야 할 가장 중요한 특성입니다.

2) 표본 추출의 대표적인 방법들

모집단의 특성을 잘 반영하는 표본을 얻기 위해 여러 표본 추출 방법이 개발되었습니다. 각 방법을 설명하기 위해, 다음과 같은 20명의 사람으로 이루어진 그룹이 있다고 가정해 봅시다.

① 단순 랜덤 추출
- 모집단에서 N개의 요소 중 n개를 임의로 선택하는 방법입니다. 각 요소가 선택될 확률은 모두 동일합니다.
- 예를 들어, 위의 총 20명의 캐릭터들 중 무작위로 5명을 선택하는 것입니다.

② 계통 추출법
- 모집단을 동일한 크기의 그룹으로 나눈 후, 각 그룹에서 정해진 간격으로 요소를 선택합니다.
- 예를 들면, 첫 번째 캐릭터를 시작으로 일정한 간격(2명 건너 한 명씩 선택)으로 캐릭터를 선택하는 방식을 표현할 수 있습니다.

③ 집락 추출법
- 모집단을 여러 집단(클러스터)으로 나누고, 일부 클러스터를 임의로 선택한 다음, 선택된 클러스터의 모든 구성원을 조사하거나, 다시 임의로 표본을 선택합니다.
- 예를 들면, 여러 행들 중 한 행을 무작위로 선택하고, 그 줄의 모든 캐릭터를 선택에 포함하는 방식으로 설명할 수 있습니다.

④ 층화 추출법
- 모집단을 몇 개의 동질적인 하위 그룹(층)으로 나누고, 각 층에서 독립적으로 표본을 추출하는 방법입니다. 이 방법은 모집단의 다양성을 표본에 반영하고자 할 때 유용합니다.
- 예를 들어, 캐릭터들을 헤어스타일이나 셔츠 색상으로 분류하고, 각 분류에서 몇 명씩 선택하는 방법으로 설명할 수 있습니다.

3) 복원 추출과 비복원 추출

현실에서 대부분의 표본 추출은 비복원 추출입니다. 즉, 한 번 선택된 요소는 다시 추출되지 않습니다. 설문조사에서 한 번 응답한 사람이 다시 응답할 기회가 없음을 예로 들 수 있습니다.

반면, 이론적인 통계 검정에서는 종종 복원 추출을 가정합니다. 복원 추출에서는 한 번 선택된 요소가 다시 선택될 수 있으므로, 각 추출이 독립적입니다.

02 통계적 용어 정리

1) 랜덤 실험(Random Experiment)

랜덤 실험은 가능한 결과가 여러 개 있고, 실험 전에 구체적인 결과를 예측할 수 없으며, 각 결과의 발생 확률을 수치로 표현할 수 있는 실험입니다. 랜덤 실험의 몇 가지 예시는 다음과 같습니다.
- 동전을 한 번 던지는 경우
- 두 개의 주사위를 동시에 던지는 경우
- 농구 선수가 자유투를 하는 경우
- 길거리 설문조사에서 유권자에게 후보에 대한 의견을 묻는 경우

2) 표본 공간(Sample Space)

랜덤 실험에서 발생할 수 있는 모든 가능한 결과의 집합을 표본 공간이라 하며, 통상적으로 S로 표기합니다. 표본 공간의 예로는 다음이 있습니다.

- 동전 던지기의 경우 : {Head,Tail}
- 두 개의 주사위를 던지는 경우 : {(1, 1), (1, 2), (1, 3)⋯, (6, 6)}

3) 사건(Event)

사건은 표본 공간 S의 부분집합으로, 실험 결과 중 특정 조건을 만족하는 결과들의 집합입니다. 사건은 종종 대문자 알파벳으로 표현됩니다.

동전 던지기에서 '앞면이 나오는 사건'을 E1, '뒷면이 나오는 사건'을 E2라고 할 수 있습니다. 이 실험에서 가능한 사건들을 나열해 보겠습니다.

- E_0 : ϕ 동전의 앞면이나 뒷면이 나오지 않는 경우
- E_1 : {Head} 동전이 앞면이 나오는 경우
- E_2 : {Tail} 동전이 뒷면이 나오는 경우
- E_3 : {Head,Tail} 동전이 앞면이나 뒷면이 나오는 경우

어떤 실험을 진행했을 때, 그 결과가 사건 E에 속하는 경우, 우리는 "사건 E가 일어났다."라고 말합니다. 따라서, 동전을 던져서 앞면이 나왔다면, 앞의 사건들 중에서는 E_1과 E_3이 일어났다고 할 수 있습니다.

4) 확률의 공리(Axiom of Probability)

1. 모든 사건 E에 대하여 $P(E) \geq 0$. 즉, 모든 사건의 확률은 0보다 크거나 같다. (확률은 음수가 될 수 없음)
2. 표본 공간 S에 대하여 $P(S) = 1$. 즉, 표본 공간에 대한 확률은 1이다.
3. 사건 E_1, E_2, ⋯에서 만약 i와 j가 다를 때, $E_i \cap E_j = \phi$를 만족한다면, 각 사건들의 합 사건에 대한 확률은 각 사건의 확률을 더하여 계산한다.

$$P(E_1 \cup E_2 \cup \cdots) = P(E_1) + P(E_2) + \cdots$$

> **기적의 TIP**
>
> **확률은 함수**
>
> 많이 지나치는 점이지만, 확률은 입력값과 출력값이 존재하는 함수라는 사실을 기억해주세요. 즉 확률의 입력값은 사건이고 출력값은 0과 1사이의 실수입니다.

03 확률 계산 과정의 이해

확률 계산의 기본 공식은 통계학에서 매우 중요하며, 다양한 확률적 사건들을 분석하는 데 기초가 됩니다.

1) 확률의 기본 법칙

① 보완 사건의 확률 $P(E^c)$

- 어떤 사건 E가 일어나지 않을 확률 $P(E^c)$은 $1-P(E)$로 계산됩니다. 이는 전체 확률에서 사건 E의 확률을 뺀 값입니다. 이는 확률의 기본 법칙 중 하나로, 확률의 총합이 항상 1임을 반영합니다.

② 공집합의 확률 $P(\phi)$

- 어떠한 사건도 포함하지 않는 공집합의 확률은 0입니다. 이는 공집합에 해당하는 사건이 발생할 가능성이 없음을 의미합니다.

2) 균등 확률을 가지는 사건들

모든 가능한 결과가 동일한 확률을 갖는 경우, 각 결과의 확률은 매우 단순하게 계산될 수 있습니다. 이는 일반적으로 각각의 사건이 동일한 조건과 기회를 갖고 발생한다고 가정할 때 적용됩니다.

예를 들어 주사위 던지기나 무작위로 카드를 선택하는 경우처럼 각 사건의 확률은 $1/n$입니다. 여기서 n은 가능한 모든 결과의 수입니다.

만약, 표본공간 S의 원소들이 유한한 n개의 결과값으로 이루어져 있고,

$$S=\{s_1,\ s_2,\ \cdots,\ s_n\}$$

그 각각의 결과값이 일어날 확률이 같다는 것을 알고 있을 경우,

$$P(\{s_1\})=P(\{s_2\})=\ \cdots\ =P(\{s_n\})$$

각각의 확률을 다음과 같이 부여할 수 있습니다.

$$P(\{s_i\})=\frac{1}{n}$$

① 주사위 1개 던지기

- 각 숫자가 나올 확률이 똑같은 완벽한 주사위가 있다고 가정하면, 주사위를 한 번 던지는 실험의 표본 공간은 다음과 같습니다.

$$S=\{1,\ 2,\ 3,\ 4,\ 5,\ 6\}$$

- 각 숫자가 나올 확률은 다음과 같이 정할 수 있게 됩니다.

$$P(\{1\})=\ \cdots\ P(\{6\})=\frac{1}{6}$$

② 주사위 2개 던지기
- 주사위 2개 던지는 실험의 표본공간은 다음과 같이 순서쌍 36개로 구성됩니다.

$$S = \begin{Bmatrix} (1,1), (1,2), (1,3), (1,4), (1,5), (1,6) \\ (2,1), (2,2), (2,3), (2,4), (2,5), (2,6) \\ (3,1), (3,2), (3,3), (3,4), (3,5), (3,6) \\ (4,1), (4,2), (4,3), (4,4), (4,5), (4,6) \\ (5,1), (5,2), (5,3), (5,4), (5,5), (5,6) \\ (6,1), (6,2), (6,3), (6,4), (6,5), (6,6) \end{Bmatrix}$$

- 표본 공간의 원소들에 대한 확률값은 다음과 같이 계산됩니다.

$$P(\{(1,1)\}) = \cdots P(\{(6,6)\}) = \frac{1}{36}$$

3) 확률의 덧셈법칙

일반적인 두 사건에 대하여 합사건의 확률은 다음과 같은 덧셈 법칙을 따릅니다.

$$P(A \cup B) = P(A) + P(B) - P(A \cap B)$$

따라서, 교집합이 없는 두 사건에 대한 합사건의 확률은 각각 사건의 확률을 더하면 됩니다.

$$P(A \cup B) = P(A) + P(B) - P(A \cap B) = P(A) + P(B) - P(\phi) = P(A) + P(B)$$

4) 조건부 확률

사건 A가 일어났다는 전제하에 사건 B가 일어날 확률을 나타냅니다. (단, $P(A) > 0$)

$$P(B|A) = \frac{P(A \cap B)}{P(A)}$$

사건 B의 확률을 계산할 때 사건 A가 새로운 표본공간이 됨을 의미합니다.

	수학	과학	영어	합계
남성	20	30	50	100
여성	30	40	30	100
합계	50	70	80	200

어느 학교에서 학생들의 성별과 그들이 선택한 과목에 대한 교차표가 위와 같이 주어졌을 때,

1. 학생이 수학을 선택했을 때, 그 학생이 남성일 확률

$$P(남성|수학) = \frac{P(남성 \cap 수학)}{P(수학)} = \frac{20}{50} = 0.4$$

2. 학생이 여성일 때, 그 학생이 과학을 선택할 확률

$$P(과학|여성) = \frac{P(과학 \cap 여성)}{P(여성)} = \frac{40}{100} = 0.4$$

5) 확률의 곱셈법칙

사건 A와 B가 동시에 일어날 확률은 다음과 같이 계산합니다.
$$P(A \cap B) = P(A)P(B|A)$$
두 사건 A와 B가 독립이면 다음이 성립합니다.
$$P(A \cap B) = P(A)P(B)$$

6) 전확률 정리(Law of Total Probability)

사건 A_1, A_2, ⋯이 표본공간 S를 분할할 때, 사건 B가 일어날 확률은 다음과 같이 나타낼 수 있습니다.
$$P(B) = P(B|A_1)P(A_1) + P(B|A_2)P(A_2) + \cdots = \sum_i P(B|A_i)P(A_i)$$

여기서 분할의 의미는 다음과 같습니다.

1. $i \neq j$이면, $A_i \cap A_j = \phi$
2. $A_1 \cap A_2 \cup \cdots = S$

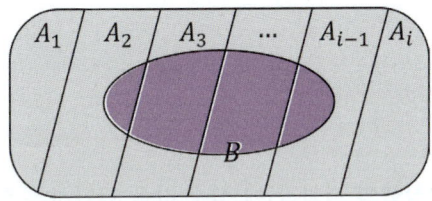

Q 식당에는 D, E, F 종업원 3명이 번갈아 일한다. D는 한달 중 50%, E는 30%, F는 20% 일하고 있다. 가장 오랫동안 일 한 D는 1%의 확률로 접시를 깨고, E는 2%, 미숙한 F는 3% 확률로 접시를 깬다고 할때, 슬통이가 가게를 방문한 어느 날 접시가 깨질 확률을 구하면?

- 슬통의 방문날 각 종업원이 일할 확률은 $P(D)=0.5$, $P(E)=0.3$, $P(F)=0.2$입니다. 각자 일하는 날 접시가 깨지는 사건이 발생할 확률은 $P(\text{break}|D)=0.01$, $P(\text{break}|E)=0.02$, $P(\text{break}|F)=0.03$입니다.

- 전확률 정리로 슬통이가 방문한 날 접시가 깨질 확률은 다음과 같습니다.

$$\begin{aligned}P(\text{break}) &= P(D \cap \text{break}) + P(E \cap \text{break}) + P(F \cap \text{break}) \\ &= P(D)P(\text{break}|D) + P(E)P(\text{break}|E) + P(F)P(\text{break}|F) \\ &= 0.005 + 0.006 + 0.006 = 0.017\end{aligned}$$

7) 베이즈 정리(Bayes' Theorem)

전확률 정리와 확률의 곱셈법칙을 응용합니다. 사건 A_1, A_2, ⋯들이 표본공간 s를 분할하고 있고, 모든 $A_i's$들과 사건 B의 확률값이 0보다 클 때, 다음이 성립합니다.

$$P(A_i|B) = \frac{P(B|A_i)P(A_i)}{P(B)}$$
$$= \frac{P(B|A_i)P(A_i)}{\sum_i P(B|A_i)P(A_i)}$$

Q 이전 문제에서 슬통이가 방문한 날 마침 주방에서 접시가 깨지는 소리가 들렸을 때, 그날 일하고 있는 종업원이 E일 확률을 구하면?

$P(E) = 0.3$, $P(\text{break}) = 0.017$, $P(\text{break}|E) = 0.02$

$$P(E|\text{break}) = \frac{P(\text{break}|E)P(E)}{P(\text{break})} = \frac{0.02 \times 0.3}{0.017} \approx 0.353$$

04 확률변수의 편리성

1) 확률변수(Random Variable)

확률변수는 **표본공간의 원소들(실험의 결과값)에 실수 값을 할당**하는 함수입니다. 확률변수는 일반적으로 대문자 X, Y, Z 등으로 표현됩니다.

- 입력값 : 표본 공간의 원소들
- 출력값 : 실수(많은 경우)

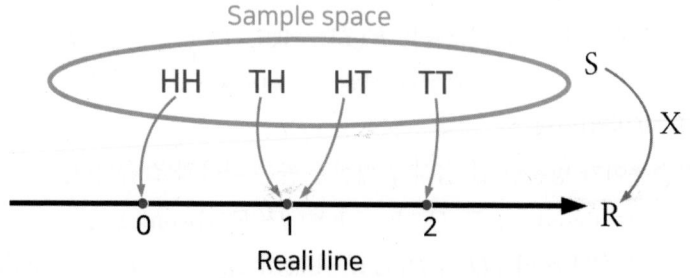

▲ 동전 던지기(Head, Tail) 확률변수 개념

주사위를 두 번 던지는 실험에서 확률변수 X를 주사위를 2개 던져 나온 숫자의 합으로 정의해봅시다. 이 경우, 표본공간은 주사위 두 개를 던졌을 때 나올 수 있는 모든 결과의 집합입니다. 주사위 각각이 1부터 6까지의 숫자를 나타낼 수 있기 때문에, 표본공간은 이 두 숫자의 모든 가능한 순서쌍으로 구성됩니다.

$$S = \{(1, 1), (1, 2), (1, 3), (1, 4), (1, 5), \cdots, (6, 5), (6, 6)\}$$

이 경우 표본공간은 총 36개의 원소를 포함합니다. 이러한 원소들이 각각 확률변수 X의 입력값이 될 수 있습니다. 예를 들어, (1, 3)이라는 원소가 확률변수 X에 들어가게 되면, 확률변수 X는 두 수를 더한 4를 출력해 줍니다. 따라서, 확률변수 X가 가질 수 있는 값은 2에서부터 12사이의 정수값입니다.

주사위를 2개 던지는 실험에서 나온 눈의 합을 확률변수 X로 나타내어, 다음을 생각해 봅시다.
다음의 집합이 나타내는 사건은 무엇이며, 의미는 무엇일까요?

$$\{X \leq 3\}$$

$\{X \leq 3\}$에 대응하는 실제 다음의 사건은 다음과 같습니다.

$$\{(1, 1), (1, 2), (2, 1)\}$$

2) 확률변수를 사용한 확률 계산

$P(\{X \leq 3\})$는 앞에서 배운 확률의 공리에 의하여 다음과 같이 계산할 수 있습니다.

$$P(\{X \leq 3\}) = P(\{(1, 1), (1, 2), (2, 1)\})$$
$$= P(\{(1, 1)\}) + P(\{(1, 2)\}) + P(\{(2, 1)\})$$
$$= \frac{1}{36} + \frac{1}{36} + \frac{1}{36} = \frac{1}{12}$$

핵심은 확률변수를 사용해 표현된 조건을 만족하는 사건들을 역으로 찾아서 그것들의 확률값을 계산하는 메커니즘이라는 것입니다.

두 주사위 눈의 합을 나타내는 확률변수 X가 가지는 값에 대응하는 각각의 확률을 계산한 후, 표를 채워 보면 다음과 같습니다.

▶ X의 확률분포표

X	2	3	4	5	6	7	8	9	10	11	12
P(x)	1/36	2/36	3/36	4/36	5/36	6/36	5/36	4/36	3/36	2/36	1/36

위의 표를 사용해서 확률변수의 각 값에 대응하는 확률분포를 시각화(확률질량함수) 한다면 다음과 같게 됩니다.

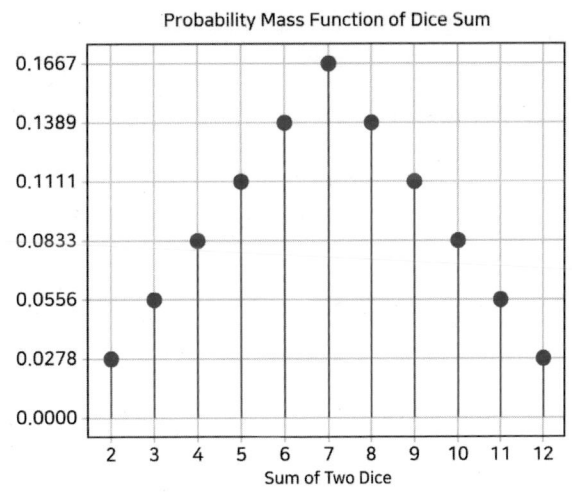

3) 확률질량함수를 사용해서 계산

위 확률을 확률분포표를 사용하여 다시 계산하면 다음과 같습니다.

$$P(\{X \leq 3\}) = P(X=2) + P(X=3) = \frac{1}{36} + \frac{2}{36} = \frac{1}{12}$$

위에서 작성한 확률분포표를 입력값을 확률변수가 가질 수 있는 값으로, 출력값을 확률값으로 하는 함수로 볼 수 있는데, 이를 확률질량함수라고 부릅니다. 이산형 확률변수에는 그것에 대응하는 확률질량함수가 존재합니다.

① **확률변수 X의 확률분포(probability distribution of X)**
- 확률변수 X의 값에 대응하는 확률이 어떻게 퍼져있는지 나타냅니다.

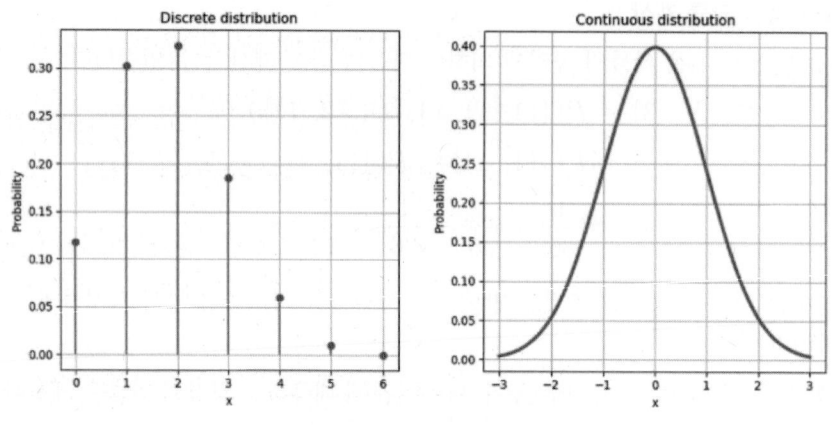

▲ 확률질량함수와 확률밀도함수의 예

- 확률변수가 가지는 값의 성질(이산형, 연속형)에 따라 확률을 나타내는 방법이 달라집니다.

　(이산형) 확률질량함수 : x에 대응하는 막대 높이가 확률입니다.

　(연속형) 확률밀도함수 : x축에 대응하는 범위에 해당하는 함수 아래의 넓이가 확률입니다.

② **"확률변수가 확률분포 f를 따른다."라는 의미**
- 어떤 확률변수 X의 확률분포를 확률질량함수 혹은 확률밀도함수 f를 사용하여 나타낼 수 있을 경우,

　1. f를 f_X로 나타내고,

　2. 확률변수 X가 확률분포 f를 따른다고 말하며, 기호로 다음과 같이 나타냅니다.

$$X \sim f_X$$

- 확률변수 X가 특정 값 a와 b 사이의 값을 가질 확률은 X의 확률분포를 f_X를 사용하여 다음과 같이 계산 가능합니다.

　1. 확률변수 X가 이산형 확률변수일 경우,

$$P(a \leq X \leq b) = \sum_{a \leq x \leq b} f_X(x)$$

　2. 확률변수 X가 연속형 확률변수일 경우,

$$P(a \leq X \leq b) = \int_a^b f_X(x)dx$$

4) 확률분포의 중심을 잡아내는 기댓값

확률변수의 평균, 또는 기댓값은 확률변수가 가질 수 있는 각각의 값에 그 값이 나타날 확률을 곱한 값들의 합입니다. 이는 **확률변수의 '평균적인' 값**이라고 볼 수 있고, 혹은 **확률분포의 무게중심**을 잡아내는 지표라고 볼 수 있습니다.

① 이산 확률변수의 평균

- 이산 확률변수 X의 기댓값은 다음과 같이 정의됩니다.

$$E(X)=\sum_{i=1}^{n} x_i p(x_i)$$

여기서 x_i는 확률변수 X가 가질 수 있는 각각의 값이고, $p(x_i)$는 그 값이 나타날 확률입니다.

- 확률변수 X가 다음과 같은 확률질량함수를 가진다고 가정해 봅시다.

x_i	$P(x_i)$
1	0.1
2	0.3
3	0.2
4	0.4

- 이 경우 확률변수 X의 기댓값 $E(X)$는 다음과 같이 계산됩니다.

$$E(X)=\sum_{i=1}^{n} x_i p(x_i)=1 \cdot 0.1+2 \cdot 0.3+3 \cdot 0.2+4 \cdot 0.4=2.9$$

```
import numpy as np

values = np.array([1, 2, 3, 4])
probabilities = np.array([0.1, 0.3, 0.2, 0.4])
np.sum(values * probabilities).round(3)
```

2.9

② 연속 확률변수의 평균

- 연속 확률변수 X의 기댓값은 다음과 같이 정의됩니다.

$$E(X)=\int_{-\infty}^{\infty} x f(x) dx$$

여기서 $f(x)$는 확률밀도함수입니다.

- 확률변수 X가 2에서 4까지의 균일분포를 가진다고 가정해 봅시다. 2에서 4까지의 균일분포의 확률밀도함수는 다음과 같습니다.

$$f(x)=\begin{cases} \dfrac{1}{4-2}=\dfrac{1}{2} & \text{for } 2 \leq x \leq 4, \\ 0 & \text{otherwise} \end{cases}$$

- 이 경우 확률변수 X의 기댓값 $E(X)$는 다음과 같이 계산됩니다.

$$E(X) = \int_{-\infty}^{\infty} x f(x) dx = \int_{2}^{4} x \cdot \frac{1}{2} dx = \frac{1}{2} \cdot \frac{x^2}{2} \Big|_{2}^{4} = 3$$

- 이것은 균일분포의 확률밀도함수를 중심을 맞추기 위해서 손가락을 3에 올리면 무게가 딱 맞는 것으로 생각할 수 있습니다.

5) 확률분포의 퍼짐을 잡아내는 분산

확률변수의 분산은 확률변수의 값이 그 평균값으로부터 얼마나 퍼져 있는지를 측정하는 값입니다. 분산이 크면 값들이 평균으로부터 많이 퍼져 있고, 분산이 작으면 값들이 평균에 가깝게 모여 있습니다.

① 이산 확률변수의 분산

- 이산 확률변수 X의 분산은 다음과 같이 정의됩니다.

$$Var(X) = E[(X - E(X))^2] = \sum_{i=1}^{n} (x_i - E(X))^2 p(x_i)$$

여기서 x_i는 확률변수 X가 가질 수 있는 각각의 값이고, $P(x_i)$는 그 값이 나타날 확률입니다.

② 연속 확률변수의 분산

- 연속 확률변수 X의 분산은 다음과 같이 정의됩니다:

$$Var(X) = E[(X - E(X))^2] = \int_{-\infty}^{\infty} (x - E(X))^2 f(x) dx$$

여기서 $f(x)$는 확률밀도 함수입니다.

③ 분산을 좀 더 편하게 계산하는 법

- 확률변수의 분산은 다음과 같이 계산할 수도 있습니다.

$$Var(X) = E[X^2] - (E[X])^2$$

- 위 식은 분산을 **평균의 제곱과 제곱의 평균의 차이**로 표현한 것으로, 분산을 계산하는 데 필요한 계산량을 줄일 수 있습니다.

- 앞서 사용한 이산 확률변수 X의 확률질량함수를 다시 사용하겠습니다.

x_i	$P(x_i)$
1	0.1
2	0.3
3	0.2
4	0.4

- 이 경우 확률변수 X의 분산 $Var(X)$는 다음과 같이 계산됩니다.

$$Var(X) = \sum_{i=1}^{n}(x_i - E(X)^2)p(x_i)$$
$$= (1-2.9)^2 \cdot 0.1 + (2-2.9)^2 \cdot 0.3 + (3-2.9)^2 \cdot 0.2 + (4-2.9)^2 \cdot 0.4 = 1.09$$

```
values = np.array([1, 2, 3, 4])
probabilities = np.array([0.1, 0.3, 0.2, 0.4])
np.sum((values - 2.9)**2 * probabilities).round(3)
```

1.09

- 앞서 사용한 2에서 4까지의 균일분포를 가진 연속 확률변수 X를 다시 사용하여 분산을 구하겠습니다.
- 이 경우 확률변수 X의 분산 $Var(X)$는 다음과 같이 계산됩니다.

$$Var(X) = \int_{-\infty}^{\infty}(x-E(X))^2 f(x)dx = \int_{2}^{4}(x-3)^2 \cdot \frac{1}{2}dx = \frac{1}{2} \cdot \frac{(x-3)^3}{3} \Big|_{2}^{4} = \frac{1}{3}$$

6) 확률누적분포(Cumulative Distribution Function, CDF)

확률누적분포(CDF)는 확률변수가 특정 값보다 작거나 같을 확률을 나타내는 함수입니다. 확률밀도함수(PDF)를 특정 범위에서 적분하여 얻을 수 있습니다.

확률변수 X의 누적분포함수 $F_X(x)$는 다음과 같이 정의됩니다.

$$F_X(x) = P(X \leq x)$$

이는 확률변수 X의 값이 x보다 작거나 같을 확률을 나타냅니다.

① 연속형 확률변수의 CDF

- 연속형 확률변수의 경우, CDF는 확률밀도함수를 $-\infty$에서 x까지 적분한 값으로 정의됩니다.

$$F_X(x) = \int_{-\infty}^{x} f_X(t)dt$$

여기서 $f_X(t)$는 확률변수 X의 확률밀도함수입니다.

② 이산형 확률변수의 CDF

- 이산형 확률변수의 경우, CDF는 각 가능한 결과에 대한 확률을 더한 값으로 정의됩니다.

$$F_X(x) = \sum_{t \leq x} P(X=t)$$

③ 누적 확률분포의 계산 활용

- CDF는 확률변수가 특정 범위에 속할 확률을 계산하는 데 사용됩니다. 예를 들어, 확률변수 X가 a보다 크고 b보다 작을 확률은 다음과 같이 계산할 수 있습니다.

$$P(a<X<b)=F_X(b)-F_X(a)$$

이는 $X=b$에서의 누적확률에서 $X=a$에서의 누적확률을 빼는 것으로, a와 b 사이의 확률밀도함수 아래의 영역의 넓이, 즉, 확률을 계산할 수 있습니다.

- 지수 분포는 주로 사건이 발생하는 시간 간격을 모델링하는 데 사용됩니다. 예를 들어, 시스템 고장 간의 시간이나 고객이 줄을 서는 시간 간격 등을 모델링할 수 있습니다.
- 지수 분포의 누적분포함수(CDF)는 다음과 같이 정의됩니다.

$$F_X(x;\ \lambda)=\begin{cases} 1-e^{-\lambda x} & \text{if } x \geq 0 \\ 0 & \text{if } x < 0 \end{cases}$$

여기서 x는 확률변수 X가 갖는 값을 의미합니다. λ는 지수 분포의 파라미터로, 사건이 발생하는 평균 비율(평균 사건 간격의 역수)을 나타냅니다.

Q 어떤 시스템의 평균 고장 간격이 5시간인 경우, 시스템이 2시간에서 4시간 사이에 고장날 확률을 구하면?

1. 평균 고장 간격이 5시간인 경우, 지수 분포의 파라미터 λ는 $\frac{1}{5}=0.2$입니다.

2. $\lambda=2$일 때, $X=4$와 $X=2$에서의 누적 확률을 각각 구합니다.

    $\lambda=0.2$일 때, $X=4$에서의 누적 확률: $F(4)=1-e^{-0.2 \cdot 4}=1-e^{-0.8}$

    $\lambda=0.2$일 때, $X=2$에서의 누적 확률: $F(2)=1-e^{-0.2 \cdot 2}=1-e^{-0.4}$

3. λ를 사용하여 누적분포함수(CDF)를 계산합니다. $P(2<X<4)$를 구하기 위해 $F(4)-F(2)$를 계산합니다.

$$\begin{aligned} P(2<X<4) &= F(4)-F(2) \\ &= [1-e^{-0.8}]-[1-e^{-0.4}] \\ &= e^{-0.4}-e^{-0.8} \\ &= 0.6703-0.4493 \approx 0.2210 \end{aligned}$$

따라서, 시스템이 2시간에서 4시간 사이에 고장날 확률은 약 0.2210, 즉 22.10%입니다.

SECTION 01 연습문제

1 다음과 같은 확률질량함수를 따르는 이산 확률변수 X에 대해 $x=2$일 때 누적분포함수 $F(x)$를 구하시오.

x	0	1	2	3
$P(X=x)$	0.1	0.3	0.4	0.2

2 이산 확률변수 X에 대해 $P(X=2)$와 $P(X>2)$를 누적분포함수 $F(x)$를 이용해 구하시오.

x	0	1	2	3
$F(x)$	0.1	0.4	0.8	1.0

3 확률밀도함수 $f(x)=\frac{1}{3}$ (단, $0 \leq x \leq 3$)인 확률변수 X에 대해 누적분포함수 $F(x)$를 정의하고 $F(2)$를 구하시오.

4 확률변수 X에 대한 확률질량함수가 다음과 같을 때, X의 기대값과 누적분포함수 $F(2)$를 구하시오.

x	1	2	3
$P(X=x)$	0.2	0.5	0.3

5 확률변수 X의 확률분포가 다음과 같을 때, X의 기댓값과 분산을 구하시오.

x	0	1	2	3
$P(X=x)$	0.1	0.3	0.4	0.2

SECTION 01 　연습문제 정답

1
```python
import numpy as np
# 확률질량함수
x = np.array([0, 1, 2, 3])
probs = np.array([0.1, 0.3, 0.4, 0.2])
# 누적분포함수 계산
cdf = np.cumsum(probs)
F_2 = cdf[2]
print(f"F(2) = {F_2}")
```

F(2) = 0.8

2
```python
import numpy as np
# 누적분포함수 값
x = np.array([0, 1, 2, 3])
cdf = np.array([0.1, 0.4, 0.8, 1.0])

P_eq_2 = cdf[2] - cdf[1]    # P(X = 2)
P_gt_2 = 1.0 - cdf[2]       # P(X > 2)
print(f"P(X = 2) = {P_eq_2}")
print(f"P(X > 2) = {P_gt_2}")
```

P(X = 2) = 0.4
P(X > 2) = 0.19999999999999996

3
```python
def F(x):
    if x < 0:
        return 0
    elif 0 <= x <= 3:
        return x / 3
    else:
        return 1
print(F(2))
```

0.6666666666666666

4

```python
import numpy as np
# 확률질량함수 정의
x = np.array([1, 2, 3])
probs = np.array([0.2, 0.5, 0.3])
# 기대값 계산
expectation = np.sum(x * probs)
print(f"E(X) = {expectation}")
```

E(X) = 2.0999999999999996

```python
# 누적분포함수 계산 후 x=2일 때 값
cdf = np.cumsum(probs)
F_2 = cdf[1]    # x=2는 두 번째 인덱스
print(f"F(2) = {F_2}")
```

F(2) = 0.7

5

```python
import numpy as np
# 확률질량함수 정의
x = np.array([0, 1, 2, 3])
probs = np.array([0.1, 0.3, 0.4, 0.2])
# 기대값 계산
expectation = np.sum(x * probs)
# 제곱의 기대값 E[X^2] 계산
expectation_sq = np.sum(x**2 * probs)
# 분산 계산
variance = expectation_sq - expectation**2

print(f"E(X) = {expectation}")
print(f"Var(X) = {variance}")
```

E(X) = 1.7000000000000002
Var(X) = 0.8099999999999996

SECTION 02 확률분포 다루기

핵심 태그 SciPy • 베르누이 • 포아송 • 이항분포 • 정규분포 • 카이제곱 • t-분포 • F-분포

01 SciPy 라이브러리와 분포 함수

통계에는 여러 유명한 확률분포가 있습니다. 실기 시험을 대비하기 위해서 그 중 가장 기본이 되는 확률분포들에 대하여 알아보고, 파이썬 코드를 통해 각 분포와 관련된 계산들을 어떻게 수행할 수 있는지 공부해 봅시다.

이 섹션에서 여러분이 특히 주의해서 길러야 할 능력이 있습니다. 바로 각 분포별 확률계산들에 대하여, 파이썬 SciPy 라이브러리에서 제공하는 함수들 중 알맞은 함수를 사용하여 계산할 수 있는 능력입니다.

SciPy 라이브러리는 통계 분석에서 필수적인 다양한 확률분포 함수를 제공합니다. 이에 속하는 주요 함수들은 확률질량함수(Probability Mass Function, PMF), 확률밀도함수(Probability Density Function, PDF), 누적분포함수(Cumulative Distribution Function, CDF), 분위수 함수(Percent Point Function, PPF), 그리고 확률표본 생성 함수(Random Variates, RVS) 등이 있습니다. 각 함수는 확률 분포의 특정 값을 계산하거나 표현하는 데 사용되며, 이를 통해 시험에서 사용되는 여러 계산을 쉽게 할 수 있습니다.

- 확률질량함수(PMF) : 이산형 확률질량함수 값 계산
- 확률밀도함수(PDF) : 연속형 확률밀도함수 값 계산
- 누적분포함수(CDF) : 분포에서 주어진 값 이하가 될 확률 계산
- 생존함수(SF) : 1에서 누적분포함수(CDF) 값을 뺀 값으로, 분포에서 주어진 값 이상이 될 확률 계산
- 분위수 함수(PPF) : 누적분포함수(CDF)의 역함수로, 주어진 확률에 해당하는 분포의 값(분위수) 계산
- 확률표본함수(RVS) : 지정된 분포에서 표본 발생

SciPy 라이브러리는 각 분포별로 위의 함수들을 포함하고 있으므로 위 함수들을 자유롭게 사용하는 방법을 알고 있는 것이 좋습니다.

02 이산 확률분포

1) 베르누이 확률분포

가장 기본적인 이산 확률분포인 베르누이 확률분포는 단 한 번의 시행에서 오직 두 가지 결과(성공 또는 실패, 1 또는 0)만을 가지는 실험에 적용됩니다.

베르누이 확률분포는 성공할 확률 p를 모수로 가지며, 확률변수 X가 베르누이 분포를 따른다는 것을 다음과 같이 나타냅니다.

$$X \sim Bernoulli(p)$$

이 때, p는 0과 1 사이의 실수값입니다. ($0 \leq p \leq 1$)

베르누이 확률분포의 확률질량함수(PMF)는 다음과 같이 정의됩니다.

$$P(X=k) = p^k(1-p)^{1-k}$$

여기서 X는 베르누이 확률변수이며, k는 가능한 결과(0 또는 1)입니다.

위 식은 $k=1$일 때, 시행이 성공할 확률을 p로, $k=0$일 때, 시행이 실패할 확률을 $1-p$로 나타냅니다.

▶ 베르누이 확률분포

기댓값 $E[X]$	p
분산 $Var(X)$	$p(1-p)$

SciPy의 bernoulli 클래스를 사용하면 베르누이 확률분포와 관련된 여러 계산을 쉽게 수행할 수 있습니다.

확률질량함수(pmf), 누적분포함수(cdf), 퍼센트 포인트 함수(ppf), 그리고 랜덤 샘플 생성(rvs) 함수에 해당하는 함수는 다음과 같이 사용할 수 있습니다.

▼ SciPy를 이용한 베르누이 확률분포의 활용

```
from scipy.stats import bernoulli
bernoulli.pmf(k, p)
bernoulli.cdf(k, p)
bernoulli.ppf(q, p)
bernoulli.rvs(p, size, random_state)
```

- 위의 코드에서 k는 확률변수가 가질 수 있는 값 0 또는 1을 나타내고, p는 베르누이 확률분포의 모수인 성공확률을 나타냅니다.
- q는 분위수를 알아내고 싶은 확률값을 의미하고, size는 표본을 생성할 개수, random_state는 난수 생성기의 시드 값을 나타내며, 결과의 재현성을 보장할 때 사용합니다.

Q 앞면이 나올 확률이 0.6인 동전을 던졌을 때, 앞면이 나올 확률은 얼마인가?

- 가장 간단하지만, 어떻게 함수가 작동하는지 알아볼 수 있는 예제입니다. 앞면이 나올 확률이 0.6인 동전을 던졌을 때, 앞면이 나올 확률 0.6은 다음과 같이 계산 가능합니다.

$$P(X=1)=0.6^1 0.4^0=0.6$$

- 이것을 pmf 함수로 구하면 다음과 같습니다.

```
from scipy.stats import bernoulli
prob = bernoulli.pmf(1, 0.6)
print(prob)
```

0.6

SciPy 라이브러리 함수들을 사용하면 확률변수의 확률질량함수 정보를 분포함수.pmf() 함수가 저장하고 있으므로, 우리가 그 함수를 외우고, 계산할 필요없이 가져다 쓸 수 있게 만들어 줍니다.

2) 이항분포

이항분포는 모수가 p인 독립적인 베르누이 확률변수를 n번 더해서 만들 수 있습니다. 이항분포는 n번의 베르누이 시행에서 성공의 총 횟수에 대한 확률분포를 나타내며, 여기서 n은 시행 횟수, p는 성공 확률을 나타내는 모수입니다.

$$X \sim B(n, p)$$

이항분포의 확률질량함수(PMF)는 다음과 같이 정의됩니다.

$$P(X=k)=\binom{n}{k}p^k(1-p)^{n-k}$$

여기서 k는 관측된 성공 횟수, $\binom{n}{k}$는 조합을 나타내며 n번의 시행 중 k번 성공할 수 있는 방법의 수를 의미합니다.

▶ 이항분포

기댓값 $E[X]$	np
분산 $Var(X)$	$np(1-p)$

SciPy의 binom 클래스를 사용하면 이항분포와 관련된 여러 계산을 쉽게 수행할 수 있습니다.

확률질량함수(pmf), 누적분포함수(cdf), 퍼센트 포인트 함수(ppf), 그리고 랜덤 샘플 생성(rvs) 함수에 해당하는 함수는 다음과 같이 사용할 수 있습니다.

▼ **SciPy를 이용한 이항분포의 활용**

```
from scipy.stats import binom
binom.pmf(k, n, p)
binom.cdf(k, n, p)
binom.ppf(q, n, p)
binom.rvs(n, p, size, random_state)
```

- 위의 코드에서 k는 관측된 성공 횟수를, n은 시행 횟수, p는 성공 확률을 q는 분위수를 알아내고 싶은 확률값을 의미합니다.
- size는 생성할 표본의 개수, random_state는 난수 생성기의 시드 값을 나타냅니다.

Q 앞면과 뒷면이 나올 확률이 동일한 동전을 10번 던졌을 때, 정확히 4번 앞면이 나올 확률은?

- 이 문제는 n이 10이고, p가 0.5인 이항분포 확률변수 X에서 4가 나올 확률을 구하는 문제입니다.

$$P(X=4) = \binom{10}{4}(0.5)^4(1-0.5)^{10-4}$$

- 위 확률을 코드를 사용하여 계산하면 다음과 같습니다.

```
from scipy.stats import binom
prob1 = binom.pmf(4, n = 10, p = 0.5)
print(prob1)

0.2050781249999999
```

Q 위 분포에서 앞면이 적어도 4번 이상 나올 확률은?

- 앞면이 적어도 4번 이상 나올 확률이라는 것은 전체 확률에서 0, 1, 2, 3번 앞면이 나올 확률을 빼는 것과 동일합니다. 따라서 수식으로 표현하면 다음과 같이 표현할 수 있습니다.

$$P(X \geq 4) = 1 - P(X \leq 3)$$

- 따라서, 이전 코드를 응용하면 다음과 같이 계산이 됩니다.

```
prob2 = 1 - binom.cdf(3, n = 10, p = 0.5)
print(prob2)

0.828125
```

3) 포아송 분포

포아송 분포는 특정 시간 동안 어떤 사건이 발생하는 횟수를 나타내는 이산 확률분포입니다. 이 분포는 특정 조건 하에서 이항분포에서 n이 매우 크고 p가 매우 작을 때의 극한 분포로 볼 수 있습니다.

포아송 분포는 주로 단위 시간이나 단위 공간에서 발생하는 사건의 평균 발생 횟수 λ를 모수로 가집니다. (λ는 0보다 큰 실수)

$$X \sim Pois(\lambda)$$

포아송 분포의 확률질량함수(PMF)는 다음과 같이 정의됩니다.

$$P(X=k) = \frac{e^{-k}\lambda^k}{k!}$$

여기서 k는 관측된 사건의 발생 횟수를 나타내며, e는 자연로그의 밑입니다.

▶ 포아송 분포

기댓값 $E[X]$	λ
분산 $Var(X)$	λ

SciPy의 poisson 클래스를 사용하면 포아송 분포와 관련된 여러 계산을 쉽게 수행할 수 있습니다. 확률질량함수(pmf), 누적분포함수(cdf), 퍼센트 포인트 함수(ppf), 그리고 랜덤 샘플 생성(rvs) 함수에 해당하는 함수는 다음과 같이 사용할 수 있습니다.

▼ SciPy를 이용한 포아송분포의 활용

```
from scipy.stats import poisson
poisson.pmf(k, mu)
poisson.cdf(k, mu)
poisson.ppf(q, mu)
poisson.rvs(mu, size, random_state)
```

- 위의 코드에서 k는 관측된 사건의 발생 횟수를, mu는 평균 발생 횟수, q는 분위수를 알아내고 싶은 확률값을 의미합니다. size, random_state는 이전과 동일합니다.
- poisson.fun() 함수들은 모수 람다(λ)를 mu로 설정한 것에 주의합니다.

Q 단위 시간당 평균 2번의 사건이 발생하는 시스템에서, 정확히 3번 사건이 발생할 확률은?

- 앞에서 살펴본 이항분포 문제와 동일합니다. 모수 λ가 2인 포아송 확률변수에서 3이 나올 확률을 구하는 문제입니다. $P(X=3)$인 확률을 파이썬 코드를 통하여 계산하면 다음과 같습니다.

```
from scipy.stats import poisson
prob1 = poisson.pmf(3, mu = 2)
print(prob1)

0.18044704431548356
```

Q 같은 시스템에서 5번 이상 사건이 발생할 확률은?

- 이 문제 역시 앞서 이항분포에서 연습한 문제와 동일한 구조이지만, 생존함수를 사용해서 구해 보도록 하겠습니다.
- 사건이 5번 이상 발생할 확률을 수식으로 나타내면, 다음과 같습니다.

$$P(X \geq 5) = 1 - P(X \leq 4) = P(X > 4)$$

- 생존함수 sf()를 사용하여 위 확률을 계산하겠습니다.

```
prob2 = poisson.sf(4, mu = 2)
print(prob2)

0.052653017343711125
```

- 생존함수는 1에서 누적확률함수 값을 뺀 것이라는 것에 주의하시기 바랍니다.

```
1 - poisson.cdf(4, 2)

0.052653017343711084
```

4) 이항분포를 포아송 분포로 근사

포아송 근사는 다음과 같은 조건을 만족할 때, 이항 분포에서의 확률계산을 대치해서 사용할 수 있습니다.

1. 시행 횟수 n이 크다(보통 20 이상).
2. 성공 확률 p가 작다(보통 0.05 이하).
3. np(평균 성공 횟수)가 상대적으로 작은 값을 유지한다.

이 근사는 계산을 단순화시킬 뿐만 아니라, n이 매우 클 때, 즉, 이항분포에서의 확률 계산이 불편할 때 특히 유용합니다.

Q 대형 호텔의 자료에 따르면 통상적으로 호텔을 예약한 사람의 5% 정도는 당일 호텔을 이용하지 않고 예약을 취소한다. 그래서 실제 호텔 객실 수 보다 다소 많은 예약을 받는 경우가 있다고 한다. 객실 수가 95개인 한 호텔에서 예약건수가 100이라고 할 때, 당일 호텔에 도착한 사람들이 모두 호텔에 들어갈 확률은?

① 이항분포로 풀기

- 한 사람이 취소하는 것을 성공확률이 5%인 베르누이 확률변수로 본다면, 해당 날짜의 취소 횟수는 이항분포 $n=100$, $p=0.05$를 따른다고 볼 수 있습니다.
- 따라서, $X \sim B(100,\ 0.05)$일 때, 당일 호텔에 도착한 사람들이 모두 호텔에 들어갈 확률은, 당일 취소 횟수가 5이상일 확률을 구하는 것과 동일합니다.

$$P(X \geq 5) = 1 - P(X \leq 4)$$

```
from scipy.stats import binom
1-binom.cdf(4, 100, 0.05)
```

```
0.5640186993142899
```

- 계산하면 56.4%의 확률로 호텔에 도착한 모든 사람들이 투숙할 수 있습니다.

② **포아송 근사로 풀기**

- 위 문제는 p가 작고, n이 충분히 크므로, 주어진 이항분포 확률을 모수가 np인 포아송 근사로 계산할 수 있습니다. 즉, $X \sim B(100,\ 0.05)$와 $Y \sim Pois(5)$인 두 확률변수를 사용하여 다음과 같은 근사식을 세울 수 있습니다.

$$P(X \leq 4) \approx P(Y \leq 4)$$

```
from scipy.stats import poisson
1-poisson.cdf(4, 5)
```

```
0.5595067149347874
```

- 앞에서 구한 0.564와 비슷한 0.559라는 확률값이 계산된 것을 확인할 수 있습니다.

03 연속 확률분포

1) 정규분포

정규분포는 연속 확률분포로서, 자연, 사회과학 등 다양한 분야에서 발생하는 무작위 현상들을 모델링하는 데 널리 사용됩니다.

정규분포는 대칭적인 종 모양의 곡선이 특징이며, 분포의 중심을 나타내는 평균(μ)과 분포의 퍼짐을 나타내는 표준편차(σ)라는 두 모수에 의해 정의됩니다.

$$X \sim N(\mu,\ \sigma^2)$$

정규분포의 확률밀도함수(PDF)는 다음과 같이 정의됩니다.

$$P(X=x) = \frac{1}{\sqrt{2\pi\sigma^2}} e^{-\frac{(x-\mu)^2}{\sqrt{2\pi\sigma^2}}}$$

여기서 x는 관측된 값을 나타냅니다.

▶ 정규분포

기댓값 $E[X]$	μ
분산 $Var(X)$	σ^2

SciPy의 norm 클래스를 사용하면 정규분포와 관련된 여러 계산을 쉽게 수행할 수 있습니다.

확률밀도함수(pdf), 누적분포함수(cdf), 퍼센트 포인트 함수(ppf), 그리고 랜덤 샘플 생성(rvs) 함수에 해당하는 함수는 다음과 같이 사용할 수 있습니다.

▼ SciPy를 이용한 정규분포의 활용

```
from scipy.stats import norm
norm.pdf(x, mu, sigma)
norm.cdf(x, mu, sigma)
norm.ppf(q, mu, sigma)
norm.rvs(mu, sigma, size, random_state)
```

- 위의 코드에서 x는 관측된 값을, mu는 평균, sigma는 표준편차를 나타내고 q는 분위수를 알아내고 싶은 확률값을 의미합니다. size, random_state는 이전과 동일합니다.
- 다음의 코드는 다른 평균($\mu_1 \neq \mu_2$)과 같은 표준편차($\sigma_1 = \sigma_2$)를 가진 정규분포와, 같은 평균($\mu_1 = \mu_3$)을 가지면서 서로 다른 표준편차($\sigma_1 \neq \sigma_3$)를 가진 두 정규분포를 시각적으로 비교합니다.

▼ 정규분포 평균과 분산의 의미

```
import numpy as np
import matplotlib.pyplot as plt
from scipy.stats import norm
# 정규분포의 평균과 표준편차 설정
mu1, sigma1=0, 1  # 첫 번째 정규분포 : 평균 0, 표준편차 1
mu2, sigma2=2, 1  # 두 번째 정규분포 : 평균 2, 표준편차 1
mu3, sigma3=0, 2  # 세 번째 정규분포 : 평균 0, 표준편차 2

# x값 생성
x=np.linspace(mu1 - 3*sigma3, mu2+3*sigma3, 100)

# 확률밀도함수(PDF) 계산
pdf1=norm.pdf(x, mu1, sigma1)
pdf2=norm.pdf(x, mu2, sigma2)
pdf3=norm.pdf(x, mu3, sigma3)

# 두 정규분포의 확률밀도 함수, x축은 값, y축은 밀도
# 첫 번째 그래프 그리기
plt.figure(figsize=(10, 6))
plt.plot(x, pdf1, label='N(0, 1)')
plt.plot(x, pdf2, label='N(2, 1)')
plt.legend()
plt.show()
# 두 번째 그래프 그리기
plt.figure(figsize=(10, 6))
plt.plot(x, pdf1, label='N(0, 1)')
plt.plot(x, pdf3, label='N(0, 2)')
plt.legend()
plt.show()
```

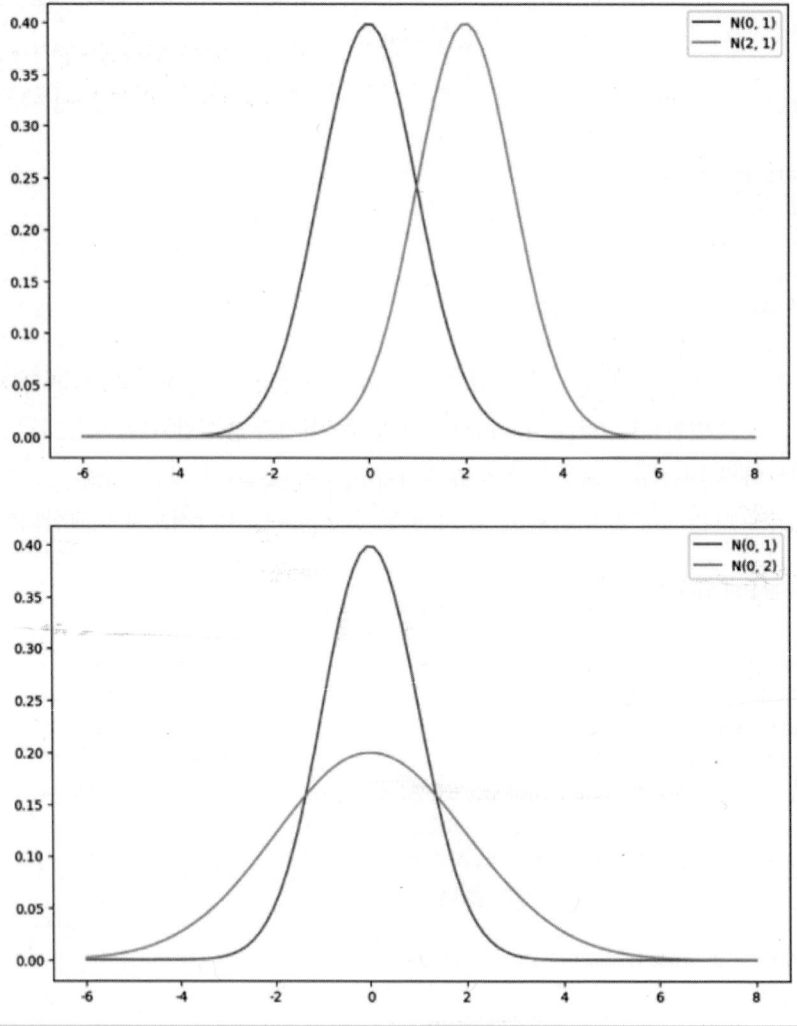

- 위 비교를 통해 평균값의 변화가 분포의 중심을 어떻게 이동시키는지, 표준편차의 변화가 분포의 너비(퍼짐)를 어떻게 조절하는지 직관적으로 이해할 수 있습니다.

Q 어느 고등학교에서 실시한 모의고사의 점수가 평균이 70점이고 표준편차가 10점인 정규분포를 따른다고 합니다. 한 학생이 이 모의고사에서 85점 이상을 받을 확률은?

- 이 문제에서는 모의고사 점수를 나타내는 확률변수 X가 $N(70,\ 10^2)$의 정규분포를 따른다고 했으므로, $P(X \geq 85)$를 구하는 문제입니다.

```
from scipy.stats import norm
prob1=norm.sf(85, loc=70, scale=10)
print(prob1)

0.06680720126885807
```

Q 한 학생이 이 모의고사에서 65점에서 75점 사이의 점수를 받을 확률은?

- 이 문제에서는 모의고사 점수를 나타내는 확률변수 X가 $N(70,\ 10^2)$의 정규분포를 따른다고 했으므로, $P(65 \leq X \leq 75)$를 구하는 문제입니다. 이를 계산하기 위해, 우리는 먼저 75점 이하의 확률을 계산한 다음, 65점 이하의 확률을 빼야 합니다.

$$P(65 \leq X \leq 75) = P(X \leq 75) - P(X \leq 65)$$

```python
from scipy.stats import norm
prob_between = norm.cdf(75, 70, 10) - norm.cdf(65, 70, 10)
print(prob_between)

0.38292492254802624
```

2) 표본평균의 분포

모집단이 정규분포 $N(\mu,\ \sigma^2)$ 따를 때, 크기가 n인 독립 확률변수의 표본평균 $\overline{X}$는 스튜던트 정리에 의해 정규분포를 따르게 됩니다.

특히, 표본평균 $\overline{X}$는 모평균 μ와 동일한 평균을 갖는 정규분포를 따릅니다. 그러나 표본평균의 분산은 모분산 σ^2을 표본 크기 n으로 나눈 값, 즉 $\dfrac{\sigma^2}{n}$이 됩니다. 따라서, 표본평균 $\overline{X}$의 분포를 수식으로 표현하면 다음과 같습니다.

$$\overline{X} \sim N\left(\mu,\ \dfrac{\sigma^2}{n}\right)$$

```python
import numpy as np
import matplotlib.pyplot as plt
from scipy.stats import norm

# 모집단의 평균과 표준편차, 표본크기 n
mu = 70; sigma = 10; n = 8

# 시뮬레이션 횟수
simulations = 10000

# 표본 추출
my_sample = np.random.normal(mu, sigma, (simulations, n))
```

- my_sample에는 평균이 70, 표준편차가 10인 정규분포에서 뽑은 숫자들이 8개씩 세트를 이루어 10,000개가 들어있는 셈이 됩니다.
- 각 세트들의 평균을 계산하면 표본 크기가 8인 표본평균들의 값 10,000개를 얻을 수 있습니다. 이것들의 히스토그램을 그리면, 표본평균의 '분포'를 짐작할 수 있습니다.

```python
# 모집단에서 표본 크기 n만큼 무작위로 추출하여 표본평균을 계산
sample_means = np.mean(my_sample, axis = 1)
sample_means.shape
```

(10000,)

```python
# 표본 평균의 이론적 표준편차
sample_mean_std = sigma / np.sqrt(n)

# 시뮬레이션된 표본평균의 분포를 히스토그램으로 시각화
plt.hist(sample_means, bins = 30, density = True, alpha = 0.6, color = 'g', label = 'Simulated Sample Means')

# 이론적 표본평균의 정규분포를 겹쳐서 시각화
x = np.linspace(mu - 4*sample_mean_std, mu+4*sample_mean_std, 100)
plt.plot(x, norm.pdf(x, mu, sample_mean_std), 'r', lw = 2, label = 'Theoretical Distribution')

plt.title('Distribution of Sample Means')
plt.xlabel('Sample Mean')
plt.ylabel('Density')
plt.legend()
plt.grid(True)
plt.show()
```

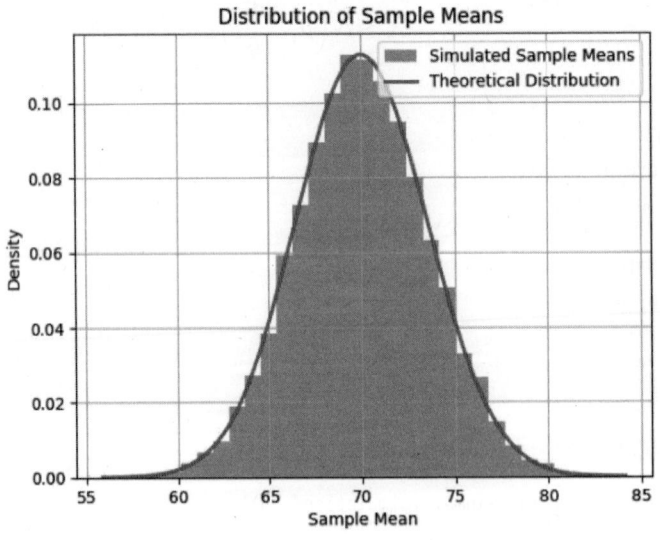

- 위 코드를 통해서 우리는 평균이 70, 표준편차가 10인 정규분포를 따르는 표본크기가 8인 표본평균의 분포가 다시 평균이 70, 표준편차는 $10/\sqrt{8}$인 정규분포를 따르게 된다는 것을 눈으로 확인 할 수 있습니다.

Q 이전 문제의 고등학교에서 8명의 학생을 무작위로 선발하여 모의고사 점수의 평균을 구했을 때, 이 평균 점수가 72점 이상일 확률은?

- 이 문제에서는 모집단이 정규분포를 따르므로, 표본평균의 분포도 정규분포를 따르게 됩니다.
- 학생들의 점수 분포가 평균 70점, 표준편차 10점의 정규분포를 따른다고 가정했을 때, 8명의 학생을 대상으로 한 표본평균 $\overline{X}$의 분포는 $N\left(70, \dfrac{10^2}{8}\right)$로 나타낼 수 있습니다.
- 따라서, $P(\overline{X} \geq 72)$를 계산하면 다음과 같습니다.

```
from scipy.stats import norm
# 표본평균의 분포가 N(70, (10^2)/8)을 따름
prob=norm.sf(72, loc=70, scale=10/(8**0.5))
print(prob)

0.28580382247666575
```

3) 카이제곱 분포

카이제곱 분포는 통계학에서 주로 사용되는 연속 확률분포로, 독립적인 표준정규 확률변수들의 제곱합은 카이제곱 분포를 따릅니다. 이 분포는 주로 적합도 검정, 독립성 검정, 분산 분석 등에서 사용됩니다.

카이제곱 분포는 자유도(ν)라는 하나의 모수에 의해 정의되며, 자유도는 제곱합을 구성하는 정규 확률변수의 수를 나타냅니다.

$$X \sim X^2(\nu)$$

카이제곱 분포의 확률밀도함수(PDF)는 다음과 같이 정의됩니다.

$$P(X=x) = \dfrac{1}{2^{\nu/2}\Gamma(\nu/2)} x^{(\nu/2)-1} e^{-x/2}$$

여기서 x는 관측된 값을 나타내고, Γ는 감마 함수입니다.

▶ 카이제곱 분포

기댓값 $E[X]$	ν
분산 $Var(X)$	2ν

카이제곱 분포에 대하여 기억해야 할 점들은 다음과 같습니다.

1. 음이 아닌 실수 값을 갖는 분포
2. 오른쪽으로 치우친 분포

SciPy의 chi2 클래스를 사용하면 카이제곱분포와 관련된 여러 계산을 쉽게 수행할 수 있습니다.

확률밀도함수(pdf), 누적분포함수(cdf), 퍼센트 포인트 함수(ppf), 그리고 랜덤 샘플 생성(rvs) 함수에 해당하는 함수는 다음과 같이 사용할 수 있습니다.

▼ SciPy를 이용한 카이제곱 분포의 활용

```
from scipy.stats import chi2
chi2.pdf(x, df)
chi2.cdf(x, df)
chi2.ppf(q, df)
chi2.rvs(df, size, random_state)
```

① 표준 정규분포와 카이제곱 분포의 관계
- 표준 정규분포 $N(0, 1)$에서 독립적으로 추출된 k개의 확률변수 $Z_1, Z_2, \cdots, Z_k$의 제곱합은 카이제곱 분포 $x^2(k)$를 따릅니다.

$$X = Z_1^2 + Z_2^2 + \cdots + Z_k^2 \sim x^2_{(k)}$$

- 표준 정규분포에서 5개의 표본을 뽑아 제곱합을 계산하는 시행을 1,000번 반복하고, 그 결과를 히스토그램으로 그린 후, 해당 자유도의 카이제곱 분포 확률밀도함수와 겹쳐서 그려보겠습니다.

```
import numpy as np
import matplotlib.pyplot as plt
from scipy.stats import chi2, norm

# 표준 정규분포에서 5개의 표본을 뽑아 제곱합 계산을 1,000번 시행
x = norm.rvs(size = (1000, 5))**2    # 1,000행 5열
samples = np.sum(x, axis = 1)         # 행별 계산

# 히스토그램 그리기
plt.hist(samples, bins = 30, density = True, alpha = 0.6, color = 'blue', label = 'Squared Sum of Z')

# 카이제곱 분포 확률밀도함수와 겹쳐서 그리기
k = np.linspace(0, 20, 100)
plt.plot(k, chi2.pdf(k, 5), color = 'red', lw = 2, label = 'Chi-squared pdf')

plt.legend()
plt.xlabel('Value')
plt.ylabel('Density')
plt.title('Histogram of Squared Sum of Z with Chi-squared PDF')
plt.show()
```

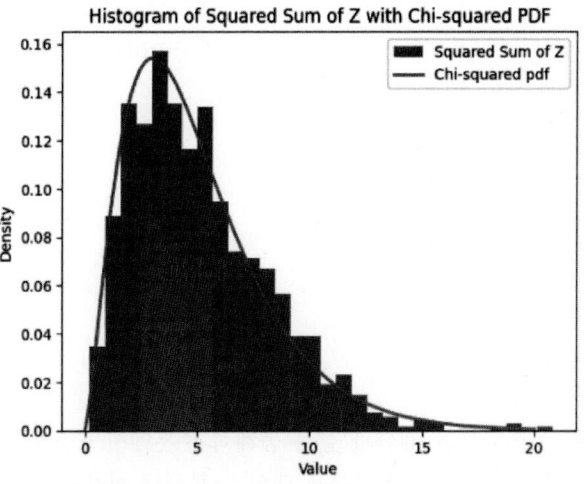

② **표본분산과 카이제곱 분포의 관계**
- 표본분산을 통해 우리는 모집단의 분산을 추정할 수 있으며, 이러한 표본분산의 분포는 카이제곱 분포와 밀접한 관련이 있습니다.
- 스튜던트 정리에 따르면, 정규분포를 따르는 모집단에서 추출한 독립표본의 크기가 n일 때, 표본분산 확률변수 S^2은 자유도가 $n-1$인 카이제곱 분포를 따릅니다.

$$\frac{(n-1)S^2}{\sigma^2} \sim x^2_{n-1}$$

여기서 σ^2는 모분산을 의미합니다.

4) t-분포

t-분포는 정규분포와 유사한 모양을 가지고 있지만, 꼬리가 더 두껍습니다(더 넓게 퍼짐). t-분포는 자유도(ν)라는 단일 모수에 의해 정의됩니다.

자유도가 크면 클 수록 꼬리가 두꺼워지며, 자유도가 커질 수록 t-분포는 표준 정규분포에 수렴합니다.

$$T \sim t(\nu)$$

t-분포의 확률밀도함수(PDF)는 다음과 같이 정의됩니다.

$$P(T=t) = \frac{\Gamma((\nu+1)/2)}{\sqrt{\nu\pi}\,\Gamma(\nu/2)} \left(1 + \frac{t^2}{\nu}\right)^{-(\nu+1)/2}$$

여기서 t는 관측된 값을 나타내고, Γ는 감마 함수입니다.

▶ t-분포

기댓값 $E[T]$	0, if $\nu > 1$
분산 $Var(T)$	$\frac{\nu}{\nu-2}$, if $\nu > 2$

SciPy의 t 클래스를 사용하면 t-분포와 관련된 여러 계산을 쉽게 수행할 수 있습니다.
확률밀도함수(pdf), 누적분포함수(cdf), 퍼센트 포인트 함수(ppf), 그리고 랜덤 샘플 생성(rvs) 함수에 해당하는 함수는 다음과 같이 사용할 수 있습니다.

▼ SciPy를 이용한 t-분포의 활용

```
from scipy.stats import t
t.pdf(x, df)
t.cdf(x, df)
t.ppf(q, df)
t.rvs(df, size, random_state)
```

t-분포는 특히 t 검정이나 신뢰구간 계산과 같은 통계적 추론에서 중요한 역할을 합니다. 작은 표본 크기나 모분산이 알려져 있지 않을 때, 정규분포 대신 t-분포를 사용함으로써 보다 정확한 통계적 결론을 도출할 수 있습니다.

자유도가 ν인 t-분포 확률변수 T는 다음과 같이 표준정규분포 확률변수 Z와 카이제곱 확률변수 $V \sim x^2_{(\nu)}$의 분수 꼴로 만들 수 있습니다.

$$T = \frac{Z}{\sqrt{V/\nu}} \sim t_\nu$$

여기서 Z는 표준정규분포를 따르는 확률변수이고, V는 자유도가 ν인 카이제곱 분포를 따르는 확률변수입니다. 이것을 응용하면 모평균 검정에서 사용되는 t 검정통계량의 분포가 자유도가 $n-1$인 t-분포를 따른다는 것을 알 수 있습니다.

$$\frac{\overline{X} - \mu_0}{S/\sqrt{n}}$$

위 검정통계량을 다시 써보면 다음과 같습니다.

$$\frac{\overline{X} - \mu_0}{S/\sqrt{n}} = \frac{\frac{\overline{X} - \mu_0}{\sigma/\sqrt{n}}}{\frac{S}{\sigma}} = \frac{\frac{\overline{X} - \mu_0}{\sigma/\sqrt{n}}}{\sqrt{\frac{(n-1)S^2}{\sigma^2}/(n-1)}}$$

여기서 $\overline{X}$는 표본평균, S는 표본표준편차, σ는 모표준편차, n은 표본의 크기를 나타냅니다. 또한, 스튜던트 정리에 따라, 다음의 2가지 사실이 성립합니다.

$\frac{\overline{X} - \mu_0}{\sigma/\sqrt{n}}$는 표준정규분포 $N(0, 1)$을 따릅니다.

$\frac{(n-1)S^2}{\sigma^2}$는 자유도가 $n-1$인 카이제곱 분포 x^2_{n-1}을 따릅니다.

따라서, 두 개의 분수꼴로 볼 수 있는 t-검정통계량은 자유도가 $n-1$인 t-분포를 따르게 됩니다.

$$\frac{\overline{X} - \mu_0}{S/\sqrt{n}} \sim t_{n-1}$$

Q 다음 데이터가 귀무가설 하에서의 모평균이 10으로 알려져 있는 정규분포에서 추출된 데이터라고 할 때, t-검정통계량 값은?

9.76, 11.1, 10.7, 10.72, 11.8, 6.15, 10.52, 14.83, 13.03, 16.46, 10.84, 12.45

- t-검정통계량 값을 계산하기 위해서 먼저 표본 평균과 표본 분산, 표본의 크기를 계산해야 합니다.

```
x = np.array([9.76, 11.1, 10.7, 10.72, 11.8, 6.15, 10.52, 14.83, 13.03, 16.46, 10.84, 12.45])
n = len(x)
x_bar = np.mean(x)
s = np.std(x, ddof = 1)

# t 검정통계량 값 계산
t = (x_bar - 10) / (s / np.sqrt(n))
print(t)
```

2.0508338167773066

Q 위 문제의 검정통계량 값이 따르는 분포에서 계산된 검정통계량 값보다 큰 값이 나올 확률은?

- 이 문제는 검정통계량의 분포가 자유도가 11인 t-분포를 따른다는 것을 이해한 후, 계산된 검정통계량 값 2.050보다 큰 값이 나올 확률을 계산하는 문제입니다.
- 자유도가 11인 t-분포에서 2.050 보다 큰 값이 나올 확률은 다음과 같이 생존함수 sf()를 사용하여 구할 수 있습니다.

```
from scipy.stats import t
t.sf(2.050, df = 11)
```

0.0324878370178045

Q 위 문제의 검정통계량 값이 따르는 분포에서 상위 5%에 해당하는 값은?

- 이 문제는 검정통계량의 분포가 자유도가 11인 t-분포를 따른다는 것을 이해한 후, 주어진 확률 값에 대응하는 분위수를 계산하는 문제입니다.
- 상위 5%에 해당하는 값을 구한다는 것은 확률밀도함수에서 0.95에 해당하는 값의 역함수 값을 계산하는 것과 마찬가지이므로, 다음과 같이 ppf 함수를 사용하여 계산할 수 있습니다.

```
from scipy.stats import t
t.ppf(0.95, df = 11)
```

1.7958848187036691

5) F-분포

F-분포는 통계학에서 두 집단의 분산을 비교하는데 사용되는 확률 분포입니다. 이는 분산분석(ANOVA) 및 회귀분석과 같은 다양한 통계적 검정에서 중요한 역할을 합니다.

F-분포의 확률밀도함수(PDF)는 두 독립적인 카이제곱 분포를 각각의 자유도로 나누고 그 비율을 취한 값에 기반한 함수입니다. 자유도 d_1과 d_2에 따라 달라지며, 다음과 같은 수식으로 정의됩니다.

$$f(x;\ d_1,\ d_2) = \frac{\left(\frac{d_1}{d_2}\right)^{d_1/2} x^{(d_1/2)-1}}{B\left(\frac{d_1}{2},\ \frac{d_2}{2}\right)\left(1+\frac{d_1}{d_2}x\right)^{(d_1+d_2)/2}}$$

여기서 x는 $0 \leq x < \infty$ 사이의 값을 가집니다. d_1과 d_2는 각각의 자유도, $B\left(\frac{d_1}{2},\ \frac{d_2}{2}\right)$는 베타 함수입니다.

베타 함수 B는 감마 함수 Γ를 사용하여 다음과 같이 정의됩니다.

$$B(a,\ b) = \frac{\Gamma(a)\Gamma(b)}{\Gamma(a+b)}$$

① F-분포 특성

- **비대칭성** : F-분포는 비대칭 분포로, 오른쪽 꼬리가 길게 늘어져 있습니다. 이는 F 값이 클수록 발생 확률이 낮다는 것을 의미합니다.
- **비음수 값** : F-분포는 항상 0 이상입니다. 이는 분산의 비율이기 때문에 음수가 될 수 없음을 반영합니다.
- **자유도에 따라 변화** : F-분포의 형태는 두 자유도 d_1과 d_2에 따라 달라집니다. 자유도가 증가하면 F-분포는 점점 정규분포에 가까워집니다.

② 카이제곱 분포와의 관계

- F-분포를 따르는 확률변수는 다음과 같이 카이제곱분포를 따르는 확률변수 두 개를 사용해서 만들 수 있습니다.

$$F = \frac{(X_1/d_1)}{(X_2/d_2)}$$

- 위 식에서 $X_1 \sim X^2(d_1)$과 $X_2 \sim X^2(d_2)$인 두 독립적인 카이제곱 분포를 따르는 확률변수라고 가정합니다. 여기서 d_1과 d_2는 각각의 자유도입니다.
- 파이썬에서 scipy.stats 모듈을 사용하여 F-분포의 확률밀도함수를 시각화할 수 있습니다. 다음 예제는 자유도 $d_1=5$와 $d_2=10$인 F-분포의 확률밀도함수를 그립니다.

```python
import numpy as np
import matplotlib.pyplot as plt
from scipy.stats import f

# 자유도 설정
d1, d2 = 5, 10

# x값 범위 설정
x = np.linspace(0, 5, 1000)

# F-분포의 확률밀도함수(PDF) 계산
y = f.pdf(x, d1, d2)

# 그래프 그리기
plt.plot(x, y, 'r-', label = f'F-distribution PDF (d1 = {d1}, d2 = {d2})')
plt.title('F Distribution PDF')
plt.xlabel('F value')
plt.ylabel('Probability density')
plt.legend()
plt.grid(True)
plt.show()
```

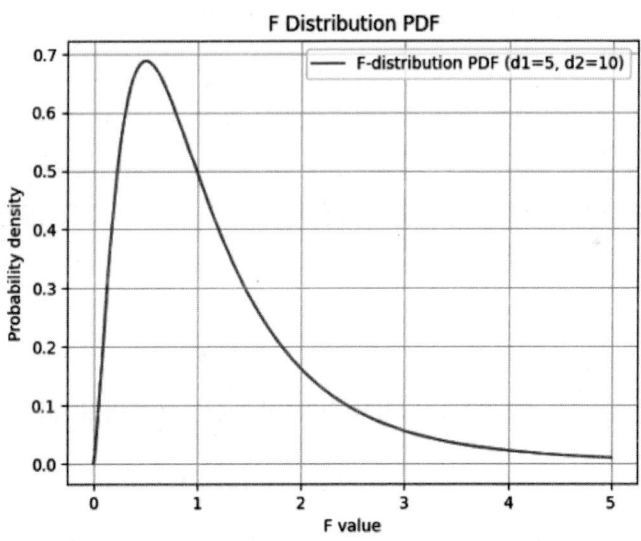

SECTION 02 연습문제

1. 한 제조업체가 생산하는 부품의 길이는 평균 5.00cm, 표준편차 0.05cm의 정규분포를 따른다고 한다. 길이가 4.95cm 이하인 제품은 모두 불량으로 간주할 때, 생산된 부품이 불량일 확률을 구하시오. (단, 소수점 넷째자리까지 표기)

2. 공항의 보안 검색대를 통과하는 시간은 평균 8분, 표준편차 2분의 정규분포를 따른다고 한다. 탑승수속 마감까지 6분밖에 남지 않은 승객이 검색대를 통과할 확률은? (단, 소수점 넷째자리까지 반올림)

3. 한 도시의 통근시간은 정규분포를 따른다고 한다. 평균 통근시간이 32분이고 표준편차가 6분일 때, 통근시간이 상위 10%에 해당하는 기준 시간은? (단, 소수점 첫째자리까지 반올림)

4. 포아송 분포 $X \sim \text{Pois}(\lambda=4)$에서 $P(X \geq 2)$의 값을 구하시오. (단, 소수점 넷째자리까지 표기)

5. 어떤 집단의 평균 체온은 36.5도라고 알려져 있다. 한 실험에서 15명의 체온을 측정한 결과는 다음과 같았다.

```
import numpy as np
data = np.array([36.3, 36.7, 36.6, 36.5, 36.8, 36.6, 36.4, 36.7, 36.5, 36.3, 36.9, 36.4, 36.2, 36.8, 36.6])
```

이때, t-분포를 사용하여 평균 체온이 36.5도 이상인지 확인하기 위한 검정통계량 t를 구하시오. (단, 소수점 넷째자리까지 표기)

SECTION 02 연습문제 정답

1 부품 길이 $X \sim N(5.00,\ 0.05^2)$: 평균 = 5.00cm, 표준편차 = 0.05cm

4.95cm 이하인 제품은 불량으로 간주하므로, $P(X \leq 4.95)$를 계산합니다.

```
from scipy.stats import norm
result = norm.cdf(4.95, loc=5, scale=0.05)
print(f"P(X <= 4.95) = {result:.4f}")
```

```
P(X <= 4.95) = 0.1587
```

2 통과 시간 $X \sim N(8,\ 2^2)$: 평균 = 8분, 표준편차 = 2분

탑승 수속 마감까지 6분밖에 남지 않았으므로, 승객이 보안 검색대를 통과할 확률 $P(X \leq 6)$를 계산합니다.

```
from scipy.stats import norm
result = norm.cdf(6, loc=8, scale=2)
print(result.round(4))
```

```
0.1587
```

3 통근시간 $X \sim N(32,\ 6^2)$: 평균 = 32분, 표준편차 = 6분

상위 10%에 해당하는 기준 시간은 전체의 90%가 그 값보다 작거나 같은 시간을 의미합니다. 즉, 0.90 분위수를 구합니다.

0.90 분위수 : $P(X \leq x) = 0.90$이 되는 x

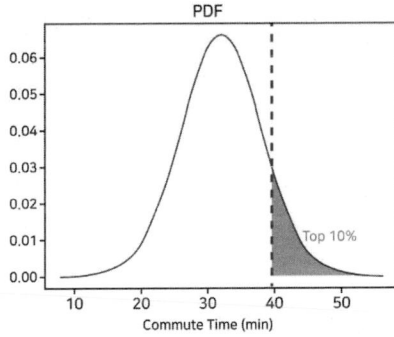
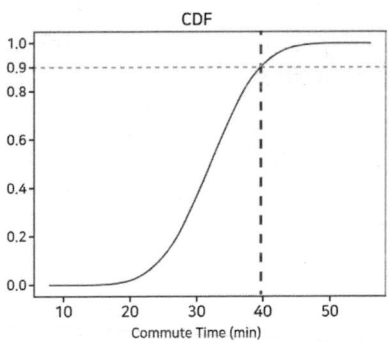

```
from scipy.stats import norm
x_90 = norm.ppf(0.90, loc=32, scale=6)
print(x_90.round(1))
```

```
39.7
```

4 $P(X \geq 2)$일 때는 다음과 같이 정리할 수 있습니다.

$$P(X \geq 2) = 1 - P(X < 2) = 1 - (P(X=0) + P(X=1))$$

```python
from scipy.stats import poisson
lambda_ = 4
# P(X=0)와 P(X=1) 계산
p0 = poisson.pmf(0, mu=lambda_)
p1 = poisson.pmf(1, mu=lambda_)
# P(X ≥ 2) = 1 - (P(X=0) + P(X=1))
p_ge_2 = 1 - (p0 + p1)
print(f"P(X >= 2) = {p_ge_2:.4f}")
```

```
P(X >= 2) = 0.9084
```

5 주어진 데이터를 통해 표본평균, 표본 표준편차, 표본 크기를 구합니다.

```python
import numpy as np
data = np.array([36.3, 36.7, 36.6, 36.5, 36.8, 36.6, 36.4, 36.7, 36.5,
                 36.3, 36.9, 36.4, 36.2, 36.8, 36.6])
# 표본평균, 표본 표준편차, 표본 크기
sample_mean = np.mean(data)          # 표본평균
sample_std = np.std(data, ddof=1)    # 표본 표준편차 (ddof=1)
n = len(data)        # 표본 크기
```

검정통계량 t값을 계산합니다.($\mu_0 = 36.5$)

$$t = \frac{\bar{x} - \mu_0}{s/\sqrt{n}}$$

```python
# 비교 기준값
mu_0 = 36.5
# 검정통계량 계산
t_stat = (sample_mean - mu_0) / (sample_std / np.sqrt(n))
print(f"검정통계량 t = {t_stat:.4f}")
```

```
검정통계량 t = 1.0000
```

PART 05

통계적 추정과 검정

파트 소개

이 파트에서는 Python을 활용한 통계적 추정과 가설 검정을 학습합니다. 데이터를 분석할 때 평균 및 분산의 차이를 검정하는 다양한 방법을 배우며, 정규성 검정 및 분산분석(ANOVA)과 같은 고급 기법도 함께 다룹니다. 또한, 분포 가정을 만족하지 않는 경우를 위한 비모수 검정 방법도 학습합니다.

◆ 주요 내용

- 통계적 추정과 가설 검정의 기본 개념 : 점추정, 구간추정, p-value 해석 및 가설 검정 원리
- t-검정 : 1표본, 독립 2 표본, 대응표본 t-검정 및 Python을 활용한 실습
- 데이터 분포 확인과 정규성 검정 : 다섯 숫자 요약, Q-Q Plot, 샤피로-윌크 검정 및 카이제곱 적합도 검정
- 분산분석(ANOVA) : 그룹 간 평균 차이 검정, F 검정 및 Tukey의 HSD 사후 검정
- 비모수 검정(Non-Parametric Test) : 윌콕슨 순위합 검정, 맨-휘트니 U 검정, 부호 검정 및 Levene 검정을 통한 등분산 검정

통계적 추정과 가설 검정

핵심 태그 구간 추정 • 모평균 추정 • 귀무가설 • 대립가설 • 검정통계량

통계적 추정은 데이터를 사용하여 데이터를 발생시킨 모수의 값을 예측하는 방법입니다. 모수의 값을 추정하는 방법에는 대표적으로 점 추정과 구간 추정이 있습니다.
구간 추정의 경우 충분히 시험에 응용되어 나올 수 있으므로, 정확하게 이해해야 합니다.

01 구간 추정

모수가 존재할 것으로 예상되는 구간을 추정하는 방법입니다. 이는 표본으로부터 얻은 정보를 바탕으로 구간을 계산하고, 모집단의 모수(평균, 비율 등)가 이 구간 안에 존재할 확률이 특정 수준 이상이라는 것을 보여주는 방법입니다.
구간 추정을 공부할 때 가장 중요한 점은 신뢰구간은 확률변수라는 것을 이해하는 것입니다.

1) 표본평균을 사용한 모평균 추정

표본평균을 사용해서 모평균을 추정하는 것은 자연스러운 일입니다. 왜냐하면, 표본의 크기가 클수록 표본평균의 값이 모평균과 가까워지기 때문입니다.

아래의 파이썬 코드는 표본의 크기를 10개에서 5,000개까지 늘려감에 따라서 표본평균의 값이 모평균에 얼마나 가까워지는지 시각화합니다. 표본 10개를 사용해서 표본평균을 계산했을 때는 모평균 근처에서 값들을 가질 수 있지만, 표본이 100개가 넘어가면서부터는 사실 '거의 모든 표본평균값이 모평균이라 할 수 있을 정도'로 가까운 것을 확인할 수 있습니다.

```
import numpy as np
import matplotlib.pyplot as plt

# 모집단의 평균과 표준편차
mu, sigma = 30, 5
# 표본 크기 목록
sample_sizes = [10, 50, 100, 500, 1000, 5000]
# 표본평균 개수
num_means = 1000

# 그래프 설정
fig, axes = plt.subplots(2, 3, figsize = (15, 15))
axes = axes.flatten()
```

```python
# x축 범위 설정
x_limits = (mu - 3 * sigma, mu + 3 * sigma)

for i, size in enumerate(sample_sizes):
    sample_means = [np.mean(np.random.normal(mu, sigma, size)) for _ in range(num_means)]
    axes[i].hist(sample_means, bins = 30, alpha = 0.75, color = 'blue', edgecolor = 'black')
    axes[i].axvline(mu, color = 'green', linestyle = 'dashed', linewidth = 1)
    axes[i].set_xlim(x_limits)
    axes[i].set_title(f'Sample Size: {size}\nNumber of Means: {num_means}')
    axes[i].set_xlabel('Mean Value')
    axes[i].set_ylabel('Frequency')
    axes[i].legend(['Population Mean'])

# 그래프 간격 조정
plt.tight_layout( )
plt.show( )
```

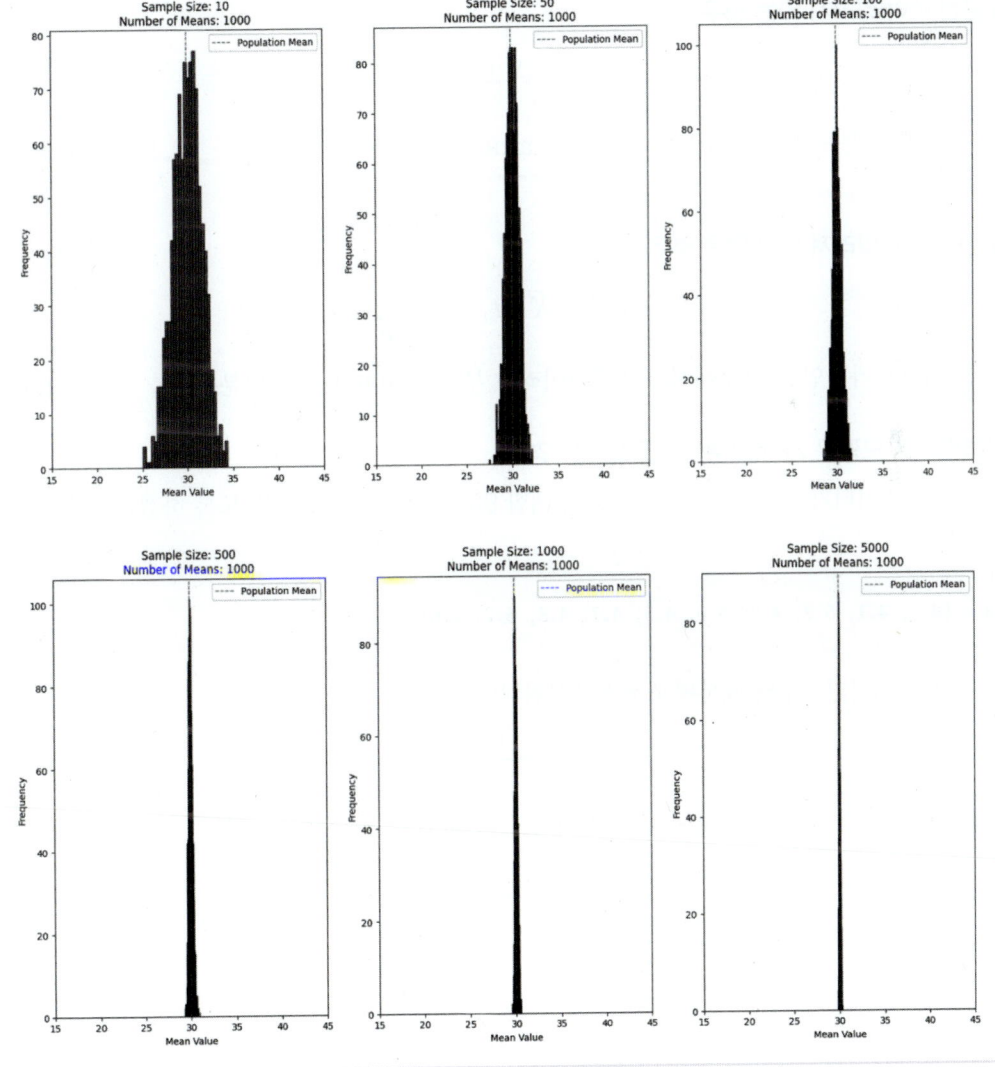

- 예를 들어, 위의 분포에서 표본 크기가 10인 경우, 모평균을 중심으로 −5에서 5정도의 변동성을 가지니까, "현재 계산된 표본평균값을 중심으로 변동성의 90%를 포함하는 구간을 잡자!"라는 논리로 접근하는 것입니다.

> **기적의 TIP**
>
> 신뢰구간은 계산된 표본평균을 중심으로, 그 표본평균의 변동성을 고려하여 모평균을 포함할 수 있게 설정하는 범위이며, 신뢰수준은 이러한 신뢰구간을 설정할 때, 분포의 변동성을 어느 정도 반영할 것인지 나타냅니다.
> 예를 들어, 95% 신뢰수준은 표본평균의 분포에서 양쪽 2.5%에 해당하는 극단적 값들을 제외하고 나머지 95% 범위 내에서 신뢰구간을 설정하는 것입니다.

2) 모평균에 대한 구간 추정

$X_1, X_2, \cdots, X_n$을 정규분포 μ, σ^2를 따르는 확률변수라고 하고, 이 확률변수들에서 랜덤 표본들을 뽑았을 때, 모평균 μ에 대한 $100(1-\alpha)$ 신뢰구간은 다음과 같이 두 가지 경우로 나누어 구할 수 있습니다.

① 모분산 σ^2이 알려져 있는 경우

$$C.I. = \overline{X} \pm z_{\alpha/2} \frac{\sigma}{\sqrt{n}}$$

- z_α는 표준정규분포에서의 임곗값(critical value)이라고 부르며, $100(1-\alpha)$ 백분위수를 의미합니다.

② 모분산 σ^2이 알려져 있지 않은 경우

$$C.I. = \overline{X} \pm t_{\alpha/2,\ n-1} \frac{S_n}{\sqrt{n}}$$

- $t_{\alpha,\ n}$는 자유도가 n인 t-분포에서의 임곗값이라고 부르며, $100(1-\alpha)$ 백분위수를 의미합니다.

3) 파이썬으로 모평균 계산(모분산 σ를 모르는 경우)

다음과 같이 데이터가 주어졌을 때, 모평균에 대한 95% 신뢰구간을 구해보도록 하겠습니다.

```
# 표본 데이터
data = [4.3, 4.1, 5.2, 4.9, 5.0, 4.5, 4.7, 4.8, 5.2, 4.6]
```

먼저, 주어진 데이터로부터 표본평균 $\overline{x}$를 계산합니다.

$$\overline{x} = \frac{1}{n} \sum_{i=1}^{n} x_i$$

여기서 n은 표본의 크기이고, x_i는 표본 데이터의 각 값입니다. 그다음, 표본의 표준편차 s를 계산합니다.

$$s = \sqrt{\frac{1}{(n-1)} \sum_{i=1}^{n} (x_i - \overline{x})^2}$$

표본의 표준편차를 표본의 크기의 제곱근으로 나누어 준 표준오차(standard error)를 계산합니다.

$$s.e. = \frac{s}{\sqrt{n}}$$

마지막으로, 95% 신뢰구간은 표본평균에서 표준오차의 1.96배 떨어진 범위가 됩니다.

▼ 데이터를 통하여 모평균에 대한 구간 추정을 수행

```python
from scipy.stats import t

# 표본 평균
mean = np.mean(data)

# 표본 크기
n = len(data)

# 표준 오차
se = np.std(data, ddof = 1) / np.sqrt(n)

# 95% 신뢰구간
print(round(mean - t.ppf(0.975, n-1) * se, 3), round(mean + t.ppf(0.975, n-1) * se, 3))
```

4.469 4.991

- 같은 결과를 t.interval()를 사용하여 구할 수 있습니다.

```python
# t.interval로 구하기
ci = t.interval(0.95, loc = mean, scale = se, df = n-1)
print("95% 신뢰구간: ", [round(i, 3) for i in ci])
```

95% 신뢰구간: [4.469, 4.991]

- 신뢰구간을 함수로 구할 수 있다고 해서 공식을 이해하지 않고 있으면 안됩니다. 때에 따라서 $z_{0.05}$, $z_{0.025}$, $t_{0.05}$, 그리고 $t_{0.025}$의 값을 모두 제공하여, 시험자가 정확한 공식을 사용할 수 있는지 평가할 수 있기 때문입니다.

02 통계적 검정

통계적 검정은 모집단 분포의 모수에 대한 가설이 참인지 거짓인지를 검증하는 과정입니다. 이를 위해 관찰된 데이터가 단순한 우연인지 아니면 특정한 효과가 있는지를 판단합니다.

귀무가설 과 대립가설 이라는 두 가지 가설을 설정하고, 귀무가설이 참이라는 가정하에 주어진 검정통계량 값보다 극단적인 값을 관찰할 확률을 계산하여 결과를 도출합니다.

1) 귀무가설(H_0 : Null Hypothesis)

귀무가설은 기본적으로 전제가 되는 가정, 즉 **기존에 참이라고 받아들여지고 있는 가정**입니다.

$$H_0 : \mu = \mu_0$$

- 귀무가설은 위와 같이 항상 등호(=) 형식을 띠고 있습니다.
- 귀무가설을 말로 표현할 때, 보통 "같다", "**차이가 없다.**", 혹은 "효과가 없다."라고 하는 형태를 많이 띱니다. (Null의 의미)
- 예를 들어, "업체 A에서 생산되는 베어링의 평균 지름은 3cm이다."라고 한다면, $H_0 : \mu = 3$이 됩니다. 즉, 귀무가설을 기호로 표현함에 있어서, μ_0가 3으로 설정된 상황입니다.

2) 대립가설(H_1 : Alternative Hypothesis)

대립가설은 현재까지 받아들여지고 있는 귀무가설과 대립되는 가설입니다. 따라서, 대립가설을 받아들이기 위해서는 확실한 증거가 필요합니다.

- 대립가설은 귀무가설의 반대 상황을 나타냅니다.
- 대립가설은 귀무가설이 기각되었을 때 받아들여지게 됩니다.
- 예를 들어, "업체 A에서 생산되는 베어링의 평균 지름은 3cm가 아니다."라고 한다면, $H_A : \mu \neq 3$입니다. 이와 같은 형태의 대립가설을 양측 검정(two-tailed test)에 대응하는 대립가설이라고 합니다. 하지만, 다음과 같이 경우에 따라서 우리의 관심이 특정 방향에만 있는 경우가 있습니다.

  1. 업체 A에서 생산되는 베어링의 평균 지름은 3cm보다 작다.
  $$H_A : \mu < 3$$
  2. 업체 A에서 생산되는 베어링의 평균 지름은 3cm보다 크다.
  $$H_A : \mu > 3$$

위의 두 가지 형태의 대립가설을 단측검정(one-tailed test)에서의 대립가설이라고 부릅니다.

또다른 예로, 미국으로 여행을 간 한국인들이 미국 여행에 대해 80점 이상의 만족도를 보였는지를 검정하고자 합니다. 여기서 귀무가설과 대립가설을 설정해 보겠습니다.

- **귀무가설** : 한국인의 미국 여행 평균 만족도는 80점이다.
$$H_0 : \mu = 80$$
- **대립가설** : 한국인의 미국 여행 평균 만족도는 80점이 아니다.
$$H_A : \mu \neq 80$$

통계 검정은 귀무가설을 믿을 수 있는지, 없는지를 판단하는 일련의 논리 전개 과정입니다. 위에서 현재 받아들여지고 있는 귀무가설은 한국인의 미국 여행 만족도 평균이 80점이라는 것입니다. 이것을 믿을 수 있을지 판단하기 위해서 30명의 설문조사 결과 만족도 평균 점수가 83점이라는 사실과 이 만족도 점수가 일반적으로 5점의 표준편차를 가지고 있다고 하는 정보가 주어졌습니다. 여기서 중요한 것은 주어진 정보가 딱 평균 점수와 표준편차 정보 두 개라는 사실입니다.

그럼 정말 한국인의 미국 여행 만족도 평균이 80점인가를 믿을 수 있을 지 판단해봅시다. 여기서 앞으로의 논리 전개에 있어서 가장 중요한 가정이 하나 있습니다.

"귀무가설은 참이다."

주어진 명제를 참이라고 받아들이면, 표본평균의 분포를 실제 표본평균들을 계산하지 않아도 그릴 수 있습니다. 즉, 30명의 한국인의 미국 여행 만족도 표본평균을 여러 번 반복해서 측정한 후, 히스토그램을 그리면 표본평균의 분포가 평균은 80, 표준편차는 분포를 따른다는 것을 그리지 않아도 미리 알 수 있습니다.

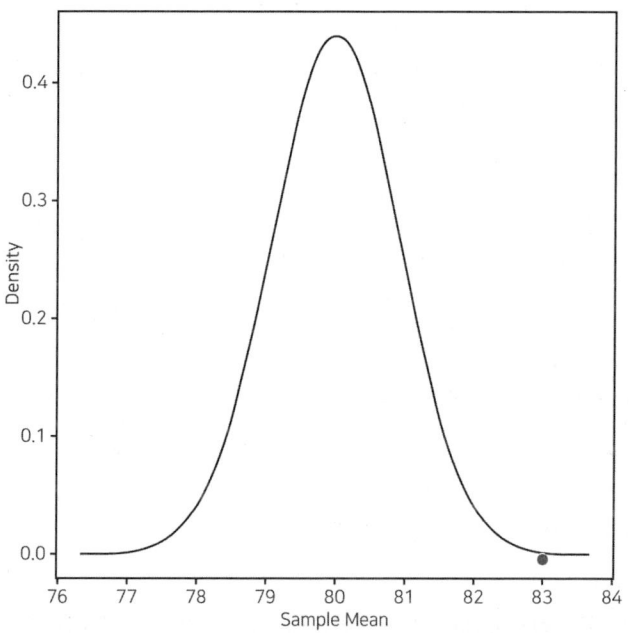

▲ n=30인 표본평균 분포(이론적 분포)와 설문조사 결과(점)

우리가 가진 정보인 실제 표본평균 점수를 점으로 표시해보니까, 해당 분포에서는 정말 보기 힘든 값이라는 생각이 듭니다. 이전 섹션에서 배운 함수들을 사용해보면 이 '보기 힘든 값'이라는 것을 수치화 할 수 있습니다.

```
from scipy.stats import norm
std = 5 / np.sqrt(30)
norm.sf(83, loc = 80, scale = std)
```

0.0005075004735565336

정리하면, 우리가 참이라고 믿고 있는 귀무가설 하에서는 현재 관찰된 표본평균 값 83점보다 높은 값이 나올 확률은 거의 0에 가깝다는 것을 알 수 있습니다. 80점을 기준으로 반대 방향인 77점보다 작은 값이 나올 확률까지 생각해봐도, 일어날 확률이 1%도 채 되지 않는 사건이 우리 눈앞에 일어난 것입니다.

통계 검정은 이 상황에서 우리에게 다음과 같은 판단 논리를 제시합니다.

"일어나기 극히 적은 사건이 발생했다면(표본평균 83점), 맨 처음에 사실이라 믿었던 귀무가설을 더 이상 믿을 수 없다고 판단하자. (귀무가설을 기각)"

우리가 계산한 귀무가설하에서 사건이 발생할 확률을 유의확률이라고 부르고, 이러한 확률값을 작다라고 판단할 수 있는 기준을 유의수준이라고 부릅니다.

즉, 유의수준 5% 하에서 통계 검정을 진행한다는 것은 귀무가설 하에서 관찰된 표본에 대응하는 유의확률이 5%보다 작은 경우, 발생하기 어려운 사건이라고 정의하고, 귀무가설을 기각하겠다는 의미입니다.

03 검정통계량(Test Statistic)

검정통계량은 가설 검정에 사용되는 확률변수입니다. 데이터를 사용하여 검정통계량의 실현치를 계산하고, 그 값에 따라 귀무가설을 기각할 지에 대한 통계적 의사결정을 내립니다.

검정통계량은 앞에서 살펴본 통계 검정을 좀 더 단순화하기 위해서 표준화 했다고 생각할 수 있습니다. 검정통계량이 없다면 유의확률을 구할 때, 매번 귀무가설의 평균과 표준편차를 고려해서 정규분포 하에서의 확률을 계산해야 합니다. 하지만, 순서를 바꿔서 귀무가설 하에서의 평균과 표준편차를 사용하여 표준화를 통해 표준정규분포에서의 같은 확률을 갖는 값을 미리 계산해 놓으면 편한 점이 생깁니다.

예를 들어, 표준정규분포는 익숙한 분포이기 때문에 검정통계량의 값만 보더라도 대략적인 유의확률을 짐작할 수 있고, 다른 검정들과 비교할 때에도 유의확률을 구하지 않고 검정통계량 값만으로도 대소 비교를 할 수 있습니다.

따라서, 모든 통계 검정에는 검정통계량이 존재합니다. 또한, 각 검정에 따라서 귀무가설 하에서 검정통계량이 어떠한 분포를 따르는지 정해져 있습니다.

1) Z-검정통계량(Z-test statistic)

Z-검정통계량은 표본평균이 정규분포를 따르는 경우에 모집단의 평균을 검정할 때 사용할 수 있습니다. 일반적으로, 모집단의 분산이 알려져 있고 표본의 크기가 충분히 클 때 사용됩니다.

모분포의 분산 σ^2을 알고 있는 경우, n개의 표본으로 만든 표본평균 $\overline{X}$의 분포를 표준화시켜 가설 검정을 할 수 있습니다. Z-검정통계량은 다음과 같습니다.

$$Z = \frac{\overline{X} - \mu_0}{\sigma/\sqrt{n}} \xrightarrow{n} N(0, 1^2)$$

살펴보면, n이 커질 때, $Z-$검정통계량의 분포는 표준정규분포로 수렴하게 됩니다. 따라서, $Z-$검정을 수행하기 전에 다음의 두 가지 가정이 충족되어야 합니다.

1. 모집단의 분산이 알려져 있어야 한다.
2. 모집단이 정규분포를 따르거나, 표본 크기가 충분히 커야 한다. (일반적으로 $n \geq 30$)

2) 스튜던트 $t-$검정통계량

실무에서 기본적으로 많이 사용하는 검정통계량입니다. 스튜던트 정리에 기반하여 검정통계량의 분포가 유도되었기 때문에, $t-$검정을 적용하기 위해서는 스튜던트 정리에서 가정하는 가정들을 만족해야만 검정의 결과를 믿을 수 있습니다.

$t-$분포의 정의에 의하여 $t-$검정통계량은 자유도 $n-1$이 $t-$분포를 따르게 됩니다.

$$T = \frac{\overline{X} - \mu_0}{S/\sqrt{n}} \sim t_{n-1}$$

여기서 $\overline{X}$는 표본평균 확률변수, S은 표본표준편차 확률변수, n은 표본의 크기를 나타냅니다. 주어진 검정통계량이 $t-$분포를 따르는지 이해하기 위해서는 스튜던트 정리를 알고 있어야 합니다.

① 스튜던트 정리

- 평균이 μ이고 분산이 σ^2인 정규분포를 따르는 독립인 $X_1, X_2, \cdots, X_n$에 대하여 다음이 성립합니다.
    1. $\overline{X}$는 정규분포 평균이 μ, 분산이 σ^2/n인 분포를 따른다.
    2. $\overline{X}$과 S^2은 독립이다.
    3. $\dfrac{(n-1)S^2}{\sigma^2}$은 자유도가 $n-1$인 카이제곱분포를 따른다.

위에서 사용된 $\overline{X}$와 S^2은 다음과 같이 정의합니다.

$$\overline{X} = \frac{\sum\limits_{i=1}^{n} x_i}{1}$$

$$S^2 = \frac{\sum\limits_{i=1}^{n}(x_i - \overline{X})^2}{1}$$

② $t-$분포 확률변수와 검정통계량 분포 유도

- 자유도가 ν인 $t-$분포를 따르는 확률변수는 다음과 같이 정의할 수 있습니다.

$$\frac{Z}{\sqrt{V/\nu}}$$

- 여기서 Z는 표준정규분포, V는 자유도가 ν인 카이제곱 분포를 따르는 확률변수입니다. 이것을 착안해서, 앞에서 살펴본 $t-$검정통계량을 다음과 같이 두 부분으로 쪼개서 생각해봅시다.

$$\frac{\overline{X}-\mu_0}{S/\sqrt{n}} = \frac{\frac{\overline{X}-\mu_0}{\sigma/\sqrt{n}}}{\frac{S}{\sigma}} = \frac{\frac{\overline{X}-\mu_0}{\sigma/\sqrt{n}}}{\sqrt{\frac{(n-1)S^2}{\sigma^2}/(n-1)}}$$

그렇다면, 스튜던트 정리의 1번에 의하여

$$\frac{\overline{X}-\mu_0}{\sigma/\sqrt{n}} \sim N(0,\ 1)$$

이 성립합니다. 또한 스튜던트 정리의 3번

$$\frac{(n-1)S^2}{\sigma^2} \sim x^2_{n-1}$$

에 의하여 S/σ는 자유도 $n-1$인 카이제곱분포를 따르는 확률변수를 그것의 자유도로 나누고 제곱근을 씌운 꼴로 볼 수 있습니다.

$$\frac{S}{\sigma} = \sqrt{\frac{(n-1)S^2}{\sigma^2}/(n-1)}$$

- 따라서 $t-$분포의 정의에 의하여 $t-$검정통계량은 자유도가 $n-1$이 $t-$분포를 따르게 됩니다.

$$\frac{\overline{X}-\mu_0}{S/\sqrt{n}} \sim t_{n-1}$$

③ $t-$검정통계량 계산

- 가장 기본적인 검정 형태인 1 표본(단일 표본) $t-$검정에 대하여 데이터를 사용하여 연습해봅시다. 기본 가정은 모분산 σ^2을 모른다는 것이며, 관찰값들이 하나의 동일한 분포에서 독립적으로 뽑혔다는 것을 가정하고 있습니다. 이러한 상태에서 모평균 μ가 7과 같은지, 다른지에 대한 검정입니다.
- 다음 15개의 데이터가 있다고 가정합시다.

  4.62, 4.09, 6.2, 8.24, 0.77, 5.55, 3.11, 11.97, 2.16, 3.24, 10.91, 11.36, 0.87, 9.93, 2.9

- 대응하는 귀무가설, 대립가설을 다음과 같이 설정할 수 있습니다.

$$H_0: \mu=7 \quad \text{vs.} \quad H_A: \mu \neq 7$$

- 이 경우, 검정은 양측검정에 속하게 됩니다. 검정통계량 값을 계산해보면,

$$t = \frac{\overline{X}-\mu_0}{s/\sqrt{n}}$$

- 위의 데이터를 사용하여 계산된 $t-$검정통계량 값은 약 -1.279가 나옵니다. 이 값은 스튜던트 정리에 의하여, 자유도가 14인 $t-$분포에서 뽑혀진 관찰값이라 생각할 수 있습니다.

```
x = [4.62, 4.09, 6.2, 8.24, 0.77, 5.55, 3.11, 11.97, 2.16, 3.24, 10.91, 11.36, 0.87, 9.93, 2.9]
t_value = (np.mean(x)-7) / (np.std(x, ddof = 1) / np.sqrt(len(x)))
round(t_value, 3)
```

-1.279

3) 기각역

기각역은 가설 검정에서 귀무가설이 기각시킬 수 있는 영역으로서, 구체적으로 주어진 귀무가설이 참인 상황에서 잘 볼 수 없는 표본들이 위치한 영역을 의미합니다.

> **기적의 TIP**
>
> 기각역은 유의수준 α와 가설의 모양에 따라서 정해집니다.

양측검정에서는 t-검정통계량이 따르는 분포인 자유도가 $n-1$인 t-분포의 양 끝단(각 끝에서 확률을 $\alpha/2$씩 차지) 부분입니다.

다음은 유의수준 $\alpha=0.05$에 해당하는 기각역을 시각화한 것입니다.

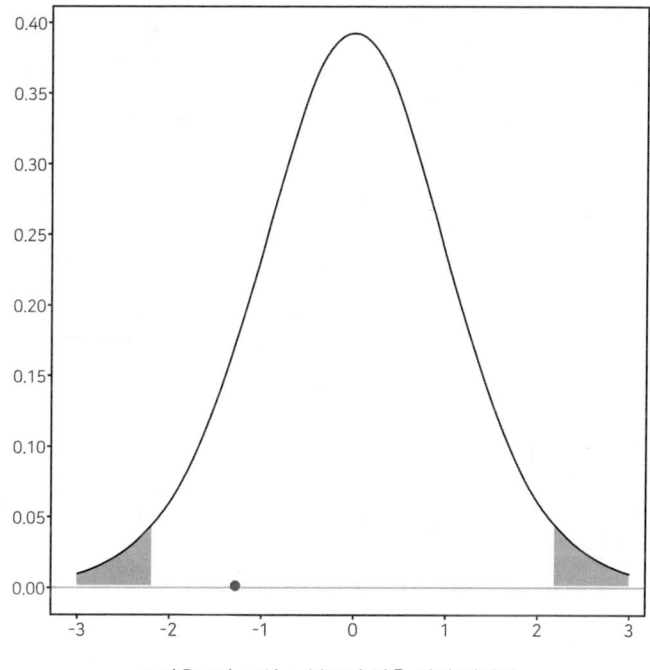

▲ 자유도가 14인 t-분포의 양측 검정 기각역

기각역에 검정통계량 값이 속하게 되면 귀무가설을 기각하게 됩니다. 앞의 예제에서는 검정통계량 값이 기각역에 속하지 않으므로, 귀무가설을 기각할 수 없습니다.

4) 유의확률(p-value)

귀무가설이 참이라는 가정하에서 검정통계량 값이 주어진 관측값과 같거나, 더 극단적인 값을 얻게 될 확률을 의미합니다. 아래 그림의 어두운 부분에 해당하는 확률값이 양측 검정에서의 p-value를 표현한 것입니다.

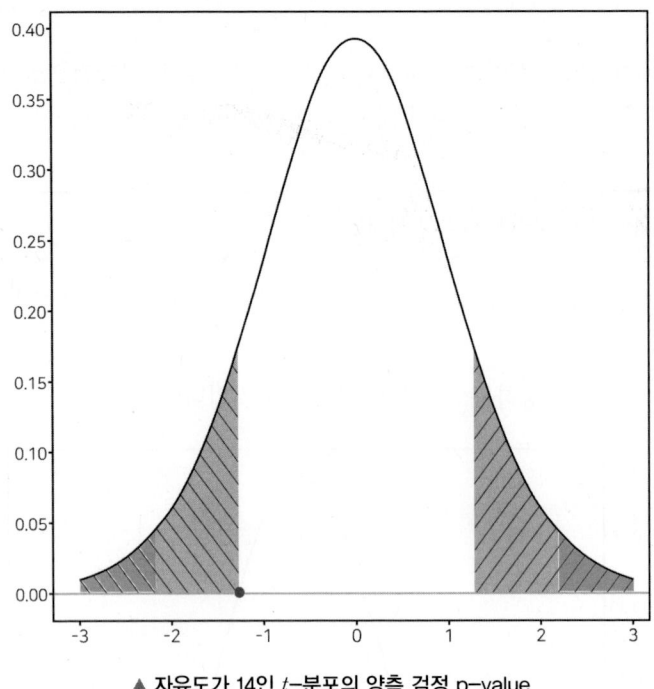

▲ 자유도가 14인 t-분포의 양측 검정 p-value

가설의 모양에 따라서 p-value 계산 시, 양쪽을 고려할지, 한쪽만을 고려할지 결정합니다.

① **양측 검정 p-value**
- 양측 검정의 대립가설 형태는 양쪽을 모두 고려합니다.

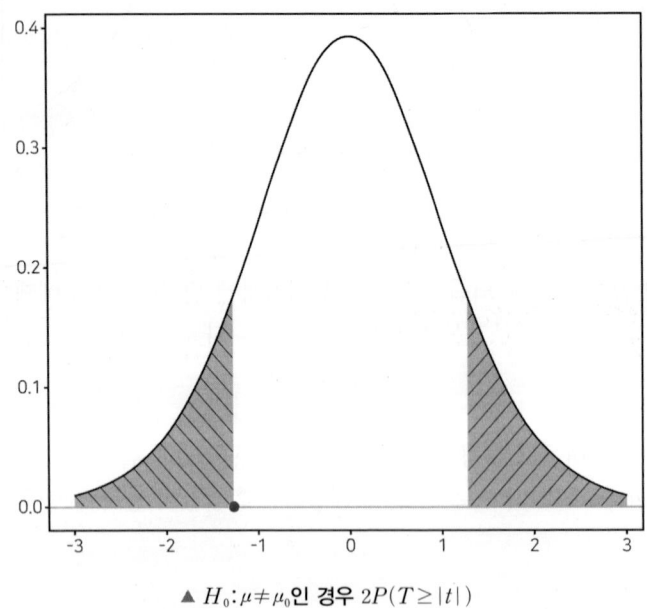

▲ $H_0 : \mu \neq \mu_0$인 경우 $2P(T \geq |t|)$

- 양측 검정 p-value의 경우, 검정통계량 값에 대응하는 반대편 영역의 확률까지 고려하기 때문에 확률의 2배로 계산된다는 것을 꼭 기억합시다.

② 단측 검정 p-value
• 단측 검정의 대립가설 형태는 한쪽만을 고려합니다.

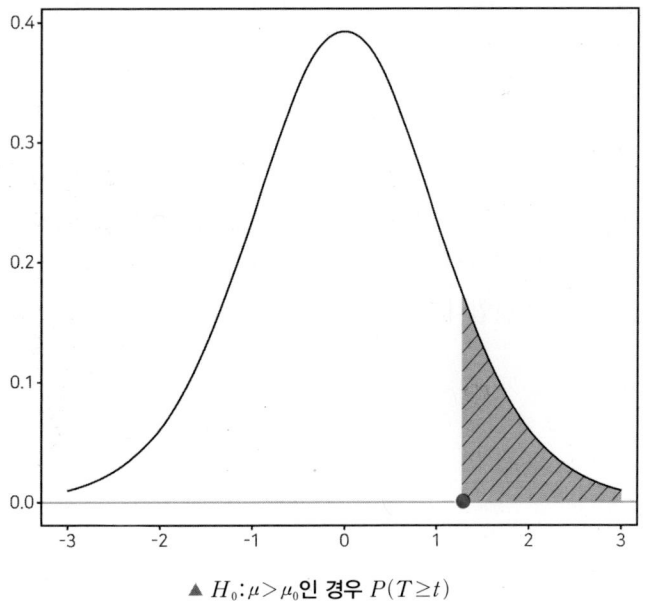

▲ $H_0 : \mu > \mu_0$인 경우 $P(T \geq t)$

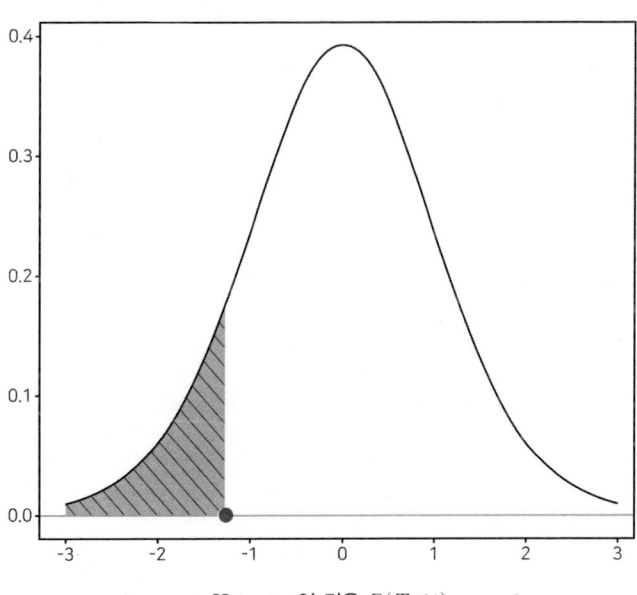

▲ $H_0 : \mu < \mu_0$인 경우 $P(T \leq t)$

> **기적의 TIP**
>
> **검정통계량과 통계 검정**
> 여러가지 검정을 이해함에 있어서, 다음의 사항들을 중점적으로 체크하면 좋습니다.
> - 주어진 통계 검정의 귀무가설과 대립가설, 유의수준
> - 대응하는 검정통계량의 형태
> - 귀무가설 하에서의 검정통계량이 따르는 분포 정보
> - 주어진 통계 검정의 가정들

전체적인 통계 검정 과정은 귀무가설, 대립가설을 체크하고, 데이터를 통해서 검정통계량을 계산합니다. 이후, 귀무가설 하의 분포에서 해당 통계량 값에 해당하는 유의확률을 계산하고, 유의수준과 비교해서 기각할지 말지를 판단하는 것입니다.

SECTION 02 t-검정과 분산 비교

핵심 태그 t-검정의 자료형 • 단일 표본 • 독립 2 표본 • 대응 표본 • 스튜던트 정리 • F-통계량

01 t-검정의 자료형

t-검정은 데이터 분석에서 매우 중요한 통계적 방법론으로, 두 집단의 평균을 비교하여 통계적으로 유의미한 차이가 있는지 평가합니다. 이는 객관적인 의사결정을 지원하고, 연구 가설을 검증하며, 데이터의 특성을 이해하는 데 필수적입니다. 다양한 분야에서 널리 사용되며, 작은 표본에서도 강력한 통계적 검정력을 제공합니다.

t-검정에는 여러 형태가 존재합니다. 이 검정 형태를 결정하는 가장 중요한 것은 주어진 데이터의 구조입니다. 데이터가 어떻게 주어졌는지에 따라서, 적용되는 t-검정의 형태가 바뀌기 때문입니다.

1) 기본적인 자료형

t-검정의 기본적인 자료 형태는 다음과 같이 데이터가 벡터 형태로 모든 표본이 같은 그룹으로 묶일 수 있는 형태입니다.

학생 ID	성적
1	9.76
2	11.10
3	10.70
4	10.72
5	11.80
6	6.15
7	10.52
8	14.83
9	13.03
10	16.46
11	10.84
12	12.45

위처럼 모든 학생의 성적이 하나의 그룹으로 묶여 있어, 평균 성적을 검정하거나 모집단 평균과 비교하는 데 사용됩니다.

2) 다른 변수들이 추가된 데이터

기본 형태에서 변형된 데이터의 경우는 그룹을 나눌 수 있는 변수들이 포함된 형태입니다. 이러한 경우, 그룹 간 비교를 위해 t-검정을 수행할 수 있습니다.

- 다음 표에서는 성별 변수가 추가되어 데이터가 두 그룹으로 나뉠 수 있습니다.

학생 ID	성적	성별
1	9.76	female
2	11.10	female
3	10.70	female
4	10.72	female
5	11.80	female
6	6.15	female
7	10.52	female
8	14.83	male
9	13.03	male
10	16.46	male
11	10.84	male
12	12.45	male

위의 경우, 두 그룹(female과 male)의 평균 성적을 비교하기 위해 독립 2 표본 t-검정을 사용할 수 있습니다.

- 다음 표에서는 시간 변수가 추가되어 교육 프로그램 전후의 점수를 비교할 수 있습니다.

학생 ID	성적	전/후
1	9.76	before
2	11.10	before
3	10.70	before
4	10.72	before
5	11.80	before
6	6.15	before
1	10.52	after
2	14.83	after
3	13.03	after
4	16.46	after
5	10.84	after
6	12.45	after

위 표를 자세히 살펴보면, 학생 ID 칼럼의 번호가 중복된 값을 갖는 것을 알 수 있습니다. 즉, 같은 학생의 교육 프로그램 전후 성적이 한 데이터 안에 존재하고, ID 정보를 기준으로 전/후 성적을 짝 지을 수 있습니다.

이렇게 짝지을 수 있는 데이터를 대응 표본이라 부르며, 짝지어진 데이터의 전/후 성적을 비교하기 위해 대응 표본 t-검정을 적용할 수 있습니다.

02 t-검정의 종류

1) 단일 표본(1 표본) t-검정(One-sample t-test)

단일 표본 t-검정은 주어진 데이터의 평균이 특정 값과 같은지 여부를 검정하는 방법입니다. 주어진 표본 데이터의 평균이 알려진 값과 유의미하게 다른지 확인합니다.

- 귀무가설(H_0) : $\mu = \mu_0$
- 대립가설(H_A) : $\mu \neq \mu_0$(양측 검정)
- 대립가설(H_A) : $\mu > \mu_0$(단측 검정, 우측)
- 대립가설(H_A) : $\mu < \mu_0$(단측 검정, 좌측)

위에서 사용된 μ_0는 알려진 모평균 값, 즉, 귀무가설 하에서의 모평균을 나타냅니다.

2) 독립 2 표본 t-검정(Independent two-sample t-test)

독립 2 표본 t-검정은 두 개의 독립된 집단의 평균이 동일한지 여부를 검정하는 방법입니다.

- 귀무가설(H_0) : $\mu_1 = \mu_2$
- 대립가설(H_A) : $\mu_1 \neq \mu_2$(양측 검정)
- 대립가설(H_A) : $\mu_1 > \mu_2$(단측 검정, 우측)
- 대립가설(H_A) : $\mu_1 < \mu_2$(단측 검정, 좌측)

위에서 사용된 μ_1과 μ_2는 각 그룹의 모평균을 나타냅니다.

3) 대응 표본 t-검정(Paired-sample t-test)

대응 표본 t-검정은 동일한 대상에서 두 번의 측정을 통해 얻은 데이터의 평균 차이를 검정하는 방법입니다.

- 귀무가설(H_0) : $\mu_d = 0$
- 대립가설(H_A) : $\mu_d \neq 0$(양측 검정)
- 대립가설(H_A) : $\mu_d > 0$(단측 검정, 우측)
- 대립가설(H_A) : $\mu_d < 0$(단측 검정, 좌측)

위에서 사용된 μ_d는 모평균의 차이를 나타냅니다.

▶ t-검정의 종류

검정 종류	방향	귀무 가설(H_0)	대립 가설(H_A)
단일 표본 t-검정	단측(우측)	$\mu \leq \mu_0$	$\mu > \mu_0$
	단측(좌측)	$\mu \geq \mu_0$	$\mu < \mu_0$
	양측	$\mu = \mu_0$	$\mu \neq \mu_0$
독립 2 표본 t-검정	단측(우측)	$\mu_1 \leq \mu_2$	$\mu_1 > \mu_2$
	단측(좌측)	$\mu_1 \geq \mu_2$	$\mu_1 < \mu_2$
	양측	$\mu_1 = \mu_2$	$\mu_1 \neq \mu_2$
대응 표본 t-검정	단측(우측)	$\mu_d \leq 0$	$\mu_d > 0$
	단측(좌측)	$\mu_d \geq 0$	$\mu_d < 0$
	양측	$\mu_d = 0$	$\mu_d \neq 0$

4) 검정 선택 시 고려사항

t-검정의 형태를 결정할 때, 다음 두 가지를 고려하여 판단합니다.

1. 그룹 변수가 존재하는가?
2. 표본들을 짝지을 수 있는 특정 변수가 존재하는가?

위의 질문에 대한 답으로 그룹 변수가 존재하는 경우, 데이터의 집단을 그룹 변수의 값에 따라서 2개로 나누어 생각할 수 있는 2 표본 t-검정을 선택합니다.

특정 데이터는 나뉘어진 표본들을 짝을 지을 수 있는 경우가 존재하는데, 이 경우 대응 표본 t 검정을 선택하고, 그렇지 않은 경우, 독립 2 표본 t-검정을 선택합니다.

추가적으로 시험에 출제되진 않지만 다음과 같은 고려 사항이 있습니다.

① **데이터의 분포** : t-검정은 데이터가 정규분포를 따른다는 가정하에 수행됩니다. 따라서 데이터의 분포가 정규분포를 따르는지 확인하는 것이 중요합니다. 정규성 검정을 통해 데이터를 확인한 후, 필요에 따라 로그 변환이나 다른 비모수 검정을 고려할 수 있습니다.

② **표본 크기** : 표본 크기가 작을 경우, 검정의 신뢰도가 떨어질 수 있습니다. 충분한 표본 크기를 확보하는 것이 중요합니다. 또한, 표본 크기가 매우 크다면 작은 차이도 유의미하게 나올 수 있으므로, 실질적인 의미를 함께 고려해야 합니다.

③ **등분산성** : 2 표본 t-검정의 경우, 두 그룹의 분산이 같다는 가정이 필요합니다. 이를 확인하기 위해 등분산성 검정을 수행하고, 필요시 Welch's t-검정을 사용할 수 있습니다.

03 데이터 분석에서 t-검정 적용

실제 데이터 분석에서는 t-검정을 수행하기 전에 데이터 전처리 및 탐색적 데이터 분석(EDA)을 통해 데이터의 특성을 충분히 이해하는 것이 중요합니다. 데이터의 분포, 이상치, 결측치 등을 확인하고 적절한 조치를 취한 후 t-검정을 수행해야 신뢰할 수 있는 결과를 얻을 수 있습니다.

t-검정은 다양한 분야에서 널리 사용되며, 데이터가 두 그룹으로 나뉘는 경우 평균의 차이를 검정하는 데 매우 유용합니다. 올바른 방법으로 t-검정을 수행함으로써 데이터의 특성을 정확히 파악하고, 이를 바탕으로 의미있는 결론을 도출할 수 있습니다.

따라서, 앞에서 살펴본 각 데이터에 대하여 다음과 같은 t-검정과 검정 질문들이 대응될 수 있습니다.

- 학생 점수 데이터 → **단일 표본 t-검정**

  학생들의 점수의 평균이 특정 값과 같은가?

  $$H_0 : \mu = 10 \quad \text{vs.} \quad H_A : \mu \neq 10$$

- 남학생, 여학생 점수 데이터 → **독립 2 표본 t-검정**

  남학생 그룹의 평균이 여학생 두 그룹의 평균 보다 높을까?

  $$H_0 : \mu_M = \mu_F \quad \text{vs.} \quad H_A : \mu_M > \mu_F$$

- 교육 프로그램 전후 성적 변화 데이터 → **대응 표본 t-검정**

  교육 프로그램은 효과가 있었을까?

  $$H_0 : \mu_{before} = \mu_{after} \quad \text{vs.} \quad H_A : \mu_{before} < \mu_{after}$$

04 Python에서 t-검정 수행

1) 단일 표본 t-검정

다음 주어진 표본의 평균이 특정 값과 같은지 검정하겠습니다.

```
sample = [9.76, 11.1, 10.7, 10.72, 11.8, 6.15, 10.52, 14.83, 13.03, 16.46, 10.84, 12.45]
```

학생들의 점수의 평균이 특정 값과 같은가를 유의수준 5% 하에서 검정해 보겠습니다.

먼저, 귀무가설과 대립가설은 다음과 같이 양측 검정에 해당하는 형태가 됩니다.

$$H_0 : \mu = 10 \quad \text{vs.} \quad H_A : \mu \neq 10$$

단일 표본 t-검정이므로 ttest_1samp() 함수를 사용합니다. 귀무가설과 대립가설의 형태에 따라서 alternative 옵션을 알맞게 설정할 수 있습니다.

- 'two-sided' : 양측 검정
- 'greater' : 단측 검정(큰 쪽)
- 'less' : 단측 검정(작은 쪽)

```
from scipy.stats import ttest_1samp

# 양측 검정
t_statistic, p_value = ttest_1samp(sample, popmean = 10, alternative = 'two-sided')
print("t-statistic: ", t_statistic)
print("p-value: ", p_value)
```

```
t-statistic:  2.0508338167773075
p-value:  0.06488240727465687
```

- 검정통계량 값 2.05에 대응하는 유의확률 0.0648이 유의수준 0.05보다 크므로, 귀무가설을 기각할 수 없습니다. 따라서, 학생들의 성적 평균이 10점이 아니라고 판단한 통계적 근거가 충분하지 않다고 할 수 있습니다.

2) 독립 2 표본 t-검정

다음과 같이 데이터를 입력하여 두 독립된 그룹의 평균이 같은지 검정하겠습니다. 성적 데이터와 더불어 그룹을 나타내는 성별 변숫값을 입력합니다.

```
import pandas as pd

sample = [9.76, 11.1, 10.7, 10.72, 11.8, 6.15, 10.52, 14.83, 13.03, 16.46, 10.84, 12.45]
gender = ["Female"]*7 + ["Male"]*5

my_tab2 = pd.DataFrame({"score" : sample, "gender" : gender})
print(my_tab2)
```

```
    score   gender
0    9.76   Female
1   11.10   Female
2   10.70   Female
3   10.72   Female
4   11.80   Female
5    6.15   Female
6   10.52   Female
7   14.83   Male
8   13.03   Male
9   16.46   Male
10  10.84   Male
11  12.45   Male
```

앞에서 살펴본 남학생 그룹의 평균이 여학생 두 그룹의 평균보다 높을까라는 질문에 대한 검정을 유의수준 5% 하에서 수행해 보겠습니다.

먼저 귀무가설과 대립가설을 수식으로 표현하면 다음과 같은 단측 검정의 형태를 띕니다.

$$H_0: \mu_M = \mu_F \quad \text{vs.} \quad H_A: \mu_M > \mu_F$$

독립 2 표본 t-검정이므로 ttest_ind() 함수를 사용합니다.

```
from scipy.stats import ttest_ind

male = my_tab2[my_tab2['gender'] == 'Male']
female = my_tab2[my_tab2['gender'] == 'Female']

# 단측 검정 (큰 쪽)
t_statistic, p_value = ttest_ind(male['score'], female['score'],
                                 equal_var = True, alternative = 'greater')
print("t-statistic: ", t_statistic)
print("p-value: ", p_value)
```

```
t-statistic:  2.9360367510416165
p-value:  0.007443073828957785
```

- 검정통계량 값 2.93에 대응하는 유의확률 0.0074가 유의수준 0.05보다 작으므로, 귀무가설을 기각할 수 있습니다. 따라서, 남학생 그룹의 평균이 여학생 그룹의 평균보다 높다고 판단할 충분한 통계적인 근거가 존재합니다.
- 실제 남학생 그룹과 여학생 그룹의 평균은 다음과 같습니다.

```
print("male mean: ", male['score'].mean())
print("female mean: ", female['score'].mean())
```

```
male mean:  13.522
female mean:  10.107142857142858
```

> **기적의 TIP**
>
> alternative 옵션을 설정할 때, 대립가설의 형태를 정확히 살펴 넣어야 합니다.
> alternative='greater'의 의미는 대립가설이 첫번째 그룹의 평균이 두번째 그룹의 평균보다 높다고 설정되어 있다는 의미입니다.

즉, 위 문제에서 다음의 두 코드는 순서만 바뀌었을 뿐, 동일한 대립가설을 표현하는 것이 됩니다.

```
t_statistic, p_value = ttest_ind(male['score'], female['score'],
                      equal_var = True, alternative = 'greater')
print("t-statistic: ", t_statistic)
print("p-value: ", p_value)

t_statistic, p_value = ttest_ind(female['score'], male['score'],
                      equal_var = True, alternative = 'less')
print("t-statistic: ", t_statistic)
print("p-value: ", p_value)
```

```
t-statistic: 2.9360367510416165
p-value: 0.007443073828957785
t-statistic: -2.9360367510416165
p-value: 0.007443073828957785
```

3) 대응 표본 t-검정

다음과 같이 데이터를 설정하여 짝지어진 두 그룹의 평균이 같은지 검정하겠습니다.

```
import numpy as np
before = np.array([9.76, 11.1, 10.7, 10.72, 11.8, 6.15])
after = np.array([10.52, 14.83, 13.03, 16.46, 10.84, 12.45])
```

교육 프로그램은 효과가 있었을까라는 질문에 대한 답을 제시하기 위하여 해당 내용을 유의수준 5% 하에서 검정해 보겠습니다.

먼저, 귀무가설과 대립가설을 표현하면 다음과 같습니다.

$$H_0 : \mu_{before} = \mu_{after} \quad H_A : \mu_{before} < \mu_{after}$$

대응 표본 t-검정은 ttest_rel() 함수를 사용해서 수행할 수 있습니다.

```
from scipy.stats import ttest_rel

# 단측 검정 (큰 쪽)
t_statistic, p_value = ttest_rel(after, before, alternative = 'greater')
print("t-statistic: ", t_statistic)
print("p-value: ", p_value)
```

```
t-statistic: 2.5811614301011883
p-value: 0.02468128345546597
```

- 계산된 검정통계량 2.58에 대응하는 유의확률 0.024가 유의수준 0.05보다 작으므로 귀무가설을 기각할 수 있습니다. 따라서 교육프로그램의 효과가 있다는 통계적인 근거가 충분하다고 판단할 수 있습니다.
- 이러한 대응 표본 t-검정은 다음과 같이 1 표본 t-검정으로 변환시켜서 수행할 수 있습니다. 앞에서 살펴본 귀무가설과 대립가설을 다음과 같이 $H_d := \mu_{after} - \mu_{before}$를 정의해서 다시 써 봅시다.

$$H_0: \mu_{before} = \mu_{after} \quad \text{vs.} \quad H_A: \mu_{before} < \mu_{after}$$
$$H_0: \mu_d = 0 \quad \text{vs.} \quad H_A: \mu_d > 0$$

- 이렇게 새로운 모수를 정의하고, 대응하는 표본 역시 새롭게 계산하면, 이 관찰값을 새로운 분포로부터 관찰된 표본으로 생각할 수 있습니다.

```
from scipy.stats import ttest_1samp

sample_d = after - before
t_statistic, p_value = ttest_1samp(sample_d, 0, alternative = 'greater')
print("t-statistic: ", t_statistic)
print("p-value: ", p_value)

t-statistic: 2.5811614301011883
p-value: 0.02468128345546597
```

05 t-검정 종류에 따른 검정통계량

이제까지 총 4가지 종류의 t-검정을 살펴보았습니다.

- 단일 표본(1 표본) t-검정(기본형태)
- 독립 2 표본 t-검정(분산 동일한 경우)
- 독립 2 표본 t-검정(분산 동일하지 않은 경우)
- 대응 표본 t-검정

각 t-검정은 비슷하지만, 살짝 다른 형태의 검정통계량을 사용하고 있습니다.

① 단일 표본 t-검정(기본형태)

- 가장 기본 형태의 t-검정통계량 형태이며, 자유도 $n-1$이 t-분포를 따릅니다.

$$T = \frac{\overline{X} - \mu_0}{S/\sqrt{n}} \sim t_{n-1}$$

② 독립 2 표본 t-검정(분산 동일한 경우)

- 독립 2 표본 t-검정통계량은 다음과 같이 자유도가 $n_1 + n_2 - 2$인 t-분포를 따릅니다.

$$T = \frac{(\overline{X}_1 - \overline{X}_2) - (\mu_1 - \mu_2)_0}{S_p \sqrt{\left(\frac{1}{n_1} + \frac{1}{n_2}\right)}} \sim t_{n_1 + n_2 - 2}$$

- 여기서 $\overline{X}$은 표본평균, n은 표본크기, $(\mu_1 - \mu_2)_0$은 귀무가설에서 주장하는 두 집단 모평균의 차이입니다. 귀무가설에서는 두 집단의 모평균이 동일하므로, $(\mu_1 - \mu_2)_0$ 부분은 보통 0으로 설정됩니다.
- 두 모집단의 분산이 동일하다는 가정이 있기 때문에, 검정통계량에 사용되는 분산값을 주어진 모든 데이터를 사용해서 모분산을 추정하기 위해 s_p^2 통계량을 사용합니다.

$$s_p^2 = \frac{(n-1)S_1^2 + (n_2-1)S_2^2}{n_1+n_2-2}$$

- n_1, s_1, n_2, s_2는 각각 첫 번째 그룹과 두 번째 그룹의 표본 크기와 표본 표준편차를 나타냅니다.

③ 독립 2 표본 t-검정(분산 동일하지 않은 경우)

- 분산이 동일하지 않은 경우 진행하는 t-검정에 대한 검정통계량은 웰치의 t-검정통계량이라고 부릅니다. 앞에서 살펴본 분산이 동일한 경우에 사용되는 검정통계량과 비슷하지만, 분모 부분이 살짝 다릅니다.

$$T = \frac{(\overline{X}_1 - \overline{X}_2) - (\mu_1 - \mu_2)_0}{\sqrt{\left(\frac{S_1^2}{n_1} + \frac{S_2^2}{n_2}\right)}} \sim t_\nu$$

- 이렇게 검정통계량의 형태가 다르면 귀무가설 하에서의 분포 역시 달라지는데, 자유도 ν인 t-분포를 따르게 됩니다. 해당 검정통계량의 자유도는 다음과 같이 Satterthwaite가 제안한 근사 방법을 사용해서 계산할 수 있습니다.

$$\nu \approx \frac{\left(\frac{s_1^2}{n_1} + \frac{s_2^2}{n_2}\right)^2}{\frac{s_1^4}{n_1^2(n_1-1)} + \frac{s_2^4}{n_2^2(n_2-1)}}$$

- 보다시피 매우 복잡한 형태를 가지지만, 파이썬이 알아서 계산해주기 때문에 외울 필요는 없습니다. 웰치스 t-검정의 결과에서 자유도가 정수로 떨어지지 않는 이유가 이러한 근사 때문이라는 것 정도만 아시면 됩니다.

```
result = ttest_ind(male['score'], female['score'],
                  equal_var = False, alternative = 'greater')
print(result)

TtestResult(statistic=2.850539711551644, pvalue=0.010998564889502354, df=7.8099774340434145)
```

④ 대응 표본 t-검정

- 대응 표본 t-검정의 검정통계량은 다음과 같이 1 표본 t-검정의 검정통계량과 비슷한 형태를 하고 있습니다.

$$t = \frac{\overline{D} - \mu_{d0}}{S_d/\sqrt{n}} \sim t_{n-1}$$

- 여기에서 μ_d는 모집단 평균 차이를 나타내고, S_d는 D_i들의 표준편차를 나타냅니다.

06 두 그룹의 분산이 같음을 체크하는 방법

두 그룹의 분산이 같은 지 다른 지는 F-검정을 통해 판단할 수 있습니다. F-검정의 핵심 아이디어는 두 그룹에서 추정한 분산의 비율을 측정하는 것입니다. F-검정은 귀무가설 하에서의 검정통계량이 F-분포를 따르기 때문에 붙여진 이름입니다.

1) 스튜던트 정리

앞에서 배운 스튜던트 정리에 따르면 정규분포를 따르는 표본 크기 n으로 구한 위의 통계량은 카이제곱 분포 자유도 $n-1$을 따릅니다.

$$\frac{(n-1)S^2}{\sigma^2} \sim x^2_{(n-1)}$$

따라서, 그룹 1(표본 n개)과 그룹 2(표본 m개) 데이터로 위 통계량을 구하게 된다면, 다음과 같은 카이제곱 분포를 따른다는 것을 알 수 있습니다.

$$\frac{(n-1)S_1^2}{\sigma_1^2} \sim x^2_{(n-1)}$$

$$\frac{(m-1)S_2^2}{\sigma_2^2} \sim x^2_{(m-1)}$$

위 식에서 σ_1^2과 σ_2^2는 각 그룹 데이터의 모분산을 나타냅니다. 만약, 두 그룹의 모분산이 같다면, 위의 두 통계량을 분수꼴로 나타낸 통계량은 자유도가 $n-1$, $m-1$인 F-분포를 따르게 되는 것을 F-분포의 정의에 의해 알 수 있습니다.

$$\frac{\frac{(n-1)S_1^2}{\sigma_0^2}/(n-1)}{\frac{(m-1)S_2^2}{\sigma_0^2}/(m-1)} = \frac{S_1^2}{S_2^2} \sim F_{n-1,\ m-1}$$

위 수식을 살펴보면, $(n-1)$, $(m-1)$이 모두 약분되어 실제적으로 두 그룹의 표본분산의 비를 나타내는 형태가 된다는 것을 알 수 있습니다. 이것이 F-분포를 따르게 되는 것입니다.

2) F-통계량 값에 따른 해석

앞에서 이야기한 복잡한 수식들을 잠시 잊고, F-검정의 직관적인 해석을 해봅시다. 만약 두 그룹의 데이터가 주어졌을 때, 실제로는 하나의 그룹에서 데이터가 뽑혀 나왔다면, 두 그룹의 표본분산 값은 비슷해야 하지 않을까요?

즉, 두 그룹의 분산이 동일하다면, F 값은 1과 비슷한 값이어야 될 것입니다. 하지만, 두 그룹의 분산이 다르다면, F 값은 1보다 작거나 큰 값을 갖게 될 것입니다.

F-검정의 귀무가설과 대립가설은 다음과 같습니다.
$$H_0 : \sigma_A^2 = \sigma_B^2 \quad \text{vs.} \quad H_A : \sigma_A^2 \neq \sigma_B^2$$

- 귀무가설 : A와 B 그룹의 분산은 같다.
- 대립가설 : A와 B 그룹의 분산은 같지 않다.

F-검정통계량 값이 1에서 멀어질수록(작아지거나, 커지거나) 귀무가설을 기각하는 통계적인 근거가 되는 것입니다.

3) Python에서 F-검정 수행

다음과 같이 2개의 넘파이 배열을 예제로 사용해서 유의수준 5% 하에서의 F-검정을 수행해 보겠습니다.

```python
import numpy as np
import scipy.stats as stats

# 예시 데이터
oj_lengths = np.array([17.6, 9.7, 16.5, 12.0, 21.5, 23.3, 23.6, 26.4, 20.0, 25.2,
                       25.8, 21.2, 14.5, 27.3, 23.8])   # OJ 그룹 데이터 (15개)

vc_lengths = np.array([7.6, 4.2, 10.0, 11.5, 7.3, 5.8, 14.5, 10.6, 8.2, 9.4,
                       16.5, 9.7, 8.3, 13.6, 8.2])    # VC 그룹 데이터 (15개)
```

- 데이터를 입력 후, 각 그룹의 표본분산을 계산합니다. 그리고 두 값을 분수꼴로 놓고 F-검정의 검정통계량 값을 계산합니다.
- 파이썬에서는 F-검정을 완벽하게 구현하는 패키지가 없으므로 f_test()를 직접 정의해서 사용하겠습니다.

```python
# 표본표준편차 계산
s1 = oj_lengths.std(ddof = 1)
s2 = vc_lengths.std(ddof = 1)

# 분산의 비율 계산
ratio_of_variances = s1**2 / s2**2

print('ratio_of_variances: ', round(ratio_of_variances, 4))

ratio_of_variances: 2.7224
```

```python
from scipy.stats import f
# F 검정 함수 정의
def f_test(x, y, alternative = "two_sided"):
    x = np.array(x)
    y = np.array(y)
    df1 = len(x) - 1
    df2 = len(y) - 1
    f_stat = np.var(x, ddof=1) / np.var(y, ddof=1) # 검정통계량
    if alternative == "greater":
        p = 1.0 - f.cdf(f_stat, df1, df2)
    elif alternative == "less":
        p = f.cdf(f_stat, df1, df2)
    else:
        # two-sided by default
        p = 1-f.cdf(f_stat, df1, df2)
        p = 2.0 * min(p, 1-p)
    return f_stat, p

# F 검정 수행하기
f_value, p_value = f_test(oj_lengths, vc_lengths)

print("Test statistic: ", f_value)
print("p-value: ", p_value)

Test statistic: 2.7223514017700063
p-value: 0.07111637215506228
```

- 계산된 검정통계량 값 2.7224에 대응하는 유의확률 0.071이 유의수준 0.05보다 작으므로 귀무가설을 기각할 수 없습니다. 따라서 주어진 두 데이터 그룹의 모분산은 같다고 판단할 수 있습니다.

SECTION 03 데이터가 분포를 따르는지 확인하는 방법

핵심 태그 다섯 숫자 요약 • IQR • QQplot • Shapiro-Wilk • CDF • 앤더슨-달링

① 다섯 숫자 요약과 IQR

데이터의 분포를 파악하는 첫 번째 단계로 가장 기본적인 다섯 숫자 요약 방법이 있습니다. 다섯 숫자 요약은 데이터의 전반적인 분포를 파악하는 데 유용하며, 이상치를 찾는 데도 도움을 줍니다.

1) 다섯 숫자 요약

다섯 숫자 요약은 데이터의 분포를 요약하는 다섯 가지 통계지표로 구성됩니다.

① **최솟값(Minimum)** : 데이터셋에서 가장 작은 값
② **제1사분위수(Q1)** : 데이터의 하위 25% 지점에 해당하는 값
③ **중앙값(Median, Q2)** : 데이터의 중간 값
④ **제3사분위수(Q3)** : 데이터의 상위 25% 지점에 해당하는 값
⑤ **최댓값(Maximum)** : 데이터셋에서 가장 큰 값

다음 데이터를 사용해서 중앙값, 1사분위수(Q1), 3사분위수(Q3)를 구해봅시다.

$$155, 126, 27, 82, 115, 140, 73, 92, 110, 134$$

1. 먼저 데이터를 정렬합니다.(오름차순)

    $$27, 73, 82, 92, 110, 115, 126, 134, 140, 155$$

2. 데이터의 중앙에 위치한 중앙값(50th percentile)을 계산합니다.

    데이터 개수 n=10

    중앙값 위치=(n+1)/2=5.5

    중앙값=(데이터의 5번째 값+데이터의 6번째 값)/2=(110+115)/2=**112.5**

3. 1사분위수(Q1)는 데이터의 하위 25% 지점에 해당하는 값을 의미합니다.

    중앙값보다 작은 데이터들을 정렬합니다: 27, 73, 82, 92, 110

    중앙 위치는 (5+1)/2=3이므로 1사분위수는 **82**

4. 3사분위수(Q3)는 데이터의 상위 25% 지점에 해당하는 값을 의미합니다.

    중앙값보다 큰 데이터들을 정렬합니다: 115, 126, 134, 140, 155

    중앙 위치는 (5+1)/2=3이므로 3사분위수는 **134**

▼ 다섯 숫자 요약 계산

```python
import numpy as np
data = np.array([155, 126, 27, 82, 115, 140, 73, 92, 110, 134])

# 데이터 정렬
sorted_data = np.sort(data)

# 최솟값과 최댓값
minimum = np.min(sorted_data)
maximum = np.max(sorted_data)

# 중앙값
median = np.median(sorted_data)

# 중앙값보다 크거나 작은 데이터들 필터
lower_half = sorted_data[sorted_data < median]
upper_half = sorted_data[sorted_data > median]

# 1사분위수와 3사분위수
q1 = np.median(lower_half)
q3 = np.median(upper_half)

print("최솟값:", minimum)
print("제1사분위수:", q1)
print("중앙값:", median)
print("제3사분위수:", q3)
print("최댓값:", maximum)
```

```
최솟값: 27
제1사분위수: 82.0
중앙값: 112.5
제3사분위수: 134.0
최댓값: 155
```

2) IQR(InterQuartile Range)

IQR은 제1사분위수(Q1)와 제3사분위수(Q3) 사이의 범위로서, 데이터의 중앙 50%가 어디에 위치하는지를 나타냅니다. IQR은 데이터의 분포를 이해하고, 이상치를 탐지하는 데 사용됩니다.

$$IQR = Q3 - Q1$$

```python
iqr = q3 - q1
print("IQR:", iqr)
```

```
IQR: 52.0
```

02 Quantile-Quantile plot

Quantile-Quantile plot(QQ plot)은 데이터가 특정 분포를 따르는 지 시각적으로 확인하는 방법 중 하나입니다. QQ plot은 이론적으로 예상되는 백분위수와 실제 데이터를 사용하여 계산된 백분위수를 비교합니다.

1) 데이터에서 백분위수 구하기

백분위수(percentile)는 데이터를 일정 그룹으로 나누는 기준이 되는 수, 즉 데이터를 100개 그룹으로 나누는 기준 수들입니다. 앞에서 살펴본 1사분위수, 3사분위수를 각 25 백분위수, 75 백분위수로 구할 수 있습니다.

다음 설명하는 백분위수의 공식이 좀 더 일반적이며, 통계 소프트웨어와 데이터 분석 프로그래밍 라이브러리(Python의 numpy, pandas 등)에서 표준으로 채택하고 있는 방법입니다.

- 데이터가 $x_1, x_2, \cdots, x_n$와 같이 주어졌을 때, p번째 백분위수(p-th percentile)는 다음과 같이 구합니다.
    1. 데이터 순서대로 정렬 : $x_{(1)} \leq x_{(2)} \leq \cdots \leq x_{(n)}$
    2. $(n-1) \times \dfrac{p}{100} + 1$을 계산하여 정수 부분은 j, 소수 부분은 h로 구분
    3. p-th percentile 계산 공식 적용 : $(1-h)x_{(j)} + hx_{(j+1)}$

- 다음 데이터를 사용해서 25번째 백분위수(1사분위수), 50번째 백분위수(중앙값), 그리고 75번째 백분위수(3사분위수)를 구해봅시다.

$$155, 126, 27, 82, 115, 140, 73, 92, 110, 134$$

- 앞에서 설명한 방법으로 3사분위수를 구한다면 다음과 같이 작성할 수 있습니다.

```python
data = np.array([155, 126, 27, 82, 115, 140, 73, 92, 110, 134])
sorted_data = np.sort(data)
n = len(data)

# 75th percentile (3rd quartile)
q3_percentile = (n-1) * 0.75 + 1
j3, h3 = divmod(q3_percentile, 1)
q3 = (1 - h3) * sorted_data[int(j3) - 1] + h3 * sorted_data[int(j3)]
print(q3)

132.0
```

- numpy의 percentile() 함수를 사용하면 간단하게 구할 수 있습니다.

```python
import numpy as np
x = np.array([155, 126, 27, 82, 115, 140, 73, 92, 110, 134])

q1 = np.percentile(x, 25)   # 1사분위수
q2 = np.percentile(x, 50)   # 중앙값(2사분위수)
q3 = np.percentile(x, 75)   # 3사분위수
print('1사분위수:', q1)
print('2사분위수:', q2)
print('3사분위수:', q3)
```

```
1사분위수: 84.5
2사분위수: 112.5
3사분위수: 132.0
```

> **기적의 TIP**
> 위 예제에서 75 백분위에 대응하는 백분위수는 132.0입니다. '백분위'와 '백분위수'를 구분해 주세요.

2) 데이터에 대응하는 백분위 구하기

이번에는 반대로 데이터에 대응하는 백분위를 한꺼번에 구해보겠습니다. 주어진 데이터에 대응하는 백분위를 구하는 방법은 percentileofscore()를 사용할 수 있습니다.

```python
import numpy as np
import scipy.stats as sp

x = np.array([155, 126, 27, 82, 115, 140, 73, 92, 110, 134])
percentiles = np.array([sp.percentileofscore(x, value, kind = 'rank') for value in x])
print(percentiles)
```

```
[100.  70.  10.  30.  60.  90.  20.  40.  50.  80.]
```

3) QQ plot 그리기

다음 데이터를 사용하여 QQ plot을 그려보겠습니다.

4.62, 4.09, 6.2, 8.24, 0.77, 5.55, 3.11, 11.97, 2.16, 3.24, 10.91, 11.36, 0.87

- 데이터에 대응하는 백분위를 구해봅시다.

```python
import numpy as np
import scipy.stats as sp
data_x = np.array([4.62, 4.09, 6.2, 8.24, 0.77, 5.55, 3.11, 11.97, 2.16, 3.24, 10.91, 11.36, 0.87])
percentile_rank = np.array([sp.percentileofscore(data_x, value, kind = 'rank') for value in data_x])
print(percentile_rank[:6])
```

```
[53.84615385 46.15384615 69.23076923 76.92307692  7.69230769 61.53846154]
```

- 위에서 구한 백분위(%)에 대응하는 이론적인 백분위수(percentile)를 구합니다. 특정 분포의 이론적인 백분위수는 그 분포의 누적분포함수의 역함수를 사용해서 구할 수 있습니다. Python에서는 〈dist.name〉.ppf() 함수를 사용합니다.

```
theory_x = sp.norm.ppf(percentile_rank/100, np.mean(data_x), np.std(data_x))
print(theory_x[:6])
```

```
[5.98342006 5.26119532 7.50120433 8.37600073 0.28902906 6.7195023 ]
```

① **QQ plot의 아이디어**

- 만약 데이터가 정규분포를 따른다면, 이론적으로 구한 값과 데이터에서 구해진 정보가 거의 비슷한 값을 가져야 합니다.

```
import matplotlib.pyplot as plt

plt.scatter(theory_x, data_x, color = 'k')
plt.plot([0,12], [0,12], 'k')
plt.title('QQplot')
plt.xlabel('Theoretical Quantiles')
plt.ylabel('Sample Quantiles')
plt.show()
```

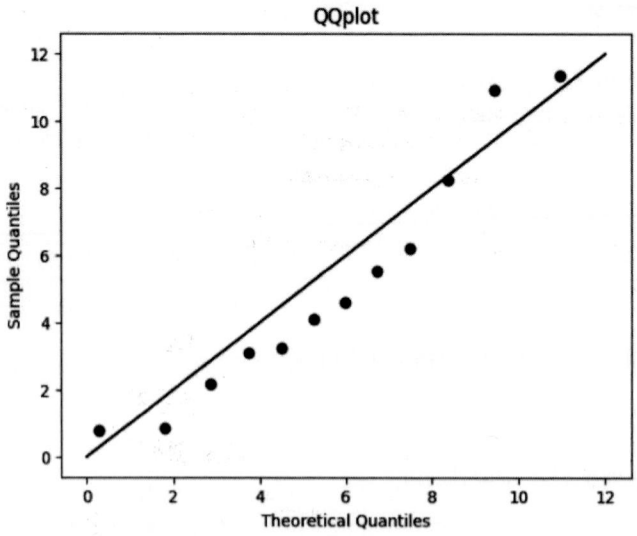

- QQ plot은 주어진 데이터를 y 값으로, 이론적인 백분위수를 x 값으로 하여 산점도를 그립니다. 즉, 45도 대각선을 기준으로 점들이 직선에 가깝게 분포하면 데이터가 특정 분포를 따른다고 판단할 수 있습니다.

② probplot() 함수

- scipy.stats 모듈은 앞에서 살펴본 QQ plot를 쉽게 그려주는 probplot() 함수를 가지고 있습니다.

```
sp.probplot(data_x, dist = "norm", plot = plt)
```

((array([-1.62649229, -1.1460438 , -0.83908498, -0.59616318, -0.38436112, -0.18866497, 0.   ,
    0.18866497, 0.38436112, 0.59616318, 0.83908498, 1.1460438 , 1.62649229]),
  array([0.77, 0.87, 2.16, 3.11, 3.24, 4.09, 4.62, 5.55, 6.2 , 8.24, 10.91, 11.36, 11.97])),
    (4.04216109144469, 5.622307692307692, 0.9668922332651619))

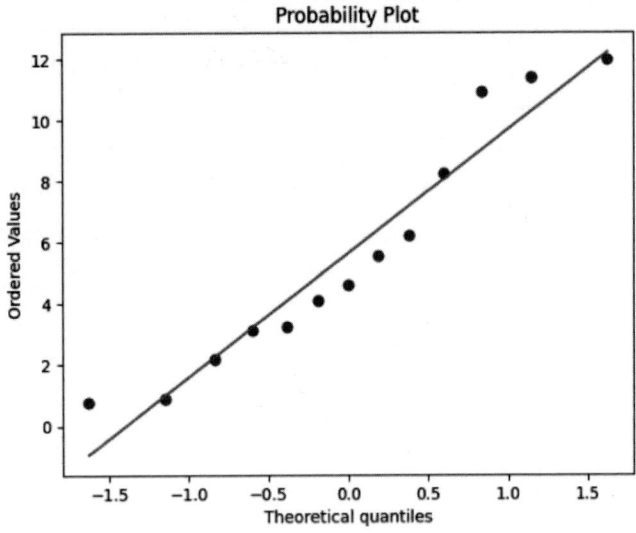

03 Shapiro-Wilk 검정

Shapiro-Wilk 검정은 표본 크기가 50개 이하인 작은 데이터들의 정규성 검정을 위해 고안된 방법입니다.

① 귀무가설과 대립가설

- H_0 : 데이터가 정규분포를 따른다.
- H_A : 데이터가 정규분포를 따르지 않는다.

② 검정통계량

- Shapiro-Wilk 검정통계량 W는 다음과 같이 정의됩니다.

$$W = \frac{(\sum_{i=1}^{n} a_i x_{(i)})^2}{\sum_{i=1}^{n}(x_i - \overline{x})^2}$$

- 이 검정통계량의 분포를 유도할 필요는 없지만, 다음과 같은 특성들은 알아두어야 합니다.

> **Shapiro-Wilk 검정통계량**
> a_i는 미리 정해진 숫자들이고, $x_{(i)}$는 순위 표본
> W 값은 0에서 1 사이
> 귀무가설이 참이면, 이론적으로 W 값은 1
> W 값이 0에 가까울수록 데이터가 정규분포와 다르게 분포되어 있음을 의미

> **기적의 TIP**
> Shapiro-Wilk 검정은 매우 민감하여 데이터의 분포가 타겟 분포와 조금만 달라도 p-value가 작게 나와 귀무가설이 기각될 수 있습니다. 데이터 해석 시 QQ plot, Density plot 같은 시각화 기법을 같이 사용하여 이러한 단점을 보완할 수 있습니다.(시험에서는 시각화 활용 불가)

③ shapiro() 함수

- scipy.stats 모듈에서 제공하는 shapiro 함수를 사용하여 Shapiro-Wilk 검정을 수행할 수 있습니다. 예제 데이터를 사용해서 유의수준 5% 하에서 Shapiro-Wilk 검정해 봅시다.

```python
import scipy.stats as sp
data_x = np.array([4.62, 4.09, 6.2, 8.24, 0.77, 5.55, 3.11, 11.97, 2.16, 3.24, 10.91, 11.36, 0.87])
w, p_value = sp.shapiro(data_x)
print("W:", w)
print("p-value:", p_value)
```

```
W: 0.912324024737738
p-value: 0.1973044131714471
```

- 결과를 살펴보면 p-value 값이 상당히 크므로 유의수준 5%에서 귀무가설을 기각할 수 없습니다. 이는 데이터가 정규분포를 따른다는 증거가 됩니다.

04 앤더슨-달링(Anderson-Darling) 검정

앤더슨-달링 검정은 이론적인 누적분포함수와 데이터에서 뽑혀진 누적분포함수가 얼마나 비슷한지 체크하여 검정하는 방법입니다.

1) 이론적인 CDF vs. Estimated CDF 거리

앤더슨-달링 검정은 우리가 가지고 있는 데이터가 특정분포를 따른다면(귀무가설이 참이라면), 이론적인 누적분포함수(F) 값과 데이터에서 뽑아낸 정보를 사용하여 추정한 누적분포함수(ECDF, F_n) 값이 같아야 한다는 것에 착안하고 있습니다.

앤더슨-달링 검정에서 계산하는 통계량은 다음과 같습니다.

$$A^2 = n\int_{-\infty}^{\infty} \frac{(F_n(x)-F(x))^2}{F(x)(1-F(x))} dF(x),$$

하지만, 위의 형태는 적분형태로 나타나 있어서 실제 검정통계량은 위 값을 근사하는 수치적 방법으로 계산합니다. 위 식의 핵심 포인트는 통계량에 이론적인 누적분포함수(F)와 추정된 누적분포함수(F_n) 값의 차이가 제곱해서 분모에 들어가 있다는 것입니다. 또한, 분모에 위치한 $F(x)(1-F(x))$의 경우, 누적분포함수와 데이터로부터 뽑아낸 누적분포함수의 차이가 분포의 양끝단에서 나는 것에 좀 더 가중치를 주는 역할을 합니다.

따라서, 앤더슨-달링 검정통계량은 귀무가설이 참이라면 0에 가까운 값이 나오고, 값이 클 수록 귀무가설이 거짓이라는 통계적 근거가 되도록 설계되어 있습니다.

예시로 주어진 데이터가 정규분포를 따르는 지 유의수준 5% 하에서 앤더슨-달링 검정을 진행해보겠습니다. 귀무가설과 대립가설은 다음과 같이 설정할 수 있습니다.

- H_0 : 데이터가 정규 분포를 따른다.
- H_A : 데이터가 정규 분포를 따르지 않는다.

```
from scipy.stats import anderson, norm
sample_data = np.array([4.62, 4.09, 6.2, 8.24, 0.77, 5.55, 3.11, 11.97, 2.16, 3.24, 10.91, 11.36, 0.87])

# Anderson-Darling 검정 수행
result = sp.anderson(sample_data, dist = 'norm')

print('검정통계량:',result[0])
print('임곗값:',result[1])
print('유의수준:',result[2])

검정통계량: 0.42498266409126906
임곗값: [0.497 0.566 0.679 0.792 0.942]
유의수준: [15.  10.   5.   2.5  1. ]
```

- 유의수준 5% 값에 해당하는 검정통계량 값(임곗값)이 0.679이고, 계산된 검정통계량 값은 0.425이므로, 정규분포의 누적분포함수와 데이터를 사용해서 추정한 누적분포함수가 기준치보다 훨씬 덜 차이가 남(작음)을 의미합니다.
- 따라서 귀무가설을 기각하지 못하므로, 데이터가 정규분포를 따른다고 판단할 수 있습니다.

- 실제 데이터와 이론적인 누적분포함수를 겹쳐 그려보아도 데이터에서 뽑아낸 누적분포함수가 이론적인 누적분포함수를 잘 따라가는 것을 확인할 수 있습니다.

> **기적의 TIP**
>
> statsmodels에서 제공하는 ECDF( ) 함수를 사용하면 데이터에 들어있는 분포의 정보를 사용하여 누적분포함수를 구할 수 있습니다.

```python
from statsmodels.distributions.empirical_distribution import ECDF
ecdf = ECDF(sample_data)
x = np.linspace(min(sample_data), max(sample_data))
y = ecdf(x)

plt.scatter(x, y)
plt.title("Estimated CDF vs. CDF")

# add Normal CDF
k = np.arange(min(sample_data), max(sample_data), 0.1)
plt.plot(k, norm.cdf(k, loc = np.mean(sample_data), scale = np.std(sample_data, ddof = 1)), color = 'k')
plt.show( )
```

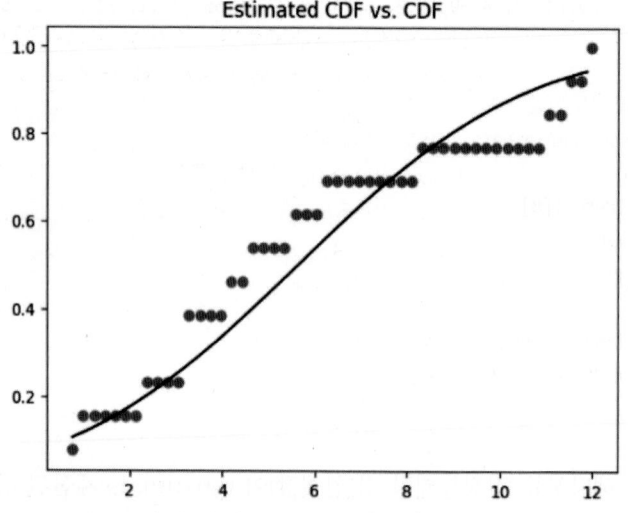

- 앤더슨–달링 검정은 이론적인 CDF를 알고있는 모든 분포들에 대하여 적용 가능합니다. 즉, 특정 분포를 따르는 지에 대한 검정을 수행할 수 있으며, 실무에서는 정규분포를 따르는 지 검정하는데 많이 사용됩니다.

05 카이제곱 검정

카이제곱 검정은 주어진 데이터가 기대되는 분포나 독립성, 동질성을 갖는지를 검증하는 데 사용하는 통계적 방법입니다. 카이제곱 검정은 여러 유형이 있으며, 각 검정은 특정 상황에 맞게 적용됩니다. 시험에 자주 출제되는 내용이므로 꼭 알아야 합니다.

▶ 카이제곱 분포가 사용되는 여러 검정들

종류	설명
1 표본 분산 검정 (One-sample chi-squared test for variance)	표본 분산이 특정 값과 같은 지 여부를 검정
카이제곱 독립성 검정 (Chi-squared test for independence)	• 두 카테고리컬(categorical) 변수가 서로 독립적인지 아닌지를 검정 • 주어진 교차표(contingency table)의 기대도수와 관측도수를 비교하여 두 변수 간의 관계를 평가
카이제곱 동질성 검정 (Chi-squared test for homogeneity)	• 두 개 이상의 모집단에서 추출된 표본들의 분포 또는 비율이 동일한지 검정하는 데 사용 • 카이제곱 독립성 검정과 매우 유사하며 실제로 두 검정은 동일한 계산 방법을 사용하지만, 연구의 문맥과 목적에 따라 다르게 해석
카이제곱 적합도 검정 (Chi-squared goodness-of-fit test)	• 관측된 빈도가 특정 이론적 분포(예 균등 분포)를 따르는 지 검정 • 연속형 또는 이산형 분포에 모두 적용 가능

1) 1 표본 분산 검정

데이터를 발생시키는 모분포의 분산이 특정값과 같은지 검정합니다.

① **귀무가설과 대립가설**
- $H_0 : \sigma^2 = \sigma_0^2$
- $H_A : \sigma^2 \neq \sigma_0^2$

② **검정통계량**

$$Q = \frac{(n-1)S^2}{\sigma_0^2} \sim \chi_{n-1}^2$$

- 귀무가설 하에서 위 검정통계량은 앞에서 다룬 스튜던트 정리에 의하여 자유도가 $n-1$인 카이제곱 분포를 따릅니다.

③ **통계적 판단**
- 검정통계량 Q 값을 해당하는 유의수준에 해당하는 임곗값 $\chi_{1-\alpha,\ n-1}^2$과 비교하거나, 유의확률(p-value)을 계산한 후, 유의수준과 비교해서 통계적 판단을 내립니다.

Q 베어링 제조 회사의 품질 관리를 맡고 있는 정부 기관의 규정에 따르면, 생산되는 제품의 금속 재질 함유량 분산이 1.3을 넘는 경우 생산 부적격이라고 판단한다. A 회사 제품의 금속 함유량를 검사한 데이터가 다음과 같을 때, 생산 부적격 검정을 수행하시오. 단, 유의 수준은 5%로 설정하시오.

10.67, 9.92, 9.62, 9.53, 9.14, 9.74, 8.45, 12.65, 11.47, 8.62

- 위 문제에 해당하는 귀무가설과 대립가설은 다음과 같이 설정할 수 있습니다.

  $H_0: \sigma^2 \leq 1.3$

  $H_A: \sigma^2 > 1.3$

- 해당 검정을 파이썬에서 수행해 보겠습니다. 먼저 데이터를 입력하고, 검정통계량 값을 계산합니다.

```
import numpy as np
sample_data = [10.67, 9.92, 9.62, 9.53, 9.14, 9.74, 8.45,
               12.65, 11.47, 8.62]
n = len(sample_data)
sample_variance = np.var(sample_data,ddof = 1)
t = (n-1) * sample_variance / 1.3
print(t)
```

```
11.626530769230774
```

- 귀무가설 하에서 검정통계량은 카이제곱 분포를 따르기 때문에 해당 자유도의 카이제곱 분포의 누적분포확률값을 계산하여 유의확률값을 계산할 수 있습니다.

```
from scipy.stats import chi2
print('p-value:',1 - chi2.cdf(t, df = n - 1))
```

```
p-value: 0.23519165145589116
```

- 결과를 살펴보면, 계산된 유의확률 0.235가 주어진 유의수준보다 크기 때문에 귀무가설을 기각할 수 없습니다. 즉, 현재 주어진 데이터로 A 회사 제품의 금속함유량 분산은 1.3을 넘는다고 판단하기 어렵습니다. 따라서, A 회사는 생산 적격으로 판단할 수 있습니다.

2) 독립성 검정

독립성 검정은 주어진 표에서 두 카테고리 변수 간의 상관성이 있는지 여부를 분석하는 방법입니다. 이 검정을 통해 두 변수가 독립적인지 아닌지를 판단할 수 있습니다.

통계에서 독립의 개념은 그 적용 대상에 따라 정의가 다릅니다.

- 두 사건의 독립 : 두 사건 A와 B가 독립이라는 의미는 특정 사건의 발생 유무가 다른 사건이 발생하는 확률에 영향을 미치지 않는 상태를 의미합니다.

$$P(A \cap B) = P(A)P(B) \Leftrightarrow P(A|B) = \frac{P(A \cap B)}{P(B)} = P(A)$$

- 두 확률변수의 독립 : 두 확률변수 X와 Y가 독립이라는 의미는 두 확률변수의 결합누적분포함수가 각각의 누적분포함수의 곱으로 표현되는 것을 의미합니다.

$$F_{X,Y}(x, y) = F_X(x)F(y) \quad \text{for all } x, y$$

- 확률변수의 독립 개념을 좀 더 직관적으로 이해하기 위해 다음과 같은 상황을 생각해 보겠습니다.

Q 겉모습이 똑같이 생긴 두 개의 상자 A와 B가 있다. A에는 빨간공 10개, 파란공 10개가 있고, B에는 빨간공 5개와 파란공 5개가 들어있다. 특정 상자에서 공을 꺼냈는데 빨간공이 나왔다면, 공을 꺼낸 상자는 A인가, B인가?

- 생각해보면, 두 상자에 들어있는 색깔의 비율이 동일하기 때문에, 상자에서 꺼낸 공의 정보는 어떤 상자가 선택되었는지 판단할 때 전혀 도움이 되지 않는다는 것을 알 수 있습니다.
- 즉, 상자에서 꺼낸 공의 색깔을 확률변수 X라고 하고, 선택된 상자를 확률변수 Y라고 한다면, 두 변수의 값이 다른 한 변수가 갖는 값을 예측하는데 전혀 도움이 되지 않는 상태인 것입니다. 두 변수가 독립이라고 볼 수 있는 것입니다.
- 두 확률변수 X와 Y가 독립임을 앞에서 살펴본 수식이 성립하는지 체크함으로써 증명할 수도 있습니다. 즉, $P(X=x \cap Y=y)=P(X=x)P(Y=y)$가 모든 x와 y에 대해 성립하는지 확인해야 합니다.

  1. 두 확률변수의 결합확률 : $P(X=R \cap Y=A)$는 상자 A가 선택되고 빨간공이 뽑히는 확률입니다. A 상자를 선택했을 때, 빨간 공이 나올 확률은 0.5, A 상자가 선택될 확률이 0.5이므로 해당 확률은 0.25가 됩니다.

  $$P(X=R \cap Y=A)=P(R \cap A)=P(R|A)(A)=0.5 \times 0.5=0.25$$

  2. 확률변수 X의 확률 : $P(X=R)$는 빨간공이 뽑히는 확률입니다. 전확률 정리를 사용하면 다음과 같이 0.5가 된다는 것을 알 수 있습니다.

  $$P(X=R)=P(R)=P(R|A)(A)+P(R|B)(B)=0.5 \times 0.5+0.5 \times 0.5=0.5$$

  3. 확률변수 Y의 확률 : $P(Y=A)$는 상자 A가 선택되는 확률입니다. 두 상자가 겉모습이 동일하므로, 선택되는 확률은 0.5가 됩니다.

  $$P(Y=A)=P(A)=0.5$$

  4. 확률변수의 독립성 확인 : $P(X=R \cap Y=A)$가 $P(X=R)P(Y=A)$와 같은지 확인합니다.

  $$P(X=R \cap Y=A)=0.25$$
  $$P(X=R)P(Y=A)=0.5 \times 0.5=0.25$$

  이와 같이, $P(X=R \cap Y=A)=P(X=R)P(Y=A)$가 성립합니다.

- 다른 경우들도 같은 방식으로 검증할 수 있습니다. 따라서, 모든 경우에 대해 $P(X=x \cap Y=y)=P(X=x)P(Y=y)$가 성립하므로, 두 확률변수 X와 Y는 독립임을 알 수 있습니다.

① **귀무가설과 대립가설**
- H_0 : 변수들이 독립이다.
- H_A : 변수들이 독립이 아니다.

② **검정통계량**
- 독립성 검정의 검정통계량은 다음과 같으며, 귀무가설 하에서 해당 통계량은 카이제곱 분포를 따르게 됩니다.

$$Q=\sum_{i,j} \frac{(O_{ij}-E_{ij})^2}{E_{ij}} \sim \chi^2_{(r-1)(c-1)}$$

- O_{ij} : 관찰 빈도(주어진 데이터)
- E_{ij} : 예상 빈도(독립가정 시 이론적으로 계산된 빈도)
- i, j : 각 행과 열에 대한 인덱스
- r : 전체 행의 수
- c : 전체 열의 수
- 독립성 검정의 검정통계량이 측정하는 것은 주어진 데이터(관찰빈도)가 이론적으로 계산된 값(기대빈도)과 얼마나 차이가 나는가 입니다. 귀무가설이 참이면 두 값의 차이가 작고, 귀무가설이 거짓이면 두 값의 차이가 커지도록 설계(제곱 사용)되어 있습니다. 따라서, 검정통계량의 값이 카이제곱 분포의 오른쪽 끝부분에 위치할 수록 귀무가설을 기각시킬 수 있는 근거가 되는 것입니다.

> **기적의 TIP**
>
> **독립성 검정의 검정통계량의 성질**
> 예상 빈도수와 차이나는 데이터들의 "제곱" 값이기 때문에, 이론값과 차이 나는 표본들이 많을수록 검정통계량 값은 0에서 멀어지는 값을 갖게 됩니다.

- 여기서 예상 빈도는 다음과 같이 계산할 수 있습니다.

$$E_{ij} = \frac{(i-\text{row total}) \times (j-\text{column total})}{\text{table total}}$$

- 독립성 검정을 진행할 때, 주의해야 할 점 중 하나는 모든 칸의 예상 빈도가 5 이상인지 확인하는 것입니다. 이 조건을 충족하지 못하는 경우, 독립성 검정의 통계적 판단을 신뢰할 수 없기 때문입니다. 실제 시험에서 가정을 체크하는 문제는 출제된 적 없으므로 참고만 하시면 됩니다.

Q 다음은 운동선수 18명, 일반인 10명에 대한 흡연 여부 조사 데이터이다. 운동선수와 흡연 여부 간의 독립성 검정을 수행하시오.

정보	비흡연자	흡연자	총계
운동선수	14	4	18
일반인	0	10	10
총계	14	14	28

- 먼저, 예상 빈도를 계산합니다.

정보	비흡연자	흡연자	총계
운동선수	9	9	18
일반인	5	5	10
총계	14	14	28

- 각 항목에 대한 검정통계량을 계산해 보겠습니다.

운동선수와 비흡연자 : $\frac{(14-9)^2}{9} = 2.78$

일반인과 비흡연자 : $\frac{(0-5)^2}{5} = 5$

운동선수와 흡연자 : $\dfrac{(4-9)^2}{9} = 2.78$

일반인과 흡연자 : $\dfrac{(10-5)^2}{5} = 5$

- 따라서, 검정통계량 Q는 다음과 같으며, 해당하는 분포는 자유도가 1인 카이제곱 분포가 됩니다.

$$Q = \sum_{i,j} \dfrac{(O_{ij} - E_{ij})^2}{E_{ij}} = 15.55$$

- 귀무가설을 기각하는 관찰값이 발생하는 범위는 카이제곱 분포의 오른쪽 끝부분이 됩니다. 유의수준 5%에 대응하는 기각역은 3.841을 기준으로 오른쪽 영역이 됩니다.

```
from scipy.stats import chi2

# 기각역 계산
critical_value = chi2.ppf(0.95, df = 1)
print(critical_value)
```

```
3.841458820694124
```

- 계산된 통계량 15.55가 기각역에 속하기 때문에, 귀무가설을 기각할 수 있습니다. 이와 같은 통계적 판단을 유의확률과 유의수준을 비교함으로써 동일하게 수행할 수 있습니다.
- 검정통계량 값 15.55에 해당하는 유의확률(p-value)은 다음과 같습니다.

```
pvalue = chi2.sf(15.55, df = 1)
print(pvalue)
```

```
8.035164786841964e-05
```

- 유의확률이 유의수준 0.05보다 작기 때문에, 귀무가설을 기각할 수 있습니다. 따라서, 운동선수와 흡연 여부 간에는 독립적이지 않다고 결론을 내릴 수 있습니다.
- 이제까지 살펴본 전과정을 파이썬 함수를 사용하면 쉽게 계산할 수 있습니다. 독립성 검정을 위해서 scipy.stats의 chi2_contingency() 함수를 이용합니다.

```
import numpy as np
from scipy.stats import chi2_contingency

table = np.array([[14, 4], [0, 10]])

chi2, p, df, expected = chi2_contingency(table, correction = False)
print('X-squared:', chi2.round(3), 'df:', df, 'p-value:', p.round(3))
```

```
X-squared: 15.556 df: 1 p-value: 0.0
```

- chi2_contingency() 함수는 array 형태를 입력값으로 받는다는 점에 주의합니다. 또한, chi2_contingency() 함수의 경우, "Yates' correction for continuity"를 기본적으로 적용하기 때문에, 일반적인 카이제곱 검정통계량 값을 얻기 위해서는 correction=False으로 설정해줘야 하는 점도 주의하세요.

> **기적의 TIP**
>
> **Yates' correction for continuity(연속성 수정)**
> 카이제곱 독립성 검정을 수행할 때 사용되는 보정 방법으로서, 작은 샘플 크기로 인해 과도하게 큰 카이제곱 통계량이 계산되는 것을 방지합니다. 시험에서 연속성 수정을 적용하라는 지시가 있다면, 옵션을 추가 적용하면 됩니다.

- 함수의 결과를 사용하여, 데이터가 기대 빈도 조건을 충족하는지 체크합니다.

```
print(expected)

[[9. 9.]
 [5. 5.]]
```

- 모든 칸의 기대빈도가 5 이상이므로 귀무가설을 기각한다는 통계적 판단을 신뢰할 수 있다는 것도 확인할 수 있습니다.

3) 동질성 검정

동질성 검정은 두 개 이상의 모집단에서 추출된 표본들의 카테고리 분포 또는 비율이 동일한지 검정하는 방법입니다. 데이터는 교차표(contingency table) 형태로 제공되며, 각 셀에는 해당 카테고리에 속하는 관측치의 수가 포함됩니다.

① 귀무가설과 대립가설
- H_0 : 모든 모집단에서 카테고리별 비율은 동일하다.
- H_A : 적어도 한 모집단에서 카테고리별 비율이 다르다.

② 검정통계량
- 카이제곱 통계량은 각 카테고리별로 $\dfrac{(Obs-Exp)^2}{Exp}$ 의 합으로 계산됩니다. 이것을 좀 더 세세한 기호를 통해서 나타내면 다음과 같습니다.

$$Q = \sum_{i=1}\sum_{j=1} \frac{(y_{ij}-n_i\hat{p}_j)^2}{n_i\hat{p}_j} \sim \chi^2_{k-1}$$

- 검정통계량 Q는 귀무가설 하에서 자유도가 $k-1$인 카이제곱 분포를 따른다고 알려져 있습니다. k는 카테고리 개수를 의미합니다. 또한 각 카테고리 선호도는 관측치 합과 각 표본들의 값을 분수꼴로 표현하여 추정할 수 있습니다.

$$\hat{p}_j = \frac{y_{1j}+y_{2j}}{n_1+n_2}$$

- 기호들이 달라져서 조금 헷갈릴 수 있으나, 전체적인 통계량의 구성(관찰빈도와 기대빈도의 차이를 측정)은 동일합니다. 예제를 통해 좀 더 자세히 알아보겠습니다.

Q 두 도시(X와 Y)에서 선호하는 음료의 종류(콜라, 사이다, 주스)를 조사하려고 한다. 각 도시에서 100명씩 조사한 결과를 바탕으로 두 도시의 음료 선호도가 동일한지 카이제곱 동질성 검정을 사용하여 확인하시오.

구분	콜라	사이다	주스
도시 X	50	30	20
도시 Y	45	35	20

- 여기서 카테고리는 음료, 표본집단은 도시가 되며 귀무가설 및 대립가설은 다음과 같이 설정할 수 있습니다.

  귀무 가설(H_0) : 도시 X와 도시 Y의 음료 선호도는 동일하다.

  대립 가설(H_A) : 두 도시에서의 음료 선호도는 동일하지 않다.

- 이제 앞에서 살펴본 수식에 따라 기대 빈도를 계산해 보도록 하겠습니다. 두 도시에서의 음료 선호도가 동일하다고 가정하면, 각 음료의 기대 확률은 다음과 같습니다.

  콜라 : $\dfrac{50+45}{200} = 0.475$

  사이다 : $\dfrac{30+35}{200} = 0.325$

  주스 : $\dfrac{20+20}{200} = 0.2$

- 그 다음, 각 도시의 총 사람수를 곱해서 콜라, 사이다, 주스를 좋아하는 사람들의 기댓값을 구할 수 있습니다. 두 도시의 총 인원이 100명으로 동일하므로, 47.5, 32.5, 20으로 계산합니다.

- 따라서, 각 셀에 대해 카이제곱 검정통계량 Q를 계산하면 다음과 같습니다.

  콜라(도시 X) : $\dfrac{(50-47.5)^2}{47.5} = 0.1316$

  사이다(도시 X) : $\dfrac{(30-32.5)^2}{32.5} = 0.1923$

  주스(도시 X) : $\dfrac{(20-20)^2}{20} = 0$

  콜라(도시 Y) : $\dfrac{(45-47.5)^2}{47.5} = 0.1316$

  사이다(도시 Y) : $\dfrac{(35-32.5)^2}{32.5} = 0.1923$

  주스(도시 Y) : $\dfrac{(20-20)^2}{20} = 0$

  $$Q = 0.1316 + 0.1923 + 0 + 0.1316 + 0.1923 + 0 = 0.6478$$

기적의 TIP

두 도시의 음료 선호도가 동일하다는 것이, 콜라, 사이다, 주스를 동일한 1/3 비율로 좋아한다는 의미가 아님에 주의합니다. 두 도시의 사람들이 콜라, 사이다, 주스를 좋아하는 분포가 동일한 것을 가정한다는 의미입니다.

- 카이제곱 통계량 값을 카이제곱 분포에 대입하여 유의확률을 계산합니다. 유의확률이 유의수준 (예) 0.05)보다 작으면 귀무가설을 기각하고, 두 도시에서의 음료 선호도는 동일하지 않다고 결론을 내릴 수 있습니다.
- 동질성 검정의 경우도, 앞에서 살펴본 chi2_contingency() 함수를 사용하여 쉽게 계산할 수 있습니다.

```
import numpy as np
from scipy.stats import chi2_contingency

# 데이터 설정: 교차표
table = np.array([[50, 30, 20],    # 도시 X
                  [45, 35, 20]])   # 도시 Y
chi2, p, df, expected = chi2_contingency(table, correction = False)

print(chi2.round(3), p.round(3))

0.648 0.723
```

- 기대빈도 값들도 동일하게 확인할 수 있습니다.

```
print(expected)

[[47.5 32.5 20. ]
 [47.5 32.5 20. ]]
```

4) 적합도 검정

적합도 검정은 관찰된 데이터가 특정 이론적 분포를 따르는 지를 검정하는 방법입니다. 데이터는 교차표 형태로 제공되며, 각 셀에는 해당 카테고리에 속하는 관측치의 수가 포함됩니다.

① 귀무가설과 대립가설
- H_0 : 데이터의 모집단이 특정 분포를 따른다.
- H_A : 데이터의 모집단이 특정 분포를 따르지 않는다.

② 검정통계량
- 검정통계량 역시 앞에서 배운 카이제곱 검정통계량과 같지만, 자유도 계산에 유의해야 합니다.

$$Q = \sum_i \frac{(O_i - E_i)^2}{E_i} \sim \chi^2_{n-1}$$

Q 다음은 140명의 신생아들이 태어난 요일을 조사하여 작성한 표이다. 카이제곱 적합도 검정을 이용하여 특정 요일에 아이들이 더 많이 태어나는지 검정하시오.

구분	월	화	수	목	금	토	일
출생수	13	23	24	20	27	18	15

- 요일별 출생율이 같다는 것은 각 요일에 태어나는 확률이 1/7임을 의미하므로, 주어진 데이터를 바탕으로 귀무가설과 대립가설을 다음과 같이 설정할 수 있습니다.

  H_0 : 요일별 신생아 출생 비율이 같다.

  $$p_1 = p_2 = \cdots = p_7 = \frac{1}{7}$$

  H_A : 요일별 신생아 출생 비율이 모두 같지는 않다.

  $$\text{Not all} \quad p_i = \frac{1}{7}$$

- 위의 검정통계량 값을 chisquare() 함수를 사용해서 구할 수 있습니다. 앞선 독립성 검정과 동질성 검정에 사용한 chi2_contingency() 함수와 적합성 검정에서 사용하는 chisquare() 함수의 차이는 f_exp 옵션을 사용해서 기대빈도를 직접 넣을 수 있다는 점입니다.

```
from scipy.stats import chisquare
import numpy as np

observed = np.array([13, 23, 24, 20, 27, 18, 15])
expected = np.repeat(20, 7)

statistic, p_value = chisquare(observed, f_exp = expected)
print("Test statistic: ", statistic.round(3))
print("p-value: ", p_value.round(3))

Test statistic: 7.6
p-value: 0.269
```

- 검정통계량에 대응하는 p-value가 유의수준 5%보다 크므로, 귀무가설을 기각하지 못합니다. 따라서 각 요일별 신생아 출생률은 모두 같다고 판단할 수 있습니다.
- 또한, 아래와 같이 각 셀의 기대빈도가 5보다 모두 크므로, 카이제곱 검정의 결과를 신뢰할 수 있습니다.

```
print("Expected: ", expected)

Expected:  [20 20 20 20 20 20 20]
```

분산 분석

핵심 태그 ANOVA • 귀무가설과 대립가설 • MSE • 가정 체크 • 잔차 • 사후 검정

01 분산 분석(ANOVA, Analysis of Variance)

분산 분석은 이름 때문에 분산에 대한 검정처럼 들릴 수 있지만, 실제로는 그렇지 않습니다. ANOVA는 주로 3개 이상의 집단에서 평균의 차이를 검정하기 위해 사용되는 통계적 방법입니다.

그룹을 나누는 기준이 되는 변수의 개수에 따라서 ANOVA의 종류도 다양해집니다.

- 일원 분산 분석(One way ANOVA) : 한 가지 관심 변수에 따라 그룹을 나누고 그룹 간의 평균 차이를 검정합니다. 예를 들어, 다양한 브랜드의 제품 효과를 비교할 때 사용될 수 있습니다.
- 이원 분산 분석(Two way ANOVA) : 두 가지 관심 변수를 기준으로 그룹을 나누어 평균의 차이를 검정합니다. 예를 들면, 제품 브랜드와 사용자의 연령대를 기준으로 제품의 효과를 비교하는 경우에 적용될 수 있습니다.

02 일원 분산 분석(One-way ANOVA)

일원 분산분석은 하나의 요인(factor)에 따라 여러 집단 간의 평균 차이를 검정하기 위한 통계 기법입니다. 이 방법은 다양한 집단의 평균이 통계적으로 유의미하게 다른 지를 평가하는 데 사용됩니다.

1) 모델 가정

이 모델에서는 데이터가 다음과 같은 구조를 통해 발생한다고 생각합니다.

$$x_{ij} = \mu_i + \varepsilon_{ij}$$

- x_{ij}는 i번째 집단의 j번째 관찰값
- μ_i는 i번째 집단의 평균
- ε_{ij}는 오차항으로, 각 관찰값에 더해지는 잡음
- i는 집단의 번호를 나타내며, $i=1, \cdots, k$로서 총 k개의 집단 존재
- j는 각 집단 내에서의 관찰값의 번호이며, $j=1, \cdots, n_i$로서 i번째 집단에는 총 n_i개의 관찰값이 존재
- ε_{ij}의 분포는 정규분포로, 평균이 0이며 분산이 σ^2

즉, 관찰값 x_{ij}은 해당하는 그룹의 평균을 중심으로 퍼져있으나, 정확한 값이 아닌 잡음(ε_{ij})이 섞여서 관찰된다고 생각하는 것입니다.

앞의 수식을 통해서 알 수 있는 중요한 가정들은 다음과 같습니다. 시험에서 가정을 체크하는 문제는 출제되지 않으므로 참고만 하시면 됩니다.

① 정규성(Normality)
- 일원 분산분석에서 모든 오차항(ε_{ij})은 정규 분포를 따른다고 가정하고 있습니다. 이것을 수식을 통해 좀 더 자세히 나타내면 다음과 같습니다.

$$\varepsilon_{ij} \sim N(0, \ \sigma^2)$$

- 오차항이 정규성을 띈다는 가정 때문에, 모델 적합 후 오차항의 분포가 정말 정규분포를 따르는지 체크하는 것은 검정 결과를 신뢰함에 있어서 매우 중요합니다. 이러한 가정 체크 과정을 모델의 유효성을 확인한다고 합니다.

② 등분산성(Homoscedasticity)
- 모든 그룹에서의 오차항의 분산은 동일해야 합니다. 앞에서 살펴본 오차항의 분포를 살펴보면, 모든 오차항에 대하여 ij 같은 분산인 σ^2를 가정하고 있는 것을 볼 수 있습니다.
- 따라서, 데이터가 팩터 변수에 의하여 다른 그룹으로 나뉘더라도, 적합 후 오차항의 분포의 분산은 동일해야 한다는 것입니다.
- 만약, 적합 후 오차항의 분산이 일정하지 않다면, 일원 분산분석의 결과를 신뢰할 수 없게 됩니다.

③ 독립성(Independence)
- 각 집단 i의 관찰값들은 서로 독립적으로 관찰되었다고 가정합니다. 독립성 가정은 통계적 검정을 통해 직접 확인할 수 없으며, 데이터 수집 과정에서 실험 설계가 무작위성을 충분히 보장했는지에 달려 있습니다.

2) 귀무가설과 대립가설

일원 분산 분석의 귀무가설은 "모든 집단의 평균이 동일하다."라는 가정을 세웁니다. 이는 독립 변수가 종속 변수의 평균에 유의미한 영향을 미치지 않는다는 의미입니다.

반면, 대립가설은 "적어도 하나의 집단 평균이 다르다."라는 가정을 세웁니다. 이는 독립 변수의 수준 중 하나 이상이 종속 변수의 평균에 유의미한 영향을 미친다는 의미입니다.

① 귀무가설(H_0)
- 모든 집단의 평균이 동일하다.
- $\mu_1 = \mu_2 = \cdots = \mu_k$

② 대립가설(H_A)
- 평균이 다른 집단이 적어도 하나 존재한다. 즉, 모든 평균 $\mu_1, \ \mu_2, \ \cdots$ 그리고 μ_k 들이 동일하지는 않다.
- $\exists \ i, j$ such that $\mu_i \neq \mu_j$

3) ANOVA의 핵심 아이디어

일원 분산 분석의 원리를 이해하기 위해서 알아야 할 개념들을 학습해 봅시다.

① 데이터 변동성 분해

- 일원 분산 분석의 아이디어는 전체 데이터의 변동성을 다음의 두 가지 요소로 분리할 수 있다는 것에서 시작합니다.

  1. 그룹 간 변동성
  2. 그룹 내 변동성

- 데이터의 변동성이라는 것은 제곱합(SS, Sums of squares)이라는 개념을 사용해서 측정합니다. 그리고 일원 분산분석에서는 다음과 같은 3가지 제곱합이 사용됩니다.

  1. 전체 제곱합(SST, Sums of Squares for Total) : 각 데이터와 전체 평균과의 변동성
  2. 그룹 간 제곱합(SSG, Sums of Squares for Groups) : 각 그룹 평균과 전체 평균과의 변동성
  3. 그룹 내 제곱합(SSE, Sums of Squares for Error) : 각 데이터와 대응하는 그룹 평균과의 변동성

- 그리고 이 3개의 제곱합 사이에는 다음과 같은 등식이 성립합니다.

$$\underbrace{\sum_{i=1}^{k}\sum_{j=1}^{n_j}(X_{ij}-\overline{X}..)^2}_{SST}=\underbrace{\sum_{i=1}^{k}n_i(\overline{X}_{i.}-\overline{X}..)^2}_{SSG}+\underbrace{\sum_{i=1}^{k}\sum_{j=1}^{n_j}(X_{ij}-\overline{X}_{i.})^2}_{SSE}$$

- 위 등식이 성립하기 때문에, 앞에서 이야기한 데이터의 변동성(SST)이 그룹 간 변동성(SSG)과 그룹 내 변동성(SSE)으로 나뉜다고 볼 수 있습니다.

$$n=\sum_{i=1}^{k}n_i$$

$$\frac{SSG}{\sigma^2}\sim\chi^2_{k-1}$$

$$\frac{SSE}{\sigma^2}\sim\chi^2_{n-k}$$

② 검정통계량의 구조

- 일원 분산 분석에서 사용한 검정통계량은 F 값으로 나타내며, 그룹 간과 그룹 내의 분산을 분수꼴로 표현합니다.
- 검정통계량을 F로 나타내는 이유는 귀무가설 하에서 해당 검정통계량이 F-분포를 따르기 때문입니다.

$$F=\frac{MSG}{MSE}=\frac{\text{그룹 간 평균들의 분산}}{\text{그룹 안에서 분산}}$$

- 위 수식에서 MSG(Mean Square for Groups)는 그룹 간의 평균 제곱오차로, 각 그룹의 평균과 전체 평균 간의 차이를 기반으로 계산됩니다. 앞에서 배운 그룹 간 변동성을 집단 간 자유도로 나누어 평균을 낸 개념이라 생각하면 좋습니다.

$$MSG = \frac{n_1(\overline{X}_1 - \overline{X})^2 + \cdots + n_k(\overline{X}_k - \overline{X})^2}{k-1}$$

- 반면, 분모에 위치한 MSE(Mean Square for Error)는 그룹 내의 평균 제곱오차로, 각 그룹 내의 분산을 기반으로 계산됩니다. 이 값은 앞에서 배운 그룹 내 변동성을 역시 해당 자유도로 나누어 평균을 낸 개념이라고 생각하면 좋습니다.

$$MSE = \frac{(n_1-1)s_1^2 + \cdots + (n_k-1)s_k^2}{n-k}$$

> **기적의 TIP**
>
> **MSE의 의미**
> - MSE는 여러 그룹 내의 표본분산을 통합하여 모분산을 추정하는 방법입니다. 이를 합동분산(pooled variance)라고도 부릅니다.
> - 합동분산은 각 그룹의 크기를 고려해서 가중 평균을 통해 전체 분산을 구합니다. 즉, 각 그룹의 표본 크기와 분산을 모두 반영하여 전체 분산을 추정합니다.
>
> $$s_p^2 = \frac{(n_1-1)s_1^2 + (n_2-1)s_2^2 + \cdots + (n_k-1)s_k^2}{(n_1-1) + (n_2-1) + \cdots + (n_k-1)}$$

- 일원 분산분석의 핵심 아이디어는 각 그룹의 평균이 전체 평균에서 얼마나 움직이는 지와 그룹 내의 개별 표본이 그룹 평균에서 얼마나 움직이는 지를 비교하는 것입니다.
- 이러한 비교는 검정통계량인 F 값을 그룹 간의 평균 변동성(MEG)과 그룹 내의 변동성(MSE)을 분수꼴로 만들어 놓음으로써 어느 요소가 얼마나 큰지를 측정합니다. 즉, F 값이 크면 그룹 간의 차이가 유의미하다는 것을 나타냅니다.

F 값이 작은 경우 : 그룹 간의 차이가 그룹 내의 차이에 비해 작다는 것을 나타냅니다. 이는 **귀무가설이 참일 가능성이 높음**을 의미합니다.

F 값이 큰 경우 : 그룹 간의 차이가 그룹 내의 차이에 비해 크다는 것을 나타냅니다. 이는 **귀무가설이 거짓일 가능성이 높음**을 의미합니다.

- 이때, F 통계량은 $F_{k-1,\ n-k}$ 분포를 따릅니다. 여기서, $k-1$과 $n-k$는 각각 그룹 간과 그룹 내의 자유도를 나타냅니다.

4) Python에서 일원 분산 분석 실습

예제 데이터를 판다스 데이터 프레임에 입력해보도록 하겠습니다. 데이터는 3가지 향에 대한 초등학생 집중력을 기록한 데이터입니다.

▼ 예제 데이터 생성

```python
import pandas as pd
import numpy as np

# 데이터 입력
scents = ['Lavender', 'Rosemary', 'Peppermint']
minutes_lavender = [10, 12, 11, 9, 8, 12, 11, 10, 10, 11]
minutes_rosemary = [14, 15, 13, 16, 14, 15, 14, 13, 14, 16]
minutes_peppermint = [18, 17, 18, 16, 17, 19, 18, 17, 18, 19]

anova_data = pd.DataFrame({
    'Scent' : np.repeat(scents, 10),
    'Minutes' : minutes_lavender + minutes_rosemary + minutes_peppermint
})
anova_data.head()
```

```
    Scent     Minutes
0   Lavender  10
1   Lavender  12
2   Lavender  11
3   Lavender  9
4   Lavender  8
```

- 데이터를 살펴보면, 첫 번째 데이터는 "라벤더 향을 피워 놓은 공간에서 10분의 집중력을 보였다."라고 해석을 할 수 있습니다.

① 데이터 살펴보기

- 데이터를 더 깊게 살펴보기 위해, 각 향을 기준으로 그룹을 3개로 나누어 그룹별 집중 시간에 대한 기술통계량을 계산합니다.
- groupby()와 describe() 함수를 사용하면, 그룹별 평균, 표준편차, 최솟값, 최댓값 등의 통계량을 얻을 수 있습니다.

```
anova_data.groupby(['Scent']).describe()
```

	Minutes							
	count	mean	std	min	25%	50%	75%	max
Scent								
Lavender	10.0	10.4	1.264911	8.0	10.0	10.5	11.0	12.0
Peppermint	10.0	17.7	0.948683	16.0	17.0	18.0	18.0	19.0
Rosemary	10.0	14.4	1.074968	13.0	14.0	14.0	15.0	16.0

- 라벤더 향 그룹은 10.4분, 페퍼민트 향 그룹은 17.7분, 로즈마리 향 그룹은 14.4분이 평균으로 계산되었습니다.
- 이러한 각 그룹의 차이가 통계적으로 유의한 지를 검정하는 것이 일원 분산분석의 목표입니다.

② ANOVA 실행하기

- ANOVA 분석을 위해 Python에서 사용할 수 있는 함수는 scipy.stats 라이브러리의 f_oneway() 함수가 있습니다. 이 함수는 간단하게 검정통계량 값과 유의확률을 계산할 때 유용합니다.

> f_oneway() 함수 입력값과 반환값
> - 첫 번째 입력값인 *args는 두 개 이상의 배열을 인자로 받음
> - 각 배열은 하나의 그룹을 나타내며, 모든 배열의 길이가 같을 필요는 없음
>   예) 그룹 3개 입력 : f_oneway(group1, group2, group3)
> - 반환값 f_statistic은 계산된 F-통계량 값이며, 그룹 간 변동성과 그룹 내 변동성의 비율을 나타냄
> - 반환값 p_value는 해당 F-통계량에 대한 유의확률 값

- 위에서 입력한 초등학생 집중력 데이터를 사용해 유의수준 5% 하에서 일원 분산분석을 수행하겠습니다.

귀무가설 : 초등학교 학생들 세 그룹의 집중력 평균은 동일하다.

대립가설 : 세 그룹 중 학생들의 집중력 평균이 다른 그룹이 적어도 하나 존재한다.

```python
from scipy.stats import f_oneway

# 각 그룹의 데이터를 추출
lavender = anova_data[anova_data['Scent'] == 'Lavender']['Minutes']
rosemary = anova_data[anova_data['Scent'] == 'Rosemary']['Minutes']
peppermint = anova_data[anova_data['Scent'] == 'Peppermint']['Minutes']

# 일원 분산분석(One-way ANOVA) 수행
f_statistic, p_value = f_oneway(lavender, rosemary, peppermint)
print(f'F-statistic: {f_statistic}, p-value: {p_value}')

F-statistic: 109.66869300911841, p-value: 1.0908156984152117e-13
```

- 검정통계량 값 109.6에 대응하는 유의확률 1.09e-13은 유의수준 0.05보다 작으므로 귀무가설을 기각합니다. 즉, 주어진 세 그룹 중 평균이 다른 그룹이 존재합니다.

03 가정 체크와 사후 검정

1) 가정 체크

분산분석(ANOVA)에서 가정을 체크하는 것은 매우 중요합니다. 이 가정들이 만족되지 않으면, 분산분석의 결과를 신뢰하기 어렵기 때문입니다.

가정 체크와 여타 분석까지 해야하는 경우에는, f_oneway() 함수를 사용하기 보다는 statsmodels 패키지를 사용하는 것이 좋습니다.

▼ statsmodels 패키지를 사용해 ANOVA 테이블 생성

```
import statsmodels.api as sm
from statsmodels.formula.api import ols

# 모델 적합
model = ols('Minutes ~ C(Scent)', data = anova_data).fit()

# ANOVA 수행하기
anova_results = sm.stats.anova_lm(model, typ = 2)
print(anova_results)
```

	sum_sq	df	F	PR(>F)
C(Scent)	267.266667	2.0	109.668693	1.090816e-13
Residual	32.900000	27.0	NaN	NaN

ANOVA 테이블은 일원 분산분석의 계산 과정을 테이블에 요약하여 보여줍니다. 이 테이블은 각 요인과, 그 요인에 의해 설명되는 변동성의 양(제곱합), 그리고 각 요인이 통계적으로 유의미한 지 여부를 나타내는 F-통계량과 p-값을 포함합니다.

분산분석에서 체크해야 할 가정은 다음과 같이 3가지 있습니다.

1. 잔차의 정규성
2. 잔차의 등분산성
3. 데이터의 독립성

이 중 데이터의 독립성의 경우, 분산분석 후 따로 검정을 통해서 검정하지 않고, 실험 설계 단계에서 만족해야 하는 조건이므로 정규성과 등분산성을 확인하도록 하겠습니다.

① 잔차들의 정규성

- 가장 처음으로 확인해야 할 조건은 모델을 적합한 후의 잔차가 정규성을 띠는 지입니다. 모델의 잔차를 시각화하여 잔차의 분포와 패턴을 확인합니다.
- 모델 변수는 잔차를 포함하고 있어서 model.resid 코드를 사용해서 바로 접근 가능합니다. 이 때, 잔차들은 0을 중심으로 무작위로 분포되어 있어야 하며, 특정 패턴이 없어야 합니다.

```
import matplotlib.pyplot as plt

plt.scatter(model.fittedvalues, model.resid)
plt.show( )
```

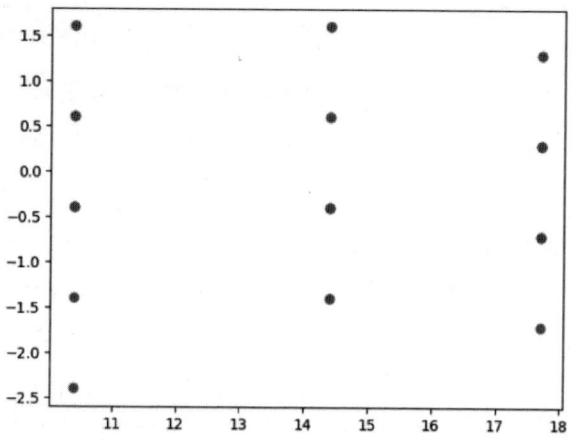

- 그림을 보면 0을 중심으로 퍼져있는 것을 확인할 수 있습니다. 좀 더 확실하게 정규성 가정을 체크하기 위해 QQ 플롯과 잔차 벡터를 사용하여 유의수준 5% 하에서 샤피로-윌크 검정을 수행하겠습니다. 데이터가 일원 분산분석의 잔차를 사용하므로 귀무가설과 대립가설을 다음과 같이 설정할 수 있습니다.

귀무가설 : 잔차가 정규성을 따른다.

대립가설 : 잔차가 정규성을 따르지 않는다.

```
import scipy.stats as sp
sp.probplot(model.resid, dist = "norm", plot = plt)
```

```
((array([-1.99833768, -1.59452553, -1.35103668, -1.1686393 , -1.01855497,
        -0.8884856 , -0.77194854, -0.66506298, -0.56529149, -0.47085985,
        -0.38045711, -0.29306636, -0.20786198, -0.12414301, -0.04128669,
         0.04128669,  0.12414301,  0.20786198,  0.29306636,  0.38045711,
         0.47085985,  0.56529149,  0.66506298,  0.77194854,  0.8884856 ,
         1.01855497,  1.1686393 ,  1.35103668,  1.59452553,  1.99833768]),
  array([-2.4, -1.7, -1.4, -1.4, -1.4, -0.7, -0.7, -0.7, -0.4, -0.4,
        -0.4, -0.4, -0.4, -0.4, -0.4,  0.3,  0.3,  0.3,  0.3,  0.6,
         0.6,  0.6,  0.6,  0.6,  1.3,  1.3,  1.6,  1.6,  1.6,  1.6])),
 (1.0835879309588157, -7.873989863690692e-15, 0.9788701263310985))
```

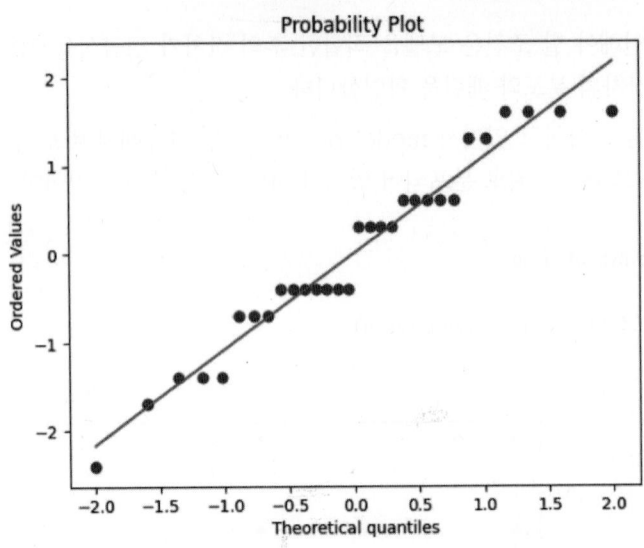

```
W, p = sp.shapiro(model.resid)
print(f'검정통계량: {W: .3f}, 유의확률: {p: .3f}')
```

검정통계량: 0.950, 유의확률: 0.168

- 잔차를 사용한 QQ 플롯이 기준선을 중심으로 분포되어 있고, 검정통계량 값 0.95에 해당하는 유의확률 0.168이 유의수준 0.05보다 크므로 귀무가설을 기각할 수 없습니다. 따라서 잔차의 정규성을 만족한다고 판단합니다.

② **잔차들의 등분산성**

- 앞에서 살펴본 분산분석의 가정에 대한 내용을 떠올려보면, 잔차의 분포가 분산이 σ로 동일한 것을 가정하고 있습니다. 이러한 가정을 확인하는 방법은 여러가지가 있으나, 그 중 Bartlett 검정을 통한 방법이 가장 많이 쓰입니다.
- Bartlett 검정통계량은 여러 그룹 간의 분산이 같은 지 검정하는데 사용되며, 귀무가설과 대립가설은 다음과 같습니다.

  귀무가설 : 모든 그룹의 분산이 동일하다.

  대립가설 : 적어도 하나의 그룹의 분산이 다른 그룹과 다르다.

- 검정통계량의 수식 표현은 다음과 같습니다. 귀무가설 하에서의 검정통계량은 자유도가 $k-1$인 카이제곱(χ^2) 분포를 따르는 것으로 알려져 있습니다.

$$K = \frac{(N-k)\log(S_p^2) - \sum_{i=1}^{k}(n_i-1)\log(S_i^2)}{1 + \frac{1}{3(k-1)}\left(\sum_{i=1}^{k}\frac{1}{(n_i-1)} - \frac{1}{(N-k)}\right)} \sim \chi^2_{(k-1)}$$

- 위 수식에서 사용된 기초들의 의미는 다음과 같습니다.

    N : 모든 그룹의 총 표본 수

    k : 그룹의 수

    n_i : 각 그룹의 표본 수

    S_p^2 : 모든 그룹의 결합된 표본 분산

    S_i^2 : 각 그룹의 표본 분산

- 검정통계량의 분자 부분을 살펴보면 각 그룹의 분산을 동일하다고 가정한 상태에서 추정한 결합된 분산값과 각 그룹별 분산을 각각 계산하여 평균낸 분산 추정값의 차이를 측정하고 있는 것을 알 수 있습니다.
- 즉, 두 값이 비슷하면 비슷할수록 각 그룹의 분산이 동일하다는 귀무가설을 지지하는 통계적인 근거가 되고, 차이가 크면 클수록 귀무가설을 기각할 수 있는 통계적인 근거가 되는 것입니다.

③ 파이썬에서 Bartlett 검정 수행하기

- 파이썬에서 Bartlett 검정은 scipy.stats에서 제공하는 bartlett() 함수를 사용합니다.

```
from scipy.stats import bartlett

groups = ['Lavender', 'Rosemary', 'Peppermint']
grouped_residuals = [model.resid[anova_data['Scent'] ==  group] for group in groups]

test_statistic, p_value = bartlett(*grouped_residuals)
print(f"검정통계량: {test_statistic}, p-value: {p_value}")
```

검정통계량: 0.7177050704181149, p-value: 0.6984773445730457

- 검정통계량값 0.717에 대응하는 유의확률 값 0.698이 유의수준 0.05보다 크므로 귀무가설을 기각할 수 없습니다. 따라서, 등분산 가정을 만족한다고 판단합니다.
- 종합해 보면, 잔차의 정규성과 등분산성을 만족하고 있으므로, 분산분석의 검정 결과를 신뢰할 수 있다고 판단합니다.

2) 사후 검정(Post-hoc Test)

분산분석은 3개 이상의 집단 간 평균 차이가 통계적으로 유의미한 지를 검정하는 데 사용됩니다. 그러나 분산분석 자체는 어느 그룹 간에 차이가 있는지는 알려주지 않습니다.

사후 검정은 분산분석 후 검정 결과가 유의미하게 나왔을 경우, 세부적으로 어느 그룹 간 평균 차이가 통계적으로 유의미한 지 추가 검정을 할 때 사용됩니다.

이를 구체적으로 알아보기 위해 사후 검정이 필요합니다. 사후 검정은 다중 비교 문제를 다루며, 이를 통해 구체적인 그룹 간 차이를 확인할 수 있습니다.

① 사후 검정의 필요성

- 좀 더 구체적으로 이야기해보면, 앞에서 분산분석 결과로 초등학교 학생들 3그룹의 집중력 평균은 동일하다가 귀무가설이 기각되어 초등학교 학생들 3그룹의 집중력 평균은 동일하지 않다고 판명되었습니다. 하지만, 어느 그룹이 다른 지는 모르는 상황입니다.

  귀무가설 : $H_0 : \mu_{Lavender} = \mu_{Rosemary} = \mu_{Peppermint}$

- 이 그룹 중 어느 그룹에서 차이가 나는 것인지 알기 위해서 다음과 같이 3번의 추가 가설 검정이 필요합니다.

  $\mu_{Lavender} = \mu_{Lemon}$

  $\mu_{Lemon} = \mu_{Peppermint}$

  $\mu_{Lavender} = \mu_{Peppermint}$

- 여기서, 통계학자들은 이 3번의 검정을 수행할 때 분산분석에서 설정한 유의수준 0.05를 그대로 사용하면 안 된다고 말합니다. 왜냐하면, 분산분석에서 설정한 0.05라는 것은 귀무가설이 참이지만, 귀무가설을 기각시키는 오류인 1종 오류를 범할 확률을 0.05로 설정하고 싶은 것인데, 사후 검정에서 수행하는 각 검정의 유의수준을 0.05로 설정하면 전체 사후 검정의 1종 오류를 범할 확률이 0.05를 넘어버리기 때문입니다.

- 사후 검정의 개별 유의수준을 α로 설정할 때, 전체 사후 검정의 1종 오류는 다음과 같이 계산할 수 있습니다.

$$P(\text{Total Type I Error}) = 1 - P(\text{No Type I Error in all tests})$$
$$= 1 - P(\text{No Type I Error in test 1} \cap \cdots \cap \text{No Type I Error in test } n)$$
$$= 1 - (1 - \alpha)^n$$

- 따라서 3번의 사후 검정의 유의수준을 0.05로 설정하면 전체 1종 오류는 0.14가 넘어버리게 되는 것입니다.

$$1 - (1 - 0.05)^3 = 0.142625$$

- 본페로니 수정(Bonferroni correction)의 경우 이러한 개별 사후 검정의 유의수준을 $\alpha/n = 0.05/3 = 0.0167$로 정하는 것을 제안합니다.

$$1 - (1 - 0.0167)^3 = 0.049268$$

- 이렇게 설정하면 전체 사후 검정의 1종 오류 확률이 기존에 설정했던 유의수준과 거의 비슷해지기 때문입니다. 다양한 사후 검정 방법들이 이렇게 합리적인 a를 계산하는 방법을 제안하고 있다고 이해하시면 됩니다.
- 전체 사후 검정의 1종 오류확률을 FWER(Family-wise Error Rate)이라고 합니다. FWER는 여러 가지 통계적 검정을 동시에 수행할 때, 하나 이상의 귀무가설을 잘못 기각할 확률을 의미합니다.
- 사후 검정 방법에는 여러가지가 있으나 가장 기본적인 방법은 본페로니(Bonferroni) 수정이고, 가장 많이 사용되는 방법은 튜키의 HSD 방법입니다. 이 책에서는 튜키의 HSD 방법을 사용해서 사후 검정을 수행하는 방법을 알아보도록 하겠습니다.

② **Python에서의 사후 검정 실습**

- statsmodels 패키지의 pairwise_tukeyhsd() 함수로 Tukey's HSD 사후 검정을 수행할 수 있습니다.

  endog : 종속 변수로, 분석하고자 하는 측정값이나 점수를 의미합니다.
  groups : 각 샘플에 대한 그룹 라벨을 지정합니다.
  alpha : 검정의 유의 수준을 설정하며, 일반적으로 0.05로 설정됩니다.

> **기적의 TIP**
>
> endog는 종속변수(endogenous variable)를 의미하며 통계학, 회귀 모델에서 자주 사용됩니다.

```python
import pandas as pd
import statsmodels.api as sm
from statsmodels.formula.api import ols
from statsmodels.stats.multicomp import pairwise_tukeyhsd

# Tukey HSD 사후 검정
tukey = pairwise_tukeyhsd(endog = anova_data['Minutes'],
                          groups = anova_data['Scent'],
                          alpha = 0.05)
print(tukey)
```

```
Multiple Comparison of Means - Tukey HSD, FWER=0.05
=====================================================================
  group1      group2    meandiff  p-adj   lower   upper   reject
---------------------------------------------------------------------
  Lavender    Peppermint    7.3    0.0    6.076   8.524    True
  Lavender    Rosemary      4.0    0.0    2.776   5.224    True
  Peppermint  Rosemary     -3.3    0.0   -4.524  -2.076    True
---------------------------------------------------------------------
```

- Tukey HSD 검정 결과는 각 그룹 간의 평균 차이가 통계적으로 유의미한 지를 알려줍니다. 결과 해석은 다음과 같습니다.
  1. Lavender vs Peppermint : 평균 차이는 7.3으로, p-value가 0.0입니다. 이는 유의수준 0.05에서 라벤더와 페퍼민트 그룹 간에 유의미한 차이가 있음을 의미합니다. 따라서 귀무가설이 기각됩니다.
  2. Lavender vs Rosemary : 평균 차이는 4.0으로, p-value 역시 0.0입니다. 이는 라벤더와 로즈마리 그룹 간에도 유의미한 차이가 있음을 의미하며, 귀무가설이 기각됩니다.
  3. Peppermint vs Rosemary : 평균 차이는 -3.3으로, p-value는 0.0입니다. 페퍼민트와 로즈마리 간에도 유의미한 차이가 있는 것으로 나타나, 이 경우에도 귀무가설이 기각됩니다.
- reject 열은 각 그룹 비교의 귀무가설을 기각할지(True) 아닐지(False)를 보여줍니다. 여기서 모든 비교에 대해 True 값이 주어졌으므로, 모든 그룹 간의 평균 차이가 통계적으로 유의미하다고 할 수 있습니다.
- 이는 각 그룹의 처리 효과가 서로 다르다는 것을 의미하며, 이러한 결과는 연구자가 이들 그룹 간에 실제로 차이가 있다고 해석하는 데 중요한 근거가 됩니다.
- p-adj가 의미하는 것은 앞에서 살펴본 조정된 유의수준의 스케일을 원래 설정한 FWER에 맞춰서 판단할 수 있도록 다시 조정한 값을 말합니다. 따라서 p-adj 값이 0.04가 나왔더라도 이 값이 FWER보다 작으면 귀무가설을 기각합니다.

SECTION 05 비모수 검정

핵심 태그 윌콕슨 순위합 검정 • 맨–휘트니–윌콕슨 검정 • Levene 검정

> **기적의 TIP**
> 비모수 검정은 시험에 출제될 가능성이 낮습니다. 공부 시간이 부족한 경우 넘어가도 좋습니다.

01 비모수 검정

이제까지 배웠던 검정들은 표본이나 잔차가 특정 분포(특히 정규분포)를 따른다는 가정에 기반한 모수 검정들이었습니다.

만약, 검정의 가정을 위반한 경우는 검정의 결과를 신뢰할 수 없게 됩니다. 모수 검정의 가정이 충족되지 않는 경우, 비모수 검정을 통해서 검정을 진행할 수 있습니다.

1) 비모수 검정의 장점

일반적으로 비모수 검정은 다음과 같은 장점을 가지고 있습니다.

1. 분포 가정이 없다.
   데이터가 따라야 하는 분포 가정이 필요하지 않다는 것은 검정을 적용할 수 있는 상황이 많다는 의미입니다.
2. 이상치에 민감하지 않다.
   검정통계량 값이 데이터에 따라 변동하는 것이 적어서 이상치가 있더라도 검정 결과에 큰 영향을 주지 않는다는 의미입니다.
3. 통계량이 직관적인 경우가 많다.
   해당 검정통계량을 이해하고 사용하기 쉽다는 의미입니다. 이로 인해 통계적 분석 결과를 직관적으로 이해하고 해석할 수 있습니다.

그렇다면 왜 비모수 검정을 사용하면 되지 모수 검정을 배우고 진행하는가 궁금할 수 있습니다. 일반적으로 모수 검정이 비모수 검정보다 검정력이 더 높기 때문에, 모수 검정을 적용할 수 있다면 진행하는 것이 좋습니다.

> **기적의 TIP**
> 검정력(Power)은 대립가설이 참일 때, 귀무가설을 기각할 확률입니다. 검정력 관련 논의는 현재 빅데이터분석기사 시험 범위를 벗어나므로 생략하겠습니다.

2) 비모수 검정에 대한 기초 지식

비모수 검정에 대한 일반적인 특징들 중에서 다음 사항을 꼭 알고 있어야 합니다.

1. 비모수 검정은 모수의 중심점을 평균이 아닌 중앙값으로 설정한 중앙값에 대한 검정이다.
2. 모중앙값을 나타내는 그리스 문자로 η을 사용한다.

예를 들어, t-검정의 경우, 모평균에 대한 검정입니다. 그래서 그리스 문자 μ를 모평균을 나타내는 기호로 사용합니다. 따라서 t-검정의 귀무가설, 대립가설을 기호로 표현할 때, 아래와 같이 표현합니다.

$$H_0 : \mu = \mu_0 \quad \text{vs.} \quad H_A : \mu \neq \mu_0$$

한편, 비모수에서는 모평균에 대하여 검정을 진행하는 것이 아니라 모중앙값 같은 분위수에 기반한 모수에 대한 지표에 대하여 검정을 합니다.

예를 들어, 윌콕슨 부호 순위합 검정의 귀무가설, 대립가설은 모중앙값에 대한 검정이라서 다음과 같이 표현합니다.

$$\eta = \eta_0 \quad \text{vs.} \quad \eta \neq \eta_0$$

3) 1 표본 비모수 검정

1 표본 t-검정에 대응하는 비모수 검정은 윌콕슨 순위합 검정(Wilcoxon signed rank test)입니다. 앞에서 사용한 학생별 점수 조사 데이터를 다시 사용하겠습니다.

학생 ID	성적
1	9.76
2	11.10
3	10.70
4	10.72
5	11.80
6	6.15
7	10.52
8	14.83
9	13.03
10	16.46
11	10.84
12	12.45

① 귀무가설과 대립가설

- 앞에서 배웠던 t-검정의 귀무가설, 대립가설 형태와 비슷하지만 모평균이 아닌 모중앙값에 대한 검정이라는 것이 다릅니다.

  양측 검정 : $\eta = \eta_0$ vs. $\eta \neq \eta_0$
  단측 검정 : $\eta \geq \eta_0$ vs. $\eta < \eta_0$
  $\eta \leq \eta_0$ vs. $\eta > \eta_0$

② 검정통계량과 핵심 아이디어

- 모중앙값 η_0에 대한 검정통계량 W^+은 다음과 같습니다.

$$W^+ = \sum_{i=1}^{n} \psi(X_i - \eta_0) R_i$$

- 위 식에서 $\psi(x)$ 함수는 입력값이 0보다 크거나 같으면 1, 그렇지 않은 경우 0을 반환합니다.
- 따라서, $\psi(X_i - \eta_0)$ 부분은 η_0보다 오른쪽에 있는(큰) 데이터에는 1, 왼쪽에 있는(작은) 데이터에는 0을 부여하게 됩니다.
- 한편, R_i는 모중앙값에서 얼마나 떨어져 있는가를 기준으로 계산된 순위입니다. 다음은 $\eta_0 = 10$인 경우 검정통계량을 계산하는 파이썬 코드입니다.

```
import numpy as np
from scipy.stats import rankdata
sample = np.array([9.76, 11.1, 10.7, 10.72, 11.8, 6.15, 10.52,
                   14.83, 13.03, 16.46, 10.84, 12.45])

sample_diff = abs(np.array(sample) - 10)
r_i = rankdata(sample_diff)
psi_i = np.where(sample - 10 >= 0, 1, 0)

sum(r_i[psi_i > 0])

67.0
```

- 윌콕슨 순위합 검정통계량은 전체 순위합을 구하기 때문에 귀무가설이 참이라면 η_0를 중심으로 데이터가 균형을 이뤄야 합니다. 이 경우, 이상적인 W^+인 값은 전체 순위합의 절반인 $n(n+1)/4$가 되어야 합니다.
- 반대로, 검정통계량 값이 $n(n+1)/4$에서 멀어질 수록(크거나 작게된다면) 귀무가설을 기각할 수 있는 통계적인 근거가 됩니다.

> **기적의 TIP**
> W^+ 값의 이론적인 최댓값은 전체 순위합인 $n(n+1)/2$입니다.

③ Python에서 검정하기

- scipy.stats의 wilcoxon() 함수를 사용합니다. 함수에서 사용할 수 있는 옵션들은 앞서 배웠던 t 검정 함수와 똑같으므로 설명을 생략합니다. 다만, 한 가지 주의점은 데이터 입력 시 귀무가설 하에서 주어진 η_0 값에서 빼준 데이터를 입력해줘야 한다는 것입니다.
- 다음은 주어진 데이터의 모중앙값이 10인지 아닌지 유의수준 0.05 하에서 윌콕슨 순위합 검정을 수행하는 파이썬 코드입니다.

$$\eta = 10 \quad \text{vs.} \quad \eta \neq 10$$

```
from scipy.stats import wilcoxon
eta_0 = 10
statistics, pvalue = wilcoxon(sample-eta_0, alternative = "two-sided")

print("Test statistic: ", statistics)
print("p-value: ", pvalue)

Test statistic: 11.0
p-value: 0.02685546875
```

- 5% 유의수준 하에서 p-value 값이 작으므로, 귀무가설을 기각합니다. 해석할 때 모평균이라는 단어 대신 분포의 중앙이라는 단어를 사용해야 함에 주의하세요.

④ 참고사항

- 위의 wilcoxon() 함수의 검정통계량 값과 앞에서 직접 구현한 검정통계량 값이 다른 것을 볼 수 있습니다. 그 이유는 wilcoxon() 함수는 양수 쪽 순위합과 음수 쪽 순위합 중 작은 것을 반환하기 때문입니다. 결국, 값은 달라보여도 동일한 검정입니다.

```
a = np.arange(start = 1, stop = 13)
print(sum(a)-statistics)

67.0
```

4) 독립 2 표본 비모수 검정

맨-휘트니-윌콕슨 검정(Mann-Whitney-Wilcoxon test)은 독립 2 표본 t-검정에 대응하는 비모수 검정입니다. 검정을 설명하기 위해 t-검정에서 사용한 학생들의 성별 점수 조사 데이터를 다시 사용하겠습니다.

학생 ID	성적	성별
1	9.76	female
2	11.10	female
3	10.70	female
4	10.72	female
5	11.80	female
6	6.15	female
7	10.52	female
8	14.83	male
9	13.03	male
10	16.46	male
11	10.84	male
12	12.45	male

▼ 판다스 데이터 프레임으로 입력

```
import pandas as pd
sample = [9.76, 11.1, 10.7, 10.72, 11.8, 6.15, 10.52, 14.83, 13.03, 16.46, 10.84, 12.45]
gender = ['female'] * 7 + ['male'] * 5
data_mww = pd.DataFrame({'id' : range(1,13), 'score' : sample, 'gender' : gender})
```

① 귀무가설과 대립가설

- 앞에서 배웠던 독립 2 표본 t-검정의 귀무가설, 대립가설 형태와 비슷하지만, 모평균이 아닌 모중앙값에 대한 검정이라는 것이 다릅니다.

$$\eta_1 = \eta_2 \text{ vs. } \eta_1 \neq \eta_2$$

$$\eta_1 = \eta_2 \text{ vs. } \eta_1 < \eta_2$$

$$\eta_1 = \eta_2 \text{ vs. } \eta_1 > \eta_2$$

② 검정통계량과 핵심 아이디어

- 맨-휘트니-윌콕슨 검정통계량 U는 다음과 같이 정의됩니다.

$$U = min(U_1, U_2)$$

- 그리고 U_1과 U_2는 다음과 같이 계산됩니다.

$$U_1 = n_1 n_2 + n_1(n_1+1)/2 - R_{1+}, \quad U_2 = n_1 n_2 + n_2(n_2+1)/2 - R_{1+}$$

- 위 수식에서 n_1, n_2는 각 그룹의 표본 크기를 나타내며, R_{1+}, R_{2+}는 표본을 그룹에 상관없이 순위를 계산한 후, 각 그룹별 순위합을 나타냅니다.
- 좀 더 계산 과정의 이해를 위해 검정통계량을 파이썬 코드를 통하여 계산해 봅시다.

```
from scipy.stats import rankdata
# 표본 크기 계산
n1 = len(data_mww[data_mww["gender"] == "female"])
n2 = len(data_mww) - n1

# 순위합 계산하기
r_i = rankdata(data_mww["score"])
r_1p = sum(r_i[ : 7])
r_2p = sum(r_i[7 : ])

# 검정통계량 계산
u1 = n1 * n2 + sum(range(1, n1 + 1)) - r_1p
u2 = n1 * n2 + sum(range(1, n2 + 1)) - r_2p
U = min(u1, u2)

print(U)

2.0
```

- $n_1 n_2$ 부분이 공통이기 때문에 검정통계량이 실제로 측정하고자 하는 부분은 바로 아래와 같은 두 개의 값 중 작은 값입니다.

$$\frac{n_1(n_1+1)}{2}-R_{1+}, \quad \frac{n_2(n_2+1)}{2}-R_{2+}$$

- 첫 번째 항을 예로 생각해보면, $n_1(n_1+1)/2$ 부분은 1에서 n_1까지의 합을 나타냅니다.
- 만약, 1번째 그룹에 속한 모든 표본이 다른 그룹 표본들보다 모두 작아서 혼합 표본의 순위가 1에서 n_1이라면 $n_1(n_1+1)/2-R_{1+}$은 0이 됩니다. 반면, 이 경우 $n_2(n_2+1)/2-R_{2+}$ 값은 R_{2+}이 엄청 커지므로, 전체 값이 엄청 작게 나올 것입니다.
- 즉, 특정 그룹이 다른 그룹보다 완전히 작게 되면(귀무가설이 기각되는 상황), 두 그룹의 모중앙값이 비슷한 경우에 비하여 두 값 중 하나는 상대적으로 작은 값이 계산됩니다.
- 따라서, 맨-휘트니-윌콕슨 검정은 상대적으로 너무 작은 검정통계량 값이 나올 경우, 귀무가설을 기각하는 경향성을 가집니다.

③ Python에서 검정하기

- 맨-휘트니-윌콕슨 검정은 scipy.stats 모듈의 mannwhitneyu() 함수를 사용해서 구현합니다.
- 다음은 학생들의 성별 성적 분포 데이터를 사용하여 두 집단의 모중앙값이 같은 지 유의수준 0.05 하에서 검정하는 파이썬 코드입니다.

$$H_0: \eta_F = \eta_M \quad \text{vs.} \quad \eta_F \neq \eta_M$$

```python
from scipy.stats import mannwhitneyu

female = data_mww[data_mww['gender'] == 'female']['score']
male = data_mww[data_mww['gender'] == 'male']['score']

stat, pvalue = mannwhitneyu(female, male, method = "exact")

print("stat: ", stat.round(3))
print("p-value: ", pvalue.round(3))

stat: 2.0
p-value: 0.01
```

- 검정통계량 값 2.0에 대응하는 유의확률 0.01이 유의수준 0.05보다 작으므로 귀무가설을 기각할 수 있습니다.
- 따라서, 두 집단의 성적 중앙값이 다르다고 판단할 통계적인 근거가 충분합니다.

5) 등분산 가정이 깨졌을 때 2 표본 검정

맨-휘트니-윌콕슨(Mann-Whitney-Wilcoxon)의 등분산 가정을 표본이 만족하지 않는 경우, 일반화 맨-휘트니-윌콕슨 검정이라 불리는 부루너 문젤(Brunner Munzel) 검정을 적용할 수 있습니다. 검정 관련 함수는 scipy 패키지의 brunnermunzel()을 사용합니다. 이 검정의 경우, 관련 함수가 있다는 정도만 알고 넘어가도록 하겠습니다.

```
from scipy.stats.mstats import brunnermunzel

female = data_mww[data_mww['gender'] == 'female']['score']
male = data_mww[data_mww['gender'] == 'male']['score']

stat, pvalue = brunnermunzel(female, male, alternative = 'two-sided')

print("stat: ", stat.round(4))
print("p-value: ", pvalue.round(4))
```

```
stat:  6.5113
p-value:  0.0003
```

6) 대응 표본 비모수 검정

대응 표본은 2개 그룹이 있는 데이터처럼 보이지만, 특정 변수 값에 대응하는 표본끼리의 연산을 통하여 1개 표본으로 변환 가능합니다. 따라서 짝이 존재하는 대응 표본은 윌콕슨 순위합 검정을 사용하여 처리할 수 있습니다.

아래 데이터를 사용하여 교육 프로그램 이수 후 학생들의 성적이 향상되었는지 유의수준 5% 하에서 검정해 보도록 하겠습니다.

학생 ID	성적	전/후
1	9.76	before
2	11.10	before
3	10.70	before
4	10.72	before
5	11.80	before
6	6.15	before
1	10.52	after
2	14.83	after
3	13.03	after
4	16.46	after
5	10.84	after
6	12.45	after

▼ 데이터 입력과 변환

```
import pandas as pd
import numpy as np

id = [1, 2, 3, 4, 5, 6]
before_after = ['before'] * 6 + ['after'] * 6
tab3 = pd.DataFrame({'id': id * 2, 'score': sample, 'group': before_after})

# 자료 변환
test3_data = tab3.pivot(index = 'id', columns = 'group', values = 'score')
test3_data['score_diff'] = test3_data['after'] - test3_data['before']

print(test3_data['score_diff'])
```

```
        id
    1   0.76
    2   3.73
    3   2.33
    4   5.74
    5  -0.96
    6   6.30
```

① 귀무가설과 대립가설

- 대응표본의 귀무가설, 대립가설은 다음과 같이 2개 그룹의 중앙값을 비교하는 형태입니다.

$$\eta_{before} = \eta_{after} \quad \text{vs.} \quad \eta_{before} < \eta_{after}$$

- 하지만, 짝이 지어진 데이터로 변환하게 되면, 귀무가설, 대립가설도 같이 달라집니다. 위에 주어진 형태의 귀무가설, 대립가설은 그룹 간의 차이를 $\Delta := \eta_{after} - \eta_{before}$로 정의합니다.

  $\Delta = 0$ vs. $\Delta \neq 0$

  $\Delta = 0$ vs. $\Delta < 0$

  $\Delta = 0$ vs. $\Delta > 0$

- 원리는 앞에서 배웠던 대응 표본 검정과 같습니다. 이렇게 바뀐 표본을 새로운 표본으로 생각해서 1표본 비모수 검정을 진행합니다.

② 검정통계량

- 변환된 데이터는 1표본의 경우와 똑같다는 것을 알 수 있습니다.

```
sample_sign = np.sign(test3_data['score_diff'])
sum(rankdata(abs(test3_data['score_diff']))[sample_sign > 0])
```

```
19.0
```

③ Python에서 검정하기

```
from scipy.stats import wilcoxon
statistics, pvalue = wilcoxon(test3_data['score_diff'], alternative = 'greater')

print("Test statistic: ", statistics)
print("p-value: ", pvalue)

Test statistic: 19.0
p-value: 0.046875
```

- 검정통계량 값 19에 대응하는 유의확률 0.0468이 유의수준 0.05보다 작으므로, 귀무가설을 기각합니다.
- 따라서, 교육 프로그램 이수 후 학생들의 성적이 향상되었다는 통계적인 근거가 충분하다고 이야기할 수 있습니다.

02 비모수 분산 검정(Levene test)

비모수 검정에서 등분산 가정을 체크할 때, Levene 검정을 일반적으로 많이 사용합니다.

Levene 검정은 유료 통계프로그램인 SPSS에서도 분산 비교 시 사용하는 것으로서 많이 알려진 분산 검정 방법입니다.

F-검정의 경우, 카이제곱 분포를 따르는 확률변수를 분모꼴로 놓아 검정통계량을 사용했었습니다. 나아가, 데이터의 정규성 가정도 필요했습니다.

반면, Levene 검정은 F-검정과 비교하여 다음과 같은 특징이 있습니다.

1. 2개 이상의 그룹에도 적용 가능(F-검정은 2개 그룹에만 적용 가능)
2. 이상치에 대하여 좀 더 robust한 검정

① 귀무가설과 대립가설

- Levene 검정의 귀무가설과 대립가설은 다음과 같습니다.

    귀무가설 : 모든 그룹이 동일한 분산을 갖는다.

    $H_0 : \sigma_1^2 = \sigma_2^2 = \cdots = \sigma_k^2$

    대립가설 : 하나라도 분산이 다른 그룹이 존재한다.

    $H_A : \sigma_1^2 \neq \sigma_2^2$ at least one pair

② 검정통계량

- Levene 검정의 검정통계량은 다음과 같습니다.

$$W = \frac{(N-k)}{(k-1)} \cdot \frac{\sum_{i=1}^{k} N_i (Z_i - Z_{..})^2}{\sum_{i=1}^{k} \sum_{j=1}^{N_i} (Z_{ij} - Z_{i.})^2}$$

- 이 검정통계량의 특징은 원 데이터를 이용하는 것이 아니라 변형된 데이터들 Z_{ij}들을 사용하여 통계량을 구하는 것이 특징입니다. 총 k 그룹이 존재하며, Z_{ij}를 구하는 방법을 3가지로 선택할 수 있습니다.

  1. $Z_{ij} = |Y_{ij} - \overline{Y}_{i.}|$: 각 그룹의 평균에서의 편차(deviation)
  2. $Z_{ij} = |Y_{ij} - \widetilde{Y}_{i.}|$: 각 그룹의 중앙값에서의 편차
  3. $Z_{ij} = |Y_{ij} - \overline{Y}'_{i.}|$: 각 그룹의 10% 절단 평균에서의 편차

- 일반적으로 데이터가 대칭분포를 이룬다면 평균에서의 편차를 사용하, 치우친 분포의 경우 중앙값에서의 편차, 꼬리가 두꺼운 경우에는 절단 평균을 사용하도록 권장하고 있습니다.

    mean : 대칭, median : 치우침, trimmed mean : 두터운 꼬리

③ Python에서 Levene 검정하기

- ToothGrowth 데이터셋은 비타민C가 기니피그의 치아 성장에 미치는 영향을 조사한 실험 데이터입니다. 반응 변수는 60마리 기니피그의 상아질 모세포(치아 성장을 담당하는 세포)의 길이입니다.
- 각 기니피그는 오렌지 주스(OJ) 또는 아스코르브산(VC, 비타민 C의 한 형태) 중 하나의 방법으로 세 가지 용량(0.5, 1, 2 mg/day) 중 하나를 투여 받았습니다.

▼ 예제 데이터 생성

```
import pandas as pd
import numpy as np
mydata=pd.read_csv('https://raw.githubusercontent.com/YoungjinBD/data/main/tooth_growth.csv')

# 총 관찰 데이터는 30개
mydata.head( )
```

	len	supp	dose
0	11.2	VC	0.5
1	9.4	OJ	0.5
2	25.2	OJ	1.0
3	16.5	OJ	0.5
4	16.5	VC	1.0

- 여기서는 OJ와 VC 그룹으로 나눈 두 그룹의 분산 동질성 검정을 하도록 하겠습니다.

▼ 두 그룹으로 분리 후, levene( ) 함수 사용

```
from scipy.stats import levene
a = mydata[mydata['supp'] == 'OJ']['len']
b = mydata[mydata['supp'] == 'VC']['len']

statistics, pvalue = levene(a, b, center = 'mean')
print("Test statistic: ", statistics)
print("p-value: ", pvalue)
```

```
Test statistic:  0.06815502357191881
p-value:  0.7959528904404206
```

- 위에서 statisticlevene() 함수는 center 옵션을 사용하여 세부적인 검정통계량을 선택할 수 있습니다.

    center="median" (기본) 혹은 "mean" 혹은 "trim"

- 위 옵션을 "trim"으로 설정한 경우, proportiontocut 옵션을 사용해서 절단 평균의 비율을 조정할 수 있습니다.

    proportiontocut=0.1 (trim 선택 시 사용)

03 1 표본 부호 검정(Sign test)

부호만을 가지고 검정하는 부호 검정 방법에 대하여 알아봅니다. 부호 검정은 부호만을 이용한 검정이므로 적용할 수 있는 범위는 넓지만, 그만큼 검정력이 떨어집니다.

① 귀무가설과 대립가설
- 1 표본 중앙값에 대한 검정이므로 귀무가설, 대립가설은 다음 중 하나의 꼴로 설정할 수 있습니다.

    $\eta = \eta_0$ vs. $\eta \neq \eta_0$

    $\eta \geq \eta_0$ vs. $\eta < \eta_0$

    $\eta \leq \eta_0$ vs. $\eta > \eta_0$

② 검정통계량
- 부호 검정의 검정통계량은 다음과 같이 정의됩니다.

$$B = \sum_{i=1}^{n} \psi(X_i - \eta_0)$$

- 위 검정통계량은 윌콕슨 부호순위 검정통계량에서 순위 부분이 생략된 형태입니다.

③ 부호 검정의 핵심 아이디어
- 귀무가설이 참이라면, η_0는 중앙값의 정의에 따라서 분포의 중앙이 됩니다. 즉, 50% 데이터는 η_0보다 작아야 하고, 50% 데이터는 η_0보다 커야 합니다.

- 따라서, 검정통계량 값 B는 이항분포 $B(n,\ 0.5)$를 따르게 되며, n은 표본의 크기를 의미합니다. 이렇게 되면, 이항분포 $B(n,\ 0.5)$에서 계산된 검정통계량 값을 관찰할 확률로 유의확률을 계산할 수 있습니다.
- 검정통계량을 직접 파이썬 코드로 구해보면 다음과 같습니다.

```
sample_sign = np.sign(np.array(sample) - 10)
sum(sample_sign > 0)
```

```
10
```

④ Python에서 검정하기

- 부호 검정을 하기 위해서는 statsmodels 패키지에서 제공하는 sign_test()를 이용할 수 있습니다.

```
from statsmodels.stats.descriptivestats import sign_test
sample = np.array([9.76, 11.1, 10.7, 10.72, 11.8, 6.15, 10.52, 14.83, 13.03, 16.46, 10.84, 12.45])
statistics, pvalue = sign_test(sample, mu0 = 10)

print("Test statistic: ", statistics)
print("p-value: ", pvalue)
```

```
Test statistic:  4.0
p-value:  0.03857421875
```

- 위 코드의 경우, 우리가 계산한 검정통계량 값이 다르게 나오는데, sign_test()의 반환값이 μ_0보다 큰 표본의 개수 $N(+)$와 작은 표본의 개수 $N(-)$ 차를 2로 나눈 값을 반환하기 때문입니다. 하지만, 대응되는 유의확률은 동일합니다.
- 주어진 결과에서 유의수준 5% 하에서 유의확률 값 0.0385이 작으므로 귀무가설을 기각합니다.

⑤ 유의확률 값의 이해

- 주어진 표본의 개수는 12이고, 귀무가설이 참인 경우 검정통계량 값 B는 이항분포 $B(12,\ 0.5)$를 따르게 되므로 유의확률은 다음과 같이 계산할 수 있습니다.

```
from scipy.stats import binom
(1 - binom.cdf(9, 12, 0.5)) * 2
```

```
0.03857421875
```

> **기적의 TIP**
>
> **부호 검정에서의 표본 크기 계산**
> 부호 검정을 시행할 경우, 한가지 주의해야 할 점은 만약 표본에 귀무가설에서 설정한 η_0의 값과 같은 표본이 존재하는 경우 표본에서 제외시킨다는 것입니다. 즉, 표본의 개수가 10개이고 전체 표본에 η_0와 같은 표본이 3개 있는 경우라면, 검정은 3개를 제외한 7개 표본을 사용하여 진행합니다.

PART 06

선형 모형

파트 소개

이 파트에서는 Python을 활용한 통계모형을 다룹니다. 선형 회귀 분석(Linear Regression)과 로지스틱 회귀 분석(Logistic Regression)을 통해 연속형 및 범주형 데이터를 모델링하는 방법을 학습합니다.

◆ **주요 내용**
- 선형 회귀 분석 : 회귀모델 적합, 계수 해석, 다중공선성 문제(VIF), 모델 평가(R^2, F-검정)
- 로지스틱 회귀 분석 : 오즈비(Odds Ratio), 계수 해석, 모델 유의성 검정(Deviance 검정)

SECTION 01 선형 회귀 분석

핵심 태그 다중 선형 회귀・통계적 유의성・결정 계수・AIC・BIC

01 상관계수(Correlation Coefficient)

1) 피어슨 상관계수(Pearson Correlation Coefficient, PCC)

상관계수는 두 변수 간의 선형 관계를 측정하는 통계적 지표입니다. 상관계수는 일반적으로 피어슨 상관계수를 의미하지만, 데이터의 특성에 따라 다른 유형의 상관계수도 활용될 수 있습니다.

피어슨 상관계수는 두 연속형 변수 간의 선형적 관계를 측정하는 가장 일반적인 방법입니다. 계산 공식은 다음과 같습니다.

$$r = \frac{\sum(x_i - \bar{x})(y_i - \bar{y})}{\sqrt{\sum(x_i - \bar{x})^2}\sqrt{\sum(y_i - \bar{y})^2}}$$

- x_i, y_i : 개별 데이터 값
- $\bar{x}, \bar{y}$: 각 변수의 평균

피어슨 상관계수의 분모는 x, y 변수의 표준편차를 곱한 값이고 분자는 두 변수의 공분산입니다. 즉 공분산을 표준화한 값이라고 볼 수 있습니다.

따라서 상관계수 r는 다음 범위를 가집니다.

$$-1 \leq r \leq 1$$

- $r=1$: 두 변수는 완벽한 양의 상관 관계를 가짐(즉, 한 변수가 증가하면 다른 변수도 비례하여 증가)
- $r=-1$: 두 변수는 완벽한 음의 상관 관계를 가짐(즉, 한 변수가 증가하면 다른 변수는 비례하여 감소)
- $r=0$: 두 변수 간에는 선형적 관계가 없음

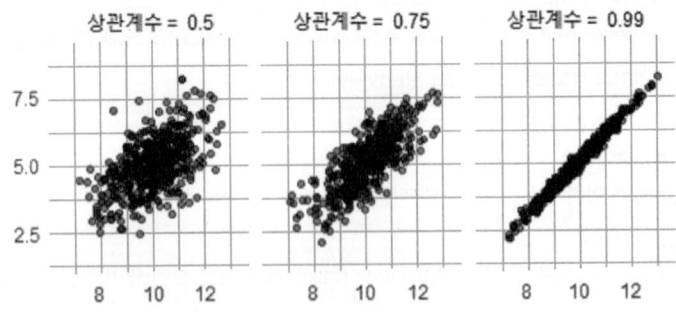

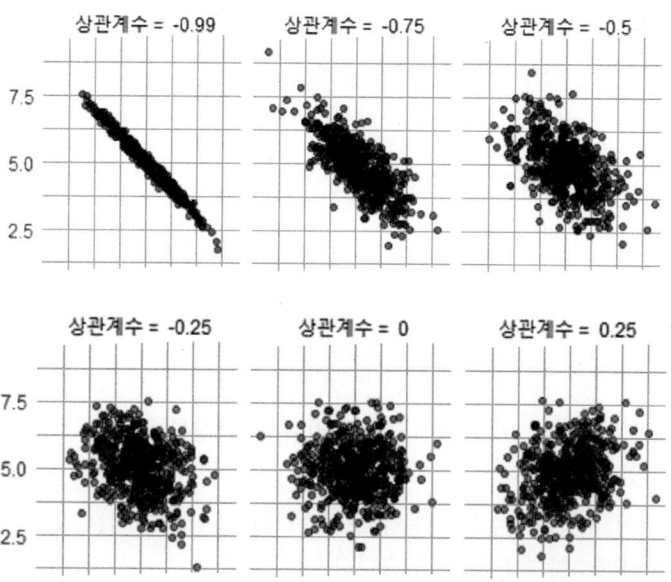

피어슨 상관계수는 두 변수 간의 선형 관계를 측정하는 가장 직관적인 방법이지만, 이상치(outlier)에 민감하다는 단점이 있습니다.

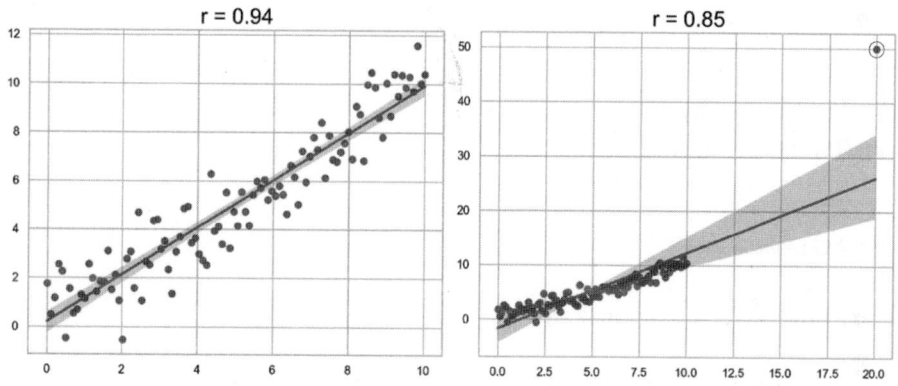

- 위 그림을 통해 보면 이상치가 존재할 경우 상관계수 값이 크게 변화하는 것을 확인할 수 있습니다. 데이터가 비선형 구조를 가질 경우, 피어슨 상관계수는 그 관계를 포착하지 못할 수 있습니다.

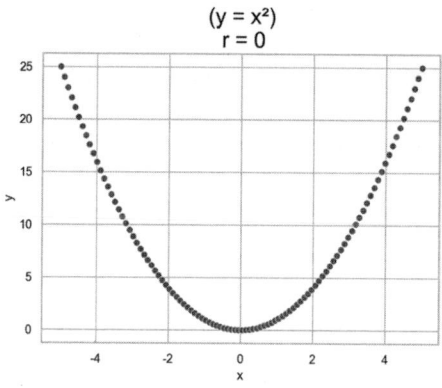

- 위 그림을 통해 보면 비선형 관계가 존재하지만, 상관계수는 0인 것을 확인할 수 있습니다.

2) 피어슨 상관계수 검정

피어슨 상관계수 검정은 두 연속형 변수 간 선형 관계가 존재하는지에 대해 검정하는 방법입니다.

① 귀무가설과 대립가설

H_0: $\rho=0$ 두 변수 간 상관 관계가 없음

H_A: $\rho\neq0$ 두 변수 간 상관 관계가 있음

② 검정통계량

$$t=\frac{r\sqrt{n-2}}{\sqrt{1-r^2}} \sim t_{n-2}$$

- r은 표본 피어슨 상관계수이며, n은 데이터 개수입니다. 검정통계량 t는 자유도가 $n-2$인 t-분포를 따른다고 알려져 있습니다.
- 다음 예제를 통해 피어슨 상관계수를 계산해 보겠습니다. scipy 라이브러리의 pearsonr()를 활용하면 쉽게 피어슨 상관계수를 계산할 수 있습니다.

▼ 한 쌍의 데이터 x, y 생성

```
import numpy as np
import scipy.stats as stats

# 샘플 데이터
x = np.array([10, 20, 30, 40, 50])
y = np.array([5, 15, 25, 35, 48])
```

▼ 피어슨 상관계수와 p-value 계산

```
corr_coeff, p_value = stats.pearsonr(x, y)

print(f"피어슨 상관계수 (r): {corr_coeff:.4f}")
print(f"p-value: {p_value:.4f}")
```

피어슨 상관계수 (r): 0.9984
p-value: 0.0001

- 상관계수는 0.9984로 높은 양의 상관 관계가 존재하며, 유의수준 5%에서 p-value=0.0001로 통계적 유의성 또한 존재합니다.

▼ (참고) 수식 기반 직접 계산

```
# 평균
x_mean = np.mean(x)
y_mean = np.mean(y)
# 분자: 공분산의 분자
numerator = np.sum((x - x_mean) * (y - y_mean))
# 분모: 표준편차 곱
denominator = np.sqrt(np.sum((x - x_mean) ** 2)) * np.sqrt(np.sum((y - y_mean) ** 2))
# 피어슨 상관계수
r = numerator / denominator
print(f"피어슨 상관계수 (수식 기반): {r:.4f}")

피어슨 상관계수 (수식 기반): 0.9984
```

02 단순 선형 회귀(Simple Linear Regression)

1) 모델 표현

데이터를 나타내는 기호가 다음과 같을 때,

- 반응변수 y_i, $i=1, \cdots, n$
- 독립변수 x_i, $i=1, \cdots, n$
- 잡음변수 e_i, $i=1, \cdots, n$

단순 선형회귀 모델을 정의하면 다음과 같습니다.

$$y_i = \beta_0 + \beta_1 x_i + e_i, \quad i=1, \cdots, n$$

- β_0 : 절편(intercept)
- β_1 : 기울기(slope)

위 형태를 다음과 같이 벡터 형태로 표현할 수 있습니다.

$$y = \begin{pmatrix} y_1 \\ y_2 \\ \vdots \\ y_n \end{pmatrix}, X = \begin{pmatrix} 1 & x_1 \\ 1 & x_2 \\ \vdots & \vdots \\ 1 & x_n \end{pmatrix}, \beta = \begin{pmatrix} \beta_0 \\ \beta_1 \end{pmatrix}, e = \begin{pmatrix} e_1 \\ e_2 \\ \vdots \\ e_n \end{pmatrix}$$

$$y = X\beta + e$$

2) 모델 가정

반응변수의 관찰값들은 다음과 같은 모델을 통해서 발생되었다고 가정합니다.

$$y_i \sim N(\beta_0 + \beta_1 x_i, \ \sigma^2)$$

관찰값 y_i은 독립변수 x_i와 잡음 e_i의 선형결합으로 이루어져 있습니다.

$$y_i = \beta_0 + \beta_1 x_i + e_i, \quad i = 1, \cdots, n$$

잡음 e_i들의 분포는 평균이 0이고 분산이 σ^2인 독립인 정규분포를 따른다고 가정합니다.

3) 회귀계수 추정하기

회귀계수 추정의 기본은 관측치를 가장 잘 설명하는 직선을 찾는 것입니다. 다음 예시를 통해 확인해 보겠습니다.

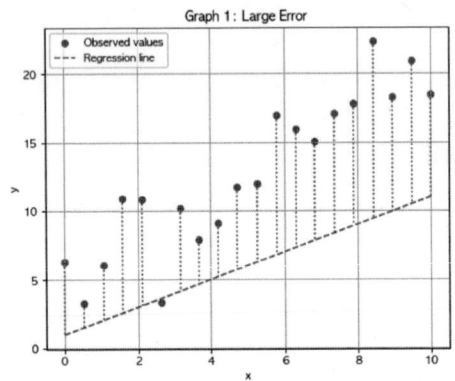
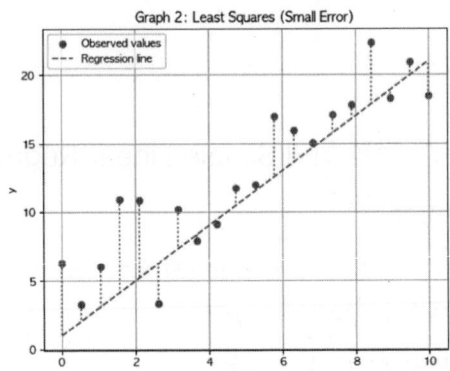

- Graph 1보다는 2가 직선과 관측치 사이의 거리(잔차)가 가깝기 때문에 해당 관측치를 잘 설명하는 직선입니다.

단순 선형회귀에서 회귀계수 β_0(절편)와 β_1(기울기)는 최소제곱법(Least Squares Method)을 통해 추정합니다. 이는 잔차 제곱합(RSS, Residual Sum of Squares)을 최소화하는 계수를 찾는 방식입니다.

1. 잔차(residual)

$$e_i = y_i - \hat{y}_i = y_i - (\hat{\beta}_0 + \hat{\beta}_1 x_i)$$

2. 잔차 제곱합(RSS)

$$RSS = \sum_{i=1}^{n}(y_i - \hat{\beta}_0 - \hat{\beta}_1 x_i)^2$$

이를 최소화하는 $\hat{\beta}_0$, $\hat{\beta}_1$를 계산하면 다음과 같습니다.

3. 회귀계수의 추정값

$$\hat{\beta}_1 = \frac{\sum_{i=1}^{n}(x_i - \bar{x})(y_i - \bar{y})}{\sum_{i=1}^{n}(x_i - \bar{x})^2} = \frac{S_{xy}}{S_{xx}}$$

$$\hat{\beta}_0 = \bar{y} - \hat{\beta}_1 \bar{x}$$

- $\bar{x}, \bar{y}$: x, y의 평균
- S_{xy} : 공분산
- S_{xx} : x의 제곱편차합

벡터로 표현한 후 회귀계수를 유도하면 다음과 같습니다.

1. 잔차(residual)

$$e = y - \hat{y} = y - X\hat{\beta}$$

2. 잔차 제곱합(RSS)

$$RSS = e^T e = (y - X\hat{\beta})^T (y - X\hat{\beta})$$

3. 회귀계수의 추정값(최소제곱법)

$$\hat{\beta} = (X^T X)^{-1} X^T y$$

4) Python에서 회귀계수 계산하기

- 넘파이 라이브러리를 활용하여 회귀계수를 직접 계산해보겠습니다.

```python
import numpy as np
x = np.array([10, 20, 30, 40, 50])
y = np.array([5, 15, 25, 35, 48])

# 평균 계산
x_mean = np.mean(x)
y_mean = np.mean(y)

# 기울기 β1 계산 (공식: Sxy / Sxx)
Sxy = np.sum((x - x_mean) * (y - y_mean))
Sxx = np.sum((x - x_mean) ** 2)
beta_1 = Sxy / Sxx

# 절편 β0 계산
beta_0 = y_mean - beta_1 * x_mean

# 결과 출력
print(f"기울기 (β₁): {beta_1:.4f}")
print(f"절편 (β₀): {beta_0:.4f}")

# 예측식
print(f"회귀직선 방정식: ŷ = {beta_0:.4f} + {beta_1:.4f} * x")

기울기 (β₁): 1.0600
절편 (β₀): -6.2000
회귀직선 방정식: ŷ = -6.2000 + 1.0600 * x
```

- 추정된 회귀계수를 바탕으로 회귀직선을 시각화 해보겠습니다.

```python
import matplotlib.pyplot as plt
import matplotlib.font_manager as fm
# 예측값 계산
y_pred = beta_0 + beta_1 * x

# 시각화
plt.figure(figsize=(6, 4))
plt.scatter(x, y, label="real", color="blue")
plt.plot(x, y_pred,
         color="red",
         label="fitted line")
plt.title("fitted line visualization")
plt.xlabel("x")
plt.ylabel("y")
plt.legend()
plt.grid(True)
plt.show()
```

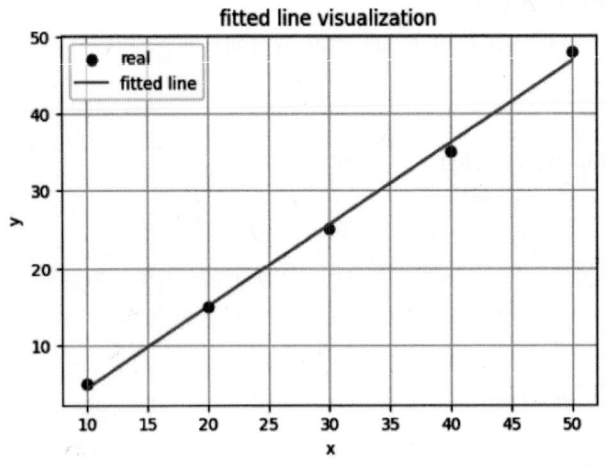

단순 선형회귀에서 기울기 $\hat{\beta}_1$는 상관계수 r과 다음과 같은 관계가 있습니다.

$$\hat{\beta}_1 = r \cdot \frac{S_y}{S_x}$$

- S_x : x의 표준편차
- S_y : y의 표준편차
- r : x와 y의 피어슨 상관계수

즉, 상관계수가 클수록 회귀 기울기의 절댓값도 커집니다.

- 넘파이를 통해 직접 계산해보면서 최소제곱법으로 유도한 결과와 비교해보겠습니다.

```python
import numpy as np
from scipy.stats import pearsonr
x = np.array([10, 20, 30, 40, 50])
y = np.array([5, 15, 25, 35, 48])
# 평균 및 표준편차
x_mean, y_mean = np.mean(x), np.mean(y)
s_x, s_y = np.std(x, ddof=1), np.std(y, ddof=1)
# 상관계수 계산
r, _ = pearsonr(x, y)
# 회귀계수 계산
beta_1 = r * (s_y / s_x)
beta_0 = y_mean - beta_1 * x_mean
print(f"상관계수 r: {r:.4f}")
print(f"기울기 β₁ (r * sy/sx): {beta_1:.4f}")
```

```
상관계수 r: 0.9984
기울기 β₁ (r * sy/sx): 1.0600
```

- 결과가 동일한 것을 확인할 수 있습니다.

03 다중 선형 회귀(Multiple Linear Regression)

1) 모델 표현

데이터를 나타내는 기호들이 다음과 같을 때,

- 반응변수 y_i, $i=1, \cdots, n$
- 독립변수 x_i, $i=1, \cdots, n$
- 잡음변수 e_i, $i=1, \cdots, n$

$$y_i = \beta_0 + \beta_1 x_{i1} + \cdots + \beta_p x_{ip} + e_i, \ i=1, \cdots, n$$

위의 형태를 다음과 같이 행렬 형태로 표현할 수 있습니다.

$$y_i = x_i^T \beta + e_i, \ i=1, \cdots, n$$

$$X = \begin{bmatrix} 1 & x_{11} & \cdots & x_{1p} \\ 1 & x_{21} & \cdots & x_{2p} \\ \vdots & \vdots & \vdots & \vdots \\ 1 & x_{n1} & \cdots & x_{np} \end{bmatrix} \quad \beta = \begin{pmatrix} \beta_0 \\ \vdots \\ \beta_p \end{pmatrix}$$

2) 모델 가정

반응변수의 관찰값들이 다음과 같은 모델을 통해서 발생되었다고 가정합니다.

$$y \sim N(X\beta, \sigma^2 I)$$

단순 선형회귀에서 정의한 것과 마찬가지로 관찰값 y_i은 독립변수 x_i와 잡음 e_i의 선형결합으로 이루어져 있습니다.

$$y_i = \beta_0 + \beta_1 x_i + e_i, \quad i=1, \cdots, n$$

잡음 e_i들의 분포는 평균이 0이고 분산이 σ^2인 독립인 정규분포를 따른다고 가정합니다.

3) Python에서 회귀 분석

회귀 분석은 주로 statsmodels 라이브러리를 활용합니다. statsmodels 라이브러리는 통계적 추론에 관한 다양한 통계 테스트, 시각화 도구를 제공합니다.

> **기적의 TIP**
>
> 이전에 공부했던 scikit-learn 라이브러리도 활용할 수 있지만, scikit-learn은 예측에 초점을 둔 라이브러리로, 통계적 추론에 관한 도구는 제공하지 않습니다.

statsmodels 라이브러리에서는 회귀 분석을 수행하는 두 가지 방식이 있습니다.

▼ iris 데이터 실습

```python
import numpy as np
import pandas as pd
from sklearn.datasets import load_iris

# 1. Iris 데이터 로드
df_iris = load_iris()

# 2. pandas DataFrame으로 변환
iris = pd.DataFrame(data = df_iris.data, columns = df_iris.feature_names)
iris.columns = ['Sepal_Length','Sepal_Width','Petal_Length','Petal_Width']   #칼럼명 변경시

# 3. 타겟(클래스) 추가
iris["species"] = df_iris.target

# 4. 클래스 라벨을 실제 이름으로 변환 (0: setosa, 1: versicolor, 2: virginica)
iris["species"] = iris["species"].map({0: "setosa", 1: "versicolor", 2: "virginica"})
```

① 방법 1 : Formula API 활용

- 종속변수(y) ~ 독립변수(X) 형식으로 formula를 정의할 수 있습니다.

```
import statsmodels.api as sm
import statsmodels.formula.api as smf

model = smf.ols("Petal_Length ~ Petal_Width + Sepal_Length", data = iris).fit()
print(model.summary())
```

```
                            OLS Regression Results
==============================================================================
Dep. Variable:            Petal_Length   R-squared:                       0.949
Model:                             OLS   Adj. R-squared:                  0.948
Method:                  Least Squares   F-statistic:                     1354.
Date:                 Fri, 03 Jan 2025   Prob (F-statistic):           2.01e-95
Time:                         08:46:52   Log-Likelihood:                -75.090
No. Observations:                  150   AIC:                             156.2
Df Residuals:                      147   BIC:                             165.2
Df Model:                            2
Covariance Type:             nonrobust
==============================================================================
                 coef    std err          t      P>|t|      [0.025      0.975]
------------------------------------------------------------------------------
Intercept      -1.5071      0.337     -4.473      0.000      -2.173      -0.841
Petal_Width     1.7481      0.075     23.205      0.000       1.599       1.897
Sepal_Length    0.5423      0.069      7.820      0.000       0.405       0.679
==============================================================================
Omnibus:                        1.243   Durbin-Watson:                   1.339
Prob(Omnibus):                  0.537   Jarque-Bera (JB):                0.840
Skew:                          -0.058   Prob(JB):                        0.657
Kurtosis:                       3.348   Cond. No.                         64.7
==============================================================================
```

```
model = smf.glm("Petal_Length ~ Petal_Width + Sepal_Length", family = sm.families.Gaussian(),
data = iris).fit()
```

- family=sm.families.Gaussian()은 다중 선형회귀 모형을 의미합니다.

> **기적의 TIP**
>
> smf.ols는 smf.glm에 비해 선형회귀에 특화된 가설 검정 결과를 제공합니다.(예 Durbin-Watson)

- 독립변수로 범주형 변수가 존재하는 경우, C()로 해당 범주형 변수를 명시해줍니다. 이 경우 해당 독립 변수는 더미 인코딩되어 계산됩니다.

```
model = smf.ols("Petal_Length ~ Petal_Width + Sepal_Length + C(species)", data = iris).fit()
```

② **방법 2 : 행렬 활용**

- 데이터 행렬을 직접 대입합니다. y, X를 사전에 지정하며, X에 add_constant()를 활용하여 상수항(절편)을 추가합니다.

```python
import statsmodels.api as sm

X = iris[['Petal_Width', 'Sepal_Length']]
y = iris['Petal_Length']

X = sm.add_constant(X)

# 다중회귀 분석 모델 적합 (train 데이터 사용)
model = sm.OLS(y, X).fit()

# 회귀계수 출력
print(model.summary())
```

```
                            OLS Regression Results
==============================================================================
Dep. Variable:            Petal_Length   R-squared:                       0.949
Model:                             OLS   Adj. R-squared:                  0.948
Method:                  Least Squares   F-statistic:                     1354.
Date:                 Fri, 03 Jan 2025   Prob (F-statistic):           2.01e-95
Time:                         09:04:53   Log-Likelihood:                -75.090
No. Observations:                  150   AIC:                             156.2
Df Residuals:                      147   BIC:                             165.2
Df Model:                            2
Covariance Type:             nonrobust
================================================================================
                   coef    std err          t      P>|t|      [0.025      0.975]
--------------------------------------------------------------------------------
const           -1.5071      0.337     -4.473      0.000      -2.173      -0.841
Petal_Width      1.7481      0.075     23.205      0.000       1.599       1.897
Sepal_Length     0.5423      0.069      7.820      0.000       0.405       0.679
==============================================================================
Omnibus:                        1.243   Durbin-Watson:                   1.339
Prob(Omnibus):                  0.537   Jarque-Bera (JB):                0.840
Skew:                          -0.058   Prob(JB):                        0.657
Kurtosis:                       3.348   Cond. No.                         64.7
==============================================================================
```

- 독립변수로 범주형 변수가 존재하는 경우, 사전에 더미인코딩을 적용해줘야 합니다.

```
# 독립 변수 (Petal_Width, Sepal_Length) + 범주형 변수 species 추가
X = iris[['Petal_Width', 'Sepal_Length', 'species']]

# 범주형 변수 species를 더미 변수로 변환 (setosa를 기준으로 drop)
X = pd.get_dummies(X, columns = ["species"], drop_first = True)
X = X.astype(float)
y = iris['Petal_Length']
X = sm.add_constant(X)
model2 = sm.OLS(y, X).fit()
```

- 행렬을 이용한 방법보다 formula를 활용한 방법이 조금 더 간단하므로, 시험에서는 formula를 활용한 방법을 권장합니다.

> **기적의 TIP**
>
> **상수항(절편)을 무조건 추가해야 하는가?**
> 일반적으로 회귀 분석을 수행할 때, 상수항(절편)을 포함한 모델을 사용합니다. 특수한 경우, 즉 데이터가 원점을 지난다는 정보가 주어진 상황이 아니라면 상수항을 제외하는 것은 바람직하지 않습니다.
> 시험에서는 독립변수의 개수를 묻는 문제가 출제됩니다. 절편은 독립변수가 아니므로 개수를 셀 때 제외해야 합니다.

- summary() 테이블에는 모델을 종합적으로 평가할 수 있는 다양한 지표가 출력됩니다.

③ 회귀계수에 따른 모델식

- 모델의 회귀계수는 coef를 확인하면 됩니다. coef 결과를 바탕으로 모델식을 표현해보겠습니다.

$$\text{Petal Length} = -1.5071 + 1.7481 \times \text{Petal Width} + 0.5423 \times \text{Sepal Length}$$

- coef 결과에 접근하여 회귀계수를 추출할 수 있습니다. 절편을 제외하고 회귀계수가 가장 큰 변수를 추출해보겠습니다.

```
# 회귀계수 추출
coefficients = model.params[1:]
print('회귀계수가 가장 큰 변수:', coefficients.idxmax())
```

```
회귀계수가 가장 큰 변수: Petal_Width
```

④ 회귀계수에 대한 통계적 유의성

- 회귀계수에 대한 통계적 유의성은 t, $P > |t|$ 결과를 확인하면 됩니다.
- 회귀계수에 대한 가설은 다음과 같이 요약됩니다.

1. Petal_Width의 계수(β_1)

    $H_0: \beta_1 = 0$(Petal_Width가 Petal_Length에 영향을 미치지 않는다)

    $H_1: \beta_1 \neq 0$(Petal_Width가 Petal_Length에 영향을 미친다)

    Petal_Width의 회귀 계수 추정치는 1.7481입니다. 유의수준 5%에서 H_0에 대한 $P>|t|$은 0.000로 매우 작으므로, H_0를 기각합니다. 따라서 Petal_Width는 Petal_Length에 통계적으로 유의미한 영향을 미칩니다.

2. Sepal_Length의 계수(β_2)

    $H_0: \beta_2 = 0$(Sepal_Length가 Petal_Length에 영향을 미치지 않는다)

    $H_1: \beta_2 \neq 0$(Sepal_Length가 Petal_Length에 영향을 미친다)

    Sepal_Length의 회귀 계수 추정치는 0.5423입니다. 유의수준 5%에서 H_0에 대한 $P>|t|$은 0.000로 매우 작으므로, H_0를 기각합니다. 이는 Sepal_Length는 Petal_Length에 통계적으로 유의미한 영향을 미칩니다.

3. 절편(β_0)

    $H_0: \beta_0 = 0$(절편이 0이다)

    $H_1: \beta_0 \neq 0$(절편이 0이 아니다)

    절편의 추정치는 −1.5071입니다. 유의수준 5%에서 H_0에 대한 $P>|t|$은 0.000로 매우 작으므로, H_0를 기각합니다. 따라서 절편이 통계적으로 유의미하게 0이 아님을 의미합니다.

▼ t, P>|t|에 결과에 접근

```
t_values = model.tvalues
print("t-values:\n", t_values)

p_values = model.pvalues
print("p-values:\n", p_values)
```

```
t-values:
     const         -4.472752
 Petal_Width       23.205443
 Sepal_Length       7.819907
dtype: float64

p-values:
     const         1.535178e-05
 Petal_Width      5.257543e-51
 Sepal_Length     9.414477e-13
dtype: float64
```

▼ t 절댓값이 가장 큰 변수를 추출

```
print('|tvalue|가 가장 큰 변수:', np.abs(t_values).idxmax())
```

|tvalue|가 가장 큰 변수: Petal_Width

- [0.025 0.975]는 유의수준 5%에서 신뢰구간을 의미합니다. 신뢰구간을 추출해 보겠습니다.

```
# 신뢰구간
conf_intervals = model.conf_int()
print("Confidence intervals:\n", conf_intervals)
```

Confidence intervals:
	0	1
const	-2.173050	-0.841227
Petal_Width	1.599230	1.896976
Sepal_Length	0.405218	0.679294

- 유의수준은 일반적으로 5%이지만 조정하고자 한다면 alpha=옵션을 지정하면 됩니다.

```
conf_intervals_90 = model.conf_int(alpha = 0.10)    # 90% 신뢰구간
print("90% Confidence intervals:\n", conf_intervals_90)
```

90% Confidence intervals:
	0	1
const	-2.064903	-0.949373
Petal_Width	1.623408	1.872798
Sepal_Length	0.427473	0.657038

4) 더미 변수(Dummy Variable) 처리

더미 인코딩은 통계학과 머신러닝에서 모두 자주 사용되나 그 목적에는 차이가 있습니다. 예측을 목표로 하는 머신러닝 모델에서는 원-핫 인코딩과 더미 인코딩 두 가지 방법을 모두 사용할 수 있지만, 통계적 추론을 목적으로 하는 다중회귀 모델에서는 원-핫 인코딩을 사용할 때 '더미 변수 함정' 문제가 발생할 수 있습니다.

이 문제는 모든 범주에 대해 더미 변수를 생성하고 상수항(constant)까지 포함시킬 때 발생합니다.

즉, 각 더미 변수의 합이 항상 1이 되어 완전한 다중공선성(perfect multicollinearity)이 생기는 것입니다.

따라서 이를 방지하기 위해 기준 범주(reference category) 하나를 제거한 더미 인코딩을 적용해야 합니다.

```python
import pandas as pd
import statsmodels.api as sm

# 샘플 데이터 생성
data = {
    'color': ['red', 'blue', 'green', 'red', 'green', 'red', 'green', 'blue', 'green', 'red'],
    'size': [1, 2, 3, 1, 3, 5, 9, 2, 9, 10],
    'price': [10, 20, 30, 10, 30, 55, 29, 10, 25, 12]
}
df = pd.DataFrame(data)
```

- pandas의 get_dummies()를 활용하면 원-핫 인코딩을 적용할 수 있습니다.

```python
# 범주형 변수 더미 코딩 (drop_first = True로 기준 범주 제거)
df_dummies = pd.get_dummies(df, columns = ['color'], drop_first = True)
print(df_dummies)
```

	size	price	color_green	color_red
0	1	10	False	True
1	2	20	False	False
2	3	30	True	False
3	1	10	False	True
4	3	30	True	False
5	5	55	False	True
6	9	29	True	False
7	2	10	False	False
8	9	25	True	False
9	10	12	False	True

- 여기서 blue가 기준 범주로 제거되었고, color_green, color_red만 남게 됩니다.
- statsmodels 라이브러리의 sm.OLS( )를 활용하여, 다중회귀모델을 적합시키겠습니다. 데이터는 더미 인코딩된 행렬을 활용합니다.

```python
# 종속 변수와 독립 변수 설정
X = df_dummies[['size', 'color_green', 'color_red']]
y = df_dummies['price']

X = X.astype(float)
y = y.astype(float)

# 상수항 추가
X = sm.add_constant(X)
```

```python
# 다중회귀모델 적합
model2 = sm.OLS(y, X).fit()
print(model2.summary())
```

```
                            OLS Regression Results
==============================================================================
Dep. Variable:                  price   R-squared:                       0.146
Model:                            OLS   Adj. R-squared:                 -0.280
Method:                 Least Squares   F-statistic:                    0.3430
Date:                Fri, 16 Aug 2024   Prob (F-statistic):              0.796
Time:                        07:26:37   Log-Likelihood:                -39.360
No. Observations:                  10   AIC:                             86.72
Df Residuals:                       6   BIC:                             87.93
Df Model:                           3
Covariance Type:            nonrobust
===============================================================================
                  coef    std err          t      P>|t|      [0.025      0.975]
-------------------------------------------------------------------------------
const          14.3994     11.800      1.220      0.268     -14.475      43.273
size            0.3003      1.679      0.179      0.864      -3.809       4.409
color_green    12.2989     15.397      0.799      0.455     -25.376      49.974
color_red       6.0744     14.360      0.423      0.687     -29.064      41.213
==============================================================================
Omnibus:                       13.796   Durbin-Watson:                   1.777
Prob(Omnibus):                  0.001   Jarque-Bera (JB):                6.788
Skew:                           1.679   Prob(JB):                       0.0336
Kurtosis:                       5.240   Cond. No.                         24.0
==============================================================================
```

- color_green과 color_red의 계수는 blue 대비 효과로 해석됩니다. 예를 들어 color_red 계수가 +6이라면, 같은 size일 때 red 제품은 blue 제품보다 평균적으로 6만큼 더 비싸다는 의미입니다.
- 이번에는 smf()를 활용하여 R formula 기반으로 다중회귀모델을 적합시키겠습니다.

```python
import statsmodels.formula.api as smf

# 회귀 분석 공식 설정
formula = 'price ~ size + C(color)'

# 회귀 모델 적합
model2 = smf.ols(formula, data = df).fit()

# 모델 요약 출력
print(model2.summary())
```

```
                            OLS Regression Results
==============================================================================
Dep. Variable:                  price   R-squared:                       0.146
Model:                            OLS   Adj. R-squared:                 -0.280
Method:                 Least Squares   F-statistic:                    0.3430
Date:                Fri, 16 Aug 2024   Prob (F-statistic):              0.796
Time:                        07:50:56   Log-Likelihood:                -39.360
No. Observations:                  10   AIC:                             86.72
Df Residuals:                       6   BIC:                             87.93
Df Model:                           3
Covariance Type:            nonrobust
===================================================================================
                      coef    std err          t      P>|t|      [0.025      0.975]
-----------------------------------------------------------------------------------
Intercept           14.3994     11.800      1.220      0.268     -14.475      43.273
C(color)[T.green]   12.2989     15.397      0.799      0.455     -25.376      49.974
C(color)[T.red]      6.0744     14.360      0.423      0.687     -29.064      41.213
size                 0.3003      1.679      0.179      0.864      -3.809       4.409
==============================================================================
Omnibus:                       13.796   Durbin-Watson:                   1.777
Prob(Omnibus):                  0.001   Jarque-Bera (JB):                6.788
Skew:                           1.679   Prob(JB):                       0.0336
Kurtosis:                       5.240   Cond. No.                         24.0
==============================================================================
```

- C(color)로 지정하면 자동으로 더미 인코딩을 적용하고, 기준 범주를 제거해 회귀식을 적합합니다. 결과는 앞서 drop_first=True를 사용한 방식과 동일합니다.

04 모델 평가

1) 모델 평가 지표

summary() 결과를 보면 R-squared, Adj. R-squared, F-statistic, Prob (F-statistic), AIC, BIC와 같은 지표가 요약되어 있습니다. 해당 지표의 의미와 지표 산출 방법에 대해 알아보겠습니다.

① 결정계수(R-squared)

- 붓꽃의 꽃잎 길이에 아무런 추가 정보가 없을 경우 평균($\bar{y}$)으로 예측할 것입니다. 이렇게 반응변수 평균값($\bar{y}$)에서 각 관측치들까지의 변동성의 제곱합은 다음과 같이 분해할 수 있습니다.

$$SST = SSR + SSE$$

1. 관측치들의 편차 제곱합(SST) : $(y_i - \bar{y})^2$
   붓꽃의 꽃잎 너비 정보(X_1)를 사용하여 회귀모델을 수립하여 예측($\hat{y}_i$)

2. 예측치의 오차들의 제곱합(SSE) : $\sum(y_i - \hat{y}_i)^2$

3. 향상된 예측력들의 제곱합(SSR) : $\sum(\hat{y}_i-\bar{y})^2$

　회귀모델을 사용 예측함으로써 향상된 예측력 : $(\hat{y}_i-\bar{y})$

- R-squared는 회귀 직선의 성능을 평가하는 지표입니다(scikit-learn에서 설정하는 r2_score와 동일). 회귀직선으로 인하여 향상된 예측력이 전체 관측치 변동성에서 차지하는 비율을 의미합니다.

$$R^2=\frac{SSR}{SST}=1-\frac{SSE}{SST}$$

R^2 해석 : R^2 만큼의 데이터 변동성이 독립변수에 의하여 설명됨

- R-squared는 .rsquared를 통해 접근할 수 있습니다.

```
print('R-squared:', np.round(model.rsquared, 2))

R-squared: 0.95
```

② 수정 결정계수(Adj. R-squared)

- Adj. R-squared는 모델 복잡도를 고려한 지표입니다. 일반적으로 모델에 들어있는 독립변수 개수 p가 늘어나면 R-squared는 높아지는 경향을 보입니다.
- 변수 개수에 따른 모델간 적합도를 비교하고자 한다면 adjusted Adj. R-squared를 사용하여 비교해볼 수 있습니다.

$$R_a^2=1-\frac{SSE/(n-p-1)}{SST/(n-1)}=1-\frac{n-1}{n-p-1}(1-R^2)$$

- Adj. R-squared는 .rsquared_adj를 통해 접근할 수 있습니다.

```
print('Adj. R-squared:', np.round(model.rsquared_adj, 2))

Adj. R-squared: 0.95
```

③ F-statistic

- F 통계량은 회귀 모델의 유의성을 평가하는 지표입니다. F 통계량에 관한 가설은 다음과 같습니다.

　H_0 : 모든 회귀계수들이 0이다. $\beta_1=\beta_2=\cdots=\beta_p=0$

　H_A : 0이 아닌 회귀계수가 존재한다. $\exists \beta_1\neq 0$

$$F=\frac{SSR/1}{SSE/(n-2)}\sim F_{1,\ n-2}$$

- 이것은 ANOVA에서 그룹별 평균이 다르다고 결론을 내리는 논리와 동일합니다. 회귀 분석을 통해서 향상된 예측 효과(분자 부분)가 모델의 잡음보다 훨씬 크다면, 회귀 분석 모델의 효과가 통계적으로 의미가 있다고 판단합니다. 즉, 독립변수를 고려하는 것이 정말 효과가 있는지를 검정합니다. 귀무가설을 기각할 수 없다면, 모든 회귀계수가 0이므로 모델을 적합하는 의미가 없어집니다.
- F-statistic은 .fvalue을 통해 접근할 수 있습니다. F 통계량에 대한 p-value(Prob (F-statistic))는 .f_pvalue를 통해 접근할 수 있습니다.

```
print('F-statistic:', np.round(model.fvalue, 4))
print('Prob (F-statistic):', np.round(model.f_pvalue, 4))

F-statistic: 1354.3397
Prob (F-statistic): 0.0
```

- 유의수준 5% 하에서 F-value (1354.33)와 대응하는 p-value 0.0을 고려할 때, 귀무가설을 기각합니다.

④ AIC, BIC
- AIC, BIC는 Likelihood function 기반 모델 적합도와 모델의 종합도를 함께 고려하여 모델의 품질을 평가하는 지표입니다.

$$\text{AIC} = -2\log L + 2p$$
$$\text{BIC} = -2\log L + p\log n$$

- 일반적으로 Likelihood 값은 높을 수록 모델의 적합도가 높다고 판단할 수 있습니다. 하지만, 모델에 사용되는 변수가 늘어날수록 Likelihood 값이 높아지는 경향을 보입니다.
- 또한, 일반적으로 모델에 사용되는 변수는 적으면 적을 수록 좋습니다(같은 성능이면 모델 복잡성 낮은 모델을 선호). 특정 변수가 추가되었는데 늘어나는 Likelihood 값이 미미하다면 추가하지 않는 것이 좋습니다.
- 이러한 아이디어에서 정의된 지표가 AIC, BIC입니다. AIC, BIC는 Likelihood($\log L$)값에 음수가 붙어있으므로 같이 낮을 수록 좋습니다.

```
print('AIC', np.round(model.aic, 2))
print('BIC', np.round(model.bic, 2))

AIC 156.18
BIC 165.21
```

2) 모델 비교하기 - Model 1 vs. Model 2

선형회귀모델 간 비교를 해야하는 경우가 있습니다. 예를 들어 독립변수 2개 추가가 효용성이 있는지를 검정해보겠습니다.
- 모델 1 : 독립변수 1개 - Petal.Width
- 모델 2 : 독립변수 3개 - Petal.Width + Sepal.Length + Sepal.Width

① 귀무가설과 대립가설

H_0 : Reduced Model이 알맞음

H_A : Full Model이 알맞음

- 같은 구조를 가지고 있는 모델 중 한 모델이 다른 모델을 포함하는 형식의 두 모델을 비교합니다.

Full model : Petal.Width + Sepal.Length + Sepal.Width

Reduced model : Petal.Width

② F-검정
- F-검정을 활용할 수 있습니다. 두 모델의 오차제곱합 차이를 비교합니다.

$$F = \frac{[(SSE(RM)) - SSE(FM)]/(p+1-k)}{SSE(FM)/(n-p-1)} \sim F_{(p+1-k,\ m-p-1)}$$

Full 모델의 독립변수 개수 p

Reduced 모델의 모수 개수(Intercept 포함) k

```
import statsmodels.api as sm
from statsmodels.formula.api import ols

model1 = ols('Petal_Length ~ Petal_Width', data = iris).fit()    # mod1
model2 = ols('Petal_Length ~ Petal_Width + Sepal_Length + Sepal_Width', data = iris).fit()   # mod2

table = sm.stats.anova_lm(model1, model2)     # anova
print(table)
```

	df_resid	ssr	df_diff	ss_diff	F	Pr(>F)
0	148.0	33.844753	0.0	NaN	NaN	NaN
1	146.0	14.852948	2.0	18.991805	93.341859	7.752746e-27

기적의 TIP

Reduced 모델이 첫 번째, Full 모델이 두 번째로 들어가는 것에 주의하세요. 모델 순서에 따라 결과 값이 달라집니다.

- 유의수준 5% 하에서 F 검정통계량과 p-value로 확인했을 때, 귀무가설을 기각할 수 있으며, Full model을 선택할 수 있습니다.
- 또한, 모델 비교 시 위에서 언급했던 AIC, BIC 지표를 활용할 수 있습니다. 선형회귀모델 간 비교 시에는 F statistic을 활용할 수 있고, 그 외 단순 모델 간 비교 시에는 AIC, BIC 지표를 활용할 수 있습니다.

3) (Optional)모델 가정 진단하기

모델의 오차(잡음)에 대한 가정을 확인하기 위해 다양한 방식의 잔차 그래프와 통계 검정 방법을 활용합니다. 빅데이터분석기사 시험에서는 시각화 문제가 출제되지 않으므로, 통계 검정 방법을 알아보겠습니다.

① **독립성 가정 체크**
- 회귀 분석에서는 독립성 가정이 존재합니다. 즉, 오차(잡음) 간에는 상관관계가 없다고 가정합니다.
- 독립성 가정이 위반되는 대표적인 케이스는 시계열 데이터입니다. 시계열 데이터의 경우 시간 순서에 따라 오차 간의 상관관계(자기상관)가 존재합니다.

- 독립성 가정을 체크하기 위한 대표적인 검정으로 더빈-왓슨 테스트(Durbin-Watson test)가 있습니다. 이것은 1차 자기상관이 존재하는지 검증합니다.
- 더빈-왓슨 통계량은 다음과 같습니다.

$$d = \frac{\sum_{t=2}^{n}(e_t - e_{t-1})^2}{\sum_{t=1}^{n} e_t^2}, \quad e_t: t \text{ 시점 잔차}$$

- 더빈-왓슨 통계량은 다음과 같은 기준에 따라 자기상관이 존재하는지 검증합니다.

    $d \approx 2$: 잔차 간의 자기상관이 존재하지 않음

    $d < 2$ or $d > 2$: 잔차 간의 자기상관이 존재함
- 더빈-왓슨 통계량은 summary() 결과를 통해 확인할 수 있습니다.

```
dw_stat = model.summary().tables[2].data[0][3]
print(f'Durbin-Watson statistic: {dw_stat}')
```

```
1.339
```

- durbin_watson()를 통해 같은 결과를 산출할 수 있습니다.

```
from statsmodels.stats.stattools import durbin_watson

dw_stat = durbin_watson(model.resid)
print(dw_stat)
```

```
1.339118544138464
```

② 정규성 체크

- 회귀 분석에서는 정규성 가정이 존재합니다. 즉, 오차(잡음)의 분포는 정규분포로 가정합니다.
- 정규성 가정은 이전에 공부했던 Shapiro-Wilk 검정을 통해 체크할 수 있습니다.

    H_0: 잔차가 정규분포를 따른다.

    H_A: 잔차가 정규분포를 따르지 않는다.

```
# 잔차 계산
residuals = model.resid
from scipy.stats import shapiro
# 샤피로-윌크 테스트
sw_stat, sw_p_value = shapiro(residuals)

print(f'Shapiro-Wilk Test Statistic: {sw_stat}')
print(f'p-value: {sw_p_value}')
```

```
Shapiro-Wilk Test Statistic: 0.9932794545480761
p-value: 0.7114249301710871
```

- 계산된 검정통계량 값은 0.993이고, p-value가 0.711이므로 귀무가설을 기각하지 못합니다. 따라서 잔차가 정규분포를 따른다고 판단할 수 있습니다.

③ 등분산성 체크

- 회귀 분석에서는 등분산 가정이 존재합니다. 즉, 오차(잡음)의 분산은 일정하다고 가정합니다.
- 등분산 가정은 Breusch – Pagan 검정을 통해 체크할 수 있습니다.

  H_0 : 잔차의 분산은 일정하다. (등분산)

  H_A : 잔차의 분산은 일정하지 않다. (이분산)

```
from statsmodels.stats.diagnostic import het_breuschpagan
bptest = het_breuschpagan(model.resid, model.model.exog)

print('BP-test statistics:', bptest[0])
print('p-value:', bptest[1])

BP-test statistics:  6.209462862284592
p-value:   0.04483655864573724
```

- 유의수준 5%에서 p-value는 0.546으로 매우 커서, H_0를 기각할 수 없습니다. 따라서 잔차는 등분산 가정을 만족한다고 판단할 수 있습니다.

④ 다중공선성 체크

- 다중공선성은 모델에 관한 직접적인 가정은 아니지만, 회귀계수의 통계적 유의성을 체크할 때 중요합니다.
- 다중공선성이 존재하면 계수에 대한 통계 검정 결과는 신뢰할 수 없게 됩니다. 이것은 특정 독립변수 X_j의 정보가 다른 독립 변수들의 정보로 모두 설명이 가능하다는 의미입니다.
- 즉, X_j를 반응변수로 놓고, 다른 독립변수를 사용해서 회귀 모델을 적합해보면, R^2이 거의 1과 비슷하게 나올 것입니다.
- 이러한 아이디어에서 다중공선성을 체크하기 위한 지표로 분산팽창계수(Variance Inflation Factors)가 활용됩니다.
- 독립변수 X_j에 대한 VIF는 다음과 같이 계산됩니다.

$$VIF_j = \frac{1}{1-R_j^2}$$

R_j^2 : j번째 독립 변수를 다른 독립변수들을 사용하여 회귀 분석했을 때의 결정계수

독립변수 X_j가 다른 독립변수들과 선형적인 관계가 없는 이상적인 경우 : $VIF \approx 1$

독립변수 X_j가 다른 독립변수들과 선형적인 관계가 심할 경우 : $VIF \approx 10$

```
from statsmodels.stats.outliers_influence import variance_inflation_factor
X = iris[['Petal_Width', 'Sepal_Length']]

# VIF 계산
vif_data = pd.DataFrame()
vif_data["Variable"] = X.columns
vif_data["VIF"] = [variance_inflation_factor(X.values, i) for i in range(X.shape[1])]
print(vif_data)
```

```
      Variable           VIF
0   Petal_Width      5.150649
1   Sepal_Length     5.150649
```

05 예측

기존에 적합한 모델을 활용하여 새로운 데이터에 대한 예측을 해볼 수 있습니다.

```
from sklearn.metrics import mean_squared_error
import statsmodels.formula.api as smf
model = smf.ols("Petal_Length ~ Petal_Width + Sepal_Length + C(species)", data = iris).fit()
```

- 새로운 예제 데이터를 생성하겠습니다.

```
# 새로운 데이터 생성 (행 5개)
new_data = pd.DataFrame({
    'Petal_Width': [0.2, 1.5, 1.3, 2.1, 1.8],
    'Sepal_Length': [4.9, 5.5, 6.1, 6.7, 7.2],
    'species': ['setosa', 'versicolor', 'virginica', 'versicolor', 'virginica']})
```

- 새로운 데이터에 대해 예측을 하고, MSE 스코어를 산출합니다.

```
# 예측값 계산
y_pred = model.predict(new_data)

# 실제값과 비교할 y_true 생성 (예제 값 사용)
y_true = np.array([1.4, 4.7, 5.1, 5.8, 6.3])

# MSE 계산
mse_score = mean_squared_error(y_true, y_pred)

# 결과 출력
print("예측값:\n", y_pred)
print(f"MSE: {mse_score:.4f}")
```

```
예측값:
0    1.379480
1    4.104511
2    4.911685
3    5.078832
4    5.779492
dtype: float64

MSE: 0.2363
```

SECTION 01 연습문제

(1~3) 다음은 다중 선형회귀 모델을 적합하기 위한 데이터이다.

```
import pandas as pd
import numpy as np

# 예제 데이터 생성
np.random.seed(42)
n_samples = 100
X = np.random.randn(n_samples, 5)
y = 3 * X[:, 0] + 2 * X[:, 1] + X[:, 2] + np.random.randn(n_samples)
df = pd.DataFrame(X, columns=['var1', 'var2', 'var3', 'var4', 'var5'])
df['target'] = y

# 데이터 확인
print(df.head())
```

```
       var1      var2      var3      var4      var5    target
0   0.496714 -0.138264  0.647689  1.523030 -0.234153  2.787480
1  -0.234137  1.579213  0.767435 -0.469474  0.542560  5.132866
2  -0.463418 -0.465730  0.241962 -1.913280 -1.724918 -3.478318
3  -0.562288 -1.012831  0.314247 -0.908024 -1.412304 -2.835308
4   1.465649 -0.225776  0.067528 -1.424748 -0.544383  3.362279
```

1 target 변수와 가장 큰 상관 관계를 갖는 변수의 상관계수를 구하시오.

2 다중 선형회귀 모형으로 target 변수를 예측할 때, 모델의 결정계수를 계산하시오.

3 앞에서 사용된 모델의 계수 검정에서 p-value가 가장 큰 변수와 그 값을 구하시오.

[4~6] 다음은 다중 선형회귀 모델을 적합하기 위한 데이터이다.

```
import pandas as pd
import numpy as np
from sklearn.datasets import make_regression
import statsmodels.api as sm

# 예제 데이터 생성
X, y = make_regression(n_samples = 100, n_features = 3, noise = 0.1, random_state = 42)
df = pd.DataFrame(X, columns = [f'var{i}' for i in range(3)])
df['target'] = y

# 데이터 확인
print(df.head())
```

```
       var0       var1       var2      target
0  -0.792521   0.504987  -0.114736   13.510026
1   0.280992  -0.208122  -0.622700  -18.777475
2   0.791032   1.402794  -0.909387  111.265809
3   0.625667  -1.070892  -0.857158  -77.989347
4  -0.342715  -0.161286  -0.802277  -35.951738
```

4 유의확률(p-value)이 가장 작은 변수의 회귀계수를 구하시오.

5 적합된 회귀모델의 결정계수를 구하시오.

6 적합된 회귀모델을 사용하여 var0 변수가 0.5, var1은 1.2, 그리고 var2는 0.3일때 예측값을 계산하시오.

SECTION 01 연습문제 정답

1 해당 문제는 상관계수 행렬에서 target 변수에 해당하는 상관계수 값을 계산하면 쉽게 풀 수 있습니다. target 변수와의 상관계수 값이 들어있는 마지막 열을 사용해서 가장 큰 상관계수를 갖는 변수를 선택합니다.

가장 큰 상관 관계를 갖는 변수이므로, 상관계수에 절댓값을 취해 최댓값을 갖는 변수를 선택함에 주의합니다.

```
# 상관계수 계산
correlation_matrix = df.corr()
target_corr = correlation_matrix['target'].drop('target')
max_corr_var = target_corr.abs().idxmax()
max_corr_value = target_corr.abs().max()
print(f"가장 큰 상관계수를 갖는 변수: {max_corr_var}, 상관계수: {max_corr_value}")
```

가장 큰 상관계수를 갖는 변수: var1, 상관계수: 0.6878530699099606

2 결정계수는 모델 적합 후 rsquared 속성에 저장되므로, 다음과 같은 코드를 통하여 계산할 수 있습니다.

```
# 다중선형회귀모형 적합
X = df.drop(columns = 'target')
y = df['target']
X = sm.add_constant(X)
model = sm.OLS(y, X).fit()

# 결정계수 구하기
r_squared = model.rsquared
print(f"결정계수: {r_squared}")
```

결정계수: 0.9352421506883442

3
```
# p-value 계산
p_values = model.pvalues.drop('const')
max_p_value_var = p_values.idxmax()
max_p_value = p_values.max()
print(f"가장 큰 p-value를 갖는 변수: {max_p_value_var}, p-value: {max_p_value}")
```

가장 큰 p-value를 갖는 변수: var5, p-value: 0.9342724919284366

4

```python
# 다중 선형 회귀 모델 적합
X = df.drop(columns = 'target')
y = df['target']
X = sm.add_constant(X)
model = sm.OLS(y, X).fit()

# 요약 정보 출력
print(model.summary())
```

```
                            OLS Regression Results
==============================================================================
Dep. Variable:                 target   R-squared:                       1.000
Model:                            OLS   Adj. R-squared:                  1.000
Method:                 Least Squares   F-statistic:                 2.229e+07
Date:                Mon, 06 Jan 2025   Prob (F-statistic):          2.74e-280
Time:                        04:23:24   Log-Likelihood:                 88.956
No. Observations:                 100   AIC:                            -169.9
Df Residuals:                      96   BIC:                            -159.5
Df Model:                           3
Covariance Type:            nonrobust
==============================================================================
                 coef    std err          t      P>|t|      [0.025      0.975]
------------------------------------------------------------------------------
const          0.0125      0.010      1.202      0.232      -0.008       0.033
var0          28.2046      0.012   2259.928      0.000      28.180      28.229
var1          75.0508      0.009   8061.284      0.000      75.032      75.069
var2          17.7545      0.011   1688.097      0.000      17.734      17.775
==============================================================================
Omnibus:                        1.438   Durbin-Watson:                   2.129
Prob(Omnibus):                  0.487   Jarque-Bera (JB):                1.487
Skew:                          -0.233   Prob(JB):                        0.475
Kurtosis:                       2.626   Cond. No.                         1.47
==============================================================================
```

적합된 회귀모델 결과값에서 유의확률을 기준으로 가장 작은 변수의 회귀 계수는 다음과 같이 구할 수 있습니다.

```python
p_values = model.pvalues
smallest_p_var = p_values.idxmin()
smallest_p_coef = model.params[smallest_p_var]
print(f"p값이 제일 작은 변수의 회귀계수: {smallest_p_coef}")
```

p값이 제일 작은 변수의 회귀계수: 75.05077567876637

5 결정계수는 적합된 모델 변수의 rsquared 속성에 접근하면 됩니다.

```
r_squared = model.rsquared
print(f"결정계수: {r_squared}")
```

결정계수: 0.9999985640975169

6 각 변수의 값을 판다스 데이터 프레임으로 만들어 입력한 후, predict( ) 메서드를 사용하여 값을 예측할 수 있습니다.

```
new_data = pd.DataFrame({'const':[1.0], 'var0': [0.5], 'var1': [1.2], 'var2': [0.3]})
predicted_value = model.predict(new_data)
print(f"예측된 값: {predicted_value[0]}")
```

예측된 값: 109.50207019078013

SECTION 02 로지스틱 회귀 분석 (Logistic Regression)

핵심 태그 오즈 • 로지스틱 회귀계수 예측 • 신뢰구간 구하기

01 로지스틱 회귀 기본 개념

1) 오즈(Odds)의 개념

로지스틱 회귀 분석은 확률의 오즈를 선형모형으로 모델링하는 개념입니다. 따라서 확률의 오즈가 무엇인지 먼저 알아보겠습니다.

확률의 오즈(odds)란 어떤 사건이 발생할 확률과 그 사건이 발생하지 않을 확률의 비율을 의미합니다. 즉,

$$\text{Odds of Event A} = \frac{P(A)}{P(A^c)} = \frac{P(A)}{1-P(A)}$$

와 같은 형태로 표현됩니다.

예를 들어, 동전 던지기에서 앞면이 나올 확률이 0.5이면, 앞면이 나올 오즈는 0.5/0.5=1이 됩니다.

▼ 대학교 입학 데이터

```
import pandas as pd
import numpy as np

admission_data = pd.read_csv('https://raw.githubusercontent.com/YoungjinBD/data/main/admission.csv')
print(admission_data.shape)
print(admission_data.head())
```

```
(400, 5)
   admit  gre   gpa  rank gender
0      0  380  3.61     3      M
1      1  660  3.67     3      F
2      1  800  4.00     1      F
3      1  640  3.19     4      M
4      0  520  2.93     4      M
```

- 데이터에서 입학이 허가될 확률의 오즈를 구해보겠습니다.

```
p_hat = admission_data['admit'].mean()
print(np.round(p_hat / (1 - p_hat), 3))
```

```
0.465
```

- 입학할 확률에 대한 오즈는 0.465가 되며, 입학에 실패할 확률의 46%정도입니다. 즉, 오즈가 1을 기준으로 낮을 경우, 발생하기 어렵다는 것을 의미합니다.

① 범주형 변수를 사용한 오즈 계산

- 데이터에는 rank 변수가 존재합니다. 각 범주별 입학에 대한 오즈를 계산할 수도 있습니다.

```
unique_ranks = sorted(admission_data['rank'].unique())
print(unique_ranks)
```

```
[1, 2, 3, 4]
```

- rank가 1에서부터 4등급까지 존재하는 것을 확인했습니다. 각 등급별 입학에 대한 오즈를 구해보 겠습니다.

```
grouped_data = admission_data.groupby('rank').agg(p_admit = ('admit', 'mean'))
grouped_data['odds'] = grouped_data['p_admit'] / (1 - grouped_data['p_admit'])
print(grouped_data)
```

```
        p_admit      odds
rank
1       0.540984    1.178571
2       0.357616    0.556701
3       0.231405    0.301075
4       0.179104    0.218182
```

- 1등급 학생들이 입학에 성공할 확률은 입학에 실패할 확률보다 18% 더 높으며, 나머지 등급의 학생들은 입학할 확률이 입학에 실패할 확률보다 더 낮다는 것을 확인할 수 있습니다.

② 오즈(Odds)를 사용한 확률 역산

- Odds가 주어졌을 때, 위의 관계를 사용하여 역으로 확률을 계산할 수 있습니다.

$$\hat{p} = \frac{\text{Odds}}{\text{Odds}+1}$$

- 앞에서 살펴본 1등급 학생들의 오즈를 사용하여 입학할 확률을 계산해 보겠습니다.

```
print(np.round(1.178 / (1.178 + 1), 3))
```

```
0.541
```

2) 로그 오즈

회귀 분석에서는 종속변수 Y를 독립변수들의 선형결합으로 모델링하였습니다. 하지만 로지스틱 회귀에서는 확률을 직접 독립변수들의 선형결합으로 모델링할 수 없습니다. 확률은 0과 1사이의 값을 가지지만, 모델링하는 선형결합은 $-\infty$에서 ∞까지의 값을 가지기 때문입니다.

따라서 로지스틱 회귀에서는 확률을 오즈로 변환한 후, 오즈에 로그를 씌워 로그 오즈를 계산합니다. 로그 오즈는 $-\infty$에서 ∞까지의 값을 가지며, 이를 독립변수들의 선형결합으로 모델링할 수 있게 됩니다.

$$\log\left(\frac{p}{1-p}\right) = \beta_0 + \beta_1 x_1 + \cdots + \beta_p x_p$$

- 확률값 p에 대하여 로그 오즈값의 그래프를 그리면 다음과 같습니다.

```
import numpy as np
import matplotlib.pyplot as plt

p = np.arange(0, 1.01, 0.01)
log_odds = np.log(p / (1 - p))

plt.plot(p, log_odds)
plt.xlabel('p')
plt.ylabel('log_odds')
plt.title('Plot of log odds')
plt.show()
```

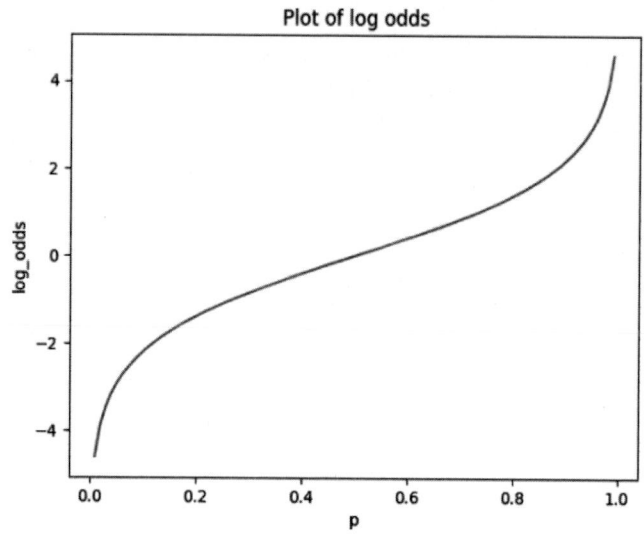

02 로지스틱 회귀계수 예측과 해석

1) 로지스틱 회귀계수 예측

로지스틱 회귀 분석의 계수를 구하는 내용은 MLE를 유도하는 것입니다. 구하는 방식에 대한 설명은 시험 범위를 벗어나므로 생략하겠습니다.

- 여기서는 변수의 레벨이 간단한 rank 변수를 사용하여 계수를 계산해 보겠습니다.

```
odds_data = admission_data.groupby('rank').agg(p_admit = ('admit', 'mean')).reset_index()
odds_data['odds'] = odds_data['p_admit'] / (1 - odds_data['p_admit'])
odds_data['log_odds'] = np.log(odds_data['odds'])
print(odds_data)
```

	rank	p_admit	odds	log_odds
0	1	0.540984	1.178571	0.164303
1	2	0.357616	0.556701	-0.585727
2	3	0.231405	0.301075	-1.200395
3	4	0.179104	0.218182	-1.522427

- rank 변수는 범주형이긴 하지만 순서가 있는 변수이므로 수치형 변수라고 생각하고 회귀직선을 구해보겠습니다. 로지스틱 회귀 분석의 계수를 이렇게 추정하지는 않지만, 아이디어를 파악하는 데 유용한 접근 방식입니다.

```
import statsmodels.formula.api as smf

model = smf.ols("log_odds ~ rank", data = odds_data).fit()
print(model.summary())
```

```
                            OLS Regression Results
==============================================================================
Dep. Variable:               log_odds   R-squared:                       0.972
Model:                            OLS   Adj. R-squared:                  0.957
Method:                 Least Squares   F-statistic:                     68.47
Date:                Mon, 06 Jan 2025   Prob (F-statistic):             0.0143
Time:                        06:29:00   Log-Likelihood:                 3.2107
No. Observations:                   4   AIC:                            -2.421
Df Residuals:                       2   BIC:                            -3.649
Df Model:                           1
Covariance Type:            nonrobust
==============================================================================
```

```
                coef    std err       t      P>|t|     [0.025    0.975]
-----------------------------------------------------------------------
Intercept     0.6327     0.188     3.368     0.078    -0.175     1.441
rank         -0.5675     0.069    -8.275     0.014    -0.863    -0.272
=======================================================================
Omnibus:                  nan    Durbin-Watson:                  2.037
Prob(Omnibus):            nan    Jarque-Bera (JB):               0.602
Skew:                  -0.062    Prob(JB):                       0.740
Kurtosis:               1.103    Cond. No.                        7.47
=======================================================================
```

- 이 직선과 주어진 로그 오즈를 시각화 하겠습니다.

```python
import matplotlib.pyplot as plt
# 산점도 그리기
plt.scatter(odds_data['rank'], odds_data['log_odds'], label = 'Data Points')

# 회귀선 계산
x = odds_data['rank']
y = odds_data['log_odds']
coefficients = np.polyfit(x, y, 1)
poly_eq = np.poly1d(coefficients)
# 회귀선 그리기
plt.plot(x, poly_eq(x), color = 'red', label = 'Regression Line')

# 그래프 레이블 설정
plt.xlabel('Rank')
plt.ylabel('Log Odds')
plt.title('Scatter Plot with Regression Line')
plt.legend()
plt.show()
```

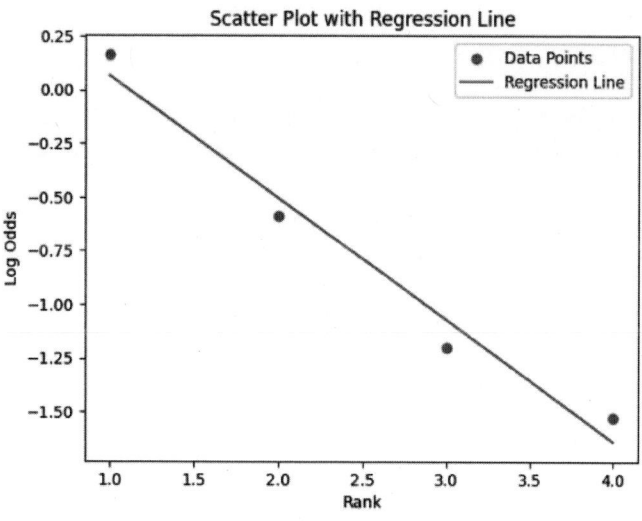

2) 로지스틱 회귀계수 해석

이전 회귀 분석에서는 절편의 의미가 명확하지 않은 모델이었습니다. 그러나 여기서 주목할 점은 기울기 계수인 −0.5674의 해석입니다. 회귀 분석의 관점에서 이를 해석하면 다음과 같이 이해할 수 있습니다.

rank가 1 단위 증가하면, y변수, 즉 로그 오즈가 0.5675 만큼 감소한다.

하지만, 이러한 해석은 직관적으로 받아들이기가 어려우므로, 이 계수를 앞에서 살펴본 오즈를 구하는 방식으로 변형해보겠습니다.

$$\log\left(\frac{p(x_{rank})}{1-p(x_{rank})}\right) = 0.6327 - 0.5675(x_{rank})$$

- 양변에 지수를 취하여 왼쪽을 오즈로 만듭니다.

$$\text{Odds}(x_{rank}) = \frac{p(x_{rank})}{1-p(x_{rank})} = \exp(0.6327 - 0.5675(x_{rank}))$$

- 이렇게 쓰게 되면 좋은 점이 하나 있는데, 지수의 성질을 이용해서 −0.5675라는 계수 값만 떨어뜨려 놓을 수 있게 됩니다.

① 오즈비(Odds ratio)

- rank가 x일 때의 오즈와, 한 단위 증가한 $x+1$일 때의 오즈를 분수꼴로 놓아보겠습니다. 이러한 값을 오즈들의 비율이라는 의미로 오즈비(Odds ratio)라고 부릅니다.

$$\frac{\text{Odds}(x_{rank}+1)}{\text{Odds}(x_{rank})} = \frac{\exp(0.6327 - 0.5675(x_{rank}+1))}{\exp(0.6327 - 0.5675 x_{rank})} = \exp(-0.5675) \approx 0.567$$

- 즉, rank가 한 단위 증가할 때마다, Odds가 이전 오즈의 약 절반 가량(56%)으로 감소하는 경향을 보입니다. 이것은 앞에서 계산했던 rank별 오즈의 경향성과 일치합니다.

```
selected_data = odds_data[['rank', 'p_admit', 'odds']]
selected_data['odds_frac'] = selected_data['odds'] /
                             selected_data['odds'].shift(1, fill_value = selected_data['odds'].
                             iloc[0])
print(selected_data)
```

	rank	p_admit	odds	odds_frac
0	1	0.540984	1.178571	1.000000
1	2	0.357616	0.556701	0.472352
2	3	0.231405	0.301075	0.540820
3	4	0.179104	0.218182	0.724675

② 오즈를 이용한 확률 역산
- 앞에서 오즈를 알고 있다면, 이를 이용해서 확률을 역산하는 방법을 알아보았습니다. 따라서, 오즈에 대한 식을 사용하여 확률 $p(x_{rank})$는 다음과 같이 쓸 수 있습니다.

$$p(x_{rank}) = \frac{\exp(0.6327 - 0.5675 x_{rank})}{1 + \exp(0.6327 - 0.5675 x_{rank})}$$

- 위 식을 이용하면 각 랭크별 입학 확률을 다음과 같이 계산할 수 있습니다.

```
rank_vec = np.array([1, 2, 3, 4])
result = np.exp(0.6327 - 0.5675 * rank_vec) / (1 + np.exp(0.6327 - 0.5675 * rank_vec))
print(result)

[0.51629423 0.37700031 0.25544112 0.16283279]
```

03 로지스틱 회귀 분석 과정

1) Python에서 로지스틱 회귀 분석하기

이전에 선형회귀를 공부하며 statsmodels 라이브러리를 활용하여 회귀 분석을 수행하는 두 가지 방식을 소개했었습니다. 로지스틱 회귀모델도 같은 방식으로 모델을 적합할 수 있습니다.

```
admission_data = pd.read_csv('https://raw.githubusercontent.com/YoungjinBD/data/main/admission.csv')
import statsmodels.formula.api as smf
import statsmodels.api as sm

admission_data['rank'] = admission_data['rank'].astype('category')
admission_data['gender'] = admission_data['gender'].astype('category')
```

① 방법 1 : Formula API 활용
- 종속변수(y) ~ 독립변수(X) 형식으로 formula를 정의할 수 있습니다.

```
model = smf.logit("admit ~ gre + gpa + rank + gender", data = admission_data).fit()
print(model.summary())
```

```
Optimization terminated successfully.
        Current function value: 0.573066
        Iterations 6
                     Logit Regression Results
==============================================================
Dep. Variable:              admit   No. Observations:        400
Model:                      Logit   Df Residuals:            393
Method:                       MLE   Df Model:                  6
Date:            Mon, 06 Jan 2025   Pseudo R-squ.:        0.08305
Time:                    08:06:17   Log-Likelihood:       -229.23
converged:                   True   LL-Null:              -249.99
Covariance Type:         nonrobust   LLR p-value:         2.283e-07
==============================================================
                 coef    std err       z     P>|z|    [0.025   0.975]
--------------------------------------------------------------
Intercept      -3.9536    1.149    -3.442   0.001    -6.205   -1.702
rank[T.2]      -0.6723    0.317    -2.123   0.034    -1.293   -0.052
rank[T.3]      -1.3422    0.345    -3.887   0.000    -2.019   -0.665
rank[T.4]      -1.5529    0.418    -3.717   0.000    -2.372   -0.734
gender[T.M]    -0.0578    0.228    -0.254   0.800    -0.504    0.388
gre             0.0023    0.001     2.062   0.039     0.000    0.004
gpa             0.8032    0.332     2.420   0.016     0.153    1.454
==============================================================
```

- family=sm.families.Binomial()은 로지스틱 회귀 모형을 의미합니다.

```python
model = smf.glm("admit ~ gre + gpa + rank + gender", data = admission_data,
        family = sm.families.Binomial()).fit()
```

② 방법 2 : 행렬 활용

- 데이터 행렬을 직접 대입합니다. X, y를 사전에 지정하며, X에 add_constant()를 활용하여 상수 항(절편)을 추가합니다.

```python
# 범주형 변수를 더미 변수로 변환
admission_data = pd.get_dummies(admission_data, columns = ['rank', 'gender'], drop_first = True)

# bool 타입을 int로 변환
admission_data[['rank_2', 'rank_3', 'rank_4', 'gender_M']] = admission_data[['rank_2', 'rank_3', 'rank_4', 'gender_M']].astype(int)

# 독립변수와 종속변수 설정
X = admission_data[['gre', 'gpa', 'rank_2', 'rank_3', 'rank_4', 'gender_M']]
y = admission_data['admit']
```

```python
# 상수항 추가
X = sm.add_constant(X)

# Logit 모델 적합 (로지스틱 회귀)
model = sm.Logit(y, X).fit()
print(model.summary())
model = sm.GLM(y, X, family = sm.families.Binomial()).fit()
```

```
                           Logit Regression Results
==============================================================================
Dep. Variable:                  admit   No. Observations:                  400
Model:                          Logit   Df Residuals:                      393
Method:                           MLE   Df Model:                            6
Date:                Wed, 31 Jul 2024   Pseudo R-squ.:                  0.08305
Time:                        02:30:26   Log-Likelihood:                -229.23
converged:                       True   LL-Null:                       -249.99
Covariance Type:            nonrobust   LLR p-value:                 2.283e-07
==============================================================================
                 coef    std err          z      P>|z|      [0.025      0.975]
------------------------------------------------------------------------------
const         -3.9536      1.149     -3.442      0.001      -6.205      -1.702
gre            0.0023      0.001      2.062      0.039       0.000       0.004
gpa            0.8032      0.332      2.420      0.016       0.153       1.454
rank_2        -0.6723      0.317     -2.123      0.034      -1.293      -0.052
rank_3        -1.3422      0.345     -3.887      0.000      -2.019      -0.665
rank_4        -1.5529      0.418     -3.717      0.000      -2.372      -0.734
gender_M      -0.0578      0.228     -0.254      0.800      -0.504       0.388
==============================================================================
```

> **기적의 TIP**
>
> smf.glm(), sm.GLM()는 Deviance가 계산되지만, 그 외 방식에서는 Deviance가 출력되지 않습니다.

- 앞에서 살펴본 admission 데이터를 사용하여 로지스틱 회귀 분석 모델을 만들고 결과를 살펴보겠습니다.

```python
admission_data = pd.read_csv('https://raw.githubusercontent.com/YoungjinBD/data/main/admission.csv')
import statsmodels.formula.api as smf

admission_data['rank'] = admission_data['rank'].astype('category')
admission_data['gender'] = admission_data['gender'].astype('category')
model = smf.logit("admit ~ gre + gpa + rank + gender", data = admission_data).fit()

print(model.summary())
```

```
Optimization terminated successfully.
         Current function value: 0.573066
         Iterations 6
                          Logit Regression Results
==============================================================================
Dep. Variable:                  admit   No. Observations:                  400
Model:                          Logit   Df Residuals:                      393
Method:                           MLE   Df Model:                            6
Date:                Mon, 06 Jan 2025   Pseudo R-squ.:                 0.08305
Time:                        08:38:11   Log-Likelihood:                -229.23
converged:                       True   LL-Null:                       -249.99
Covariance Type:            nonrobust   LLR p-value:                 2.283e-07
==============================================================================
                 coef    std err          z      P>|z|      [0.025      0.975]
------------------------------------------------------------------------------
Intercept     -3.9536      1.149     -3.442      0.001      -6.205      -1.702
rank[T.2]     -0.6723      0.317     -2.123      0.034      -1.293      -0.052
rank[T.3]     -1.3422      0.345     -3.887      0.000      -2.019      -0.665
rank[T.4]     -1.5529      0.418     -3.717      0.000      -2.372      -0.734
gender[T.M]   -0.0578      0.228     -0.254      0.800      -0.504       0.388
gre            0.0023      0.001      2.062      0.039       0.000       0.004
gpa            0.8032      0.332      2.420      0.016       0.153       1.454
==============================================================================
```

- 절편에 대한 계수는 일반적으로 해석하지 않습니다.
- gre(0.0023) : GRE가 1점 증가할 때마다 합격 로그 오즈가 0.0023만큼 증가합니다. 이는 GRE 점수가 1점 증가할 때마다 합격에 대한 오즈가 약 0.2% 증가합니다.
- gpa(0.8032) : GPA가 1점 증가할 때마다 합격 로그 오즈가 0.8032만큼 증가합니다. 이는 GPA가 1점 증가할 때마다 합격에 대한 오즈가 약 123% 증가합니다.
- gender(−0.0578) : 성별이 남성인 학생은 여성 학생에 비해 합격 로그 오즈가 0.0578만큼 낮습니다. 이는 여학생 그룹과 남학생 그룹의 합격에 대한 오즈비가 0.943으로 1보다 작습니다. 그러나 p 값이 0.800으로, 이 변수의 계수는 통계적으로 유의하지 않다고 볼 수 있습니다. 즉, 이 데이터에서 성별이 합격 여부에 큰 영향을 미치지 않는 것으로 보입니다.

2) 각 계수 검정하기(Wald test)

귀무가설 $\beta_i=0$을 검정하기 위한 검정통계량은 다음과 같습니다.

$$z = \frac{\hat{\beta}_i}{SE_{\hat{\beta}_i}} \sim N(0,\ 1^2)$$

model.summary() 결과를 보면 gre에 대한 p-value는 0.039인 것을 확인할 수 있습니다. 따라서 유의수준 5%하에서 gre의 계수가 0이라는 귀무가설을 기각할 수 있습니다. 정해진 검정통계량을 바탕으로 p-value를 직접 계산해볼 수도 있습니다.

```
import scipy.stats as stats

result1 = 0.002256 / 0.001094
result2 = 2 * (1 - stats.norm.cdf(result1))
print(result1)
print(result2)


2.0621572212065815
0.03919277001389343
```

3) 각 Odds ratio에 대한 신뢰구간 구하기

앞에서 기울기 β에 대한 Wald 검정을 사용하는 것을 생각해보면, 기울기에 대한 신뢰구간을 다음과 같이 구할 수 있습니다.

$$\beta_i \pm z * SE_{\beta_i}$$

따라서 오즈비(Odds ratio)는 e^β이므로 신뢰구간을 구할 때, 기울기에 대한 신뢰구간에 지수꼴을 취해주면 됩니다.

$$(e^{\beta_i - z * SE_{\beta_i}},\ e^{\beta_i + z * SE_{\beta_i}})$$

- 오즈비에 대한 신뢰구간을 구하기 위해 np.exp() 함수를 적용하겠습니다.

```
odds_ratios = pd.DataFrame(
    {
        "OR": model.params,
        "Lower CI": model.conf_int()[0],
        "Upper CI": model.conf_int()[1],
    }
)
odds_ratios = np.exp(odds_ratios)

print(odds_ratios)


                  OR      Lower CI    Upper CI
Intercept    0.019185    0.002019    0.182267
rank[T.2]    0.510529    0.274477    0.949588
rank[T.3]    0.261282    0.132788    0.514116
rank[T.4]    0.211623    0.093307    0.479965
gender[T.M]  0.943847    0.604189    1.474453
gre          1.002259    1.000111    1.004411
gpa          2.232599    1.165054    4.278341
```

- 정의된 수식을 바탕으로 신뢰구간을 직접 계산해볼 수도 있습니다. gre 변수의 계수 0.002256에 대한 95% 신뢰구간은 다음과 같습니다.

```
import scipy.stats as stats
# 표준오차 확인
# model.bse

a = round(model.params[5] - stats.norm.ppf(0.975) * 0.001094, 3)
b = round(model.params[5] + stats.norm.ppf(0.975) * 0.001094, 3)

glue_str = f"({a}, {b})"
print(glue_str)
```

(0.0, 0.004)

- 오즈비에 대한 신뢰구간은 다음과 같이 구할 수 있습니다.

```
a = round(np.exp(a), 3)
b = round(np.exp(b), 3)

glue_str = f"({a}, {b})"
print(glue_str)
```

(1.0, 1.004)

4) 로지스틱 회귀모델의 유의성 체크

선형 회귀 분석에서는 F-검정을 사용해서 모델의 유의성을 체크했습니다. 로지스틱 회귀 분석의 경우 deviance(이탈도)를 활용하여 모델의 유의성을 체크합니다.

① 귀무가설과 대립가설
- 귀무가설 : 모든 계수들이 0이다.
- 대립가설 : 0이 아닌 계수가 존재한다.

② 검정통계량

$$\Lambda = -2\left(\ell(\hat{\beta})^{(0)} - \ell(\hat{\beta})\right) = \text{Null Deviance} - \text{Residual Deviance} \sim \chi^2_{k-r}$$

- 위 식에서 $\ell(\hat{\beta})^{(0)}$ 부분은 귀무가설 하에서의 로그 우도함수 값을 나타내며, $\ell(\hat{\beta})$는 대립가설 하에서의 로그 우도함수 값을 나타냅니다.

```
model = smf.logit("admit ~ gre + gpa + rank + gender", data = admission_data).fit()
print(model.summary())
```

```
Optimization terminated successfully.
         Current function value: 0.573066
         Iterations 6
                          Logit Regression Results
==============================================================================
Dep. Variable:                  admit   No. Observations:                  400
Model:                          Logit   Df Residuals:                      393
Method:                           MLE   Df Model:                            6
Date:                Mon, 06 Jan 2025   Pseudo R-squ.:                 0.08305
Time:                        09:08:32   Log-Likelihood:                -229.23
converged:                       True   LL-Null:                       -249.99
Covariance Type:            nonrobust   LLR p-value:                 2.283e-07
==============================================================================
                   coef    std err          z      P>|z|      [0.025      0.975]
------------------------------------------------------------------------------
Intercept       -3.9536      1.149     -3.442      0.001      -6.205      -1.702
rank[T.2]       -0.6723      0.317     -2.123      0.034      -1.293      -0.052
rank[T.3]       -1.3422      0.345     -3.887      0.000      -2.019      -0.665
rank[T.4]       -1.5529      0.418     -3.717      0.000      -2.372      -0.734
gender[T.M]     -0.0578      0.228     -0.254      0.800      -0.504       0.388
gre              0.0023      0.001      2.062      0.039       0.000       0.004
gpa              0.8032      0.332      2.420      0.016       0.153       1.454
==============================================================================
```

- model.summary() 결과를 확인해 보면 $\ell(\hat{\beta})^{(0)} = -249.99$(LL-Null:), $\ell(\hat{\beta}) = -249.23$(Log-Likelihood:)인 것을 확인할 수 있습니다. .llf, .llnull을 통해 동일하게 구할 수 있습니다.

```
print(model.llf)
print(model.llnull)

-229.2265043299036
-249.98825881093052
```

- 검정통계량은 다음과 같이 계산할 수 있습니다.

```
test_statistic = np.round(-2 * (model.llnull - model.llf), 3)
print("Test Statistic:", test_statistic)

Test Statistic: 41.524
```

- 검정통계량을 기반으로 p-value를 확인해보겠습니다. 먼저 model.summary() 결과를 확인해 보면 p-value = 2.283e-07(LLR p-value:)로 확인할 수 있습니다.
- 위의 검정통계량은 카이제곱 분포 자유도가 두 모델의 자유도 차를 따르게 되므로, 다음과 같이 p-value가 계산됩니다.

```python
from scipy.stats import chi2
# 자유도 계산 (두 모델의 자유도 차이)
df = model.df_model - 0

# p-value 계산
p_value = chi2.sf(test_statistic, df)
print("p-value:", np.round(p_value, 10))
```

```
p-value: 2.283e-07
```

- 계산된 p-value 값, 2.283e-07으로 보아 주어진 로지스틱 회귀모델은 통계적으로 유의하다고 판단합니다.
- 시험에서는 deviance를 구하는 문제가 출제되기도 합니다. deviance를 구하기 위해서 smf.glm()을 활용하여 모델을 적합하겠습니다.

```python
admission_data = pd.read_csv('https://raw.githubusercontent.com/YoungjinBD/data/main/admission.csv')
import statsmodels.api as sm
import statsmodels.formula.api as smf
admission_data['rank'] = admission_data['rank'].astype('category')
admission_data['gender'] = admission_data['gender'].astype('category')

model = smf.glm(formula="admit ~ gre + gpa + rank + gender", data = admission_data,
family = sm.families.Binomial()).fit()
```

- deviance를 활용하여 정의된 검정통계량을 계산해보겠습니다. Null Deviance는 model.null_deviance, Residual Deviance는 model.deviance를 통해 확인할 수 있습니다.

```python
test_statistic2 = np.round(model.null_deviance - model.deviance, 3)
print(test_statistic2)
```

```
41.524
```

- 이전에 구한 로그 우도함수 값을 활용한 검정통계량 결과와 동일한 것을 확인할 수 있습니다. Null Deviance와 Residual Deviance는 로그 우도함수 값을 통해서 계산할 수도 있습니다.

$$\text{Residual Deviance} = -2 \times \text{Log-Likelihood Function (LLF)}$$

$$\text{Null Deviance} = -2 \times \text{Log-Likelihood of the Null Model (LLNull)}$$

```
llf = model.llf
llnull = model.llnull
deviance = np.round(model.deviance, 3)
null_deviance = np.round(model.null_deviance, 3)

deviance_calculated = np.round(-2 * llf, 3)
null_deviance_calculated = np.round(-2 * llnull, 3)

result = {
    "deviance == -2 * llf": deviance == deviance_calculated,
    "null_deviance == -2 * llnull": null_deviance == null_deviance_calculated
}

print(result)

{'deviance == -2 * llf': True, 'null_deviance == -2 * llnull': True}
```

5) 예측

선형 회귀분석과 마찬가지로 기존에 적합한 모델을 활용하여 새로운 데이터에 대한 예측을 해볼 수 있습니다.

- 임의로 새로운 데이터를 생성합니다.

```
from sklearn.metrics import roc_auc_score
new_data = pd.DataFrame({
    'gre': [400, 700, 750, 500],      # 새로운 GRE 점수
    'gpa': [3.5, 3.8, 3.9, 3.2],      # 새로운 GPA 점수
    'rank': [2, 1, 4, 3],              # 새로운 대학 순위
    'gender': ['M', 'F', 'F', 'M']    # 새로운 지원자의 성별
})
y_true = pd.Series([0, 1, 0, 0])
```

- 새로운 데이터에 대한 예측 결과를 바탕으로, AUC 스코어를 계산합니다.

```
new_data['admit_prob'] = model.predict(new_data)
auc_score = roc_auc_score(y_true, new_data['admit_prob'])

print(new_data[['gre', 'gpa', 'rank', 'gender', 'admit_prob']])
print('AUC score :', auc_score)

AUC score : 1.0
```

SECTION 02 연습문제

(1~3) 다음 데이터는 몸무게와 키, 나이, 그리고 수입에 대한 정보를 담고 있다. 데이터를 사용하여 다음의 물음에 답하시오.

```
import pandas as pd
import numpy as np

# 예제 데이터 생성
np.random.seed(42)
n_samples = 210
X = np.random.randn(n_samples, 4)
y = (X[:, 0] + X[:, 1] * 0.5 + np.random.randn(n_samples) * 0.5 > 0).astype(int)
df = pd.DataFrame(X, columns=['weight', 'height', 'age', 'income'])
df['gender'] = y

# 데이터 확인
print(df.head())
```

	weight	height	age	income	gender
0	0.496714	-0.138264	0.647689	1.523030	1
1	-0.234153	-0.234137	1.579213	0.767435	0
2	-0.469474	0.542560	-0.463418	-0.465730	0
3	0.241962	-1.913280	-1.724918	-0.562288	0
4	-1.012831	0.314247	-0.908024	-1.412304	0

1 성별 변수(gender)를 사용하여 몸무게 변수(weight)에 대한 로지스틱 회귀모델을 적합하고, 해당하는 오즈비(weight)를 계산하시오.

2 성별 변수를 주어진 4개 변수를 사용하여 로지스틱 회귀모델을 적합했을 때, residual deviance를 계산하시오.

3 1번 문제의 모델(몸무게를 독립변수로 사용) 데이터를 학습 데이터와 평가 데이터(90개로 설정)로 분류한 후, 오분류율을 계산하시오. (소수점 넷째 자리에서 반올림)

```
# 분할 시 다음의 코드를 활용
from sklearn.model_selection import train_test_split
df_train, df_test = train_test_split(df, test_size=90, random_state=42)
```

[4~6] 다음 당뇨병 데이터는 체질량지수(bmi), 평균 혈압(bp), 혈청(s), 진행 정도(target) 등에 대한 정보를 담고 있다. 데이터를 사용하여 다음의 물음에 답하시오.

```
import pandas as pd
import numpy as np
from sklearn.datasets import load_diabetes

diabetes = load_diabetes(as_frame = True)
df = diabetes.frame
print(df.head())
```

	age	sex	bmi	bp	s1	s2	s3	₩
0	0.038076	0.050680	0.061696	0.021872	-0.044223	-0.034821	-0.043401	
1	-0.001882	-0.044642	-0.051474	-0.026328	-0.008449	-0.019163	0.074412	
2	0.085299	0.050680	0.044451	-0.005670	-0.045599	-0.034194	-0.032356	
3	-0.089063	-0.044642	-0.011595	-0.036656	0.012191	0.024991	-0.036038	
4	0.005383	-0.044642	-0.036385	0.021872	0.003935	0.015596	0.008142	

	s4	s5	s6	target
0	-0.002592	0.019907	-0.017646	151.0
1	-0.039493	-0.068332	-0.092204	75.0
2	-0.002592	0.002861	-0.025930	141.0
3	0.034309	0.022688	-0.009362	206.0
4	-0.002592	-0.031988	-0.046641	135.0

4 target 변수를 중앙값을 기준으로 낮으면 0, 높으면 1로 이진화한 후, 로지스틱 회귀모델을 적합시키고, 통계적으로 유의하지 않은 변수의 개수를 구하시오. (조건: 유의수준은 0.05로 설정, 상수항 계수가 유의할 경우 변수 개수에 포함, s1~s6 변수 제거)

5 4번 문제에서 유의한 변수들만 사용하여 다시 로지스틱 회귀 적합하고, 유의한 변수들의 회귀계수 평균을 구하시오.

6 4번 문제에서 나이가 1 단위 증가할 때 오즈비를 계산하시오.

SECTION 02　연습문제 정답

1

```python
import statsmodels.api as sm

# 성별을 weight로 회귀
X_weight = df[['weight']]
X_weight = sm.add_constant(X_weight)
y = df['gender']
logit_model_weight = sm.Logit(y, X_weight).fit()

print(logit_model_weight.summary())
```

```
Optimization terminated successfully.
         Current function value: 0.426786
         Iterations 7
                           Logit Regression Results
==============================================================================
Dep. Variable:                 gender   No. Observations:                  210
Model:                          Logit   Df Residuals:                      208
Method:                           MLE   Df Model:                            1
Date:                Mon, 06 Jan 2025   Pseudo R-squ.:                  0.3836
Time:                        23:23:40   Log-Likelihood:                -89.625
converged:                       True   LL-Null:                       -145.41
Covariance Type:            nonrobust   LLR p-value:                 4.445e-26
==============================================================================
                 coef    std err          z      P>|z|      [0.025      0.975]
------------------------------------------------------------------------------
const          0.2743      0.188      1.459      0.145      -0.094       0.643
weight         2.6078      0.361      7.229      0.000       1.901       3.315
==============================================================================
```

오즈비는 로지스틱 회귀계수의 지수 값을 나타냅니다. 따라서 weight 회귀계수의 지수 값을 계산합니다.

```python
# odds-ratio 계산
odds_ratio_weight = np.exp(logit_model_weight.params['weight'])
print(f"weight의 오즈비: {odds_ratio_weight}")
```

```
weight의 오즈비: 13.569314589014752
```

2 먼저 4개 변수를 사용하여 로지스틱 회귀모델을 적합합니다.

```
# 성별을 4개 변수로 회귀
X_all = df[['weight', 'height', 'age', 'income']]
X_all = sm.add_constant(X_all)
logit_model_all = sm.Logit(y, X_all).fit()

Optimization terminated successfully.
         Current function value: 0.284256
         Iterations 8
```

Residual deviance는 로지스틱 회귀 모델에서 제공하는 llf를 사용하여 계산할 수 있습니다. llf는 로그 가능도 함수(log-likelihood function)의 값을 나타내는 속성으로, 모델이 주어진 데이터에 얼마나 잘 맞는지를 평가하는 척도입니다.

$$\text{Residual Deviance} = -2 \times \text{Log-Likelihood Function (LLF)}$$

```
# Residual deviance 계산
residual_deviance = -2 * logit_model_all.llf
print(f"Residual deviance: {residual_deviance.round(3)}")

Residual deviance: 119.388
```

3 먼저 데이터를 학습/평가 데이터로 분류한 후 로지스틱 회귀모델을 적합합니다.

```
# 데이터 분할을 위한 패키지 불러오기
from sklearn.model_selection import train_test_split

# 데이터를 훈련/테스트 세트로 분할
df_train, df_test = train_test_split(df, test_size = 90, random_state = 42)
X_train = sm.add_constant(df_train[['weight']])
y_train = df_train['gender']
X_test = sm.add_constant(df_test[['weight']])
y_test = df_test['gender']

print(X_train.shape)
print(X_test.shape)

# 훈련 세트로 모델 적합
logit_model_train = sm.Logit(y_train, X_train).fit()
```

```
(120, 2)
(90, 2)
Optimization terminated successfully.
         Current function value: 0.476228
         Iterations 7
```

오분류율은 scikit-learn 라이브러리의 accuracy_score( ) 함수를 사용하여 계산할 수 있습니다. 해당 함수는 정분류율을 계산해서 반환하므로, 1에서 차감하여 오분류율을 계산합니다.

```
from sklearn.metrics import accuracy_score

# 테스트 세트로 예측
y_pred = logit_model_train.predict(X_test) > 0.5

# 오분류율 계산
error_rate = 1 - accuracy_score(y_test, y_pred)
print(f"오분류율: {round(error_rate, 4)}")
```

```
오분류율: 0.1333
```

4

```python
import statsmodels.api as sm
# 독립 변수와 종속 변수 정의
X = df.iloc[:, 0:4]
X = sm.add_constant(X)

# 타깃 변수를 이진화 (중간값 기준)
y = (df['target'] > df['target'].median()).astype(int)

# 모델 적합 및 요약
logit_model = sm.Logit(y, X).fit()
print(logit_model.summary())
```

```
Optimization terminated successfully.
         Current function value: 0.543957
         Iterations 6
                           Logit Regression Results
==============================================================================
Dep. Variable:                 target   No. Observations:                  442
Model:                          Logit   Df Residuals:                      437
Method:                           MLE   Df Model:                            4
Date:                Mon, 06 Jan 2025   Pseudo R-squ.:                  0.2152
Time:                        23:43:38   Log-Likelihood:                -240.43
converged:                       True   LL-Null:                       -306.37
Covariance Type:            nonrobust   LLR p-value:                 1.540e-27
==============================================================================
                 coef    std err          z      P>|z|      [0.025      0.975]
------------------------------------------------------------------------------
const          0.0462      0.112      0.413      0.680      -0.173       0.266
age            1.1309      2.524      0.448      0.654      -3.816       6.078
sex           -4.7679      2.449     -1.947      0.052      -9.567       0.032
bmi           21.1005      2.944      7.168      0.000      15.331      26.870
bp            12.9963      2.873      4.524      0.000       7.366      18.626
==============================================================================
```

```python
p_values = logit_model.pvalues
non_significant_vars = p_values[p_values >= 0.05]
num_non_significant_vars = len(non_significant_vars)

print(f"유의하지 않은 변수의 수: {num_non_significant_vars}")
```

유의하지 않은 변수의 수: 3

5

```
significant_vars = p_values[p_values < 0.05]
significant_var_names = significant_vars.index.drop('const', errors = 'ignore')  # 상수(constant) 제외

X_significant = X[significant_var_names]
X_significant = sm.add_constant(X_significant)

logit_model_significant = sm.Logit(y, X_significant).fit()
```

```
Optimization terminated successfully.
         Current function value: 0.548382
         Iterations 6
```

```
# 유의한 변수들의 회귀계수 평균 구하기
significant_coef_mean = logit_model_significant.params.mean()
print(f"유의한 변수들만 사용 시 회귀계수들의 평균: {significant_coef_mean}")
```

유의한 변수들만 사용 시 회귀계수들의 평균: 11.09340765301607

6

```
# age 변수의 회귀계수
coef_bmi = logit_model.params['age']

# 1 단위 증가할 때 오즈비 계산
delta_x = 1
odds_ratio = np.exp(coef_bmi * delta_x)
print(f"age 변수가 1 단위 증가할 때 오즈비: {odds_ratio}")
```

age 변수가 1 단위 증가할 때 오즈비: 3.098369923209826

따라서, 나이가 1살 많아지면 당뇨에 걸릴 오즈(당뇨에 걸릴 확률 대 걸리지 않을 확률의 비율)가 3.098배 증가합니다.

PART 07

최신 기출문제

기출문제 제10회(2025-06-21 시행)	472
기출문제 제9회(2024-11-30 시행)	475
기출문제 제8회(2024-06-22 시행)	478
기출문제 제7회(2023-12-02 시행)	481
기출문제 제6회(2023-06-24 시행)	483
기출문제 제5회(2022-12-03 시행)	486
기출문제 제4회(2022-06-25 시행)	488
기출문제 제3회(2021-12-04 시행)	490
기출문제 정답 & 해설	493

기출문제 제10회 (2025-06-21 시행)

시험 시간	풀이 시간	합격 점수	내점수
180분		60점	

데이터셋 경로 https://raw.githubusercontent.com/YoungjinBD/data/main/exam/

01 작업형 제1유형 (30점)

1. 소주제별로 정답률(정답여부가 1인 응답 수/해당 소주제 전체 응답 수)을 구하고, 3번째로 높은 정답률을 구하시오.

데이터 : 10_1_1.csv

> **Data description**
> 학생ID : 학생 고유 번호
> 문제ID : 문제 고유 번호
> 대주제 : 문제 대분류
> 소주제 : 문제 소분류
> 정답여부 : (1=정답, 0=오답)

※ 정답률을 내림차순으로 정렬하였을 때, 동일한 정답률은 하나의 순위로 간주한다. (공동 1등이 2명 있으면 그 다음 순위는 2등으로 간주)

2. 제시된 문제를 순서대로 풀고, 해답을 제시하시오.

데이터 : 10_1_2.csv

> **Data description**
> date : 날짜
> category : 음료 종류
> item : 음료 상품명
> price : 판매 가격

① date를 연도(year), 월(month)로 분리하여, 연도-월별 price의 합계를 구하시오. 그 중 두 번째로 큰 매출액(합계)을 구하시오.

② 이전 문제에서 네 번째로 큰 price 합계에 해당하는 연도-월을 찾으시오. 해당 연도-월에서 카테고리(category)별 price 합계를 구하시오. 그 중 가장 높은 price 합계(정수)를 제출하시오.

3 제시된 문제를 순서대로 풀고, 해답을 제시하시오.

데이터 : 10_1_3.csv

Data description
  label : 'spam' 또는 'ham'
  message : 영어 문장 (특수문자/숫자 등 포함)

① 각 메시지의 단어 수를 공백(' ')을 기준으로 세는 새로운 컬럼을 만드시오.

② 'spam'과 'ham' 각각의 평균 단어 수를 계산하시오.

③ 두 평균의 차이의 절댓값을 소수점 셋째자리까지 반올림하여 제출하시오.

02 작업형 제2유형 40점

제공된 학습용 데이터(10_2_train.csv)는 여러 상권 내 건물의 특성(상권 유형, 건물 면적, 건물 연식, 세대 수 등)과 연간 총 가스 소비량 정보를 담고 있다. 학습용 데이터를 활용하여 건물의 연간 총 가스 소비량(gas_totl)을 예측하는 모델을 개발하고, 이 중 가장 우수한 모델을 평가용 데이터(10_2_test.csv)에 적용하여 예측 결과를 제출하시오.

※ 평가 지표: RMSE

Data description
  biz_type : 상권 유형
  area : 건물 면적
  age : 건물 연식
  num_households : 건물 내 세대수
  gas_totl : 건물의 연간 총 가스 소비량 (결측치는 0으로 대체되어 있음)

제출 형식
  CSV 파일명 : result.csv (디렉토리/폴더명 불포함)
  예측 칼럼명 : pred
  제출 칼럼 개수 : pred 1개
  평가용 데이터 개수와 예측 결과 데이터 개수 일치

03 작업형 제3유형

문제 1

한 기업이 인사관리 데이터를 가지고 이직 여부 예측 모델을 개발하려고 한다. 다음 문제를 풀이하시오.

데이터 : 10_3_1.csv

> Data description
> attrition : 이직여부(0=잔류, 1=이직)
> age : 나이
> income : 연봉
> overtime : 야근 상태 (0=해당 없음, 1=보통, 2=상시 등)

① 이직 여부를 예측하는 로지스틱 회귀모형을 적합하고, 유의한 변수(유의확률 0.05 미만)의 회귀계수를 소수점 셋째 자리까지 반올림하여 제출하시오. (단, 절편 제외)
② age가 1 증가할 때 이직(또는 잔류) 오즈비(odds ratio)를 소수점 셋째 자리까지 반올림하여 제출하시오.
③ age=20, income=3000, overtime=2 값을 가진 데이터의 이직확률을 모델로 예측하여 소수점 셋째 자리까지 반올림하여 제출하시오.

문제 2

어느 지역의 주택들의 정보를 수집하여 주택 가격을 예측하는 모델을 개발하려고 한다. 다음 문제를 풀이하시오.

데이터 : 10_3_2.csv

> Data description
> price : 주택 가격
> area : 주택 면적
> height : 집 높이
> wall : 벽 유무(0=없음, 1=있음)

① 주택 가격을 예측하는 다중선형회귀모형을 적합하고, 유의한 변수(유의확률 0.05 미만)의 회귀계수 합(절편 제외)을 소수점 셋째 자리까지 반올림하여 제출하시오.
② 유의한 변수만으로 다중선형회귀모형을 다시 적합하고, 결정계수를 소수점 셋째 자리까지 반올림하여 제출하시오.
③ area=100, height=10, wall=1 값을 가진 데이터의 예측 주택 가격을 모델로 예측하여 소수점 셋째 자리까지 반올림하여 제출하시오. (단, 이전 문제에서 뽑은 통계적으로 유의미한 변수만 선택할 것)

시험 시간	풀이 시간	합격 점수	내점수
180분		60점	

기출문제 제9회 (2024-11-30 시행)

데이터셋 경로 https://raw.githubusercontent.com/YoungjinBD/data/main/exam/

01 작업형 제1유형   30점

1 데이터에서 (연도, 성별, 지역코드)별 총 대출액의 합계를 구하시오. 이후, 각 (연도, 지역코드)별로 남성과 여성의 총 대출액 차이의 절댓값을 계산하고, 성별 간 총 대출액 차이가 가장 큰 지역코드를 구하시오. (총 대출액 = 금액1 + 금액2)

데이터 : 9_1_1.csv

2 각 연도별 최대 검거율을 가진 범죄유형을 찾아서 해당 연도 및 유형의 검거건수들의 총합을 구하시오. (검거율 = 검거건수 / 발생건수)

데이터 : 9_1_2.csv

3 제시된 문제를 순서대로 풀고, 해답을 제시하시오.

데이터 : 9_1_3.csv

결측치 처리
① 평균만족도 : 결측치는 평균만족도 컬럼의 전체 평균으로 채우시오.

② 근속연수 : 결측치는 각 부서와 등급별 평균 근속연수로 채우시오. (평균값의 소수점은 버림 처리)

조건에 따른 평균 계산
③ A : 부서가 'HR'이고 등급이 'A'인 사람들의 평균 근속연수를 계산하시오.

④ B : 부서가 'Sales'이고 등급이 'B'인 사람들의 평균 교육참가횟수를 계산하시오.

⑤ A와 B를 더한 값을 구하시오.

02 작업형 제2유형   40점

제공된 학습용 데이터(9_2_train.csv)는 지역의 특성과 해당 지역의 농업 유형 정보를 포함하고 있다. 학습용 데이터를 활용하여 지역의 농업 유형(라벨)을 예측하는 다중분류 모델을 개발하고, 가장 우수한 모델을 평가용 데이터(9_2_test.csv)에 적용하여 예측 결과를 제출하시오.

※ 모델 성능 지표 : Macro F1 Score
※ 타깃(라벨) : 농업 유형 (0, 1, 2의 세 가지 클래스)

> Data description
> ID : 고유 식별자
> 지역 : 관측 지역
> 등급 : 농업 등급
> 농업면적 : 해당 지역의 농업 면적
> 연도 : 데이터가 수집된 연도
> 라벨 : 농업 유형

> 제출 형식
> 파일명 : result.csv (디렉토리/폴더명 제외)
> 제출 칼럼 : ID, pred (총 2개 칼럼)
> pred : 예측된 농업 유형 (정수형: 0, 1, 2 중 하나)
> 평가용 데이터 개수와 예측 결과 데이터 개수 일치

03 작업형 제3유형   30점

문제 1

한 제조 회사에서 생산성을 높이고자 직원들의 주요 생산성 요인을 분석하기로 결정하였다. 이를 위해 200명의 직원 데이터를 수집했으며, 직원들의 근무 기간, 특성 정보, 그리고 개인적인 속성을 조사하였다.

데이터 : 9_3_1.csv

> Data description
> id : 데이터의 고유 식별자
> tenure : 사용 기간
> f2 : 고객의 두 번째 특성
> f3 : 고객의 세 번째 특성
> f4 : 고객의 네 번째 특성
> f5 : 고객의 다섯 번째 특성
> design : 생산성 점수

① design을 예측하는 다중회귀 분석을 시행한 후 유의하지 않은 설명변수 개수를 구하시오. (단, 불필요한 칼럼은 제외하며, 모델의 절편항은 포함)

> 데이터 분리 조건
> 훈련 데이터 : id1 ~ id140
> 테스트 데이터 : id141 ~ id200

② 훈련 데이터(학습용 데이터)의 예측값과 실제값의 피어슨 상관계수를 구하시오. (소수점 셋째 자리에서 반올림)

③ 적합한 모델을 활용하여 테스트 데이터에서의 RMSE를 구하시오.

문제 2

한 통신 회사에서는 고객 이탈을 줄이고자 주요 요인들을 분석하기로 결정하였다. 이를 위해 500명의 고객 데이터를 수집했으며, 고객의 서비스 이용 및 가입 정보, 그리고 일부 개인적인 속성을 조사하였다.

데이터 : 9_3_2.csv

> Data description
> col1 : 고객의 첫 번째 특성
> col2 : 고객의 두 번째 특성
> Phone_Service : 폰 서비스 가입 여부
> Tech_Insurance : 기술 보험 가입 여부
> churn : 이탈 여부

① 고객 이탈을 예측하는 로지스틱 회귀를 시행한 후 col1 칼럼의 p-value를 구하시오. (소수점 넷째 자리에서 반올림)

② 폰 서비스를 받지 않은 고객 대비 받은 고객의 이탈 확률 오즈비를 구하시오. (소수점 넷째 자리에서 반올림)

③ 이탈할 확률이 0.3 이상인 고객 수를 구하시오.

기출문제 제8회 (2024-06-22 시행)

시험 시간	풀이 시간	합격 점수	내점수
180분		60점	

데이터셋 경로 https://raw.githubusercontent.com/YoungjinBD/data/main/exam/

01 작업형 제1유형 — 30점

1 다음의 데이터는 대륙별 국가의 맥주소비량을 조사한 것이다.

데이터 : 8_1_1.csv

① 평균 맥주소비량이 가장 많은 대륙을 구하시오.

② 이전 문제에서 구한 대륙에서 5번째로 맥주소비량이 많은 나라를 구하시오.

③ 이전 문제에서 구한 나라의 평균 맥주소비량을 구하시오. (소수점 첫째 자리에서 반올림)

2 다음의 데이터는 국가별로 방문객 유형을 조사한 것이다.

데이터 : 8_1_2.csv

① 관광객비율이 두 번째로 높은 나라의 '관광' 수를 구하시오.
- 관광객비율 = 관광/합계(소수점 넷째 자리에서 반올림)
- 합계 = 관광 + 사무 + 공무 + 유학 + 기타

② 관광 수가 두번째로 높은 나라의 '공무' 수의 평균을 구하시오. (소수점 첫째 자리에서 반올림)

③ 이전에 구한 관광 수와 공무 수의 합계를 구하시오.

3 CO(GT), NMHC(GT) 칼럼에 대해서 Min-Max 스케일러를 실행하고, 스케일링된 CO(GT), NMHC(GT) 칼럼의 표준편차를 구하시오. (소수점 셋째 자리에서 반올림)

데이터 : 8_1_3.csv

작업형 제2유형 40점

제공된 학습용 데이터(8_2_train.csv)는 자전거 대여와 관련된 날짜별 정보와 해당 날짜의 총 대여 건수(count)를 포함하고 있다. 학습용 데이터를 활용하여 자전거 총 대여 건수(count)를 예측하는 회귀 모델을 개발하고, 성능이 가장 우수한 모델을 평가용 데이터(8_2_test.csv)에 적용하여 예측 결과를 제출하시오.

※ 모델 성능 지표 : MAE(Mean Absolute Error)

Data description
  ID : 고유 식별자
  holiday 공휴일 여부
  workingday : 평일 여부
  weather : 날씨 상황
  temp : 실제 기온
  atemp : 체감 온도
  humidity : 습도
  windspeed : 풍속
  count : 자전거 총 대여 건수

제출 형식
  파일명 : result.csv (디렉토리/폴더명 제외)
  제출 칼럼 : ID, pred (총 2개 칼럼)
  pred : 예측된 자전거 대여 건수 (정수 또는 소수 가능)
  행 수 : 테스트 데이터(8_2_test.csv)의 ID 수와 동일

작업형 제3유형　　　　　　　　　　　　　　　　　　　　　　　　　　　　　　30점

문제 1

어느 회사에서 직원들의 업무 효율성을 높이기 위한 새로운 소프트웨어를 도입하였다. 도입 전과 도입 후의 업무 처리 시간을 각각 측정하여 새로운 소프트웨어의 효과를 검증하고자 한다.

데이터 : 8_3_1.csv

① 도입 전과 도입 후의 업무처리 시간의 평균과 표준편차를 구하시오. (소수점 둘째 자리까지 반올림)

② 도입 전후의 업무처리 시간 차이가 유의미한 지 부호 순위 검정을 실시하고, 검정통계량을 계산하시오. (소수점 둘째 자리까지 반올림)

③ p-value를 바탕으로 유의수준 5%에서 귀무가설의 기각/채택 여부를 결정하시오. (p-value는 소수점 셋째 자리까지 반올림)

문제 2

어느 회사에서 직원들의 생산성에 영향을 미치는 요인이 무엇인지 확인하고자 한다. 100명의 직원들을 대상으로 생산성 점수, 근무 시간, 연령, 그리고 경력을 조사하였다.

데이터 : 8_3_2_train.csv
　　　　 8_3_2_test.csv

① 훈련 데이터를 기준으로 생산성 점수(productivity)를 종속변수로 하고 근무 시간, 연령, 그리고 경력을 독립변수로 하는 다중회귀 분석을 수행한 후, 회귀계수가 가장 높은 변수를 구하시오. (다중회귀모형 적합 시 절편 포함)

② 유의수준 5% 하에서 각 독립변수가 생산성에 미치는 영향이 통계적으로 유의미한 지 판단하고, 유의미한 변수 개수를 구하시오. (p-value는 소수점 넷째 자리까지 반올림)

③ 테스트 데이터로 모델의 성능을 평가하시오. (R^2 산출)

기출문제 제7회 (2023-12-02 시행)

시험 시간	풀이 시간	합격 점수	내점수
180분		60점	

데이터셋 경로 https://raw.githubusercontent.com/YoungjinBD/data/main/exam/

01 작업형 제1유형 (30점)

1. 각 제품보고서별 처리 시간(처리시각과 신고시각의 차이) 칼럼(초단위)을 생성 후 공장별 처리 시간의 평균을 산출하시오. 산출된 결과를 바탕으로 평균 처리 시간이 3번째로 적은 공장명을 구하시오.

데이터 : 7_1_1.csv

2. STATION_ADDR1 변수에서 구 정보만 추출한 후, 마포구, 성동구의 평균 이동 거리를 구하시오. (소수점 셋째 자리에서 반올림)

데이터 : 7_1_2.csv

3. 분기별 총 판매량(제품A~E 합계)의 월평균을 구하고, 월평균이 최대인 연도와 분기를 구하시오.

데이터 : 7_1_3.csv

02 작업형 제2유형 (40점)

제공된 학습용 데이터(7_2_train.csv)는 학생들의 개인 정보 및 학업 관련 정보(혼인 여부, 지원 방식, 부모의 학력 및 직업, 성별 등)와 해당 학생의 학업 성과(Target)를 포함하고 있다. 학습용 데이터를 활용하여 학생의 학업 성과(Target)를 예측하는 분류 모델을 개발하고, 가장 우수한 모델을 평가용 데이터(7_2_test.csv)에 적용하여 예측 결과를 제출하시오.

※ 모델 성능 지표 : Macro F1 Score
※ level_0 칼럼은 인덱스 초기화 과정에서 생성된 것으로 분석 시 제외

```
Data description
  ID : 고유 식별자
  Marital Status : 혼인 여부
  Application mode : 지원 방식
  Course : 지원한 학과
  Daytime/evening attendance : 주간/야간 수업 구분
  Previous qualification : 이전 학력
  Nacionality : 국적
  Mother's qualification : 어머니의 학력
  Father's qualification : 아버지의 학력
  Mother's occupation : 어머니의 직업
  Father's occupation : 아버지의 직업
```

Educational special needs : 교육적 특수 요구 여부
Gender : 성별
Curricular units 1st sem (credited) : 1학기 인정 학점 수
Curricular units 1st sem (enrolled) : 1학기 수강 과목 수
Curricular units 1st sem (evaluations) : 1학기 평가 횟수
Curricular units 1st sem (approved) : 1학기 통과 과목 수
Target : 학업 결과 (분류 대상 변수)

제출 형식
파일명 : result.csv (디렉토리/폴더명 제외)
제출 칼럼 : ID, pred (총 2개 칼럼)
pred : 예측된 학업 결과 클래스 (문자열 또는 정수 가능)
행 수 : 테스트 데이터(7_2_test.csv)의 ID 수와 동일

03 작업형 제3유형 30점

문제 1

어느 학교에서 50명의 학생들을 대상으로 새로운 학습 프로그램의 효과를 조사하고자 한다. 각 학생에 대해 학습 전과 학습 후의 시험 점수를 측정하였다.

데이터 : 7_3_1.csv

① 학습 전과 학습 후의 시험 점수의 평균과 표준편차를 구하시오. (소수점 둘째 자리까지 반올림)

② 학습 전후의 점수 차이가 유의미한 지 검정하기 위해 대응표본 t-검정을 수행하고, 검정통계량을 계산하시오. (소수점 둘째 자리까지 반올림)

③ p-value를 바탕으로 유의수준 5%에서 귀무가설의 기각/채택 여부를 결정하시오. (p-value는 소수점 셋째 자리까지 반올림)

문제 2

어느 회사가 조사한 고객 데이터는 100개의 샘플로 이루어져 있으며, 각 샘플에는 고객의 나이, 소득, 가족 수, 그리고 제품 구매 여부가 포함되어 있다. 로지스틱 회귀 분석을 통해 고객의 제품 구매 여부를 예측하고자 한다. (임곗값 0.5 기준)

데이터 : 7_3_2_train.csv
　　　　 7_3_2_test.csv

① 로지스틱 회귀 분석을 수행하고, 소득 변수의 오즈비를 계산하시오.

② train 데이터 기준의 잔차 이탈도(Residual Deviance)를 계산하시오.

③ test 데이터로 오분류율을 계산하시오.

기출문제 제6회 (2023-06-24 시행)

시험 시간	풀이 시간	합격 점수	내점수
180분		60점	

데이터셋 경로: https://raw.githubusercontent.com/YoungjinBD/data/main/exam/

01 작업형 제1유형 — 30점

1. 다음 데이터에서 ProductA 가격과 ProductB 가격이 모두 0원이 아닌 데이터를 필터링하고, ProductA와 ProductB의 가격 차이를 정의하시오. 각 도시별 가격 차이의 평균 중 가장 큰 값을 구하시오. (소수점 첫째 자리까지 반올림)

데이터: 6_1_1.csv

2. 100명의 키와 몸무게를 조사하여 적정 체중인지 판단할 수 있는 BMI를 산출하려 한다. 아래 표를 참고하여 BMI를 기준으로 저체중, 정상, 과체중, 비만을 구분하고, 저체중인 사람과 비만인 사람의 총 합을 구하시오.

데이터: 6_1_2.csv

구분	BMI
저체중	18.5 미만
정상	18.5 이상 23 미만
과체중	23 이상 25 미만
비만	25 이상

$$BMI = \frac{몸무(kg)}{키(m)^2}$$

(소수점 첫째 자리까지 반올림)

3. 다음 데이터에서 연도별로 가장 큰 순생산량(생산된 제품 수 − 판매된 제품 수)을 가진 공장을 찾고, 순생산량의 합을 계산하시오.

데이터: 6_1_3.csv

작업형 제2유형 40점

제공된 학습용 데이터(6_2_train.csv)는 환자의 나이, 성별, 체질량지수(BMI), 혈당 및 콜레스테롤 수치 등의 정보를 포함하고 있으며, 이로부터 이완기 혈압(DBP)을 예측하고자 한다. 학습용 데이터를 활용하여 환자의 이완기 혈압(DBP)을 예측하는 회귀 모델을 개발하고, 성능이 가장 우수한 모델을 평가용 데이터 (6_2_test.csv)에 적용하여 예측 결과를 제출하시오.

※ 모델 성능 지표 : RMSE(Root Mean Squared Error)
※ level_0 칼럼은 인덱스 초기화 과정에서 생성된 것으로 분석 시 제외

Data description
   ID : 고유 식별자
   Age : 나이
   Gender : 성별(범주형: Male/Female 등)
   BMI : 체질량지수
   ALT : 간 기능 수치
   FPG : 공복혈당
   Chol : 총 콜레스테롤
   Tri : 중성지방
   HDL : 고밀도지단백 콜레스테롤
   LDL : 저밀도지단백 콜레스테롤
   DBP : 이완기 혈압

제출 형식
   파일명 : result.csv (디렉토리/폴더명 제외)
   제출 칼럼 : ID, pred (총 2개 칼럼)
   pred : 예측된 이완기 혈압(DBP) 값 (실수형 가능)
   행 수 : 테스트 데이터(6_2_test.csv)의 ID 수와 동일

작업형 제3유형

문제 1

어느 회사에서 100명의 직원들을 대상으로 하루 업무 수행 시간을 조사하였다. K-S 검정을 통해 업무 수행 시간이 정규분포를 따르는 지 검정하고자 한다.

데이터 : 6_3_1.csv

① 직원들의 업무 수행 시간의 평균과 표준편차를 구하시오. (소수점 셋째 자리까지 반올림)

② 직원들의 업무 수행 시간이 정규분포를 따르는 지 K-S 검정을 실시하고, 검정통계량을 계산하시오. (소수점 셋째 자리까지 반올림)

③ p-value를 바탕으로 유의수준 5%에서 귀무가설의 기각/채택 여부를 결정하시오. (p-value는 소수점 셋째 자리까지 반올림)

문제 2

다음의 데이터는 주택들의 가격(price), 면적(area), 방의 개수(rooms), 연식(age)을 조사하여 기록한 것이다.

데이터 : 6_3_2.csv

① 주택 가격을 종속 변수로 하고, 면적, 방의 개수, 연식을 독립 변수로 하는 다중회귀 분석을 수행하여, 회귀 계수가 가장 높은 변수를 구하시오. (다중회귀모형 적합 시 절편 포함)

② 유의수준 5% 하에서 각 독립 변수가 주택 가격에 미치는 영향이 통계적으로 유의미한 지 판단하고, 유의미한 변수 개수를 구하시오.

기출문제 제5회 (2022-12-03 시행)

시험 시간	풀이 시간	합격 점수	내점수
180분		60점	

데이터셋 경로 : https://raw.githubusercontent.com/YoungjinBD/data/main/exam/

01 작업형 제1유형 (30점)

1 다음 데이터에서 conventional 칼럼의 특수문자를 제거하고, IQR(3분위수 − 1분위수)를 구하시오. (소수점 첫째 자리에서 반올림)

데이터 : 5_1_1.csv

2 위 데이터에서 흑인 또는 히스패닉 비율(minority) / 빈곤율(poverty) > 2이며, 도시 유형(city)이 state인 도시의 범죄율(crime) 평균을 구하시오. (소수점 첫째 자리에서 반올림)

3 다음 데이터에서 2016년 9월 이후, 온도(actual)의 평균을 구하시오. (소수점 첫째 자리에서 반올림)

데이터 : 5_1_2.csv

02 작업형 제2유형 (40점)

제공된 학습용 데이터(5_2_train.csv)는 유방암 종양의 다양한 특성(반지름, 둘레, 면적, 질감 등)에 대한 정량적 지표와 악성/양성 여부(target)를 포함하고 있다. 학습용 데이터를 활용하여 종양이 악성일 확률(target=1)을 예측하는 이진 분류 확률 예측 모델을 개발하고, 가장 우수한 모델을 평가용 데이터(5_2_test.csv)에 적용하여 예측 결과를 제출하시오.

※ 모델 성능 지표 : AUC(Area Under the Curve)
※ level_0 칼럼은 인덱스 초기화로 생긴 값으로 분석에 사용하지 않음

Data description
종양의 크기, 질감 등 특징을 나타내는 데이터입니다.
ID : 고유 식별자
mean_radius : 반지름 평균
mean_texture : 질감 평균
mean_perimeter : 둘레 평균
mean_area : 면적 평균
mean_smoothness : 매끄러움 평균
mean_compactness : 조밀도 평균
mean_concave_points : 오목한 점 평균
mean_symmetry : 대칭성 평균
mean_concavity : 오목함 평균
mean_fractal_dimension : 프랙탈 차원 평균

radius_error : 반지름 오차
… : 기타 유사한 통계 지표들
target : 악성 종양 여부 (0: 양성, 1: 악성)

제출 형식
파일명 : result.csv (디렉토리/폴더명 제외)
제출 칼럼 : ID, pred (총 2개 칼럼)
prob : 예측된 악성 확률 (0이상 1이하의 실수)
행 수 : 테스트 데이터(5_2_test.csv)의 ID 수와 동일

※ 제3유형은 제6회 시험부터 추가되었습니다. 본 도서에는 이전 회차 기출문제에도 제3유형을 추가로 개발하여 수록하였습니다.

03 작업형 제3유형 30점

문제 1

어느 학교에서 학생들의 공부 시간과 시험 점수 간의 상관관계를 조사하고자 한다. 50명의 학생을 대상으로 하루 평균 공부 시간과 최근 시험 점수를 조사하였다.

데이터 : 5_3_1.csv

① 학생들의 공부 시간과 시험 점수의 평균, 표준편차를 구하시오. (소수점 둘째 자리까지 반올림)

② 공부 시간과 시험 점수 간의 상관관계를 조사하기 위한 피어슨 상관계수를 계산하시오. (소수점 셋째 자리까지 반올림)

③ p-value를 바탕으로 유의수준 5%에서 귀무가설의 기각/채택 여부를 결정하시오. (p-value는 소수점 셋째 자리까지 반올림)

문제 2

어느 마케팅 회사에서 세 가지 마케팅 캠페인(A, B, C)의 효과가 유의미하게 다른지를 조사하고자 한다. 각 캠페인에 대해 각각 50명의 고객을 랜덤으로 추출하여 만족도를 조사하였다.

데이터 : 5_3_2.csv

① 각 캠페인의 만족도 점수의 평균, 표준편차를 구하시오. (소수점 둘째 자리까지 반올림)

② 세 캠페인의 평균 만족도 점수가 유의미하게 다른지 검정하기 위해 ANOVA 검정을 수행하고, 검정통계량을 계산하시오. (소수점 셋째 자리까지 반올림)

③ p-value를 바탕으로 유의수준 5%에서 귀무가설의 기각/채택 여부를 결정하시오. (p-value는 소수점 셋째 자리까지 반올림)

기출문제 제4회 (2022-06-25 시행)

시험 시간	풀이 시간	합격 점수	내점수
180분		60점	

데이터셋 경로 https://raw.githubusercontent.com/YoungjinBD/data/main/exam/

01 작업형 제1유형 ····· 30점

1 다음 데이터에서 결측치가 존재하는 행을 모두 삭제하시오. 인덱스 기준 데이터의 상위 70%에 해당하는 데이터를 추출하고, PTRATIO 칼럼의 1분위수를 구하시오. (소수점 첫째 자리까지 반올림)

데이터 : 4_1_1.csv

2 건축연도(yearBuilt)가 1991~2000년이면서 평균 학교등급(avgSchoolRating)이 평균 이하인 주택 id(uid)와 건축연도 2001~2010년에 평균 학교등급이 평균 이상인 주택 id의 수를 구하시오.

데이터 : 4_1_2.csv

3 위 데이터의 각 칼럼 중 결측치가 가장 많은 칼럼을 출력하시오.

02 작업형 제2유형 ····· 40점

제공된 학습용 데이터(4_2_train.csv)는 고객의 카드 사용 정보와 이탈 여부를 포함하고 있다. 학습용 데이터를 활용하여 고객 이탈 여부를 예측하는 이진 분류 모델을 개발하고, 가장 우수한 모델을 평가용 데이터(4_2_test.csv)에 적용하여 예측 결과를 제출하시오.

※ 모델 성능 지표 : F1 Score
※ 타깃 : 이탈 여부(Attrition_Flag)

```
Data description
    ID : 고유 식별자
    Attrition_Flag : 이탈 여부 (0: 잔류 고객, 1: 이탈 고객)
    Gender : 성별
    Customer_Age : 고객 나이
    Income_Category : 소득 구간
    Card_Category : 카드 종류
    Credit_Limit : 신용 한도
    Total_Revolving_Bal : 순환 잔액
    Avg_Utilization_Ratio : 평균 사용률
    Avg_Open_To_Buy : 평균 구매 가능 금액
    Months_Inactive_12_mon : 최근 12개월 비활성 월 수
```

> **제출 형식**
> 파일명 : result.csv (디렉토리/폴더명 제외)
> 제출 칼럼 : ID, pred (총 2개 칼럼)
> pred : 예측된 이탈 여부 (정수형 0 또는 1)
> 제출 개수 : 평가용 데이터와 예측 결과의 행 개수가 일치해야 함

※ 제3유형은 제6회 시험부터 추가되었습니다. 본 도서에는 이전 회차 기출문제에도 제3유형을 추가로 개발하여 수록하였습니다.

03 작업형 제3유형　　　　　　　　　　　　　　　　　　　　　　　　30점

문제 1

어느 회사에서 두 부서(A와 B) 직원들의 주간 근무 시간 평균이 유의미하게 다른지를 조사하고자 한다. 각 부서에서 각각 30명의 직원을 랜덤으로 추출하여 주간 근무 시간을 조사하였다.

데이터 : 4_3_1.csv

① 두 부서의 평균과 표준편차를 구하시오. (소수점 둘째 자리까지 반올림)

② 두 부서의 평균 근무 시간 차이를 검정하기 위해 등분산을 가정한 독립 2표본 t-검정을 수행하고, 검정통계량을 구하시오. (소수점 둘째 자리까지 반올림)

③ p-value를 바탕으로 유의수준 5%에서 귀무가설의 기각/채택 여부를 결정하시오. (p-value는 소수점 둘째 자리까지 반올림)

문제 2

어느 제조업체에서 세 공장(A, B, C)에서 생산된 제품의 품질 점수가 유의미하게 다른지를 조사하고자 한다. 각 공장에서 각각 30개의 제품을 랜덤으로 추출하여 품질 점수를 조사하였다.

데이터 : 4_3_2.csv

① 세 공장 품질 점수의 평균과 표준편차를 구하시오. (소수점 둘째 자리까지 반올림)

② 두 부서의 평균 근무 시간이 유의미하게 다른지 검정하기 위해 크루스칼-왈리스 검정을 수행하고, 검정통계량을 계산하시오. (소수점 둘째 자리까지 반올림)

③ p-value를 바탕으로 유의수준 5%에서 귀무가설의 기각/채택 여부를 결정하시오. (p-value는 소수점 둘째 자리까지 반올림)

기출문제 제3회 (2021-12-04 시행)

시험 시간	풀이 시간	합격 점수	내점수
180분		60점	

데이터셋 경로 https://raw.githubusercontent.com/YoungjinBD/data/main/exam/

01 작업형 제1유형 (30점)

1 다음 데이터에서 lotSizeSqFt이 큰 top 10을 구하고, top 10 값 중 가장 작은 값으로 해당 값을 대치하시오. 또한, 건축 연도(yearBuilt)가 2000년도 이상인 lotSizeSqFt의 평균값을 구하시오. (소수점 첫째 자리에서 반올림, 대치된 lotSizeSqFt 기준)

데이터 : 3_1.csv

2 칼럼별 결측치 존재 여부를 확인하고, 결측치가 존재하는 경우 해당 칼럼의 중앙값으로 결측치를 대치하시오. 결측치 대치 전과 후 표준편차 차이의 절댓값을 구하시오. (소수점 둘째 자리까지 반올림)

3 평균으로부터 1.5×표준편차만큼 벗어나는 경우를 이상치로 판단할 때, MedianStudentsPerTeacher의 이상치를 구하고, 이상치의 개수를 구하시오.

02 작업형 제2유형 (40점)

제공된 학습용 데이터(3_2_trainX.csv, 3_2_trainy.csv)는 개인의 건강 정보와 당뇨병 여부를 포함하고 있다. 학습용 데이터를 활용하여 당뇨병 여부를 예측하는 이진 분류 모델을 개발하고, 가장 우수한 모델을 평가용 데이터(3_2_testX.csv)에 적용하여 예측 결과를 제출하시오.

※ 모델 성능 지표 : F1 Score
※ 타깃(라벨) : 당뇨병 여부(Outcome)

```
Data description
    Pregnancies : 임신 횟수
    Glucose : 혈당 수치
    BloodPressure : 혈압(mm Hg)
    SkinThickness : 피부 두께(mm)
    Insulin : 혈중 인슐린 농도
    BMI : 체질량 지수
    DiabetesPedigreeFunction : 당뇨 유전적 소인 지수
    Age : 나이
    Outcome : 당뇨병 여부 (0: 비당뇨, 1: 당뇨)
```

제출 형식
파일명 : result.csv (디렉토리/폴더명 제외)
제출 칼럼 : pred (총 1개 칼럼)
pred : 예측된 당뇨병 여부 (정수형 0 또는 1)
제출 개수 : 평가용 데이터와 예측 결과의 행 개수가 일치해야 함

※ 제3유형은 제6회 시험부터 추가되었습니다. 본 도서에는 이전 회차 기출문제에도 제3유형을 추가로 개발하여 수록하였습니다.

작업형 제3유형　　30점

문제 1

어느 고등학교의 수학 교사는 학생들의 시험 점수가 평균 75점 이상이라고 주장한다. 이를 검증하기 위해 랜덤으로 100명의 학생을 추출하여 시험 점수를 조사하였다.

데이터 : 3_3_1.csv

① 학생 성적의 평균과 표준편차를 구하시오. (소수점 둘째 자리까지 반올림)

② 모평균 75를 기준으로 일표본 t-검정을 수행하고, 검정통계량을 계산하시오. (소수점 둘째 자리까지 반올림)

③ p-value를 바탕으로 유의수준 5%에서 귀무가설의 기각/채택 여부를 결정하시오. (p-value는 소수점 둘째 자리까지 반올림)

문제 2

어느 고등학교에서 학생들의 성별과 동아리 가입 여부 간의 연관성을 조사하고자 한다. 이를 위해 200명의 학생을 대상으로 조사를 실시하였다.

데이터 : 3_3_2.csv

① 성별과 동아리 가입 여부 간의 독립성을 검정하기 위해 카이제곱 독립성 검정을 수행하고, 검정통계량을 소수점 둘째 자리까지 반올림하여 구하시오. (단, 연속성 수정은 적용하지 않음)

② p-value를 바탕으로 유의수준 5%에서 귀무가설의 기각/채택 여부를 결정하시오. (p-value는 소수점 둘째 자리까지 반올림)

MEMO

최신 기출문제
정답 & 해설

기출문제 제10회 (2025-06-21 시행)

시험 시간	풀이 시간	합격 점수	내점수
180분		60점	

데이터셋 경로 https://raw.githubusercontent.com/YoungjinBD/data/main/exam/

01 작업형 제1유형 30점

1 소주제별로 정답률(정답여부가 1인 응답 수/해당 소주제 전체 응답 수)을 구하고, 3번째로 높은 정답률을 구하시오.

데이터 : 10_1_1.csv

> Data description
> 학생ID : 학생 고유 번호
> 문제ID : 문제 고유 번호
> 대주제 : 문제 대분류
> 소주제 : 문제 소분류
> 정답여부 : (1=정답, 0=오답)

※ 정답률을 내림차순으로 정렬하였을 때, 동일한 정답률은 하나의 순위로 간주한다. (공동 1등이 2명 있으면 그 다음 순위는 2등으로 간주)

```
import pandas as pd
import numpy as np
df = pd.read_csv('https://raw.githubusercontent.com/YoungjinBD/data/main/exam/10_1_1.csv')
print(df.head())
```

	학생ID	문제ID	대주제	소주제	정답여부
0	1001	1	과학	동물	0
1	1001	2	사회	정치	1
2	1001	3	과학	지구	0
3	1001	4	과학	식물	0
4	1001	5	수학	측정	1

- 소주제별 정답률을 계산합니다.

```
numer = df.groupby(["소주제"])["정답여부"].sum()
denom = df.groupby(["소주제"])["정답여부"].count()
ratio = np.round((numer / denom), 2)
```

- (방법1) 정답률을 내림차순으로 정렬한 후 세 번째로 높은 정답률인 소주제를 확인합니다.

```
print(ratio.sort_values(ascending=False).head())
```

```
소주제
독해    0.74
듣기    0.70
문법    0.70
경제    0.68
지구    0.66
Name: 정답여부, dtype: float64
```

- (방법2) 정답률 중복 제거 후 내림차순으로 정렬하여, 세 번째로 높은 정답률을 계산합니다. 또한, 세 번째로 높은 정답률에 대응되는 소주제를 확인합니다.

```
unique_ratios = sorted(ratio.unique(), reverse=True)
third = unique_ratios[2]
third_subs = ratio[ratio == third].index.tolist()

print(f"\n3번째로 높은 정답률: {third}")
print("소주제:", third_subs)
```

```
3번째로 높은 정답률: 0.68
소주제: ['경제']
```

2 제시된 문제를 순서대로 풀고, 해답을 제시하시오.

데이터 : 10_1_2.csv

Data description
 date : 날짜
 category : 음료 종류
 item : 음료 상품명
 price : 판매 가격

① date를 연도(year), 월(month)로 분리하여, 연도-월별 price의 합계를 구하시오. 그 중 두 번째로 큰 매출액(합계)을 구하시오.

② 이전 문제에서 네 번째로 큰 price 합계에 해당하는 연도-월을 찾으시오. 해당 연도-월에서 카테고리(category)별 price 합계를 구하시오. 그 중 가장 높은 price 합계(정수)를 제출하시오.

```
df = pd.read_csv('https://raw.githubusercontent.com/YoungjinBD/data/main/exam/10_1_2.csv')
print(df.info())

<class 'pandas.core.frame.DataFrame'>
RangeIndex: 250 entries, 0 to 249
Data columns (total 4 columns):
 #   Column     Non-Null Count   Dtype
---  ------     --------------   -----
 0   date       250 non-null     object
 1   category   250 non-null     object
 2   item       250 non-null     object
 3   price      250 non-null     int64
dtypes: int64(1), object(3)
memory usage: 7.9+ KB
None
```

- date 칼럼이 object형이므로, 전처리 편의를 위해 날짜형으로 변환합니다.

```
df["date"] = pd.to_datetime(df["date"])
```

- date 칼럼에서 년, 월 칼럼을 새롭게 생성합니다.

```
df["year"] = df["date"].dt.year
df["month"] = df["date"].dt.month
```

- 년-월별 price의 합계를 계산하고, 두 번째로 큰 매출액(합계)을 계산합니다.

```
monthly_sales = (
    df
    .groupby(["year", "month"])["price"]
    .sum()
    .sort_values(ascending=False)
)
print('두 번째로 큰 price(합계) :', monthly_sales.iloc[1])
```

두 번째로 큰 price(합계) : 1777389

- 네 번째로 큰 price 합계에 해당하는 년-월을 찾습니다.
- 해당 년-월에서 카테고리별 price 합계를 구한 다음 가장 높은 값을 출력합니다.

```
year, month = monthly_sales.reset_index().iloc[3][["year", "month"]]
df_sub = df.loc[(df['year'] == year) & (df['month'] == month), :]
print('price 합계 :', df_sub.groupby('category')['price'].sum().max())
```

```
price 합계 : 1012500
```

3 제시된 문제를 순서대로 풀고, 해답을 제시하시오.

데이터 : 10_1_3.csv

Data description
label : 'spam' 또는 'ham'
message : 영어 문장 (특수문자/숫자 등 포함)

① 각 메시지의 단어 수를 공백(' ')을 기준으로 세는 새로운 컬럼을 만드시오.

② 'spam'과 'ham' 각각의 평균 단어 수를 계산하시오.

③ 두 평균의 차이의 절댓값을 소수점 셋째자리까지 반올림하여 제출하시오.

```
df = pd.read_csv('https://raw.githubusercontent.com/YoungjinBD/data/main/exam/10_1_3.csv')
print(df.head())
```

```
                                             message   label
0  You have won a free vacation to Hawaii! Reply ...   spam
1  Your account will be locked in 24 hours. Act now.  spam
2         Hey, are you coming to the meeting later?   ham
3   Don't forget to pick up milk on your way home.   ham
4  Special discount! 50% off on all shoes today o...  spam
```

- str.split() 메서드를 사용하여 각 문장을 공백 기준으로 나눈 뒤, 나눠진 단어의 개수를 계산하여 새로운 컬럼에 저장합니다.

```
df["word_count"] = df["message"].str.split(' ').apply(len)
```

- 'spam', 'ham' 각각의 평균 단어 수를 계산합니다.

```
mean_word_count = df.groupby('label')['word_count'].mean()
print(mean_word_count)
```

```
label
ham     6.232143
spam    6.531915
Name: word_count, dtype: float64
```

- 'spam', 'ham'의 평균 차이를 계산합니다.

```
result = np.round(abs(mean_word_count["spam"] - mean_word_count["ham"]), 3)
print(result)
```

```
0.3
```

02 작업형 제2유형   40점

제공된 학습용 데이터(10_2_train.csv)는 여러 상권 내 건물의 특성(상권 유형, 건물 면적, 건물 연식, 세대 수 등)과 연간 총 가스 소비량 정보를 담고 있다. 학습용 데이터를 활용하여 건물의 연간 총 가스 소비량(gas_totl)을 예측하는 모델을 개발하고, 이 중 가장 우수한 모델을 평가용 데이터(10_2_test.csv)에 적용하여 예측 결과를 제출하시오.

※ 평가 지표: RMSE

```
Data description
    biz_type : 상권 유형
    area : 건물 면적
    age : 건물 연식
    num_households : 건물 내 세대수
    gas_totl : 건물의 연간 총 가스 소비량 (결측치는 0으로 대체되어 있음)
```

```
제출 형식
    CSV 파일명 : result.csv (디렉토리/폴더명 불포함)
    예측 칼럼명 : pred
    제출 칼럼 개수 : pred 1개
    평가용 데이터 개수와 예측 결과 데이터 개수 일치
```

```
import pandas as pd
import numpy as np
train = pd.read_csv('https://raw.githubusercontent.com/YoungjinBD/data/main/exam/10_2_train.csv')
test = pd.read_csv('https://raw.githubusercontent.com/YoungjinBD/data/main/exam/10_2_test.csv')
```

1. 데이터 탐색

- 모델을 적합하기 전 데이터에 결측치가 있는지 확인해야 합니다. 결측치가 존재할 경우 모델 적합 시 에러가 발생할 수 있습니다.

```
print(train.info())
print(test.info())
```

```
<class 'pandas.core.frame.DataFrame'>
RangeIndex: 160 entries, 0 to 159
Data columns (total 5 columns):
 #   Column          Non-Null Count  Dtype
---  ------          --------------  -----
 0   biz_type        160 non-null    object
 1   area            160 non-null    float64
 2   age             160 non-null    int64
 3   num_households  160 non-null    int64
 4   gas_totl        160 non-null    int64
dtypes: float64(1), int64(3), object(1)
memory usage: 6.4+ KB
None
<class 'pandas.core.frame.DataFrame'>
RangeIndex: 40 entries, 0 to 39
Data columns (total 5 columns):
 #   Column          Non-Null Count  Dtype
---  ------          --------------  -----
 0   biz_type        40 non-null     object
 1   area            40 non-null     float64
 2   age             40 non-null     int64
 3   num_households  40 non-null     int64
 4   gas_totl        0 non-null      float64
dtypes: float64(2), int64(2), object(1)
memory usage: 1.7+ KB
None
```

- gas_totl이 0인 경우는 전체 12.5%에 해당합니다. gas_totl이 0인 경우는 삭제합니다.

```
train = train.loc[train['gas_totl'] != 0, :]
train_X = train.drop(["gas_totl"], axis=1)
train_y = train["gas_totl"]

test_X = test.drop(["gas_totl"], axis=1)
test_y = test["gas_totl"]
```

2. 데이터 분할

- 모델 성능 확인을 위해 훈련 데이터의 일부를 검증 데이터로 나눕니다.

```
from sklearn.model_selection import train_test_split
train_X, valid_X, train_y, valid_y = train_test_split(
    train_X, train_y, test_size=0.3, random_state=1
)
```

3. 데이터 전처리

- 범주형 변수에 대해서 원-핫 인코딩을 수행하겠습니다. 범주형 변수와 수치형 변수의 각 칼럼명을 저장합니다.

```
cat_columns = train_X.select_dtypes('object').columns
num_columns = train_X.select_dtypes('number').columns
```

- one-hot 인코딩을 위한 메서드를 불러옵니다.

```
from sklearn.preprocessing import OneHotEncoder
onehotencoder = OneHotEncoder(sparse_output=False, handle_unknown="ignore").set_output
(transform="pandas")
```

- 훈련 데이터와 검증 데이터, 테스트 데이터에 대해 전처리를 진행합니다. 전처리 결과는 set_output(transform = 'pandas')로 설정했으므로, pandas.DataFrame으로 출력됩니다.

```
train_X_cat_preprocessed = onehotencoder.fit_transform(train_X[cat_columns])
valid_X_cat_preprocessed = onehotencoder.transform(valid_X[cat_columns])
test_X_cat_preprocessed = onehotencoder.transform(test_X[cat_columns])
train_X_preprocessed = pd.concat(
    [train_X_cat_preprocessed, train_X[num_columns]], axis=1
)
valid_X_preprocessed = pd.concat(
    [valid_X_cat_preprocessed, valid_X[num_columns]], axis=1
)
test_X_preprocessed = pd.concat([test_X_cat_preprocessed, test_X[num_columns]], axis=1)
```

4. 모델 적합

- 랜덤 포레스트 모델을 적합합니다.

```
from sklearn.ensemble import RandomForestRegressor
rf = RandomForestRegressor(random_state=1)
rf.fit(train_X_preprocessed, train_y)
```

- 검증 데이터를 활용하여 모형 성능을 확인해보겠습니다.

```
from sklearn.metrics import root_mean_squared_error
pred_val = rf.predict(valid_X_preprocessed)
print('valid RMSE:' , root_mean_squared_error(valid_y, pred_val))
```

valid RMSE: 75.47488439083246

- 테스트 데이터를 활용하여 최종 예측을 수행합니다.

```
test_pred = rf.predict(test_X_preprocessed)
test_pred = pd.DataFrame(test_pred, columns = ['pred'])
print(test_pred.head())
```

```
     pred
0   484.92
1  1038.76
2   352.11
3  1329.99
4   207.37
```

- 최종 결과를 저장합니다.

```
result.to_csv('result.csv', index = False)
```

03 작업형 제3유형

30점

문제 1

한 기업이 인사관리 데이터를 가지고 이직 여부 예측 모델을 개발하려고 한다. 다음 문제를 풀이하시오.

데이터 : 10_3_1.csv

Data description
attrition : 이직여부(0=잔류, 1=이직)
age : 나이
income : 연봉
overtime : 야근 상태 (0=해당 없음, 1=보통, 2=상시 등)

① 이직 여부를 예측하는 로지스틱 회귀모형을 적합하고, 유의한 변수(유의확률 0.05 미만)의 회귀계수를 소수점 셋째 자리까지 반올림하여 제출하시오. (단, 절편 제외)

② age가 1 증가할 때 이직(또는 잔류) 오즈비(odds ratio)를 소수점 셋째 자리까지 반올림하여 제출하시오.

③ age=20, income=3000, overtime=2 값을 가진 데이터의 이직확률을 모델로 예측하여 소수점 셋째 자리까지 반올림하여 제출하시오.

```
df = pd.read_csv('https://raw.githubusercontent.com/YoungjinBD/data/main/exam/10_3_1.csv')
print(df.head())
```

```
    attrition   age   income   overtime
0      0       51     9270      0
1      0       23     9603      1
2      1       49     2860      2
3      0       56     7390      1
4      0       42     7226      2
```

- smf.logit()을 통해 로지스틱 회귀 모형을 적합합니다.

```
import statsmodels.formula.api as smf
model = smf.logit("attrition ~ age + income + C(overtime)", data=df).fit()
pvalues = model.pvalues[1:]
params = model.params[1:]
print(pvalues)

Current function value: 0.048045
        Iterations: 35
C(overtime)[T.1]    0.997790
C(overtime)[T.2]    0.997772
age                 0.121215
income              0.009629
dtype: float64
```

- 유의수준 0.05에서 income 변수의 p-value가 0.00587<0.05이므로, 유의한 변수입니다. income 변수의 회귀계수를 확인합니다.

```
# 유의확률 0.05 미만, 절편(Intercept) 제외
sig_vars = params[pvalues < 0.05]
rounded_coefs = np.round(sig_vars, 3)
print(rounded_coefs)
```

```
income    -0.005
dtype: float64
```

- 로지스틱 회귀모형에서 회귀계수는 로그 오즈비를 의미합니다. 오즈비를 계산하기 위해서 회귀계수에 지수 함수를 적용하여 로그를 소거합니다.

```
age_coef = model.params["age"]
# 오즈비(odds ratio) 계산
odds_ratio_age = np.exp(age_coef)
odds_ratio_age_rounded = round(odds_ratio_age, 3)
print("age 오즈비:", odds_ratio_age_rounded)
```

```
age 오즈비: 0.894
```

- age=20, income=3000, overtime=2인 새로운 데이터에 대해서 이직확률을 예측합니다.

```
# 예측할 데이터 생성
test_df = pd.DataFrame({"age": [20], "income": [3000], "overtime": [2]})
# 예측 확률 산출
pred_prob = model.predict(test_df)
# 소수점 셋째 자리까지 반올림
pred_prob_rounded = np.round(pred_prob, 3)
print("예측 이직확률:", pred_prob_rounded)
```

```
예측 이직확률: 0    0.48
dtypc: float64
```

문제 2

어느 지역의 주택들의 정보를 수집하여 주택 가격을 예측하는 모델을 개발하려고 한다. 다음 문제를 풀이하시오.

데이터 : 10_3_2.csv

Data description
price : 주택 가격
area : 주택 면적
height : 집 높이
wall : 벽 유무(0=없음, 1=있음)

① 주택 가격을 예측하는 다중선형회귀모형을 적합하고, 유의한 변수(유의확률 0.05 미만)의 회귀계수 합(절편 제외)을 소수점 셋째 자리까지 반올림하여 제출하시오.

② 유의한 변수만으로 다중선형회귀모형을 다시 적합하고, 결정계수를 소수점 셋째 자리까지 반올림하여 제출하시오.

③ area=100, height=10, wall=1 값을 가진 데이터의 예측 주택 가격을 모델로 예측하여 소수점 셋째 자리까지 반올림하여 제출하시오. (단, 이전 문제에서 뽑은 통계적으로 유의미한 변수만 선택할 것)

```
df = pd.read_csv('https://raw.githubusercontent.com/YoungjinBD/data/main/exam/10_3_2.csv')
print(df.head())
```

	price	area	height	wall
0	317.312359	89.934283	10.715575	0
1	273.821798	77.234714	11.121569	0
2	319.961122	92.953771	12.166102	0
3	364.561162	110.460597	12.107604	1
4	254.338664	75.316933	7.244661	1

- smf.ols()를 통해 다중선형회귀모형을 적합합니다. 절편을 제외한 유의미한 회귀계수의 합을 계산합니다.

```
import statsmodels.formula.api as smf
# 다중선형회귀 적합
model = smf.ols("price ~ area + height + wall", data=df).fit()
# 각 변수의 계수, p-value
params = model.params[1:]
pvalues = model.pvalues[1:]
# 유의한 변수(유의확률 0.05 미만, 절편 제외)
sig_vars = params[pvalues < 0.05]
coef_sum = sig_vars.sum()
coef_sum_rounded = np.round(coef_sum, 3)
print(coef_sum_rounded)
```

10.289

- 유의한 변수인 area, height를 뽑아서 다중선형회귀모형을 적합합니다. 해당 모형의 결정계수를 계산합니다.

```
sig_var_names = sig_vars.index.tolist()
# formula 문자열 만들기
formula = "price ~ " + " + ".join(sig_var_names)
# 새 모델 적합
model2 = smf.ols(formula, data=df).fit()
r2_rounded = np.round(model2.rsquared, 3)
print(r2_rounded)
```

```
0.859
```

- area=100, height=10, wall=1인 새로운 데이터에 대해 예측값을 산출합니다.

```
# 예측용 입력 생성 (딕셔너리 리터럴 사용)
test_df = pd.DataFrame({"area": [100], "height": [10], "wall": [1]})
# 유의한 변수만 추출
test_X = test_df[sig_var_names]
# 예측
pred_price = model2.predict(test_X)
pred_price_rounded = np.round(pred_price, 3)
print(pred_price_rounded)
```

```
0    329.036
dtype: float64
```

기출문제 제9회 (2024-11-30 시행)

시험 시간	풀이 시간	합격 점수	내점수
180분		60점	

데이터셋 경로 https://raw.githubusercontent.com/YoungjinBD/data/main/exam/

01 작업형 제1유형   30점

1 데이터에서 (연도, 성별, 지역코드)별 총 대출액의 합계를 구하시오. 이후, 각 (연도, 지역코드)별로 남성과 여성의 총 대출액 차이의 절댓값을 계산하고, 성별 간 총 대출액 차이가 가장 큰 지역코드를 구하시오. (총 대출액 = 금액1 + 금액2)

데이터 : 9_1_1.csv

```
import pandas as pd
import numpy as np
pd.set_option('display.max_columns', None) # 모든 칼럼이 출력되게 조절
df = pd.read_csv('https://raw.githubusercontent.com/YoungjinBD/data/main/exam/9_1_1.csv')
print(df.head())
```

	year	gender	지역코드	금액1	금액2
0	2018	0	143	70713	43210
1	2019	0	183	40306	39663
2	2017	0	129	26646	41631
3	2019	0	161	56843	12455
4	2019	0	174	26371	9014

- 금액1과 금액2을 합하여 총 대출액을 구합니다.

```
df['총대출액'] = df['금액1'] + df['금액2']
```

- 각 연도 및 성별, 지역코드별 총대출액 합계를 계산합니다.

```
dfgender = df.groupby(['year', 'gender', '지역코드'])['총대출액'].sum().reset_index()
```

- 성별에 따른 절대값 차이를 계산하기 위해 피벗 테이블을 생성합니다.

```
df_pivot = dfgender.pivot_table(index=['year', '지역코드'], columns='gender', values='총대출액', fill_value=0)
```

- 성별에 따른 절대값 차이를 계산하고, 차이가 가장 큰 지역 코드를 출력합니다.

```
df_pivot['abs_diff'] = abs(df_pivot[0] - df_pivot[1])
max_code = df_pivot['abs_diff'].idxmax()
print('절대값 차이가 가장 큰 지역코드 :', max_code[1])
```

절대값 차이가 가장 큰 지역코드 : 143

2. 각 연도별 최대 검거율을 가진 범죄유형을 찾아서 해당 연도 및 유형의 검거건수들의 총합을 구하시오. (검거율 = 검거건수 / 발생건수)

데이터 : 9_1_2.csv

```
df = pd.read_csv('https://raw.githubusercontent.com/YoungjinBD/data/main/exam/9_1_2.csv')
print(df.head())
```

	연도	구분	범죄유형1	범죄유형2	범죄유형3	...	범죄유형9
0	2000	발생건수	302	635	470	...	666
1	2000	검거건수	302	430	470	...	408
2	2001	발생건수	969	543	691	...	513
3	2001	검거건수	121	352	691	...	513
4	2002	발생건수	982	389	886	...	846

- 검거건수와 발생건수를 별도의 데이터프레임으로 처리합니다.

- .set_index()를 활용하여 연도 칼럼을 인덱스로 변경합니다. 하나의 값만 존재하는 구분 칼럼은 삭제합니다.

```
df1 = df[df["구분"] == "검거건수"].set_index("연도").drop(columns="구분")
df2 = df[df["구분"] == "발생건수"].set_index("연도").drop(columns="구분")
```

- 검거율을 계산합니다.

```
dfratio = df1 / df2
```

- 각 연도별 최대 검거율을 산출합니다.

```
max_per_year = dfratio.max(axis = 1)
```

```
print(max_per_year.head())
```

```
연도
2000    1.0
2001    1.0
2002    1.0
2003    1.0
2004    1.0
dtype: float64
```

- dfratio에는 각 연도별 최대 검거율이 1인 범죄 유형이 여러 개 존재합니다. 따라서 범죄 유형별로 최대 검거율과 같은 경우 true, 아닐 경우 false로 하는 mask 데이터를 생성합니다.

```
def is_max_col(col):
    return col == max_per_year

mask = dfratio.apply(is_max_col, axis = 0)
print(mask.iloc[0, :])
```

```
범죄유형1       True
범죄유형2       False
범죄유형3       True
범죄유형4       False
범죄유형5       True
범죄유형6       False
범죄유형7       True
범죄유형8       False
범죄유형9       True
범죄유형10      False
Name: 2000, dtype: bool
```

- 예를 들어 2000년도의 경우 범죄유형 1, 3, 5, 7, 9가 최대 검거율을 갖는 범죄 유형인 것을 확인할 수 있습니다.
- mask 데이터를 활용하여 각 연도별 최대 검거율을 갖는 범죄 유형의 검거 건수 데이터를 필터링합니다.

```
print(df1[mask].head())
```

연도	범죄유형1	범죄유형2	범죄유형3	범죄유형4	범죄유형5	범죄유형6	범죄유형7	범죄유형8	범죄유형9	범죄유형10
2000	302.0	NaN	470.0	NaN	271.0	NaN	220.0	NaN	321.0	NaN
2001	NaN	NaN	691.0	613.0	NaN	NaN	476.0	360.0	NaN	513.0
2002	NaN	NaN	NaN	NaN	NaN	NaN	NaN	330.0	684.0	NaN
2003	NaN	539.0	291.0	NaN	NaN	627.0	NaN	NaN	234.0	405.0
2004	NaN	NaN	NaN	361.0	401.0	469.0	NaN	NaN	661.0	NaN

- 최대 검거율을 갖는 범죄 유형이 아닐 경우 결측치로 표시되므로, 해당 결측치를 모두 0으로 채워줍니다.

```
df1_1 = df1[mask].fillna(0)
```

- 범죄유형별 검거건수의 합계를 계산합니다.

```
print(df1[mask].fillna(0).sum())
```

```
범죄유형1      2641.0
범죄유형2      2588.0
범죄유형3      4581.0
범죄유형4      5316.0
범죄유형5      1636.0
범죄유형6      5008.0
범죄유형7      4120.0
범죄유형8      2483.0
범죄유형9      4328.0
범죄유형10     4276.0
dtype: float64
```

• 모든 범죄유형별 검거건수들의 총합을 계산합니다.

```
print(df1[mask].fillna(0).sum().sum())
```

```
36977.0
```

3 제시된 문제를 순서대로 풀고, 해답을 제시하시오.

데이터 : 9_1_3.csv

결측치 처리

① 평균만족도 : 결측치는 평균만족도 컬럼의 전체 평균으로 채우시오.

② 근속연수 : 결측치는 각 부서와 등급별 평균 근속연수로 채우시오. (평균값의 소수점은 버림 처리)

```
df = pd.read_csv('https://raw.githubusercontent.com/YoungjinBD/data/main/exam/9_1_3.csv')
print(df.head())
```

	부서	등급	평균만족도	근속연수	교육참가횟수
0	Finance	C	4.023911	17.0	8.0
1	Marketing	A	3.756698	14.0	16.0
2	IT	B	2.628697	21.0	13.0
3	Marketing	A	3.196616	NaN	18.0
4	Marketing	C	4.770665	28.0	10.0

• 결측치를 확인합니다.

```
df.isna().sum()
```

```
부서           0
등급           0
평균만족도       10
근속연수        10
교육참가횟수       0
```

• 평균만족도 칼럼은 해당 칼럼의 평균으로 대치합니다.

```
df["평균만족도"] = df["평균만족도"].fillna(df["평균만족도"].mean())
```

- 부서와 등급에 따라 평균 근속연수로 대치합니다.

```
mean_tenure = (
    df.groupby(["부서", "등급"])["근속연수"]
    .mean()
    .apply(np.floor)
    .reset_index()
    .rename(columns = {"근속연수": "평균근속연수"})
)

# merge로 결측치 대치
df = df.merge(mean_tenure, on = ["부서", "등급"], how = "left")
df["근속연수"] = np.where(
    df["근속연수"].isnull(),    # 조건: 근속연수가 결측치인 경우
    df["평균근속연수"],          # 결측치일 때 대치값
    df["근속연수"]              # 결측치가 아닐 때 기존 값 유지
)
df.drop(columns = ["평균근속연수"], inplace = True)
```

- 결측치가 처리된 결과를 확인합니다.

```
df.isna().sum()
```

```
부서         0
등급         0
평균만족도      0
근속연수       0
교육참가횟수     0
```

조건에 따른 평균 계산

③ A : 부서가 'HR'이고 등급이 'A'인 사람들의 평균 근속연수를 계산하시오.

④ B : 부서가 'Sales'이고 등급이 'B'인 사람들의 평균 교육참가횟수를 계산하시오.

⑤ A와 B를 더한 값을 구하시오.

- 부서가 'HR'이고 등급이 'A'인 사람들의 평균 근속연수를 계산합니다.

```
A = df.loc[(df["부서"] == "HR") & (df["등급"] == "A"), "근속연수"].mean()
```

- 부서가 'Sales'이고 등급이 'B'인 사람들의 평균 교육참가횟수를 계산합니다.

```
B = df.loc[(df["부서"] == "Sales") & (df["등급"] == "B"), "교육참가횟수"].mean()
```

- 두 조건의 합을 계산합니다.

```
result = A + B
print("A (평균 근속연수):", A)
print("B (평균 교육참가횟수):", B)
print("A + B:", result)

A (평균 근속연수): 17.625
B (평균 교육참가횟수): 7.6
A + B: 25.225
```

 작업형 제2유형　　　　　　　　　　　　　　　　　　　　　　40점

제공된 학습용 데이터(9_2_train.csv)는 지역의 특성과 해당 지역의 농업 유형 정보를 포함하고 있다. 학습용 데이터를 활용하여 지역의 농업 유형(라벨)을 예측하는 다중분류 모델을 개발하고, 가장 우수한 모델을 평가용 데이터(9_2_test.csv)에 적용하여 예측 결과를 제출하시오.

※ 모델 성능 지표 : Macro F1 Score
※ 타깃(라벨) : 농업 유형 (0, 1, 2의 세 가지 클래스)

Data description
　　ID : 고유 식별자
　　지역 : 관측 지역
　　등급 : 농업 등급
　　농업면적 : 해당 지역의 농업 면적
　　연도 : 데이터가 수집된 연도
　　라벨 : 농업 유형

제출 형식
　　파일명 : result.csv (디렉토리/폴더명 제외)
　　제출 칼럼 : ID, pred (총 2개 칼럼)
　　pred : 예측된 농업 유형 (정수형: 0, 1, 2 중 하나)
　　평가용 데이터 개수와 예측 결과 데이터 개수 일치

```
import pandas as pd
import numpy as np
# 데이터 로드
train = pd.read_csv('https://raw.githubusercontent.com/YoungjinBD/data/main/exam/9_2_train.csv')
test = pd.read_csv('https://raw.githubusercontent.com/YoungjinBD/data/main/exam/9_2_test.csv')
```

1. 데이터 탐색

- 모델을 적합하기 전 데이터에 결측치가 있는지 확인해야 합니다. 결측치가 존재할 경우 모델 적합 시 에러가 발생할 수 있습니다.

```
print(train.info())
```

```
<class 'pandas.core.frame.DataFrame'>
RangeIndex: 1680 entries, 0 to 1679
Data columns (total 6 columns):
 #   Column   Non-Null Count   Dtype
---  ------   --------------   -----
 0   ID       1680 non-null    int64
 1   지역       1680 non-null    object
 2   등급       1680 non-null    object
 3   농업면적     1680 non-null    int64
 4   연도       1680 non-null    int64
 5   라벨       1680 non-null    int64
dtypes: int64(4), object(2)
memory usage: 78.9+ KB
None
```

(Non-Null Count 열: 결측치 없음)

```
print(test.info())
```

```
<class 'pandas.core.frame.DataFrame'>
RangeIndex: 720 entries, 0 to 719
Data columns (total 6 columns):
 #   Column   Non-Null Count   Dtype
---  ------   --------------   -----
 0   ID       720 non-null     int64
 1   지역       720 non-null     object
 2   등급       720 non-null     object
 3   농업면적     720 non-null     int64
 4   연도       720 non-null     int64
 5   라벨       720 non-null     int64
dtypes: int64(4), object(2)
memory usage: 33.9+ KB
None
```

(Non-Null Count 열: 결측치 없음)

- 테스트 데이터를 활용한 최종 결과를 제출하기 위해 ID 칼럼을 따로 저장합니다.

```
test_id = test['ID']
train_X = train.drop(['라벨'], axis = 1)
train_y = train['라벨']
test_X = test.drop(['라벨'], axis = 1)
test_y = test['라벨']
```

2. 데이터 분할

- 모델 성능 확인을 위해 훈련 데이터의 일부를 검증 데이터로 나누겠습니다.

```
from sklearn.model_selection import train_test_split
# 데이터 분할
train_X, valid_X, train_y, valid_y = train_test_split(train_X, train_y, test_size = 0.3, random_state = 1)
```

3. 데이터 전처리

- 범주형 변수에 대해서 원-핫 인코딩을 수행하겠습니다. 범주형 변수와 수치형 변수의 각 칼럼명을 저장합니다.

```
cat_columns = train_X.select_dtypes('object').columns
num_columns = train_X.select_dtypes('number').columns
```

- 원-핫 인코딩을 위한 메서드를 불러옵니다.

```
from sklearn.preprocessing import OneHotEncoder
onehotencoder = OneHotEncoder(sparse_output = False, handle_unknown = 'ignore').set_output(transform = 'pandas')
```

- 훈련 데이터와 검증 데이터, 테스트 데이터에 대해 전처리를 진행합니다. 전처리 결과는 set_output(transform = 'pandas')로 설정했으므로, pandas.DataFrame으로 출력됩니다.

```
train_X_cat_preprocessed = onehotencoder.fit_transform(train_X[cat_columns])
valid_X_cat_preprocessed = onehotencoder.transform(valid_X[cat_columns])
test_X_cat_preprocessed = onehotencoder.transform(test_X[cat_columns])
train_X_preprocessed = pd.concat([train_X_cat_preprocessed, train_X[num_columns]], axis = 1)
valid_X_preprocessed = pd.concat([valid_X_cat_preprocessed, valid_X[num_columns]], axis = 1)
test_X_preprocessed = pd.concat([test_X_cat_preprocessed, test_X[num_columns]], axis = 1)
```

4. 모델 적합

- 랜덤 포레스트 모델을 적합하겠습니다.

```
from sklearn.ensemble import RandomForestClassifier
rf = RandomForestClassifier(random_state = 1)
rf.fit(train_X_preprocessed, train_y)
```

- 검증 데이터를 활용하여 모형 성능을 확인합니다.

```
from sklearn.metrics import f1_score
pred_val = rf.predict(valid_X_preprocessed)
print('valid f1-macro:' , f1_score(valid_y, pred_val, average = 'macro'))
```

```
valid f1-macro: 0.3099787685774947
```

- 테스트 데이터를 활용하여 최종 예측을 수행합니다.

```
test_pred = rf.predict(test_X_preprocessed)
test_pred = pd.DataFrame(test_pred, columns = ['pred'])
```

- ID, pred 칼럼만 존재하는 결과 파일을 생성합니다.

```
result = pd.concat([test_id, test_pred], axis = 1)
print(result.head(2))
```

```
     ID   pred
0  1094     0
1  1341     0
```

- 최종 결과를 저장합니다.

```
result.to_csv('result.csv', index = False)   # 시험에서 제시되는 파일명 작성할 것
```

- 만약 모델 성능이 낮다고 판단되면, 교차검증을 활용한 하이퍼파라미터 튜닝을 진행해볼 수 있습니다. 홀드 아웃 방법이 아닌 k-폴드 교차검증을 진행할 것이기 때문에 기존에 분할했던 학습 데이터와 검증 데이터를 합치겠습니다.

```
train_X_full = np.concatenate([train_X_preprocessed, valid_X_preprocessed], axis = 0)
train_y_full = np.concatenate([train_y, valid_y], axis = 0)
```

- GridSearchCV를 통해 하이퍼파라미터 튜닝을 진행하겠습니다.

```python
from sklearn.model_selection import GridSearchCV

param_grid = {'max_depth': [10, 20, 30],
              'min_samples_split': [2, 5, 10]}

rf = RandomForestClassifier(random_state = 1)
rf_search = GridSearchCV(estimator = rf,
                         param_grid = param_grid,
                         cv = 3,
                         scoring = 'f1_macro')
rf_search.fit(train_X_full, train_y_full)
print('valid f1-macro:', rf_search.best_score_)

valid f1-macro: 0.3111111111111111
```

> **기적의 TIP**
>
> 파라미터 값의 범위가 넓어지면 모델 학습 시 많은 시간이 소요될 수 있으므로 주의가 필요합니다.

- 하이퍼파라미터 튜닝 결과를 바탕으로 테스트 데이터를 활용하여 최종 예측을 수행합니다.

```python
test_pred2 = rf_search.predict(test_X_preprocessed)
test_pred2 = pd.DataFrame(test_pred2, columns = ['pred'])
```

5. 테스트 데이터로 예측

- 테스트 데이터로 예측한 결과를 주어진 제출 양식에 맞춰줍니다.

```python
result = pd.concat([test_id, test_pred2], axis = 1)
```

- 최종 결과를 저장합니다.

```python
result.to_csv('result.csv', index = False)   # 시험에서 제시되는 파일명 작성할 것
```

ColumnTransformer와 Pipeline을 활용한 방법

```python
train = pd.read_csv('https://raw.githubusercontent.com/YoungjinBD/data/main/exam/9_2_train.csv')
test = pd.read_csv('https://raw.githubusercontent.com/YoungjinBD/data/main/exam/9_2_test.csv')
test_id = test['ID']

train_X = train.drop(['라벨'], axis = 1)
train_y = train['라벨']

test_X = test.drop(['라벨'], axis = 1)
test_y = test['라벨']
```

- ColumnTransformer를 활용하면 연속형 변수와 수치형 변수 각각에 대해서 한 번에 전처리를 진행할 수 있습니다.

```python
from sklearn.preprocessing import OneHotEncoder
onehotencoder = OneHotEncoder(sparse_output = False, handle_unknown = 'ignore')

cat_columns = train_X.select_dtypes('object').columns
# num_columns = train_X.select_dtypes('number').columns

# ColumnTransformer를 활용한 데이터 전처리
from sklearn.compose import ColumnTransformer
c_transformer = ColumnTransformer(
    transformers = [
    ('cat', onehotencoder, cat_columns),
    # ('num', imputer, num_columns)
    ], remainder = 'passthrough'
)
```

- ColumnTransformer로 데이터 전처리를 진행한 후 Pipeline을 활용해서 모델을 정의하겠습니다.

```python
from sklearn.pipeline import Pipeline
from sklearn.model_selection import GridSearchCV
from sklearn.ensemble import RandomForestClassifier

pipe_rf = Pipeline(
    [
        ("preprocess", c_transformer),
        ("classifier", RandomForestClassifier(random_state = 1))
    ]
)
```

- Pipeline을 활용해서 모델링을 정의한 후 GridSearchCV를 활용하여 교차검증을 통한 파라미터 튜닝을 진행하겠습니다.

```python
param_grid = {'classifier__max_depth': [10, 20, 30],
              'classifier__min_samples_split': [2, 5, 10]}
rf_search_pipe = GridSearchCV(estimator = pipe_rf,
                              param_grid = param_grid,
                              cv = 3,
                              scoring = 'f1_macro')
rf_search_pipe.fit(train_X, train_y)
```

- 교차검증 RMSE score를 확인합니다.

```
print('교차검증 f1-macro:', rf_search_pipe.best_score_)
```

교차검증 f1-macro: 0.3111111111111111

- 파라미터 튜닝 결과를 바탕으로 테스트 데이터를 활용하여 최종 예측을 수행합니다.

```
test_pred3 = rf_search_pipe.predict(test_X)
test_pred3 = pd.DataFrame(test_pred3, columns = ['pred'])
```

- 테스트 데이터로 예측한 결과를 주어진 제출 양식에 맞춰줍니다.

```
result = pd.concat([test_id, test_pred3], axis = 1)
print(result.head(2))
```

	ID	pred
0	1094	0
1	1341	0

- 최종 결과를 저장합니다.

```
result.to_csv('result.csv', index = False)   # 시험에서 제시되는 파일명 작성할 것
```

03 작업형 제3유형 30점

문제 1

한 제조 회사에서 생산성을 높이고자 직원들의 주요 생산성 요인을 분석하기로 결정하였다. 이를 위해 200명의 직원 데이터를 수집했으며, 직원들의 근무 기간, 특성 정보, 그리고 개인적인 속성을 조사하였다.

데이터 : 9_3_1.csv

```
Data description
    id : 데이터의 고유 식별자
    tenure : 사용 기간
    f2 : 고객의 두 번째 특성
    f3 : 고객의 세 번째 특성
    f4 : 고객의 네 번째 특성
    f5 : 고객의 다섯 번째 특성
    design : 생산성 점수
```

① design을 예측하는 다중회귀 분석을 시행한 후 유의하지 않은 설명변수 개수를 구하시오. (단, 불필요한 칼럼은 제외하며, 모델의 절편항은 포함)

> **데이터 분리 조건**
> 훈련 데이터 : id1 ~ id140
> 테스트 데이터 : id141 ~ id200

② 훈련 데이터(학습용 데이터)의 예측값과 실제값의 피어슨 상관계수를 구하시오.

③ 적합한 모델을 활용하여 테스트 데이터에서의 RMSE를 구하시오.

```
import pandas as pd
df = pd.read_csv('https://raw.githubusercontent.com/YoungjinBD/data/main/exam/9_3_1.csv')
train = df[df['id'] <= 140]
test = df[df['id'] > 140]
```

- 다중회귀모델을 적합합니다.

```
from statsmodels.formula.api import ols
formula = "design ~ tenure + f2 + f3 + f4 + f5"
model = ols(formula, data = train).fit()
```

- 각 칼럼의 p-value를 확인합니다.

```
p_values = model.pvalues
```

- 유의하지 않은 칼럼 개수를 계산합니다.

```
non_significant_vars = (p_values[1:] >= 0.05).sum()
print("유의하지 않은 설명변수의 개수:", non_significant_vars)
```

유의하지 않은 설명변수의 개수: 2

> **기적의 TIP**
> 절편은 칼럼 개수에 포함되지 않으므로, 칼럼 개수를 셀 때 주의가 필요합니다.

- scipy를 활용하여 피어슨 상관계수를 구할 수 있습니다.

```
y_pred = model.predict(train)
y_real = train['design']

from scipy.stats import pearsonr
correlation, _ = pearsonr(y_pred, y_real)
print("상관계수:", correlation)
```

상관계수: 0.914750154303963

- 다른 방법으로는 pandas의 .corr 메서드를 활용하여 구할 수 있습니다.

```
y_pred_series = pd.Series(y_pred)
y_real_series = pd.Series(y_real)

correlation = y_pred_series.corr(y_real_series)
print("상관계수:", correlation)
```

상관계수: 0.9147501543039637

- 테스트 데이터에서의 RMSE를 구합니다.

```
y_pred_test = model.predict(test)
from sklearn.metrics import root_mean_squared_error
rmse = root_mean_squared_error(test['design'], y_pred_test)
print("RMSE:", rmse)
```

RMSE: 4.396152958589427

문제 2

한 통신 회사에서는 고객 이탈을 줄이고자 주요 요인들을 분석하기로 결정하였다. 이를 위해 500명의 고객 데이터를 수집했으며, 고객의 서비스 이용 및 가입 정보, 그리고 일부 개인적인 속성을 조사하였다.

데이터 : 9_3_2.csv

Data description
col1 : 고객의 첫 번째 특성
col2 : 고객의 두 번째 특성
Phone_Service : 폰 서비스 가입 여부
Tech_Insurance : 기술 보험 가입 여부
churn : 이탈 여부

① 고객 이탈을 예측하는 로지스틱 회귀를 시행한 후 col1 칼럼의 p-value를 구하시오.

② 폰 서비스를 받지 않은 고객 대비 받은 고객의 이탈 확률 오즈비를 구하시오.

③ 이탈할 확률이 0.3 이상인 고객 수를 구하시오.

```
import numpy as np
df = pd.read_csv('https://raw.githubusercontent.com/YoungjinBD/data/main/exam/9_3_2.csv')
```

- 로지스틱 회귀 모델을 적합합니다.

```
from statsmodels.formula.api import logit
formula = "churn ~ col1 + col2 + Phone_Service + Tech_Insurance"
model = logit(formula, data=df).fit()
```

```
Optimization terminated successfully.
         Current function value: 0.640721
         Iterations 5
```

- col1의 p-value를 계산합니다.

```
col1_pvalue = round(model.pvalues['col1'], 3)
print("col1의 p-value:", col1_pvalue)
```

col1의 p-value: 0.0

- 이탈 확률 오즈비를 계산합니다.

```
odds_ratio_phone_service = round(np.exp(model.params['Phone_Service']), 3)
print("Phone_Service의 오즈비:", odds_ratio_phone_service)
```

Phone_Service의 오즈비: 1.867

- 적합된 모델의 예측 확률을 계산한 후 0.3 이상인 고객의 수를 계산합니다.

```
predicted_probs = model.predict(df)    # 예측 확률 계산
num_customers_above_03 = sum(predicted_probs > 0.3)    # 확률 0.3 초과 고객 수
print("확률 0.3 이상 고객 수:", num_customers_above_03)
```

확률 0.3 이상 고객 수: 450

기출문제 제8회 (2024-06-22 시행)

시험 시간	풀이 시간	합격 점수	내점수
180분		60점	

데이터셋 경로: https://raw.githubusercontent.com/YoungjinBD/data/main/exam/

01 작업형 제1유형 (30점)

1 다음의 데이터는 대륙별 국가의 맥주소비량을 조사한 것이다.

데이터 : 8_1_1.csv

① 평균 맥주소비량이 가장 많은 대륙을 구하시오.

② 이전 문제에서 구한 대륙에서 5번째로 맥주소비량이 많은 나라를 구하시오.

③ 이전 문제에서 구한 나라의 평균 맥주소비량을 구하시오. (소수점 첫째 자리에서 반올림)

```
import pandas as pd
import numpy as np
pd.set_option('display.max_columns', None)   # 모든 칼럼이 출력되게 조절
dat = pd.read_csv('https://raw.githubusercontent.com/YoungjinBD/data/main/exam/8_1_1.csv')
print(dat.head())
```

```
     대륙      국가      맥주소비량
0    AS      Afghanistan    102
1    AS      Afghanistan    435
2    AS      Afghanistan    348
3    AS      Afghanistan    270
4    AS      Afghanistan    106
```

- .groupby를 통해 대륙별 평균 맥주소비량을 구한 후 가장 맥주소비량이 많은 대륙을 구합니다.

```
result = dat.groupby('대륙')['맥주소비량'].mean().idxmax()
print('대륙:', result)
```

대륙: SA

- 맥주소비량이 가장 많은 대륙 데이터를 필터링하고 5번째로 맥주소비량이 많은 나라를 계산합니다.

```
sub_dat = dat.loc[dat['대륙'] == result]
result2 = sub_dat.groupby('국가')['맥주소비량'].sum().sort_values(ascending=False).index[4]
print('국가 :', result2)
```

국가 : Venezuela

- 5번째로 맥주소비량이 많은 나라의 평균 맥주소비량을 계산합니다.

```
result3 = dat.loc[dat['국가'] == result2, '맥주소비량'].mean().round()
print('평균 맥주소비량:', result3)
```

평균 맥주소비량: 253.0

2 다음의 데이터는 국가별로 방문객 유형을 조사한 것이다.

데이터 : 8_1_2.csv

① 관광객비율이 두 번째로 높은 나라의 '관광' 수를 구하시오.
- 관광객비율=관광/합계(소수점 넷째 자리에서 반올림)
- 합계=관광+사무+공무+유학+기타

② 관광 수가 두번째로 높은 나라의 '공무' 수의 평균을 구하시오. (소수점 첫째 자리에서 반올림)

③ 이전에 구한 관광 수와 공무 수의 합계를 구하시오.

```
dat = pd.read_csv('https://raw.githubusercontent.com/YoungjinBD/data/main/exam/8_1_2.csv')
print(dat.head())
```

	국가	관광	사무	공무	유학	기타
0	남아프리카공화국	9198	1415	234	178	340
1	스페인	7127	409	422	3489	193
2	싱가포르	9640	1751	508	3536	709
3	이탈리아	3358	1370	880	4620	459
4	일본	3980	160	64	204	303

```
print('국가 수 :', len(dat['국가'].unique()))
print('전체 행 수 :', len(dat))
```

국가 수 : 48
전체 행 수 : 100

- 국가별로 복수의 행이 존재합니다. 따라서 국가별 '관광', '사무', '공무', '유학', '기타'의 합계를 계산합니다.

```
dat_sub = dat.groupby('국가', as_index=False)[['관광', '사무', '공무', '유학', '기타']].sum()
print('전체 행 수 :', len(dat_sub))
```

전체 행 수 : 48

- 문제에 정의된 기준에 맞춰서 합계 칼럼을 생성합니다. axis=1은 행 방향, axis=0은 열 방향 합계를 계산하는 옵션입니다.

```
dat_sub['합계'] = dat_sub.loc[:, ['관광', '사무', '공무', '유학', '기타']].sum(axis = 1)
```

- 문제에 정의된 기준에 맞춰서 관광객비율 칼럼을 생성합니다.

```
dat_sub['관광객비율'] = np.round(dat_sub['관광'] / dat_sub['합계'], 3)
```

- 관광객 비율이 두 번째로 높은 나라의 관광 수를 계산합니다. 제시된 두 가지 방법을 참고하세요.

```
# 방법1
result1 = (dat_sub.sort_values(by = '관광객비율', ascending = False).iloc[1, 1])
print('관광 수 :', result1)
```

관광 수 : 9039

```
# 방법2
result2 = (dat_sub.sort_values(by = '관광객비율', ascending = False).reset_index(drop = True).
loc[1, '관광'])
print('관광 수 :', result2)
```

관광 수 : 9039

> **기적의 TIP**
>
> .sort_values를 활용하여 데이터 정렬 후 .loc를 적용할 경우에는 .reset_index()를 통해 인덱스를 재설정하고 적용해야 합니다.

- 관광 수가 두 번째로 높은 나라를 찾습니다.

```
second_country = dat_sub.sort_values(by = '관광', ascending = False).iloc[1, 0]
print('국가 :', second_country)
```

국가 : 이스라엘

- 관광 수가 두 번째로 높은 나라의 공무 수 평균을 계산합니다.

```
result3 = dat.loc[dat['국가'] == second_country, '공무'].mean().round()
print('공무 수 평균 :', result3)
```

공무 수 평균 : 494.0

- 관광 수와 공무 수의 합계를 계산합니다.

```
print('관광+공무 :', result1 + result3)
```

관광+공무 : 9533.0

3 CO(GT), NMHC(GT) 칼럼에 대해서 Min-Max 스케일러를 실행하고, 스케일링된 CO(GT), NMHC(GT) 칼럼의 표준편차를 구하시오. (소수점 셋째 자리에서 반올림)

데이터 : 8_1_3.csv

```
dat = pd.read_csv('https://raw.githubusercontent.com/YoungjinBD/data/main/exam/8_1_3.csv')
print(dat.head())
```

	Date	Time	CO(GT)	PT08.S1(CO)	NMHC(GT)	C6H6(GT)
0	13/10/2004	06.00.00	-200	798	-200	2.2
1	31/03/2005	10.00.00	1.3	996	-200	4.9
2	29/06/2004	07.00.00	3.4	1384	-200	23.5
3	12/11/2004	20.00.00	3.9	1251	-200	18.8
4	01/09/2004	04.00.00	0.5	838	-200	2.8

• Min-Max 스케일러를 임포트합니다.

```
from sklearn.preprocessing import MinMaxScaler
scaler = MinMaxScaler()
```

• Min-Max 스케일링을 CO(GT), NMHC(GT) 칼럼에 적용합니다.

```
dat = dat.loc[:, ['CO(GT)', 'NMHC(GT)']]
scaled_data = scaler.fit_transform(dat)
```

• 스케일링된 칼럼의 표준편차를 계산합니다.

```
co_std = scaled_data[:, 0].std().round(2)
nmhc_std = scaled_data[:, 1].std().round(2)
print('CO(GT) 표준편차 :', co_std)
print('NMHC(GT) 표준편차 :', nmhc_std)

CO(GT) 표준편차 : 0.37
NMHC(GT) 표준편차 : 0.15
```

02 작업형 제2유형 40점

제공된 학습용 데이터(8_2_train.csv)는 자전거 대여와 관련된 날짜별 정보와 해당 날짜의 총 대여 건수(count)를 포함하고 있다. 학습용 데이터를 활용하여 자전거 총 대여 건수(count)를 예측하는 회귀 모델을 개발하고, 성능이 가장 우수한 모델을 평가용 데이터(8_2_test.csv)에 적용하여 예측 결과를 제출하시오.

※ 모델 성능 지표 : MAE(Mean Absolute Error)

```
Data description
    ID : 고유 식별자
    holiday 공휴일 여부
    workingday : 평일 여부
    weather : 날씨 상황
    temp : 실제 기온
    atemp : 체감 온도
    humidity : 습도
    windspeed : 풍속
    count : 자전거 총 대여 건수
```

> **제출 형식**
> 파일명 : result.csv (디렉토리/폴더명 제외)
> 제출 칼럼 : ID, pred (총 2개 칼럼)
> pred : 예측된 자전거 대여 건수 (정수 또는 소수 가능)
> 행 수 : 테스트 데이터(8_2_test.csv)의 ID 수와 동일

```
import pandas as pd
import numpy as np
train = pd.read_csv('https://raw.githubusercontent.com/YoungjinBD/data/main/exam/8_2_train.csv')
test = pd.read_csv('https://raw.githubusercontent.com/YoungjinBD/data/main/exam/8_2_test.csv')
```

1. 데이터 탐색

- 모델을 적합하기 전 데이터에 결측치가 있는지 확인해야 합니다. 결측치가 존재할 경우 모델 적합 시 에러가 발생할 수 있습니다.

```
print(train.info())
```

```
<class 'pandas.core.frame.DataFrame'>
RangeIndex: 378 entries, 0 to 377
Data columns (total 9 columns):
 #   Column      Non-Null Count  Dtype
---  ------      --------------  -----
 0   ID          378 non-null    int64
 1   holiday     378 non-null    object
 2   workingday  378 non-null    object
 3   weather     378 non-null    object
 4   temp        378 non-null    float64
 5   atemp       378 non-null    float64
 6   humidity    378 non-null    int64
 7   windspeed   378 non-null    float64
 8   count       378 non-null    int64
dtypes: float64(3), int64(3), object(3)
memory usage: 26.7+ KB
None
```

— 결측치 없음

```
print(test.info())
```

```
<class 'pandas.core.frame.DataFrame'>
RangeIndex: 166 entries, 0 to 165
Data columns (total 9 columns):
 #   Column      Non-Null Count   Dtype
---  ------      --------------   -----
 0   ID          166 non-null     int64
 1   holiday     166 non-null     object
 2   workingday  166 non-null     object
 3   weather     166 non-null     object
 4   temp        166 non-null     float64
 5   atemp       166 non-null     float64
 6   humidity    166 non-null     int64
 7   windspeed   166 non-null     float64
 8   count       0 non-null       float64    ─ 결측치 확인
dtypes: float64(4), int64(2), object(3)
memory usage: 11.8+ KB
None
```

- 테스트 데이터를 활용한 최종 결과를 제출하기 위해 ID 칼럼을 따로 저장합니다.

```
test_id = test['ID']
```

2. 데이터 분할

- 모델 성능 확인을 위해 훈련 데이터의 일부를 검증 데이터로 나누겠습니다.

```
train_X = train.drop(['count'], axis = 1)
train_y = train['count']

test_X = test.drop(['count'], axis = 1)
test_y = test['count']

from sklearn.model_selection import train_test_split
train_X, valid_X, train_y, valid_y = train_test_split(train_X, train_y, test_size = 0.3, random_state = 1)
print(train_X.shape, train_y.shape, valid_X.shape, valid_y.shape)
```

```
(264, 8) (264,) (114, 8) (114,)
```

3. 데이터 전처리

- 범주형 변수에 대해서 원-핫 인코딩을 수행하겠습니다. 범주형 변수와 수치형 변수의 각 칼럼명을 저장합니다.

```
cat_columns = train_X.select_dtypes('object').columns
num_columns = train_X.select_dtypes('number').columns
```

- 원-핫 인코딩을 위한 메서드를 불러옵니다.

```
from sklearn.preprocessing import OneHotEncoder
onehotencoder = OneHotEncoder(sparse_output = False, handle_unknown = 'ignore').set_output(transform = 'pandas')
```

- 훈련 데이터, 검증 데이터, 테스트 데이터에 대해 데이터 전처리를 진행합니다.
- 전처리 결과는 set_output(transform='pandas')로 설정했으므로, pandas.DataFrame으로 출력됩니다.

```
train_X_cat_preprocessed = onehotencoder.fit_transform(train_X[cat_columns])
valid_X_cat_preprocessed = onehotencoder.transform(valid_X[cat_columns])
test_X_cat_preprocessed = onehotencoder.transform(test_X[cat_columns])
train_X_preprocessed = pd.concat([train_X_cat_preprocessed, train_X[num_columns]], axis = 1)
valid_X_preprocessed = pd.concat([valid_X_cat_preprocessed, valid_X[num_columns]], axis = 1)
test_X_preprocessed = pd.concat([test_X_cat_preprocessed, test_X[num_columns]], axis = 1)
```

4. 모델 적합

- 랜덤 포레스트 모델을 적합해 보겠습니다.

```
from sklearn.ensemble import RandomForestRegressor
rf = RandomForestRegressor(random_state = 1)
rf.fit(train_X_preprocessed, train_y)
```

- 검증 데이터를 활용하여 모형 성능을 확인해 보겠습니다.

```
from sklearn.metrics import mean_absolute_error
pred_val = rf.predict(valid_X_preprocessed)
print('valid MAE:' , mean_absolute_error(valid_y, pred_val))

valid MAE: 140.09640785564048
```

- 테스트 데이터를 활용하여 최종 예측을 수행합니다.

```
test_pred = rf.predict(test_X_preprocessed)
test_pred = pd.DataFrame(test_pred, columns = ['pred'])
```

- ID, pred 칼럼만 존재하는 결과 파일을 생성합니다.

```
result = pd.concat([test_id, test_pred], axis = 1)
print(result.head(2))

      ID        pred
0    4775    207.473806
1    10539   210.002005
```

- 최종 결과를 저장합니다.

```
result.to_csv('result.csv', index = False)   # 시험에서 제시되는 파일명 작성할 것
```

- 만약 모델 성능이 낮다고 판단되면, 교차검증을 활용한 하이퍼파라미터 튜닝을 진행해볼 수 있습니다. 홀드 아웃 방법이 아닌 k-폴드 교차검증을 진행할 것이기 때문에 기존에 분할했던 학습 데이터와 검증 데이터를 합치겠습니다.

```
train_X_full = np.concatenate([train_X_preprocessed, valid_X_preprocessed], axis = 0)
train_y_full = np.concatenate([train_y, valid_y], axis = 0)
```

- GridSearchCV를 통해 하이퍼파라미터 튜닝을 진행하겠습니다.

```
from sklearn.model_selection import GridSearchCV
param_grid = {'max_depth': [10, 20, 30],
              'min_samples_split': [2, 5, 10]}
rf = RandomForestRegressor(random_state = 1)
rf_search = GridSearchCV(estimator = rf,
                         param_grid = param_grid,
                         cv = 3,
                         scoring = 'neg_mean_absolute_error')
rf_search.fit(train_X_full, train_y_full)
print('교차검증 MAE-score:', -rf_search.best_score_)

교차검증 MAE-score: 133.16357727632837
```

> **기적의 TIP**
>
> 파라미터 값의 범위가 넓어지면 모델 학습 시 많은 시간이 소요될 수 있으므로 주의가 필요합니다.

- 하이퍼파라미터 튜닝 결과를 바탕으로 테스트 데이터를 활용하여 최종 예측을 수행합니다.

```
test_pred2 = rf_search.predict(test_X_preprocessed)
test_pred2 = pd.DataFrame(test_pred2, columns = ['pred'])
```

5. 테스트 데이터로 예측

- 테스트 데이터로 예측한 결과를 주어진 제출 양식에 맞춰줍니다.

```
result = pd.concat([test_id, test_pred2], axis = 1)
```

- 최종 결과를 저장합니다.

```
result.to_csv('result.csv', index = False)    # 시험에서 제시되는 파일명 작성할 것
```

ColumnTransformer와 Pipeline을 활용한 방법

```
train = pd.read_csv('https://raw.githubusercontent.com/YoungjinBD/data/main/exam/8_2_train.csv')
test = pd.read_csv('https://raw.githubusercontent.com/YoungjinBD/data/main/exam/8_2_test.csv')
test_id = test['ID']

train_X = train.drop(['count'], axis = 1)
train_y = train['count']

test_X = test.drop(['count'], axis = 1)
test_y = test['count']
```

- ColumnTransformer를 활용하면 연속형 변수와 수치형 변수 각각에 대해서 한 번에 전처리를 진행할 수 있습니다.

```
from sklearn.preprocessing import OneHotEncoder
onehotencoder = OneHotEncoder(sparse_output = False, handle_unknown = 'ignore')
```

- ColumnTransformer를 활용하여 데이터 전처리 방식을 정의하겠습니다.

```
cat_columns = train_X.select_dtypes('object').columns
# num_columns = train_X.select_dtypes('number').columns.to_list()

# ColumnTransformer를 활용한 전처리
from sklearn.compose import ColumnTransformer
c_transformer = ColumnTransformer(
    transformers=[
    ('cat', onehotencoder, cat_columns),
    # ('num', imputer, num_columns)
    ], remainder='passthrough'
)
```

- ColumnTransformer로 데이터 전처리를 진행한 후 Pipeline을 활용해서 모델을 정의하겠습니다.

```
from sklearn.pipeline import Pipeline
from sklearn.model_selection import GridSearchCV
from sklearn.ensemble import RandomForestRegressor

pipe_rf = Pipeline(
    [
        ("preprocess", c_transformer),
        ("regressor", RandomForestRegressor(random_state = 1))
    ]
)
```

- Pipeline을 활용해서 모델링을 정의한 후 GridSearchCV를 활용하여 교차검증을 통한 파라미터 튜닝을 진행하겠습니다.

```
param_grid = {'regressor__max_depth': [10, 20, 30],
              'regressor__min_samples_split': [2, 5, 10]}
rf_search_pipe = GridSearchCV(estimator = pipe_rf,
                              param_grid = param_grid,
                              cv = 3,
                              scoring = 'neg_mean_absolute_error')
rf_search_pipe.fit(train_X, train_y)
```

- 교차검증 MAE score는 다음과 같습니다.

```
print('교차검증 MAE-score:', -rf_search_pipe.best_score_)
```

교차검증 MAE-score: 169.1781961265393

- 파라미터 튜닝 결과를 바탕으로 테스트 데이터를 활용하여 최종 예측을 수행합니다.

```
test_pred3 = rf_search_pipe.predict(test_X)
test_pred3 = pd.DataFrame(test_pred3, columns = ['pred'])
```

- 테스트 데이터로 예측한 결과를 주어진 제출 양식에 맞춰줍니다.

```
result = pd.concat([test_id, test_pred3], axis = 1)
print(result.head(2))
```

	ID	pred
0	4775	98.204045
1	10539	365.312833

- 최종 결과를 저장합니다.

```
result.to_csv('result.csv', index = False)    # 시험에서 제시되는 파일명 작성할 것
```

03 작업형 제3유형　　　　　　　　　　　　　　　　　　　　　　　　　　　　　30점

문제 1

어느 회사에서 직원들의 업무 효율성을 높이기 위한 새로운 소프트웨어를 도입하였다. 도입 전과 도입 후의 업무 처리 시간을 각각 측정하여 새로운 소프트웨어의 효과를 검증하고자 한다.

데이터 : exam8_3_1.csv

① 도입 전과 도입 후의 업무처리 시간의 평균과 표준편차를 구하시오. (소수점 둘째 자리까지 반올림)

② 도입 전후의 업무처리 시간 차이가 유의미한 지 부호 순위 검정을 실시하고, 검정통계량을 계산하시오. (소수점 둘째 자리까지 반올림)

③ p-value를 바탕으로 유의수준 5%에서 귀무가설의 기각/채택 여부를 결정하시오. (p-value는 소수점 셋째 자리까지 반올림)

```
import pandas as pd
data = pd.read_csv('https://raw.githubusercontent.com/YoungjinBD/data/main/exam/8_3_1.csv')
```

- 도입 전과 도입 후의 업무 처리 시간의 평균과 표준편차를 계산하고 소수점 셋째 자리에서 반올림하여 출력합니다.

```
# 도입 전 평균과 표준편차 계산
mean_before = data['before'].mean()
std_before = data['before'].std()

# 도입 후 평균과 표준편차 계산
mean_after = data['after'].mean()
std_after = data['after'].std()

print('도입 전 업무 처리 시간 평균:', round(mean_before, 2))
print('도입 전 업무 처리 시간 표준편차:', round(std_before, 2))
print('도입 후 업무 처리 시간 평균:', round(mean_after, 2))
print('도입 후 업무 처리 시간 표준편차:', round(std_after, 2))

도입 전 업무 처리 시간 평균: 8.21
도입 전 업무 처리 시간 표준편차: 1.71
도입 후 업무 처리 시간 평균: 7.23
도입 후 업무 처리 시간 표준편차: 1.96
```

- 부호 검정은 wilcoxon()를 통해 수행할 수 있습니다.

```
from scipy.stats import wilcoxon
# 부호 순위 검정 수행
statistic, p_value = wilcoxon(data['before'], data['after'])
print('검정통계량:', statistic.round(2))
```

검정통계량: 72.0

- 유의수준 5% 하에서 p-value가 0.05보다 작은 지 확인하여 귀무가설의 기각과 채택을 결정합니다.

```
p_value = p_value.round(3)
# 결과 해석
if p_value < 0.05:
    result = "기각"
else:
    result = "채택"
print(result)
```

기각

문제 2

어느 회사에서 직원들의 생산성에 영향을 미치는 요인이 무엇인지 확인하고자 한다. 100명의 직원들을 대상으로 생산성 점수, 근무 시간, 연령, 그리고 경력을 조사하였다.

데이터 : 8_3_2_train.csv
　　　　 8_3_2_test.csv

① 훈련 데이터를 기준으로 생산성 점수(productivity)를 종속변수로 하고 근무 시간, 연령, 그리고 경력을 독립변수로 하는 다중회귀 분석을 수행한 후, 회귀계수가 가장 높은 변수를 구하시오. (다중회귀모형 적합 시 절편 포함)

② 유의수준 5% 하에서 각 독립변수가 생산성에 미치는 영향이 통계적으로 유의미한 지 판단하고, 유의미한 변수 개수를 구하시오. (p-value는 소수점 넷째 자리까지 반올림)

③ 테스트 데이터로 모델의 성능을 평가하시오. (R^2 산출)

```
import pandas as pd
train_data = pd.read_csv('https://raw.githubusercontent.com/YoungjinBD/data/main/exam/8_3_2_train.csv')
test_data = pd.read_csv('https://raw.githubusercontent.com/YoungjinBD/data/main/exam/8_3_2_test.csv')
```

• 상수항을 추가하여 모델을 적합합니다.

```python
import statsmodels.api as sm

# 독립 변수와 종속 변수 설정 (train 데이터 사용)
X_train = train_data[['hours', 'age', 'experience']]
y_train = train_data['productivity']

X_train = sm.add_constant(X_train)          # 상수항 추가
model = sm.OLS(y_train, X_train).fit()      # 다중회귀 분석 모델 적합 (train 데이터 사용)
print(model.summary())                      # 회귀계수 출력
```

```
                            OLS Regression Results
==============================================================================
Dep. Variable:           productivity   R-squared:                       0.732
Model:                            OLS   Adj. R-squared:                  0.721
Method:                 Least Squares   F-statistic:                     69.03
Date:                Fri, 17 Jan 2025   Prob (F-statistic):           1.20e-21
Time:                        04:14:29   Log-Likelihood:                -297.10
No. Observations:                  80   AIC:                             602.2
Df Residuals:                      76   BIC:                             611.7
Df Model:                           3
Covariance Type:            nonrobust
==============================================================================
                 coef    std err          t      P>|t|      [0.025      0.975]
------------------------------------------------------------------------------
const         67.2310     11.097      6.059      0.000      45.130      89.332
hours          1.6182      0.226      7.169      0.000       1.169       2.068
age            0.4311      0.110      3.904      0.000       0.211       0.651
experience     1.5323      0.124     12.380      0.000       1.286       1.779
==============================================================================
Omnibus:                        3.122   Durbin-Watson:                   1.692
Prob(Omnibus):                  0.210   Jarque-Bera (JB):                2.381
Skew:                           0.380   Prob(JB):                        0.304
Kurtosis:                       3.372   Cond. No.                         611.
==============================================================================
```

• 회귀계수가 가장 큰 변수를 출력합니다.

```python
# 회귀계수 추출
coefficients = model.params[1:]
print('회귀계수가 가장 큰 변수:', coefficients.idxmax())
```

회귀계수가 가장 큰 변수: hours

- 유의수준 5% 하에서 p-value를 확인하고, 유의미한 변수의 개수를 계산합니다.

```
p_values = model.pvalues[1:].round(4)
significant_vars = p_values[p_values < 0.05]
num_significant_vars = len(significant_vars)

print('유의미한 변수 개수:', num_significant_vars)
print(significant_vars)
```

```
유의미한 변수 개수: 3
hours          0.0000
age            0.0002
experience     0.0000
dtype: float64
```

- R^2는 sklearn.metrics 모듈의 r2_score() 함수를 사용하여 계산할 수 있습니다.

```
from sklearn.metrics import r2_score

# 독립 변수와 종속 변수 설정 (test 데이터 사용)
X_test = test_data[['hours', 'age', 'experience']]
y_test = test_data['productivity']

X_test = sm.add_constant(X_test)      # 상수항 추가
y_pred = model.predict(X_test)        # 예측 수행
r2 = r2_score(y_test, y_pred)         # R² 계산
print('테스트 데이터 Rsquared:', round(r2, 3))
```

```
테스트 데이터 Rsquared: 0.804
```

- 적합된 회귀모델이 학생들 성적 데이터의 전체 변동성 중 80.4%를 설명하고 있다고 볼 수 있습니다.

기출문제 제7회 (2023-12-02 시행)

시험 시간	풀이 시간	합격 점수	내점수
180분		60점	

데이터셋 경로: https://raw.githubusercontent.com/YoungjinBD/data/main/exam/

01 작업형 제1유형   30점

1 각 제품보고서별 처리 시간(처리시각과 신고시각의 차이) 칼럼(초단위)을 생성 후 공장별 처리 시간의 평균을 산출하시오. 산출된 결과를 바탕으로 평균 처리 시간이 3번째로 적은 공장명을 구하시오.

데이터 : 7_1_1.csv

```
import pandas as pd
import numpy as np
pd.set_option('display.max_columns', None)   # 모든 칼럼이 출력되게 조절

from sklearn import set_config
set_config(display = "diagram")   # scikit-learn 파이프라인 시각화

df = pd.read_csv('https://raw.githubusercontent.com/YoungjinBD/data/main/exam/7_1_1.csv')
print(df.head())
```

	제품보고서번호	공장명	결함유형	신고일자	신고시각	...	처리일시
0	202200000001M25795	공장B	기계 결함	20220722	205914	...	2022-10-27 18:47
1	202200000002M10860	공장B	품질 문제	20220622	31050	...	2022-11-09 13:27
2	202200000007M47194	공장D	기계 결함	20220211	132628	...	2022-05-16 23:23
3	202200000011M26023	공장E	기계 결함	20220120	14812	...	2022-05-17 12:04
4	202200000031M75725	공장A	전기 결함	20220601	171835	...	2022-09-08 10:31

```
print(df.info())
```

```
<class 'pandas.core.frame.DataFrame'>
RangeIndex: 135 entries, 0 to 134
Data columns (total 11 columns):
 #   Column      Non-Null Count   Dtype
---  ------      --------------   -----
 0   제품보고서번호    135 non-null     object
 1   공장명         135 non-null     object
 2   결함유형        135 non-null     object
 3   신고일자        135 non-null     int64
 4   신고시각        135 non-null     int64
 5   처리일자        135 non-null     int64
 6   처리시각        135 non-null     int64
 7   작업자직업명     135 non-null     object
 8   사고발생장소     135 non-null     object
 9   신고일시        135 non-null     object
 10  처리일시        135 non-null     object
dtypes: int64(4), object(7)
memory usage: 11.7+ KB
None
```

1. 처리 시간 칼럼 생성

- 처리 시간 칼럼을 만들기 위해서는 신고일자, 신고시각, 처리일자, 처리시각 칼럼을 년-월-일-시간-분-초 형태로 만들어야 합니다. 신고일자, 신고시각, 처리일자, 처리시각 칼럼을 str 형식으로 변환합니다.

```
df.loc[:, ['신고일자', '신고시각', '처리일자', '처리시각']] = df.loc[:, ['신고일자', '신고시각', '처리일자', '처리시각']].astype(str)
```

- 날짜형으로 변환 전 문자열의 길이가 모두 동일한지 확인합니다.

```
print(df["신고일자"].str.len().unique())
print(df["신고시각"].str.len().unique())
```

```
[8]
[6 5 4 3]
```

- 신고일자는 8자리(YYYYMMDD)로 일정하지만, 신고시각은 6자리(HHMMSS), 5자리(0HMMSS), 4자리(00MMSS), 3자리(000MSS) 등 다양한 길이로 되어 있습니다.

```
print(df.loc[df["신고시각"].str.len() == 5, "신고시각"].head(1))
print(df.loc[df["신고시각"].str.len() == 4, "신고시각"].head(1))
print(df.loc[df["신고시각"].str.len() == 3, "신고시각"].head(1))
```

```
1      31050
Name: 신고시각, dtype: object
49     3502
Name: 신고시각, dtype: object
124    303
Name: 신고시각, dtype: object
```

- 날짜 패턴에 맞게 0을 적절히 채워넣어야 합니다. str.pad()를 활용하여 문자열 왼쪽에 0을 채워넣습니다.

```
df[["신고시각"]] = df[["신고시각"]].apply(
    lambda x: x.str.pad(width=6, side="left", fillchar="0")
)
```

- 처리시각 칼럼도 이전과 마찬가지로, 날짜 형식에 맞게 0을 채워넣습니다.

```
print(df["처리일자"].str.len().unique())
print(df["처리시각"].str.len().unique())
print(df.loc[df["처리시각"].str.len() == 2, "처리시각"].head(1))
```

```
[8]
[6 5 4 3 2]
424    14
Name: 처리시각, dtype: object
```

```
df[["처리시각"]] = df[["처리시각"]].apply(
    lambda x: x.str.pad(width=6, side="left", fillchar="0")
)
```

- 신고시각, 처리시각 칼럼을 시간-분-초 형태로 변환해줬으므로, 신고일시, 처리일시 칼럼과 합쳐서 날짜 형식으로 변환합니다.

```
df["신고일시"] = pd.to_datetime(df["신고일자"] + df["신고시각"], format="%Y%m%d%H%M%S")
df["처리일시"] = pd.to_datetime(df["처리일자"] + df["처리시각"], format="%Y%m%d%H%M%S")
```

- 처리 시간 칼럼(초단위)을 생성합니다.

```
(df['처리일시'] - df['신고일시']).dt.total_seconds().head(2)
df['처리시간'] = (df['처리일시'] - df['신고일시']).dt.total_seconds()
```

2. 공장명별 처리 시간의 평균 계산
- 공장명별로 데이터를 그룹화하여 처리시간의 평균을 계산합니다.

```
mean_response_time = df.groupby('공장명')['처리시간'].mean().reset_index()
print(mean_response_time)
```

	공장명	처리시간
0	공장A	9.021685e+05
1	공장B	-1.647024e+06
2	공장C	-1.598311e+06
3	공장D	3.107579e+05
4	공장E	9.247514e+05

> **기적의 TIP**
>
> reset_index()는 groupby()를 사용하여 설정되는 인덱스를 일반적인 데이터 프레임 형태로 변환합니다.

3. 데이터 정렬 후 출력
- 산출된 결과를 바탕으로 3번째로 처리 시간이 적은 공장명을 출력합니다.

```
print('공장명:', mean_response_time.sort_values(by = '처리시간').iloc[2, 0])
```

공장명: 공장D

2 STATION_ADDR1 변수에서 구 정보만 추출한 후, 마포구, 성동구의 평균 이동 거리를 구하시오. (소수점 셋째 자리에서 반올림)

데이터 : 7_1_2.csv

```
df = pd.read_csv('https://raw.githubusercontent.com/YoungjinBD/data/main/exam/7_1_2.csv')
print(df.head())
```

	ent_date	rent_place	using_time	dist	bill_type	...	STATION_LONGITUDE
0	2019-03-19 0:42	ST-920	6	1660	BIL_002	...	126.8582535
1	2019-02-14 10:53	ST-148	27	4530	BIL_004	...	126.987793
2	2019-02-22 17:31	ST-10	28	4240	BIL_002	...	126.9186173
3	2019-01-07 18:39	ST-366	41	9930	BIL_005	...	127.0176621
4	2019-01-19 16:02	ST-248	11	1080	BIL_014	...	127.029213

1. STATION_ADDR1 변수에서 구 정보 추출

- 주소에서 구 정보를 추출하기 위해 정규표현식을 활용합니다.

  가-힣 : 가~힣까지의 모든 한국어 문자
  [ ] : 대괄호 안에 있는 문자 중 하나를 의미
  + : 바로 앞의 패턴이 하나 이상 반복됨을 의미
  구 : '구'라는 문자 찾기
  ( ) : 그룹을 나타내며, 일치한 부분 문자열 캡처

- 한글 음절이 하나 이상 반복되는 문자열에서 마지막이 구로 끝나는 문자를 찾는 것이므로 '([가-힣]+구)'로 추출합니다.

```
df['STATION_ADDR1'].str.extract(r'([가-힣]+구)')
```

> **기적의 TIP**
>
> str.extract를 사용할 때는 반드시 소괄호를 사용하여 캡처 그룹을 정의해야 합니다.

- 구 정보를 추출하여 변수를 생성합니다.

```
df = df.assign(gu = df['STATION_ADDR1'].str.extract(r'([가-힣]+구)')[0])
```

2. 성동구, 마포구만 추출한 후 평균 이동 거리 계산

- .isin을 활용하여 성동구, 마포구를 필터링한 후 각 구별 평균 거리를 계산합니다.

```
print(df.loc[df['gu'].isin(['성동구', '마포구']), :].groupby('gu')['dist'].mean().round(2))

gu
마포구     3045.88
성동구     3202.31
Name: dist, dtype: float64
```

3 분기별 총 판매량(제품A~E 합계)의 월평균을 구하고, 월평균이 최대인 연도와 분기를 구하시오.

데이터 : 7_1_3.csv

1. 분기별 총 판매량 계산

- 총 판매량을 계산하기 위해 제품A~E의 합계를 계산합니다.

```
df = pd.read_csv('https://raw.githubusercontent.com/YoungjinBD/data/main/exam/7_1_3.csv')
df['총판매량'] = df[['제품A', '제품B', '제품C', '제품D', '제품E']].sum(axis = 1)
```

2-1. 분기 칼럼 생성 (방법1)

```
df1 = df.copy()
```

- 분기를 구하기 위해 기간 칼럼에서 연도와 월을 분리한 새로운 칼럼을 생성합니다.

```
df1[['연도', '월']] = df1['기간'].str.split('_', expand = True)
print(df1[['연도', '월']].head())
```

	연도	월
0	2018년	1월
1	2018년	2월
2	2018년	3월
3	2018년	4월
4	2018년	5월

- 월을 숫자로 처리하기 위해 '월' 문자를 제거합니다.

```
df1['월'] = df1['월'].str.replace('월', '').astype(int)
```

- pd.cut()을 활용하여 분기에 해당하는 구간을 나눈 후 분기 칼럼을 생성합니다.

```
df1['분기'] = pd.cut(df1['월'], bins = [0, 3, 6, 9, 12], labels = [1, 2, 3, 4], right = True)
print(df1.head())
```

	기간	제품A	제품B	제품C	제품D	제품E	총판매량	연도	월	분기
0	2018년_1월	890	567	274	762	691	3184	2018년	1	1
1	2018년_2월	270	831	930	539	393	2963	2018년	2	1
2	2018년_3월	233	580	687	601	944	3045	2018년	3	1
3	2018년_4월	526	167	594	374	737	2398	2018년	4	2
4	2018년_5월	124	913	213	949	442	2641	2018년	5	2

2-2. 분기 칼럼 생성 (방법2)

```
df2 = df.copy()
```

- 분기를 구하기 위해 정규표현식을 활용하여 기간 칼럼에서 연도와 월을 분리한 새로운 칼럼을 생성합니다.

```
df2[['연도', '월']] = df2['기간'].str.extract(r'(\d+)년_(\d+)월')
print(df2[['연도', '월']].head())
```

```
   연도  월
0  2018  1
1  2018  2
2  2018  3
3  2018  4
4  2018  5
```

- 연도와 월을 합친 새로운 칼럼을 생성한 후 datetime 형식으로 변환합니다. 또한, datetime 형식으로 변환한 날짜를 분기 형식(period[Q])으로 변환합니다.

```
df2['연월'] = df2['연도'] + df2['월']
df2['분기'] = pd.to_datetime(df2['연월'], format = '%Y%m').astype('period[Q]')
print(df2.head())
```

	기간	제품A	제품B	제품C	제품D	제품E	총판매량	연도	월	연월	분기
0	2018년_1월	890	567	274	762	691	3184	2018	1	20181	2018Q1
1	2018년_2월	270	831	930	539	393	2963	2018	2	20182	2018Q1
2	2018년_3월	233	580	687	601	944	3045	2018	3	20183	2018Q1
3	2018년_4월	526	167	594	374	737	2398	2018	4	20184	2018Q2
4	2018년_5월	124	913	213	949	442	2641	2018	5	20185	2018Q2

3. 분기별 총판매량의 월평균 계산

```
quarterly_avg = df1.groupby(['연도', '분기'])['총판매량'].mean().reset_index()   # df2도 같은 결과
```

4. 최댓값을 가지는 연도, 분기 계산

```
print(quarterly_avg.loc[quarterly_avg['총판매량'].idxmax()])
```

```
연도            2018년
분기            3
총판매량     3226.666667
Name: 2, dtype: object
```

작업형 제2유형   40점

제공된 학습용 데이터(7_2_train.csv)는 학생들의 개인 정보 및 학업 관련 정보(혼인 여부, 지원 방식, 부모의 학력 및 직업, 성별 등)와 해당 학생의 학업 성과(Target)를 포함하고 있다. 학습용 데이터를 활용하여 학생의 학업 성과(Target)를 예측하는 분류 모델을 개발하고, 가장 우수한 모델을 평가용 데이터(7_2_test.csv)에 적용하여 예측 결과를 제출하시오.

※ 모델 성능 지표 : Macro F1 Score
※ level_0 칼럼은 인덱스 초기화 과정에서 생성된 것으로 분석 시 제외

Data description
ID : 고유 식별자
Marital Status : 혼인 여부
Application mode : 지원 방식
Course : 지원한 학과
Daytime/evening attendance : 주간/야간 수업 구분
Previous qualification : 이전 학력
Nacionality : 국적
Mother's qualification : 어머니의 학력
Father's qualification : 아버지의 학력
Mother's occupation : 어머니의 직업
Father's occupation : 아버지의 직업
Educational special needs : 교육적 특수 요구 여부
Gender : 성별
Curricular units 1st sem (credited) : 1학기 인정 학점 수
Curricular units 1st sem (enrolled) : 1학기 수강 과목 수
Curricular units 1st sem (evaluations) : 1학기 평가 횟수
Curricular units 1st sem (approved) : 1학기 통과 과목 수
Target : 학업 결과 (분류 대상 변수)

제출 형식
파일명 : result.csv (디렉토리/폴더명 제외)
제출 칼럼 : ID, pred (총 2개 칼럼)
pred : 예측된 학업 결과 클래스 (문자열 또는 정수 가능)
행 수 : 테스트 데이터(7_2_test.csv)의 ID 수와 동일

```
import pandas as pd
import numpy as np
train = pd.read_csv('https://raw.githubusercontent.com/YoungjinBD/data/main/exam/7_2_train.csv')
test = pd.read_csv('https://raw.githubusercontent.com/YoungjinBD/data/main/exam/7_2_test.csv')
```

1. 데이터 탐색

- 모델을 적합하기 전 데이터에 결측치가 있는지 확인해야 합니다. 결측치가 존재할 경우 모델

적합 시 에러가 발생할 수 있습니다.

```
print(train.info())
```

```
<class 'pandas.core.frame.DataFrame'>
RangeIndex: 309 entries, 0 to 308
Data columns (total 19 columns):
 #   Column                            Non-Null Count   Dtype
---  ------                            --------------   -----
 0   level_0                           309 non-null     int64
 1   ID                                309 non-null     int64
 2   Marital Status                    309 non-null     object
 3   Application mode                  309 non-null     object
 4   Course                            309 non-null     object
 5   Daytime/evening attendance        309 non-null     object
 6   Previous qualification            309 non-null     object
 7   Nacionality                       309 non-null     object
 8   Mother's qualification            309 non-null     object
 9   Father's qualification            309 non-null     object     ─ 결측치 없음
 10  Mother's occupation               309 non-null     object
 11  Father's occupation               309 non-null     object
 12  Educational special needs         309 non-null     object
 13  Gender                            309 non-null     object
 14  Curricular units 1st sem(credited)    309 non-null     int64
 15  Curricular units 1st sem(enrolled)    309 non-null     int64
 16  Curricular units 1st sem(evaluations) 309 non-null     int64
 17  Curricular units 1st sem(approved)    309 non-null     int64
 18  Target                            309 non-null     object
dtypes: int64(6), object(13)
memory usage: 46.0+ KB
None
```

```
print(test.info())
```

```
<class 'pandas.core.frame.DataFrame'>
RangeIndex: 133 entries, 0 to 132
Data columns (total 19 columns):
```

#	Column	Non-Null Count	Dtype
0	level_0	133 non-null	int64
1	ID	133 non-null	int64
2	Marital Status	133 non-null	object
3	Application mode	133 non-null	object
4	Course	133 non-null	object
5	Daytime/evening attendance	133 non-null	object
6	Previous qualification	133 non-null	object
7	Nacionality	133 non-null	object
8	Mother's qualification	133 non-null	object
9	Father's qualification	133 non-null	object
10	Mother's occupation	133 non-null	object
11	Father's occupation	133 non-null	object
12	Educational special needs	133 non-null	object
13	Gender	133 non-null	object
14	Curricular units 1st sem(credited)	133 non-null	int64
15	Curricular units 1st sem(enrolled)	133 non-null	int64
16	Curricular units 1st sem(evaluations)	133 non-null	int64
17	Curricular units 1st sem(approved)	133 non-null	int64
18	Target	133 non-null	object

(Non-Null Count 열 옆: 결측치 없음)

```
dtypes: int64(6), object(13)
memory usage: 19.9+ KB
None
```

- 테스트 데이터를 활용한 최종 결과를 제출하기 위해 ID 칼럼을 따로 저장합니다.

```
test_id = test['ID']
```

- level_0, ID 칼럼은 정보가 없는 칼럼이므로 삭제합니다.

```
train = train.drop(['level_0', 'ID'], axis = 1)
test = test.drop(['level_0', 'ID'], axis = 1)
```

2. 데이터 분할

- 모델 성능 확인을 위해 훈련 데이터의 일부를 검증 데이터로 나눠주겠습니다.

```
train_X = train.drop(['Target'], axis = 1)
train_y = train['Target']
test_X = test.drop(['Target'], axis = 1)
test_y = test['Target']

from sklearn.model_selection import train_test_split
train_X, valid_X, train_y, valid_y = train_test_split(train_X, train_y, test_size = 0.3, random_state = 1)
print(train_X.shape, train_y.shape, valid_X.shape, valid_y.shape)
```

(216, 16) (216,) (93, 16) (93,)

3. 데이터 전처리

- 범주형 변수에 대해서 라벨 인코딩을 수행하고, 수치형 변수에 대해서 표준화를 수행하겠습니다.

> **기적의 TIP**
>
> 독립변수에 범주형 변수가 매우 많으므로 원-핫 인코딩을 수행할 경우 데이터의 차원이 급격히 증가하여, 모델 적합시 계산 비용이 커지는 문제가 있습니다. 따라서 라벨 인코딩을 선택합니다.

- 먼저 범주형 변수와 수치형 변수의 각 칼럼명을 저장합니다.

```
cat_columns = train_X.select_dtypes('object').columns
num_columns = train_X.select_dtypes('number').columns
```

- 라벨 인코딩과 표준화를 위한 메서드를 불러옵니다.

```
from sklearn.preprocessing import OrdinalEncoder
from sklearn.preprocessing import StandardScaler

ordinalencoder = OrdinalEncoder(handle_unknown = 'use_encoded_value', unknown_value = -1)
stdscaler = StandardScaler()
```

- 훈련 데이터, 검증 데이터, 테스트 데이터 각각에 데이터 전처리를 진행합니다. 전처리 결과는 numpy.array로 출력됩니다. 모델 적합시 전처리 완료된 데이터를 pandas.DataFrame으로 변경하지 않아도 무방합니다.

```
train_X_numeric_scaled = stdscaler.fit_transform(train_X[num_columns])
valid_X_numeric_scaled = stdscaler.transform(valid_X[num_columns])
test_X_numeric_scaled = stdscaler.transform(test_X[num_columns])

train_X_categorical_encoded = ordinalencoder.fit_transform(train_X[cat_columns])
valid_X_categorical_encoded = ordinalencoder.transform(valid_X[cat_columns])
test_X_categorical_encoded = ordinalencoder.transform(test_X[cat_columns])

train_X_preprocessed = np.concatenate([train_X_numeric_scaled, train_X_categorical_encoded],
axis = 1)
valid_X_preprocessed = np.concatenate([valid_X_numeric_scaled, valid_X_categorical_encoded],
axis = 1)
test_X_preprocessed = np.concatenate([test_X_numeric_scaled, test_X_categorical_encoded], axis = 1)
```

4. 모델 적합

- 랜덤 포레스트 모델을 적합해 보겠습니다.

```
from sklearn.ensemble import RandomForestClassifier
rf = RandomForestClassifier(random_state = 1)
rf.fit(train_X_preprocessed, train_y)
```

- 검증 데이터를 활용하여 모형 성능을 확인해 보겠습니다.

```
from sklearn.metrics import f1_score
pred_val = rf.predict(valid_X_preprocessed)
print('valid f1-score:' , f1_score(valid_y, pred_val, average = 'macro'))
```

```
valid f1-score: 0.5574074074074074
```

5. 테스트 데이터로 예측

- 테스트 데이터를 활용하여 최종 예측을 수행합니다. .predict를 통해 예측값을 계산합니다.

```
test_pred = rf.predict(test_X_preprocessed)
test_pred = pd.DataFrame(test_pred, columns = ['pred'])
```

- ID, pred 칼럼만 존재하는 결과 파일을 생성합니다.

```
result = pd.concat([test_id, test_pred], axis = 1)
print(result.head(2))
```

```
     ID    pred
0  1903  Graduate
1   796  Graduate
```

- 최종 결과를 저장합니다.

```
result.to_csv('result.csv', index = False)   # 시험에서 제시되는 파일명 작성할 것
```

- 만약 모델 성능이 낮다고 판단되면, 교차검증을 활용한 하이퍼파라미터 튜닝을 진행해볼 수 있습니다. 홀드 아웃 방법이 아닌 k-폴드 교차검증을 진행할 것이기 때문에 기존에 분할했던 학습 데이터와 검증 데이터를 합치겠습니다.

```
train_X_full = np.concatenate([train_X_preprocessed, valid_X_preprocessed], axis = 0)
train_y_full = np.concatenate([train_y, valid_y], axis = 0)
```

- GridSearchCV를 통해 하이퍼파라미터 튜닝을 진행하겠습니다.

```
from sklearn.model_selection import GridSearchCV

param_grid = {'max_depth': [10, 20, 30],
              'min_samples_split': [2, 5, 10]}
rf = RandomForestClassifier(random_state = 1)
rf_search = GridSearchCV(estimator = rf,
                         param_grid = param_grid,
                         cv = 3,
                         scoring = 'f1_macro')
rf_search.fit(train_X_full, train_y_full)
print('교차검증 f1-score:', rf_search.best_score_)
```

```
교차검증 f1-score: 0.6165084580044566
```

기적의 TIP

파라미터 값의 범위가 넓어지면 모델 학습 시 많은 시간이 소요될 수 있으므로 주의가 필요합니다.

- 하이퍼파라미터 튜닝 결과를 바탕으로 테스트 데이터를 활용하여 최종 예측을 수행합니다.

```
test_pred2 = rf_search.predict(test_X_preprocessed)
test_pred2 = pd.DataFrame(test_pred2, columns = ['pred'])
```

- 테스트 데이터로 예측한 결과를 주어진 제출 양식에 맞춰줍니다.

```
result = pd.concat([test_id, test_pred2], axis = 1)
```

- 최종 결과를 저장합니다.

```python
result.to_csv('result.csv', index = False)   # 시험에서 제시되는 파일명 작성할 것
```

ColumnTransformer와 Pipeline을 활용한 방법

```python
train = pd.read_csv('https://raw.githubusercontent.com/YoungjinBD/data/main/exam/7_2_train.csv')
test = pd.read_csv('https://raw.githubusercontent.com/YoungjinBD/data/main/exam/7_2_test.csv')
test_id = test['ID']

train = train.drop(['level_0', 'ID'], axis = 1)
test = test.drop(['level_0', 'ID'], axis = 1)

train_X = train.drop(['Target'], axis = 1)
train_y = train['Target']

test_X = test.drop(['Target'], axis = 1)
test_y = test['Target']
```

- ColumnTransformer를 활용하면 연속형 변수와 수치형 변수 각각에 대해서 한 번에 전처리를 진행할 수 있습니다.

```python
from sklearn.preprocessing import OrdinalEncoder
from sklearn.preprocessing import StandardScaler

ordinalencoder = OrdinalEncoder(handle_unknown = 'use_encoded_value', unknown_value = -1)
stdscaler = StandardScaler()
```

- ColumnTransformer를 활용하여 데이터 전처리 방식을 정의하겠습니다.

```python
cat_columns = train_X.select_dtypes('object').columns
num_columns = train_X.select_dtypes('number').columns

from sklearn.compose import ColumnTransformer
c_transformer = ColumnTransformer(
    transformers = [
    ('cat', ordinalencoder, cat_columns),
    ('num', stdscaler, num_columns)
    ], remainder = 'passthrough'
)
```

- ColumnTransformer로 데이터 전처리를 진행한 후 Pipeline을 활용해서 모델을 정의하겠습니다.

```
from sklearn.pipeline import Pipeline
from sklearn.model_selection import GridSearchCV
from sklearn.ensemble import RandomForestClassifier

pipe_rf = Pipeline(
    [
        ("preprocess", c_transformer),
        ("classifier", RandomForestClassifier(random_state = 1))
    ]
)
```

- Pipeline을 활용해서 모델링을 정의한 후 GridSearchCV를 활용하여 교차검증을 통한 파라미터 튜닝을 진행하겠습니다.

```
param_grid = {'classifier__max_depth': [10, 20, 30],
              'classifier__min_samples_split': [2, 5, 10]}

rf_search_pipe = GridSearchCV(estimator = pipe_rf,
                              param_grid = param_grid,
                              cv = 3,
                              scoring = 'f1_macro')
rf_search_pipe.fit(train_X, train_y)
```

- 교차검증 f1-score는 다음과 같습니다.

```
print('교차검증 f1_macro:', rf_search_pipe.best_score_)
```

교차검증 f1_macro: 0.5712288822736764

- 파라미터 튜닝 결과를 바탕으로 테스트 데이터를 활용하여 최종 예측을 수행합니다.

```
test_pred3 = rf_search_pipe.predict(test_X)
test_pred3 = pd.DataFrame(test_pred3, columns = ['pred'])
```

- 테스트 데이터로 예측한 결과를 주어진 제출 양식에 맞춰줍니다.

```
result = pd.concat([test_id, test_pred3], axis = 1)
print(result.head(2))

      ID      pred
0   1903   Graduate
1    796   Graduate
```

- 최종 결과를 저장합니다.

```
result.to_csv('result.csv', index = False)   # 시험에서 제시되는 파일명 작성할 것
```

03 작업형 제3유형   30점

문제 1

어느 학교에서 50명의 학생들을 대상으로 새로운 학습 프로그램의 효과를 조사하고자 한다. 각 학생에 대해 학습 전과 학습 후의 시험 점수를 측정하였다.

데이터 : 7_3_1.csv

① 학습 전과 학습 후의 시험 점수의 평균과 표준편차를 구하시오. (소수점 둘째 자리까지 반올림)

② 학습 전후의 점수 차이가 유의미한 지 검정하기 위해 대응표본 t-검정을 수행하고, 검정통계량을 계산하시오. (소수점 둘째 자리까지 반올림)

③ p-value를 바탕으로 유의수준 5%에서 귀무가설의 기각/채택 여부를 결정하시오. (p-value는 소수점 셋째 자리까지 반올림)

```
import pandas as pd
data = pd.read_csv('https://raw.githubusercontent.com/YoungjinBD/data/main/exam/7_3_1.csv')
```

- 학습 전과 학습 후의 시험 점수의 평균과 표준편차를 계산하고 소수점 둘째 자리까지 반올림하여 출력합니다.

```
# 학습 전 평균과 표준편차 계산
mean_before = data['before'].mean()
std_before = data['before'].std()

# 학습 후 평균과 표준편차 계산
mean_after = data['after'].mean()
std_after = data['after'].std()

print('학습 전 점수 평균:', round(mean_before, 2))
print('학습 전 점수 표준편차:', round(std_before, 2))
print('학습 후 점수 평균:', round(mean_after, 2))
print('학습 후 점수 표준편차:', round(std_after, 2))
```

학습 전 점수 평균: 71.41
학습 전 점수 표준편차: 11.37
학습 후 점수 평균: 76.3
학습 후 점수 표준편차: 11.94

- 대응 표본 t-검정은 ttest_rel()를 통해 수행할 수 있습니다.

```
from scipy.stats import ttest_rel
# 대응 표본 t-검정 수행
t_statistic, p_value = ttest_rel(data['before'], data['after'])
print('t-통계량:', t_statistic.round(2))
```

t-통계량: -7.9

- 유의수준 5% 하에서 p-value가 0.05보다 작은지 확인하여 귀무가설의 기각과 채택을 결정합니다.

```
p_value = p_value.round(3)
# 결과 해석
if p_value < 0.05:
    result = "기각"
else:
    result = "채택"
print(result)
```

기각

문제 2

어느 회사가 조사한 고객 데이터는 100개의 샘플로 이루어져 있으며, 각 샘플에는 고객의 나이, 소득, 가족 수, 그리고 제품 구매 여부가 포함되어 있다. 로지스틱 회귀 분석을 통해 고객의 제품 구매 여부를 예측하고자 한다. (임곗값 0.5 기준)

데이터 : 7_3_2_train.csv
　　　　7_3_2_test.csv

① 로지스틱 회귀 분석을 수행하고, 소득 변수의 오즈비를 계산하시오.

② train 데이터 기준의 잔차 이탈도(Residual Deviance)를 계산하시오.

③ test 데이터로 오분류율을 계산하시오.

```
import pandas as pd
train_data = pd.read_csv('https://raw.githubusercontent.com/YoungjinBD/data/main/exam/7_3_2_train.csv')
test_data = pd.read_csv('https://raw.githubusercontent.com/YoungjinBD/data/main/exam/7_3_2_test.csv')
```

- 상수항을 포함하여 로지스틱 회귀모델을 적합합니다.

```
import statsmodels.api as sm

# 독립 변수와 종속 변수 설정 (train 데이터 사용)
X_train = train_data[['age', 'income', 'family_members']]
y_train = train_data['purchase']

X_train = sm.add_constant(X_train)              # 상수항 추가
logit_model = sm.Logit(y_train, X_train).fit()  # 로지스틱 회귀 분석 모델 적합
print(logit_model.summary())                    # 모델 요약 출력
```

```
Optimization terminated successfully.
         Current function value: 0.676174
         Iterations 4
                           Logit Regression Results
==============================================================================
Dep. Variable:                purchase   No. Observations:                  80
Model:                           Logit   Df Residuals:                      76
Method:                            MLE   Df Model:                           3
Date:                 Thu, 13 Feb 2025   Pseudo R-squ.:                 0.02405
Time:                         07:07:40   Log-Likelihood:                -54.094
converged:                        True   LL-Null:                       -55.427
Covariance Type:             nonrobust   LLR p-value:                    0.4461
==================================================================================
                     coef    std err          z      P>|z|      [0.025      0.975]
----------------------------------------------------------------------------------
const             -0.9261      1.127     -0.821      0.411      -3.136       1.284
age               -0.0066      0.014     -0.459      0.646      -0.035       0.022
income          1.521e-05   1.65e-05      0.919      0.358   -1.72e-05    4.76e-05
family_members     0.2042      0.202      1.008      0.313      -0.193       0.601
==================================================================================
```

- 오즈비를 계산하기 위해 np.exp()를 적용합니다. 소수점 셋째 자리까지 반올림한 결과를 출력합니다.

```
# 특정 변수 'income'의 오즈비 계산
odds_ratios = np.exp(logit_model.params)
print('소득(income)의 오즈비:', odds_ratios['income'].round(3))
```

소득(income)의 오즈비: 1.0

- .llf를 활용하여 잔차 이탈도를 계산합니다. (Residual Deviance=$-2 \times$ "Log-Likelihood Function(LLF)")

```
# 잔차 이탈도 계산
residual_deviance = -2 * logit_model.llf
print('잔차 이탈도:', residual_deviance)
```

잔차 이탈도: 108.18783555703051

- 훈련 데이터로 학습한 모델을 활용하여 테스트 데이터에 대한 예측을 수행합니다.

```
# 독립 변수와 종속 변수 설정 (test 데이터 사용)
X_test = test_data[['age', 'income', 'family_members']]
y_test = test_data['purchase']

# 상수항 추가
X_test = sm.add_constant(X_test)

# 예측 수행
y_pred_prob = logit_model.predict(X_test)
y_pred = (y_pred_prob >= 0.5).astype(int)
```

- 테스트 데이터에 대한 오분류율을 계산합니다.

```
# 오류율 계산
error_rate = np.mean(y_pred != y_test)
print('오류율:', error_rate)
```

오류율: 0.35

기출문제 제6회 (2023-06-24 시행)

시험 시간	풀이 시간	합격 점수	내점수
180분		60점	

데이터셋 경로 https://raw.githubusercontent.com/YoungjinBD/data/main/exam/

01 작업형 제1유형 30점

1 다음 데이터에서 ProductA 가격과 ProductB 가격이 모두 0원이 아닌 데이터를 필터링하고, ProductA와 ProductB의 가격 차이를 정의하시오. 각 도시별 가격 차이의 평균 중 가장 큰 값을 구하시오. (소수점 첫째 자리에서 반올림)

데이터 : 6_1_1.csv

```python
import pandas as pd
import numpy as np
pd.set_option('display.max_columns', None)   # 모든 칼럼이 출력되게 조절

from sklearn import set_config
set_config(display = "diagram")      # scikit-learn 파이프라인 시각화

df = pd.read_csv('https://raw.githubusercontent.com/YoungjinBD/data/main/exam/6_1_1.csv')
print(df.head())
```

```
   도시명  ProductA가격  ProductB가격
0   울산        25000        10000
1   인천        30000            0
2   광주        15000         8000
3   울산            0        10000
4   대구        25000         6000
```

- AND 연산자를 사용하여 ProductA가격과 ProductB가격 모두 0원이 아닌 행만 포함하는 데이터프레임을 생성합니다.

```python
filtered_df = df.loc[(df['ProductA가격'] != 0) & (df['ProductB가격'] != 0), :]
```

- ProductA가격과 ProductB가격의 차이를 연산하여 변수로 정의합니다.

```python
filtered_df.loc[:, '차이'] = np.abs(filtered_df['ProductA가격'] - filtered_df['ProductB가격'])
```

- 도시별 가격 차이의 평균을 mean()으로 계산합니다.

```
mean_difference_by_city = filtered_df.groupby('도시명')['차이'].mean()
```

- max()로 해당 데이터에서 최댓값을 가져옵니다. round() 함수를 사용해 소수점 첫째 자리까지 반올림합니다.

```
max_mean_difference = round(mean_difference_by_city.max(), 1)
print("도시별 가격 차이의 평균 중 가장 큰 값:", max_mean_difference)
```

도시별 가격 차이의 평균 중 가장 큰 값: 16333.3

2. 100명의 키와 몸무게를 조사하여 적정 체중인지 판단할 수 있는 BMI를 산출하려 한다. 아래 표를 참고하여 BMI를 기준으로 저체중, 정상, 과체중, 비만을 구분하고, 저체중인 사람과 비만인 사람의 총 합을 구하시오.

데이터 : 6_1_2.csv

구분	BMI
저체중	18.5 미만
정상	18.5 이상 23 미만
과체중	23 이상 25 미만
비만	25 이상

$$BMI = \frac{몸무게(kg)}{키(m)^2}$$

(소수점 둘째 자리 반올림)

```
df = pd.read_csv('https://raw.githubusercontent.com/YoungjinBD/data/main/exam/6_1_2.csv')
print(df.head())
```

```
   Height_cm    Weight_kg
0  165.021320   66.131592
1  183.219470   82.164648
2  140.006862  110.875368
3  158.139954   68.581581
4  148.805353  112.682812
```

1. BMI 계산

- Height_cm의 경우 cm를 100으로 나누어 m 기준으로 변환한 후 BMI 공식을 적용하여 파생변수를 생성합니다.

```
df['Height_m'] = df['Height_cm'] / 100
df['BMI'] = np.round(df['Weight_kg'] / (df['Height_m'] ** 2), 1)
```

2-1. 저체중, 정상, 과체중, 비만 구분 (방법1)

- .loc를 이용해서 각 조건에 맞는 값을 직접 할당합니다.

```
df1 = df.copy()
df1['Category'] = 'Unknown'
df1.loc[df['BMI'] >= 25, 'Category'] = 'Severely Obese'
df1.loc[(df['BMI'] < 25) & (df['BMI'] >= 23), 'Category'] = 'Obese'
df1.loc[(df['BMI'] < 23) & (df['BMI'] >= 18.5), 'Category'] = 'Normal'
df1.loc[df['BMI'] < 18.5, 'Category'] = 'Underweight'

print(df1['Category'].value_counts())

Category
Severely Obese    52
Underweight       22
Normal            16
Obese             10
Name: count, dtype: int64
```

2-2. 저체중, 정상, 과체중, 비만 구분 (방법2)

- pd.cut()을 활용하여 각 조건에 맞는 값을 할당합니다. pd.cut() 기본 옵션은 right=True로 오른쪽 경계값을 포함시킵니다(예 18.5 초과 23 이하). 따라서 right=False로 변경해줘야 왼쪽 경계값을 포함시키며, BMI 표와 같은 조건을 설정할 수 있습니다(예 18.5 이상 23 미만).

```
df2 = df.copy()
bins = [-float('inf'), 18.5, 23, 25, float('inf')]
labels = ['Underweight', 'Normal', 'Obese', 'Severely Obese']
df2['Category'] = pd.cut(df2['BMI'],
                         bins = bins,
                         labels = labels,
                         right = False)

print(df2['Category'].value_counts())

Category
Severely Obese    52
Underweight       22
Normal            16
Obese             10
Name: count, dtype: int64
```

3. 비만과 저체중인 인원 수 계산

- .shape는 (행 개수, 열 개수) 형태의 튜플을 반환하며 .shape[0]을 사용하면 행 개수, 즉 인원 수를 가져옵니다.

```
severely_obese_count = df2[df2['Category'] == 'Severely Obese'].shape[0]
underweight_count = df2[df2['Category'] == 'Underweight'].shape[0]
total_count = severely_obese_count + underweight_count

print(f"비만 인원: {severely_obese_count}")
print(f"저체중 인원: {underweight_count}")
print(f"비만과 저체중 총 인원: {total_count}")
```

비만 인원: 52
저체중 인원: 22
비만과 저체중 총 인원: 74

---

3 다음 데이터에서 연도별로 가장 큰 순생산량(생산된 제품 수 - 판매된 제품 수)을 가진 공장을 찾고, 순생산량의 합을 계산하시오.

데이터 : 6_1_3.csv

> products made domestic : 국내 생산된 제품 수
> products made international : 해외 생산된 제품 수
> products sold domestic : 국내 판매된 제품 수
> products sold international : 해외 판매된 제품 수

```
df = pd.read_csv('https://raw.githubusercontent.com/YoungjinBD/data/main/exam/6_1_3.csv')
print(df.head())
```

	factory	products_made_domestic	products_made_international	...	year
0	Factory B	1428	814	...	2020
1	Factory C	1752	369	...	2023
2	Factory E	1263	657	...	2021
3	Factory D	621	856	...	2020
4	Factory E	1850	622	...	2023

- 순생산량(생산된 제품 수 - 판매된 제품 수) 칼럼을 생성합니다.

```
df['net_production'] = ((df['products_made_domestic'] + df['products_made_international']) -
(df['products_sold_domestic'] + df['products_sold_international']))
```

- 연도, 공장별로 net_production 값의 총합(net_sum)을 계산합니다.

```
result = df.loc[:, ['year', 'factory', 'net_production']].groupby(['year', 'factory']).agg(net_sum = ('net_production', 'sum')).reset_index()
```

- net_sum이 최대인 연도, 공장 결과를 저장합니다.

```
max_production_per_year = result.loc[result.groupby('year')['net_sum'].idxmax()]
```

- 전체 기간의 net_sum의 합을 계산합니다.

```
total_max_production_sum = max_production_per_year['net_sum'].sum()
print(f"전체 기간의 해당 순생산량들의 합: {total_max_production_sum}")
```

전체 기간의 해당 순생산량들의 합: 9130

02 작업형 제2유형   40점

제공된 학습용 데이터(6_2_train.csv)는 환자의 나이, 성별, 체질량지수(BMI), 혈당 및 콜레스테롤 수치 등의 정보를 포함하고 있으며, 이로부터 이완기 혈압(DBP)을 예측하고자 한다. 학습용 데이터를 활용하여 환자의 이완기 혈압(DBP)을 예측하는 회귀 모델을 개발하고, 성능이 가장 우수한 모델을 평가용 데이터 (6_2_test.csv)에 적용하여 예측 결과를 제출하시오.

※ 모델 성능 지표 : RMSE(Root Mean Squared Error)
※ level_0 칼럼은 인덱스 초기화 과정에서 생성된 것으로 분석 시 제외

```
Data description
    ID : 고유 식별자
    Age : 나이
    Gender : 성별(범주형: Male/Female 등)
    BMI : 체질량지수
    ALT : 간 기능 수치
    FPG : 공복혈당
    Chol : 총 콜레스테롤
    Tri : 중성지방
    HDL : 고밀도지단백 콜레스테롤
    LDL : 저밀도지단백 콜레스테롤
    DBP : 이완기 혈압
```

> **제출 형식**
> 파일명 : result.csv (디렉토리/폴더명 제외)
> 제출 칼럼 : ID, pred (총 2개 칼럼)
> pred : 예측된 이완기 혈압(DBP) 값 (실수형 가능)
> 행 수 : 테스트 데이터(6_2_test.csv)의 ID 수와 동일

```python
import pandas as pd
import numpy as np
train = pd.read_csv('https://raw.githubusercontent.com/YoungjinBD/data/main/exam/6_2_train.csv')
test = pd.read_csv('https://raw.githubusercontent.com/YoungjinBD/data/main/exam/6_2_test.csv')
```

1. 데이터 탐색

- 모델을 적합하기 전 데이터에 결측치가 있는지 확인해야 합니다. 결측치가 존재할 경우 모델 적합 시 에러가 발생할 수 있습니다.

```python
print(train.info())
```

```
<class 'pandas.core.frame.DataFrame'>
RangeIndex: 301 entries, 0 to 300
Data columns (total 12 columns):
 #   Column   Non-Null Count  Dtype
---  ------   --------------  -----
 0   level_0  301 non-null    int64
 1   ID       301 non-null    int64
 2   Age      301 non-null    int64
 3   Gender   290 non-null    object     ── 결측치 존재
 4   BMI      301 non-null    float64
 5   DBP      301 non-null    int64
 6   FPG      301 non-null    float64
 7   Chol     301 non-null    float64
 8   Tri      301 non-null    float64
 9   HDL      301 non-null    float64
 10  LDL      301 non-null    float64
 11  ALT      301 non-null    float64
dtypes: float64(7), int64(4), object(1)
memory usage: 28.3+ KB
None
```

```python
print(test.info())
```

```
<class 'pandas.core.frame.DataFrame'>
RangeIndex: 129 entries, 0 to 128
Data columns (total 12 columns):
 #   Column    Non-Null Count  Dtype
---  ------    --------------  -----
 0   level_0   129 non-null    int64
 1   ID        129 non-null    int64
 2   Age       129 non-null    int64
 3   Gender    122 non-null    object      ── 결측치 존재
 4   BMI       129 non-null    float64
 5   DBP       129 non-null    int64
 6   FPG       129 non-null    float64
 7   Chol      129 non-null    float64
 8   Tri       129 non-null    float64
 9   HDL       129 non-null    float64
 10  LDL       129 non-null    float64
 11  ALT       129 non-null    float64
dtypes: float64(7), int64(4), object(1)
memory usage: 12.2+ KB
None
```

- 테스트 데이터를 활용한 최종 결과를 제출하기 위해 ID 칼럼을 따로 저장합니다.

```
test_id = test['ID']
```

- level_0, ID 칼럼은 정보가 없는 칼럼이므로 삭제합니다.

```
train = train.drop(['level_0', 'ID'], axis = 1)
test = test.drop(['level_0', 'ID'], axis = 1)
```

2. 데이터 분할

- 모델 성능 확인을 위해 훈련 데이터의 일부를 검증 데이터로 나누겠습니다.

```
train_X = train.drop(['DBP'], axis = 1)
train_y = train['DBP']
test_X = test.drop(['DBP'], axis = 1)
test_y = test['DBP']

from sklearn.model_selection import train_test_split
train_X, valid_X, train_y, valid_y = train_test_split(train_X, train_y, test_size = 0.3, random_state = 1)
print(train_X.shape, train_y.shape, valid_X.shape, valid_y.shape)
```

(210, 9) (210,) (91, 9) (91,)

3. 데이터 전처리

- 범주형 변수에 대해서 원-핫 인코딩을 수행하고, 결측치가 존재하는 Gender 칼럼에 대해 결측치 대치 방법을 수행하겠습니다.

- 먼저 범주형 변수와 수치형 변수의 각 칼럼명을 저장합니다.

```
cat_columns = train_X.select_dtypes('object').columns
num_columns = train_X.select_dtypes('number').columns
```

- 원-핫 인코딩과 최빈값 대치법을 위한 메서드를 불러옵니다.

```
from sklearn.preprocessing import OneHotEncoder
from sklearn.impute import SimpleImputer

onehotencoder = OneHotEncoder(sparse_output = False , handle_unknown = 'ignore')
imputer = SimpleImputer(strategy = 'most_frequent')
```

- 훈련 데이터, 검증 데이터, 테스트 데이터 각각에 데이터 전처리를 진행합니다. 전처리 결과는 numpy.array로 출력됩니다. 모델 적합시 전처리 완료된 데이터를 pandas.DataFrame으로 변경하지 않아도 무방합니다.

```
train_X_categorical_imputed = imputer.fit_transform(train_X[cat_columns])
valid_X_categorical_imputed = imputer.transform(valid_X[cat_columns])
test_X_categorical_imputed = imputer.transform(test_X[cat_columns])

train_X_categorical_encoded = onehotencoder.fit_transform(train_X_categorical_imputed)
valid_X_categorical_encoded = onehotencoder.transform(valid_X_categorical_imputed)
test_X_categorical_encoded = onehotencoder.transform(test_X_categorical_imputed)
```

```
train_X_preprocessed = np.concatenate([train_X[num_columns], train_X_categorical_encoded], axis = 1)
valid_X_preprocessed = np.concatenate([valid_X[num_columns], valid_X_categorical_encoded], axis = 1)
test_X_preprocessed = np.concatenate([test_X[num_columns], test_X_categorical_encoded], axis = 1)
```

4. 모델 적합

- 랜덤 포레스트 모델을 적합해 보겠습니다.

```
from sklearn.ensemble import RandomForestRegressor
rf = RandomForestRegressor(random_state = 1)
rf.fit(train_X_preprocessed, train_y)
```

- 검증 데이터를 활용하여 모형 성능을 확인해 보겠습니다.

```
from sklearn.metrics import mean_squared_error
pred_val = rf.predict(valid_X)
mse = mean_squared_error(valid_y, pred_val)
rmse = np.sqrt(mse)
print('valid RMSE:', rmse)

valid RMSE: 12.521506027104452
```

5. 테스트 데이터로 예측

- 테스트 데이터를 활용하여 최종 예측을 수행합니다. .predict를 통해 예측값을 계산합니다.

```
test_pred = rf.predict(test_X_preprocessed)
test_pred = pd.DataFrame(test_pred, columns = ['pred'])
```

- ID, pred 칼럼만 존재하는 결과 파일을 생성합니다.

```
result = pd.concat([test_id, test_pred], axis = 1)
print(result.head(2))

     ID     pred
0  2856   73.72
1  3116   80.13
```

- 최종 결과를 저장합니다.

```
result.to_csv('result.csv', index = False)   # 시험에서 제시되는 파일명 작성할 것
```

- 만약 모델 성능이 낮다고 판단되면, 교차검증을 활용한 하이퍼파라미터 튜닝을 진행해볼 수 있습니다. 홀드 아웃 방법이 아닌 k-폴드 교차검증을 진행할 것이기 때문에 기존에 분할했던 학습 데이터와 검증 데이터를 합치겠습니다.

```
train_X_full = np.concatenate([train_X_preprocessed, valid_X_preprocessed], axis = 0)
train_y_full = np.concatenate([train_y, valid_y], axis = 0)
```

- GridSearchCV를 통해 하이퍼파라미터 튜닝을 진행하겠습니다.

```
from sklearn.model_selection import GridSearchCV

param_grid = {'max_depth': [10, 20, 30],
              'min_samples_split': [2, 5, 10]}
rf = RandomForestRegressor(random_state = 1)
rf_search = GridSearchCV(estimator = rf,
                         param_grid = param_grid,
                         cv = 3,
                         scoring='neg_root_mean_squared_error')
rf_search.fit(train_X_full, train_y_full)
print('교차검증 RMSE-score:', -rf_search.best_score_)
```

교차검증 RMSE-score: 11.113614481372197

> **기적의 TIP**
>
> 파라미터 값의 범위가 넓어지면 모델 학습 시 많은 시간이 소요될 수 있으므로 주의가 필요합니다.

- 하이퍼파라미터 튜닝 결과를 바탕으로 테스트 데이터를 활용하여 최종 예측을 수행합니다.

```
test_pred2 = rf_search.predict(test_X_preprocessed)
test_pred2 = pd.DataFrame(test_pred2, columns = ['pred'])
```

- 테스트 데이터로 예측한 결과를 주어진 제출 양식에 맞춰줍니다.

```
result = pd.concat([test_id, test_pred2], axis = 1)
```

- 최종 결과를 저장합니다.

```
result.to_csv('result.csv', index = False)  # 시험에서 제시되는 파일명 작성할 것
```

ColumnTransformer와 Pipeline을 활용한 방법

```python
train = pd.read_csv('https://raw.githubusercontent.com/YoungjinBD/data/main/exam/6_2_train.csv')
test = pd.read_csv('https://raw.githubusercontent.com/YoungjinBD/data/main/exam/6_2_test.csv')
test_id = test['ID']

train = train.drop(['level_0', 'ID'], axis = 1)
test = test.drop(['level_0', 'ID'], axis = 1)

train_X = train.drop(['DBP'], axis = 1)
train_y = train['DBP']

test_X = test.drop(['DBP'], axis = 1)
test_y = test['DBP']
```

- ColumnTransformer를 활용하면 연속형 변수와 수치형 변수 각각에 대해서 한 번에 전처리를 진행할 수 있습니다.

```python
from sklearn.preprocessing import OneHotEncoder
from sklearn.impute import SimpleImputer

onehotencoder = OneHotEncoder(sparse_output = False , handle_unknown = 'ignore')
imputer = SimpleImputer(strategy = 'most_frequent')
```

- ColumnTransformer를 활용하여 데이터 전처리 방식을 정의하겠습니다.

```python
cat_columns = train_X.select_dtypes('object').columns
num_columns = train_X.select_dtypes('number').columns

from sklearn.compose import ColumnTransformer
c_transformer = ColumnTransformer(
    transformers = [
    ('cat', onehotencoder, cat_columns),
    ('num', imputer, num_columns)
    ], remainder = 'passthrough'
)
```

- ColumnTransformer로 데이터 전처리를 진행한 후 Pipeline을 활용해서 모델을 정의하겠습니다.

```
from sklearn.pipeline import Pipeline
from sklearn.model_selection import GridSearchCV
from sklearn.ensemble import RandomForestRegressor

pipe_rf = Pipeline(
    [
        ("preprocess", c_transformer),
        ("regressor", RandomForestRegressor(random_state = 1))
    ]
)
```

- Pipeline을 활용해서 모델링을 정의한 후 GridSearchCV를 활용하여 교차검증을 통한 파라미터 튜닝을 진행하겠습니다.

```
param_grid = {'regressor__max_depth': [10, 20, 30],
              'regressor__min_samples_split': [2, 5, 10]}
rf_search_pipe = GridSearchCV(estimator = pipe_rf,
                              param_grid = param_grid,
                              cv = 5,
                              scoring = 'neg_root_mean_squared_error')
rf_search_pipe.fit(train_X, train_y)
```

- 교차검증 RMSE-score는 다음과 같습니다.

```
print('교차검증 RMSE-score:', -rf_search_pipe.best_score_)
```

교차검증 RMSE-score: 11.411497349635692

- 파라미터 튜닝 결과를 바탕으로 테스트 데이터를 활용하여 최종 예측을 수행합니다.

```
test_pred3 = rf_search_pipe.predict(test_X)
test_pred3 = pd.DataFrame(test_pred3, columns = ['pred'])
```

- 테스트 데이터로 예측한 결과를 주어진 제출 양식에 맞춰줍니다.

```
result = pd.concat([test_id, test_pred3], axis = 1)
print(result.head(2))
```

```
     ID      pred
0  2856  74.134712
1  3116  84.494603
```

- 최종 결과를 저장합니다.

```
result.to_csv('result.csv', index = False)   # 시험에서 제시되는 파일명 작성할 것
```

03 작업형 제3유형 30점

[문제 1]

어느 회사에서 100명의 직원들을 대상으로 하루 업무 수행 시간을 조사하였다. K-S 검정을 통해 업무 수행 시간이 정규분포를 따르는 지 검정하고자 한다.

데이터 : 6_3_1.csv

① 직원들의 업무 수행 시간의 평균과 표준편차를 구하시오. (소수점 셋째 자리까지 반올림)

② 직원들의 업무 수행 시간이 정규분포를 따르는 지 K-S 검정을 실시하고, 검정통계량을 계산하시오. (소수점 셋째 자리까지 반올림)

③ p-value를 바탕으로 유의수준 5%에서 귀무가설의 기각/채택 여부를 결정하시오. (p-value는 소수점 셋째 자리까지 반올림)

```
import pandas as pd
data = pd.read_csv('https://raw.githubusercontent.com/YoungjinBD/data/main/exam/6_3_1.csv')
```

- 직원들의 하루 업무 수행 시간의 평균과 표준편차를 계산하고 소수점 셋째 자리까지 반올림하여 출력합니다.

```
# 업무 수행 시간 평균과 표준편차 계산
mean_work_hours = data['work_hours'].mean()
std_work_hours = data['work_hours'].std()

print('업무 수행 시간 평균:', round(mean_work_hours, 3))
print('업무 수행 시간 표준편차:', round(std_work_hours, 3))

업무 수행 시간 평균: 8.09
업무 수행 시간 표준편차: 1.519
```

- K-S 검정은 kstest()를 통해 수행할 수 있습니다.

```
from scipy.stats import kstest, norm

# 정규분포의 평균과 표준편차를 사용하여 K-S 검정 수행
statistic, p_value = kstest(data['work_hours'], 'norm', args = (mean_work_hours, std_work_hours))

print('K-S 검정통계량:', round(statistic, 3))
print('p-value:', round(p_value, 3))

K-S 검정통계량: 0.064
p-value: 0.778
```

- 유의수준 5% 하에서 p-value가 0.05보다 작은 지 확인하여 귀무가설의 기각과 채택을 결정합니다.

```
p_value = p_value.round(3)
# 결과 해석
if p_value < 0.05:
    result = "기각"
else:
    result = "채택"
print(result)

채택
```

문제 2

다음의 데이터는 주택들의 가격(price), 면적(area), 방의 개수(rooms), 연식(age)을 조사하여 기록한 것이다.

데이터 : 6_3_2.csv

① 주택 가격을 종속변수로 하고, 면적, 방의 개수, 연식을 독립변수로 하는 다중회귀 분석을 수행하여, 회귀계수가 가장 높은 변수를 구하시오. (다중회귀모형 적합 시 절편 포함)

② 유의수준 5% 하에서 각 독립변수가 주택 가격에 미치는 영향이 통계적으로 유의미한 지 판단하고, 유의미한 변수 개수를 구하시오.

```
import pandas as pd
data = pd.read_csv('https://raw.githubusercontent.com/YoungjinBD/data/main/exam/6_3_2.csv')
```

- 절편(상수항)을 추가한 후, 모델을 적합시킵니다.

```
import statsmodels.api as sm

# 독립 변수와 종속 변수 설정
X = data[['area', 'rooms', 'age']]
y = data['price']

# 상수항 추가
X = sm.add_constant(X)

# 다중회귀 분석 모델 적합
model = sm.OLS(y, X).fit()
```

- 회귀계수가 가장 높은 변수를 확인합니다.

```
# 회귀계수 추출
coefficients = model.params[1:]
print('회귀계수가 가장 큰 변수:', coefficients.idxmax())
```

회귀계수가 가장 큰 변수: rooms

- 각 독립변수가 주택 가격에 미치는 영향이 통계적으로 유의미한 지 판단하기 위해 p-value를 확인하고, 유의미한 변수의 개수를 계산합니다.

```
p_values = model.pvalues[1:]
print('유의미한 변수 개수:', np.sum(p_values < 0.05))
```

유의미한 변수 개수: 3

기출문제 제5회 (2022-12-03 시행)

시험 시간	풀이 시간	합격 점수	내점수
180분		60점	

데이터셋 경로 : https://raw.githubusercontent.com/YoungjinBD/data/main/exam/

01 작업형 제1유형 30점

1 다음 데이터에서 conventional 칼럼의 특수문자를 제거하고, IQR(3분위수 - 1분위수)를 구하시오. (소수점 첫째 자리에서 반올림)

데이터 : 5_1_1.csv

```
import pandas as pd
import numpy as np
pd.set_option('display.max_columns', None)    # 모든 칼럼이 출력되게 조절

from sklearn import set_config
set_config(display="diagram")    # scikit-learn 파이프라인 시각화

dat = pd.read_csv('https://raw.githubusercontent.com/YoungjinBD/data/main/exam/5_1_1.csv')
print(dat.head())
```

```
   minority  crime  poverty  language  highschool  ...        date
0      26.1     49     18.9       0.2        43.5  ...  2023-01-01
1       5.7     62     10.7       1.7        17.5  ...  2023-01-02
2      18.9     81     13.2       3.2        27.6  ...  2023-01-03
3      16.9     38       19       0.2        44.5  ...  2023-01-04
4      24.3     73     10.4         5          26  ...  2023-01-05
```

1. 특수문자 삭제

- 칼럼 내에 특수 문자를 제거하기 위해 정규표현식을 활용합니다.

  a-z : 소문자 알파벳에 해당하는 모든 문자
  A-Z : 대문자 알파벳에 해당하는 모든 문자
  0-9 : 0~9까지의 모든 문자
  가-힣 : 가~힣까지의 모든 한국어 문자
  A-Z0-9가-힣 : 영어, 한국어, 숫자 선택
  ^ : 부정(not)을 의미
  [ ] : 대괄호 안에 있는 문자 중 하나를 의미

- 영어, 숫자, 한국어를 제외한 모든 문자를 제거합니다.

```
dat.loc[:, 'conventional'] = dat.loc[:, 'conventional'].str.replace(r'[^a-zA-Z0-9가-힣]', '',
regex = True)
```

2. IQR(3분위수 - 1분위수) 계산
- 정규표현식으로 특수문자 제거 후 IQR을 계산하기 위해 float형으로 변환합니다. 변환하기 전에 공백은 Nan으로 처리해주어야 합니다.

```
dat.loc[:, 'conventional'] = dat.loc[:, 'conventional'].replace('', np.nan)
dat.loc[:, 'conventional'] = dat.loc[:, 'conventional'].astype(float)
```

- IQR을 계산합니다.

```
Q1 = dat['conventional'].quantile(0.25)
Q3 = dat['conventional'].quantile(0.75)
IQR = Q3 - Q1
print('IQR:', np.round(IQR))

IQR: 9.0
```

2 위 데이터에서 흑인 또는 히스패닉 비율(minority) / 빈곤율(poverty) > 2이며, 도시 유형(city)이 state인 도시의 범죄율(crime) 평균을 구하시오. (소수점 첫째 자리에서 반올림)

- 문제의 조건에 해당하는 행을 필터링합니다.

```
(dat['minority'] / dat['poverty'] > 2) & (dat['city'] == 'state')

            0
0       False
1       False
2       False
3       False
...       ...
64      False
65      False
```

- 조건을 사용하여 범죄율(crime) 칼럼을 선택해 별도로 저장합니다.

```
sub_dat = dat.loc[(dat['minority'] / dat['poverty'] > 2) & (dat['city'] == 'state'), 'crime']
```

- 범죄율(crime) 평균을 계산한 후 소수점 첫째 자리에서 반올림하여 결과를 산출합니다.

```
print(sub_dat.mean().round())

61.0
```

3 다음 데이터에서 2016년 9월 이후, 온도(actual)의 평균을 구하시오. (소수점 첫째 자리에서 반올림)

데이터 : 5_1_2.csv

```
dat = pd.read_csv('https://raw.githubusercontent.com/YoungjinBD/data/main/exam/5_1_2.csv')
print(dat.head())
```

	year	month	day	week	temp_2	temp_1	average	actual	friend
0	2016	1	1	Fri	45	45	45.6	45	29
1	2016	1	2	Sat	44	45	45.7	44	61
2	2016	1	3	Sun	45	44	45.8	41	56
3	2016	1	4	Mon	44	41	45.9	40	53
4	2016	1	5	Tues	41	40	46	44	41

- year, month, day 칼럼을 활용하여 년-월-일 형식의 날짜 칼럼을 생성합니다.

```
dat['date'] = pd.to_datetime(dict(year = dat.year, month = dat.month, day = dat.day))
```

- 생성된 date 칼럼을 index에 할당합니다.

```
dat.set_index('date', inplace = True)
```

- 2016-09-01 이후 온도(actual)의 평균을 계산합니다.

```
print('actual 평균:', dat.loc['2016-09-01':, 'actual'].mean().round())
```

actual 평균: 58.0

> **기적의 TIP**
> 데이터의 index를 DatetimeIndex로 변경하면 시간 기반 인덱싱을 수행하기 용이해집니다.

작업형 제2유형　　　　　　　　　　　　　　　　　　　　　　　　　　　　40점

제공된 학습용 데이터(5_2_train.csv)는 유방암 종양의 다양한 특성(반지름, 둘레, 면적, 질감 등)에 대한 정량적 지표와 악성/양성 여부(target)를 포함하고 있다. 학습용 데이터를 활용하여 종양이 악성일 확률(target=1)을 예측하는 이진 분류 확률 예측 모델을 개발하고, 가장 우수한 모델을 평가용 데이터(5_2_test.csv)에 적용하여 예측 결과를 제출하시오.

※ 모델 성능 지표 : AUC(Area Under the Curve)
※ level_0 칼럼은 인덱스 초기화로 생긴 값으로 분석에 사용하지 않음

Data description
　종양의 크기, 질감 등 특징을 나타내는 데이터입니다.
　ID : 고유 식별자
　mean_radius : 반지름 평균
　mean_texture : 질감 평균
　mean_perimeter : 둘레 평균
　mean_area : 면적 평균
　mean_smoothness : 매끄러움 평균
　mean_compactness : 조밀도 평균
　mean_concavity : 오목함 평균
　mean_concave_points : 오목한 점 평균
　mean_symmetry : 대칭성 평균
　mean_fractal_dimension : 프랙탈 차원 평균
　radius_error : 반지름 오차
　… : 기타 유사한 통계 지표들
　target : 악성 종양 여부 (0: 양성, 1: 악성)

제출 형식
　파일명 : result.csv (디렉토리/폴더명 제외)
　제출 칼럼 : ID, pred (총 2개 칼럼)
　prob : 예측된 악성 확률 (0이상 1이하의 실수)
　행 수 : 테스트 데이터(5_2_test.csv)의 ID 수와 동일

```
import pandas as pd
import numpy as np
train = pd.read_csv('https://raw.githubusercontent.com/YoungjinBD/data/main/exam/5_2_train.csv')
test = pd.read_csv('https://raw.githubusercontent.com/YoungjinBD/data/main/exam/5_2_test.csv')
```

1. 데이터 탐색

- 모델을 적합하기 전 데이터에 결측치가 있는지 확인해야 합니다. 결측치가 존재할 경우 모델 적합 시 에러가 발생할 수 있습니다.

```
print(train.info())
```

```
<class 'pandas.core.frame.DataFrame'>
RangeIndex: 398 entries, 0 to 397
Data columns (total 33 columns):
 #     Column                   Non-Null Count    Dtype
---    ------                   --------------    -----
 0     level_0                  398 non-null      int64
 1     ID                       398 non-null      int64
 2     mean_radius              398 non-null      float64
 3     mean_texture             398 non-null      float64
 4     mean_perimeter           398 non-null      float64
                                ⋮
 21    fractal_dimension_error  378 non-null      float64      ─ 결측치 존재
                                ⋮
 32    target                   398 non-null      int64
dtypes: float64(30), int64(3)
memory usage: 102.7 KB
None
```

```
print(test.info())
```

```
<class 'pandas.core.frame.DataFrame'>
RangeIndex: 171 entries, 0 to 170
Data columns (total 33 columns):
 #     Column                   Non-Null Count    Dtype
---    ------                   --------------    -----
 0     level_0                  171 non-null      int64
 1     ID                       171 non-null      int64
 2     mean_radius              171 non-null      float64
 3     mean_texture             171 non-null      float64
 4     mean_perimeter           171 non-null      float64
                                ⋮
 21    fractal_dimension_error  160 non-null      float64      ─ 결측치 존재
                                ⋮
 32    target                   171 non-null      int64
dtypes: float64(30), int64(3)
memory usage: 44.2 KB
None
```

- 테스트 데이터를 활용한 최종 결과를 제출하기 위해 ID 칼럼을 따로 저장합니다.

```
test_id = test['ID']
```

- level_0, ID 칼럼은 정보가 없는 칼럼이므로 삭제합니다.

```
train = train.drop(['level_0', 'ID'], axis = 1)
test = test.drop(['level_0', 'ID'], axis = 1)
```

2. 데이터 분할

- 모델 성능 확인을 위해 훈련 데이터의 일부를 검증 데이터로 나누겠습니다.

```
train_X = train.drop(['target'], axis = 1)
train_y = train['target']
test_X = test.drop(['target'], axis = 1)
test_y = test['target']

from sklearn.model_selection import train_test_split
train_X, valid_X, train_y, valid_y = train_test_split(train_X, train_y, test_size = 0.3, random_state = 1)
print(train_X.shape, train_y.shape, valid_X.shape, valid_y.shape)
```

```
(278, 30) (278,) (120, 30) (120,)
```

3. 데이터 전처리

- 결측치가 존재하는 칼럼에 대해 결측치 대치 방법을 수행하겠습니다.

```
from sklearn.impute import SimpleImputer
imputer = SimpleImputer(strategy = 'mean')
```

- 훈련 데이터, 검증 데이터, 테스트 데이터 각각에 데이터 전처리를 진행합니다.
- 전처리 결과는 numpy.array로 출력됩니다. 모델 적합시 전처리 완료된 데이터를 pandas.DataFrame으로 변경하지 않아도 됩니다.

```
train_X_preprocessed = imputer.fit_transform(train_X)
valid_X_preprocessed = imputer.transform(valid_X)
test_X_preprocessed = imputer.transform(test_X)
```

4. 모델 적합

- 랜덤 포레스트 모델을 적합해 보겠습니다.

```
from sklearn.ensemble import RandomForestClassifier
rf = RandomForestClassifier(random_state = 1)
rf.fit(train_X_preprocessed, train_y)
```

- 검증 데이터를 활용하여 모델 성능을 확인합니다.

```
from sklearn.metrics import roc_auc_score
pred_val = rf.predict_proba(valid_X_preprocessed)[:, 1]
print('valid AUC :' , roc_auc_score(valid_y, pred_val))
```

```
valid AUC : 0.9915433403805497
```

5. 테스트 데이터로 예측

- 테스트 데이터를 활용하여 최종 예측을 수행합니다. .predict를 통해 예측값을 계산합니다.

```
test_pred = rf.predict_proba(test_X_preprocessed)[:, 1]
test_pred = pd.DataFrame(test_pred, columns = ['prob'])
```

- ID, prob 칼럼만 존재하는 결과 파일을 생성합니다.

```
result = pd.concat([test_id, test_pred], axis = 1)
print(result.head(2))
```

```
    ID   prob
0  421   0.38
1   47   0.31
```

- 최종 결과를 저장합니다.

```
result.to_csv('result.csv', index = False)   # 시험에서 제시되는 파일명 작성할 것
```

- 만약 모델 성능이 낮다고 판단되면, 교차검증을 활용한 하이퍼파라미터 튜닝을 진행해볼 수 있습니다. 홀드 아웃 방법이 아닌 k-폴드 교차검증을 진행할 것이기 때문에 기존에 분할했던 학습 데이터와 검증 데이터를 합치겠습니다.

```
train_X_full = np.concatenate([train_X_preprocessed, valid_X_preprocessed], axis = 0)
train_y_full = np.concatenate([train_y, valid_y], axis = 0)
```

- GridSearchCV를 통해 하이퍼파라미터 튜닝을 진행하겠습니다.

```
from sklearn.model_selection import GridSearchCV

param_grid = {'max_depth': [10, 20, 30],
              'min_samples_split': [2, 5, 10]}
rf = RandomForestClassifier(random_state = 1)
rf_search = GridSearchCV(estimator = rf,
                         param_grid = param_grid,
                         cv = 3,
                         scoring = 'roc_auc')
rf_search.fit(train_X_full, train_y_full)
print('교차검증 AUC-score:', rf_search.best_score_)
```

교차검증 AUC-score: 0.9942283419391852

기적의 TIP

파라미터 값의 범위가 넓어지면 모델 학습 시 많은 시간이 소요될 수 있으므로 주의가 필요합니다.

- 하이퍼파라미터 튜닝 결과를 바탕으로 테스트 데이터를 활용하여 최종 예측을 수행합니다.

```
test_pred2 = rf_search.predict_proba(test_X_preprocessed)[:, 1]
test_pred2 = pd.DataFrame(test_pred2, columns = ['prob'])
```

- 테스트 데이터로 예측한 결과를 주어진 제출 양식에 맞춰줍니다.

```
result = pd.concat([test_id, test_pred2], axis = 1)
```

- 최종 결과를 저장합니다.

```
result.to_csv('result.csv', index = False)   # 시험에서 제시되는 파일명 작성할 것
```

ColumnTransformer와 Pipeline을 활용한 방법

```
train = pd.read_csv('https://raw.githubusercontent.com/YoungjinBD/data/main/exam/5_2_train.csv')
test = pd.read_csv('https://raw.githubusercontent.com/YoungjinBD/data/main/exam/5_2_test.csv')
test_id = test['ID']

train = train.drop(['level_0', 'ID'], axis = 1)
test = test.drop(['level_0', 'ID'], axis = 1)
train_X = train.drop(['target'], axis = 1)
train_y = train['target']

test_X = test.drop(['target'], axis = 1)
test_y = test['target']
```

- 결측치가 존재하는 칼럼에 대해 평균대치법을 적용합니다.

```
from sklearn.impute import SimpleImputer
imputer = SimpleImputer(strategy='mean')
```

- ColumnTransformer를 활용하여 데이터 전처리 방식을 정의하겠습니다.

```
num_columns = train_X.select_dtypes('number').columns

from sklearn.compose import ColumnTransformer
c_transformer = ColumnTransformer(
    transformers=[
    ('num', imputer, num_columns)
    ], remainder='passthrough'
)
```

- ColumnTransformer로 데이터 전처리를 진행한 후 Pipeline을 활용해서 모델을 정의하겠습니다.

```
from sklearn.pipeline import Pipeline
from sklearn.model_selection import GridSearchCV
from sklearn.ensemble import RandomForestClassifier

pipe_rf = Pipeline(
    [
        ("preprocess", c_transformer),
        ("classifier", RandomForestClassifier(random_state = 1))
    ]
)
```

- Pipeline을 활용해서 모델링을 정의한 후 GridSearchCV를 활용하여 교차검증을 통한 파라미터 튜닝을 진행하겠습니다.

```
param_grid = {'classifier__max_depth': [10, 20, 30],
              'classifier__min_samples_split': [2, 5, 10]}

rf_search_pipe = GridSearchCV(estimator = pipe_rf,
                              param_grid = param_grid,
                              cv = 5,
                              scoring = 'roc_auc')
rf_search_pipe.fit(train_X, train_y)
```

- 교차검증 AUC-score는 다음과 같습니다.

```
print('교차검증 AUC-score:', rf_search_pipe.best_score_)
```

교차검증 AUC-score: 0.9931498006098991

- 파라미터 튜닝 결과를 바탕으로 테스트 데이터를 활용하여 최종 예측을 수행합니다.

```
test_pred3 = rf_search_pipe.predict_proba(test_X)[:, 1]
test_pred3 = pd.DataFrame(test_pred3, columns = ['prob'])
```

- 테스트 데이터로 예측한 결과를 주어진 제출 양식에 맞춰줍니다.

```
result = pd.concat([test_id, test_pred3], axis = 1)
print(result.head(2))
```

```
     ID     prob
0   421  0.477754
1    47  0.273357
```

- 최종 결과를 저장합니다.

```
result.to_csv('result.csv', index = False)   # 시험에서 제시되는 파일명 작성할 것
```

작업형 제3유형   30점

문제 1

어느 학교에서 학생들의 공부 시간과 시험 점수 간의 상관관계를 조사하고자 한다. 50명의 학생을 대상으로 하루 평균 공부 시간과 최근 시험 점수를 조사하였다.

데이터 : 5_3_1.csv

① 학생들의 공부 시간과 시험 점수의 평균, 표준편차를 구하시오. (소수점 둘째 자리까지 반올림)

② 공부 시간과 시험 점수 간의 상관관계를 조사하기 위한 피어슨 상관계수를 계산하시오. (소수점 셋째 자리까지 반올림)

③ p-value를 바탕으로 유의수준 5%에서 귀무가설의 기각/채택 여부를 결정하시오. (p-value는 소수점 셋째 자리까지 반올림)

```python
import pandas as pd
data = pd.read_csv('https://raw.githubusercontent.com/YoungjinBD/data/main/exam/5_3_1.csv')
```

- 학생들의 공부 시간과 시험 점수의 평균과 표준편차를 계산하고 소수점 셋째 자리에서 반올림하여 출력합니다.

```python
# 공부 시간 평균과 표준편차 계산
mean_study_hours = data['study_hours'].mean()
std_study_hours = data['study_hours'].std()

# 시험 점수 평균과 표준편차 계산
mean_exam_scores = data['exam_scores'].mean()
std_exam_scores = data['exam_scores'].std()

print('공부 시간 평균 :', round(mean_study_hours, 2))
print('공부 시간 표준편차 :', round(std_study_hours, 2))
print('시험 점수 평균 :', round(mean_exam_scores, 2))
print('시험 점수 표준편차 :', round(std_exam_scores, 2))
```

공부 시간 평균 : 5.28
공부 시간 표준편차 : 2.27
시험 점수 평균 : 74.79
시험 점수 표준편차 : 8.76

- 피어슨 상관계수는 pearsonr()을 통해 계산할 수 있습니다.

```python
from scipy.stats import pearsonr
# 피어슨 상관계수 계산
corr, p_value = pearsonr(data['study_hours'], data['exam_scores'])
print('공부 시간과 시험 점수 간의 피어슨 상관계수 :', corr.round(3))
```

공부 시간과 시험 점수 간의 피어슨 상관계수 : -0.059

- 유의수준 5% 하에서 p-value가 0.05보다 작은지 확인하여 귀무가설의 기각과 채택을 결정합니다.

```
p_value = p_value.round(3)
# 결과 해석
if p_value < 0.05:
    result = "기각"
else:
    result = "채택"
print(result)
```

채택

문제 2

어느 마케팅 회사에서 세 가지 마케팅 캠페인(A, B, C)의 효과가 유의미하게 다른지를 조사하고자 한다. 각 캠페인에 대해 각각 50명의 고객을 랜덤으로 추출하여 만족도를 조사하였다.

데이터 : 5_3_2.csv

① 각 캠페인의 만족도 점수의 평균, 표준편차를 구하시오. (소수점 둘째 자리까지 반올림)

② 세 캠페인의 평균 만족도 점수가 유의미하게 다른지 검정하기 위해 ANOVA 검정을 수행하고, 검정통계량을 계산하시오. (소수점 셋째 자리까지 반올림)

③ p-value를 바탕으로 유의수준 5%에서 귀무가설의 기각/채택 여부를 결정하시오. (p-value는 소수점 셋째 자리까지 반올림)

```
import pandas as pd
data = pd.read_csv('https://raw.githubusercontent.com/YoungjinBD/data/main/exam/5_3_2.csv')
```

- 각 캠페인의 만족도 점수 평균과 표준편차를 계산하고 소수점 셋째 자리에서 반올림하여 출력합니다.

```
# 각 캠페인의 평균과 표준편차 계산
mean_A = data[data['campaign'] == 'A']['satisfaction_score'].mean()
std_A = data[data['campaign'] == 'A']['satisfaction_score'].std()
mean_B = data[data['campaign'] == 'B']['satisfaction_score'].mean()
std_B = data[data['campaign'] == 'B']['satisfaction_score'].std()
mean_C = data[data['campaign'] == 'C']['satisfaction_score'].mean()
std_C = data[data['campaign'] == 'C']['satisfaction_score'].std()
```

```
print('A 캠페인 만족도 점수 평균:', round(mean_A, 2))
print('B 캠페인 만족도 점수 평균:', round(mean_B, 2))
print('C 캠페인 만족도 점수 평균:', round(mean_C, 2))
print('A 캠페인 만족도 점수 표준편차:', round(std_A, 2))
print('B 캠페인 만족도 점수 표준편차:', round(std_B, 2))
print('C 캠페인 만족도 점수 표준편차:', round(std_C, 2))
```

```
A 캠페인 만족도 점수 평균: 71.41
B 캠페인 만족도 점수 평균: 74.79
C 캠페인 만족도 점수 평균: 82.57
A 캠페인 만족도 점수 표준편차: 11.37
B 캠페인 만족도 점수 표준편차: 8.76
C 캠페인 만족도 점수 표준편차: 10.43
```

- ANOVA 검정은 f_oneway()를 통해 수행할 수 있습니다.

```
from scipy.stats import f_oneway
# ANOVA 검정 수행
f_statistic, p_value = f_oneway(
    data[data['campaign'] == 'A']['satisfaction_score'],
    data[data['campaign'] == 'B']['satisfaction_score'],
    data[data['campaign'] == 'C']['satisfaction_score']
)
print('검정통계량:', f_statistic.round(3))
```

```
검정통계량: 15.606
```

- 유의수준 5% 하에서 p-value가 0.05보다 작은 지 확인하여 귀무가설의 기각과 채택을 결정합니다.

```
p_value = p_value.round(3)
# 결과 해석
if p_value < 0.05:
    result = "기각"
else:
    result = "채택"
print(result)
```

```
기각
```

기출문제 제4회 (2022-06-25 시행)

시험 시간	풀이 시간	합격 점수	내점수
180분		60점	

데이터셋 경로 https://raw.githubusercontent.com/YoungjinBD/data/main/exam/

01 작업형 제1유형 (30점)

1 다음 데이터에서 결측치가 존재하는 행을 모두 삭제하시오. 인덱스 기준 데이터의 상위 70%에 해당하는 데이터를 추출하고, PTRATIO 칼럼의 1분위수를 구하시오. (소수점 첫째 자리까지 반올림)

데이터 : 4_1_1.csv

```python
import pandas as pd
import numpy as np
pd.set_option('display.max_columns', None)    # 모든 칼럼이 출력되게 조절

from sklearn import set_config
set_config(display = "diagram")    # scikit-learn 파이프라인 시각화

dat = pd.read_csv('https://raw.githubusercontent.com/YoungjinBD/data/main/exam/4_1_1.csv')
print(dat.head())
```

	CRIM	ZN	INDUS	CHAS	NOX	RM	...	PRICE
0	0.00632	18	2.31	0	0.538	6.575	...	24
1	0.02731	0	7.07	0	0.469	6.421	...	21.6
2	0.02729	0	7.07	0	0.469	7.185	...	34.7
3	0.03237	0	2.18	0	0.458	6.998	...	33.4
4	0.06905	0	2.18	0	0.458	7.147	...	36.2

- 결측치가 존재하는 칼럼을 확인합니다.

```python
dat.isna().sum()
```

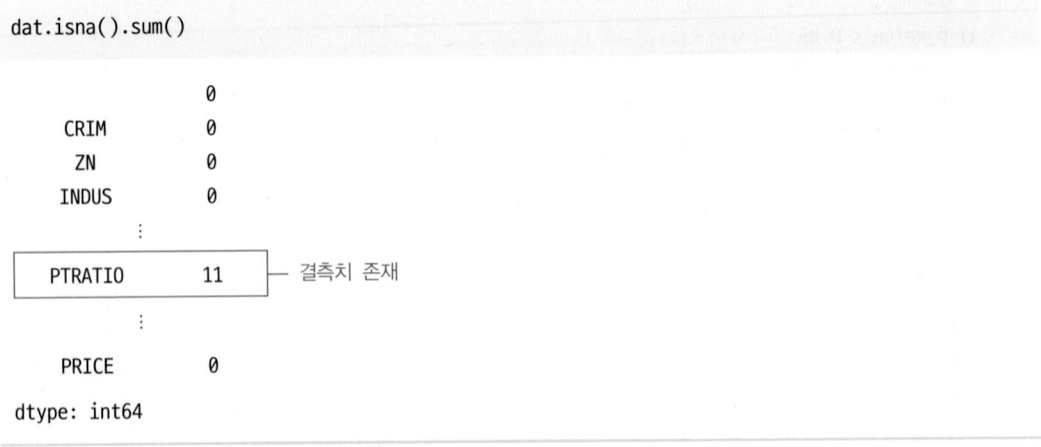

```
               0
CRIM           0
ZN             0
INDUS          0
  ⋮
PTRATIO       11   ── 결측치 존재
  ⋮
PRICE          0
dtype: int64
```

- 결측치가 존재하는 행을 모두 삭제하고 reset_index()를 통해 인덱스를 초기화합니다.

```
dat.dropna(inplace = True)
dat.reset_index(inplace = True)
```

- 데이터의 상위 70%를 추출합니다.

```
sub_dat = dat.loc[:int(len(dat)*0.7), :]
```

> **기적의 TIP**
>
> loc[]를 활용하여 데이터를 필터링할 경우 reset_index()로 인덱스 초기화를 진행해야 합니다.
> loc[]는 인덱스 위치가 아닌 라벨을 기준으로 동작하므로, 인덱스가 [0, 1, 3, 4, 6]이라면 loc[:3]은 라벨이 0~3인 행만 반환합니다. 이 경우 실제 행 개수나 위치와 다를 수 있어 혼동될 수 있습니다.
> 정확한 위치 기준 필터링이 필요하다면 iloc[]을 사용하거나 인덱스를 초기화해야 합니다.

- PTRATIO 칼럼의 1분위수를 계산합니다.

```
result = sub_dat.loc[:, 'PTRATIO'].quantile(0.25)
print(np.round(result, 1))
```

```
16.4
```

2 건축연도(yearBuilt)가 1991~2000년이면서 평균 학교등급(avgSchoolRating)이 평균 이하인 주택 id(uid)와 건축연도 2001~2010년에 평균 학교등급이 평균 이상인 주택 id의 수를 구하시오.

데이터 : 4_1_2.csv

```
dat = pd.read_csv('https://raw.githubusercontent.com/YoungjinBD/data/main/exam/4_1_2.csv')
print(dat.info())
```

```
<class 'pandas.core.frame.DataFrame'>
RangeIndex: 500 entries, 0 to 499
Data columns (total 15 columns):
 #   Column            Non-Null Count  Dtype
---  ------            --------------  -----
 0   uid               500 non-null    int64
 1   city              500 non-null    object
 2   homeType          500 non-null    object
 3   latitude          489 non-null    float64
 4   longitude         479 non-null    float64
 5   garageSpaces      500 non-null    int64
 6   hasSpa            500 non-null    bool
```

```
 7      yearBuilt                    500 non-null    int64
 8      numOfPatioAndPorchFeatures   469 non-null    float64
 9      lotSizeSqFt                  500 non-null    float64
 10     avgSchoolRating              500 non-null    float64
 11     MedianStudentsPerTeacher     500 non-null    int64
 12     numOfBathrooms               500 non-null    float64
 13     numOfBedrooms                500 non-null    int64
 14     priceRange                   500 non-null    object
dtypes: bool(1), float64(6), int64(5), object(3)
memory usage: 55.3+ KB
None
```

- 건축연도가 1991~2000년도인 주택과, 건축연도가 2001~2010년도인 주택을 필터링합니다.

```
sub_dat1 = dat.loc[(dat['yearBuilt'] >= 1991) & (dat['yearBuilt'] <= 2000), :]
sub_dat2 = dat.loc[(dat['yearBuilt'] >= 2001) & (dat['yearBuilt'] <= 2010), :]
```

- 건축연도 기준으로 필터링된 데이터를 활용하여 학교 등급이 평균 이상, 평균 이하인 주택 id를 구합니다.

```
uid1 = sub_dat1.loc[dat['avgSchoolRating'] <= dat['avgSchoolRating'].mean(), 'uid']
uid2 = sub_dat2.loc[dat['avgSchoolRating'] >= dat['avgSchoolRating'].mean(), 'uid']
```

- 주택 id 값에 중복이 있을 수 있으므로, unique 값을 구합니다.

```
result = pd.concat([uid1, uid2], axis = 0)
print(len(result.unique()))
```

83

3 위 2번 데이터의 각 칼럼 중 결측치가 가장 많은 칼럼을 출력하시오.

- 각 칼럼에서 결측치의 개수를 합산하여 확인할 수 있습니다.

```
result = dat.isna().sum()
print(result)

uid                          0
city                         0
homeType                     0
latitude                    11
longitude                   21
garageSpaces                 0
hasSpa                       0
yearBuilt                    0
numOfPatioAndPorchFeatures  31
lotSizeSqFt                  0

avgSchoolRating              0
MedianStudentsPerTeacher     0
numOfBathrooms               0
numOfBedrooms                0
priceRange                   0
dtype: int64
```

- 아래와 같이 idxmax()를 이용하여 구할 수도 있습니다.

```
print('결측치가 가장 많은 칼럼:', result.idxmax())
```

결측치가 가장 많은 칼럼: numOfPatioAndPorchFeatures

- 다른 방법으로는 결측치 개수 기준으로 데이터를 내림차순 정렬하고, 결측치가 가장 많은 인덱스(칼럼명)를 구해볼 수도 있습니다.

```
print('결측치가 가장 많은 칼럼:', result.sort_values(ascending = False).index[0])
```

결측치가 가장 많은 칼럼: numOfPatioAndPorchFeatures

작업형 제2유형

제공된 학습용 데이터(4_2_train.csv)는 고객의 카드 사용 정보와 이탈 여부를 포함하고 있다. 학습용 데이터를 활용하여 고객 이탈 여부를 예측하는 이진 분류 모델을 개발하고, 가장 우수한 모델을 평가용 데이터(4_2_test.csv)에 적용하여 예측 결과를 제출하시오.

※ 모델 성능 지표 : F1 Score
※ 타깃 : 이탈 여부(Attrition_Flag)

> Data description
> ID : 고유 식별자
> Attrition_Flag : 이탈 여부 (0: 잔류 고객, 1: 이탈 고객)
> Gender : 성별
> Customer_Age : 고객 나이
> Income_Category : 소득 구간
> Card_Category : 카드 종류
> Credit_Limit : 신용 한도
> Total_Revolving_Bal : 순환 잔액
> Avg_Utilization_Ratio : 평균 사용률
> Avg_Open_To_Buy : 평균 구매 가능 금액
> Months_Inactive_12_mon : 최근 12개월 비활성 월 수

> 제출 형식
> 파일명 : result.csv (디렉토리/폴더명 제외)
> 제출 칼럼 : ID, pred (총 2개 칼럼)
> pred : 예측된 이탈 여부 (정수형 0 또는 1)
> 제출 개수 : 평가용 데이터와 예측 결과의 행 개수가 일치해야 함

```
import pandas as pd
import numpy as np
train = pd.read_csv('https://raw.githubusercontent.com/YoungjinBD/data/main/exam/4_2_train.csv')
test = pd.read_csv('https://raw.githubusercontent.com/YoungjinBD/data/main/exam/4_2_test.csv')
```

1. 데이터 탐색

- 모델을 적합하기 전 데이터에 결측치가 있는지 확인해야 합니다. 결측치가 존재할 경우 모델 적합 시 에러가 발생할 수 있습니다.

```
print(train.info())

<class 'pandas.core.frame.DataFrame'>
RangeIndex: 354 entries, 0 to 353
Data columns (total 11 columns):
```

```
 #   Column                  Non-Null Count        Dtype
 0   ID                      354 non-null          int64
 1   Attrition_Flag          354 non-null          object
 2   Gender                  354 non-null          object
 3   Customer_Age            354 non-null          int64
 4   Income_Category         354 non-null          object
 5   Card_Category           354 non-null  ─ 결측치 없음  object
 6   Credit_Limit            354 non-null          float64
 7   Total_Revolving_Bal     354 non-null          int64
 8   Avg_Utilization_Ratio   354 non-null          float64
 9   Avg_Open_To_Buy         354 non-null          float64
 10  Months_Inactive_12_mon  354 non-null          int64
dtypes: float64(3), int64(4), object(4)
memory usage: 30.6+ KB
None
```

```
print(test.info())
```

```
<class 'pandas.core.frame.DataFrame'>
RangeIndex: 152 entries, 0 to 151
Data columns (total 11 columns):
 #   Column                  Non-Null Count        Dtype
 0   ID                      152 non-null          int64
 1   Attrition_Flag          152 non-null          object
 2   Gender                  152 non-null          object
 3   Customer_Age            152 non-null          int64
 4   Income_Category         152 non-null          object
 5   Card_Category           152 non-null  ─ 결측치 없음  object
 6   Credit_Limit            152 non-null          float64
 7   Total_Revolving_Bal     152 non-null          int64
 8   Avg_Utilization_Ratio   152 non-null          float64
 9   Avg_Open_To_Buy         152 non-null          float64
 10  Months_Inactive_12_mon  152 non-null          int64
dtypes: float64(3), int64(4), object(4)
memory usage: 13.2+ KB
None
```

- 결측치가 존재하지 않는 것을 확인할 수 있습니다. 타겟 칼럼이 문자형일 경우 수치형으로 변환해주는 것이 결과 산출에 용이합니다.

```
print(train['Attrition_Flag'].unique())
```

```
['Existing Customer' 'Attrited Customer']
```

- 기준 범주(관심 대상)인 'Attrited Customer'를 1로 설정합니다.

```
train['Attrition_Flag'] = train['Attrition_Flag'].map({'Existing Customer': 0, 'Attrited Customer': 1})
test['Attrition_Flag'] = test['Attrition_Flag'].map({'Existing Customer': 0, 'Attrited Customer': 1})
```

- 테스트 데이터를 활용한 최종 결과를 제출하기 위해 ID 칼럼을 따로 저장합니다.

```
test_id = test['ID']
```

- ID 칼럼은 정보가 없는 칼럼이므로 삭제합니다.

```
train = train.drop(['ID'], axis = 1)
test = test.drop(['ID'], axis = 1)
```

2. 데이터 분할

- 모델 성능 확인을 위해 훈련 데이터의 일부를 검증 데이터로 나누겠습니다.

```
train_X = train.drop(['Attrition_Flag'], axis = 1)
train_y = train['Attrition_Flag']
test_X = test.drop(['Attrition_Flag'], axis = 1)
test_y = test['Attrition_Flag']

from sklearn.model_selection import train_test_split
train_X, valid_X, train_y, valid_y = train_test_split(train_X, train_y, test_size = 0.3, random_state = 1)
print(train_X.shape, train_y.shape, valid_X.shape, valid_y.shape)
```

```
(247, 9) (247,) (107, 9) (107,)
```

3. 데이터 전처리

- 범주형 변수에 대해서 원-핫 인코딩을 수행하고, 수치형 변수에는 표준화를 진행합니다. 범주형 변수에 대한 인코딩은 모델 적합 시 필수적이며, 그 외 전처리는 선택 사항입니다.
- 먼저 범주형 변수와 수치형 변수의 각 칼럼명을 저장합니다.

```
cat_columns = train_X.select_dtypes('object').columns
num_columns = train_X.select_dtypes('number').columns
```

- 원-핫 인코딩과 표준화 전처리 메서드를 불러옵니다.

```
from sklearn.preprocessing import StandardScaler, OneHotEncoder
onehotencoder = OneHotEncoder(sparse_output = False, handle_unknown = 'ignore')
stdscaler = StandardScaler()
```

- 훈련 데이터, 검증 데이터, 테스트 데이터 각각에 데이터 전처리를 진행합니다. 전처리 결과는 numpy.array로 출력됩니다. 모델 적합시 전처리 완료된 데이터를 pandas.DataFrame으로 변경하지 않아도 무방합니다.

```
train_X_numeric_scaled = stdscaler.fit_transform(train_X[num_columns])
valid_X_numeric_scaled = stdscaler.transform(valid_X[num_columns])
test_X_numeric_scaled = stdscaler.transform(test_X[num_columns])

train_X_categorical_encoded = onehotencoder.fit_transform(train_X[cat_columns])
valid_X_categorical_encoded = onehotencoder.transform(valid_X[cat_columns])
test_X_categorical_encoded = onehotencoder.transform(test_X[cat_columns])

train_X_preprocessed = np.concatenate([train_X_numeric_scaled, train_X_categorical_encoded], axis = 1)
valid_X_preprocessed = np.concatenate([valid_X_numeric_scaled, valid_X_categorical_encoded], axis = 1)
test_X_preprocessed = np.concatenate([test_X_numeric_scaled, test_X_categorical_encoded], axis = 1)
```

4. 모델 적합

- 랜덤 포레스트 모델을 적합해 보겠습니다.

```
from sklearn.ensemble import RandomForestClassifier
rf = RandomForestClassifier(random_state = 1)
rf.fit(train_X_preprocessed, train_y)
```

- 검증 데이터를 활용하여 모형 성능을 확인해 보겠습니다.

```
from sklearn.metrics import roc_auc_score
pred_val = rf.predict_proba(valid_X_preprocessed)[:, 1]
print('valid AUC :', roc_auc_score(valid_y, pred_val))

valid AUC : 0.7599587912087913
```

5. 테스트 데이터로 예측

- 테스트 데이터를 활용하여 최종 예측을 수행합니다. .predict를 통해 예측값을 계산합니다.

```
test_pred = rf.predict_proba(test_X_preprocessed)[:, 1]
test_pred = pd.DataFrame(test_pred, columns = ['prob'])
```

- ID, prob 칼럼만 존재하는 결과 파일을 생성합니다.

```
result = pd.concat([test_id, test_pred], axis = 1)
```

- 최종 결과를 저장합니다.

```
result.to_csv('result.csv', index = False)   # 시험에서 제시되는 파일명 작성할 것
```

> **기적의 TIP**
>
> 예측 결과를 제출해야 하는 경우, 문제에서 요구하는 제출 형식(숫자형 또는 문자형)을 확인하여, 인코딩된 타깃 변수를 다시 문자형으로 변환해야 할 수도 있습니다.
>
> ```
> test_pred = rf.predict(test_X_preprocessed)
> label = {0: 'Existing Customer', 1: 'Attrited Customer'}
> test_pred_label = pd.Series(test_pred).map(label)
> test_pred = pd.DataFrame(test_pred_label, columns=['pred'])
> ```

- 만약 모델 성능이 낮다고 판단되면, 교차검증을 활용한 하이퍼파라미터 튜닝을 진행해볼 수 있습니다. 홀드 아웃 방법이 아닌 k-폴드 교차검증을 진행할 것이기 때문에 기존에 분할했던 학습 데이터와 검증 데이터를 합치겠습니다.

```
train_X_full = np.concatenate([train_X_preprocessed, valid_X_preprocessed], axis = 0)
train_y_full = np.concatenate([train_y, valid_y], axis = 0)
```

- GridSearchCV를 통해 하이퍼파라미터 튜닝을 진행하겠습니다.

```python
from sklearn.model_selection import GridSearchCV

param_grid = {'max_depth': [10, 20, 30],
              'min_samples_split': [2, 5, 10]}
rf = RandomForestClassifier(random_state = 1)
rf_search = GridSearchCV(estimator = rf,
                         param_grid = param_grid,
                         cv = 5,
                         scoring = 'roc_auc')
rf_search.fit(train_X_full, train_y_full)

print('교차검증 AUC-score:', rf_search.best_score_)
```

교차검증 AUC-score: 0.6973852752805687

> **기적의 TIP**
> 파라미터 값의 범위가 넓어지면 모델 학습 시 많은 시간이 소요될 수 있으므로 주의가 필요합니다.

- 하이퍼파라미터 튜닝 결과를 바탕으로 테스트 데이터를 활용하여 최종 예측을 수행합니다.

```python
test_pred2 = rf_search.predict_proba(test_X_preprocessed)[:, 1]
test_pred2 = pd.DataFrame(test_pred2, columns = ['prob'])
```

- 테스트 데이터로 예측한 결과를 주어진 제출 양식에 맞춰줍니다.

```python
result = pd.concat([test_id, test_pred2], axis = 1)
```

- 최종 결과를 저장합니다.

```python
result.to_csv('result.csv', index = False)   # 시험에서 제시되는 파일명 작성할 것
```

ColumnTransformer와 Pipeline을 활용한 방법

```
train = pd.read_csv('https://raw.githubusercontent.com/YoungjinBD/data/main/exam/4_2_train.csv')
test = pd.read_csv('https://raw.githubusercontent.com/YoungjinBD/data/main/exam/4_2_test.csv')
test_id = test['ID']

train = train.drop(['ID'], axis = 1)
test = test.drop(['ID'], axis = 1)

train_X = train.drop(['Attrition_Flag'], axis = 1)
train_y = train['Attrition_Flag']

test_X = test.drop(['Attrition_Flag'], axis = 1)
test_y = test['Attrition_Flag']
```

- ColumnTransformer를 활용하면 연속형 변수와 수치형 변수 각각에 대해서 한 번에 전처리를 진행할 수 있습니다.

```
from sklearn.preprocessing import StandardScaler, OneHotEncoder
onehotencoder = OneHotEncoder(sparse_output = False, handle_unknown = 'ignore')
stdscaler = StandardScaler()
```

- ColumnTransformer를 활용하여 데이터 전처리 방식을 정의하겠습니다.

```
cat_columns = train_X.select_dtypes('object').columns
num_columns = train_X.select_dtypes('number').columns

from sklearn.compose import ColumnTransformer
c_transformer = ColumnTransformer(
    transformers = [
    ('cat', onehotencoder, cat_columns),
    ('num', stdscaler, num_columns)
    ], remainder = 'passthrough'
)
```

- ColumnTransformer로 데이터 전처리를 진행한 후 Pipeline을 활용해서 모델을 정의하겠습니다.

```
from sklearn.pipeline import Pipeline
from sklearn.model_selection import GridSearchCV
from sklearn.ensemble import RandomForestClassifier

pipe_rf = Pipeline(
    [
        ("preprocess", c_transformer),
        ("classifier", RandomForestClassifier(random_state = 1))
    ]
)
```

- Pipeline을 활용해서 모델링을 정의한 후 GridSearchCV를 활용하여 교차검증을 통한 파라미터 튜닝을 진행하겠습니다.

```
param_grid = {'classifier__max_depth': [10, 20, 30],
              'classifier__min_samples_split': [2, 5, 10]}

rf_search_pipe = GridSearchCV(estimator = pipe_rf,
                              param_grid = param_grid,
                              cv = 5,
                              scoring = 'roc_auc')
rf_search_pipe.fit(train_X, train_y)
```

- 교차검증 AUC-score는 다음과 같습니다.

```
print('교차검증 AUC-score:', rf_search_pipe.best_score_)

교차검증 AUC-score: 0.7150243845114284
```

- 파라미터 튜닝 결과를 바탕으로 테스트 데이터를 활용하여 최종 예측을 수행합니다.

```
test_pred3 = rf_search_pipe.predict_proba(test_X)[:, 1]
test_pred3 = pd.DataFrame(test_pred3, columns = ['prob'])
```

- 테스트 데이터로 예측한 결과를 주어진 제출 양식에 맞춰줍니다.

```
result = pd.concat([test_id, test_pred3], axis = 1)
print(result.head(2))

     ID      prob
0  6086  0.933479
1  6630  0.623602
```

- 최종 결과를 저장합니다.

```
result.to_csv('result.csv', index = False)  # 시험에서 제시되는 파일명 작성할 것
```

> **기적의 TIP**
>
> ColumnTransformer와 Pipeline을 활용하면 간결한 코드로 데이터 전처리와 모델링을 한 번에 진행할 수 있습니다.

03 작업형 제3유형 30점

문제 1

어느 회사에서 두 부서(A와 B) 직원들의 주간 근무 시간 평균이 유의미하게 다른지를 조사하고자 한다. 각 부서에서 각각 30명의 직원을 랜덤으로 추출하여 주간 근무 시간을 조사하였다.

데이터 : 4_3_1.csv

① 두 부서의 평균과 표준편차를 구하시오. (소수점 둘째 자리까지 반올림)

② 두 부서의 평균 근무 시간 차이를 검정하기 위해 등분산을 가정한 독립 2표본 t-검정을 수행하고, 검정통계량을 구하시오. (소수점 둘째 자리까지 반올림)

③ p-value를 바탕으로 유의수준 5%에서 귀무가설의 기각/채택 여부를 결정하시오. (p-value는 소수점 둘째 자리까지 반올림)

```
import pandas as pd
data = pd.read_csv('https://raw.githubusercontent.com/YoungjinBD/data/main/exam/4_3_1.csv')
```

- A, B 부서의 주간 근무 시간 평균과 표준편차를 계산하고 소수점 둘째 자리까지 반올림하여 출력합니다.

```
# 각 부서의 평균과 표준편차 계산
mean_A = data[data['department'] == 'A']['hours_worked'].mean()
std_A = data[data['department'] == 'A']['hours_worked'].std()
mean_B = data[data['department'] == 'B']['hours_worked'].mean()
std_B = data[data['department'] == 'B']['hours_worked'].std()

print('A 부서 근무시간 평균:', round(mean_A, 2))
print('B 부서 근무시간 평균:', round(mean_B, 2))
print('A 부서 근무시간 표준편차:', round(std_A, 2))
print('B 부서 근무시간 표준편차:', round(std_B, 2))
```

```
A 부서 근무시간 평균: 42.21
B 부서 근무시간 평균: 43.55
A 부서 근무시간 표준편차: 5.5
B 부서 근무시간 표준편차: 4.57
```

- 2 표본(독립 표본) t-검정은 ttest_ind()를 통해 수행할 수 있습니다.

```
from scipy.stats import ttest_ind
# 2 표본 t-검정 수행
t_statistic, p_value = ttest_ind(data[data['department'] == 'A']['hours_worked'],
data[data['department'] == 'B']['hours_worked'])

print('검정통계량:', round(t_statistic,2))
```

검정통계량: -1.02

- 유의수준 5% 하에서 p-value가 0.05보다 작은 지 확인하여 귀무가설의 기각과 채택을 결정합니다.

```
p_value = p_value.round(2)
# 결과 해석
if p_value < 0.05:
    result = "기각"
else:
    result = "채택"
print(result)
```

채택

문제 2

어느 제조업체에서 세 공장(A, B, C)에서 생산된 제품의 품질 점수가 유의미하게 다른지를 조사하고자 한다. 각 공장에서 각각 30개의 제품을 랜덤으로 추출하여 품질 점수를 조사하였다.

데이터 : 4_3_2.csv

① 세 공장 품질 점수의 평균과 표준편차를 구하시오. (소수점 둘째 자리까지 반올림)

② 두 부서의 평균 근무 시간이 유의미하게 다른지 검정하기 위해 크루스칼–왈리스 검정을 수행하고, 검정통계량을 계산하시오. (소수점 둘째 자리까지 반올림)

③ p-value를 바탕으로 유의수준 5%에서 귀무가설의 기각/채택 여부를 결정하시오. (p-value는 소수점 둘째 자리까지 반올림)

```
import pandas as pd
data = pd.read_csv('https://raw.githubusercontent.com/YoungjinBD/data/main/exam/4_3_2.csv')
```

- 각 공장의 품질 점수 평균과 표준편차를 계산하고 소수점 둘째 자리까지 반올림하여 출력합니다.

```
# 각 공장의 평균과 표준편차 계산
mean_A = data[data['factory'] == 'A']['quality_score'].mean()
std_A = data[data['factory'] == 'A']['quality_score'].std()
mean_B = data[data['factory'] == 'B']['quality_score'].mean()
std_B = data[data['factory'] == 'B']['quality_score'].std()
mean_C = data[data['factory'] == 'C']['quality_score'].mean()
std_C = data[data['factory'] == 'C']['quality_score'].std()

print('A 공장 품질 점수 평균:', round(mean_A, 2))
print('B 공장 품질 점수 평균:', round(mean_B, 2))
print('C 공장 품질 점수 평균:', round(mean_C, 2))
print('A 공장 품질 점수:', round(std_A, 2))
print('B 공장 품질 점수:', round(std_B, 2))
print('C 공장 품질 점수:', round(std_C, 2))
```

```
A 공장 품질 점수 평균: 74.43
B 공장 품질 점수 평균: 72.1
C 공장 품질 점수 평균: 78.66
A 공장 품질 점수: 11.0
B 공장 품질 점수: 9.14
C 공장 품질 점수: 9.65
```

- 크루스칼-왈리스 검정은 kruskal()을 통해 수행할 수 있습니다.

```python
from scipy.stats import kruskal
# 크루스칼 왈리스 검정 수행
statistic, p_value = kruskal(
    data[data['factory'] == 'A']['quality_score'],
    data[data['factory'] == 'B']['quality_score'],
    data[data['factory'] == 'C']['quality_score']
)

print('검정통계량:', round(statistic, 2))
```

검정통계량: 5.93

- 유의수준 5% 하에서 p-value가 0.05보다 작은 지 확인하여 귀무가설의 기각과 채택을 결정합니다.

```python
p_value = p_value.round(2)
# 결과 해석
if p_value < 0.05:
    result = "기각"
else:
    result = "채택"
print(result)
```

채택

기출문제 제3회 (2021-12-04 시행)

시험 시간	풀이 시간	합격 점수	내점수
180분		60점	

데이터셋 경로 https://raw.githubusercontent.com/YoungjinBD/data/main/exam/

01 작업형 제1유형
30점

1 다음 데이터에서 lotSizeSqFt이 큰 top 10을 구하고, top 10 값 중 가장 작은 값으로 해당 값을 대치하시오. 또한, 건축 연도(yearBuilt)가 2000년도 이상인 lotSizeSqFt의 평균값을 구하시오. (소수점 첫째 자리에서 반올림, 대치된 lotSizeSqFt 기준)

데이터 : 3_1.csv

```
import pandas as pd
import numpy as np
pd.set_option('display.max_columns', None)    # 모든 칼럼이 출력되게 조절

from sklearn import set_config
set_config(display = "diagram")    # scikit-learn 파이프라인 시각화

dat = pd.read_csv('https://raw.githubusercontent.com/YoungjinBD/data/main/exam/3_1.csv')
print(dat.head())
```

```
     city      homeType  latitude   longitude    garageSpaces  hasSpa  yearBuilt  ...  priceRange
0  austin  Single Family  30.19764709  -97.81681061       2      FALSE    1981    ...  350000-450000
1  austin  Single Family  30.32918739  -97.75273132       2      FALSE    1951    ...  650000+
2  austin  Single Family  30.3133049   -97.69966888       0      FALSE    1954    ...  350000-450000
3  austin  Single Family  30.15632057  -97.74829102       2      FALSE    2008    ...  0-250000
4  austin      Townhouse  30.36699486  -97.75354767       2      FALSE    1984    ...  350000-450000
```

- lotSizeSqFt 변수를 내림차순으로 정렬합니다. 정렬 후에 인덱스 초기화를 진행합니다.

```
sub_dat = dat.sort_values(by = 'lotSizeSqFt', ascending = False)    # lotSizeSqFt 변수 내림차순 정렬
sub_dat = sub_dat.reset_index(drop = False)                          # index 초기화
```

> **기적의 TIP**
>
> .sort_values를 활용하여 데이터 정렬 후 .loc를 적용할 경우 .reset_index를 통해 인덱스를 재설정한 후 적용해야 합니다.

- 내림차순으로 정렬된 값 중 0~9행까지의 값을 필터링하고, 최솟값을 구합니다.

```
min_value = sub_dat.loc[:9, 'lotSizeSqFt'].min()
print('최솟값:', min_value)
```

최솟값: 71438.4

- 최솟값으로 lotSizeSqFt이 큰 top10 값들을 대치합니다.

```
sub_dat.loc[:9, 'lotSizeSqFt'] = min_value    # top10중 가장 작은 값으로 대치
print(sub_dat.loc[:9, 'lotSizeSqFt'])
```

```
0    71438.4
1    71438.4
2    71438.4
3    71438.4
4    71438.4
5    71438.4
6    71438.4
7    71438.4
8    71438.4
9    71438.4
Name: lotSizeSqFt, dtype: float64
```

- 건축 연도가 2000년도 이상인 값을 필터링 한 후, lotSizeSqFt 변수의 평균을 계산합니다.

```
result = sub_dat.loc[sub_dat.yearBuilt >= 2000, 'lotSizeSqFt'].mean()
print(result)
```

12954.924719101124

- 소수점 첫째 자리에서 반올림한 정수값을 최종 결과로 산출합니다.

```
print(np.round(result, 0))
```

12955.0

2 칼럼별 결측치 존재 여부를 확인하고, 결측치가 존재하는 경우 해당 칼럼의 중앙값으로 결측치를 대치하시오. 결측치 대치 전과 후 표준편차 차이의 절댓값을 구하시오. (소수점 둘째 자리까지 반올림)

1. 결측치 확인

- .isna()는 dat의 각 값이 NaN인지 여부를 확인하며, 여기에 .sum()을 적용하면 칼럼별 결측치의 개수를 합산하여 반환합니다.

```
dat.isna().sum()
```

```
city                          0
homeType                      0
latitude                      0
longitude                     0
garageSpaces                  0
hasSpa                        0
yearBuilt                     0
numOfPatioAndPorchFeatures    0
lotSizeSqFt                   0
avgSchoolRating               0
MedianStudentsPerTeacher      0
numOfBathrooms               11    — 결측치 존재
numOfBedrooms                 0
priceRange                    0
dtype: int64
```

2-1. 결측치를 중앙값으로 대치 (방법1)

```
imp_dat1 = dat.copy()
```

- numOfBathrooms 변수의 중앙값을 계산합니다.

```
median_value = imp_dat1.loc[:, 'numOfBathrooms'].median()   # 중앙값 계산
```

- .fillna()를 활용하여 결측치를 중앙값으로 대치합니다.

```
imp_dat1['numOfBathrooms'] = imp_dat1['numOfBathrooms'].fillna(median_value)
```

- 결측치가 잘 대치되었는지 확인합니다.

```
imp_dat1.isna().sum()
```

```
city                         0
homeType                     0
latitude                     0
longitude                    0
garageSpaces                 0
hasSpa                       0
yearBuilt                    0
numOfPatioAndPorchFeatures   0
lotSizeSqFt                  0
avgSchoolRating              0
MedianStudentsPerTeacher     0
numOfBathrooms               0    ─── 결측치 없음
numOfBedrooms                0
priceRange                   0
pdtype: int64
```

2-2. 결측치를 중앙값으로 대치 (방법2)

```
imp_dat2 = dat.copy()
```

- scikit-learn에 내장된 SimpleImputer를 strategy='median'로 설정하여 중앙값 대치법을 불러옵니다.

```
from sklearn.impute import SimpleImputer         # 결측치 대치 모듈 불러오기
imputer = SimpleImputer(strategy = 'median')     # 중앙값 대치법으로 설정
```

- .fit_transform()을 통해 결측치를 중앙값으로 대치합니다.

```
imp_dat2['numOfBathrooms'] = imputer.fit_transform(imp_dat2[['numOfBathrooms']])
```

- 결측치가 잘 대치되었는지 확인합니다.

```
imp_dat2.isna().sum()
```

```
city                            0
homeType                        0
latitude                        0
longitude                       0
garageSpaces                    0
hasSpa                          0
yearBuilt                       0
numOfPatioAndPorchFeatures      0
lotSizeSqFt                     0
avgSchoolRating                 0
MedianStudentsPerTeacher        0
numOfBathrooms                  0    ─ 결측치 없음
numOfBedrooms                   0
priceRange                      0
dtype: int64
```

3. 결측치 대치 전후 표준편차 차이 계산

- 결측치 대치 전의 표준편차와 대치 후의 표준편차를 계산합니다.

```
before_std = dat['numOfBathrooms'].std()         # 결측치 대치 전 표준편차 계산
after_std = imp_dat1['numOfBathrooms'].std()     # 결측치 대치 후 표준편차 계산
```

- 표준편차 차이를 계산합니다.

```
std_diff = abs(round(before_std - after_std, 2))    # 차이 계산, 소수점 셋째 자리에서 반올림
print('표준편차 차이:', std_diff)
```

표준편차 차이: 0.01

3 평균으로부터 1.5 표준편차만큼 벗어나는 경우를 이상치로 판단할 때, MedianStudentsPerTeacher의 이상치를 구하고, 이상치의 개수를 구하시오.

- 문제에 명시된 대로 이상치 구분의 기준이 되는 상한값과 하한값을 구합니다.

```
mean_value = dat['MedianStudentsPerTeacher'].mean()
std_value = dat['MedianStudentsPerTeacher'].std()
UC = mean_value + (1.5 * std_value)
LC = mean_value - (1.5 * std_value)
```

- 상한값과 하한값 밖에 있는 값을 이상치로 정의하고, 이상치 개수를 산출합니다.

```
num_rows = dat.loc[(dat['MedianStudentsPerTeacher'] > UC) | (dat['MedianStudentsPerTeacher'] < LC),:].shape[0]

print('행 개수:', num_rows)
```

행 개수: 65

02 작업형 제2유형　　　　　　　　　　　　　　　　　　　　　　40점

제공된 학습용 데이터(3_2_trainX.csv, 3_2_trainy.csv)는 개인의 건강 정보와 당뇨병 여부를 포함하고 있다. 학습용 데이터를 활용하여 당뇨병 여부를 예측하는 이진 분류 모델을 개발하고, 가장 우수한 모델을 평가용 데이터(3_2_testX.csv)에 적용하여 예측 결과를 제출하시오.

※ 모델 성능 지표 : F1 Score
※ 타깃(라벨) : 당뇨병 여부(Outcome)

```
Data description
Pregnancies : 임신 횟수
Glucose : 혈당 수치
BloodPressure : 혈압(mm Hg)
SkinThickness : 피부 두께(mm)
Insulin : 혈중 인슐린 농도
BMI : 체질량 지수
DiabetesPedigreeFunction : 당뇨 유전적 소인 지수
Age : 나이
Outcome : 당뇨병 여부 (0: 비당뇨, 1: 당뇨)
```

> **제출 형식**
> 파일명 : result.csv (디렉토리/폴더명 제외)
> 제출 칼럼 : pred (총 1개 칼럼)
> pred : 예측된 당뇨병 여부 (정수형 0 또는 1)
> 제출 개수 : 평가용 데이터와 예측 결과의 행 개수가 일치해야 함

```
import pandas as pd
import numpy as np
train_X = pd.read_csv('https://raw.githubusercontent.com/YoungjinBD/data/main/exam/3_2_trainX.csv')
train_y = pd.read_csv('https://raw.githubusercontent.com/YoungjinBD/data/main/exam/3_2_trainy.csv')
test_X = pd.read_csv('https://raw.githubusercontent.com/YoungjinBD/data/main/exam/3_2_testX.csv')
```

1. 데이터 탐색

- 모델을 적합하기 전 데이터에 결측치가 있는지 확인해야 합니다. 결측치가 존재할 경우 모델 적합 시 에러가 발생할 수 있습니다.

```
print(train_X.info())
```

```
<class 'pandas.core.frame.DataFrame'>
RangeIndex: 537 entries, 0 to 536
Data columns (total 8 columns):
```

#	Column	Non-Null Count	Dtype
0	Pregnancies	537 non-null	int64
1	Glucose	537 non-null	int64
2	BloodPressure	537 non-null	int64
3	SkinThickness	537 non-null	int64
4	Insulin	537 non-null	int64
5	BMI	537 non-null	float64
6	DiabetesPedigreeFunction	537 non-null	float64
7	Age	537 non-null	int64

→ 결측치 없음

```
dtypes: float64(2), int64(6)
memory usage: 33.7 KB
None
```

```
print(test_X.info())
```

```
<class 'pandas.core.frame.DataFrame'>
RangeIndex: 231 entries, 0 to 230
Data columns (total 8 columns):
 #   Column                    Non-Null Count   Dtype
---  ------                    --------------   -----
 0   Pregnancies               231 non-null     int64
 1   Glucose                   231 non-null     int64
 2   BloodPressure             231 non-null     int64
 3   SkinThickness             231 non-null     int64
 4   Insulin                   231 non-null     int64
 5   BMI                       231 non-null     float64
 6   DiabetesPedigreeFunction  231 non-null     float64
 7   Age                       231 non-null     int64
dtypes: float64(2), int64(6)
memory usage: 14.6 KB
None
```

결측치 없음

```
print(train_y.info())
```

```
<class 'pandas.core.frame.DataFrame'>
RangeIndex: 537 entries, 0 to 536
Data columns (total 1 columns):
 #   Column   Non-Null Count   Dtype
---  ------   --------------   -----
 0   Outcome  537 non-null     int64
dtypes: int64(1)
memory usage: 4.3 KB
None
```

2. 데이터 분할

- 모델 성능 확인을 위해 훈련 데이터의 일부를 검증 데이터로 나눠주겠습니다.

```
from sklearn.model_selection import train_test_split
train_X, valid_X, train_y, valid_y = train_test_split(train_X, train_y, test_size = 0.3, random_state = 1)
print(train_X.shape, train_y.shape, valid_X.shape, valid_y.shape)
```

```
(375, 8) (375, 1) (162, 8) (162, 1)
```

3. 데이터 전처리

- 모든 변수가 수치형 변수이고, 결측치가 존재하지 않으므로 추가적인 전처리는 진행하지 않겠습니다.

4. 모델 적합

- 랜덤 포레스트 모델을 적합해 보겠습니다.

```
from sklearn.ensemble import RandomForestClassifier
rf = RandomForestClassifier(random_state = 1)
rf.fit(train_X, train_y)
```

> **기적의 TIP**
>
> 랜덤 포레스트 모형을 선택한 이유는 범주형 변수 인코딩 외에 추가 전처리를 진행하지 않아도 기본 모델 성능이 어느 정도 보장되기 때문입니다.

- 검증 데이터를 활용하여 모형 성능을 확인해 보겠습니다.

```
from sklearn.metrics import f1_score
pred_val = rf.predict(valid_X)
f1_score(valid_y, pred_val, average = 'macro')
```

```
0.7563909774436091
```

5. 테스트 데이터로 예측

- 테스트 데이터를 활용하여 최종 예측을 수행합니다. .predict를 통해 예측값을 계산합니다.

```
pred = rf.predict(test_X)
```

- 테스트 데이터로 예측한 결과를 주어진 제출 양식에 맞춰주겠습니다.

```
result = pd.DataFrame({'pred' : pred})
print(result.head(2))
```

```
   pred
0     1
1     0
```

- 최종 결과를 저장합니다.

```
result.to_csv('result.csv', index = False)   # 시험에서 제시되는 파일명 작성할 것
```

- 만약 모델 성능이 낮다고 판단되면, 교차검증을 활용한 하이퍼파라미터 튜닝을 진행해볼 수 있습니다. 홀드 아웃 방법이 아닌 k-폴드 교차검증을 진행할 것이기 때문에 기존에 분할했던 학습 데이터와 검증 데이터를 합치겠습니다.

```
train_X_full = np.concatenate([train_X, valid_X], axis = 0)
train_y_full = np.concatenate([train_y, valid_y], axis = 0)
```

- GridSearchCV를 통해 하이퍼파라미터 튜닝을 진행하겠습니다.

```
from sklearn.model_selection import GridSearchCV

param_grid = {'max_depth': [5, 10, 20],
              'min_samples_split': [2, 5, 10]}
rf = RandomForestClassifier(random_state = 1)
rf_search = GridSearchCV(estimator = rf,
                        param_grid = param_grid,
                        cv = 2,
                        scoring = 'f1_macro')
rf_search.fit(train_X_full, train_y_full)
print('교차검증 f1-score:', rf_search.best_score_)
```

```
교차검증 f1-score: 0.7444900195127694
```

> **기적의 TIP**
>
> 파라미터 값의 범위가 넓어지면 모델 학습 시 많은 시간이 소요될 수 있으므로 주의가 필요합니다.

- 하이퍼파라미터 튜닝 결과를 바탕으로 테스트 데이터를 활용하여 최종 예측을 수행합니다.

```
pred_test = rf_search.predict(test_X)
```

- 테스트 데이터로 예측한 결과를 주어진 제출 양식에 맞춰줍니다.

```
result = pd.DataFrame({'pred' : pred_test})
```

- 최종 결과를 저장합니다.

```
result.to_csv('result.csv', index = False)   # 시험에서 제시되는 파일명 작성할 것
```

작업형 제3유형   30점

문제 1

어느 고등학교의 수학 교사는 학생들의 시험 점수가 평균 75점 이상이라고 주장한다. 이를 검증하기 위해 랜덤으로 100명의 학생을 추출하여 시험 점수를 조사하였다.

데이터 : 3_3_1.csv

① 학생 성적의 평균과 표준편차를 구하시오. (소수점 둘째 자리까지 반올림)

② 모평균 75를 기준으로 단일 표본 t-검정을 수행하고, 검정통계량을 계산하시오. (소수점 둘째 자리까지 반올림)

③ p-value를 바탕으로 유의수준 5%에서 귀무가설의 기각/채택 여부를 결정하시오. (p-value는 소수점 둘째 자리까지 반올림)

```
import pandas as pd
data = pd.read_csv('https://raw.githubusercontent.com/YoungjinBD/data/main/exam/3_3_1.csv')
```

- 평균과 표준편차를 계산하고, 문제에 명시된 소수점 자리수에 맞게 반올림합니다.

```
mean_score = data['score'].mean()
std_dev_score = data['score'].std()

print('평균:', round(mean_score, 2))
print('표준편차:', round(std_dev_score, 2))
```

평균: 75.6
표준편차: 10.13

- 주어진 모평균에 대한 단일 표본 t-검정은 stats.ttest_1samp()를 통해 수행할 수 있습니다.

```
from scipy import stats

# 모집단 평균 가설값 설정
population_mean = 75

# 단일 표본 t-검정 수행
t_statistic, p_value = stats.ttest_1samp(data['score'], population_mean, alternative = 'greater')

print('검정통계량:', t_statistic.round(2))
```

검정통계량: 0.59

- 유의수준 5% 하에서 p-value가 0.05보다 작은 지 확인하여 귀무가설의 기각과 채택을 결정합니다.

```
p_value = p_value.round(2)
# 결과 해석
if p_value < 0.05:
    result = "기각"
else:
    result = "채택"
print(result)
```

채택

문제 2

어느 고등학교에서 학생들의 성별과 동아리 가입 여부 간의 연관성을 조사하고자 한다. 이를 위해 200명의 학생을 대상으로 조사를 실시하였다.

데이터 : 3_3_2.csv

① 성별과 동아리 가입 여부 간의 독립성을 검정하기 위해 카이제곱 독립성 검정을 수행하고, 검정통계량을 소수점 둘째 자리까지 반올림하여 구하시오. (단, 연속성 수정은 적용하지 않음)

② p-value를 바탕으로 유의수준 5%에서 귀무가설의 기각/채택 여부를 결정하시오. (p-value는 소수점 둘째 자리까지 반올림)

```
import pandas as pd
data = pd.read_csv('https://raw.githubusercontent.com/YoungjinBD/data/main/exam/3_3_2.csv')
```

- 성별과 동아리 가입 여부 간의 빈도수를 교차표로 생성합니다.

```
cross_tab = pd.crosstab(data['gender'], data['club_membership'])
print(cross_tab)
```

club_membership	No	Yes
gender		
Female	68	38
Male	66	28

- 두 범주형 변수 간의 독립성을 테스트하기 위해 주어진 교차표를 바탕으로 카이제곱 검정을 수행합니다. 검정통계량을 소수점 둘째 자리까지 반올림하여 출력합니다.

```
from scipy.stats import chi2_contingency
# 카이제곱 검정 수행
chi2, p, dof, expected = chi2_contingency(cross_tab, correction = False)
print('검정통계량:', chi2.round(2))
```

검정통계량: 0.83

- 유의수준 5% 하에서 p-value가 0.05보다 작은지 확인하여 귀무가설의 기각과 채택을 결정합니다.

```
if p < 0.05:
    result = "기각"
else:
    result = "채택"
print(result)
```

채택

MEMO

MEMO

MEMO

MEMO